"十三五"国家重点出版物出版规划项目

诺贝尔经济学奖获得者丛书
Library of Nobel Laureates in Economic Sciences

实地实验手册
（Ⅰ）

Handbook of Field Experiments
Volume 1

阿比吉特·维纳亚克·班纳吉 （Abhijit Vinayak Banerjee）
埃丝特·迪弗洛（Esther Duflo）　　编

王思琦　译

中国人民大学出版社
·北京·

图书在版编目（CIP）数据

实地实验手册.Ⅰ/（ ）阿比吉特·维纳亚克·班
纳吉，（ ）埃丝特·迪弗洛编；王思琦译.--北京：
中国人民大学出版社，2022.4
（诺贝尔经济学奖获得者丛书）
书名原文：Handbook of Field Experiments，
Volume 1
ISBN 978-7-300-29860-3

Ⅰ.①实… Ⅱ.①阿… ②埃… ③王… Ⅲ.①实证经
济学 Ⅳ.F019.3

中国版本图书馆 CIP 数据核字（2021）第 187063 号

"十三五"国家重点出版物出版规划项目
诺贝尔经济学奖获得者丛书

实地实验手册（Ⅰ）
阿比吉特·维纳亚克·班纳吉
埃丝特·迪弗洛   编
王思琦   译
Shidi Shiyan Shouce

出版发行	中国人民大学出版社			
社　　址	北京中关村大街 31 号		邮政编码	100080
电　　话	010－62511242（总编室）		010－62511770（质管部）	
	010－82501766（邮购部）		010－62514148（门市部）	
	010－62515195（发行公司）		010－62515275（盗版举报）	
网　　址	http://www.crup.com.cn			
经　　销	新华书店			
印　　刷	涿州市星河印刷有限公司			
规　　格	160mm×235mm　16 开本		版　　次	2022 年 4 月第 1 版
印　　张	34.75 插页 2		印　　次	2022 年 4 月第 1 次印刷
字　　数	571 000		定　　价	128.00 元

系列介绍

　　《实地实验手册》系列包括了为不同经济学分支编写的手册，是供专业研究人员和高年级研究生使用的权威参考资料和教学补充资料。手册中各章节均由该经济学领域的重要专家编写，提供对该领域当前发展的独立调查。这些调查不仅总结了已有研究成果，而且总结了最新的发展，涉及最新的期刊文章和工作论文。本系列丛书尽管也包括一些原始资料，但主要目的是提供全面和通俗易懂的综述。手册不仅可以为专业读者提供有用的参考书目，而且可以为经济学研究生的高级课程提供补充读物。

创始编辑

肯尼斯·J. 阿罗

迈克尔·D. 英特里利盖托

作者简介

卷 1

O. Al-Ubaydli

巴林（Bahrain）国际战略和能源研究中心，麦纳麦，巴林；乔治梅森大学，费尔法克斯，弗吉尼亚州，美国；墨卡托斯中心（Mercatus Center），阿灵顿，弗吉尼亚州，美国

S. Athey

斯坦福大学；斯坦福，加利福尼亚州，美国；国家经济研究局（NBER），剑桥，马萨诸塞州，美国

A. V. Banerjee

麻省理工学院，剑桥，马萨诸塞州，美国；国家经济研究局（NBER），剑桥，马萨诸塞州，美国

M. Bertrand

芝加哥大学布斯商学院，芝加哥，伊利诺伊州，美国

S. Chassang

纽约大学，纽约市，纽约州，美国

E. Duflo

麻省理工学院，剑桥，马萨诸塞州，美国

A. S. Gerber

耶鲁大学，纽黑文，康涅狄格州，美国

R. Glennerster

麻省理工学院，J-PAL，剑桥，马萨诸塞州，美国

U. Gneezy

加利福尼亚大学圣迭戈分校，拉霍亚，加利福尼亚州，美国；阿姆斯特丹大学，阿姆斯特丹，荷兰

D. P. Green

哥伦比亚大学，纽约市，纽约州，美国

J. M. Gueron

MDRC 荣休主席（President Emerita），纽约市，纽约州，美国

A. Imas

卡内基梅隆大学，匹兹堡，宾夕法尼亚州，美国

G. W. Imbens

斯坦福大学，斯坦福，加利福尼亚州，美国；国家经济研究局（NBER），剑桥，马萨诸塞州，美国

J. A. List

芝加哥大学，芝加哥，伊利诺伊州，美国；国家经济研究局（NBER），剑桥，马萨诸塞州，美国

E. L. Paluck

普林斯顿大学，普林斯顿，新泽西州，美国

D. Simester

麻省理工学院斯隆管理学院，剑桥，马萨诸塞州，美国

E. Shafir

普林斯顿大学，普林斯顿，新泽西州，美国

E. Snowberg

加州理工学院，帕萨迪纳市，加利福尼亚州，美国；国家经济研究局（NBER），剑桥，马萨诸塞州，美国

目　录

第1章 概 述

A. V. Banerjee[1]，E. Duflo[1]

麻省理工学院，剑桥，马萨诸塞州，美国

[1]通讯作者联系方式：E-mail：eduflo@mit.edu；banerjee@mit.edu

经济学家和政策制定者提出的许多问题（尽管不是全部）本质上都 　1
具有因果关系：在教室里增加电脑会有什么影响？预防性保健品的需求
价格弹性是多少？加息会不会导致违约率上升？几十年前，统计学家
Fisher（1925）提出了一种方法来回答这样的因果问题：随机对照试验
（RCT）。在 RCT 中，通过将不同的实验单位（units）随机分配到不同　2
干预组（treatment groups），确保了分配中没有不可观察的单位特征，
因此干预单位和控制单位之间的任何差异都反映了干预的影响。虽然这
个想法很简单，但是在实地环境下做实验可能更加复杂，因此，经过较
长的时期，随机化才被认为是回答经济学问题的一种实用工具。

许多人认为，第一次大规模的社会实验是新泽西收入维持实验
（New Jersey Income Maintenance Experiment），该实验始于 1968 年，
旨在检验收入转移和税率对劳动力供应的影响。在接下来的几十年里，
正如本书第 1 卷第 2 章（Gueron，2017）和第 2 卷第 8 章（von Wacht-
er 和 Rothstein，2017）提醒我们的那样，是一个曲折的过程，最终导
致决策者和学术研究人员更广泛地接受随机对照试验。尽管这种接受最
初在美国生根，但从 20 世纪 90 年代中期开始，也扩展到了发展中国
家，在那里 RCT 革命掀起了一场风暴。

到这时，这种方法已得到了广泛接受（尽管仍然有一些直言不讳的
批评和积极的辩论，其中许多可以在本手册中找到），目前发达国家和
发展中国家都有大量的实地实验研究。我们从这些文献中学到了大量的
东西，不仅包括如何执行和分析实验，而且包括实验对经济学和世界的
方法论方面的贡献。在本书中，我们邀请了一些该领域最重要的专家来

提炼这些知识，并讨论了最重要的挑战，以及对未来工作的开放性问题。在这篇简短的介绍中，我们对过去 20 年实地实验产生的影响进行了评估——实地实验对我们如何进行研究以及如何理解世界的影响（诚然，这是我们个人的主观看法，并且对我们自己的领域——发展经济学有一定的偏向）。

1 对我们研究方式的影响[①]

随机对照试验数量的显著增长，本身就反映了某些领域的戏剧性变化。当前的发展研究，其类型与 15 年前有很大的不同。反映这一事实的例子是，许多以往公开对随机对照试验持怀疑态度的研究人员，或原本属于发展经济学中完全不同传统的研究者，现在都参与了一个或多个随机对照试验（例如，Daron Acemoglu、Derek Neal、Martin Ravallion 和 Mark Rosenzweig）。

早期对随机化优点（或缺点）的讨论，特别关注其可靠识别因果效应估计值的内部和外部有效性方面的作用。我们与其他人已在各种场合进行了讨论（Heckman，1992；Banerjee 等，2007；Duflo 等，2007；Banerjee 和 Duflo，2009；Deaton，2010），这里不再重复。正如我们在 Banerjee 和 Duflo（2009）中所认为的那样，实际在某种程度上，这些讨论忽略了随机对照试验的真正价值，以及为什么它们在研究人员中变得如此受欢迎。

1.1 更加关注全面识别

从 Neyman（1923）（他将实验作为理论工具）和 Fisher（1925）（他是第一个实际提出随机化单位的人）开始，随机试验的最初动机是关注因果效应的可信识别。正如 Imbens 和 Athey（2017）在第 1 卷第 3 章中所写：

> 长期以来，人们一直认为随机试验是进行因果推断的最可靠设计。Freedman（2006）认为，实验提供了比观察性研究更可靠的因果关系证据。另外，一些研究人员仍然对随机试验的相对优势持怀

---

① 本节借鉴了 Banerjee 等（2016a）的观点。

疑态度。例如，Deaton（2010）认为来自随机试验的证据并没有特别的优先权，随机试验获得的证据不能自动高于其他证据，它们在证据等级中不占有任何特殊位置。我们与 Freedman 等人的观点一致，认为随机试验在因果推断中发挥着特殊作用。只要有可能，由研究人员来控制分配机制的随机试验，都是独一无二的，借助这种控制，可以消除干预与控制单位之间进行比较的选择性偏误。当然，这并不意味着随机试验可以回答所有因果问题。有许多原因导致随机试验可能不适合回答某些特定问题。

长期以来，观察性研究和随机化研究基本上沿着平行的道路发展：农业科学研究和生物医学研究迅速接受了随机试验，并发展出一套分析它们的词汇和统计工具。尽管其他领域也采用了随机研究，但社会科学中的大多数研究人员仍然继续根据观察性数据进行推断。主要的方法是估计相关性（associations），然后尝试评估这些相关性反映因果关系（causality）的程度（或明确表示放弃因果关系）。基于 Rubin（1974）的开创性贡献，研究人员开始将实验作为类比（analog）对象来推断观察性数据，为采用理想实验的角度来理解与分析观察性数据奠定了基础。

整个 20 世纪 80 年代和 90 年代，在这种对因果效应的清晰思维的推动下，劳动经济学和公共财政通过引入估计因果效应的新实证方法发生了转变，这些方法包括：匹配（matching）、工具变量（instrumental variables）、双重差分（difference-in-differences）和回归间断设计（regression discontinuity designs）。从 20 世纪 90 年代开始，发展经济学也接受了这些方法，但某些研究人员认为，直接进行理想的实验（RCT）也是可能的，因此，研究人员开始在实验文献和非实验研究之间来回穿梭。这意味着实验文献和非实验文献是在密切的关系中发展起来的，不断相互促进。

在发展经济学中，这一大型 RCT 运动完全改变了非实验研究文献。当实验这一黄金标准（gold standard）不仅仅是某人眼中的闪光点，而是一种特定实证策略的清晰替代方案，或至少是一种良好定义的基准时，研究人员觉得有必要对识别策略进行更深入的思考，进行更有创造性和更严谨的研究。最终，研究人员在识别和使用自然实验（natural experiments）方面变得越来越聪明，同时，他们在解释实验结果时也变得谨慎得多。这并不奇怪，在过去的几十年里，非实验研究文献的标准已经有了很大的改进，但这并不一定会牺牲提出广泛而重要问题的能力。有一些重要例子，如 Alesina 等（2013）使用犁的适宜性（suitability）来研究社会对女性角色态度的长期决定因素；Padró i Miquel 等（2012）采用双重差分策略来研究乡村民主；Banerjee 和 Iyer（2005）以及 Dell（2010）都使用了空间间断性来考察汲取性制度（extractive institutions）的长期影响。在以上每种例子中，研究问题均采用与其他标准化项目评估问题一样的方式来识别。

同时，RCT 文献也受到了非实验性文献的影响。对工具变量作用（与局限性）的理解，使研究人员能够偏离完全随机试验的基本范式——执行完美的随访（follow-up）调查，而使用更复杂的策略，如鼓励设计（encouragement designs）。非实验文献中研发的技术，提供了解决偏离理想实验环境的方法（不完全随机化、整群划分、不遵从、样本损耗、溢出和污染等）。这些方法在第 1 卷第 3 章（Imbens 和 Athey，2017）实验计量经济学中阐述得非常清楚，其他大多数章节也提供了它们的使用示例。

结构方法也越来越多地与评估反事实政策的实验相结合［参见第 2 卷第 8 章（von Wachter 和 Rothstein，2017）中一些发达国家的例子，以及 Todd 和 Wolpin（2006）及 Attanasio 等（2012）关于发展中国家的例子］。

最近，机器学习技术也开始与实验结合，为干预效应的异质性建模［参见第 1 卷第 3 章（Imbens 和 Athey，2017）］。

当然，这些新技术应用范围的扩展，也伴随着在原始实验分配之外增加额外假设的代价，而这些假设可能成立也可能不成立。这意味着，一项识别良好的非实验研究与在实地环境下面临许多限制或试图估计不纯粹干预效应参数的随机评估之间识别质量的差异仅仅是程度上的，而非本质上的。在这个意义上，在经验方法的连续谱（empirical spectrum）上，各种方法的识别质量已趋于一致，因为实验方法促进了其他研究设计的逐渐完善。

有趣的是，与这种模糊实验与非实验之间界限的趋势相反，在第 1 卷第 3 章中，Imbens 和 Athey（2017）为设计和分析以随机化为中心的实验提供了一种内部一致的框架（coherent framework）：

> 本章的一个主要议题是，我们建议使用基于随机化（randomization）的统计方法，而非计量经济学中通常使用的基于抽样

(sampling) 的传统方法。本质上，基于抽样的方法认为干预分配是固定的，而结果是随机的。统计推断是基于如下想法，即被试是从更大总体中随机抽取的样本。相比之下，基于随机化的方法将被试的潜在结果（即他们在每种可能干预方案中的结果）视为固定的，认为将被试分配到干预是随机的。

因此，他们提出的实验分析方法有时不同于传统计量经济学：例如，他们建议将数据分成不同的层（strata），以分析各组内的实验，并对结果进行平均。而不是去控制协变量（研究人员通常会这样做），因为这很容易导致有限样本偏差。这种新的做法由干预的随机化来直接保证，因此不需要任何额外的假设。他们还建议通过实验设计尽可能在事前多做准备，以避免任何事后调整。

1.2 评估外部效度

用 Imbens 和 Athey（2017）的话来说（第 1 卷第 3 章）就是："外部效度，是将基于特定总体和环境得出的因果推断结果进行推广，推广到不同的环境下，如不同的总体、不同的结果甚至不同的背景。"随机对照试验的外部效度比内部效度问题争论得更激烈，因为与内部效度不同，这种辩论没有明确终点。其他个体总会有差异，对干预的反应也不同，任何未来的干预都可能与已检验的有所不同。如 Banerjee 等（2017）（第 1 卷第 4 章）承认："外部政策建议难免有主观性。这并不意味着它不受实验证据的影响，相反，主观判断将不可避免地会影响决策。"

值得注意的是，这里的问题很少与 RCT 的具体内容有关（Banerjee 和 Duflo，2009）。同样的麻烦困扰着所有实证分析，只有一个例外，Heckman（1992）称之为随机化偏误（randomization bias）。随机化偏误指的是，实验需要被试（subjects）和执行研究项目组织双方的同意，因此这些人可能是特殊的，并不代表未来可能干预的总体。第 1 卷第 5 章（Glennerster，2017）列出了理想合作伙伴的特征：具备足够的规模、灵活性和在项目领域的技术能力；拥有专业知识和声誉；员工流动率低；以及具有了解真相的愿望。换言之，它们显然不代表典型的非政府组织或政府，这对从研究中可以概括出的结论有明显影响。

另外，值得指出的是，任何被评估的自然发生的政策（即不是一项 RCT）均是选择性的：评估的前提是政策确实执行了，大概是有人认为尝试该政策是一个好主意。一般来说，任何研究都发生在特定的时间和地点，这可能会影响结果。当然，这并非意味着专家根据他们的经验和实验结果提出的主观建议对决策者没有任何用处。大多数政策制定者并不愚蠢，他们知道如何将呈现的数据与自己的背景知识结合起来。根据我们的经验，当呈现一项感兴趣项目的证据时，政策制定者的直接反应，通常是问 RCT 能否在他们自己的政策背景下实施。

在外部效度方面，随机对照试验确实具有一项明显的优势，尽管它不经常被讨论，而且没有被系统地利用。要评估任何外部效度问题，在多种环境中进行良好识别的因果研究是有帮助的。这些环境应根据实验单位的特征分布而有所差异，同时根据干预的具体性质或干预率而有所不同，以评估推广到其他环境下的可信度。有了随机对照试验，原则上我们可以控制实验在哪里以及对什么样本实施（不仅是如何在一个样本内分配干预），所以，原则上也可以解释干预效应如何随着环境而变化。当然，如果我们允许世界以无限的方式改变，这本身并不足以说明任何事情。但有几种方法可以取得进展。

1.2.1 结合现有评估并进行元分析

第一种方法是结合现有评估，并对干预效应的可能分布做出假设。这样做的方法有很多种，从明确的参数化——Rubin（1981）提出，将干预效应异质性建模为一种正态分布：在每个实验地点，干预的因果效应是从正态分布中抽取的地点特定（site-specific）效应——到更多的非参数方法，例如基于偏好显示（revealed preference）的方法。第 2 卷第 8 章（von Wachter 和 Rothstein，2017）广泛讨论了评估发达国家社会项目的背景下各种方法之间的取舍。第 2 卷第 2 章（Fryer，2017）对在美国实施的三个领域共 196 个教育 RCT 进行了系统的元分析（meta-analysis）。

尝试进行任何类型的元分析都可能出现的问题是，从一个未选择的研究样本中获取未选择的结果样本。由于经济学存在发表偏误（publication bias），因此已发表的研究样本可能无法代表所有的研究。此外，研究人员在进行元分析时有一定的灵活性，可能只选择现成可用的结果。这恰好是 RCT 的另一个优点：由于它们有明确的开始时间和结束时间，因此原则上可以提前注册。为此，第 1 卷第 5 章（Glennerster，2017）讨论了近年来美国经济学会（American Economic Association，AEA）建立的随机试验注册网站（www. socialscienceregistry. org），截至 2017 年 8 月 10 日，该网站已包括 800 多个项目。为了让所有项目都能够注册，建议最好在实验启动之前进行，并且结果与研究者各自的研

究有明确关联，以便将来元分析人员可以对整个研究领域开展分析。第
1 卷第 5 章（Glennerster，2017）和第 4 章（Banerjee 等，2017）对注
册和预分析计划更进一步的价值进行了有用的交流，即要求研究人员提
前说明待检验的假设和将进行的回归分析①。总体而言，这两章不仅指
出约束急于展示成功的合作伙伴的价值，而且强调这是以失去探索数据
的灵活性为代价的。在第 1 卷第 4 章中，Banerjee 等（2017）指出，如
果数据可供他人使用，原则上没有理由预先指定具体分析，因为任何人
都可以决定进行什么分析。这与第 1 卷第 5 章（Glennerster，2017）中
讨论的另一个问题有关：需要开放访问完整和可用的数据，以便复制现
有分析和进行其他分析。这是一个已取得许多进展的领域，希望今后几
年能够取得更多进展。

1.2.2　利用其他实验来理解机制

第二种方法是使用其他实验的结果来检验特定因果渠道，以支持政
策实验的结论。一种方法是，与在可比环境中进行的实验室实验结果进
行对比［参见第 1 卷第 10 章（Gneezy 和 Imas，2017）］。另一种方法是
进行额外的实地实验，以支持构成政策主张基础的因果渠道［参见第 2
卷第 4 章（Kling 等，2017）］。

1.2.3　多地点项目

第三种方法是从一开始就将项目设想为多地点项目。这种项目最近
的一个例子是毕业方法（graduation approach），这是一种以促进生计
为核心的综合、多方面的项目，旨在使个人摆脱极端贫困，走上一条长
期、可持续的更高消费水平的道路，第 2 卷第 7 章（Hanna 和 Karlan，
2017）对此进行了讨论。可能是世界上最大的非政府组织的 BRAC，在
孟加拉国扩大了这一项目（Bandiera 等，2013）的规模，同时，世界各
地的非政府组织也参与了类似的以生计为基础的行动，在埃塞俄比亚、
加纳、洪都拉斯、印度、巴基斯坦和秘鲁进行了 6 项随机试验。这些团
队定期相互沟通以及与 BRAC 沟通，以确保各地实行的改良版与原始
项目一致。结果表明，综合性多方面的项目足以增加长期收入，其中，
长期的定义是生产性资产移交之后 3 年内（Banerjee 等，2015a，b）。
他们使用指数法来说明多个假设检验，发现两年后项目对消费、收入和
利润、资产财富、食品安全、金融包容性、身体健康、心理健康、劳动

---

① Paluck 和 Shafir（2017）讨论了当一位实验者对结果是什么已有一些构想时，预注册
和预分析计划的优点。

力供应、政治参与和女性决策均产生了积极影响。3 年之后，这 10 个结果类别中仍然有 8 个结果保持不变。不过，各国之间存在差异（例如，该项目在洪都拉斯无效），该小组目前正在进行元分析，以量化异质性水平。

1.2.4 结构性推测

一个问题是，研究人员事后几乎无法确定各国研究结果差异的来源。多地点项目的一个选项是从最初几个地点来获得指导，从而预测下一个地点会发现什么。为了规范这一过程，研究人员被鼓励利用现有试验的结果，对希望在其他样本（或略有不同的干预）中观察到的结果做出明确预测。这些预测可作为后续试验的指导。第 1 卷第 4 章（Banerjee 等，2017）讨论了这一观点，称之为结构性推测。因此，他们提出了以下结构性推测的普遍指导方针：

（1）实验者应该系统地推测其发现结果的外部效度。

（2）这种推测应该与论文其余部分清楚和明确地分开，或者单独放在一个叫作推测的部分中。

（3）推测应该是精确的和可证伪的。

根据 Banerjee 等（2017）的说法，结构性推测有三个好处：第一，它确保研究者的具体知识被获取。第二，它创造了一种清晰的理解，即应该在哪里进行其他实验。第三，它将激励研究者去设计有更大外部效度的研究。他们写道：

> 为了解决可扩展性（scalability）问题，实验者可以构建当地的试点研究，以便与主要实验比较。为了识别可推广到其他环境的合适的亚总体（sub-populations），实验者可以提前确定可进行推广的群体特征，并对这些特征进行分层。为了将结果扩展到无法观察的有不同特征分布的总体，实验者可以采用 Chassang 等（2012）讨论的选择性试验技术（selective trial techniques），并对每个被识别的群体分别进行试验。

由于这种结构性推测的想法最近才被提出，目前的例子还很少。一个值得注意的例子是 Dupas（2014），他研究了短期补贴对新型健康产品长期使用的影响，并报告说短期补贴对更有效和舒适的蚊帐使用有显著影响。然后，论文对外部效度进行了讨论，首先阐明了关于短期补贴有效性的一个简明论点：（1）解决各种形式不确定性的速度；（2）某位用户成本和收益的时机。如果收益不确定性问题能迅速得到解决，短期补贴就能产生长期效果。如果收益不确定性问题解决缓慢，而且使用成本在早期就产生了，短期的补贴不太可能产生长期的影响。

随后 Dupas（2014）回答了这样一个问题："对于何种类型的健康产品和背景，我们期望得到相同结果？"他根据短期（或一次性）补贴改变使用模式（adoption patterns）的方式，将潜在技术分为三类。显然，在所有论文结尾处都可能有这样的讨论，而不仅是随机对照试验研究论文。但由于随机对照试验可以有目的地设计和安排，因此在这种情况下进行后续研究的机会更大。

1.3　检验理论

这种讨论清楚地表明，只有我们理解了想要总结的教训之后，谈论外部效度才有意义。考虑到之前提到的合作伙伴选择问题，Glennerster（2017）在第 1 卷第 5 章中写道：

> 是优先选择一个有代表性的合作伙伴，还是选择一个高度忠诚的合作伙伴，这取决于研究目标。如果我们检验的是潜在的人类行为，比如愿意为未来的收益买单，那么合作伙伴的代表性就不那么重要了。如果我们想知道一种经常实施的项目是否有效，就会优先考虑与有代表性的合作伙伴开展合作。注意，与关于人类行为的一般问题相比，"这种类型的项目是否有效"不一定是与政策更相关的问题。就其性质而言，更一般的问题更具推广性，可以被应用于更广泛的政策问题。

实地实验的一个重要贡献是检验理论的能力。在第 1 卷第 3 章中，Imbens 和 Athey（2017）认为随机试验研究者对分配机制的控制是独一无二的。我们进一步论证：在研究者（通常）对干预本身的控制中，随机化也是独一无二的。在观察性研究中，无论设计得多么精美，研究人员都仅限于评估世界上已经实施了什么。在一项随机试验中，她可以用在现实中观察不到的方式操纵干预。这样做有很多好处。首先，她可以创新，即在现有知识或理论基础上，设计可能有效的新政策或干预措施，并进行测试，即使目前没有政策制定者考虑付诸实践。发展经济学家往往有很多想法，受到他们阅读或研究内容的启发，许多随机试验项目就是从这些想法中产生的：在实地测试一种以前根本不存在的干预措施（给孩子接种疫苗的父母发一公斤扁豆；用车厢标语鼓励乘客对差劲的司机直言不讳；免费发放加氯机；等等）。

其次，她可以引入各种变体来帮助检验现有理论的含义，或者构建

10

通常无法出现的事例。众所周知的负所得税（NIT）实验正是基于这一想法设计的：一般来说，当工资提高时，会产生收入效应和替代效应，这两种效应是不容易分离的（Heckman，1992）。但是通过随机操纵工资计划（wage schedule）的斜率和截距，使一起估计两者成为可能。有趣的是，在最初的 NIT 和兰德健康保险实验（Rand Health Insurance Experiment）之后，美国社会实验的传统主要是获得综合性社会政策的因果效应（Gueron，2017），然而，第 2 卷第 4 章（Kling 等，2017）认为，最近开始出现他们所谓机制实验（mechanism experiments）的复兴，机制实验的定义如下：

> 这是一种测试机制的实验，也就是说，它不是直接测试政策参数变化本身的影响，而是测试连接（或假设连接）政策和结果的因果链中间环节变化的影响。也就是说，如果某项具体政策有影响政策结果的候选机制，机制实验将测试一个或多个机制。这些机制将政策与结果连接起来，机制可以并行运行（例如，当存在多个潜在中介通道时，通过这些通道，政策可以改变结果），也可以顺序运行（例如，某些机制影响政策采用或政策实施保真度）。核心思想是，机制实验的目的是提供关于该政策的信息，但不涉及对该政策的直接测试。

换句话说，机制实验是一种特殊版本的检验理论实验，它对某些政策设计有相对直接的独特意义。

检验理论的实验，包括机制实验，在发展经济学中一直占有重要地位，现在也开始在发达国家使用。Banerjee 和 Duflo（2009）讨论了一些早期机制实验的例子，包括 Karlan 和 Zinman（2009）发表的关于观察不可观测变量的颇具影响力的论文。第 1 卷第 8 章（Bertrand 和 Duflo，2017）、第 2 卷第 1 章（Dupas 和 Miguel，2017）和第 2 卷第 7 章（Hanna 和 Karlan，2017）都讨论了这些问题。

现在，使用实地实验检验理论的另一个标准领域，是越来越多的将以前实验室研究放在更现实环境中复制和理论检验的文献。第 1 卷第 7 章（Al-Ubaydli 和 List，2017）和第 10 章（Gneezy 和 Imas，2017）都是对该类文献的出色介绍，前者着重于对市场结果的理论预测，而后者着重于对偏好的理解。通过从实验室转移到实地，这两章中综述的研究旨在选择更相关的总体，将其置于非人为的场合（situation），在与实践相关的背景中检验这些理论。这种想法认为，实验室中人们的行为与现实有所差异。第 1 卷第 6 章（Paluck 和 Shafir，2017）旨在进一步帮助我们思考实验者如何设计实验来成功地检验理论。他们将建构概念（notion of construal）置于其方法的中心。他们认为："建构（construal）的定义是个人对刺激的主观解释，无论刺激是一个选择集、一种场合、其他人群还是一项实验干预。"为了成功地检验理论，必须设计实验，使参与者以实验者希望的方式来理解世界（或不同干预），以便能够解释参与者在不同条件下的行动和行为。当然，建构与其他研究也相关（它影响人们对调查的反应）。但是，当研究人员考虑相关的操纵（manipulation）时，建构对实验环境（set up）来说尤为重要。尽管没有神奇方法可以做到这一点，但 Paluck 和 Shafir 强调并鼓励我们采用这种视角来思考基本的实验实践：在实验早期阶段开展试点，采用连续和开放性观察，确保参与者的建构与研究者相同；进行操纵检查（manipulation check），确保参与者理解自己正在接受的干预；以及做出研究者在实验过程中是否出现的决定。

1.4　数据收集

数据收集是实验工作的核心，因为管理数据（administrative data）并不总是可用的，或者不足以获取相关结果的信息。这方面已经取得了相当大的进展。第 1 卷第 5 章（Glennerster，2017）为研究人员如何确保收集数据的效度提供了具体而有用的指导，并总结了监测、回溯检查和有效使用信息技术的最佳实践。实验还激发了测量的创造力，Glennerster 的章节以及几乎所有其他章节都涵盖了这些创新。下面我们稍微详细地说明一下这些议题。

原则上，谨慎而创新地收集微观经济数据与实验方法之间不存在自动联系。然而，有助于鼓励开发新测量方法的实验，其特征是高采用率（take-up rates）和特定的测量问题。在许多实验研究中，很大一部分被作为项目干预目标的人实际上受到了影响。这意味着，为评估项目效果而收集数据的实验单位，其数量不需要很大，而且这些数据通常是为了实验目标而收集的。因此，与大型综合性的家庭或企业调查相比，实验更容易负担得起详尽和高成本的结果测量。相比之下，观察性研究通常依赖对大型总体变异性（政策变化、市场导致的变化、自然变化、供应冲击等）的识别，需要使用一般来说并非为特定目标收集的大型数据集，这使得根据具体问题对变量测量进行微调变得更困难。此外，即使可以针对研究问题进行复杂的事后数据收集，通常也无法针对项目之前的情况（preprogram situation）收集数据，从而排除了对这些类型结果使用"双重差分"识别策略的可能性，进一步限制了事后收集结果数据的动机。

实地实验令人兴奋的一些最新发展与测量有关。研究者开始向经济学其他子领域（sub-fields）以及其他学科借鉴结果测量的工具。例如，土壤质量测试和农业实时遥感数据［与农业相关的评论见第 2 卷第 5 章（de Janvry 等，2017）］；社会心理学家为难以测量的结果，诸如歧视和偏见开发的技术——审计与通信（audit and correspondence）研究、内隐联想测验（implicit association tests）、戈德堡实验（Goldberg experiments）以及列表实验（list experiments）［见第 1 卷第 8 章（Bertrand和 Duflo，2017）关于歧视的评论］；认知心理学家开发的儿童发展测量工具（Attanasio 等，2014）；受经济理论启发的工具，如用于推断支付意愿的 Becker-DeGroot-Marshak 博弈［见第 2 卷第 1 章的讨论（Dupas和 Miguel，2017）］；健康方面的生物标志物（biomarkers），除了传统身高、体重和血红蛋白（例如，测量压力的皮质醇）；测量运动或努力程度的可穿戴设备（Rao 等，2016；Kreindler，2016）。

有些实验还开发了完全适合研究目标的具体方法和装置。Olken（2007）就是一个在这类实验环境下收集数据的例子。研究旨在测量审计或社区监测是否能够有效遏制分散建设项目中的腐败。为了可靠测量实际的腐败程度，他把重点放在道路上，让工程师在道路上挖洞来测量工程所用的材料，然后与官方报告的材料进行比较。二者的差异可以测量有多少材料被盗，或者只开发票但从未购买，因此是一种对腐败的客观测量标准。Olken 随后证明，这种投入损失（missing inputs）的测量会受到审计威胁的影响，但除了一种特定条件，即鼓励更多的人参与社区会议之外，其他方法均没有什么效果。Rigol 等（2016）提供了另一个创新数据收集实践的例子。在他们的实验中，为了准确测量人们是否以及什么时候洗手，他们设计了一种洗手液分配器（soap dispensers），该分配器可记录出液按钮何时被按压，并雇用了一家中国公司来生产这种装置。类似的审计方法也被用来测量健康干预措施的影响，例如用假装患有特定疾病的患者来测量培训效果（Banerjee 等，2016b，c，d）或让不符合条件的人试图获得免费蚊帐（Dupas 等，2016）。即使只包括一部分这种例子，清单也会非常长。

与此同时，管理数据的使用也越来越多，这些数据通常与大规模实验相结合。在美国，管理数据往往是实验分析的核心［见第 1 卷第 2 章

（Gueron，2017）和第 2 卷第 8 章（von Wachter 和 Rothstein，2017）]，近年来税收数据的可获得使我们能够检验干预的长期影响（Chetty 等，2011，2016）。最近，这种做法也蔓延到了发展中国家。例如，Banerjee 等（2016b，c，d）使用了公开的印度工作福利项目管理数据以及作为实验一部分的限制性支出（restricted expenditure）数据；Olken 等（2016）使用了巴基斯坦的税收管理数据；Attanasio 等（2016）使用了测量职业培训长期效果的哥伦比亚失业保险数据。

另一个越来越重要的数据来源是使用实地中的实验室（lab-in-the-field）实验来预测干预效应（例如，与其他人相比，承诺装置对那些有自我控制问题的人帮助更大）或者某种结果（例如，用一个公共产品博弈中的合作来测量是否成功产生了社会资本）。第 1 卷第 10 章（Gneezy 和 Imas，2017）不仅提供了大量例子，还警告人们不要盲目相信实地中的实验室实验可以挖掘深层偏好，例如，独裁者博弈中的行为不一定能预测现实生活中的亲社会行为。

归根结底，在超越传统调查，即理解如何创造性和准确地收集或使用数据上，我们取得了很大进展，这些洞察力既导致了更好的实验研究项目，也促进了非随机化研究中数据收集方法的创新。

1.5　相同环境下复制和构建之前的研究

随机对照试验在方法上的另一种优势，与研究者对分配的控制有关，通常也与干预本身有关。与实际能回答的相比，良好识别的政策评估通常会提出更多的问题。特别是，我们经常会感到疑惑：为什么事情会变成现在这样？如何改变干预措施，让事情变得（甚至）更好？

在这方面，不断尝试不同干预措施的能力可能极具价值。第 2 卷（Fryer，2017）中关于发达国家教育的第 2 章，就是这种探索历史的一部分。Fryer 试图找出什么因素才能真正有效地缩小黑人与白人的成就差距，他描述了一长串失败的或不怎么成功的实验，以及成功与失败教训的缓慢积累过程。通过这个过程，主要方向最终变得清晰，他得出了以下结论：

> 这些事实提供了乐观的理由。通过系统地实施旨在增加学龄儿童人力资本的随机实地实验，我们大大增加了关于如何产生人力资本的知识，并汇集了一系列最佳实践准则。

14

在第 1 卷（Gerber 和 Green，2017）第 9 章中，我们看到了一个非常相似的动态发现过程，即如何影响投票率的问题。营销实验也是以动态进化干预为特征［参见第 1 卷第 11 章（Simester，2017）］，还有一些农业实验也是这样［参见第 2 卷第 5 章（de Janvry 等，2017）］。

1.6　分解干预措施

最后，RCT 允许将一个项目分拆为其组成元素。同样，这种工作可以不断重复。例如，BRAC 极端贫困项目的所有初始评估都是使用其完整项目（full package）进行的，墨西哥有条件现金转移（CCT）项目（PROGRESA）中的大量评估也是如此。但对研究和政策来说，一旦我们知道整个项目是有效的，就会有兴趣去了解它成功的关键元素是什么。近年来，一些论文研究了 CCT 的内部组成元素，放松了前提条件，并采用其他方式对其进行了修改，这在第 2 卷（Hanna 和 Karlan，2017）第 7 章中进行了讨论。Hanna 和 Karlan 在讨论上文提到的毕业项目（graduation program）时，强调了要完全分解项目面临的挑战，该项目为受益人提供了一项资产作为馈赠，如获得储蓄机会、医疗服务与信息、生活指导和小额津贴。他们写道：

> 如果不受预算和组织约束，理想的方法是一个复杂的实验设计，即将每种组成元素（component）的所有排列（permutations）进行随机化。如果唯一的问题是信贷市场失灵，那么生产性资产转移可能足以产生这些结果。如果没有其他组成元素使个人能够积累足够的资本来获得资产，那么转移本身可能是一种必要组成元素。另外，储蓄元素可能是生产性资产转移的替代，通过降低储蓄的交易成本，并作为一种行为干预，有助于保持任务状态以积累储蓄。显然，在同一种环境下测试每种元素的必要性或充分性，以及元素间的交互作用是不现实的：即使对每种元素进行简单干预，不管它们是否真的存在，也意味着 $2 \times 2 \times 2 \times 2 = 16$ 个实验组。

正如这一段所暗示的那样，前进的道路显然是一种拼图式（mosaic）的发展，而不是一种确定性研究：既检验每种元素又包括充分的情景与市场变化，以便帮助大量国家和总体制定政策。需要做更多的工作来梳理不同的组成元素：资产转移（解决资本市场失灵问题）、储蓄账户（降低储蓄交易成本）、信息（解决信息失灵问题）、生活辅导（解决行为约束问题，可能会改变投资回报的预期和信念）、卫生服务和信息

（解决医疗市场失灵问题）、消费支持（解决营养导致的贫困陷阱问题）等。此外，对如何解决这些问题还有一些关键的开放性议题，例如，生活辅导可以有无限多的具体形式。一些组织通过宗教进行生活辅导，其他组织通过互动式问题解决（interactive problem-solving）进行，还有组织通过心理治疗方法进行生活辅导（Bolton 等，2003，2007；Patel 等，2010）。不仅在这些生活辅导元素的承诺方面，而且在如何使其发挥作用（如果确实有作用的话）方面，还有很多问题需要研究。

在某些情况下，特别是在与政府进行大规模合作时，实际上可以从一开始就对项目的不同版本进行实验。有两个目的：一是让我们掌握项目背后的理论，二是对政府有操作价值，政府可以选择最具成本效益的组合。第 2 卷第 7 章（Hanna 和 Karlan，2017）中讨论的 Banerjee 等（2016b，c，d）对印度尼西亚 Raskin 项目潜在改革的评估，就是一个例子。

2　对我们思考世界方式的影响

不管某个 RCT 的重点是否为检验一种理论，其结果最终都会改变我们关于世界的理论。尽管在所有可靠的经验研究中都是如此，但对于 RCT 的结果来说尤其成立。因为 RCT 和类似 RCT 的自然实验的一个优势是，它们不依赖任何理论进行识别，因此可能会质疑该领域的最基本假设。在本节中，我们列出了一些从 RCT 文献中得出了有力见解的领域，这些领域主要基于本卷中各章讨论的材料。

2.1　论更好人力资本的价值

来自发展中国家的健康随机对照试验文献［在第 2 卷第 1 章中进行了总结（Dupas 和 Miguel，2017）］证实了严重疾病，如艾滋病和疟疾，会带来巨大的收入/生产力后果（基于随机分配的稀缺干预）。Dupas 和 Miguel 还报告了一些观察儿童长期结果的随机对照试验，这些人在童年接受了健康干预。在某些情况下，例如去除寄生虫（deworming），对成年后的收入有显著的长期影响。第 2 卷第 8 章（von Wachter 和 Rothstein，2017）详细描述了美国进行的"移居到机会（Moving to Opportunity）"实验的长期跟踪研究，发现对那些年轻时移居到不那么贫穷社区的受益者来说，也有类似的显著正面后果。这两章都表明，鉴于短期效果相对较小，长期效果的幅度并没有得到充分解释。

不幸的是，无论在发达国家还是发展中国家，健康或教育 RCT 文献中很少有这方面内容，即在相对较小年龄实施的干预，是否可以产生持久和显著的影响？这种影响的渠道是什么？这仍然是今后工作的一个重要领域。

2.2 论教育改革

在第 2 卷第 2 章（Fryer，2017）（对发达国家）和第 3 章（Muralidharan，2017）（对发展中国家）总结的教育 RCT 文献中，一个非常明确的信息是，在正确水平上教学（Teaching at the Right Level，TaRL）是帮助普通学生表现更好项目的核心要素。干预背后的想法非常简单：需要确定和消除学生的具体弱点，尽管他（她）的知识与其年龄或年级应该了解的并不相符。这似乎是显而易见的，但这两章都指出，学校系统的强制要求，尤其是跟上课程进度的需要，常常忽略了这一点。

但是，在两种背景下实施 TaRL 的正确方法有所不同。Fryer 主张进行成本较高的高强度辅导，而 Muralidharan 则描述了一些低成本的成功干预措施，其中受过最低限度培训的志愿者开展有限的集中教学似乎产生了较大的正面效果。除了其他原因之外，这种差异可能反映出起点的不同（发展中国家的孩子成绩落后程度较高，反而比较容易改善）或者发达国家那种合适的低强度辅导还无法实现这一事实。

同样令人吃惊的是，许多备受推崇的干预措施要么根本不起作用，要么产生了相对微弱的积极效果。这些措施包括学校的各种基础设施，针对学生的激励，提高教师-学生比例，标准的教师培训/专业发展，改变教师的选拔过程，或许最引人注目的是，教育券（school vouchers）。其他一些干预措施，如计算机辅助学习，似乎基本上效果为零或有负面效果，但也有一些显著的积极效果，均来自发展中国家。这种差异可能来自时间的机会成本，也许在发展中国家中，计算机学习之外的方法更糟糕，因为那里的教师参与程度很低，甚至经常缺席。另一个混合因素是教师激励，Fryer 和 Muralidharan 都报告了一些非常大的积极效果和许多小的或零的效果。产生这种差异的原因可能在于激励实施的细节，也可能在于学校的内部文化或管理。

2.3 论再分配项目的设计

收入和激励（替代）对劳动力供应的影响是再分配和社会保险项目设计的核心。如果这些影响是强的和负的，可能的收入转移的程度可能会受到严重的限制，受约束的最优保险往往是非常片面的。令人欣慰的是，从再分配政策效率的角度来看，第 2 卷第 8 章（von Wachter 和 Rothstein，2017）总结的来自发达国家的证据表明，这两个弹性都是负面的，但往往很小（约为 0.1）。第 2 卷第 7 章（Hanna 和 Karlan，2017）总结了来自发展中国家的证据，发现事实上没有明确的证据表明收入对劳动力供应有负面影响。有趣的是，无条件的收入转移似乎对劳动力供应无影响，而资产的转移，比如所谓的毕业项目，似乎鼓励人们更加努力地工作[①]。然而，应该认识到，这些都是不纯粹的收入效应，因为这些资产潜在地增加了劳动的边际产出，尽管这仍然支持再分配。此外，最近两篇对发展中国家的证据进行综述的文章表明，额外的收入经常被用来增加营养（Banerjee，2016），并不会增加对诱惑商品的消费（Evans 和 Popova，2014），这进一步加强了再分配的理由。

鉴于此，各种资产转移项目的受益者在停止与项目有任何联系后，生活状况却持续改善长达 5 年也就不足为奇了。这是资产转移本身的效果，还是整个项目的效果，还有待观察，这推动受益人将他们的资产用于长期的经济改善。

另外，缺乏强大的激励效应，意味着利用财务激励来改变行为的成本高昂。第 2 卷第 8 章（von Wachter 和 Rothstein，2017）总结了发达国家一系列社会项目的证据，这些项目试图利用激励措施来改变劳动力市场边缘人群的求职和留任行为，但效果有限。欠发达国家的有条件现金转移（CCT）项目的经验［如第 2 卷第 7 章（Hanna 和 Karlan，2017）所述］比较多样化；除了一些例外，大多数项目确实会改变行为，但这样做的成本往往很高。

2.4 论公职人员激励机制的设计

一篇主要关注发展中国家的相关文献［尽管第 2 卷第 2 章（Fryer，2017）和第 8 章（von Wachter 和 Rothstein，2017）有呼应］，强调利用激励措施从公职人员那里获得更好绩效的难度。这一类规模较小但却

---

① Banerjee 等（2016b，c，d）总结了收入对劳动力供应有影响的证据。

不断增长的文献主题，在第 2 卷第 6 章（Olken 等，2017）中进行了综述。该章首先表明发展中国家的政府雇员获得了额外报酬（premium），但发达国家的政府雇员却没有。效率工资理论表明，这将让激励政府雇员变得更容易，但情况并非如此。因为基于解雇的激励措施极少被使用，而且有大量初步证据表明这些高薪官员存在违法行为，这激发了最近的一系列随机对照试验，旨在通过提供更好的激励措施和其他手段来改善政府绩效。从这篇文献中人们得到的一个主要结论是，很难为这些官员设计适当的激励措施（因为存在异常反应的风险），或许更难确保的是，这些激励措施得到切实执行。

2.5 论金融产品的获取

鉴于资产转移项目成功地提高了收入，自然而然的假设是，提高获得合理定价贷款的机会会有类似的效果。然而，正如第 2 卷第 7 章（Hanna 和 Karlan，2017）所明确指出的那样［另参见第 2 卷第 5 章（de Janvry 等，2017）］，基本上没有 RCT 支持此观点（这种特殊文献几乎专门针对发展中国家）。举一个明显的例子，改善小额贷款的获取似乎对消费者支出的方向产生了一些影响，但对收入甚至商业收入没有影响。这可能是因为小额贷款产品的设计缺陷，或是由于贷款并不鼓励承担风险，或是由于贷款额太小而无法使借款人投资高回报的项目（或者由于其他各种原因），但是事实本身足以让人吃惊。

另外，在农业中，有明确的 RCT 证据表明，获得有补贴的农作物保险对收入有正面影响［见第 2 卷第 5 章（de Janvry 等，2017）］。Karlan 等（2014）关于加纳农业的研究（在第 2 卷第 5 章中进行了讨论）在这种情况下尤其引人注目，因为它发现有补贴的保险对投资和生产率有明显效果，但现金转移对投资或生产率却没有效果。作者将其解释为这些农民不受信贷约束，但对于这些农民为什么不通过借贷（borrowing and lending）来投资和自我保险（self-insure），目前尚不清楚。的确，自我保险不如从市场上获得保险那样好，但是相对于生产率的收益，福利损失似乎很小。我们认为，这里存在重要的尚未解决的建模问题。

2.6 对保险和其他预防产品的需求

虽然保险似乎对低收入受益者非常有用，他们很乐意在得到高额补贴时购买保险，并改变自己的行为以利用保险的好处，但在市场价格或任何接近市场价格的地方，保险需求非常少。对农作物保险［参见第 2

卷第 5 章（de Janvry 等，2017）]和健康保险［参见第 2 卷第 1 章（Dupas 和 Miguel，2017）］来说都是这样。de Janvry、Sadoulet 和 Suri 认为，这在一定程度上是因为保险公司与被保险人之间的信任赤字，被保险人认为保险公司会拒绝事后赔款。然而，Dupas 和 Miguel 指出，大多数健康保护产品，如驱虫丸、经杀虫剂处理的蚊帐和疫苗接种，也出现了同样的需求不足，这表明问题可能更普遍。

一种选择可能是关于这些产品功效的信息不足。虽然有初步证据表明存在信息赤字（information deficit），但第 2 卷第 1 章（Dupas 和 Miguel，2017）发现，提供医疗保健需求信息的影响相当复杂。另一种选择是，需求不足与目前普遍存在的当前偏误（present bias）有关：本质上，预防产品要求购买者现在就支付，即为不确定的未来利益买单。然而，我们离完全解决需求问题还有一段距离，需要做进一步的研究。

2.7 论偏好与偏好变化

这些偏离经济学理性行为标准模型的现象是以下三章的灵感：第 1 卷第 7 章（Al-Ubaydli 和 List，2017）、第 10 章（Gneezy 和 Imas，2017）和第 11 章（Simester，2017），尽管各章的角度有所不同。Al-Ubaydli 和 List 明确回答了这些偏离的稳健性问题。他们特别关注这些偏离是否能够在较强激励和长期实践下维持，这两者都是长期市场参与者的特征（当然，这并非唯一感兴趣的总体，例如仅需要为子女接种疫苗几次的母亲）。他们得出的结论是，尽管其中一些偏离随着实践或正确激励而消失，但其中许多确实很稳健。例如，专业人士的偏离并不一定比学生少，并指出，尽管如此，许多单一市场仍然可以取得非常接近传统均衡预期的结果。

Gneezy 和 Imas（第 1 卷第 10 章）有一个稍微不同的关注点：当我们使用实地环境下实验室实验的结果时，真的获得了想寻找的深层偏好参数吗？例如，他们得出结论：

> 研究结果表明，通常用于引发风险态度的激励抽签实验（incentivized lottery experiments），在预测现实世界行为（如投资选择）时，对未被激励的常规调查问题是缺乏预测力的。

另外，他们发现，以博弈表现来测量的竞争性的性别差异，确实与社会的父权制程度密切相关。

第 1 卷第 11 章（Simester，2017）描述了市场营销中的实地实验。市场营销领域通常认为消费者是有偏见的，并且使用简单的启发式决

20 策。营销工作的一个重要部分是利用这些特征来推销产品。此外，还有广告，这在一定程度上是为了改变偏好。

第1卷第11章（Simester，2017）中描述的实验证据，部分是关于理解人们的启发式和偏见的本质，营销人员如何应对这些启发式和偏见，以及什么样的广告对改变偏好最有效。这方面似乎没有什么普遍规律，除了许多情景因素似乎很重要之外，所以实验相当有价值。因此，现在有了精准营销的动态模型，其中特定的干预会基于特定客户或客户群的过去经验而改变，并对这些模型使用实验方法进行了检验。这是一种与大多数实地实验文献截然不同的方法，在这些文献中，要测试的干预措施是基于之前的思考而不是实验本身来选择的。在一定程度上这种方法是可能的，因为在这个互联网普及率高、大数据的时代，营销手段（价格、优惠、广告等）可以高频率变化，消费者对变化的反应可以立即跟踪和处理。显然，在其他经济学领域并不总是这样，但值得思考的是，如何设计更多遵循营销模型的实验。

最后，第1卷第8章（Bertrand 和 Duflo，2017）关注一种特定的偏好：导致偏见和歧视的偏好。本章首先展示了关于偏见和歧视的有力实验证据，包括基于审计研究的自我歧视、支付意愿研究以及各种心理工具，如内隐联想测验（IATs）和戈德堡悖论实验（Goldberg Paradox experiments）。在更难的问题上，即这些行为是否基于内在偏好而不是统计歧视，他们并没有发现明确的实验证据。然而，综合考虑这些证据，说明偏好确实起着重要作用。本章的第二部分描述了实验证据，表明这些基于身份的（identity-based）偏好（无论是内在的还是诱导的），总体上对那些被视为负面身份的人和生产力都有显著的负面影响。最后一节讨论是否可以通过适当的干预选择来改变这些偏好的问题。这也许是实验证据最有价值但也最缺乏的地方。实验室研究表明，偏好改变确实是可能的，但令人信服的实地研究太少。

2.8 论社区的作用

歧视当然是社区结构可能产生重大负面效应的一个理由。然而，现在有大量的实验文献希望寻找正面效应。第2卷第5章（de Janvry 等，2017）报告了在农业领域中向朋友和邻居学习的文献。第2卷第7章（Hanna 和 Karlan，2017）讨论了利用社区关于其成员的知识来识别穷人的可能性。第2卷第1章（Dupas 和 Miguel，2017）、第3章（Mu-*21* ralidharan，2017）和第6章（Olken 等，2017）均讨论了一种特定集体行动的可能性：利用社区来监督和激励地方政府官员。我们对这一证据的总体评估是失望的。实际上很少有非常成功的例子，在大多数情况下，集体知识或集体行动的传播/使用少得惊人。当然，这些章中也提出了一些合理的解释，但是要理解为什么社区不利用这些信息并获取它们，显然仍然是未来的一个重要研究议程。

2.9　论投票激励

一种有许多人参与的集体行动形式是投票。事实上，根据所谓投票的理性模型，很难解释为何有这么多人去投票。鉴于此，理论不太可能很好地指导如何让更多的人，特别是被社会排斥群体中的人投票的问题。从这一观察开始，政治学家艾伦·格伯（Alan Gerber）和唐·格林（Don Green）决定采取一种激进的经验主义方法，来理解如何影响投票率：他们组织了一系列随机对照试验，在这些试验中，他们尝试了所有的标准动员方法及其组合。这一努力激发了大量且不断增长的政治学文献，详情见第 1 卷第 9 章（Gerber 和 Green，2017）。他们总结出如下简洁的发现：

> 一是当面鼓励投票的方式比直邮或电子邮件更有效。二是向选民提供支持或反对某个候选人的宣传信息，往往不会提高投票率。三是那些大力宣扬公民参与社会规范的信息，在刺激投票率方面往往非常有效，尤其是在关注度较低的选举中。

3　结　论

总体而言，这些章节提供了令人难以置信的丰富描述，总结了过去 20 年在实地实验方面取得的显著进展，反思了前进方向与仍然存在的问题，并提供了有用的研究技巧和对下一步应做什么的洞见。我们希望这本手册可以提供指导，找出知识差距，激发进一步的创造力，并引导研究来继续挑战我们的假设，帮助我们更好地理解世界。

参考文献

Al-Ubaydli, O., List, J., 2017. Field experiments in markets. In：Banerjee,

A. V. , Duflo, E. (Eds.), Handbook of Field Experiments, vol. 1, pp. 271 – 307.

Alesina, A. , Giuliano, P. , Nunn, N. , 2013. On the origins of gender roles: women and the plough. Q. J. Econ. 128 (2), 469 – 530.

Attanasio, O. P. , Meghir, C. , Santiago, A. , 2012. Education choices in Mexico: using a structural model and a randomized experiment to evaluate progresa. Rev. Econ. Stud. 79 (1), 37 – 66.

Attanasio, O. P. , Fernández, C. , Fitzsimons, E. O. , Grantham-McGregor, S. M. , Meghir, C. , Rubio-Codina, M. , 2014. Using the infrastructure of a conditional cash transfer program to deliver a scalable integrated early child development program in Colombia: cluster randomized controlled trial. BMJ 349, g5785.

Attanasio, O. P. , Medina, A. , Meghir, C. , 2016. Long term impact of vouchers for vocational training: experimental evidence for Colombia. Am. Econ. J. (forthcoming).

Bandiera, O. , Burgess, R. , Das, N. , Gulesci, S. , Rasul, I. , Sulaiman, M. , 2013. Can basic entrepreneurship transform the economic lives of the poor? IZA Discuss. Pap. 7386.

Banerjee, A. V. , Duflo, E. , 2009. The experimental approach to development economics. Annu. Rev. Econ. 1, 151 – 178.

Banerjee, A. V. , Iyer, L. , 2005. History, institutions, and economic performance: the legacy of colonial land tenure systems in India. Am. Econ. Rev. 95 (4), 1190 – 1213.

Banerjee, A. V. , Amsden, A. H. , Bates, R. H. , Bhagwati, J. N. , Deaton, A. , Stern, N. , 2007. Making Aid Work. MIT Press.

Banerjee, A. V. , Duflo, E. , Goldberg, N. , Karlan, D. , Osei, R. , Parienté, W. , Shapiro, J. , Thuysbaert, B. , Udry, C. , 2015a. A multifaceted program causes lasting progress for the very poor: evidence from six countries. Science 348 (6236), 1260799.

Banerjee, A. V. , Hanna, R. , Kyle, J. C. , Olken, B. A. , Sumarto, S. , 2015b. The power of transparency: information, identification cards and food subsidy programs in Indonesia. Natl. Bureau Econ. Res. (No. w20923).

Banerjee, A. V. , Duflo, E. , Kremer, M. , 2016a. The influence of randomized controlled trials on development economics research and on development policy. Mimeo MIT.

Banerjee, A. V. , Duflo, E. , Imbert, C. , Mathew, S. , Pande, R. , 2016b. Can e-governance reduce capture of public programs? Experimental evidence from India's employment guarantee. Mimeo.

Banerjee, A. V. , Das, J. , Hussam, R. , 2016c. Improving the Quality of Private Sector Health Care in West Bengal (forthcoming in Science).

Banerjee, A. V. , Hanna, R. , Olken, B. A. , Kreindler, G. , 2016d. Debunking the stereotype of the lazy welfare recipient: evidence from cash transfer programs worldwide. Mimeo.

Banerjee, A. V. , Chassang, S. , Snowberg, E. , 2017. Decision theoretic approaches to experiment design and external validity. In: Banerjee, A. V. , Duflo, E. (Eds.), Handbook of Field Experiments, vol. 1, pp. 141 - 174.

Banerjee, A. V. , 2016. Policies for a better-fed world. Rev. World Econ. 152 (1), 3 - 17.

Bertrand, M. , Duflo, E. , 2017. Field experiments on discrimination. In: Banerjee, A. V. , Duflo, E. (Eds.), Handbook of Field Experiments, vol. 1, pp. 309 - 393.

Bolton, P. , Bass, J. , Neugebauer, R. , Verdeli, H. , Clougherty, K. F. , Wickramaratne, P. , Speelman, L. , Ndogoni, L. , Weissman, M. , 2003. Group interpersonal psychotherapy for depression in rural Uganda: a randomized controlled trial. JAMA 289 (23), 3117 - 3124.

Bolton, P. , Bass, J. , Betancourt, T. , Speelman, L. , Onyango, G. , Clougherty, K. F. , Neugebauer, R. , Murray, L. , Verdeli, H. , 2007. Interventions for depression symptoms among adolescent survivors of war and displacement in northern Uganda: a randomized controlled trial. JAMA 298 (5), 519 - 527.

Chassang, S. , Padró i Miquel, G. , Snowberg, E. , 2012. Selective trials: a principal-agent approach to randomized controlled experiments. Am. Econ. Rev. 102 (4), 1279 - 1309.

Chetty, R. , Friedman, J. N. , Hilger, N. , Saez, E. , Schanzenbach, D. W. , Yagan, D. , 2011. How does your kindergarten classroom affect your earnings? Evidence from project STAR. Q. J. Econ. 126 (4), 1593 - 1660.

Chetty, R. , Hendren, N. , Katz, L. F. , 2016. The effects of exposure to better neighborhoods on children: new evidence from the moving to opportunity experiment. Am. Econ. Rev. 106 (4), 855 - 902.

de Janvry, A. , Sadoulet, E. , Suri, T. , 2017. Field experiments in developing country agriculture. In: Banerjee, A. V. , Duflo, E. (Eds.), Handbook of Field Experiments, vol. 2, pp. 175 - 243.

Deaton, A. , 2010. Instruments, randomization, and learning about development. J. Econ. Literature 48 (2), 424 - 455.

Dell, M. , 2010. The persistent effects of Peru's mining mita. Econometrica 78 (6), 1863 - 1903.

Duflo, E. , Glennerster, R. , Kremer, M. , 2007. Using randomization in development economics research: a toolkit. Handb. Dev. Econ. 4, 3895 – 3962.

Dupas, P., Miguel, T., 2017. Impacts and determinants of health levels in low-income countries. In: Banerjee, A. V., Duflo, E. (Eds.), Handbook of Field Experiments, vol. 2, pp. 3 – 94.

Dupas, P., Robinson, J., Dizon-Ross, R., 2016. Governance and the Effectiveness of Public Health Subsidies (forthcoming). http://web. stanford. edu/~pdupas/Governance &. Effectiveness _ PublicHealthSubsidies. pdf.

Dupas, P., 2014. Short-run subsidies and long-run adoption of new health products: evidence from a field experiment. Econometrica 82 (1), 197 – 228.

Evans, D. K., Popova, A., 2014. Cash transfers and temptation goods: a review of global evidence. In: World Bank Policy Research Working Paper (6886).

Fisher, R. A., 1925. Statistical Methods for Research Workers. Genesis Publishing Pvt Ltd.

Freedman, D. A., 2006. Statistical models for causation what inferential leverage do they provide? Eval. Rev. 30 (6), 691 – 713.

Fryer, R., 2017. The production of human capital in developed countries: evidence from 196 randomized field experiments. In: Banerjee, A. V., Duflo, E. (Eds.), Handbook of Field Experiments, vol. 2, pp. 95 – 322.

Gerber, A., Green, D., 2017. Field experiments on voter mobilization: an overview of a burgeoning literature. In: Banerjee, A. V., Duflo, E. (Eds.), Handbook of Field Experiments, vol. 1, pp. 395 – 438.

Glennerster, R., 2017. The practicalities of running randomized evaluations: partnerships, measurement, ethics, and transparency. In: Banerjee, A. V., Duflo, E. (Eds.), Handbook of Field Experiments, vol. 1, pp. 175 – 244.

Gneezy, U., Imas, A., 2017. Lab in the field: measuring preferences in the wild. In: Banerjee, A. V., Duflo, E. (Eds.), Handbook of Field Experiments, vol. 1, pp. 439 – 464.

Gueron, J., 2017. The politics and practice of social experiments: seeds of a revolution. In: Banerjee, A. V., Duflo, E. (Eds.), Handbook of Field Experiments, vol. 1, pp. 27 – 70.

Hanna, R., Karlan, D., 2017. Designing social protection programs: using theory and experimentation to understand how to help combat poverty. In: Banerjee, A. V., Duflo, E. (Eds.), Handbook of Field Experiments, vol. 2, pp. 515 – 554.

Heckman, J., 1992. Randomization and social policy evaluation. In: Manski, C., Garfinkel, I. (Eds.), Evaluating Welfare and Training Programs. Harvard University Press, Cambridge.

Imbens, G., Athey, S., 2017. The econometrics of randomized experiments.

In: Banerjee, A. V. , Duflo, E. (Eds.), Handbook of Field Experiments, vol. 1, pp. 73 – 140.

Karlan, D. , Zinman, J. , 2009. Observing unobservables: identifying information asymmetries with a consumer credit field experiment. Econometrica 77 (6), 1993 – 2008.

Karlan, D. , Osei, R. , Osei-Akoto, I. , Udry, C. , 2014. Agricultural decisions after relaxing credit and risk constraints. Q. J. Econ. 129 (2).

Kling, J. , Ludwig, J. , Congdon, B. , Mullainathan, S. , 2017. Social policy: mechanism experiments and policy evaluations. In: Banerjee, A. V. , Duflo, E. (Eds.), Handbook of Field Experiments, vol. 2, pp. 389 – 426.

Kreindler, G. , 2016. Driving Delhi? The impact of driving restrictions on driver behavior. Working Paper (in progress).

Muralidharan, K. , 2017. Field experiments in education in the developing countries. In: Banerjee, A. V. , Duflo, E. (Eds.), Handbook of Field Experiments, vol. 2, pp. 323 – 388.

Neyman, J. , 1923 [1990]. On the application of probability theory to agricultural experiments. Essay on principles. Section 9. Stat. Sci. 5 (4), 465 – 472. http:// people. hss. caltech. edu/~jiji/Causation-Explanation/ Rubin. pdf.

Olken, B. A. , Khan, A. Q. , Khwaja, A. , 2016. Tax farming redux: experimental evidence on performance pay for tax collectors. Q. J. Econ. 131 (1), 219 – 271.

Olken, B. A. , Pande, R. , Finan, F. , 2017. The personnel economics of the developing state. In: Banerjee, A. V. , Duflo, E. (Eds.), Handbook of Field Experiments, vol. 2, pp. 467 – 514.

Olken, B. A. , 2007. Monitoring corruption: evidence from a field experiment in Indonesia. J. Political Econ. 115 (2).

Padró i Miquel, G. , Qian, N. , Yao, Y. , 2012. Social Fragmentation, Public Goods and Elections: Evidence from China. NBER Working Paper No. 18633.

Paluck, E. L. , Shafir, E. , 2017. The psychology of construal in the design of field experiments. In: Banerjee, A. V. , Duflo, E. (Eds.), Handbook of Field Experiments, vol. 1, pp. 245 – 268.

Patel, V. , Weiss, H. A. , Chowdhary, N. , Naik, S. , Pednekar, S. , Chatterjee, S. , De Silva, M. J. , Bhat, B. , Araya, R. , King, M. , et al. , 2010. Effectiveness of an intervention led by lay health counselors for depressive and anxiety disorders in primary care in Goa, India (MANAS): a cluster randomised controlled trial. Lancet 376 (9758).

Rao, G. , Schilbach, F. , Schofield, H. , 2016. Sleepless in Chennai: the economic effect of sleep deprivation among the poor. Working Paper (in progress).

24

Rigol, N., Hussam, R., Regianni, G., 2016. Slipped my mind: handwashing and habit formation. Working Paper (in progress).

Rubin, D. B., 1974. Estimating causal effects of treatments in randomized and nonrandomized studies. J. Educ. Psychol. 66 (5), 688.

Rubin, D. B., 1981. Estimation in parallel randomized experiments. J. Educ. Behav. Statistics 6 (4), 377 – 401.

Simester, D., 2017. Field experiments in marketing. In: Banerjee, A. V., Duflo, E. (Eds.), Handbook of Field Experiments, vol. 1, pp. 465 – 497.

Todd, P. E., Wolpin, K. I., 2006. Assessing the impact of a school subsidy program in Mexico: using a social experiment to validate a dynamic behavioral model of child schooling and fertility. Am. Econ. Rev. 96 (5), 1384 – 1417.

von Wachter, T., Rothstein, J., 2017. Social experiments in the labor market. In: Banerjee, A. V., Duflo, E. (Eds.), Handbook of Field Experiments, vol. 2, pp. 555 – 630.

第 1 部分

历史背景

第2章 社会实验的政治与实践：革命的种子

J. M. Gueron[①]

MDRC 荣休主席，纽约市，纽约州，美国

E-mail：judy. gueron@gueron. org

摘 要

1970 年至 21 世纪初，在支持使用实地实验来评估社会项目方面发 *28* 生了一场革命。本章聚焦于帮助美国加速转型的福利改革研究，描述了 在现实世界条件下实施随机对照试验（RCT）面临的主要挑战，这些挑 战是如何出现和被克服的，以及关于成功的必要条件的初步结论是如何 被证明是错误的，这些条件包括强有力的财政激励、严格的操作控制和 小规模的改革。本章根据作为这 40 年历史故事转折点的具体评估，强 调这些研究如何证明了使用高质量随机对照试验解决重要问题的可行 性，产生了许多人认为异常有说服力的结果，并促成了得出替代方法不 太可信的结论。本章还研究了实验方法是如何演变的（例如，依靠行政 记录和多臂设计）来满足政治、财政和研究需求。最后一节讨论了从这 一经验中吸取的教训，供其他领域参考。

关键词

评估；实地实验；随机对照试验；社会实验；美国的社会政策；福 利政策；美国的福利改革

JEL 分类号

C93；I32；I38；J20

1970 年至 21 世纪初，在支持使用随机试验来评估社会项目方面发 生了一场革命。本章聚焦于帮助美国加速转型的福利改革研究，描述了

---

① 本文所表达的是作者的观点，并不一定反映 MDRC 的观点。

随机对照试验（RCT）面临的主要挑战，这些挑战是如何出现和被克服的，以及关于成功的必要条件的初步结论是如何被证明是错误的，这些条件包括强有力的财政激励、严格的操作控制和小规模的改革。最后一节讨论了从这一经验中吸取的教训，供其他领域参考。

1　为什么关注福利?

实质性和个人原因解释了我对福利的关注。正是社会政策研究领域开创了大规模的随机对照试验，并且完成了最长的不间断运行（近 50 年）。许多人认为这些评估对立法、实践、研究方法以及当前对循证政策（evidence-based policy）的热情产生了不同寻常的影响（Angrist 和 Pischke，2010，第 5 页；Baron，2013，第 2 页；DeParle，2004，第 111 页；Greenberg 等，2003，第 238 页；Haskins，2006，第 11 页；Manzi，2012，第 181 页）。第二个原因更狭隘：我对这段历史有第一手的了解，并且可以提供一个内部人士的视角来解释为什么以及如何发展维持随机对照试验的艺术。

29　　　尽管许多书籍和文章介绍了实验的发现或描述了如何设计实验[①]，但我的任务不同：展现如何将它们从实验室转移到真实的社会项目世界。在这样做的时候，我经常直接从《为可靠证据而战》（*Fighting for Reliable Evidence*，Gueron 和 Rolston，2013）中得到结论，该研究的核心是 MDRC（原人力资源示范研究公司，Manpower Demonstration Research Corporation）和美国卫生与公众服务部（Department of Health and Human Services，HHS），这两个组织在塑造这个故事中发挥了巨大的作用[②]。对 HHS（这些研究的直接或间接资助者）的关注是显而易见的；然而对一家私立非营利公司来说则是有意义的，因为在关键的 20 年里，该组织与 HHS 一起完成了许多重要的评估，并塑造

---

①　例如，参见 Bloom（2005），Bloom（2008），Gerber 和 Green（2012），Glennerster 和 Takavarasha（2013），Greenberg 和 Shroder（2004），Grogger 和 Karoly（2005），Gueron 和 Pauly（1991），Gueron 和 Rolston（2013），以及 Orr（1999）。

②　本章使用 HHS 作为该机构内部不同支部门的共同简写，包括社会保障管理局的家庭援助办公室（Office of Family Assistance in the Social Security Administration）、家庭支助管理局（Family Support Administration）与儿童和家庭管理局（Administration for Children and Families）等各种名称的办公室，以及负责规划和评估的助理秘书办公室。

了研究的议程。尽管在接下来的文章中，我力求客观，利用了大量同时代文件和随后的采访和出版物，但我并非一个公正的观察者。我是这些活动中的一名行动者，先是作为 MDRC 的研究主管（1974—1985），然后作为其主席（1986—2004）。

这一章不包括相关研究的记录，而是强调了故事中的一些转折点，在这个故事中，后续实验建立在之前经验和成功的基础上。Gueron 和 Rolston（2013）提供了标题背后的细节，包括特定企业家和支持者发挥的关键作用，以及在对联邦政策最有影响力的评估中有限的重要性，即要求将随机分配作为给予各州改革福利灵活性的一项条件①。

2 为什么要做实验？

MDRC 和 HHS 福利实验的支持者，在不同程度上分享了三个相辅相成的目标。考虑到关于福利改革的长期而激烈的争论，第一是获得可靠的和站得住脚的证据，来证明什么管用、什么不管用。从 1975 年到 1985 年关键的 10 年里，这些人开始相信，高质量的随机对照试验是唯一能够提供此类证据的方法，并且没有其他适当的替代方案。因此，他们面临的第一个挑战是证明可行性（feasibility）：合乎道德的、合法的，而且有可能在不同条件下实施的——尽管一开始对某些人来说是不道德的——从未尝试的做法。另外两个目标源于他们寻求严格证据的理由。他们不是出于对方法论或理论的抽象兴趣；他们希望为政策提供信息，使政府更加有效和高效。因此，通过确保其解决了有关政策和实践的最重要问题，他们力求使研究本身发挥作用，并以能提高研究成果实际使用潜力的方式，来组织研究并交流研究发现。

随着时间的推移，这三个目标逐渐成形，一部分是机会主义的，一部分是战略的，因为孕育最早实验的条件消失了。其结果是越来越大胆的随机对照试验议程，实验规模的攀升（从几百人的试点到涉及成千上万人的全州范围改革的全面评估），复杂性的增大（从单一项目的测试到使用多臂实验设计的多维度系统改革测试），以及环境中敌意的增高（从测试特殊项目提供的资助和志愿服务到主流公共机构的强制性义

①　认为联邦豁免机构（后来称为福利豁免交换条件）的影响力可以解释 RCT 蓬勃发展的观点是错误的（更详细的讨论，参见本章后文脚注）。

务）。这些步骤反过来又引发了新的争议和异议，并减少了集中控制。这一议程，以及对一次性研究或评估有趣但不重要问题的抵制，有助于证明在日益苛刻的条件下进行随机对照试验的可行性。

本章叙述了挑战、实践和教训如何进行演变，以响应不断变化的政治、资金和项目背景，以及知识收益和目标，获得的经验，可行性的证据，对研究发现的反应。此外，本章还说明了这三个目标是如何相互加强的：研究发现被证实有用和使用的次数越多，相关行动者同意质量要求的可能性就越大。

3　背后的故事

20 世纪 70 年代，关于努力推动人们从福利转向工作的知识，可以准确地说处于黑暗时代，对最基本的问题都没有答案，如改革是否有任何效果，对谁有效果，成本是多少。当时主流情绪是怀疑主义。问题不是缺乏评估，而是项目效果的研究，经常以专家们聚集在桌子周围辩论方法论而告终，这种结果不仅对政策制定者产生了恶劣的影响，而且让人相信，这种研究只是另一种形式的倡导，而不是"科学"。

获得有说服力的有效证据的主要障碍来自这样一个现实，即领取福利的人不会原地不动地等待某个项目伸出援助之手。影响行为的因素有很多。例如，当一名妇女找到一份工作时，人们如何判断是因为她得到了帮助，因为经济好转，因为她把孩子送进了日托机构，因为她只是讨厌公共援助的耻辱和麻烦，还是因为这些或其他原因的组合？有没有一个评估可以令人信服地回答这个问题？能从其他各种因素构成的网络中分离一项干预的效果吗？由于这一现实，参加项目活动者的"结果"（例如，获得工作、取得文凭或放弃福利的人数）可能准确地告诉你他们的状态，但不会告诉你项目造成的状态变化，研究人员称之为项目的增加值或"影响（impact）"。逻辑很清楚：如果一些人是自己从福利转向工作，结果将夸大影响。但是，夸大了多少呢？

要回答这个问题，需要一个"反事实（counterfactual）"，一种可靠的衡量标准，即如果没有干预，同样的人会做什么。20 世纪 70 年代，研究人员尝试了各种策略来模仿这种"如果会怎样（what if）"的行为。他们将参与者行为与其在参加项目前的行为进行比较，或者将参与者行为与那些在已测量特征上与他们相似，但不是自愿的、没有被选中并接受服务的，或者生活在不同但相似社区的人进行比较。这类设计的主要弱点是"选择偏误（selection bias）"，即对照组的人可能以某种系统性但无法测量而有影响的方式与实验干预组的人不同。如果出现选择偏误，两组人的背景、动机或两者均不相同，在这种情况下，比较他们随后的结果将是项目影响的有偏估计。

随机分配的独特优势在于它既解决了选择偏误问题，又具有透明度。由于符合条件的人被随机分配到干预组或对照组，各组在最初或随着时间的推移所面临的情况没有系统差异。如果样本数量足够大，如果研究做得很好（两个大的"如果"），结果就是正确答案。在透明度方面，RCT允许研究人员使用算术方法来估计影响。基本上，我们要做的只是计算两组人在随机分配后的行为平均值，然后相减。可能会有一些简单的调整（很少会影响基本发现），但没有花哨的统计方法，没有晦涩难懂的专业知识，几乎没有研究者潜在的偏见。每个人都能理解这个简单的过程。

但这种方法是否可行的问题仍然存在。20 世纪 60 年代和 70 年代，研究人员知道随机分配，但大多数人认为它是一种实验室工具，而非在日常条件下解决重要问题的现实手段。到 21 世纪初，事情才变得很清楚：它既是可行的，也是唯一可信的。此外，越来越清楚的是，其他替代方法不能可靠地得到正确答案，或者无法明确告诉我们是否已经得到了正确答案。这一变化的发生不是数十年总体计划的结果，而是政府内外的政策企业家反复行动的结果。

本章讲述了这些人如何努力确定因果关系的故事，但没有关注同等重要的在同步和协调（simultaneous and coordinated）上的努力：试图找出项目是如何以及为什么成功或失败的。这种努力包括记录干预测试的实施程度（其操作业绩）和确定（使用各种方法）它们为什么实现或没有实现目标，以及什么改变会使它们变得更有效（Gueron 和 Rolston，2013，第 58 - 59、291、426 页）。 *32*

4　主要的挑战

开展高质量 RCT 意味着要克服许多障碍[1]：

---

[1]　在本章讨论的这些年份中，几乎所有研究都涉及个体的随机分配，而不是完整的群体或整群。

（1）获得相关管理人员和组织（包括其一线工作人员）的初步与持续的合作，通过抽签进行录取，定义并维持独特的干预，开始并持续地强制维护研究组（通常意味着不帮助控制组成员），招募合适和充足的样本，并与各种研究方案配合。

（2）确保研究资金，有时还包括测试项目的资金，尤其是特殊的示范项目。

（3）获得研究被试的合作。

（4）从项目与控制组的人员中获取可靠和可比较的数据，以便在足够长的时间内跟踪结果，以检测关键效果。

（5）达到较高的道德和法律标准。

（6）确保运行中的项目进行了公平测试，特别是项目已度过初始阶段时。

（7）确保所有细节都正确无误，并在接下来的几年里坚持不懈地努力，以确定潜在的效果。

第一个挑战是最基本的。研究人员需要相关机构人员的合作。但合作对这些人有什么好处呢？项目的成功取决于能否让他们相信，这种让人联想到人类"实验"可怕画面的方法，是合乎伦理、合法的，而且是必要的（也就是说，其他介入较低、成本较低的设计不会有同样效果）。在20世纪七八十年代，这是一个艰难的推销，只有有限的学术支持，且存在大量的反对声音，这些反对声音来自强大的计量经济学家（他们声称可以通过统计建模或替代设计来解决选择偏误）和不同学科的研究人员（他们认为实验解决的是有限的或次要的问题）（Gueron 和 Rolston，2013，第 270－272、455－468 页）。而且这种怀疑是在报纸例行报道随机临床试验如何推翻观察性研究的长期实践之前，以及在相关性并不是因果性几乎成为陈词滥调之前出现的。

因此，风险回报的计算并不利于实验。为什么政客或行政官员要冒着不利名声、潜在诉讼、官僚反弹甚至是员工反抗的风险？解决的诀窍是以某种方式说服人们，参与 RCT 的好处超过了这些显而易见的危险，因此，他们需要你就像你需要他们一样。为了获得这种合作，随机试验的管理者需要创造一个双赢的局面。正如本章其余部分所示，他们使用了各种工具，利用了操作、研究、政治技能和精明的组合，我在其他地方称之为艺术（Guelon，2002，第 32 页）。通过这些方式，MDRC 和其他机构才能扭转人们的怀疑，让许多人同意加入。在某些情况下，随后几年甚至有人主动寻求参与这样的研究。

5 验证可行性：国家工作支持示范项目

从 1975 年开始，对一个多地点就业项目的第一项大型随机分配研究，即国家工作支持示范项目，提供了一年精心安排的有薪工作，以帮助难以就业的人，如有犯罪经历者、有成瘾经历者、年轻辍学者，以及长期领取福利［当时称为受抚养儿童家庭援助（AFDC）项目，现在称为有需要家庭的临时援助（TANF）项目］的单身母亲①。希望这些参与者能够培养一些习惯、态度、自我价值和技能的组合，并且能长期增加就业和减少犯罪活动、药物滥用或福利领取。

虽然美国已经成功地推出了几项开创性社会实验——20 世纪 60 年代到 70 年代的负所得税（NIT）实验、医疗保险实验和住房津贴需求实验——这些实验测试了经济激励的变化：干预可以通过少量参数（保障水平、税率、共同保险要求等）来定义，项目被研究人员严格控制和管理。然而工作支持示范项目面临的挑战要大得多，而研究人员的控制力要小得多，其中包括说服 10 家以使命为导向、以社区为基础的非营利组织来运作一个复杂的项目，并采用抽签方式选择参与者。尽管由于拥有 45 年的成功纪录，随机分配很容易被认为是司空见惯的，但在当时这种背景下，随机分配是闻所未闻的。反馈信息很明确：这根本不可能实现。项目管理者会坚决反对基于某些随机过程而将人们拒之门外，因为这种做法会被认为是冷酷无情、不道德的，类似于让医生拒绝给病人提供已知的治疗。

考虑到不确定的结果，为什么这个项目还要尝试随机分配？正如其最初的支持者、福特基金会的 Mitchell（Mike）Sviridoff 所设想的那样，工作支持示范项目将评估一个有前途的单一地点项目能否在其他地点和不同人群中复制。Sviridoff 设想了一种"重要的研究成分"设计，并将

34

---

① AFDC 是由"罗斯福新政"创立的联邦-州现金福利计划，在 1996 年被 TANF 取代。尽管工作支持示范项目包括福利接受者，但它被视为一个高度有针对性的就业项目，而不是福利改革的预测试（Gueron 和 Rolston，2013，第 29 页）。

其视为一种"先小试后大用（try-small-before-you-spend-big）"政策制定愿景的一部分。但是 Sviridoff 一直志向远大，他组建了由六个联邦资助伙伴组成的财团，创建了一个杰出的咨询委员会，其中两个成员（Robert Solow 和 Robert Lampman）在 HHS 人员的支持下，把项目带到一个意料之外的方向，即坚持"测试"意味着使用随机分配。35 年后，当被问及此事时，Solow 将他的决心归功于自己受到的训练。他说："我的第一份工作是统计学教授！我喜欢它是因为我想要一个站得住脚的回应。"他和 Lampman 还相信，研究设计必须足够强大，才能探测到他们所预期的、充其量是小而复杂的影响（Gueron 和 Rolston，2013，第 32 页，第 483 页，注释 13）。

结果是一种混合体：工作支持示范项目既是一个示范项目，又是一项实验。作为示范项目，该项目试图为地点提供足够的灵活性，以创建一个对行政管理和其他障碍的现实测试，以复制多方面的项目。作为一项社会实验，它需要足够的标准化来定义一个"模型"（干预），并允许从多个项目中汇集数据，并降低评估项目启动期执行较差导致的风险。

为什么最终有 10 个地点接受了随机分配？不出所料，最初的反对意见很强烈。为了做好工作，项目当地员工必须相信他们是在帮助人们。任何招收程序（intake procedure）都涉及某种形式的配给（rationing）——先到先得，先招收积极性较高的人，允许个案工作者酌情决定，或者有限制地招收，这样实际上就不会有人被拒之门外。工作人员压倒性地倾向这些方法，而不是一个随机过程，因为在这个过程中，他们必须亲自面对并拒绝他们认为有资格和应招收的人。然而，为了使社会实验取得成功，这些工作人员必须转变观念。他们必须接受这一过程，或者至少同意与之全面合作。否则，这项研究将注定失败，许多人担心这种情况会发生在工作支持示范项目上。但该项目并没有失败。很快，这一过程变得熟悉起来，投诉减少了，大家接受了随机分配。最终实施了一项高质量的随机对照试验，研究结果没有受到熟悉的方法论辩论影响。

当时，我和其他人将诱导和约束遵从的能力归因于四个条件。第一个也是最重要的因素是经费。社区组织收到数百万美元来运行一个新的、独特的项目，条件是它们遵守规则，其中最重要的是随机分配。还有慷慨的资金用于研究和数据收集，包括对 6 500 人进行长达 3 年的面对面访谈。

第二个因素是强有力的非财务激励。当地工作支持示范项目的执行者、推荐机构和利益集团都对该项目持积极态度：它是自愿的项目；它为服务不足和难以就业的人提供有偿工作，而当时其他人正在倡导强制性的无偿以工代赈（workfare/welfare-to-work）项目；而且项目明确承诺遵守高标准的道德和法律标准。因此，用于招聘地点和培训一线员工的宣传强调了随机分配的理由和道德。这是一个得到特别资助的示范项目，将提供原本没有的丰富服务。它不会降低服务水平，也不会阻止人们享受其有资格享受的福利。它有足够的资源但只招收一小部分感兴趣的人。它将增加对一个群体的服务，而不会减少对另一个群体的服务。最后，虽然这个项目听起来像是一个不会失败的想法，但到目前为止，还没有证据表明它真的能够帮助人们。在这种情况下，示范项目的管理者认为：（1）抽签实际上比其他方式能更公平地分配稀缺机会；（2）获得项目有效性（effectiveness）的可靠答案（因此遵守研究规则，包括不去帮助控制组被试）符合项目执行者的使命。工作支持示范项目在其程序中重申了这一信息，因为这是旨在保护人类被试的新联邦法规涵盖的第一个社会实验。（在招募时，通过知情同意程序，申请人被告知抽签和可能的风险，并被告知在调查中收集的数据类型——在某些情况下涉及非法活动——以及将采取的保护机密和限制数据获取的严格程序。）

第三个因素是管理结构和相关人员。考虑到工作支持示范项目的复杂性，创建了一个新的组织 MDRC 来对项目实施严格的中央控制，并平衡运营和研究的优先级。MDRC 选择了一个团队，其中包括数学政策研究（Mathematica Policy Research）公司和威斯康星大学（University of Wisconsin）贫困研究所（Institute for Research on Poverty）的工作人员，他们在 NIT 的实验中发挥了领导作用，负责进行影响和效益-成本分析。这一人事安排决定是持续多年的研究连续性的早期例子，后来研究往往直接借鉴了早期研究中获得的智慧。MDRC 董事会中还有另一股推动连续性的力量，其中一名主要成员罗伯特·索洛（Robert Solow）担任了 40 多年的重要职务。在他的整个任期内，索洛一直倡导进行严格评估，倡导该组织在评估范围不断扩大的社会和教育项目时，开创性地使用随机分配。

第四个因素是有意的低调（low profile）。在社区机构运行的相对较小的试点项目（每个地点有几百名志愿参与者）中进行随机分配，使该项目具有隐蔽性，有助于避开具有潜在破坏性的政治和媒体关注。

回顾过去，工作支持示范项目是使用大规模 RCT 来评估运行项目的一个良好开端。激励措施、对道德实践的承诺和超额登记项目赢得了盟友的支持，并赋予了 MDRC 发号施令的影响力。慷慨的资金保证了地方的利益和巨大的干预-控制干预差异。该项目的幕后性质避免了争议。与后来的情况相比，这是走出实验室的一步，而非进入主流公共机构的真实世界的一步。从这次经历中，我和其他人得出结论：这些有利于成功的条件不仅是有帮助的，而且对随机对照试验是必要的。尽管当时 MDRC 没有这些条件（尤其是慷慨的运行资金）是不可能成功的，但后来的事件证明这些条件并不是必不可少的。

除了证明可行性外，工作支持示范项目的研究发现（发表于 1980 年）还显示了使用对照组来得到有效性（effectiveness）结论的价值。表 1（给出了随机分配后第 19 个月到第 27 个月期间，干预组和对照组人群被雇用的百分比，以及两个组的差异或影响）指出了三个很有说服力的见解[①]。

首先，社会项目可以奏效，但并不是所有表面上的好主意都如此。工作支持示范项目显著地提高了单身母亲在 AFDC 的项目后（postprogram）就业，并（表 1 中未显示）降低了她们接受的现金福利。考虑到

表 1　随机分配 2 年后的工作百分比：工作支持评估

就业难群体	干预组	控制组	差异（影响）
AFDC 的长期受助者	49.1	40.6	8.5[a]
有成瘾经历者	56.5	53.0	3.5
有犯罪经历者	56.5	53.3	3.2
高中辍学年轻人	62.6	62.6	0.0

a. 在 5% 的显著性水平上统计显著。

资料来源：作者的汇编，基于 MDRC 董事会 . Summary and Findings of the National Supported Work Demonstration. Ballinger, Cambridge, MA, 表 9 - 1 至表 9 - 4。

---

① 有关该计划和研究结果的更多细节，请参见 Hollister 等（1984）和 MDRC 董事会（1980）。

普遍存在的怀疑，这一成功是可喜的。但是，该项目对其他三个群体没有影响。

其次，即使对 AFDC 组来说，影响也不大。虽然工作支持示范项目促进了就业，但控制组的就业率显示，2 年来的巨大收益来自导致人们（几乎所有人在研究开始时都是失业的）接受工作的经济和其他各种因素。

最后，较高结果可能并不反映较高的项目影响。工作支持示范项目的策划者曾预计，工作支持示范项目对 AFDC 妇女来说效果最差，因为她们更难找到工作，有与工作竞争的育儿责任，而且面临较低的工作激励（她们不仅获得的是工资较低的工作，而且还有福利作为另一种收入来源，但如果她们有工作，福利就会被削减）。表 1 中第一列的数据似乎支持这一直觉：AFDC 受助者是四个组中最不可能在参加项目后找到工作的。然而，来自控制组的证据证明这一预期是错误的：主要由男性构成的有成瘾经历者、有犯罪经历者和高中辍学年轻人更有可能自己找到工作，因而这个项目并没有产生显著影响。因此，对 AFDC 妇女的工作支持之所以成功，不是因为项目参与者做得很好（通过她们的结果来测量），而是因为相应的控制组成员（没有项目援助）做得太差。其中一个含义很明显：传统的、基于结果的绩效评估（例如，有多少参与者被安排工作或离开福利）会发出错误信号，导致资金浪费和更无效的项目。

研究发现的规模、不可预测性和复杂性使这些主题成为焦点，并且随着时间的推移而变得尖锐：（1）项目影响（impacts），如果产生了，可能是适度的（modest）；（2）关注服务差异，即不仅要关注干预组和测试项目的质量，而且要关注控制组（其项目结果以及它们与干预组成员接受的替代服务）；（3）谨防过度依赖基于结果的绩效标准；（4）关注关键亚组（subgroups）的项目影响。

工作支持示范项目也向那些旨在为政策辩论寻找严格证据方法的人们提供了好消息，这些辩论常常被凭直觉做出的主张或凭奇闻轶事而不可信的说法所主导。一旦研究得到了认真实施，事情就变得很清楚，研究结果也将被广泛接受。方法的透明性和解释结果的简单性，使随机分配成为一种强大的沟通工具。人们可能对政策意义存在分歧，并质疑这些影响是否可以在更大范围内复制，但再也没有了使用更复杂、最终更难解释的研究方法后，专家们之间不断的争论。

然而，尽管工作支持示范项目是一项很好的研究，并开创性地使用了随后随机对照试验中的许多方法，但对领取福利的母亲的鼓励作用几乎没有得到改善。我们 MDRC 把这归因于几个因素：项目的起源（由几乎没有州所有权的精英设计）、项目的性质和发现（一种昂贵而复杂的模式，产生的收益与后来的低成本方法类似），以及结束了联邦利益的1980年大选。虽然我们一直知道积极结果并不会自动导致项目扩张，以及对成为项目倡导者而非研究倡导者持谨慎态度，我们一直认为，没有能够在现有体制中建立一个特殊机制来等待结果并准备采取行动。因此，我们决心不再犯同样的错误，MDRC在随后的实验中采取了一种更具包容性和草根性的方法。

6 转化为伙伴关系的社会实验：评估各州倡议以重新检验可行性

38　　接下来发生的事情受到了长期趋势、1980年大选和机构优先事项的推动。从20世纪70年代到90年代，福利改革一直是一个极具争议的政治分歧问题。人们对福利制度越来越感到愤怒，认为它助长了依赖性，破坏了家庭结构，不公平地支持了那些能工作却没有工作的人，而其他人则在低薪工作中挣扎。在这些年里，政客们凭借福利改革者的记录与主张来竞选总统或州议会议员。

有几个因素刺激了对支持AFDC作为开放式权利的削弱。其中之一是登记人数和成本的急剧增长。该项目创建于1935年，旨在支持少数贫困寡妇和残障工人（这些人无法再参加工作）的妻子，该项目支持的家庭从1945年的27万个激增至1965年的100万个；1975年为340万个；1985年为370万个；1995年为490万个（Gueron和Rolston，2013，第481页，注释3）。第二个因素是获得福利主体的变化。绝大多数人不是寡妇，而是离婚、分居或从未结过婚的妇女，这反映了被人们普遍感受到的家庭解体的惊人情况①。第三个因素是，全国各地的妇女（包括带着年幼子女的单亲父母）涌入劳动力大军，并且往往不是出于自愿。

总而言之，这些变化引发了给一群单亲母亲提供长期支持的公平性的质疑，以及对该项目设计本身会产生一系列意想不到的副作用的质疑。这些影响可能包括鼓励家庭破裂和青少年怀孕，阻止女性独立谋生，以及使父亲更容易离开家庭来避免抚养孩子。其结果是，随着时间

---

① 18岁以下儿童与未婚母亲生活的比例从1965年占白人儿童的5%（占黑人儿童的25%）上升到20世纪80年代初占白人儿童的15%（占黑人儿童的50%）（McLanahan和Jencks，2015，第16页）。

的推移，公众辩论从领取福利的母亲是否应该工作发展到谁应该工作以及如何实现这一点，从工作支持这种自愿项目发展到要求人们工作或参加各种以工作为导向的活动的要求和义务，再发展到后来（20 世纪 90 年代）是否应该限制人们在福利名单上停留的时间。

罗纳德·里根（Ronald Reagan）在 1980 年当选总统后，一场利用这一热点问题的竞选活动，导致福利政策、各州的角色以及研究基金的性质和来源发生了戏剧性的变化。新政府将工作福利（为你的收益而工作）视为解决方案，对它的好处深信不疑，导致对任何严格的评估均不感兴趣。然而，在国会里，对于如何构建这样一个项目，或者不同方法可能的成本或收益，并没有达成共识。因此，1981 年的联邦立法没有强制提出全国性的愿景，而是赋予各州越来越多采取自主行动的灵活性。与此同时，政府对社会科学研究人员持怀疑态度，并将其视为它们通常评估的自由政策的倡导者，结束了对工作支持示范项目和评估的大部分资助。

因此，实验的前景看起来很黯淡。曾经培育工作支持示范项目的条件——包括慷慨的资金、集中影响力和超额登记的自愿项目——都消失了，在某些情况下是永久性的。令人震惊的是，MDRC 取消了多项研究（关于例子，参见 Elmore，1985，第 330 页），并解雇了 45％的员工，MDRC 就生存的机会和选择进行了辩论。决心继续专注于对低收入人群项目的严格研究，MDRC 设想了一种伙伴关系愿景。事实证明，这是福利实验设计的主要转折点，在之后十年，不仅产生了比 NIT 或工作支持实验更具相关性和政策影响力的结果，同时成为未来 20 年蓬勃发展的典范。

由于担心有争议的州福利改革和没有计划的联邦评估，MDRC 寻求福特基金会的资助，来进行客观的外部评估。这个概念是为了实现最高法院法官布兰代斯（Brandeis）的著名声明，即美国是用于实验的实验室（laboratories for experiments），通过利用字面上的"实验"一词，即 MDRC 将把州长们积极回应时的倡议转换为实际的 RCT，以便把握在福利改革上盖上自己印记的机会①。与在多个地点（如工作支持示范

① 为了理解为什么州长在福利改革中扮演如此重要的角色，了解 AFDC 与其他项目的区别是非常重要的。例如，与完全由联邦政府提供资金、按照标准的全国性规则运作的社会保障不同，AFDC 被设计为联邦-州的伙伴关系。一方面，该项目是一项联邦权利，这意味着任何符合资格标准和项目规则的人都有权享有福利。另一方面，这是一个州项目，因为各州保留对这些规则的实质性自由裁量权，并与联邦政府分担费用。因此，各州和联邦政府都有强烈的财政动机来减少登记人数，并有可能对成本效益方面的可靠证据产生需求。同时，该项目的不受欢迎为州长们创造了政治激励，促使其作为改革者来竞争领导地位。

项目）测试一个集中定义模型的实验不同，MDRC 的结果导向性工作/福利示范项目用 RCT 来评估反映每个州的特定价值观、资源、目标和能力的项目——但主要是要求人们寻找工作或为自己的收益而工作——并将随机分配纳入正常机构运作的框架（Gueron 和 Rolston，2013，第 97－117 页）[①]。

MDRC 确定了在每个州平行开展研究时要解决的三个关键研究问题：州政府是否会实施强制性项目？（在实践中参与率高和"以工代赈"是什么样子的？）改革会减少福利还是增加工作？如果减少了福利或增加了工作，是对谁来说的？改革成本会更高，还是会更省钱？这些项目的性质与工作支持研究的关键推动因素的缺失，导致了对评估的截然不同的看法。新的任务极具争议性，MDRC 的工作人员知道他们需要最严格的证据来为任何发现辩护，因此选择了随机分配。由于他们预计最多会产生温和的影响，并且必须将每个州的倡议作为一个单独的实验进行评估，所以他们知道他们需要大样本。最后评估项目涉及 28 500 人。由于研究预算相对有限（福特基金会提供了 360 万美元拨款，但 MDRC 希望增加一倍，项目最终持续超过 5 年），工作人员知道他们不能通过常规调查来追踪这个庞大样本，但作为大规模 RCT，他们不得不第一次只能依据现有行政管理记录来估计影响[②]。这一决定意味着，只能找到这些记录涵盖的最重要问题的可靠答案，而其余问题留给未来的研究。

以前从未有人尝试过如此大规模的社会实验：由大型官僚机构管理的主流办公室运作的强制性项目，没有直接的联邦资金或角色、没有特别运作资金、没有研究人员的影响力[③]。此外，MDRC 还将测试一些相对高调的政治倡议，尽管这些倡议被视为在某个州的一个或几个地方实

---

① MDRC 试图在接收参与项目人群的过程中，尽可能早地进行随机分配（最好是在申请福利时），因为预期这种改革不仅会改变实际参加所要求活动者的行为，而且会改变那些没有参加项目但受到监控、信息传递以及威胁或现实金融制裁影响的人的行为。

② 尽管这是一项必要的决定，但它的优势是在最后 5 年的后续行动中限制了样本流失和召回问题，尽管它提出了一些覆盖范围问题，例如，在人们离开一个州后不跟踪他们。

③ 区分可能或多或少受到集中控制的社会实验的两个方面是有用的：正在测试的干预与研究的设计和实施。对于前者，NIT 处于连续统的一端（干预的总体研究人员控制），支持沿着连续统的几个步骤的工作（中央定义的模型，有一些局部变化的空间），以及处于另一个极端的是工作/福利示范项目（由国家定义的干预，没有研究人员的角色）。在整个研究设计控制连续统中，变异较小。研究人员在 NIT 和辅助工作中完全控制设计、随机分配过程、数据收集、分析和报告。在工作/福利示范项目中，MDRC 使用福特基金会的资金坚持一致的研究议程以及对随机分配和数据要求的控制，但也在合作模式下寻求回答特定州感兴趣的问题。

施的示范项目，但在州长乃至总统竞选活动中都被大肆宣传。其中一个项目是比尔·克林顿（Bill Clinton）州长在阿肯色提出的倡议。

在面临推出新项目的压力时，为什么一些福利专员会接受额外工作和潜在爆炸性风险，即在很大压力的福利吸收过程中加入抽签，并参与一项要求苛刻、容易显示成功或失败的独立研究？不足为奇，他们最初的反应是难以置信。你想让我们做什么？这合乎道德吗？会不会妨碍项目运行？它会产生爆炸性影响吗？

经过持续 2 年在 30 多个州的追求（courtship），MDRC 逐渐克服了这些顾虑，在满足要求的 8 个州做出了具体设计决策，建立和培养了信任关系，整理了五个论点来推销这个项目，作为一个双赢的机会①。作为一个群体，这 8 个州既代表了全国对 1981 年法律的响应，也代表了各种各样的当地条件（Gueron 和 Rolston，2013，第 118 - 131 页）。

第一个卖点是一种新模式的承诺：一种能回答他们自身改革问题的伙伴关系，以及一套解释为什么要评估影响才能获得答案的说辞。1981 年法律的灵活性让福利专员们陷入了尴尬。这种制度不受欢迎，他们面临着采取强硬措施的压力，但他们明白实施变革的难度，以及登记参与者的多样性。尽管他们几乎没有关于具体政策可能成本和结果的可靠数据，但至少其中一些人怀疑，他们通常吹嘘的工作进入（job entry）或结案措施会夸大成功。专员们可以理解之前随机对照试验中对照组的证据是如何证实他们的怀疑的。但挑战仍然存在，即解释为什么要通过一项实验而不是一些介入较低的设计来确保成功，尤其是在考虑到有限的学术支持和经常是直接的反对时②。MDRC 的回应有四层含义：假装大家达成了共识，并假定福利管理人员不会关注或理解计量经济学辩论；教育他们结果（outcome）与影响（impact）的区别，以及为什么结果不能回答他们的问题；揭露其他设计的弱点；提供一份研究报告来准确

①　MDRC 寻找那些规划了足够规模倡议的州来产生所需要的样本，要求其同意与研究需求合作（不仅是随机分配，还监测和限制大量案例的服务），保持并共享足够质量的行政管理记录，并能以某种方式提供 50% 的评估资金。迄今为止，最后一个条件证明是最困难的，而且大多数州的资金贡献来自其他方面。有关项目和研究发现的说明，参见 MDRC、Friedlander 和 Burtless（1995）、Gueron 和 Pauly（1991）以及 Gueron 和 Rolston（2013）发布的各州报告。

②　反对既来自定性研究人员，也来自机构研究人员，其认为我们正在解决狭隘且相对不重要的问题。还有经济学家认为，统计建模可以以更低的成本产生同样可靠的答案，而且实验结果很可能是有偏误的（因为随机分配改变了被分析的项目），或科学价值是可疑的（因为没有产生基本或累积的知识）。参见 Gueron 和 Rolston（2013，第 270 - 272、455 - 457 页）。

衡量他们项目的真正成功，解决他们关心的其他问题（例如，对州预算的影响，以及对可能解释成功或失败原因的见解），并得出简单、可信、站得住脚的结果。

第二个卖点是，随机分配不是象牙塔中的纯粹主义者编造的某种疯狂计划（wacko scheme）。以前也曾这样做过；它没有扰乱项目运行；它也没有在法庭上或媒体上爆炸。工作支持示范项目的经验让 MDRC 在一定程度上取得了进展，但对福利管理人员来说，更有力的证据来自一个名为工作激励（Work Incentive，WIN）实验室的小项目，MDRC 在 20 世纪 70 年代末管理了该项目，并在当地几个以工代赈项目办公室中采用随机分配，因此会涉及面临正常压力和绩效要求的公务员（Gueron 和 Rolston，2013，第 66 - 87 页）。然而，拟议中的各州研究增加了赌注：更大和更多的政治倡议，以及将随机分配整合到高风险福利资格审查过程。为了克服这些障碍，MDRC 承诺与各州工作人员和地方社区拥护者一起制定公平、合乎道德且不会造成过多负担的程序；提供广泛的培训，以便一线员工理解随机分配的理由；产生可以解决实际问题的结果。

最后三个卖点是：提供一项有补贴的研究，该研究满足了当时模糊但有用的联邦要求，即对福利规则的豁免进行独立评估，大多数州都需要这一要求来实施它们的倡议[①]；在项目设计方面提供适度的帮助；以及通过选择福特基金会（Ford Foundation）的一项备受瞩目的倡议来获得声望（尽管当时没有人完全预料到参与各州将会受到关注）。

尽管如此，争取各州的支持仍是一项艰难的任务。总是有使用较弱的、介入性较小的研究设计的压力。然而这种宣传措辞最终奏效了，这就是为什么我把福利专员称为福利实验生存和再生（survival and rein-carnation）的英雄的原因。一旦签约，他们就会坚定地支持，这也是为什么随机分配真正管用（the dog that did not bark），并且没有州退出或试图破坏研究的主要原因，尽管其中一些人在使用新的严格测量标准（影响）对其项目进行评估时遭受了无情的打击，而且当时其他一些州的州长正在鼓吹他们的成功，并基于误导性的但数值高得多的结果建立他们的声誉（Gueron 和 Rolston，2013，第 128 - 131、256 页）。为了帮助参与各州并揭穿这些说法，MDRC 不断试图教育媒体、倡导团体、国会工作人员以及州和联邦的高级政策制定者，让他们了解结果数据的错误使用，炒作这些数据产生的不切实际的期望，以及来自随机对照试

---

　　① 补贴主要来自福特基金会，间接来自联邦特别示范与配套资金。有关在 AFDC 项目中 50% 不封顶联邦配套在州评估中关键作用的讨论，参见 Gueron 和 Rolston（2013，第 134、258 - 259、386 页）。

验（RCT）的更适度结果的真相。

合作和伙伴关系往往是空洞的口号，掩盖了一切照旧。然而，在 1982 年，与各州相比，MDRC 的无力是显而易见的。需要一种真正的新方式，即影响力的基础不是掌握钱袋与发号施令，而是工作关系的质量、研究发现的用处，以及建立强烈的共同利益，并致力于获得可靠答案。结果是积极的：通过交易控制和项目运行的一致性来实现关联性与所有权，各州对干预和最终的随机对照试验（RCT）有了更大承诺，反过来又为研究结果提供了一种内在支持（Gueron 和 Rolston，2013，第 105 页；Blum 和 Blank，1990）。 *43*

伙伴关系模式对干预复制（treatment replication）有意想不到的好处。最初的六个州（加上由 HHS 发起并由 MDRC 在圣迭戈开展的第二项 RCT）试图实施工作要求主题的各种变体，找工作是第一项、也是无薪工作经历之后的主要活动（对一些人来说）。但在福利实验的背景下，复制并不意味着产生完全相同的、集中指定的模型。就像全国各地的福利水平差异很大一样，改革的具体设计、对象、目标、成本和实施（信息传递、参与率以及服务的强度和性质）也是如此（例如，求职的性质从个人求职，即要求人们自己跟进并汇报工作线索，到求职俱乐部，即由项目工作人员来提供简历准备和面试指导、用于联系潜在雇主的电话间和工作线索）。这些人在背景上也不同：城市或农村，劳动力市场条件，以及干预组和控制组人群可获得的替代服务的程度。由于每个州的项目都是一个独立的随机对照试验，这创造了一种复制的形式，如下所述，极大地增加了研究发现的影响力，因为很明显，大多数改革都在预期方向上产生了影响。

但是，权力的转移（研究是根据各州协议进行的），再加上倡议的强制性和提供有用发现的承诺，导致对过去 RCT 的有争议的偏离。由于各州坚持要了解其改革措施对各种各样参与人群的影响（而不仅仅是如果可以选择的话，那些自愿参加研究或项目的人），因此合格的人不能选择退出项目或随机分配，或依据各州自己的行政管理记录开展的任何后续研究。该规定确保了可以将结果推广到需遵守新要求的全体人群，并使研究更加类似于自然实地实验（natural field experiments）[1]。

---

[1]　在每个地点，随机分配用于创建一个受新项目及其要求约束的干预组和一个对照组，该对照组既免于接受新要求的服务，也不会因不合作而导致受到经济处罚。这两组人都被告知他们处于一项研究中，基于抽签来分组，被告知申诉程序，并有权选择是否对任何特定调查做出回应。大多数福利倡导者并不反对取消普遍知情同意，因为当时他们认为新的命令是惩罚性的，而且很高兴控制组被免除了潜在制裁（Gueron 和 Rolston，2013，第 186 - 188 页）。关于实验室实验（人们知道自己的参与并做出知情同意的意思表示）与自然实地实验（未经他们同意，秘密分配人员）的控制水平的讨论，参见 Al-Ubaydli 和 List（2014）。

基于州的实验策略是成功的。随机分配是有效的，对行政管理记录的依赖也是如此（Gueron 和 Rolston，2013，第 185-190 页）。对参与州而言，更重要的是，该发现被认为是令人鼓舞的。各州在不同程度上寻求在四个目标上取得进展：增加就业、减少对公共援助的依赖、节约资金和使家庭过得更好。虽然没有明确表述，但其可能还有第五个目标，即成本效益（cost-effectiveness），定义为花每一美元产生的影响或"物有所值（bang for the buck）"（最后一个目标与福利改革倡议尤其相关，因为其意图是进行大规模干预，既寻求改变个人行为，又寻求减少福利人数）[①]。

1984—1988 年间公布的研究发现显示，大多数项目都取得了进展。这些项目通常会提高平均就业率和收入，而不太一致的是，会降低福利接受（welfare receipt）率。令人惊讶的是，其中大多数项目还节省了资金，在几年内，AFDC 支付和其他各种转移的累计减少额超过了项目的净成本。对行为的适度影响和低成本的结合，也使这些项目大多具有很高的成本效益。然而，项目对家庭收入或贫困的影响很小或没有（Friedlander 和 Burtless，1995，第 32、87-101 页；Gueron，1990；Gueron 和 Pauly，1991，第 142-154 页；Gueron 和 Rolston，2013，第 182-185 页）。

对有 5 年随访数据的四个项目的一项深入分析表明，平均影响（季度就业率增加 3~7 个百分点，月度 AFDC 接受率减少 0~8 个百分点）在 3~4 年内仍然保持强劲，此后控制组开始赶上干预组[②]。研究得出结论，这些项目鼓励了更多的人开始工作，比没有改革的情况下更早离

[①] 社会项目的成本效益始终很重要，但 20 世纪 80 年代的福利改革与诸如"工作支持"之类项目之间的根本差异，使这一点尤其突出。大多数州的倡议被认为是潜在全州（甚至全国范围）改革在少数地点的演练。评估设计旨在评估改变服务提供体制的影响——包括强制的行政管理措施、案例管理以及多种成分——针对示范项目区域中所有合格人员。相比之下，"工作支持"评估旨在评价一定数量志愿参与者的单个活动。一个州的倡议越具有成本效益，在给定预算范围内达到更多案例工作量的能力就越强，从而产生更大的总体或汇总影响。在比较成本较高和较低方法的结果时，这一考虑（强调了累积福利节约的重要性）是至关重要的（Gueron 和 Rolston，2013，第 103、207-208、425 页；Gueron 和 Pauly，1991，第 70-78 页；Friedlander 和 Burtless，1995，第 71 页；以及 Friedlander 和 Gueron，1992）。

[②] Friedlander 和 Burtless（1995，第 8-9、58-60 页）告诫读者，应将这种"赶上"视为对永久性项目长期影响的估计值下限。由于最初评估计划预想的随访时间相对较短，在随机分配之后，测试项目禁止招募控制组的要求仅持续了 2 年，尽管项目此后通常会继续进行。结果是，5 年随访包括了控制组中的某些人可能接受服务和要求的年份，从而会降低后续年份的估计值，并减少影响的持续时间。

开福利，但通常不能帮助他们获得更高工资或更稳定的工作（许多人收入微薄，又重返福利名单），而且没有减少更弱势的潜在长期接受者的福利（Friedlander 和 Burtless，1995，第 2 - 3、16、88 - 101 页）。

7　用随机对照试验来检验完整项目：斗争更加艰难

到 1986 年，使用福利实验的领域发生了变化。MDRC 已经证明使用 RCT 来测试国家倡议是可行的。里根政府的许多高层人士已成为坚决的支持者。一些州长和专员亲眼看见这种研究不仅无害，而且可以有助于他们宣称作为福利改革家的领导地位，并得到了一系列宝贵的经验教训，使他们获得了意想不到的声誉。

在接下来的 15 年里，福利事业取得了非凡的成就：随机对照试验遍地开花，这一时期被称为"社会福利实验的黄金时代"（Manzi，2012，第 184 页）。在单独和合作背景下，MDRC、其他研究公司、HHS 和州政府管理者建立了一个主要政策替代方案有效性的连贯的证据体系。在确定其认为的重要政策选项之后，MDRC 试图将有规划或意愿尝试这些方法的地方聚合起来，目的是重复其 20 世纪 80 年代早期的战略，将充满活力的各州改革背景转化为学习机会（有时会再次利用福特基金会的捐赠）。HHS 所属的家庭支持管理局（Family Support Administration）中，由霍华德·罗尔斯顿（Howard Rolston）领导的工作人员，以及负责规划和评估的助理国务卿办公室的迈克尔·菲什曼（Michael Fishman）等人，进行了一系列越来越雄心勃勃的实验，最终形成了一项规模最大、最复杂的福利 RCT，并与美国管理和预算办公室（OMB）展开了为期 5 年的合作，要求寻求豁免的州修改标准政策，使用通过随机分配创建的控制组来评估其倡议。1992 年，在经历了起起落落之后，RCT 成为一种必要标准，以测量各州为推动更多和更雄心勃勃的改革，寻求豁免（waivers）激增产生的财政中立性[①]。

---

① 自 1962 年以来，HHS 已经有权批准各州放弃 AFDC 项目要求，以便尝试创新。但是，只有在 1992 年之后，也就是在最有影响力的福利实验之后，交换条件才得到了坚定的实施，在这种交换条件下，各州不能在不实施 RCT 的情况下获得豁免。逻辑很简单：HHS 和 OMB 已经了解到随机对照试验是可行的，而且比替代研究设计更可靠。因此，为了确保豁免不会成为联邦预算有意或无意的消耗，它们坚持使用豁免来衡量财政影响，并在联邦预算和州预算之间分配成本（Gueron 和 Rolston，2013，第 156 - 159、217 - 261 页）。

结果是一个不断增长的议程，看起来是精心安排的，但实际上是从一个反馈循环（feedback loop）中产生的。在这个循环中，实验得到了各种发现，提出了与实质和方法相关的问题和假设，并促成了一系列连续的检验（示例见表2）。

表 2 福利研究议程的演变

先前研究的发现	提示新的问题和测试
20 世纪 80 年代早期，低成本的强制性求职/以工代赈项目导致就业小幅增长，有学龄儿童的单身母亲的福利（不太一致地）减少	基础教育赤字增加的补救措施是否会成功，尤其是对更多弱势的福利接收者来说？ 类似方法在有更小孩子的母亲或青少年父母身上会成功吗？ 工作相关的命令会帮助还是伤害福利家庭中的年幼儿童？ 如果人们只要继续依靠福利生活，就必须持续参与，项目的影响会增大吗？
单个或多个县的示范和试点项目产生了令人鼓舞的结果	成功能在全州范围的全面项目中复制或改进吗？
要求将求职、以工代赈和基础教育结合起来的项目增加了工作，但对减少贫困收效甚微	旨在增加收入的项目会增加工作，减少贫困，让儿童受益吗？ 将项目服务或要求扩展到对儿童无监护权的父亲，会增加儿童抚养费支付或改善儿童的结果吗？
不同地点中项目影响的比较表明，某些方法比其他方法更有效	在相同地点测试不同方法的多臂随机对照试验能证实这一结论吗？

资料来源：作者汇编。

这一扩大议程的最初效果，是一场变得更加艰难的艰苦斗争。1985年底到 1989 年，加利福尼亚州和佛罗里达州的高级官员邀请 MDRC 对他们的州级项目"更大的独立之路（Greater Avenues for Independence，GAIN）"和"独立项目（Project Independence，PI）"进行随机分配评估，引起了最强烈的反对。尽管官员们的理由并不相同，但两个州都不是出于豁免的需要。在加利福尼亚州，立法机构和州政府中的一些人，亲眼看见 MDRC 在圣迭戈实施的早期随机对照试验（RCT）并没有出问题以及研究发现的用处和影响，因此，一旦他们同意 GAIN 必须接受严格评估，他们很快就会超越党派界限达成一致，即"严格"意味着随机分配。

在佛罗里达州，由立法机构负责的机构在确定有效性时，因使用非实验方法从连续研究中得出相互矛盾的结果而受到抨击，于是该州主要官员唐·温斯特德（Don Winstead）向美国国家科学院（National Academy of Sciences）一个委员会的主席罗宾逊·霍利斯特（Robinson Hollister）寻求指导，后者建议他以正确方式评估并使用随机分配方法。与加利福尼亚州的情况形成对比的是，温斯特德对随机对照试验并不熟悉，但在阅读了早期实验报告和参议员丹尼尔·帕特里克·莫伊尼汉（Daniel Patrick Moynihan）在 1988 年联邦立法中对此类研究的作用的声明后，他被说服了，认为"要摆脱这些难以解决的难题，挽救这个项目的可信度，唯一的办法就是进行质量毫无疑问的评估，然后继续前进"（Gueron 和 Rolston，2013，第 301 页）[1]。

然而，尽管有来自高层的强烈支持，并且随机分配被首次写入加利福尼亚州和佛罗里达州的立法，但随之而来的是法律和伦理上的反对，这些反对远远超出了第一批州研究的范围。在佛罗里达州，一场反对风暴爆发了，几乎导致立法机关禁止控制组，这种过程不仅会危及一个重要的联邦研究项目，而且可能对未来研究造成潜在伤害（Gueron 和 Rolston，2013，第 281 - 287、298 - 309 页）。

如何解释这种激烈的反应呢？加利福尼亚州的 GAIN 项目和佛罗里达州的 PI 不仅相似度更高，而且在规模、持久性和显著性上更雄心勃勃，还改变了机会和义务之间的平衡。之前的实验评估了研究者或资助者设计的改革（如工作支持和 NIT）或各州运行的倡议，尽管与先前评估相比规模更大，但已在几个地点试行。现在，第一次提出了利用随机分配方法来评估两个项目，旨在使它们成为普及的（覆盖所有符合强制性标准的人群）、全面的、持续的和全州范围的项目。此外，数字也非常巨大：GAIN 项目是美国规模最大、最雄心勃勃的以工代赈项目，预计每年预算超过 3 亿美元，目标是 20 万人，其中 3.5 万人最终会进行随机分配（Gueller 和 Rolston，2013，第 276 - 278 页）。

---

① 至关重要的是，温斯特德得到了佛罗里达州卫生和康复服务部（Department of Health and Rehabilitative Services）部长格雷戈里·科勒（Gregory Coler）的大力支持。尽管 MDRC 之前对科勒在伊利诺伊州运营的项目进行的随机分配评估得出了负面结果，但当他接手佛罗里达州时，由于亲眼看到议会工作人员和媒体承认实验结果的可信度，于是主动寻求这项研究。

结果，两次评估都提出了伦理警示：成立控制组是否会减少服务人数？它是否会拒绝人们获得准权利或真实权利？这些具体活动中增加了另一个要素。在早期的强制性项目的 RCT 中，大多数福利倡导者不反对将控制组排除在服务和惩罚之外，部分原因是该项目主要被视为强加负担而不是提供机会。现在，当要求参加的活动包括补习教育时，拒绝服务变得更具争议性。

总之，这些差异意味着，评估非但不是秘密的，反而立即生动地出现在政治和媒体的视野中。在加利福尼亚州，MDRC 的工作人员被称为极端分子，一名坚信教育价值的资深议员威胁要关闭这项研究。在佛罗里达州，一个以州长为首的组合（包括忧心忡忡的议员）以及倡导团体和福利机构之间的敌意助长了煽动新闻的爆发。头条新闻指责州和 MDRC 对待福利接受者像对待豚鼠一样，实施可耻的、不人道的、类似于臭名昭著的塔斯基吉梅毒研究（Tuskegee syphilis study）中的做法。即使是在前互联网时代，这种爆发也波及全国各地的报纸，威胁到了 HHS 的其他实验。

MDRC、HHS 与这两个州的支持者，通过借鉴之前州研究中获得的诀窍并利用新的力量，最终取得了胜利（说明随机分配只能用于评估小规模项目的说法是错误的）。第一，也是最重要的一点是，加利福尼亚州和佛罗里达州的官员坚定不移的立场，尽管受到严厉的批评，但在受到攻击时并没有放弃。没有任何研究人员或研究公司能够单独克服这种程度的反对。州政府官员决心进行独立和可信的评估——可能会解决他们的问题，但他们很清楚也可能会暴露自己的失败——这是鼓舞人心的。因此，当面临诉讼威胁时，加利福尼亚州 GAIN 项目的管理者卡尔·威廉姆斯（Carl Williams）表示，除非有真正合理的评估，否则他根本不愿意监督这样一个如此大规模和复杂的项目，并宣称："我们会以某种方式来进行随机分配。"当被问及为什么要为这项研究而战时，温斯特德回答说："这听起来有点天真，但我相信这样做是正确的……如果我们想让成千上万的人接纳某种事物，我们应该愿意看看它是否有效"（Gueron 和 Rolston，2013，第 281、285、307 页）。

第二个新的因素是随机分配的学术支持的缓慢转变，这反映为两个事件的推动。第一个事件是在 1985 年，美国国家科学院和劳工部发布了一系列权威报告，MDRC 反复引用这些出版物来鼓励盟友并说服反对者（Betsey、Hollister 和 Papageorgiou 以及职业培训纵向调查研究咨询组）。这些专家组的结论是，它们不相信大多数比较组研究的结果——包括美国劳工部花费 5 000 万美元对全国主要职业培训项目的计量经济评估——考虑到现有的统计技术，如果人们想得到可靠的关于有效性的数据，没有其他方法可以替代随机分配。第二个事件是工作支持示范项目留下了意外的遗产。该示范项目不仅表明使用实地实验评估大规模的就业项目是可行的，而且贡献了一个公共使用的文件，首次提供了一个有趣的方法来发现替代方案是否也能起到同样的作用。罗伯特·拉朗德（Robert LaLonde）的开创性研究发表在 1986 年的《美国经济评论》（*American Economic Review*）上，他使用"当前人口调查与收入动态的面板研究（Current Population Survey and the Panel Study of Income Dynamics）"的数据精心构建了 8 个对照组，并通过测试计量经济学的估计值可靠地再现了实验的发现。他得到的负面结论产生了深远的影响[①]。

第三个因素是成功地建立并动员了一个转变者和支持者社群（包括倡导者、政府官员、资助者、学者、从业者以及州和联邦的立法、国会和机构工作人员），他们认可并重视 RCT 证据的独特质量，并成为捍卫研究及其结果的盟友。当 MDRC 和佛罗里达州的工作人员担心该州的成功诉讼或对控制组研究的禁令有蔓延危险，于是利用这些来源的支持和与几十名立法者的一对一会面来推销 RCT 的优点和伦理时，这个因素变得尤为重要。

在这两个州，第四个也是最具决定性的因素是预算缺口（budget shortfall）。尽管宣传普遍授权，但现实情况是，没有足够的资金让每个人都能得到服务。一旦清楚服务不得不进行配给，一些有资格的人将无法获得服务时（但不是因为这项研究），作为一种给每个人平等机会的公平方式，抽签打击了持反对意见的立法者（加利福尼亚州和佛罗里达州的经验也导致 HHS 禁止使用 RCT 来测试权利）。

GAIN 项目评估的发现解决了 20 世纪 80 年代初期州研究提出的许多问题（参见表 2）。GAIN 项目方法反映了一种希望，即与短期的、主要关注求职的项目相比，强调向那些学业能力有限的人提供基础教育并帮助其他人迅速找到工作，将会产生更好的结果（尤其是对于长期福利

[①] LaLonde（1986，第 604 页）说："这种比较表明，许多计量经济学方法不能复制由实验确定的结果，说明研究人员应该意识到在其他非实验评估中可能出现的设定错误。"随后，Fraker 和 Maynard（1987）也使用了工作支持数据，得到了类似的结论。Bloom 等（2005b）利用其他实验的数据描述了随后的众多研究。

接受者而言），即较高的成本是值得的。对六个研究县的综合影响是混合的。GAIN 项目在某些措施上优于早期的项目，产生了更大、更持久的影响（5 年之后仍然很强劲），并且在更弱势的福利群体中取得了更大成功。尽管如此，总体情况处于适度但积极的范围内：在 5 年的随访中，平均 3 个月，分配到该项目的单身母亲工作的占 28％，而控制组成员则为 24％；最近 3 个月，有 39％的人获得了 AFDC 的某些福利，而控制组的这一比例为 42％。此外，与大多数早期的州研究相反，GAIN 项目并没有为自己买单，运行该项目所花费的每一公共美元（public dollar）都获得了 0.76 美元的预算节约（净成本计算为项目组成员与控制组成员接受的所有服务的平均成本之差）。另外，GAIN 项目在增加参与者的收入方面做得更好，导致贫困家庭的比例减少了 3 个百分点（Gueron 和 Rolston，2013，第 287 - 289 页；Freedman 等，1996）。

50   然而，其中河滨（Riverside）县的结果却明显更积极，总体的和低技能受助者的结果都更好，成本更低，而且项目的成本效益更高，每投入 1 美元，纳税人就能得到近 3 美元的回报。一个以工代赈项目第一次产生了超出适度范围的效果。这些发现提出了一个显而易见的问题：是什么解释了河滨县的成功？

在如何实施项目方面，GAIN 项目给予了各州很大的自由裁量权。尽管河滨县也提供了各种各样的活动（以及其他特色），但尤其强调迅速找到工作，并向那些被认为需要基础教育的人提供以工作为导向的短期教育或培训。在这项研究的最初几年，那些在教育上投入较大的县的福利主任们认为，从长远来看，教育终究会有回报，特别是对那些没有技能或高中学历的人。但是，2 年、3 年和 5 年的结果证实了另一种情况：尽管其他县的影响随着时间的推移而增加，但河滨县在大多数测量指标上仍然处于领先地位，而且最关键的是，对更多的弱势福利接受者来说，它被证明是最为成功的（Riccio 等，1994；Freedman 等，1996；Gueron 和 Rolston，2013，第 289 - 290 页；Gueron，1996；Gueron 和 Hamilton，2002）。

8　什么效果最好？劳动力依附和人力资本开发的多臂检验

这一违反直觉的发现沿着自由-保守的主要断层——工作优先与教

育优先——在华盛顿和全国范围内引起了关注（DeParle，2004，第 111
页）。然而，由于它来自加利福尼亚州各县的随机对照试验结果的比较，
这些县不仅在项目设计上存在差异，而且在劳动力市场条件、替代服务
和福利总体方面也存在差异，因此一个非实验性的比较迫切需要更严格
的验证。Hotz 等（2006）在一项研究中试图做到这一点，该研究将
GAIN 项目随访延长至 9 年，对项目实施前、后背景和当地条件的各县
差异进行了统计控制。他们的结论是，其他县最终赶上并超过了河滨县
的就业和收入影响，并呼吁重新考虑"强调与工作相关技能发展的培训
部分"的价值①。

尽管是 GAIN 项目评估的一个重要扩展，Hotz、Imbens 和 Kler-
man 的结论仍然是基于一个州的六个县的非实验性分析。这提出了一个
挑战：这个关键政策问题有没有可能得到一个更明确的、实验性的答
案？幸运的是，一项回应已在酝酿之中。1989 年年中，由 HHS 启动，
MDRC 被选中进行最雄心勃勃的福利实验：随机分配 57 000 人到位于 7
个地点的 11 个项目中来评估 1988 年联邦福利立法的主要组成部分——就
业机会和基本技能培训（Job Opportunities and Basic Skills Training，
JOBS）项目。JOBS 项目将参与工作导向的活动要求扩大到有年幼孩子
的母亲，并强调服务于长期依赖的风险人群（Hamilton 等，2001；
Gueron 和 Rolston，2013，第 311 - 352 页）。JOBS 项目背后的主要假
设（与 GAIN 项目一样）是，为基础技能较低的人提供补救性教育，是
帮助他们获得更好更稳定的工作、增加他们的家庭收入以及降低他们重
返福利名单的可能性的首选战略。人们预计，强调教育和培训的项目持
续时间越长，成本越高。与 GAIN 项目一样，核心问题包括它们是否会
产生更大或更长期的影响，并在预算或其他方面具有成本效益。

JOBS 项目评估的核心，是在三个地点进行的创新与大胆的面对面
测试，其中将福利接受者随机分配到无 JOBS 项目的控制组，或以下两
种不同方法之一：强制性求职优先项目［也称为"劳动力依附（labor
force attachment，LFA)"项目，该项目鼓励人们迅速找到工作］以及
"强制性教育或培训优先"项目［也称为"人力资本开发（human cap-
ital development，HCD)"项目，该项目强调长期的技能培养活动，主
要是基础或补救性教育、普通教育发展（GED）准备以及较低程度的职

51

---

① Hotz、Imbens 和 Klerman 没有提到这些县在实现 GAIN 项目的其他目标方面的相对
成功，包括减少累计福利支出和提高成本效益。

业培训（但不包括大学)[①]]。与 GAIN 项目评估相比，这种三组设计可以产生实验性的估计值，不仅针对每种策略的影响（LFA 项目相比一个控制组与 HCD 项目相比一个控制组），而且针对它们的差异有效性（LFA 项目相比 HCD 项目）。克服了 MDRC 和 HHS 最初对可行性的担忧，这两种干预和多臂研究设计已在三个截然不同的地点成功实施：密歇根州的大急流城（Grand Rapids）；加利福尼亚州的河滨县；以及佐治亚州的亚特兰大（Hamilton 等，1997)[②]。

52　　图 1 显示了在随机分配后的 5 年中，三个地点合并后 LFA 项目和 HCD 项目对单身母亲收入和福利接受的影响（干预组和控制组的平均值之差）。这两种方法都增加了收入，减少了福利，但时间趋势不同。LFA 项目使人们更快地参加工作并脱离福利，因此产生了更大的短期影响（也就是说，LFA 项目和 HCD 项目在最初一两年里的影响有很大差异，取决于结果测量标准）。然而，到了第三年，HCD 项目迎头赶上：两条线之间的差距缩小了，不再具有统计显著性（Hamilton，2002，第 32 页）。但 Hotz、Imbens 和 Klerman 曾表示，5 年的期限对 HCD 项目来说不公平。MDRC 关于 JOBS 项目评估的最终报告得出结论：即使有更长时间的跟踪调查，也不太可能改变从 5 年趋势得出的研究结论。当 Freedman 和 Smith（2008a，b）追踪了随机分配后长达 15 年的影响时，这一结论得到了证实。

　　由于 HCD 项目在过去的几年中并没有超过 LFA 项目，因此在整个 5 年期间（合并三个地点或单独计算每个地点）的收入增加和福利节约对于这两种方法是相同的，或者说 LFA 项目更大。此外，由于 HCD 项目比于同一地点运作的 LFA 项目成本高三分之一到近两倍，LFA 项

53

---

　　① LFA 策略反映了这样一种观点：即使在低工资的情况下，养成工作习惯和技能的最佳方法也是通过工作本身。HCD 策略基于这样的信念：教育和培训应该放在首位，这样人们就可以掌握获得更好工作所需的技能。尽管两种方法都包含另一种方法的要素（例如，LFA 项目中没有通过职业俱乐部找到工作的人，可以被分配到短期教育、培训或无薪工作，而 HCD 项目中的人可以在稍后被分配到工作俱乐部），但它们传达了不同的信息并强调了不同的活动（Hamilton 等，1997）。

　　② 尽管 20 世纪 80 年代初期 MDRC 在三个福利 RCT 中采用了多臂设计（multiarm designs），但这些 RCT 已经测试了求职后增加以工代赈能否提高项目有效性。JOBS 项目评估更具雄心。它要求福利机构同时开展两个截然不同的综合项目。此外，JOBS 项目评估使用多臂设计来评估其他案例管理策略，并确定该项目的服务及其参与任务的单独效果（Gueron 和 Pauly，1991，第 164 页，注释 37；Gueron 和 Rolston，2013，第 322 - 338 页）。

目被证明更具成本效益。因此，在相同成本下，这些项目可以惠及更多的人，并产生更大的总体影响①。对于 HCD 方法的倡导者来说，尤其令人失望的是，这些发现对于没有高中文凭或普通教育发展（GED）证书的项目注册者——被预期从基础教育初始投资中获得最大收益的福利接受者亚组——以及已经拥有这些证书之一的人来说都是正确的（Hamilton，2002；Hamilton 等，2001；Gueron 和 Rolston，2013）。

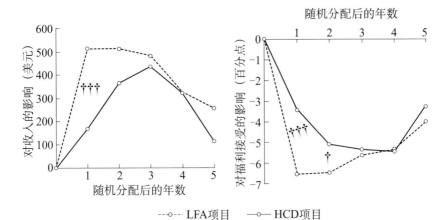

图 1　对收入和福利接受的影响，按途径和年份：工作机会和基本技能培训评估

说明：显示的影响是三个 LFA 和 HCD 项目中样本成员的平均值。剑形（†）表示 LFA-HCD 差异的统计显著性水平：†，10%；††，5%；†††，1%。

资料来源：Hamilton，G.，2002 Moving People from Welfare to Work：Lessons from the National Evaluation of Welfare-to-Work Strategies. U. S. Department of Health and Human Services and U. S. Department of Education，Washington，DC，Figs. 8 and 9.

　　JOBS 评估通过提供令人信服的证据证明，在福利母亲的强制性项目中，严格的"先找工作"的方法比严格的"先教育或培训"的方法更成功，从而证明了多臂、多地点设计的价值。然而，这一发现并不意味着教育或培训在以工代赈项目中不应扮演任何角色。对 20 个福利随机对照试验结果的跨地点比较表明，最成功的那些项目采用了混合策略，其中一些人被敦促尽快找到工作，另一些人则被要求参加以工作为重点

---

　　①　LFA 策略和 HCD 策略的倡导者曾预计，行政人员在推进不同目标方面可能会面临权衡，LFA 项目在节约资金方面更为成功，HCD 项目在减费方面更为成功。然而，HCD 项目对两种结果都没有更大的影响。这反映出，与他们的目标相反，HCD 项目没有产生更多的收入增长，也没有增加样本成员获得更稳定或更高薪酬工作的可能性。它们对样本成员子女的幸福感也没有显著影响。

的短期教育或培训（Gueron 和 Hamilton，2002）。也不意味着针对不同人群或志愿者的其他类型培训、高等教育或项目不会更有效。（例如，参见 Card 等，2015；Hamilton，2012。）

9 趋势转移

到了 20 世纪 90 年代初，有四种变化进一步改变了趋势，并有利于随机分配：来自更雄心勃勃和复杂测试的可行性与回报的证据，已完成实验和参与州的可见性，HHS/OMB 将随机分配作为豁免交换条件的努力的最终成功，以及学者们的支持的逐渐积累。

其结果是，研究人员或资助者不用将随机对照试验推销给不情愿接受它们作为 HHS 豁免新代价的州，相反的情况有时也会出现。这种结果最值得注意的例子是加拿大政府、密尔沃基（Milwaukee）的新希望项目（New Hope program）和明尼苏达州提出的改革方案，即如果（在大多数情况下）人们从事全职工作，政府就给予收入补贴，使其工作报酬超过福利。这三个项目均主动寻求随机分配评估，以使更多公众信任其方法的价值。对他们来说，尽管面临挑战（尤其在实施多臂设计来确定复杂项目中的哪些方面会产生影响时），但实验已经从高风险尝试转变为一种能够获得认可的途径。

由于 MDRC 在这些项目以及许多早期的州研究中使用了一致的测量和研究设计，因而比较不同策略在推进改革者不同目标方面的成功是相对容易的。对强制性以工代赈项目和收入补贴两种方法的比较表明，前者在减少福利依赖和政府支出方面做得更好，后者在减少贫困和造福幼儿方面做得更好，没有哪一项单一政策能最大化所有目标（Gueron 和 Rolston，2013，第 385 页）[①]。

从 1996 年开始，AFDC 被各州的整笔拨款所取代，RCT 的激励结构再次发生了变化。各州现在可以自行重新设计福利（不需要联邦豁免），但不能利用联邦配套资金进行评估[②]。幸运的是，HHS 对 RCT

[①] 有关干预、发现和权衡的更多信息，参见 Bloom 和 Michalopoulos（2001）、Gueron 和 Rolston（2013）、Berlin（2000）、Greenberg 等（2010）、Morris 等（2001）和 Morris 等（2005）。

[②] 因此，整笔拨款结构提高了各州减少登记人数的财政激励，因为如果人们放弃福利并承担项目扩大的所有成本，各州将获得所有节约的经费，但同时降低了评价的激励。

的承诺没有改变。在专注于维持最有价值的豁免实验几年之后，HHS改变了做法，率先推出了多地点实验，解决了新的 TANF 环境中各州感兴趣的问题。到 21 世纪初，美国教育部（US Department of Education）下属的教育科学研究所（Institute of Education Sciences）于 2002年成立，在一定程度上标志着人们对实验的兴趣正如火如荼地增长（Gueron 和 Rolston，2013，第 388 - 422、455 - 471 页）。

10　有用性与有效性

如上所述，福利实验的设计者不仅寻求获得项目有效性的可靠证据，而且试图使研究变得有用，并增加它们被使用的潜力。许多了解美国福利制度变革的人——激进的 1996 年法案终止了 AFDC 的权利并实施了严格的工作要求，以及 1988 年法案要求参与旨在提高就业能力的活动——都表明，这些实验在塑造态度、立法和实践方面具有非同一般的影响力。例如，罗恩·哈斯金斯（Ron Haskins），其近年来担任众议院筹款委员会（House Committee on Ways and Means）福利分委员会的共和党负责人，表示： 55

> 工作确实是福利改革的核心问题，而工作的理念作为一个重要的、可实现的目标，因为这些实验变得更加重要。他们通过表明各州确实可以采取措施让更多人去工作并节约经费，从而消除了这个可能存在争议的问题。作为实验的结果，通过类似渗透作用的方式，国会里的每个人都开始理解这一点，它成为新的传统智慧，这对福利辩论产生了巨大的影响。这是我所知道的关于研究如何影响政策的最佳故事（Gueron 和 Rolston，2013，第 296 - 297 页）[1]。

这些人中没有人声称，立法追随了实验（两项法案的核心部分都反映了远远超出研究发现的预感），或者说政治、哲学和价值观并不是太重要，但他们确实提供了这些研究产生巨大影响的四个原因（Gueron和 Rolston，2013，第 190 - 216、436 - 443 页）。

---

① 关于这些研究如何以及为什么影响政策和实践的不同观点，参见 Gueron 和 Rolston（2013），第 190 - 215、292 - 298 页；Baron（2013）；Baum（1991）；Greenberg 等（2003）；Haskins（1991）；Rogers-Dillon（2004），第 46 页；Szanton（1991）；Weaver（2000）。

10.1　随机分配、复制与相关性的信度

随机对照试验的一个主要理由，是相信政策制定者可以区分并优先考虑实验证据非同寻常的质量。出于多种原因，这一假设似乎常常是成立的：方法的简单性和透明度；学术界日益达成共识，除了实验，其他设计无法满足要求；有迹象表明，诸如就业安置之类的绩效测量夸大了成功；可以在不同的条件下，以及在小型、中型和全面项目中复制结果[1]。所有这些都促成了一个两党协议：随机对照试验提供了一个异常可靠和客观的标准。

对这些研究的反应表明，政策制定者重视外部效度，尽管不是任何正式统计意义上的。之前描述的策略提供了令人信服的表面效度，即发现了可以推广到研究地点以外的地方：在精通政治的人认为可能影响成功的维度（例如，劳动力市场和行政管理能力的强弱）上，基于主观判断选择具有代表性的州，在普通办公室中进行实验，采用未经筛选的样本，其大小足以为每个地点产生有效估计值。例如，Erica Baum（被参议员 Moynihan 招募来起草参议院版本的 1988 年立法）指出，尽管设计、条件、成本、人口、态度和管理能力等方面存在差异，但对几乎所有研究的州找到积极结果都很重要。她特别强调，是常规办公室的常规工作人员提供了这些项目：

> 这不是小事。在过去，由经验丰富的社会科学家或少数项目专家来对精致的项目做试点测试，产生有价值的发现。但是，当这些项目被移植到现实世界的社会机构时，积极结果就消失了。由于 MDRC 发现，不同的州和地方行政管理人员可以靠自己取得成功，因此我们可以相对有信心地说，其他城市、县和州也可以做到这一点（Gueron 和 Rolston，2013，第 195 页）。

10.2　综合研究的发现

这些实验是经过战略性安排的，以测试主要的改革选项，并解决自由派和保守派的关键问题。虽然关于有效性的发现是核心（也是本章的重点），但它们绝不是设计者认为唯一重要的证据。随机分配总被认为

---

[1]　这种高复制率与其他领域的低复制率（Manzi，2012）以及 Begley 和 Ioannidis（2015）所说的生物医学研究中的"可重复性危机"形成了鲜明对比。

是建立研究的骨架，使用多种技术来回答一系列关于项目实施和使项目有效的因素的问题。人们的反应表明，研究的不同部分对不同受众确实很重要。

事实上，强制性的以工代赈项目的影响是相对一致的，而且是朝着理想的方向（增加工作和减少福利）发展的，这一事实至关重要。然而，它们的绝对大小也很重要，并且在 1988 年和 1996 年的表现不同。在早期，不高的收益促使工作项目的资金增加；10 年后，面对名单增加和更加尖锐的党派背景，有限的成功让一些政策制定者相信需要一种休克疗法[①]。

关于参与率的研究发现表明，各州相信会施加严格的义务，这将有助于推动整体拨款。研究发现认为，在某些条件下，福利接受者认为以工代赈项目是公平的，会改变一些原本反对无薪工作要求的人的观点。反直觉的证据表明，强调快速就业的项目比要求基础教育的项目影响更大，这有助于州项目的转变。前期支出有时会被人们去工作时转移支付减少以及税收增加带来的经费快速节约所抵消，这种收益-成本的教训令人意想不到地证实了社会项目可能是值得的投资，并影响至关重要的国会预算办公室对立法提案成本的估计（Gueron 和 Rolston，2013，第 173 页）。

10.3　结果的及时性

获取结果的时机也很重要。对政策有影响的研究的两个前提是相关性和及时性。前者尽管有运气的成分，但两种设计选择推动了成功。其中之一是做出明确的努力来预见问题，并开展持久政策选项的研究。第二点是，大多数 RCT 并不评估政策狂热者（policy wonks）所梦想的改革。伙伴关系的愿景意味着，经过测试的倡议已从州长、工作人员和社区活动家中冒出来，这些人对政治时机有精准的判断。

关于后者，在迅速发布故事和正确报道之间存在内在的紧张关系。按照州政府的合同，项目总是有迅速产生结果的压力，但我们决心不再重复负所得税实验的经历，当时，人们曾努力收回过早发布的结果，但只取得了有限成功（Coyle 和 Wildavsky，1986，第 179 页）。然而，

[①] 许多因素解释了这一转变，但个性和控制国会者的变化可能起了作用。在 20 世纪 80 年代末，参议员莫伊尼汉（Moynihan），一位福利专家和特别细致的研究消费者，主持了相关的小组委员会，他始终寻求最新的发现，并认为，考虑到问题的复杂性，渐进的改善是可以预期的（Gueron 和 Rolston，2013，第 199－200 页）。由于他的态度，我把他对我明显的双面描述看作是一种恭维，他说我是"我们的女士，谦虚但有积极的成果"（《纽约时报》，1993 年 3 月 9 日）。

MDRC 面临的现实是，在有足够数量的人登记参加项目之前需要时间，并且项目需要跟踪足够长的时间来判断影响；获取、分析和准确报告数据也需要时间。我们试图通过划分研究来解决这种不耐烦问题：找出一些可以迅速解决的重要问题（参与率、以工代赈项目的性质、实施挑战），并推迟关于影响和成本效益的研究发现。

10.4 有力的、非技术性的与公平的沟通

最后，人们指出了 MDRC 传播策略的几个方面的影响。一个是积极的市场营销以及与不同政治派别人士的接触。尽管这是从冗长的技术报告开始的，但已经发展出包括小册子、新闻稿、摘要，以及仅在一年内就多达 100 多场的演示（presentations）——简报会、讲座和频繁的作证（testimony）。还有一种明确的动力来保持结果的简单性，即通过使用易于理解的结果测量，简单而统一的图表，并尽可能利用随机分配的透明度。

此外，MDRC 有意识地选择不偏袒任何一方，分享积极和消极的结果[①]。与许多社会政策问题一样，福利辩论中的不同派别对问题的诊断不同，导致对实现不同目标（例如，减少依赖或贫穷）的重视程度也不同。因此，对一些人来说是好消息，对另一些人来说可能是坏消息。MDRC 的策略不是要推动人们就目标达成一致，而是要就事实达成一致。因此，我们试图获得可靠的估计值，即什么方法产生什么结果，并标记权衡（trade-offs），但并非促进或提倡一种政策优于另一种（Gueron 和 Rolston，2013，第 208－211、443 页）。这种风格鼓励持不同观点的人把研究人员看作是中立的一方，没有任何不良目的。

在 20 世纪 80 年代，沟通中最困难的挑战是解释为什么在面对知名州长们相互竞争的说法时，高的结果并不意味着成功。推行 RCT 的州的工作人员恳求掩护，因为他们从自己的州长那里听说，新闻报道中提到其他州如何使成千上万人脱离福利而参加工作，所以他们的州长也要求相当大的数量。提出 5～10 个百分点影响的 RCT 如何参与竞争？我们与州政府工作人员从控制组得知，在其他州的统计数据中，大多数人无论如何都会失去福利，但是这些信息可以在政治上出售吗？尽管媒体争夺战频频爆发，但在 20 世纪 80 年代后期，在 MDRC 的不懈努力之

---

① 虽然许多研究得出了积极的结果，但一些研究显然是消极的。州政府官员、项目管理人员和资助者不欢迎有关进展取决于放弃方法（特别是他们最喜欢的方法）的报道，因为他们发现这些方法不起作用。然而，尽管州政府官员一开始时可能没有意识到一个失败的项目并不是一个失败的研究，但我们发现他们确实从令人失望的发现中吸取了教训，并继续前进，甚至到了自愿参加后续实验的地步。

后，国会和国会机构的主要记者和工作人员开始意识到，大的数字可以像福利改革的细节一样容易地反映出强劲的经济。然而，这场争论并不是永久性胜利，州长们继续使用相互竞争的测量指标来宣称成功（Gueron 和 Rolston，2013，第 128 - 131、195 页；Gueron，2005）。

与州和联邦官员、公共利益团体、从业者、政策分析家、学者和媒体进行这种积极的、持续的沟通需要时间和金钱。在这些年里，MDRC 有幸获得了基金会的资金，以支持担任这一角色的工作人员（包括传播专业人员）。这一努力不被视为一场杂耍，而是该组织两个使命的组成部分：了解什么能改善低收入者的福祉（well-being），并以提高社会政策和项目有效性的方式交流所学到的知识。

这四个因素的影响是，尽管辩论高度政治化，但随机分配被普遍认为是无偏见（unbiased）、公正（impartial）和科学的，而不是另一种形式的压力团体噪声。此外，这些发现没有受到严重质疑，反而几乎成了常识。最后，这一结果导致一些人得出结论：媒体的广泛报道对国会和各州都产生了影响，这些研究促成了使改革成为可能的共识。例如，在里根和布什政府期间担任卫生和健康服务部（HHS）副专员/助理部长的乔·安妮·巴恩哈特（Jo Anne Barnhart）说：

> 关于如何改革福利的辩论可以恰当地描述为有争议的、情绪性的和党派的。当里根总统将他关于社区工作经验（以工代赈）的想法带到华盛顿时，形成了鲜明的界限。没有随机分配试验提供的增量洞察，很难想象这两个相互冲突的方面会聚在一起。研究中收集到的基于事实的信息，为分裂的政治言论提供了"中立"的通用语言。因此，尽管［1996 年法案］不能完全反映研究发现，但没有这些发现就不可能实现。福利改革方面的思维转变是对研究努力的回报（Gueron 和 Rolston，2013，第 298 页）①。

59

11　教训与挑战

在福利政策领域长期的斗争表明，随机分配可以被用来评估主要的

---

① 回顾 1988 年的辩论，Henry Aaron（1990，第 278 页）提出了一个相反的观点："这一经验的教训似乎是，当其发现符合民选官员价值观的测量至少有一定益处时，社会科学可以促进政策制定。"

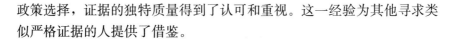

政策选择，证据的独特质量得到了认可和重视。这一经验为其他寻求类似严格证据的人提供了借鉴。

11.1 支持因素的汇合

在 1996 年之前的关键年份，有六个因素维持了福利实验：（1）公众对 AFDC 的敌意，加上州/联邦的成本分摊，为州长创新和取得成功创造了强大的政治和财政激励；（2）发现随机对照试验的负担并不重，可以用来确定州改革的有效性，以及越来越多的人达成共识，认为替代方法达不到要求；（3）来自足够的积极发现（positive findings）的动力（成功造就了成功）；（4）积极地传播研究结果；（5）来自国会、AFDC方案和福特基金会的持续研究资金；以及（6）联邦政府和研究公司中的狂热分子，他们几十年来一直参与其中，有意识地建立了一个实验支持者社群，并利用豁免批准程序来鼓励并最终要求随机分配。

其他领域的研究人员既不会有同样的优势，也不需要打同样的仗。学术界支持实验的转型不太可能完全逆转，再加上成功的随机对照试验的记录，促成了联邦政府对科学、循证政策的重要承诺，将其作为通向更有效政府的途径（Gueron 和 Rolston，2013，第 461 - 468 页；Haskins 和 Baron，2011；Haskins 和 Margolis，2015）。此外，正如这本书所反映的那样，目前全世界正在进行数百项社会实验。面对未来的反对和预算削减，以及在不太容易进行试验的领域，如何保持这种势头仍然是一个挑战。

11.2 制定议程的回报

福利实验的力量来源于它们的逻辑性、相关性和研究发现的一致性。在一定程度上，这是由 HHS 和 MDRC 的少数人独立决定的，以确保连续的实验是增值的，而不是一组分散的测试（Gueron 和 Rolston，2013，第 431 - 433 页）。这些实验也回应了权力下放的现实，在这种现实中，无论是联邦政府还是任何外部行动者，都不能将接受测试的东西强加于人。福利改革太政治化；选项太具争议性。与各州结成伙伴关系的范式是有必要的，正好反映了这种权力下放，具有重要好处，其产生的结果与基于州的福利项目的多样性和动态的政策背景相关。政策制定者没有寻求确定一个单一的、最有效的模型，这种模型可能没有一个州愿意或有能力来随后资助和实施，而是在多个州对类似（但不完全相同）的改革进行评估，并寻求一个战略结构的议程，最终使他们能够看到主要选项之间的权衡。

实验的影响也来自研究的广度。这些实验并不是简单的 RCT，即只能说明改革是否奏效。州政府和项目创建者永远不会仅仅为了这个而介入或坚持到底。他们会发现这些结果不够有用。尽管关于如何（how）和为什么（why）的问题，无法像是否（yes or no）问题那样严格回答（以及回答多少，对谁来说），但一点洞察力对维持动力和承诺有很大帮助。

制定这一议程需要时间。在 1974 年，实施随机对照试验 10 年或 15 年后所做工作的规模或复杂性是不可想象的。当时的研究人员既没有技巧，也没有勇气，更没有确定相关的问题。另一个花费时间的原因是，测试的一系列模型既反映了之前随机对照试验的发现，也反映了在各州内部多年的辩论后固化为政策选项的价值观和信念。因此，构建议程（最终包括这些年提出的大多数改革建议）取决于政策、政治和证据的实际演变。

随着时间的推移，在提出的问题和面临的条件方面，对方法的要求也在不断提高。设计往往变得更加雄心勃勃，研究人员常常拥有更少的经费和控制权，但结果变得更加明显。在每个阶段，研究人员从他们认为是克服挑战的关键工具（艺术、工艺和冒险）中吸取教训，这些教训后来经常被修改或推翻。

实施这一议程也需要长期资金。高质量的纵向研究（实验或非实验）需要花钱，因此福利随机对照试验的连续性和广度得益于有多个资助者。最值得注意的是，在联邦热情消退的时候，福特基金会的资助支持了 RCT 的生存，即测试了联邦政府最初几乎没有兴趣的各种方法，以及伙伴关系范式的创新。幸运的是，对那些倡导循证政策的人来说，有令人鼓舞的迹象表明，公共机构和不同的基金会继续认识到，通过支持严格的、在美国和国外的评估，它们在为政策提供信息方面所能发挥 *61* 的重要作用。这一角色是否会持续下去，哪些人和组织将加强力度以确保单个研究（如福利研究）满足更大的经验学习议程，还有待观察。

11.3 对现实期望的需要

福利实验讲述了一个令人惊讶的乐观故事。一系列的改革产生了相对一致的效果：就业率上升，福利登记减少，几乎没有附带伤害[①]。一

---

① 然而，一些研究表明，母亲参与以工代赈项目对青少年的学业成绩产生了小的（有时是暂时的）负面影响（Gennetian 等，2002）。

些战略也使儿童受益，甚至大大减少了贫困。考虑到 20 世纪 70 年代对社会项目普遍存在的怀疑态度，研究人员担心这些研究将产生无效结果（Gueron 和 Rolston，2013，第 45、205 页）以及在其他领域无法复制 RCT 的成功，所以反复打破现状的能力是令人鼓舞的。

然而，这些结果也传递了另一种信息。平均成功率一般不大（例如，就业增长了 5 个百分点）。控制组中的许多成员最终找到了工作或离开了福利，要么是靠自己，要么是在现有项目和体制的帮助下（或者提供的激励下）。这种正常行为（即反事实）设置了一个很高的障碍，改革者必须清除障碍才能产生影响。

多年来，实验结果的捍卫者面临设定现实预期的反复挑战，特别是当政治上有权势的改革者声称根据结果取得了更大成功时[①]。但是，与其他领域的同事相比，福利研究人员有一种更容易的方法。导致人们更快离开福利的改革，产生了真正的预算节约。即使控制组随后赶上来，这种影响的逐渐消失也并没有勾销（wipe out）过去的节约。这种节约部分解释了为什么几乎所有州都实施了所谓的"工作优先（work first）"项目。

如果随机对照试验在其他领域表现出适度影响（modest impacts），它们会被视为有用的基石（就像以工代赈项目或医学中的情况一样），还是会被视为失败迹象而丢弃？幸运的是，公共资助者的日益成熟（在美国，由管理和预算办公室来推动提供高质量的有效性证据）提供了乐观的理由（参见 Haskins 和 Margolis，2015）。

11.4 保持质量文化

62　　福利实验的不同寻常之处，在于其发现被接受为客观真理的程度。这种广泛接受的原因有很多，但有两个原因来自最初几十年研究者的共同文化，尽管这些人数量相对较少。首先是他们以近乎宗教般的虔诚致力于制定关于高质量的随机对照试验的各方面标准。其次是他们的共同观点，即此类研究的目的是了解测试的干预是否有效，而非证明它有效。这种对倡导研究的回避，包括承诺分享好消息和坏消息，以及一种

---

① Solow（1980，第 16 页）在他对工作支持示范项目结果的讨论中，很好地表达了为可靠测量影响辩护而不是炒作结果的挫折感："任何真正关心弱势群体就业的人都不会嘲笑这些结果。这些结果并非微不足道，我们必须学会基于成功概率的合理估计和成功的定量含义给出一个令人信服的政策倡议案例。如果专业政策界任由自己许下的承诺超过所能兑现的，就会以无法兑现承诺收场，最终这些承诺将不可信，根本无法兑现。"

观点，即失败并不是知道一个有前途的项目不起作用，而是懒得了解它是否起作用（Gueron，2008）。正是这种文化与随机性的结合，促成了将实验视为黄金标准的观点。

由于社会实验现在是一个成长性行业，因此存在一种风险，即研究人员声称拥有 RCT 品牌，但是并没有执行大量隐藏行动，而这些行动对该研究的独特价值来说是至关重要的。正如不是所有闪闪发光的东西都是黄金一样，魔力也并非来自抛出一枚平衡程度恰到好处的硬币。天使在细节中，需要经验才能发现和掌握细节。当 RCT 的监管落到熟悉的同行审查领域时，有什么可以防止这种金属的贬值[①]？

11.5　透明测量和相对短期干预的优势

评估福利改革的人与其他领域的人相比有几个优势。首先，大多数政策制定者关心的结果，即工作、依靠福利或处于贫困的人的百分比，以及平均美元收入或福利，可以用容易理解的单位来测量（几年后真正重要的事情不采用代理变量，也没有难以解释的"效应大小"），在大多数情况下，这些结果可以直接纳入收益-成本计算。其次，干预往往相对简单和短暂，或者在长时间或开放式情况下通常是前置负荷（front-loaded）的，只需几年（有时更少）的随访数据就可以产生有用的结果。最后，尽管控制组成员可以而且确实获得了社区中其他机构提供的竞争性（有时也是类似的）服务，但他们并没有系统地参加一项替代干预。

第一个优势对沟通产生了重大影响。在州一级，这些研究可能会产生较小的影响，如果告诉由政治任命的福利专员，他们的项目对不是其最终目标的测量结果（例如，获得培训证书）产生的影响大小为 0.15，然后，针对其由此产生的茫然，告知这一影响很小。我的猜测是，他们不会根据结果采取行动，也不会自愿（像一些人那样）参加另一项关于随机分配的研究。相反，福利研究人员可以做出这样的声明："你的项目增加了 25% 的收入，减少了 4 个百分点的福利，项目成本为每人 800美元。这 5 年来，你每投资 1 美元，就能节省 1.5 美元。"由于大多数

63

[①]　作为对这种风险潜在严重性的警告，Begley 和 Ioannidis（2015）讨论了由于未能应用成熟的实验研究指南，可能导致无法复制在知名期刊上发表的 75%～90% 的临床前生物医学研究。为了消除这一风险，教育科学研究所创建了有效教育策略研究中心（What Works Clearinghouse），作为"关于什么在教育中起作用的科学证据中心和可信来源"（Gueron 和 Rolston，2013，第 463 页）。

州都想重组福利以增加工作和节省资金，这种解释方法显然更加有利。影响被认为适度或较小（modest or small）并不重要，这些结果指出了一种更好的运行系统的方式，而且回应往往是直接的。

在教育等其他领域可能很难复制这些优势，这些领域的干预更复杂并且可能会持续很多年，最终结果出现在遥远的未来，控制组成员正在系统地接受服务，目标更加多样化，也不能转换为美元来测量。在这种情况下，研究通常依赖于中间或近似的（intermediate or proximate）测量，这些测量对最终目标来说是不确定的，并且通常用不太容易解释的测量来校准。

11.6　多项研究与综合的回报

经验表明，没有单个实验是决定性的。不确定性随着实验在不同环境和时间的复制而减小。真正的回报是，当高质量研究足够多时，就可以综合不同类型的研究来识别权衡（trade-offs），并完善在什么条件下什么对谁最有效的证据。

在实验的范围和性质以及采取一致测量方面，福利领域是不同寻常的。随之而来的工作量和数据的丰富性，影响了高层次综合的需求和潜力。综合的结果是各种文献综述，汇总数据的二次分析以及元分析（meta-analyses），包括 Bloom 等（2003，2005a）的开创性研究：将多层次模型应用于来自 59 个办公室的 69 000 人的汇总数据，对这些办公室有相同的测量，包括个人特征、管理实践、服务、经济状况和结果（综合示例包括 Greenberg 和 Cebulla，2005；Grogger 和 Karoly，2005；Gueron 和 Pauly，1991；Michalopoulos 和 Schwartz，2001；Morris 等，2001）。从这项工作中得到的教训是，几乎所有亚组都从各种福利改革倡议中获得更多的收入，在失业率更高的地方，收入影响较小，并且项目有效性与工作人员强调快速参加工作的程度正相关，与参加基础教育的程度负相关（Gueron 和 Rolston，2013，第 348－352 页）。

64　　　总之，鼓励在其他领域复制类似高质量的实验以及统一数据，将是很重要的（例如，参见 Banerjee 等，2015a；Banerjee 等，2015b）。

11.7　重大挑战依然存在

本章的开头提出了一个基本的评估问题：是否有可能将一个社会项目的效果与影响人类行为的许多其他因素分开？对于福利政策，答案显然是肯定的。在全国范围内，从小规模改革到全面改革，在不同的条件下，实验对干预是否能改变行为这个基本问题提供了令人信服的答案。此外，实验整体上还解决了另一个问题：背景是否如此重要，以至于结果不能被复制？答案似乎是否定的。与其他领域相比，虽然原因尚不清楚（Manzi，2012），但显然的是，当福利随机对照试验在不同环境下重复（使用相关的而不是相同的模型）时，平均结果相对一致，因此提供了对研究发现可靠性的信心。

尽管福利实验使这一领域走出了 20 世纪 70 年代的黑暗，但在两个关键领域缺乏进展也显示出一些不足之处（humility）。首先，尽管反复努力，但工作整体上并不能充分解释为什么有些项目成功而有些失败，以及如何使它们更有效。在适度平均（modest average）和广泛一致（broadly consistent）的影响背后，隐藏着巨大的差异性。目前尚不清楚这种差异性在多大程度上是由人员、项目、背景或控制组服务的特性造成的。不确定性并非因为缺乏尝试。所有主要的 RCT 都使用多种技术来解决这个问题。随着时间的推移，技术不断发展，包括创新的多臂检验以及上面引用的 Bloom、Hill 和 Riccio 研究。正在进行的工作有望进一步推动这一领域的发展（例如，参见 Weiss 等，2014；Bloom 和 Weiland，2015）。

第二个挑战涉及如何使随机分配成为更有用的管理工具。本章讨论的系统性和重复性 RCT 为改善项目有效性提供了一种途径。在理想情况下，人们可以使用这样的评估来识别成功的途径，并复制那些有效的方法，拒绝那些无效的方法，修改和重新测试项目，并将这种试错剔除（trial-and-error culling）作为一种持续改进的手段。尽管这是一种显著的进步，但批评者反对这种方法，理由是过于昂贵、缓慢和静态，不能作为促进创新的现实工具。还有另外一种方法利用证据来加强社会项目——绩效管理运动，这一方法似乎可以克服这些缺点。它依赖于对结果指标（如工作安排或福利案例结束）的实时跟踪，以此实现多个目标，包括使管理者负起责任，激励和奖励进步。绩效管理是一种自下而上的方法，它可以设定期望值，让管理者和员工自由设计如何利用自己的时间和资源来达到或超过标准。

正如我在其他地方所述（Gueron 和 Rolston，2013，第 445 页）：　　65

　　在理想情况下，由于这两个运动有一个共同的目标，即通过创建一个正反馈循环来提高有效性，所以将相互加强，绩效指标（performance metrics）作为激发更高结果的短期或中期方式，反过来又会导致更高的影响和成本效益（将定期通过实验证实）。但要想让这一点成为现实，结果标准必须是影响的一个好的代理（proxy）。如果是，它们将发出可能使项目更有效的信号；如果不是，它们将增加意外的、负面影响的风险。不幸的是，福利实验表明，结果并不能很好地预测影响。因此，将实际的输家变成明显的赢家，结果可能会发出错误的信号，比如应该为谁服务，哪些管理者或做法是最有效的，或者项目是否随着时间的推移而不断改进。

这造成了一个严重的困境。这并不意味着结果不重要，因为根据定义，如果其他条件保持不变，更高的结果会直接转化为更大的影响。这也并不意味着工作人员与管理者不应该尝试和跟踪新想法的结果，除非结果经过实验验证，因为这会否定实践经验、高期望和激励的明显价值。这也不意味着设定延伸目标并鼓励实地人员想方设法实现这些目标是无用的，因为这是大多数成功企业促进创新和提高绩效的方式。但它发出了一个鲜明的危险信号，即强调结果可能会促使人们以多种适得其反的方式来玩弄制度（媒体上充斥着对教育领域高风险测试进行响应的例子）。

目前，这两种策略并不衔接。一种策略的优点就是另一种的缺点。实验提供了令人信服的有效性证据，但作为一种管理工具并没有太大作用。绩效标准提供了及时的低成本数据，并利用了口号"你得到你测量的（you-get-what-you-measure）"，但由于从定义上讲，它们衡量的是错误的东西（结果而不是影响），因此，任何由此产生的创新都可能是为了追求错误目标而实施的。

在本章描述的 40 年中，学者们积累了这个问题的证据，但在解决这个问题上只取得了有限的进展[①]。尽管定期的、全面的随机对照试验代表着巨大的进步，但更成功地将社会实验这一工具服务于管理者仍然是一个挑战。要做到这一点，一种方法是说服管理人员将随机分配纳入他们对行政管理程序或服务的微小与适度改变的例行测试中，在此过程中，产生他们或其他人可以使用现有和低成本行政记录来效仿的干预组和控制组。这种方法类似于私营部门的快速和重复测试模式，涉及成百

---

① Heckman 等（2011，第 273 - 274 页）使用测试国家职业培训系统的大规模 RCT 数据证明了这个问题，并得出结论："短期劳动力市场的结果通常被用作绩效测量，但它并不能预测长期的影响。事实上，在某些情况下，我们发现了一种反常的关系，表明绩效测量实际上提供了一种激励，使项目工作人员放弃而不是转向经济效率。"

上千的随机对照试验，Manzi（2012）描述了这些实验并提倡在公共部 *66*
门应用。最近人们对这种方法日益感兴趣，具体体现包括 2014 年在白
宫成立了有史以来第一个社会科学和行为科学小组[①]。这一概念看起来
很简单，但艰巨的工作仍然存在，即说服管理者采用证据驱动的创新文
化，并接受易于进行、符合伦理的抽签，作为建立证据的一种特别可靠
的技术。如果管理者接受了这种方法，那么具有短期随访的快速-周期
性随机对照试验，可以作为改善和改进项目的有力工具，并通过全面和
长期评估更确定地测试这些项目。

　　这两个挑战并不是福利所独有的，这为未来的研究人员提出了艰巨
的任务。

致　谢

　　感谢 Lawrence Katz、Esther Duflo、Howard Rolston 和 John Hutchins 对本章
早期草稿的有益评论。

参考文献

Aaron，H. J.，1990. Social science research and policy：review essay. J. Hum.
Resour. 25（2），276 - 280.

Al-Ubaydli，O.，List，J. A.，2014. Do Natural Field Experiments Afford Re-
searchers More or Less Control than Laboratory Experiments? A Simple Model.
NBER Working Paper No. 20877. National Bureau of Economic Research，Cam-
bridge，MA.

Angrist，J. D.，Pischke，J. S.，2010. The credibility revolution in empirical
economics：how better research design is taking the con out of econometrics. J. Econ.
Perspect. 24（2），3 - 30.

Banerjee，A.，et al.，2015a. A multi-faceted program causes lasting progress for
the very poor：evidence from six countries. Science 348（6236），772.

---

① "A Better Government，One Tweak at a Time," *The New York Times*，September 25，
2015；Social and Behavioral Sciences Team，2015.

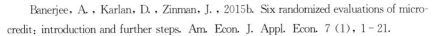

Banerjee, A. , Karlan, D. , Zinman, J. , 2015b. Six randomized evaluations of micro-credit: introduction and further steps. Am. Econ. J. Appl. Econ. 7 (1), 1–21.

Baron, J. , 2013. Statement: House Committee on Ways and Means, Subcommittee on Human Resources Hearing on What Works/Evaluation, July 17, 2013. Coalition for Evidence-Based Policy, Washington, DC. http://waysandmeans. house. gov/UploadedFiles/Jon _ Baron _ Testimony _ 071713. pdf.

Baum, E. B. , 1991. When the witch doctors agree: the Family Support Act and social science research. J. Policy Anal. Manag. 10 (4), 603–615.

Begley, C. G. , Ioannidis, J. P. A. , 2015. Reproducibility in science: improving the standard for basic and preclinical research. Circ Res. 116 (1), 116–126.

Berlin, G. L. , 2000. Encouraging Work and Reducing Poverty: The Impact of Work Incentive Programs. MDRC, New York.

Betsey, C. L. , Hollister Jr. , R. G. , Papageorgiou, M. R. , 1985. Youth Employment and Training Programs: The YEDPA Years. National Academy Press, Washington, DC.

Bloom, D. , Michalopoulos, C. , 2001. How Welfare and Work Policies Affect Employment and Income: A Synthesis of Research. MDRC, New York.

Bloom, H. S. (Ed.), 2005. Learning More from Social Experiments: Evolving Analytic Approaches. Russell Sage Foundation, New York.

Bloom, H. S. , 2008. The core analytics of randomized experiments for social research. In: Alasuutari, P. , Bickman, L. , Brannen, J. (Eds.), The SAGE Handbook of Social Research Methods. SAGE Publications, Thousand Oaks, CA.

Bloom, H. S. , Hill, C. J. , Riccio, J. A. , 2003. Linking program implementation and effectiveness: lessons from a pooled sample of welfare-to-work experiments. J. Policy Anal. Manag. 22 (4), 551–575.

Bloom, H. S. , Hill, C. J. , Riccio, J. A. , 2005a. Modeling cross-site experimental differences to find out why program effectiveness varies. In: Bloom, H. S. (Ed.), Learning More from Social Experiments: Evolving Analytic Approaches. Russell Sage Foundation, New York.

Bloom, H. S. , Michalopoulos, C. , Hill, C. J. , 2005b. Using experiments to assess nonexperimental comparison-group methods for measuring program effects. In: Bloom, H. S. (Ed.), Learning More from Social Experiments: Evolving Analytic Approaches. Russell Sage Foundation, New York.

Bloom, H. S. , Weiland, C. , 2015. Quantifying Variation in Head Start Effects on Young Children's Cognitive and Socio-emotional Skills Using Data from the National Head Start Impact Study. MDRC, New York.

Blum, B. B. , Blank, S. , 1990. Bringing administrators into the process. Public

67

Welf. 48 (4), 4 – 12.

Card, D. , Kluve, J. , Weber, A. , 2015. What Works? A Meta Analysis of Recent Active Labor Market Program Evaluations. Working Paper 21431. National Bureau of Economic Research, Cambridge, MA.

Coyle, D. J. , Wildavsky, A. , 1986. Social experimentation in the face of formidable fables. In: Munnell, A. (Ed.), Lessons from the Income Maintenance Experiments: Proceedings of a Conference. Federal Reserve Bank of Boston, Boston, MA. Conference Series 30.

DeParle, J. , 2004. American Dream: Three Women, Ten Kids, and a Nation's Drive to End Welfare. Viking Press, New York.

Elmore, R. F. , 1985. Knowledge development under the Youth Employment and Demonstration Projects Act, 1977 – 81. In: Betsey, C. L. , Hollister Jr. , R. G. , Papageorgiou, M. R. (Eds.), Youth Employment and Training Programs: The YEDPA Years. National Academy Press, Washington, DC.

Fraker, T. M. , Maynard, R. A. , 1987. The adequacy of comparison group designs for evaluations of employment-related programs. J. Hum. Resour. 22 (2), 194 – 227.

Freedman, S. , Smith, J. , 2008a. Examining the Effectiveness of Different Welfare-to-Work Approaches: Extended Follow-up of TANF and Employment Outcomes for the National Evaluation of Welfare-to-Work Strategies (NEWWS) Project. Memo 1- Long-term Impacts on Employment and Earnings for the Full Sample and Key Subgroups. Internal Working Paper. MDRC, New York.

Freedman, S. , Smith, J. , 2008b. Examining the Effectiveness of Different Welfare-to-Work Approaches: Extended Follow-up of TANF and Employment Outcomes for the National Evaluation of Welfare- to-Work Strategies (NEWWS) Project. Memo 2- Long-term Impacts on TANF and UI Benefits Receipt for the Full Sample and Key Subgroups. Internal Working Paper. MDRC, New York.

Freedman, S. , et al. , 1996. The GAIN Evaluation: Five-year Impacts on Employment, Earnings, and AFDC Receipt. Working Paper 96. 1. MDRC, New York.

Friedlander, D. , Gueron, J. M. , 1992. Are high-cost services more effective than low-cost services. In: Manski, C. E. , Garfinkel, I. (Eds.), Evaluating Welfare and Training Programs. Harvard University Press, Cambridge, MA.

Friedlander, D. , Burtless, G. , 1995. Five Years After: The Long-term Effects of Welfare-to-Work Programs. Russell Sage Foundation, New York.

Gennetian, L. A. , et al. , 2002. How Welfare and Work Policies for Parents Affect Adolescents: A Synthesis of Research. MDRC, New York.

Gerber, A. S. , Green, D. P. , 2012. Field Experiments. W. W. Norton and Company, New York.

Glennerster, R., Takavarasha, K., 2013. Running Randomized Evaluations: A Practical Guide. Princeton University Press, Princeton, NJ.

Greenberg, D. H., Linksz, D., Mandell, M., 2003. Social Experimentation and Public Policymaking. Urban Institute Press, Washington, DC.

Greenberg, D. H., Shroder, M., 2004. The Digest of Social Experiments, third ed. Urban Institute Press, Washington, DC.

68   Greenberg, D. H., Cebulla, A., 2005. Report on a Meta-analysis of Welfare-to-Work Programs. U. S. Department of Health and Human Services, Washington, DC.

Greenberg, D. H., Deitch, V., Hamilton, G., 2010. A synthesis of random assignment benefit-cost studies of welfare-to-work programs. J. Benefit-Cost Anal. 1 (1). Article 3.

Grogger, J., Karoly, L. A., 2005. Welfare Reform: Effects of a Decade of Change. Harvard University Press, Cambridge, MA.

Gueron, J. M., 1990. Work and welfare: lessons on employment programs. J. Econ. Perspect. 4 (1), 79 – 98.

Gueron, J. M., 1996. A research context for welfare reform. J. Policy Anal. Manag. 15 (4), 547 – 561.

Gueron, J. M., 2002. The politics of random assignment: implementing studies and affecting policy. In: Mosteller, F., Boruch, R. (Eds.), Evidence Matters: Randomized Trials in Education Research. Brookings Institution Press, Washington, DC.

Gueron, J. M., Fall 2005. Throwing good money after bad: a common error misleads foundations and policymakers. Stanf. Soc. Innov. Rev. 69 – 71.

Gueron, J. M., Winter 2008. Failing well: foundations need to make more of the right kind of mistakes. Stanf. Soc. Innov. Rev. 25.

Gueron, J. M., Pauly, E., 1991. From Welfare to Work. Russell Sage Foundation, New York.

Gueron, J. M., Hamilton, G., 2002. The role of education and training in welfare reform. In: Welfare Reform and Beyond. The Brookings Institution, Washington, DC.

Gueron, J. M., Rolston, H., 2013. Fight for Reliable Evidence. Russell Sage Foundation, New York.

Hamilton, G., 2002. Moving People from Welfare to Work: Lessons from the National Evaluation of Welfare-to-Work Strategies. U. S. Department of Health and Human Services and U. S. Department of Education, Washington, DC.

Hamilton, G., 2012. Improving Employment and Earnings for TANF Recipients. Urban Institute, Washington, DC.

Hamilton, G., et al., 1997. Evaluating Two Welfare-to-Work Program Approaches: Two-year Findings on the Labor Force Attachment and Human Capital Development Programs in Three Sites. U. S. Department of Health and Human Services, Washington, DC.

Hamilton, G. , et al. , 2001. How Effective Are Different Welfare-to-Work Approaches? Five-year Adult and Child Impacts for Eleven Programs. U. S. Department of Health and Human Services and U. S. Department of Education, Washington, DC.

Haskins, R. , 1991. Congress writes a law: research and welfare reform. J. Policy Anal. Manag. 10 (4), 616 – 632.

Haskins, R. , 2006. Work over Welfare: The Inside Story of the 1996 Welfare Reform Law. Brookings Institution Press, Washington, DC.

Haskins, R. , Baron, J. , 2011. Building the Connection between Policy and Evidence: The Obama Evidence-based Initiatives. Paper Commissioned by the UK National Endowment for Science, Technology, and the Arts. September. Available at: http://coalition4evidence. org/wordpress/wp-content/uploads/Haskins-Baron-paper-on-fed-evid-based-initiatives-2011. pdf.

Haskins, R. , Margolis, G. , 2015. Show Me the Evidence: Obama's Fight for Rigor and Results in Social Policy. Brookings Institution Press, Washington, DC.

Heckman, J. J. , Heinrich, C. J. , Smith, J. , 2011. Do short-run performance measures predict long-run impacts? In: Heckman, et al. (Eds.), The Performance of Performance Standards. W. E. Upjohn Institute for Employment Research, Kalamazoo, MI.

Hollister, R. G. , Kemper, P. , Maynard, R. A. (Eds.), 1984. The National Supported Work Demonstration. University of Wisconsin Press, Madison, WI.

Hotz, V. J. , Imbens, G. W. , Klerman, J. A. , 2006. Evaluating the differential effects of alternative welfare-to-work training components: a reanalysis of the California GAIN program. J. Labor Econ. 24 (3), 521 – 566.

Job Training Longitudinal Survey Research Advisory Panel, 1985. Recommendations: Report Prepared for the Office of Strategic Planning and Policy Development, Employment and Training Administration. U. S. Department of Labor, Washington, DC.

LaLonde, R. , 1986. Evaluating the econometric evaluations of training programs with experimental data. Am. Econ. Rev. 76 (4), 604 – 620.

Manzi, J. , 2012. Uncontrolled: The Surprising Payoff of Trial-and-Error for Business, Politics, and Society. Basic Books, New York.

McLanahan, S. , Jencks, C. , 2015. Was Moynihan right? What happens to children of unmarried mothers. Educ. Next 15 (2), 14 – 20.

MDRC Board of Directors, 1980. Summary and Findings of the National Supported Work Demonstration. Ballinger, Cambridge, MA.

69

Michalopoulos, C. , Schwartz, C. , 2001. What Works Best for Whom? Impacts of 20 Welfare-to-Work Programs by Subgroup. U. S. Department of Health and Human Services and the U. S. Department of Education, Washington.

Morris, P. A. , et al. , 2001. How Welfare and Work Policies Affect Children: A Synthesis of Research. MDRC, New York.

Morris, P. A. , Gennetian, L. A. , Duncan, G. J. , 2005. Effects of welfare and employment policies on young children: new findings on policy experiments conducted in the early 1990s. Soc. Policy Rep. 19 (11), 3 – 18.

Orr, L. L. , 1999. Social Experiments: Evaluating Public Programs with Experimental Methods. Sage Publications, Thousand Oaks, CA.

Riccio, J. , Friedlander, D. , Freedman, S. , 1994. GAIN: Benefits, Costs, and Three-year Impacts of a Welfare-to-Work Program. MDRC, New York.

Rogers-Dillon, R. H. , 2004. The Welfare Experiments: Politics and Policy Evaluation. Stanford University Press, Stanford, CA.

Social and Behavioral Sciences Team, 2015. Annual Report. Executive Office of the President, National Science and Technology Council, Washington.

Solow, R. M. , 1980. The Story of a Social Experiment and Some Reflections. Thirteenth Geary Lecture. Economic and Social Research Institute, Dublin, Ireland.

Szanton, P. L. , 1991. The remarkable "Quango": knowledge, politics, and welfare reform. J. Policy Anal. Manag. 10 (4), 590 – 602.

Weaver, R. K. , 2000. Ending Welfare as We Know it. Brookings Institution Press, Washington, DC.

Weiss, M. J. , Bloom, H. S. , Brock, T. , 2014. A conceptual framework for studying the sources of variation. J. Policy Anal. Manag. 33 (3), 778 – 808.

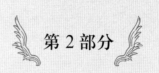

第 2 部分

随机对照试验的
方法与实践

第3章　随机试验的计量经济学[a]

S. Athey[*, §, 1], G. W. Imbens[*, §, 1]

[*] 斯坦福大学，斯坦福，加利福尼亚州，美国

[§] 国家经济研究局（NBER），剑桥，马萨诸塞州，美国

[1] 通讯作者联系方式：E-mail：athey@stanford.edu；imbens@stanford.edu

摘　要

　　在这一章中，我们介绍了分析随机试验的计量经济学和统计学方　　74
法。对于基本实验，我们强调基于随机化的推断，而不是基于抽样的推
断。在基于随机化的推断中，估计值的不确定性自然而然地来自干预的
随机分配，而不是从某个大总体中进行假设抽样。我们展示了这种视角
如何与随机试验的回归分析相联系。我们讨论了分层、配对和整群随机
试验的分析，并强调了分层带来的总体效率收益。我们还讨论了随机试
验中的并发症，如不遵从问题。在存在不遵从的情况下，我们将意向干
预分析与工具变量分析进行对比，以考虑总体干预效应的异质性。我们
详细地考虑了在具有（可能多个）协变量的环境中，对异质性干预效应
的估计和推断。这些方法允许研究人员通过识别具有不同干预效应的亚
总体来探索异质性，同时保持构建有效置信区间的能力。我们还讨论了
在这种情况下基于协变量的最优干预分配。最后，我们讨论了有单位间
交互作用的环境中实验的估计和推断，无论是在一般网络环境下还是在
将总体划分为组且所有交互作用都包含在这些组中的环境下。

关键词

因果性；潜在结果；随机分配；随机试验；回归分析

JEL 分类号　　75

C01；C13；C18；C21；C52；C54

---

a. 感谢 Esther Duflo 的评论。

1 引 言

随机试验在农业和生物医学领域中有着悠久的传统。在经济学中，它们的应用历史要短得多。尽管最近一些年来已经有了一些著名的实验，例如兰德（RAND）医疗保健实验（Manning 等，1987；Rothstein 和 von Wachter，2016）、负所得税实验（例如，Robins，1985）以及实验室环境下的随机试验（Kagel 等，1995），但直到最近才出现了大量的经济学，特别是发展经济学的随机实地实验。参见 Duflo 等（2006）进行的一项调查。随着数字化降低了进行实验的成本，我们可以预期在不久的将来，它们的使用可能会进一步增加。在这一章中，我们将讨论一些对随机试验的分析和设计来说很重要的统计方法。

尽管随机试验避免了观察性研究在因果推断上面临的许多挑战，但在实验设计和分析中仍有许多统计学问题需要解决。即使是在实验被试明显是同质、独立的最简单情况下，即通过比较干预组和控制组的样本均值来评估，也存在如何对干预效应进行推断的问题。当单位之间的特征存在明显差异时，就会出现如何设计最佳实验，以及如何在分析中考虑干预组和控制组之间特征不平衡的问题。此外，了解如何将实验结果推广到不同的环境可能是必要的。一种方法是估计干预效应的异质性；另一种方法是根据特征的目标分布再加权实验单位。最后，当单位不独立时，如它们通过网络连接时，会出现统计问题。在本章中，我们将讨论解决这些和其他问题的各种方法。

本章的一个重要主题是与计量经济学中更传统的基于抽样的（sampling-based）常用方法相比，我们建议使用直接通过随机化证明的统计方法。实质上，基于抽样的方法认为干预分配是固定的，而结果是随机的。推断是基于这样一种观点，即被试是来自更大总体的随机样本。相比之下，基于随机化的（randomization-based）方法将被试的潜在结果（即他们在每种可能的干预方案中的结果）视为固定的，并将被试的干预分配视为随机的。我们对随机化的关注遵循了 Freedman（2006，第691页）的精神。他写道："实验应该作为实验来分析，而不是作为观察性研究。简单比较一下比率可能是一种正确的工具，'复杂'的模型没有什么额外价值。"Young（2016）最近在发展经济学中应用了基于随机化的方法。

76

作为实践中基于随机方法重要性的一个示例，我们证明了对常规抽样范式下的经济学家来说似乎很自然的方法（例如使用回归模型来控制可观察的异质性）需要额外假设才能证明其合理性。使用基于随机化的方法建议了其他方法，例如根据协变量将数据放入分层中，分析组内实验，并将结果平均。这种方法可以通过干预分配随机化直接证明是合理的，不需要任何额外的假设。

本章的总体目标是把一些最重要的统计方法集中起来，用于分析和设计随机试验。我们将首先讨论随机试验的某些一般方面，以及为什么它们被广泛视为能够提供因果效应的最可靠证据。然后，我们将基于潜在结果视角来简要介绍因果推断。接下来，我们讨论最基本的随机试验的分析，即所谓的完全随机试验，从一个大小为 N 的总体中随机选择一个集合 N_t 来接受一种干预，将剩余的 $N_c = N - N_t$ 分配到控制组。我们讨论对平均以及分位数干预效应的估计和推断。贯穿本章，我们强调基于随机化而不是基于模型的推断，是理解随机试验中推断的基础。我们讨论了基于随机化的方法如何与更常用的回归分析相联系，以及为什么我们认为强调基于随机化的推断很重要。然后，我们讨论了实验设计，首先考虑效力分析（power analyses），然后转向分层和配对随机化的收益和成本，以及再随机化（rerandomization）带来的并发症。我们建议使用实验设计而不是分析来调整实验中协变量的差异。具体而言，我们建议研究人员将总体划分为小的层（small strata），然后在层内进行随机化，并调整标准误以捕获分层带来的收益。我们认为，相对于随机化后调整协变量之间差异的基于模型的分析，这种方法更为可取。然而，分层的大小是有限制的：我们不建议对实验单位进行配对，因为方差无法在配对内部进行估计，使分析变得复杂。而方差可以在至少两个干预单位和两个控制单位的层内进行估计。我们还将详细讨论估计异质性干预效应的方法。我们聚焦于允许研究者识别具有不同平均干预效应的亚总体的方法，以及估计条件平均干预效应的方法。在这两种情况下，方法都允许研究者构建有效的置信区间。

本章借鉴了各种文献，包括有关实验分析和设计的统计文献，例如 Wu 和 Hamada（2009）、Cox 和 Reid（2000）、Altman（1991）、Cook 和 DeMets（2008）、Kempthorne（1952，1955）、Cochran 和 Cox（1957）、Davies（1954）以及 Hinkelmann 和 Kempthorne（2005，2008）。我们还参考了实验和观察环境下关于因果推断的文献：Rosenbaum（1995，2002，2009）、Rubin（2006）、Cox（1992）、Morgan 和

Winship（2007）、Morton 和 Williams（2010）、Lee（2005）以及 Imbens 和 Rubin（2015）。在经济学文献中，我们以最近发展经济学随机试验实践指南为基础，例如 Duflo 等（2006）、Glennerster（2016）以及 Glennerster 和 Takavarasha（2013），并参考一般的经验微观文献（Angrist 和 Pischke，2009）。

近年来，出现了一系列优秀的实验方法论调查。与 Duflo 等（2006）、Glennerster 和 Takavarasha（2013）、Bertrand 和 Duflo（2016）、Banerjee 和 Duflo（2009）以及 Glennerster（2016）相比，本章更多关注的是正式的统计方法，较少关注实地中的实施问题。与统计学文献相比，我们的讨论主要限制在单个的二元干预（single binary treatment）的情况。我们也更加关注不遵从、整群随机化、交互作用和溢出（interactions and spillovers）导致的并发症。相对于一般的因果关系文献，如 Rosenbaum（1995，2009）以及 Imbens 和 Rubin（2015），我们并没有深入讨论具有无混杂性（unconfoundedness）或基于可观察变量选择（selection-on-observables）的观察性研究，而更多地关注实验环境中的并发症。

本章的结构如下。在第 2 节中，我们将讨论一些与随机试验相关的一般问题，然后在第 3 节中将讨论因果关系和潜在结果框架或鲁宾因果模型。在第 4 节中，我们将讨论最简单形式的随机试验分析，即使用随机化推断的完全随机试验。在第 5 节中，我们将随机化分析扩展到完全随机试验的回归估计量。接下来，在第 6 节中，我们将讨论更复杂的设计——分层和配对实验，与完全随机试验相比，这些实验具有更好的统计效力特性。在第 7 节中，我们将讨论分层和配对的统计效力意义。在第 8 节中，我们将讨论整群级别随机化带来的并发症。我们还讨论了使用整群化将如何要求研究人员做出被估计量的选择。我们还重点讨论了分析单位、整群或较低级别单位的选择。一般来说，我们建议关注整群级别分析并将它作为主要的分析。第 9 节将讨论干预分配的不遵从及其与工具变量方法的关系。在第 10 节中，我们将介绍一些分析干预效应异质性的最新结果。最后，在第 11 节中，我们将讨论对无交互作用假设的违反，允许一个单位的结果受到其他单位的干预分配的影响。这些交互作用可以采取多种形式，有些通过整群，有些通过一般网络。我们表明，在允许干预的直接影响时，对无交互作用的零假设的检验，计算精确的 p 值是可能的。第 12 节是结论部分。

2　随机试验与效度

在这一部分中，我们讨论一些与解释随机试验分析及其效度相关的一般性问题。遵循 Cochran（1972），我们定义了随机试验的环境，其中分配机制不依赖于观察到（observed）或未观察到（unobserved）的单位特征，并且研究人员可以控制分配。相反，在观察性研究中（Rosenbaum，1995；Imbens 和 Rubin，2015），研究者不能控制分配机制，分配机制可能取决于研究单位的观察到或未观察到的特征。在本节中，我们将讨论四个具体问题。第一，我们阐述了随机试验和观察性研究的区别；第二，我们讨论了内部效度；第三，我们讨论了外部效度；第四，我们讨论了有限总体与无限超总体推断的相关问题。

2.1　随机试验与观察性研究

长期以来，一方面，人们认为随机试验是获得因果推断的最可靠设计。Freedman（2006）简洁地写道："实验比观察研究提供了更可靠的因果关系证据。"另一方面，一些研究人员继续对随机试验的相对优点持怀疑态度。例如，Deaton（2010，第 426 页）认为："我认为随机试验的证据没有特别的优先权。随机试验不能自动胜过其他证据，它们在某些证据层次中没有任何特殊地位。"我们的观点与 Freedman 等人的观点一致，他们认为随机试验在因果推断中起着特殊的作用。在研究者对分配机制的控制方面，随机试验是唯一的（unique），通过这种控制，可以消除干预单位和控制单位之间比较的选择性偏误。这并不意味着随机试验可以回答所有的因果问题。随机试验不适合回答某些特定问题的原因有很多。

首先，考虑这样一个案例，这里我们感兴趣的是特定干预对某个单位的因果效应：与合并后的结果相比，在没有合并的情况下，特定公司的结果会是什么。在这种情况下，与宏观经济学中的许多问题类似，任何随机试验都不会为我们提供因果问题的答案。然而，一旦人们对一种可以重复应用的干预感兴趣，就有可能进行实验，或者从准实验中找到数据，甚至在宏观经济学中也是如此。Angrist 和 Kuersteiner（2011）在 Romer 和 Romer（2004）工作的基础上，使用潜在结果框架来讨论宏观经济时间序列背景下的因果分析。其次，进行实验可能是不道德的。在教育环境中，为了评估其利益而拒绝向个人提供特定的教育服务往往是不可能的。在这种情况下，人们可能需要开展某种观察性研究，有可能将参与项目的诱因（inducements）随机化。

2.2　内部效度

在经典文本中，Shadish 等（2002）讨论了因果效应研究效度的各个方面。这里我们关注两个最重要的因素，即内部效度和外部效度。Shadish 等（2002）认为，如果观察到的一项干预和一种结果之间的协方差反映了"一个因果关系……其中的变量被操纵"，则一项研究具有内部效度（第 53 页）。内部效度指的是研究估计研究总体之内因果效应的能力。Shadish 等（2002）然后继续指出："（内部效度）问题在实验中很容易解决，因为它们强制使对 A 的操纵先于对 B 的测量。"从本质上讲，他们认为执行良好的随机试验从定义上讲就具有内部效度，内部效度问题只会困扰观察性研究或折中的随机试验（compromised random experiments）。然而在需要考虑单位间干扰的实验环境中，这不一定是正确的。

2.3　外部效度

Shadish 等（2002）提出效度的第二个方面是外部效度。他们写道："外部效度关注对不同个人、环境、干预和结果的因果关系成立的程度的推断"（第 83 页）。因此，外部效度涉及将基于特定总体和环境得出的因果推断推广到其他替代环境，可能涉及不同总体、不同结果或不同背景。

Shadish、Cook 和 Campbell 认为内部效度至上，并声称没有内部效度，因果研究几乎没有价值。这与内曼（Neyman）的评论相呼应，即如果没有实际的随机化，一项研究将毫无价值；也与费雪（Fisher）的评论相呼应，他认为随机化是他所谓的推断的"合理基础"。这与最近宣称内部效度与外部效度相比没有优先权的少数研究者形成了鲜明对比（例如，Manski，2013）。

第一种重要的观点是，无论是在随机试验中，还是在观察性研究中，都不能保证外部效度。从形式上讲，在涉及人类被试者的实验中，这种观点的主要理由是人们通常需要做出知情同意的意思表示：个人通常需要同意参与实验。然而，没有任何东西可以保证，同意参与的被试与不同意参与的被试是相似的，因此也没有任何东西可以保证，针对知情同意总体的推断会被推广到不同意的总体。也可参见 Glennerster (2016) 的讨论。这个论点被用来质疑随机试验的价值。然而，正如 Deaton（2010，第 449 页）所指出的，非实验性研究也存在同样的问题：'RCT，就像非实验性结果一样，不能被自动推广到获得结果的环境之外。'在这方面，没有任何非实验方法能够优于具有相同总体和样本量的随机试验。

　　从根本上说，对外部效度的关注主要与干预效应的异质性有关。假 *80* 设在环境 A 中进行随机试验，这里的环境可以根据地理位置、时间或亚总体（subpopulation）来定义。这个地点的因果效应对于第二个地点比如环境 B 的因果效应有什么推断价值？这两种环境下的单位，在观察到的或未观察到的特征上可能是不同的，或者在干预的某些方面不同。要评估这些问题，最好在多个环境中进行因果研究，最好是随机试验。这些环境应根据各单位特征的分布情况而有所不同，并尽可能根据干预的具体性质或干预率而有所不同，以便评估推广到其他环境下的可信性。一个有趣的案例研究是小额信贷项目的效应。Meager（2015）分析了七项随机试验的数据，其中六项发表在 2015 年的《美国经济杂志（应用）》[*American Economic Journal（Applied）*] 特刊上，发现这些研究之间存在显著的一致性。

　　另一种方法是专门考虑各个环境之间的特征分布差异。Hotz 等（2005）和 Imbens（2010）建立了一个理论框架，其中地点之间干预效应的差异，源于地点内部单位特征分布的差异。调整这些单位级别特征的差异（通过单位的再加权）使研究人员能够比较不同地点的干预效应。Allcott（2015）评估了相似的无混杂性/基于可观察变量的选择条件，以消除 111 个节能项目之间的干预效应差异。原则上，可以使用最近开发的、基于可观察变量（observables）评估干预效应异质性的方法（在后面的第 10 节进行回顾），来灵活地估计和推断可观察变量条件下的干预效应。

　　最后，Bareinboim 等（2013）开发了一些图形方法来干预外部效度问题。

2.4　有限总体与来自超总体的随机样本

　　在实证分析中，人们通常认为被分析的样本是从一个庞大的、本质上无限的超级总体中随机抽取的。不确定性被认为是从这种抽样中产生的，对完整总体（full population）的知识导致对被估计量（estimands）

有全面理解。然而，在某些情况下，这是一种尴尬的观点。在其中一些情况下，研究人员观察了整个总体中的所有单位，并且不存在抽样不确定性。在其他情况下，并不清楚样本是从什么总体中抽取的。

一个关键的见解是，将统计问题视为因果推断的一种，使我们能够在没有任何抽样不确定性的情况下将不确定性解释为有意义的。取而代之的是，不确定性被认为是由未观察到的（缺失的）潜在结果引起的：我们认为总体中的一些单位暴露于一种干预水平，但无法观察这些单位如果暴露在另一种干预水平下会发生什么，导致被估计量的一部分无法被观察到。Abadie（2014）详细讨论了这些问题。

因此，在本章的部分讨论中，我们将手头的样本视为感兴趣的完整总体，遵循 Fisher（1925，1935）、Neyman 等（1935）以及随后 Rubin（1974，1978，2007）所采取的方法。被估计量根据这个有限的总体来定义。然而，这些被估计量取决于所有潜在的结果，有些是观察到的，其他是未观察到的，因此，即使观察到总体中的所有单位，我们也不能推断出被估计量的精确值。让我们来考虑这样一个实验：10 个人，随机选择 5 个人接受新的干预，剩下的 5 个人被分配到控制组。即使这一组的 10 个人是感兴趣的整个总体，观察这 10 个人实现了的结果，我们也无法推导出被估计量，即所有 10 个人接受干预的平均结果，与所有 10 个人接受控制干预的平均结果之间的差异，没有不确定性。不确定性来自这样一个事实：对于每个人，我们只能看到两个相关结果中的一个。在许多情况下，基于干预随机分配的估计量相关的方差，与基于传统抽样不确定性方法计算的方差相似。在其他情况下，传统的基于抽样的标准误将变得不必要地保守（unnecessarily conservative）。当协变量与干预分配几乎不相关时（如在随机试验中），这种差异可能不大。具体情况参见 Abadie 等（2014）。

3 因果推断的潜在结果/鲁宾因果模型框架

我们在本章中所采用的因果关系视角与潜在结果框架相关（教科书讨论见 Imbens 和 Rubin，2015）。这种方法可以追溯到 Fisher（1925）和 Neyman（1923）。Rubin（1974，1975，1978）的研究使 Holland（1986）将其称为鲁宾因果模型（RCM）。

3.1 潜在结果

这种 RCM 或潜在结果设置有三个关键特征。首先，它将因果效应与潜在结果联系起来。例如，在一种只有一个单位（比如一个人）以及一项二元干预的环境中，比如服药与否，我们会把两种潜在结果与这个人联系起来，一种是给药，另一种是不给药。因果效应是这两种潜在结果之间的比较。问题在于，我们最多只能观察到这些潜在结果中的一个，即与所接受的干预对应的结果。事实上，在一个被广泛引用的短语中，Holland（1986）把这个问题称为"因果推断的基本问题"（Holland，1986，第 947 页）。为了很好地定义潜在结果，我们需要能够设想一种操纵（manipulation），使我们能够观察到与未接受干预对应的潜在结果，这导致鲁宾声称"不操纵就无因果（no causation without manipulation）"（Rubin，1975，第 238 页）。因为对任何一个单位，我们最多只能观察到潜在结果的其中之一，我们需要观察多个单位的结果。这是潜在结果框架的第二个特点，即存在多个单位的必要性。多个单位的存在本身并不能解决问题，因为对于多个单位，不同干预的数量会增加：对于 N 个单位和每个单位的两个干预水平，全部干预矢量有 2^N 个不同的值，其中两个之间的任何比较都是有效的因果效应。然而，在许多情况下，我们愿意假设单位之间的交互作用是有限的，这样就可以从单位之间的比较中得出因果推断。这种情况的一个极端版本，是假设一个单位的干预不会影响任何其他单位的结果，因此不会有任何相互干扰（interference）。RCM 的第三个关键特性是分配机制的核心作用。为什么一个单位会受到这样的干预呢？这里，随机试验在因果研究的光谱中占有特殊的位置：在随机试验中，分配机制是研究单位可观察特征的已知函数。当分配机制的某些部分未知并可能取决于单位的未观察特征（包括潜在结果）时，这种替代方法被称为观察性研究（Cochran，1972）。

因果关系还有其他的研究方法。最值得注意的是，最近很多关于因果图（causal graphs）的研究，在 Pearl（2000，2009）的书中进行了总结。在这种方法中，因果联系（causal links）由箭头表示，条件独立性（conditional independencies）由缺乏箭头来表示。这些方法被发现在识别问题的研究中，以及在使用数据发现不同变量间的因果关系中是有用的。然而，这种文献（例如，Pearl，2000，2009）中的主张，即因果效应概念并不需要哪怕只是概念上的操纵干预的能力的说法，仍然存在争议。

现在，让我们在讨论中增加一些细节。假设我们从一个单位开始，例如"我"。假设我们对这个单位有一个二元干预，用 $W \in \{0,1\}$ 表示，这可能对应于服药或不服药。两个潜在结果是 $Y(0)$（如果我不服药的结果）和 $Y(1)$（如果我服药的结果）。因果效应是两种潜在结果的比较，即差异，$Y(1)-Y(0)$，或比率，$Y(1)/Y(0)$。一旦我们分配了干预，其中一个潜在结果就会实现并可能观察到：

$$Y^{\text{obs}} = Y(W) = \begin{cases} Y(0) & \text{如果 } W = 0 \\ Y(1) & \text{如果 } W = 1 \end{cases}$$

83 　　我们只能观察到其中一个潜在结果，所以要对因果效应做出可信而精确的推断，即差异 $Y(1)-Y(0)$，没有额外的假设或信息是不可能的。现在，让我们推广到具有 N 个单位的环境，由 $i=1,\cdots,N$ 来索引。每个单位都可以暴露于两种干预，没有药物或有药物，其中对单位 i 接受的干预用 W_i 表示。设 $\mathbf{W}$ 是具有典型元素 W_i 分配的 N 维向量。问题是，原则上潜在的结果取决于所有单位的干预，因此对每个单位，我们均有 2^N 个不同的潜在结果 $Y_i(\mathbf{W})$。在许多情况下，可以合理地假设单位 i 的潜在结果完全取决于单位 i 接受的干预，这是对潜在结果的一个重要限制，在许多情况下是不切实际的，典型的例子是传染病疫苗接种。例如，让一些学生接受教育干预可能会影响他们同学的结果，或者培训一些失业的人可能会影响劳动力市场上其他人的市场前景。我们将在第 11 节中讨论交互作用引起的复杂情况。请注意，交互作用可能会对估计感兴趣的影响造成麻烦，但它们也可能是主要关注点。

如果我们愿意做无干扰假设，或 *sutva*（稳定单位干预值假设，Rubin，1978），我们可以只通过干预本身来索引潜在结果，并且对 $w=0,1$ 写作无歧义的 $Y_i(w)$。对这 N 个单位的每一个来说，实现的结果现在都是 $Y_i^{\text{obs}} = Y_i(W_i)$。现在，一些单位接受了积极干预，一些单位接受了控制干预，得出因果推断还是有希望的。为了做到这一点，我们需要对分配机制做出假设。正式地说，假设 $\mathbb{Y}$ 是潜在结果的取值范围，$\mathbb{X}$ 是协变量或干预前变量的取值范围。一般来说，我们把它写成一个函数

$$p:\{0,1\}^N \times \mathbb{Y}^{2N} \times \mathbb{X}^N \mapsto [0,1]$$

因此，$p(\mathbf{W}|\mathbf{Y}(0),\mathbf{Y}(1),\mathbf{X})$ 是分配向量 $\mathbf{W}$ 的概率，它是所有潜在结果和协变量的函数。

我们限制了考虑的分配机制的一般类别。最重要的限制是，对于随机试验，我们不允许依赖于潜在结果，并且我们假设分配机制的函数形

式是已知的。分析分配机制以潜在复杂方式依赖于潜在结果的观察性研究往往是一项有挑战性的任务，通常依赖于有争议的假设。

3.2 分配机制的分类

让我们考虑四种分配机制，它们将在本章的后续各节中讨论。

3.2.1 完全随机试验

在完全随机试验中，从 N 个单位的总体中随机抽取固定数量的单位（即 N_t）接受积极干预，将其余单位 $N_c = N - N_t$ 分配给控制组，满足

$$P(\mathbf{W} \mid \mathbf{Y}(0), \mathbf{Y}(1), \mathbf{X}) = \binom{N}{N_t}^{-1}, \text{对于所有 } \mathbf{W} \text{ 使得 } \sum_{i=1}^{N} W_i = N_t$$

3.2.2 分层随机试验

接下来的两类实验设计——分层和配对，旨在通过禁止可能对感兴趣的干预效应缺乏信息的分配来提高设计效率。在分层随机试验中，我们首先根据协变量的值将总体划分为 G 层。形式上，如果协变量空间是 $\mathbb{X}$，我们将 $\mathbb{X}$ 划分为 $\mathbb{X}_1, \cdots, \mathbb{X}_G$，以便如果 $g \neq g'$，$\mathsf{U}_g \mathbb{X}_g = \mathbb{X}$ 且 $\mathbb{X}_j \cap \mathbb{X}'_g = \varnothing$。设 G_{ig} 是属于层 g 的单位 i 的指标变量，这样 $G_{ig} = 1_{Xi \in \mathbf{x}i}$。设 N_g 为层 g 中单位的数量，则将每层中的干预单位数量固定为 $N_{t,g}$，使得干预单位的总数为 $N_t = \sum_{g=1}^{G} N_{t,g}$，则分配概率为

$$p(\mathbf{W} \mid \mathbf{Y}(0), \mathbf{Y}(1), \mathbf{X}) = \prod_{g=1}^{G} \binom{N_j}{N_{t,g}}^{-1}, \text{对于所有 } \mathbf{W} \text{ 使得}$$

$$\forall g \sum_{i=1}^{N} G_{ig} \cdot W_i = N_{t,g}$$

该设计排除了完全随机设计中允许的一些分配，希望与允许的分配向量相比，不允许的分配向量相对没有信息（uninformative），例如，所有男性都在干预组中，而所有女性都在控制组中。

3.2.3 配对随机试验

在配对随机试验中，我们将单位配对在一起，并在配对内进行随机化。我们可以把这看作是一种分层的极端情况，即每一层都包含一个干预单位和一个控制单位。在这种情况下，有 $G = N/2$ 层，对所有 g，均有 $N_g = 2$ 和 $N_{t,g} = 1$，然后

$$p(\mathbf{W} \mid \mathbf{Y}(0), \mathbf{Y}(1), \mathbf{X}) = \binom{1}{2}^{N/2}, \text{对于所有 } \mathbf{W} \text{ 使得}$$

$$\forall g, \sum_{i=1}^{N} G_{ig} \cdot W_i = 1$$

3.2.4　整群随机试验

我们讨论的最后一个设计，并非比有相同样本大小的完全随机试验提供了更多信息。相反，它是一种设计，旨在避免在单位层次产生的局部交互作用的复杂性，并禁止就数据收集而言相对昂贵的分配，因此可能间接试图增加样本大小来提高精度。在整群随机试验中，就像在分层随机试验中一样，我们从划分协变量空间开始。但现在，不是将干预随机分配给某个整群（与分层随机试验中的层相同）中的各单位，而是将干预随机分配给全体整群，某个整群中的所有单位均接受相同层次的干预。

这种设计的动机可能是担心单位之间存在交互作用。例如，对于教育项目，让教室里的一些孩子接受干预，可能会对同一教室里没有接受干预的孩子产生溢出效应。出于这个原因，让某个教室或学校里的所有孩子都接受同样的干预可能是有意义的。或者，与教室或地理单位层次的随机化相比，在个人层面进行随机化的成本可能较高。

同样，让 G_{ig} 表示属于整群 g 的单位 i 的指标变量，其中 G 表示整群的总数。虽然我们可以改变某个整群被分配到干预组的概率，但这里我们关注的是最简单的情况，其中随机选择 G 个整群中的 G_t，并将其分配给干预组。因此，在整群级别，我们有一个完全随机试验。令 $\overline{W}_g = \sum_{i:G_{ig}=1} W_i/N_g$ 是整群 g 中各单位的 W_i 的平均值，因此整群化（clustering）意味着 $\overline{W}_g \in \{0,1\}$。更一般地，可以根据整群来改变被分配到干预的概率，而不需要同一整群中的所有单位都有相同干预，尽管我们在这里不考虑这种情况。然后

$$p(\mathbf{W} \mid \mathbf{Y}(0), \mathbf{Y}(1), \mathbf{X}) = \begin{bmatrix} G \\ G_t \end{bmatrix}^{-1}$$

对所有的 $\mathbf{W}$，如果 $G_{ig}=G_{i'g}=1$，则 $W_i=W_{i'}$，以及 $\sum_{g=1}^{G} \overline{W}_g = G_t$。

4　完全随机试验的分析

在这一节中，我们将讨论最简单形式的随机试验分析：完全随机试验。在这种情况下，我们有一个包括 N 个单位的样本，其中 N_t 个被随

机选择接受积极干预，其余的 $N_c = N - N_t$ 个接受控制干预。我们考虑了四组分析。第一，在 Fisher（1925，1935）工作的基础上，我们研究了清晰假设的精确 p 值的计算。第二，遵循 Neyman（1928，1990）和 Neyman 等（1935）的原始工作，我们考虑了平均干预效应的估计和推断。第三，我们研究了 Neyman 方法和线性回归之间的关系，说明了随机化如何证明传统的回归分析是合理的。第四，我们分析了分位数干预效应（quantile treatment effects）。我们讨论的核心是潜在结果是固定的，导致了对基于随机化分布推断的关注，以保持分配给干预和控制的单位总数不变。我们有时会将样本视为与感兴趣的总体相同，有时会将其视为从无限大的感兴趣总体中随机抽取的样本。虽然随机化推断在经济学中仍然相对来说不常见，但我们认为它对随机试验的数据是非常可取的。这些方法的属性直接遵循了设计，而不依赖于通常更难评估的辅助建模假设。

首先，我们将重点放在没有干预前变量的情况下。在第 4.4 节中，我们允许协变量的存在，但仍将重点放在全局目标诸如干预的平均效应上。在第 10 节中，我们将探讨观察不受干预影响的协变量（也称干预前变量）的好处。我们将通过一项对劳动力市场项目的实验评估的分析来对某些讨论内容进行说明，首先分析的是 Lalonde（1986）。该数据集包含关于 445 名个体的信息，其中干预组为 185 名，控制组为 260 名。结果是培训后的收入，干预前变量包括滞后的收入和个人特征。

4.1　清晰零假设的精确 p 值

第一个分析是基于 Fisher（1925，1935）关于清晰零假设（sharp null hypotheses）的精确 p 值的研究。参见最近的讨论：Rosenbaum（1995），Gail 等（1988），Imbens 和 Rubin（2015），以及经济学中的 Young（2016）。费雪（Fisher）感兴趣的是检验清晰零假设，也就是我们可以从观察到的结果中推断出所有缺失潜在结果的零假设。这一类中最主要的零假设是干预没有任何效应的零假设，例如

$$H_0 : Y_i(0) = Y_i(1) \quad \forall i = 1, \cdots, N \tag{1}$$

隐含的备选假设是，至少有一个单位 i 使得 $Y_i(0) \neq Y_i(1)$。其他的清晰零假设对应于已知的不变干预效应（constant treatment effects），但在许多情况下，这些假设不那么有趣和自然。然而，在某些情况下，可以通过重新定义实验来使用各种环境下的精确 p 值，而不需要清晰零假设，如 Athey 等（2015）所示，在网络实验的背景下（有关的详细讨

论，参见第 11.3 节）。

给出清晰零假设，我们可以推断出所有缺失的潜在结果。因此，对于任何作为 $\mathbf{Y}^{\text{obs}}$、$\mathbf{W}$ 和 $\mathbf{X}$ 的函数的统计量，我们都可以推断出该统计量在零假设下的精确分布。因此，假设我们选择不同干预状态下的均值差（difference in means）作为统计量，如下所示：

$$T^{\text{ave}}(\mathbf{W}, \mathbf{Y}^{\text{obs}}, \mathbf{X}) = \overline{Y}_{\text{t}}^{\text{obs}} - \overline{Y}_{\text{c}}^{\text{obs}} = \frac{1}{N_{\text{t}}} \sum_{i: W_i = 1} Y_i^{\text{obs}} - \frac{1}{N_{\text{c}}} \sum_{i: W_i = 0} Y_i^{\text{obs}}$$

$$(2)$$

87 我们可以通过随机化分布来计算统计值的概率，该统计值在绝对值上与给定实际干预分配的实际值一样大。这种计算为我们提供了这一特定零假设的 p 值：

$$p = \text{pr}(|T^{\text{ave}}(\mathbf{W}, \mathbf{Y}^{\text{obs}}, \mathbf{X})| \geqslant |T^{\text{ave}}(\mathbf{W}^{\text{obs}}, \mathbf{Y}^{\text{obs}}, \mathbf{X})|) \tag{3}$$

让我们使用 Lalonde（1986）、Dehejia 和 Wahba（1999）以及许多人之前分析过的国家工作支持项目（National Supported Work program）的数据来说明这一点。干预组和控制组之间平均干预后收入的简单差异为 1.79（以千美元为单位）。为了计算与 1.79 的差值相关的 p 值，我们重新分配干预，使干预单位和控制单位的数量分别固定在 185 和 240。考虑到重新分配的干预，我们计算出这个统计量的值应该是多少。虽然在零假设下，任何单位的观察结果都没有变化，但统计量的值会改变，因为谁在干预组和谁在控制组会改变。重复此过程多次，我们计算导致绝对值至少为 1.79 的一个统计量的重新分配向量的比例（the fraction）。与这一统计量相关的 p 值是 0.004 4，这表明我们应该清楚地拒绝该项目对收入没有任何影响的零假设。

在这个过程中，要做的主要选择是选择统计量。一个自然的统计量是我们在说明中选择的那个，即不同干预状态平均值的差异。另一个有吸引力的选择是按干预状态秩的均值差。在这里，结果首先被转换为秩（ranks），标准化（normalized）为具有零均值，如

$$R_i = R(i; Y_1^{\text{obs}}, \cdots, Y_N^{\text{obs}}) = \sum_{j=1}^{N} 1_{Y_j^{\text{obs}} < Y_i^{\text{obs}}} + \frac{1}{2} \Big(1 + \sum_{j=1}^{N} 1_{Y_j^{\text{obs}} = Y_i^{\text{obs}}} \Big)$$
$$- \frac{N+1}{2}$$

中间一项处理的是数据中存在的关联（ties）。对于 Lalonde 数据，这个统计量的 p 值为 0.01。在此应用例子中，对异常值的稳健性实际上并不是很重要，并且许多零的存在对均值和秩统计之间的差异有更大

的影响。

这种转换提高了在有异常值和厚尾分布的环境下检验的效力。例如，它比简单地通过取对数来变换结果要少一些随意性，特别是在这种变换不可行的环境下，例如，在具有厚尾分布和质量点为零的环境下。在某些环境下，向秩的转换效果不好。这种情况的例子是，有很大比例的零，并且对有非零结果的单位，结果是一种非常厚尾的分布。

在某些情况下，研究人员有多种结果。可以为每种结果计算精确的 p 值，即使干预对任何一种结果都无效应，至少也会有一个 p 值小于 0.05，但显然这种概率通常会大于 0.05。可以实施两种修改（modifications）来解决这个问题。最简单的方法是修改检验统计量以考虑所有结果。例如，可以使用 F 统计量，即不同干预状态下结果平均值差异的二次形式，协方差矩阵的倒数位于其中。对于该统计量，可以使用 Fisher 随机化分布，在没有任何干预效应的零假设下计算精确的 p 值。例如，参见 Young（2016）。或者可以使用对 p 值的调整来考虑多重检验（multiple testing）。传统上，这样的调整基于 Bonferroni 界限（bounds）。然而，有更严格的界限可用，尽管它们往往比精确的 Fisher p 值更保守。参见 Romano 等（2010）对这类文献的回顾。

Rosenbaum（1995）讨论了基于秩统计量的干预效应估计量，而不是按照 Hodges 和 Lehmann（1970）以及 Doksum（1974）进行简单的检验。具体来说，他寻找常见干预效应的值来将残差和干预之间的秩相关（rank correlation）设为零，从而产生基于反转检验统计量（inverting test statistics）的置信区间。

4.2　平均干预效应的随机化推断

在这一节，我们继续分析完全随机试验，将总体中的潜在结果视为固定的。在这里，我们遵循 Neyman（1923，1990）和 Neyman 等（1935）研究提出的路线。Neyman 感兴趣的是估计手头样本的平均干预效应，如

$$\tau = \frac{1}{N} \sum_{i=1}^{N} (Y_i(1) - Y_i(0)) = \overline{Y}(1) - \overline{Y}(0) \tag{4}$$

此外，Neyman 对为这种平均效应建立置信区间很感兴趣。一开始，我们只关注有限的样本，对任何可能导致手头特定样本的抽样不做假设。

作为一种估计量，Neyman 提出不同干预状态下结果平均值的差

异为

$$\hat{\tau} = \overline{Y}_t^{obs} - \overline{Y}_c^{obs}, \quad 其中, \overline{Y}_t^{obs} = \frac{1}{N_t} \sum_{i:W_i=1} Y_i^{obs}$$

$$\overline{Y}_c^{obs} = \frac{1}{N_c} \sum_{i:W_i=0} Y_i^{obs} \tag{5}$$

定义

$$D_i = W_i - \frac{N_t}{N} = \begin{cases} \dfrac{N_c}{N} & 如果 W_i = 1 \\[2mm] -\dfrac{N_t}{N} & 如果 W_i = 0 \end{cases}$$

89　　因此，$\mathbb{E}[D_i]=0$，我们可以把这个估计量写成

$$\hat{\tau} = \tau + \frac{1}{N} \sum_{i=1}^{N} D_i \cdot \left(\frac{N}{N_t} \cdot Y_i(1) + \frac{N}{N_c} \cdot Y_i(0) \right) \tag{6}$$

因为所有的潜在结果都是固定的，所以唯一的随机分量（stochastic components）是 D_i，并且有 $\mathbb{E}[D_i]=0$，第二项的期望为零，这立刻意味着该估计量对平均干预效应 τ 是无偏的。更烦琐的计算（例如，Imbens 和 Rubin，2015）表明，在随机化分布上，$\hat{\tau}$ 的抽样方差为

$$\mathbb{V}(\hat{\tau}) = \frac{S_c^2}{N_c} + \frac{S_t^2}{N_t} - \frac{S_{tc}^2}{N} \tag{7}$$

其中，S_c^2 和 S_t^2 为样本中 $Y_i(0)$ 和 $Y_i(1)$ 的方差，定义为

$$S_c^2 = \frac{1}{N-1} \sum_{i=1}^{N} (Y_i(0) - \overline{Y}(0))^2$$

$$S_t^2 = \frac{1}{N-1} \sum_{i=1}^{N} (Y_i(1) - \overline{Y}(1))^2$$

而 S_{tc}^2 是单位层次干预效应的样本方差，定义为

$$S_{tc}^2 = \frac{1}{N-1} \sum_{i=1}^{N} (Y_i(1) - Y_i(0) - (\overline{Y}(1) - \overline{Y}(0)))^2$$

我们可以估计前两项为

$$s_c^2 = \frac{1}{N_c-1} \sum_{i:W_i=0} (Y_i(0) - \overline{Y}_c^{obs})^2 = \frac{1}{N_c-1} \sum_{i:W_i=0} (Y_i^{obs} - \overline{Y}_c^{obs})^2$$

和

$$s_t^2 = \frac{1}{N_t-1} \sum_{i:W_i=1} (Y_i(1) - \overline{Y}_t^{obs})^2 = \frac{1}{N_t-1} \sum_{i:W_i=1} (Y_i^{obs} - \overline{Y}_t^{obs})^2$$

对于 $\hat{\tau}$ 的方差中对应的项，这些估计量是无偏的。第三项 S_{tc}^2［单位层次干预效应 $Y_i(1) - Y_i(0)$ 的总体方差］通常不可能一致地估计，因为我们从来没有同时观察过同一单位的 $Y_i(1)$ 和 $Y_i(0)$。因此，我们不能

直接观察整个总体中干预效应的变化，也不能直接估计 S_{tc}^2。

在实践中，研究人员因此使用 $\mathbb{V}(\hat{\tau})$ 的估计量，基于对前两项 S_c^2 和 S_t^2 的估计，并忽略了第三项，如

$$\hat{\mathbb{V}}_{neyman} = \frac{s_c^2}{N_c} + \frac{s_t^2}{N_t} \tag{8}$$

这通常会导致 $\mathbb{V}(\hat{\tau})$ 的估计量向上偏，从而导致保守的置信区间。90 在两种重要的情况下，偏误会消失。首先，如果干预效应是恒定的，则第三项为零，因此忽略它是无关紧要的。其次，如果我们把手头的样本看作是无限总体中的随机样本，那么对被视为总体平均干预效应 $\mathbb{E}[Y_i(1)-Y_i(0)]$ 的估计量 $\hat{\tau}$ 的方差，$\mathbb{V}(\hat{\tau})$ 是无偏的。而不是作为样本平均干预效应 $\sum_{i=1}^N (Y_i(1) - Y_i(0))/N$ 的估计量（参见 Imbens 和 Rubin，2015）。

为了构造置信区间，我们确实需要进行大样本近似。要做到这一点，一种方法是假设样本可以被视为来自大总体的随机样本，并对独立和同分布的随机变量使用标准中心极限定理。另一种方法是对 $[Y_i(0), Y_i(1)]$ 序列的性质做出假设，这样就可以对式（6）中的第二项使用独立但不同分布随机变量的 Lindenberg 类型的中心极限定理。主要条件是 $Y_i(0)+Y_i(1)$ 平方的平均值序列不发散。与随机抽样的标准讨论相比，大样本近似确实发挥了非常不同的作用。最重要的是，被估计量是根据有限样本来定义的，而不是根据无限超总体。

对 Lalonde 数据，估计值和 Neyman 标准误的最大自由度调整等于 White 稳健标准误（White，1980；Eicker，1967；Huber，1967；Eckles 等，2014），为

$$\hat{\tau} = 1.794 (\widehat{se}\ 0.671)$$

基于 t 统计量分布的正态近似的 p 值为 0.007 6，而基于 Fisher 方法的精确 p 值为 0.004 4。

4.3　分位数干预效应

关于干预效应的大部分理论和实证文献都集中在平均因果效应上。Firpo（2007）是一个例外。然而，还有其他可能令人感兴趣的因果效应。其中特别令人感兴趣的是分位数干预效应（quantile treatment effects）。其可以作为一种系统方法来揭示可能集中在结果分布尾部的干预效应，或者在厚尾分布的情况下更稳健地估计恒定的干预效应。对

于这种情况，根据 Neyman 关于平均干预效应的结论，没有有限的样本结果，所以我们关注的是样本可被视为来自无限总体的随机样本的情况。

一般而言，设 $q_Y(s)$ 表示随机变量 Y 分布的第 s 个分位数，形式上为

$$q_Y(s) = \inf_{\gamma} 1_{F_Y(\gamma) \geqslant s}$$

现在将第 s 个分位数干预效应定义为 $Y_i(1)$ 和 $Y_i(0)$ 分布之间的分位数之差。

$$\tau_s = q_{Y(1)}(s) - q_{Y(0)}(s) \tag{9}$$

这种分位数干预效应已在 Doksum（1974）和 Lehman（1974）中进行了研究，最近 Abadie 等（2002）、Chernozhukov 和 Hansen（2005）、Firpo（2007）以及 Bitler 等（2002）也进行了研究。

请注意，τ_s 是分位数的差异，通常它不同于差异的分位数，也就是，单位层次干预效应对应的分位数，$q_{Y(1)-Y(0)}(s)$。具体地说，尽管 $Y_i(0)$ 与 $Y_i(1)$ 差异的均值等于 $Y_i(1)$ 和 $Y_i(0)$ 均值的差异，但一般来说，$Y_i(1) - Y_i(0)$ 差异的中位数不等于 $Y_i(1)$ 和 $Y_i(0)$ 中位数的差异。关于干预效应的分位数与分位数的差异有三个重要问题。**第一个**问题是，如果两个潜在结果之间存在完全秩相关，则两个被估计量 $q_{Y(1)}(s) - q_{Y(0)}(s)$ 和 $q_{Y(1)-Y(0)}(s)$ 是相等的。在这种情况下，

$$Y_i(1) = F_{Y(1)}^{-1}(F_{Y(0)}(Y_i(0)))$$

这种情况的一个特例是干预效应是可加（additive）和恒定的（constant）。这一假设在许多情况下都是不可信的。然而，一般而言，它没有可检验的含义。

第二个相关的问题是，通常单位层次干预效应的分位数 $q_{Y(1)-Y(0)}(s)$ 是无法识别的。即使是大规模实验，我们也只能推断出 $Y_i(0)$ 和 $Y_i(1)$ 的两个边缘分布。从数据中无法推断出不能用这两个边缘分布表示的联合分布。

第三个问题是，政策制定者更感兴趣的对象是两个分位数干预效应中的哪一个，即分位数的差异 $q_{Y(1)}(s) - q_{Y(0)}(s)$ 还是差异的分位数 $q_{Y(1)-Y(0)}(s)$。要讨论这个问题，思考一下政策制定者可能面临的决定是有用的。如果政策制定者致力于使两种干预中的一种可以普遍适用，并决定让所有单位均接受控制干预或积极干预，答案应该只取决于两个边缘分布，而非不能用两个边缘分布表示的联合分布的各个方面。这表

明，分位数的差异可能是一个更自然的考虑对象，尽管在一些情况下，例如法律环境，单位层次的干预效应是主要感兴趣的。

出于这些理由，我们将重点放在分位数 τ_s 的差异上。通过检查不同 s 值下的这个被估计量，可能会揭示一项特定干预效应的下尾或上尾，而非分布的中心。此外，在由于厚尾分布而无法精确估计平均干预效应 的情况下，分位数干预效应的估计值可能是非常有参考价值的。

这里，我们估计分位数为 0.10、0.25、0.50 和 0.75 的 Lalonde 数据的分位数效应。对于每个分位数，我们使用 Bootstrap 方法来估计平均效应并计算标准误。在精确 p 值的计算中，我们还使用分位数的差值作为统计量（表 1）。

表 1 Lalonde 数据分位数干预效应的估计值

分位数	估计值	Bootstrap 标准误	精确 p 值
0.10	0.00	(0.00)	1.000
0.25	0.49	(0.35)	0.003
0.50	1.04	(0.90)	0.189
0.75	2.34	(0.91)	0.029
0.90	2.78	(1.97)	0.071

精确检验（exact tests）的结果，与基于效应估计和标准误计算的结果大不相同，原因是分位数估计值远非正态分布。主要是由于结果分布中有 30% 的零，较低分位数中差异的分布在零处具有很大的点质量。由于收入为零的个人所占比例很高，因此 0.10 分位数的 Bootstrap 标准误实质上为零。

4.4 完全随机试验中的协变量

在这一节中，我们讨论一些额外的分析，如果为每个实验单位记录协变量，研究人员可能会希望执行这些分析。稍后，我们将讨论回归方法，但这里只讨论某些一般原则。我们关注的是在没有考虑协变量的情况下进行随机化的情况。事实上，正如我们在第 3.2.2 节中所讨论的那样，如果在随机化之前有观察到的协变量，则应该修改实验设计来进行分层随机试验，而不是进行完全随机试验。如果有一个实施得很好的随机试验，其中随机化没有考虑协变量，那么就不需要用回归变量来估计平均干预效应。不同干预状态下均值的简单差异，$\hat{\tau} = \overline{Y}_t^{obs} - \overline{Y}_c^{obs}$，对平均效应来说就是无偏的。所以，问题是协变量的作用是什么。这里有两种主要作用。

首先，纳入协变量可能会使分析更具信息量。例如，可以使用 Fisher 精确 p 值方法来构造检验统计量，其可能比不依赖于协变量的统计量具有更大的统计效力。类似地，通过估计亚总体内的平均干预效应，然后适当地对估计值平均，如果协变量与潜在结果的相关性足够强，结果会更精确。事后的调整可能会产生小样本成本。例如，如果协变量与潜在结果独立，这种事后调整将略微降低精度。在实践中，精度的提高往往不大。

其次，如果随机化受到影响，调整协变量差异可能会消除偏误。即使最初的随机化是正确进行的，如果有缺失数据，并且分析只使用完整的案例（complete cases），这些案例并不能保证干预单位和控制单位之间的事前可比性，这可能也是有关的。

为了说明这一点，让我们考虑一下 Lalonde 的数据，并将重点放在作为协变量的滞后收入为正这一指标上。对平均干预效应的总体估计值是

$$\hat{\tau} = 1.79 \quad (\widehat{se} = 0.67)$$

对于先前收入为正的个人来说，其效应是

$$\hat{\tau}_p = 1.69 \quad (\widehat{se}_p = 1.31)$$

对于先前收入为零的个人来说，其效应是

$$\hat{\tau}_z = 1.71 \quad (\widehat{se}_z = 0.74)$$

将这两个估计值结合起来，就会得出

$$\hat{\tau} = \hat{p} \cdot \hat{\tau}_p + (1-\hat{p}) \cdot \hat{\tau}_z = 1.70 \quad (\widehat{se} = 0.66)$$

标准误比未根据先前的正收入调整的值 0.67 略小一点。

关于协变量在随机试验分析中作用的两个论点，也提出了一个问题，即是否有任何理由将协变量分布按干预状态进行比较，并作为分析的一部分。至于为什么这种比较可能是有用的，有几个理由。第一，如果执行最初随机化的机构与分析数据的研究者存在一定距离，这种距离可以用于检查随机化的效度，以评估协变量是否存在任何差异。第二，即使进行了适当的随机化，了解是否有任何关键协变量在干预组和控制组之间偶然出现相对不平衡，也能提供有价值的信息。这样，在看到结果数据之前，就可以设计一项分析来解决这些假定的适度不平衡。第

三，如果有理由相信，要分析的样本与随机抽样的总体不相同，可能是因为样本损耗（attrition），或者从分析中删除了有不完整观察值的无响应项目(item nonresponse)，那么评估样本选择导致的不平衡有多严重是非常有用的。表 2 列出了实验性 Lalonde 数据中的协变量差异。

表 2　实验性 Lalonde 数据中的协变量差异　　*94*

协变量	平均值		差值	标准误	精确 p 值
	干预组	控制组			
非裔美国人	0.84	0.83	0.02	(0.04)	0.700
西班牙裔	0.06	0.11	−0.05	(0.03)	0.089
年龄	25.80	25.00	0.80	(0.7)	0.268
教育	10.30	10.10	0.30	(0.2)	0.139
已婚	0.19	0.15	0.045	(0.04)	0.368
没有学历	0.71	0.84	−0.13	(0.04)	0.002
1974 年收入	2.10	2.11	−0.01	(0.50)	0.983
1974 年失业	0.71	0.75	−0.04	(0.04)	0.329
1975 年收入	1.53	1.27	0.27	(0.31)	0.387
1975 年失业	0.60	0.69	−0.09	(0.05)	0.069

我们看到，尽管进行了随机化，但有实质性证据表明，干预组中拥有学位的个人比例低于控制组。这一结论在对检验多重性（multiplicity of testing）进行调整后仍然存在。

5　随机化推断与回归估计量

在这一节，我们讨论回归和更一般的建模方法，以在完全随机试验的背景下进行估计和推断。虽然这些方法仍然是分析随机试验数据的最流行方法，但我们建议在使用时要谨慎。其中一些评论呼应了其他人提出的担忧。例如，在 Freedman（2008）的摘要中，他写道："回归调整经常用于实验数据。由于随机化不能证明模型的合理性，几乎任何事情都可能发生"（Freedman，2008；摘要）。类似的评论还有 Deaton（2010）、Young（2016）以及 Imbens 和 Rubin（2015）。回归方法最初并不是为了分析随机试验数据而开发的，试图将适当分析融入回归框架需要一些微妙之处。特别是，回归分析中常规假设的表述方式与随机化的含义之间存在脱节。因此，研究人员使用回归方法很容易超过由随机化证明合理的分析，最终的分析依赖于由随机化假设、建模假设和大样本近似构成的一种难以评估的混合体（difficult-to-assess mix）。一旦使用非线性方法，情况尤其如此。更多讨论见 Lesaffre 和 Senn（2003）、Samii 和 Aronow（2012）、Rosenbaum（2002）、Lin（2013）、Schochet（2010）、Bloniarz 等（2015）、Young（2016）、Wager 等（2016）以及 Senn（1994）。

95　　最终，我们建议希望使用回归或其他基于模型的方法的研究人员，除非采用我们推荐的基于随机化的方法，否则这样做的时候要小心。例如，仅使用基于协变量空间划分的指示变量，而不是使用多值变量作为回归函数中的协变量，这样可以保留均值简单比较所具有的许多有限样本属性，并导致具有清晰解释的回归估计值。此外，在许多情况下，回归调整的潜在收益也可以通过仔细的事前设计来捕捉，即通过下一节将讨论的分层随机试验，因此不存在与事后回归调整相关的潜在成本。

5.1　平均干预效应的回归估计量

在普通的最小二乘法中，人们将观察到的结果 Y_i^{obs} 向用于干预的指示变量 W_i 以及一项常数回归：

$$Y_i^{\mathrm{obs}} = \alpha + \tau \cdot W_i + \varepsilon_i \tag{10}$$

其中，ε_i 是未观察到的误差项。τ 的最小二乘估计量是基于最小化 α 和 τ 的残差平方和，

$$(\hat{\tau}_{\mathrm{ols}}, \hat{\alpha}_{\mathrm{ols}}) = \arg\min_{\tau, \alpha} \sum_{i=1}^{N} (Y_i^{\mathrm{obs}} - \alpha - \tau \cdot W_i)^2$$

具有解

$$\hat{\tau}_{\mathrm{ols}} = \frac{\sum_{i=1}^{N} (W_i - \overline{W}) \cdot (Y_i^{\mathrm{obs}} - \overline{Y}^{\mathrm{obs}})}{\sum_{i=1}^{N} (W_i - \overline{W})^2} = \overline{Y}_{\mathrm{t}}^{\mathrm{obs}} - \overline{Y}_{\mathrm{c}}^{\mathrm{obs}}$$

$$\hat{\alpha}_{\mathrm{ols}} = \overline{Y}^{\mathrm{obs}} - \hat{\tau}_{\mathrm{ols}} \cdot \overline{W}$$

τ 的最小二乘估计值与简单的均值差相同，因此根据第 4.2 节讨论的 Neyman 结果，最小二乘估计量对平均因果效应是无偏的。然而，通

常用来证明线性回归的假设，与证明 Neyman 分析的随机化有很大的不同。此外，Neyman 分析中的无偏性主张，与传统回归分析中的无偏性主张在概念上是不同的：在第一种情况下，重复抽样范式保持潜在结果不变，并改变分配；而在后者中，实现的结果和分配是固定的，但抽样的是残差不同但有相同干预状态的不同单位。回归分析中通常使用的假设，是从无限总体中抽取样本，误差项 ε_i 独立于干预指示变量 W_i，或者至少与 W_i 不相关。这一假设很难评估，因为对这些残差的解释很少是明确的，除了捕获影响感兴趣结果的未观察到因素这种模糊概念外。因此，教科书经常强调回归估计值测量的只是两个变量之间的相关（association），一般来说，采用因果关系的解释是没有根据的。

　　了解随机化对最小二乘估计量性质的形式含义，以及了解随机化与回归假设的标准版本之间的关系，是有指导意义的。为了在两种重复抽样范例之间建立这种联系，将手头样本视为来自无限总体的随机样本是非常方便的。这使得我们可以将所有变量视为随机变量，其矩（moments）被定义为总体平均值，并且具有从这个无限总体中随机抽样而产生的分布。定义

$$\tau = \mathbb{E}[Y_i(1) - Y_i(0)], \quad \alpha = \mathbb{E}[Y_i(0)]$$

　　然后将残差定义为

$$\varepsilon_i = Y_i(0) - \alpha + W_i \cdot \{Y_i(1) - Y_i(0) - \tau\}$$
$$= (1 - W_i) \cdot \{Y_i(0) - \mathbb{E}[Y_i(0)]\} + W_i \cdot \{Y_i(1) - \mathbb{E}[Y_i(1)]\}$$

　　这意味着我们可以写出式（10）中的回归。现在，这个误差项有了明确的意义，即潜在结果与其总体期望之差，而非给定干预后实现的结果与其条件期望之差。此外，由随机化直接暗示了 W_i 和 $[Y_i(0)$，$Y_i(1)]$ 的独立性，现在对误差项的性质也有影响。具体地说，随机化意味着干预单位和控制单位的平均残差为零：

$$\mathbb{E}[\varepsilon_i \mid W_i = 0] = 0, \quad \mathbb{E}[\varepsilon_i \mid W_i = 1] = 0$$

　　注意，干预的随机分配并不意味着该误差项独立于 W_i。实际上，一般情况下会存在异方差（heteroskedasticity），因此我们需要使用 Eicker-Huber-White 稳健标准误来得到有效的置信区间。

　　这看起来在很大程度上是语义的，在这里使用回归方法在实践中没有什么不同。对于这种没有协变量的简单情况下的估计来说，当然是正确的，但对于推断来说，不一定是正确的。传统的最小二乘法建议使用稳健（Eicker-Huber-White）标准误。因为一般的稳健方差估计量没有自然的自由度调整，所以这些标准稳健方差估计量与 Neyman 无偏方差

估计量 $\widehat{\mathbb{V}}_{\text{neyman}}$ 略有不同：

$$\widehat{\mathbb{V}}_{\text{robust}} = \frac{s_c^2}{N_c} \cdot \frac{N_c - 1}{N_c} + \frac{s_t^2}{N_t} \cdot \frac{N_t - 1}{N_t} \tag{11}$$

97　Eicker-Huber-White 方差估计量不是无偏的，在其中一个干预臂罕见的情况下，差异可能很重要。对于 Duflo-Hanna-Ryan 的教师在场对教育成绩的影响数据（Duflo 等，2012），这将导致

$$\widehat{Y}_i^{\text{obs}} = 0.580\ 5 + 0.215\ 4 \times W_i$$
$$(0.025\ 6)\quad(0.030\ 8)$$
$$[0.031\ 1]$$

圆括号中为 Eicker-Huber-White 标准误，方括号中为 Neyman 标准误。因为两个子样本（subsample）的大小都足够大（$N_c = 54$ 和 $N_t = 53$），所以标准误基本没有差异。但是，如果我们要修改样本，使其变成 $N_c = 54$ 个控制单位，而只有 $N_t = 4$ 个干预单位，则标准误大不相同，Eicker-Huber-White 标准误为 $0.121\ 5$，Neyman 标准误为 $0.140\ 0$。

虽然对一般的 Eicker-Huber-White 方差估计量进行了改进（refinements），但一般来说没有一种是无偏的。与 Neyman 方差估计量的差异取决于这样一个事实，即 Neyman 方差估计量中唯一的回归变量是二元指标变量。此外，适用于经典 Behrens-Fisher 问题的 Neyman 方差估计量建议使用 t 分布，而不是自由度取决于两个干预组大小的正态分布。参见 Imbens 和 Kolesár（2016）以及 Young（2016）最近的讨论，讨论举例说明了协变量的分布如何影响标准误。

5.2　具有附加协变量的回归估计量

现在让我们转到除了干预指标变量 W_i 之外，具有附加协变量的情况，这些附加协变量由 X_i 表示。根据定义，这些附加协变量不受干预的影响，也就是说，它们是干预前变量。此外，在这里我们假设这些协变量不会影响分配，并继续假设分配是完全随机的。正是这些协变量的存在，经常促使人们使用回归方法，而不是干预状态的简单差异（simple differences）。将这些协变量纳入分析通常有三种动机。首先，它们可能会提高估计值的精度。其次，它们允许估计亚总体的平均效应，并在一般情况下评估干预效应的异质性。最后，如果随机化不充分，它们可以在均值的简单比较中消除偏误。然而，这里有一些尽管相关但有些不同的目标，回归方法不一定是其中任何一种的最佳选择。总的来说，

我们希望再次对在这里应用回归方法的常规方式提出警告。

通常来说，有两种方式将协变量整合到估计策略中。首先，可以通过回归模型将它们附加包括在内。

$$Y_i^{\text{obs}} = \alpha + \tau \cdot W_i + \beta' \dot{X}_i + \varepsilon_i \qquad (12)$$

这里的 $\dot{X}_i = X_i - \overline{X}$ 是采用其均值的偏差（deviations from its mean）来测量的协变量。使用均值偏差不会影响 τ 或 β 的点估计值，只会影响截距 α 的点估计值，但是我们一旦允许交互作用，协变量的这种转换将很方便。为 Duflo-Hanna-Ryan 数据估计此回归函数，会导致平均效应的点估计值变为 0.192 1，而标准误则保持为 0.029 8 不变。原始回归中的 R 平方为 0.336 2，两个附加的协变量将导致其增加至 0.359 6，并不足以使标准误有什么不同。

其次，我们可以考虑具有一个完整交互作用集的模型：

$$Y_i^{\text{obs}} = \alpha + \tau \cdot W_i + \beta' \dot{X}_i + \gamma' \dot{X}_i \cdot W_i + \varepsilon_i \qquad (13)$$

一般来说，基于这些回归函数的最小二乘估计值对给定有限总体的随机分布的平均干预效应并不是无偏的。但有一个例外。如果协变量都是指标变量，并且它们被用来划分总体，那么我们就可以用一个完整交互作用集来估计模型，即式（13），然后 τ 的最小二乘估计值对于平均干预效应是无偏的。要了解这一点，考虑具有一个二元协变量的最简单情况。在这种情况下，我们可以考虑每个 x 值的平均干预效应 τ_x，我们也可以考虑对亚总体的相应部分来分别估计 $\hat{\tau}_x$。如果 $\overline{X}$ 是样本中 X_i 的平均值，则

$$\hat{\tau} = \hat{\tau}_1 \cdot \overline{X} + \hat{\tau}_0 \cdot (1 - \overline{X}), \quad \hat{\gamma} = \hat{\tau}_1 - \hat{\tau}_0$$

在下面的第 10.3.1 节中，我们讨论根据干预效应异质性来划分协变量空间的机器学习方法；如果我们为根据一种"诚实因果树（honest causal tree）"（Athey 和 Imbens，2016）得到的分区元素来构建指标，并将它们整合到式（13）中，则产生的平均干预效应［基于 Athey 和 Imbens（2016）所称的估计样本进行估计］在随机分布上是无偏的。这一结果在概念上可以扩展到所有回归变量都是指标变量的情况。在那种情况下，所有最小二乘估计值都是单元内（within-cell）估计平均效应的加权平均值。

如果愿意进行大样本近似，我们也可以讨论一些关于多值协变量的情况。在这种情况下，对平均干预效应，$\hat{\tau}$ 是（渐近地）无偏的。此外，

这又回到了包含协变量的第一个动机，相对于不包括协变量，在包括协变量时，$\hat{\tau}$ 的渐近方差比简单差估计量（simple difference estimator）的渐近方差更小，其差距为一个等于 $1-R^2$ 的因子。重要的是，这两个结果不依赖于回归模型的真实性，也就是说，总体的协变量和干预指标中，Y_i^{obs} 的条件期望实际上是线性的。由于随机化，在 W_i 和协变量 X_i 之间的总体中存在零相关性，这足以使包括或排除协变量产生的偏误消失。然而，这里需要认真对待大样本近似。如果协变量实际上具有非常偏斜的分布，则线性回归估计值中的有限样本偏误可能是相当大的，正如 Freedman（2008）所指出的那样。同时，由于协变量通常仅具有有限的解释能力，因此精度增益通常不大。

γ 的非零值的存在，意味着干预效应的异质性。然而，γ 的解释取决于条件期望的实际函数形式。只有当协变量划分总体时，这些 γ 才能被清楚地解释为平均干预效应的差异。因此，将协变量转换为指标变量可能更容易。回归模型的拟合优度不太可能受到这种变换的很大影响，按照这种方法，解释和有限样本的无偏性都会得到改善。

对于 Duflo 等（2012）的数据，

$$\hat{Y}_i^{obs} = \underset{(0.02)}{0.59} + \underset{(0.03)}{0.192} \times W_i + \underset{(0.002)}{0.001} \times X_{1i}$$
$$- \underset{(0.01)}{0.004} \times X_{2i} - \underset{(0.003)}{0.006} \times X_{1i} \times W_i + \underset{(0.01)}{0.017} \times X_{2i} \times W_i$$

将两个协变量与完整交互作用集包括在内，不会影响平均干预效应的点估计值，也不会影响其标准误。

另外，如果我们使用一个 $X_{1i} > 37$（教师得分大于中位数）的指标变量来执行回归，可以得到

$$\hat{Y}_i^{obs} = \underset{(0.02)}{0.60} + \underset{(0.03)}{0.188} \times W_i + \underset{(0.05)}{0.10} \times 1_{\{X_{1i}>37\}}$$
$$- \underset{(0.06)}{0.06} \times 1_{\{X_{1i}>37\}} \times W_i$$

现在，交互作用的系数可以直接解释为，得分高于 37 的教师与得分小于或等于 37 的教师相比，平均效应之差的一个估计值。最终，平均干预效应估计量的精度提高很少。如果除了主效应（main effect）之外，还想解释交互作用系数的估计值，则应考虑比较的多样性（multiplicity），并相应地调整 p 值。例如，参见 Benjamini 和 Hochberg（1995）。

6　分层与配对随机试验的分析

在这一节，我们讨论完全随机试验的两个一般化的分析。首先，考虑分层随机试验。在这种情况下，协变量空间被划分为一种有限集。在这些子集的每一个中，执行完全随机试验。在划分的极端情况下，在每个子集内，恰好有两个单位，实验设计对应于准确地将这两个单位中的一个随机分配给干预组，而将另一个分配给控制组，即我们有一个配对的随机试验。这样的实验比完全随机试验更强大。这两种设计都可以被认为是试图通过设计对实验单位之间可观察到的差异进行调整，而不是像上一节那样通过基于模型的分析来获取收益。因此，他们从事后回归调整中获取收益，却没有线性回归的潜在成本，所以分层一般比回归调整更可取。在本节中，我们将讨论这些实验的分析，并在第 7.2 节中讨论设计方面的内容。

100

6.1　分层随机试验：分析

在分层随机试验中，研究者将协变量空间划分为一组有限的子集。在这些子集中进行完全随机试验，然后将结果合并。如果我们使用 Neyman 的重复抽样方法分析实验，则分层随机试验的分析将非常简单。假设我们进行的完全随机试验中有 G 层，可能具有不同的干预概率。令 τ_g 为层 g 内所有单位的干预的平均因果效应。在此层中，我们可以将平均效应估计为干预和控制单位的平均结果之差：

$$\hat{\tau}_g = \overline{Y}_{\mathrm{t},g}^{\mathrm{obs}} - \overline{Y}_{\mathrm{c},g}^{\mathrm{obs}}$$

我们可以使用 Neyman 结果来估计层内（within-stratum）方差，为

$$\hat{\mathbb{V}}(\hat{\tau}_g) = \frac{s_{\mathrm{t},g}^2}{N_{\mathrm{t},g}} + \frac{s_{\mathrm{c},j}^2}{N_{\mathrm{c},g}}$$

其中，用 j 下标来对层进行索引。然后，通过简单地平均以层份额 N_g/N 加权的层内估计值，我们可以估计干预的总体平均效应，为

$$\hat{\tau} = \sum_{g=1}^{G} \hat{\tau}_g \cdot \frac{N_g}{N}$$

估计误差

$$\hat{\mathbb{V}}_{\text{strat}}(\hat{\tau}) = \sum_{g=1}^{G} \hat{\mathbb{V}}(\hat{\tau}_g) \cdot \left(\frac{N_g}{N}\right)^2$$

有一种特殊情况特别令人感兴趣。假设所有层干预单位的比例相同。在这种情况下，平均干预效应的估计量等于不同干预状态平均值之差，

$$\hat{\tau} = \sum_{g=1}^{G} \hat{\tau}_g \cdot \frac{N_g}{N} = \overline{Y}_{\text{t}}^{\text{obs}} - \overline{Y}_{\text{c}}^{\text{obs}}$$

这是我们在完全随机试验中使用的估计量。然而，一般而言，基于完全随机试验设置的方差为

$$\hat{\mathbb{V}}_{\text{neyman}} = \frac{s_{\text{t}}^2}{N_{\text{t}}} + \frac{s_{\text{c}}^2}{N_{\text{c}}}$$

与考虑了分层的方差 $\hat{\mathbb{V}}_{\text{strat}}(\hat{\tau})$ 相比比较保守：后者考虑了分层带来的精度收益。

6.2　配对随机试验：分析

现在让我们考虑一个配对随机试验。在我们的样本中，从 N 个单位开始，基于协变量值来构建 $N/2$ 对，以便在这些对中的单位在协变量取值上更相似。然后，在每对中随机选择一个单位接受积极干预，并将另一个单位分配到控制组。该配对内的平均干预效应，可以估计为干预单位和控制单位结果之差

$$\hat{\tau}_g = \sum_{i:G_{ig}=1,W_i=1} Y_i^{\text{obs}} - \sum_{i:G_{ig}=1,W_i=0} Y_i^{\text{obs}}$$

整体平均效应估计为配对内估计值的平均值，如

$$\hat{\tau} = \frac{1}{N/2} \sum_{g=1}^{N/2} \hat{\tau}_g = \overline{Y}_{\text{t}}^{\text{obs}} - \overline{Y}_{\text{c}}^{\text{obs}}$$

到目前为止，这类似于一般分层实验的分析，从概念上讲，两种设计是密切相关的。

在估计这个估计量的方差时，作为层的平均效应（average effect over the strata）的估计量，$\tau = \sum_{g=1}^{N/2} \tau_g \cdot 2/N$，会出现复杂的情况。在分层随机试验的情况下，我们分两步估计方差，首先估计层 g 的层内方差，为

$$\hat{\mathbb{V}}(\hat{\tau}_g) = \frac{s_{\text{t},g}^2}{N_{\text{t},g}} + \frac{s_{\text{c},g}^2}{N_{\text{c},g}}$$

然后在层上取平均值。然而，该方差估计量要求每层至少有两个干预和两个控制单位，因此在配对随机试验情况下是不可行的，因为每层或每

对只有一个干预和一个控制单位。

相反，通常使用以下方差估计量：

$$\hat{\mathbb{V}}(\hat{\tau}) = \frac{1}{N/2 \cdot (N/2 - 1)} \sum_{g=1}^{N/2} (\hat{\tau}_g - \hat{\tau})^2 \tag{14}$$

$\hat{\tau}_g$ 的方差由这两个配对决定。如果将这个方差估计量视为估计量 $\tau = \sum_{g=1}^{N/2} \tau_g \cdot 2/N$，即为保守的。然而，假设我们将配对视为从一个大的超总体中随机抽取，有总体平均干预效应等于 $\tau^* = \mathbb{E}[\tau_g]$。然后，被视为 τ^* 估计量的 $\hat{\tau}$ 的方差，可以用 $\hat{\mathbb{V}}(\hat{\tau})$ 来估计。

因为在这种情况下，干预单位的比例在每对中是相同的，即 $1/2$，所以我们也可以使用基于分析的方差作为完全随机试验，从而导致 *102*

$$\hat{\mathbb{V}}_{\text{neyman}} = \frac{s_t^2}{N_t} + \frac{s_c^2}{N_c} \tag{15}$$

总体而言，这将是保守的，而且超过了必要的程度。

让我们用儿童电视工作坊实验的数据来说明这一点。详细信息请参见 Imbens 和 Rubin（2015）。在这个实验中有八对教室，每对教室中均有一间教室播放儿童电视节目"电气公司"。结果是一个后测分数，导致

$$\hat{\tau} = 13.4, \quad (\hat{se}_{\text{pair}} = 4.6)$$

其中，标准误按式（14）计算，考虑配对设计。方差估计值基于一种完全随机试验的解释如式（15），而非一种配对实验，为 $\hat{se}_{\text{neyman}} = 7.8$，几乎是两倍大小。在这种情况下，进行配对随机试验会有很大的收益。

7　随机试验设计与分层的好处

在这一节，我们将讨论与随机试验设计相关的一些问题。首先，我们讨论完全随机试验的基本统计效力的计算。其次，根据实验结果的预期精度，我们讨论了分层的好处及其限制，即配对随机化。最后，如果人们认为随机化没有在干预和控制组之间产生期望的协变量平衡，我们将讨论与再随机化（rerandomization）相关的问题。最终，我们的建议是，人们应该总是尽可能多地分层，直到每一层至少包含两个干预单位和两个控制单位。虽然原则上使用配对设计，而不是具有两个干预单位和两个控制单位的分层设计，在预期精度方面有一些好处，但这些好处往往很小，而且在分析方面存在一些实际成本，我们建议使用分层设计

而不是配对设计。如果适当地进行分层，应该没有再随机化的必要。

7.1 统计效力的计算

在本节中，我们将研究一些用于随机试验的简单效力计算（power calculations）。这些计算应在任何实验之前进行，以评估所提议的实验是否有合理的机会发现合乎预期大小的结果。这些分析取决于许多输入，并且聚焦于各种输出。在这里，我们主要关注公式，其中输出是以预先指定的概率找到预先指定大小的干预效应所需的最小样本量。或者，人们也可以关注在给定一个特定样本量的情况下，可能找到的干预大小。有关这些和类似计算的详细信息，一项标准的参考文献是 Cohen（1988）。另参见 Murphy 等（2014）。

让我们考虑一个简单的情况，其中对于大小为 N 的样本，我们将观察 N 个单位的某种结果的值 $Y_1^{\text{obs}}, \cdots, Y_N^{\text{obs}}$，以及干预指标变量 $W_1, \cdots, W_N$。我们感兴趣的是检验平均干预效应为零的假设，如

$$H_0 : \mathbb{E}[Y_i(1) - Y_i(0)] = 0$$

与平均干预效应不为零的备择假设相比

$$H_a : E[Y_i(1) - Y_i(0)] \neq 0$$

我们将检验的大小，即当零假设实际为真时拒绝它的概率限制为小于或等于 α。通常，按照 Fisher（1925），我们选择 $\alpha = 0.05$ 作为统计显著性水平。另外，我们想要检验的统计效力，即当零假设实际为假时拒绝它的概率，至少等于 β，在真正的平均干预效应是 $\tau = \mathbb{E}[Y_i(1) - Y_i(0)]$ 的情况下，对于某个预先指定的 τ 值，设 $\gamma = \sum_i W_i/N$ 为干预单位的比例。为简单起见，我们假定每个干预组中的条件结果方差是相同的，$\sigma^2 = \mathbb{V}(Y_i(0)) = \mathbb{V}(Y_i(1))$。我们寻找作为 α、β、τ、σ^2 和 γ 的函数的最小样本量 $N = N_c + N_t$。

为了检验无平均干预效应的零假设，我们将 T 统计量视为

$$T = \frac{\overline{Y}_t^{\text{obs}} - \overline{Y}_c^{\text{obs}}}{\sqrt{S_Y^2/N_t + S_Y^2/N_c}} \approx \frac{\overline{Y}_t^{\text{obs}} - \overline{Y}_c^{\text{obs}}}{\sqrt{\sigma^2/N_t + \sigma^2/N_c}}$$

如果这个 t 统计量的绝对值 $|T|$ 超过 $\Phi^{-1}(1-\alpha/2)$，则拒绝无差异的零假设。因此，如果 $\alpha = 0.05$，则阈值为 $\Phi^{-1}(1-\alpha/2) = 1.96$。鉴于备择假设成立，且干预效应等于 τ，我们希望拒绝概率至少为 β。一般而言，将均值差（difference in means）减去真实干预效应 τ，对所得差值的标准误进行标准化（scaled），所得结果近似服从标准正态分布

$$\frac{\overline{Y}_t^{\text{obs}} - \overline{Y}_c^{\text{obs}} - \tau}{\sqrt{\sigma^2/N_t + \sigma^2/N_c}} \approx \mathcal{N}(0,1)$$

这意味着 t 统计量近似服从正态分布，如

$$T \approx \mathcal{N}\left(\frac{\tau}{\sqrt{\sigma^2/N_t + \sigma^2/N_c}}, 1\right)$$

现在，一个简单的计算意味着零假设被拒绝的概率为

$$\text{pr}(|T| > \Phi^{-1}(1-\alpha/2)) \approx \Phi\left(-\Phi^{-1}(1-\alpha/2) + \frac{\tau}{\sqrt{\sigma^2/N_t + \sigma^2/N_c}}\right)$$
$$+ \Phi\left(-\Phi^{-1}(1-\alpha/2) - \frac{\tau}{\sqrt{\sigma^2/N_t + \sigma^2/N_c}}\right)$$

第二项很小，所以我们忽略它。因此，我们希望第一项的概率等于 β，这需要

$$\beta = \Phi\left(-\Phi^{-1}(1-\alpha/2) + \frac{\tau}{\sqrt{\sigma^2/N_t + \sigma^2/N_c}}\right)$$

导致

$$\Phi^{-1}(\beta) = -\Phi^{-1}(1-\alpha/2) + \frac{\tau\sqrt{N}\sqrt{(\gamma(1-\gamma))}}{\sigma}$$

这导致所需的样本大小为

$$N = \frac{(\Phi^{-1}(\beta) + \Phi^{-1}(1-\alpha/2))^2}{(\tau^2/\sigma^2) \cdot \gamma \cdot (1-\gamma)} \tag{16}$$

例如，让我们考虑一种接近 Lalonde 数据的环境。结果的标准差大约为 6，尽管在实验之前可能难以评估。假如我们选择 $\gamma = 0.5$（干预组和控制组的样本大小相等，在具有同方差性的情况下是最优的，在其他情况下通常接近最优），$\alpha = 0.05$（0.05 显著性水平的检验）。另外，假如我们希望找到 1（1 000 美元）的效应，考虑这些人的平均项目前收入，这是一个很大的数字，并且我们选择 $\beta = 0.8$（0.8 的统计效力）。然后

$$N = \frac{(\Phi^{-1}(\beta) + \Phi^{-1}(1-\alpha/2))^2}{(\tau^2/\sigma_Y^2) \cdot \gamma \cdot (1-\gamma)} = \frac{(\Phi^{-1} \times 0.8 + \Phi^{-1}(0.975))^2}{0.167^2 \times 0.5^2}$$
$$= 1\,126$$

因此，最小样本量为 1 126，563 个是干预单位，563 个是控制单位。如果希望的统计效力为 0.8，效应为 2，这样所需的样本量将会小得多，即为 282 个，平分为 141 个干预单位和 141 个控制单位。

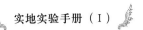

7.2　分层随机试验：益处

　　在本节中，我们将讨论分层在随机试验中的好处。在大多数情况下，这种讨论是基于每层的干预单位数与单位总数之比相同的特殊情况。在这种情况下，分层的预期好处是在分层的协变量中实现平衡。假设只有两层，分别包含女性和男性。如果总样本量为 100 人，其中 50 名女性和 50 名男性，60 人被分配到干预组，40 人被分配到控制组，分层将确保干预组中有 30 名女性和 30 名男性，而控制组中男女各有 20 人。这可以避免干预组中碰巧有 25 名女性和 35 名男性，控制组有 25 名女性和 15 名男性的情况。如果结果与个体的性别有很大的相关性，那么两个干预组性别比例的随机失衡将降低实验的精度。注意，在没有分层的情况下，实验仍然有效，例如，仍然可以得到精确的 p 值。分层并不能消除任何偏误，它仅仅是比完全随机化得出更精确的推断。

　　虽然众所周知，如果基于与结果高度相关的协变量，对协变量进行分层是有益的，但这种相关性很弱，那么文献中关于小样本中分层的好处似乎是混乱的。Bruhn 和 McKenzie（2009）在对发展经济学研究人员的调查中记录了这一点，但在统计学文献中也明显存在混淆。例如，Snedecor 和 Cochran（1967，1989，第 101 页）写道：

> 　　如果标准与响应变量（response variable）没有相关性，则由于自由度的调整，配对会导致较小的精度损失。如果标准选择不当，使得配对中的成员负相关，甚至可能发生重大损失。

　　Box 等（2005，第 93 页）的研究还表明，在分层决策的准确性或方差方面存在权衡。他写道：

> 　　因此，仅当配对带来的方差减少超过 t 分布自由度数减少的影响时，才能从配对设计中获益。

　　这有点违反直觉：如果基于一个独立于所有其他变量的协变量来分层，那么分层显然等价于完全随机化。在本节中，我们认为这种直觉是正确的，实际上并不存在权衡。我们提出的正式结果表明，就期望平方误差（expected-squared error）而言，分层（在每一层具有相同的干预概率）不会比完全随机化差，即使在小样本中，甚至在协变量与结果之间的相关性很小或没有的情况下。在事前，致力于分层只能提高精度，而不会降低精度。这一结果有两个重要的限制条件。首先，在事后，给定样本中协变量的联合分布，一个特定的分层可能不如完全随机化。其次，这种结果要求，样本可以视为来自无限大总体的（分层的）随机样本，并且总体具有（taken over）期望平方误差的期望值。该要求保证了层内的结果不会负相关。

就期望平方误差而言，（事前）分层没有任何有限样本成本，这与事后分层或回归调整的潜在成本形成了对比。通过回归对协变量进行事后调整可能会增加有限样本方差，实际上，如果协变量根本没有预测能力，那么它将严格增加任何样本量的方差。

然而，对与潜在结果无关的变量进行分层是有代价的。虽然就方差而言，分层是没有成本的，但在方差的估计方面是有成本的。由于方差有无偏估计量，因此，如果给定分层的方差小于或等于未分层的方差，则给定分层的估计方差的期望必定小于或等于未分层的估计方差的期望。然而，给定分层的方差估计量，通常具有与自由度调整相关的较大方差。然而，在我们看来，这不应该被解释为反对分层的论点。人们总是可以使用忽略分层的方差：如果分层确实减少了方差，那么这种做法就是保守的。在配对随机试验背景下的类似论点，参见 Lynn 和 McCulloch（1992）。

我们陈述了一个简化情况的形式论证，其中我们有一个二元协变量，$X_i \in \{f, m\}$（女性和男性）。我们从期望和方差所适用的大的（无限大的）超总体开始。我们从这个总体中抽取一个大小为 N 的样本，然后给每个单位分配干预。为简单起见，我们假设 $N/4$ 是整数。每个单位的特征是一个三元组 $[Y_i(0), Y_i(1), X_i]$，其中 X_i 是二元指标变量。在超总体中，X_i 服从支集为 $\{f, m\}$（女性和男性）的二项分布，并且有 $\mathrm{Pr}(X_i = f) = 1/2$。设 $\mu_{\mathrm{ft}} = \mathbb{E}[Y_i(1) \mid X_i = f]$，$\mu_{\mathrm{fc}} = \mathbb{E}[Y_i(0) \mid X_i = f]$，$\mu_{\mathrm{mt}} = \mathbb{E}[Y_i(1) \mid X_i = m]$ 以及 $\mu_{\mathrm{mc}} = \mathbb{E}[Y_i(0) \mid X_i = m]$，对方差也是如此。

我们考虑以下抽样方案。从两层中每一层随机抽取 $N/2$ 个单位。给定样本 $X_1, \cdots, X_N$，我们考虑两种随机化方案。首先，我们从 N 个单位的样本中随机选择 $N/2$ 个单位分配给干预组。我们将其称为完全随机化分配 $\mathbb{C}$。其次，我们考虑以下分层随机化方案，由 $\mathbb{S}$ 表示。对于分层设计，从要分配给干预的每一层中随机选择 $N/4$，并将剩余部分分配给控制组。在这两种情况下，我们估计平均干预效应为

$$\hat{\tau} = \overline{Y}_{\mathrm{t}}^{\mathrm{obs}} - \overline{Y}_{\mathrm{c}}^{\mathrm{obs}}$$

我们考虑了在重复随机化和来自总体的重复随机样本上，这个估计

量的性质。很容易得出，在两种设计下，对随机分布下的总体平均干预效应，估计量是无偏的。估计量和设计之间的表现差异，完全是由于方差的差异（differences in the variances）。完全随机试验的精确方差可以写为

$$\mathbb{V}_\mathrm{C} = \frac{1}{4 \cdot N} \cdot ((\mu_\mathrm{fc} - \mu_\mathrm{mc})^2 + (\mu_\mathrm{ft} - \mu_\mathrm{mt})^2) + \frac{1}{N} \cdot (\sigma_\mathrm{ft}^2 + \sigma_\mathrm{fc}^2)$$
$$+ \frac{1}{N} \cdot (\sigma_\mathrm{mt}^2 + \sigma_\mathrm{mc}^2)$$

分层随机试验相应的方差为

$$\mathbb{V}_\mathrm{S} = \frac{1}{N} \cdot (\sigma_\mathrm{ft}^2 + \sigma_\mathrm{fc}^2) + \frac{1}{N} \cdot (\sigma_\mathrm{mt}^2 + \sigma_\mathrm{mc}^2)$$

因此，这两个方差之间的差异是

$$\mathbb{V}_\mathrm{C} - \mathbb{V}_\mathrm{S} = \frac{1}{4 \cdot N} \cdot ((\mu_\mathrm{fc} - \mu_\mathrm{mc})^2 + (\mu_\mathrm{ft} - \mu_\mathrm{mt})^2) \geqslant 0$$

因此，分层导致方差不会比完全随机试验下的方差更高。只有当两个潜在结果都不与协变量相关时，这两种方差才会相等，并且有 $\mu_\mathrm{fc} = \mu_\mathrm{mc}$ 和 $\mu_\mathrm{ft} = \mu_\mathrm{mt}$。这是我们建议人们始终应该进行分层的主要论点。

无法对条件方差进行排序，对理解 Snedecor 和 Cochran 在引言中的举例很有用。如果层是根据连续协变量定义的，而不是特定样本，分层可能会导致协变量值为条件的方差更大（在配对实验的特殊情况下，导致配对内的负相关）。这在平均上是不可能的，也就是说，从大的层中随机抽取重复样本，而不是以单个样本中的协变量值为条件。如前所述，这里的大层限制很重要：如果我们从中抽取的层很小，比如说一窝小狗，层内相关性很可能是负的，但如果所有的层都很大，则是不可能的：在这种情况下，相关性必须是非负的。

现在让我们考虑方差的两个估计量。首先定义，对 $w = \mathrm{c}, \mathrm{t}$，以及 $x = \mathrm{f}, \mathrm{m}$，有

$$s_{xw}^2 = \frac{1}{N_{xw} - 1} \sum_{i: W_i = 1_{(w=t)}, X_i = x} (Y_i^\mathrm{obs} - \overline{Y}_{xw}^\mathrm{obs})^2$$
$$s_w^2 = \frac{1}{N_w - 1} \sum_{i: W_i = 1_{(w=t)}} (Y_i^\mathrm{obs} - \overline{Y}_w^\mathrm{obs})^2$$

108   在完全随机试验条件下，方差的自然估计量为

$$\hat{\mathbb{V}}_\mathrm{C} = \frac{s_\mathrm{c}^2}{N_\mathrm{c}} + \frac{s_\mathrm{t}^2}{N_\mathrm{t}}, \mathbb{E}[\hat{\mathbb{V}}_\mathrm{C}] = \mathbb{V}_\mathrm{C}$$

对于分层随机试验，考虑分层的自然方差估计量为

$$\hat{\mathbb{V}}_s = \frac{N_f}{N_f + N_m} \cdot \left(\frac{s_{fc}^2}{N_{fc}} + \frac{s_{ft}^2}{N_{ft}} \right) + \frac{N_m}{N_f + N_m} \cdot \left(\frac{s_{mc}^2}{N_{mc}} + \frac{s_{mt}^2}{N_{mt}} \right)$$

$$\mathbb{E}[\hat{\mathbb{V}}_s] = \mathbb{V}_s$$

因此，$\mathbb{E}[\hat{\mathbb{V}}_s] \leqslant \mathbb{E}[\hat{\mathbb{V}}_c]$。然而，在具有取值 $(\mathbf{Y}, \mathbf{W}, \mathbf{X})$ 的特定样本中，完全随机化方差估计量 $\hat{\mathbb{V}}_c(\mathbf{Y}, \mathbf{W}, \mathbf{X})$ 的实现值，很可能小于分层方差 $\hat{\mathbb{V}}_s(\mathbf{Y}, \mathbf{W}, \mathbf{X})$ 的实现值。更具体地说，考虑分层与潜在结果完全无关的情况。在这种情况下，两个方差的期望值是相同的，$\mathbb{E}[\hat{\mathbb{V}}_s] \geqslant \mathbb{E}[\hat{\mathbb{V}}_c]$，但 $\hat{\mathbb{V}}_s$ 的方差大于 $\hat{\mathbb{V}}_c$ 的方差，$\mathbb{V}(\hat{\mathbb{V}}_s) > \mathbb{V}(\hat{\mathbb{V}}_c)$。因此，基于 $\hat{\mathbb{V}}_s$ 的 t 检验的效力将略低于基于 $\hat{\mathbb{V}}_c$ 的 t 检验的效力。然而，在实践中，我们建议在任何可能的情况下始终分层。

7.3　再随机化

假设有人正在进行一项随机试验。对于研究总体，研究人员收集了一些背景特征，并决定完全随机地将单位分配到干预组或控制组。尽管这通常不是最优的，可能研究人员认为不值得花精力去探索更好的设计，于是就继续进行完全随机化。然而，现在假设随机分配已经确定，但在实际执行分配之前，研究人员基于干预状态比较了干预前变量（pretreatment）的平均值。预期中，所有协变量的这些值应该是相同的，但很明显，在现实中，这些值会有所不同。现在假设其中一个重要协变量在分配的干预组和控制组之间确实显示出实质性差异。尽管随机化做得很好，也可能在常规水平上统计显著，这可能仅仅是因为有大量协变量，或者只是偶然的。在这种情况下该怎么办呢？更具体地说，是否应该从头开始，重新随机分配干预，以使重要的协变量更好地平衡？这种再随机化问题在实证的发展文献中受到了一些关注。其中一篇论文 Bruhn 和 McKenzie（2009）有力地提出了这个问题。讨论某些形式方面的理论论文有 Morgan 和 Rubin（2012）以及 Banerjee 等（2016）。

在这里，我们提供一些评论。首先，实际上很多随机试验的设计都可以被认为是基于再随机化的。考虑这样的情况：总体 $N = 100$ 人，由 50 名女性和 50 名男性组成。假设我们做一个完全随机试验，60 个人被分配到干预组，剩下的 40 个人被分配到控制组。现在，对任何没有将 30 名男性和 30 名女性分配到干预组的随机向量，假设我们都将拒绝并重新进行随机化。然后，以一种间接的方式，我们得到了一个知道如何分析的分层随机试验，一般来说，这种实验在方差方面提供了更好的抽样特性。重点是，在这种情况下，再随机化不会产生任何复杂情况，尽管给定再随机化下的正确分析，不同于忽略再随机化下的分析。具体地说，需要为再随机化调整 p 值，尽管忽略该调整只会导致保守的 p 值。这两种说法在更一般的情况下也成立。

然而，为了使随后的分析能够考虑再随机化，需要详细说明再随机化的细节。如果我们考虑 Fisher 精确 p 值分析，这是最容易了解的。为了计算精确的 p 值，我们需要知道分配向量的精确分布。因此，在可能再随机化的情况下，我们需要精确地知道哪些分配向量接受再随机化，哪些结果将被视为可接受的。实际的标准可能很复杂，并且涉及对干预组之间的协变量均值差异的 t 统计量计算，但是为了使精确 p 值的计算可行，标准需要被完整地阐明。这样做最终相当于设计了一个保证更多平衡的实验，而且很可能采取一种接近分层随机试验的形式。我们建议在最初的设计中需要谨慎一点，这样从一开始就排除了对应于不可接受平衡的分配，而不是事后来排除，这样会使推断变得复杂。

8 整群随机试验的分析

在本节中，我们将讨论整群随机试验。在这种环境下，不是在单位层次分配干预，而是首先将总体划分成多个整群。然后，整群中所有单位均被分配到相同的干预水平。整群可以采取学校形式，在一个学区内，许多学校而非单个学生被随机分配给教育干预，整群形式还包括村庄、州或其他地理实体。一般讨论见 Donner（1987）、Gail 等（1996）和 Murray（2012）。

110　　　在固定样本量的情况下，这种设计一般来说不如完全随机设计或分层随机设计有效。这种整群设计的动机是不同的。一个动机是，在某些情况下，在单位层次的单位之间可能存在相互干扰。如果不同整群中的单位之间没有干扰，则整群层次的随机化可以允许简单的无干扰类型分析，而单位层次的分析需要考虑整群内部的交互作用。第二个动机是，在许多情况下，在整群层次对单位进行抽样更容易。因此，在相同的成本或工作努力之下，可以收集更多单位的数据。

在实践中，可以进行整群随机化的环境有很大的差异。在某些情况下，每个整群的单位数量是相似的，例如，在整群是教室的教育环境中。在整群是地理单位（例如，州或镇）的其他环境中，整群的大小可能存在明显变化。虽然在理论上没有太大区别，但在实践中可能会影响哪些有效策略可被用于处理整群问题。在第一种情况下，我们的主要建议是将以整群为分析单位的分析包含在内。尽管更复杂的分析比以整群为单位的简单分析可能提供更多的信息，但这些精度上的差异很少有实质性的，而且基于整群的分析具有较高透明度的优点。在单位层次分析数据的好处，是可以直接考虑单位层次的特征。然而，在实践中，与在整群层次分析中包括整群平均值（cluster-averages）作为协变量相比，包括单位层次的特征通常可以相对适度地提高精度，因此，我们的建议是主要关注整群层次的分析。对于整群大小有明显变化的第二种情况，我们推荐的策略的一个关键部分是，除了对作为主要目标的单位平均值进行分析外，还应关注以整群平均值为目标的分析。在整群大小具有大量异质性的环境中，前者可能更容易估计。

8.1　整群随机试验中被估计量的选择

如上所述，设 G 为整群的个数，且设 $G_{ig} \in \{0, 1\}, i = 1, \cdots, N, g = 1, \cdots, G$ 表示单位 i 属于整群 g 的二元指标变量，$N_g = \sum_{i=1}^{N} G_{ig}$ 为整群 g 中的单位数量，使得 N_g/N 为整群 g 在样本中所占的份额。W_i 继续表示单位 i 的干预分配，但是现在 $\overline{W}_g$ 表示整群 g 中所有单位干预分配的平均值，所以，基于整群随机分配的定义，$\overline{W}_g \in \{0, 1\}$。设 G_t 为干预组整群的数量，$G_c = G - G_t$ 为控制组整群的数量。

整群随机试验中的第一个问题是，可能有不同的被估计量需要考 *111*
虑。一个自然的被估计量是整体总体平均干预效应（overall population average treatment effect），

$$\tau^{\mathrm{pop}} = \frac{1}{N} \sum_{i=1}^{N} (Y_i(1) - Y_i(0))$$

这里我们对总体的所有单位进行平均。第二个被估计量是整群内平均效应的未加权平均值，如

$$\tau^{\mathbb{C}} = \frac{1}{G} \sum_{g=1}^{G} \tau_g, \text{ 其中 } \tau_g = \frac{1}{N_g} \sum_{i: G_{ig}=1} (Y_i(1) - Y_i(0))$$

我们可以认为 $\tau^{\mathbb{C}}$ 是单位层次干预效应的加权平均值，具有与整群样本大小的倒数（$1/N_g$）成比例的单位（整群 g 中）权重。类似地，总体平均干预效应可以被认为是整群平均干预效应的加权平均值，权重与整群样本大小 N_g 成比例。

关于被估计量的选择有两个问题。第一个问题是，哪一个被估计量是研究者最感兴趣的。在许多情况下，是未加权的总体平均干预效应 τ^{pop}。第二个问题是，任何分析的简便性和信息性。因为随机化是在整群层次进行的，所以，简单地将单位层次的结果聚合为整群层次的平均值可以明显简化分析：所有为完全随机试验开发的方法，都可以直接用于整群随机试验的整群层次的分析。此外，在有几个大整群和许多小整群的情况下，对 $\tau^{\mathbb{C}}$ 的推断通常比对 τ^{pop} 的推断精确得多。一方面，考虑一个极端情况，其中有一个非常大的整群，其规模大于其他整群的总和。在这种情况下，很难对 τ^{pop} 进行推断，因为这个巨型整群中的所有单位将始终在相同干预组中。另一方面，对 $\tau^{\mathbb{C}}$ 的推断很可能是精确的。此外，如果实质问题是检验是否存在任何干预效应，那么通过关注未加权情况下整群平均值的统计量来回答这个问题，与比较整群的加权平均值一样有效。

因此，在实践中，研究人员可能希望结合 $\tau^{\mathbb{C}}$ 的分析来报告 τ^{pop} 的分析。在 τ^{pop} 是被估计量并且最感兴趣的情况下，对 $\tau^{\mathbb{C}}$ 更精确的推断可能会对实质上更有趣的 τ^{pop} 的噪声分析（noisy analyses）进行补充。

8.2　整群随机试验中的点估计

现在让我们考虑一下整群随机试验的分析。我们关注的情况是，单位层次的结果和可能的协变量是可用的。研究者面临的第一个选择是分析单位的选择。可以在单位层次或整群层次分析数据。我们先做后者，然后再回到前者。

如果我们对平均效应 $\tau^{\mathbb{C}}$ 感兴趣，我们可以直接使用第 4 节中讨论的完全随机试验的方法。令 $\overline{Y}_g^{\mathrm{obs}}$ 是 g 组观察到的结果的平均值，我们可以简单地将干预和控制整群的平均值平均为

$$\hat{\tau}^{\mathbb{C}} = \frac{1}{G_{\mathrm{t}}} \sum_{g:\overline{W}_g = 1} \overline{Y}_g^{\mathrm{obs}} - \frac{1}{G_{\mathrm{c}}} \sum_{g:\overline{W}_g = 0} \overline{Y}_g^{\mathrm{obs}}$$

这个被估计量的方差可估计为

$$\hat{\mathbb{V}}(\hat{\tau}^{\mathbb{C}}) = \frac{s_{\mathbb{C},\mathrm{c}}^2}{G_{\mathrm{c}}} + \frac{s_{\mathbb{C},\mathrm{t}}^2}{G_{\mathrm{t}}}$$

其中，平均值的方差

$$s_{\mathbb{C},\mathrm{c}}^2 = \frac{1}{G_{\mathrm{c}} - 1} \sum_{g:\overline{W}_g = 0} \left(\overline{Y}_g^{\mathrm{obs}} - \frac{1}{G_{\mathrm{t}}} \sum_{g':\overline{W}_{g'} = 0} \overline{Y}_{g'}^{\mathrm{obs}} \right)^2$$

对于 $s_{\mathbb{C},\mathrm{c}}^2$ 也是类似的。我们也可以使用回归方法对回归函数得到相

同的估计值，如

$$\overline{Y}_g^{\mathrm{obs}} = \alpha + \tau^{\mathrm{C}} \cdot \overline{W}_g + \eta_g \tag{17}$$

我们可以将该回归函数的设定推广到包含整群层次的协变量，其中包括整群特征或单位层次特征的平均值。

使用单位层次的分析来获得 τ^{C} 的估计值更为复杂。考虑一下回归

$$Y_i^{\mathrm{obs}} = \alpha + \tau \cdot W_i + \varepsilon_i \tag{18}$$

我们可以使用加权最小二乘法来估计该回归函数，其中单位 i 的权重属于整群 $g(i)$，等于 $1/N_{g(i)}$，与 Cox（1956）对加权随机试验的分析一样。这种加权最小二乘估计量与 $\hat{\tau}^{\mathrm{C}}$ 相同。

现在考虑对 τ^{pop} 感兴趣的情况。我们可以在没有任何权重的情况下估计式（18）中的回归函数。或者，我们可以在整群层次通过估计回归［式（17）］得到相同的数值解。使用与整群样本大小 N_g 成比例的权重。为了得到总体平均干预效应估计量的方差，我们可以使用单位层次的回归，但是我们需要考虑整群化（clustering）。我们可以使用 Liang 和 Zeger（1986）提出的稳健聚类标准误来实现这一点。设 $\hat{\alpha}$ 和 $\hat{\tau}$ 是基于式（18）的 α 和 τ 的最小二乘估计量，设 $\hat{\varepsilon}_i = Y_i^{\mathrm{obs}} - \hat{\alpha} - \hat{\tau} \cdot W_i$ 是残差。然后可以估计 $(\hat{\alpha}, \hat{\tau})$ 的协方差矩阵为

$$\left[\sum_{i=1}^N \begin{pmatrix} 1 & W_i \\ W_i & W_i^2 \end{pmatrix} \right]^{-1} \left[\sum_{g=1}^G \sum_{i:C_{ig}=1} \begin{pmatrix} \hat{\varepsilon}_i \\ W_i \cdot \hat{\varepsilon}_i \end{pmatrix} \times \sum_{i:C_{ig}=1} \begin{pmatrix} \hat{\varepsilon}_i \\ W_i \cdot \hat{\varepsilon}_i \end{pmatrix}' \right]$$
$$\left[\sum_{i=1}^N \begin{pmatrix} 1 & W_i \\ W_i & W_i^2 \end{pmatrix} \right]^{-1}$$

与 Eicker-Huber-White 稳健标准误的关键区别在于，在取残差和协变量乘积的外积之前，先要在整群内求和。这种聚类稳健的方差估计量在许多回归软件包中可以实现，有时需要专门的（ad-hoc）自由度调整。

如果我们以目前所描述的形式来比较单位层次与整群层次的分析，我们会更倾向于整群层次的分析，因为它更透明，与随机化框架的联系更直接。但是，单位层次的分析允许分析者施加额外的建模假设；例如，单位层次的回归可以整合协变量并施加额外的假设，诸如将协变量的影响限制为整群间通用。如果合理，施加这样的限制可以提高效率。人们可以通过首先进行单位层次回归并为每个单位构建残差，然后对残差执行整群层次的分析来实现相同的目标，但在这一点上，推断将变得更加复杂，并且偏离了纯粹基于随机化的分析，从而减少了基于整群方

法的好处。

8.3 整群抽样和完全随机试验

与整群有关的第二个问题是，原始样本可能是通过整群抽样获得的。这个问题在 Abadie 等（2016）中有更详细的讨论。假设我们有一个很大的总体。与前面的讨论一样，总体被划分为 G 个整群。我们不是从这个总体中随机抽样，而是首先从整群组成的总体中抽取一些整群。在每个抽样的整群内，我们对该整群内单位抽取一个固定的比例。给定该样本，我们进行一个完全随机试验，不考虑这些单位所属的整群。

114 在定义被估计量时涉及一个微妙的问题。第一种选择是关注样本平均干预效应，即样本中所有单位两种潜在结果之差的平均值。第二种选择是分析总体中所有单位的总体平均干预效应，包括那些未被抽样整群中的单位。对于这两种选择，不同干预状态下结果平均值的简单差异，对被估计量来说是无偏的。

Abadie 等（2016）表明，如果我们对样本平均干预效应感兴趣，就可以忽略整群，使用第 4 节中讨论的常规 Neyman 方差估计量。相反，如果我们对总体平均干预效应感兴趣，我们需要考虑整群抽样设计的影响。可以使用 Liang 和 Zeger（1986）的聚类标准误来对整群抽样的标准误进行调整。

9 随机试验中的不遵从

即使随机试验设计得很好，在实施过程中也可能会出现复杂情况。这些复杂情况中最常见的一种是不遵从（noncompliance）。分配给干预组的一些单位可能最终不接受干预，而分配给控制组的一些单位可能设法获得积极干预。如果只存在违反第一类干预分配的情况，我们将其称为单边不遵从（one-sided noncompliance）。当能够有效地禁止分配到控制组的个人接受积极干预时，会出现这种情况。如果分配到控制组的一些单位确实设法接受了积极干预，就产生了双边不遵从（two-sided noncompliance）。

令人担忧的是，不遵从性不是随机或偶然的，而是单位之间行为或特征有系统性差异的结果。分配到干预但选择不接受干预的单位之所以这样做，是因为它们与分配到干预并确实接受干预的单位不同。这些差异可能与感兴趣的结果相关，从而使简单比较接受干预的结果无效。换句话说，使不同干预状态的比较有效的随机化，无法使干预后变量（诸如接受的干预）的比较有效。这些问题既出现在随机试验中，也出现在观察性研究中。计量经济学文献中对这些复杂情况的通称，是接受干预的内生性（endogeneity）。随机分配确保了对干预的分配是外生的（exogenous），但如果接受干预与分配干预不同，则接受干预的外生性无法保证。

在这一章中，我们讨论了三种不同方法来处理不遵从问题，所有这些方法都是在相当弱的假设下有效。第一，可以忽略实际干预的接受，聚焦于干预分配的因果效应，进行意向干预分析（intention-to-treat analysis）。第二，我们可以使用工具变量方法来估计局部平均干预效应（local average treatment effect，LATE），即遵从者亚总体接受干预的因果效应。第三，我们可以使用部分识别（partial identification）或边界分析（bounds analysis）来获得全部总体接受干预的平均因果效应的取值范围。另一种方法，这里不再进一步讨论，是 Imbens 和 Rosenbaum（2005）提出的基于随机化的工具变量方法。还有两种类型的分析需要更强的假设才会有效。第一种类型是按干预（as-treated）分析，其中单位按照所接受的干预进行比较；这依赖于无混杂性（unconfoundedness）或基于可观察变量选择（selection-on-observables）的假设。第二种类型的分析是按协议（per protocol）分析，其中没有接受分配给它们的干预的单位会被删除。*115*

在这一节，我们需要一些额外的符号。设 $Z_i \in \{0,1\}$ 表示随机分配的干预。我们将其一般化为接受干预的符号，以反映其作为（中间）结果的状态。设 $W_i(z) \in \{0,1\}$ 表示给定分配 z 的潜在干预结果，$W_i^{obs} = W_i(Z_i)$ 表示所接受干预的实现值。对于主要感兴趣的结果，可能有不同的设置。一种方法，例如，Angrist 等（1996），是用 $Y_i(z,w)$ 表示分配 z 和接受干预 w 所对应的潜在结果。或者，我们也可以单独按分配来索引潜在结果，其中，分配给单位 i 的干预所对应的结果用 $\tilde{Y}_i(z)$ 表示，这两种符号是密切相关的，有 $\tilde{Y}_i(z) = Y_i(z, W_i(z))$。这里我们主要使用第一种设置。实现的结果是：$Y_i^{obs} = Y_i(Z, W_i(Z_i)) = \tilde{Y}_i(Z_i)$。为了简化符号，当样本大小、平均值和方差由分配 Z_i 的值来索引时，我们用 0 和 1 来表示，而当它们用接受干预 W_i 的值来索引时，我们用 c 和 t

来表示。例如，$\overline{Y}_{0,t}^{obs}$ 是分配到控制组（$Z_i = 0$）但接受了积极干预（$W_i^{obs} = 1$）的单位的观察结果的平均值。

9.1 意向干预分析

在意向干预分析中，忽略接受干预，并通过分配给干预的方式比较结果（Imbens 和 Rubin，2015；Fisher 等，1990）。意向干预效应是分配给干预的平均效应。根据上面介绍的符号，估计值是

$$\tau^{itt} = \frac{1}{N} \sum_{i=1}^{N} (Y_i(1, W_i(1)) - Y_i(0, W_i(0)))$$

我们可以使用通过干预分配实现结果的平均值的差异来估计这一点，如下所示

$$\hat{\tau}^{itt} = \overline{Y}_1^{obs} - \overline{Y}_0^{obs}, \text{其中，} \overline{Y}_z^{obs} = \frac{1}{N_z} \sum_{i; Z_i = z} Y_i^{obs} \quad \text{对于 } z = 0, 1$$

*116*要为 τ^{itt} 构造有效的置信区间，我们可以使用第 4.2 节中讨论的标准方法。$\hat{\tau}^{itt}$ 的精确方差

$$\mathbb{V}(\hat{\tau}^{itt}) = \frac{S_0^2}{N_0} + \frac{S_1^2}{N_1} - \frac{S_{01}^2}{N}$$

其中，S_0^2 和 S_1^2 是样本中 $Y_i[0, W_i(0)]$ 和 $Y_i[1, W_i(1)]$ 的方差，定义为

$$S_0^2 = \frac{1}{N-1} \sum_{i=1}^{N} (Y_i(0, W_i(0)) - \overline{Y}(0))^2$$

$$S_1^2 = \frac{1}{N-1} \sum_{i=1}^{N} (Y_i(1, W_i(1)) - \overline{Y}(1))^2$$

S_{01}^2 为单位层次干预效应的样本方差，定义为：

$$S_{01}^2 = \frac{1}{N-1} \sum_{i=1}^{N} (Y_i(1, W_i(1)) - Y_i(0, W_i(0)) - (\overline{Y}(1) - \overline{Y}(0)))^2$$

我们可以估计前两项为

$$s_0^2 = \frac{1}{N_0 - 1} \sum_{i; Z_i = 0} (Y_i^{obs} - \overline{Y}_0^{obs})^2$$

和

$$s_1^2 = \frac{1}{N_1 - 1} \sum_{i; Z_i = 1} (Y_i^{obs} - \overline{Y}_1)^2$$

正如第 4.2 节所讨论的，通常不可能一致地估计第三项，S_{01}^2，因为我们无法同时观察到同一单位的 $Y_i[1, W_i(1)]$ 和 $Y_i[0, W_i(0)]$。因此，在实践中，我们基于对前两项 s_0^2 和 s_1^2 的估计，使用 $\mathbb{V}(\hat{\tau}^{itt})$ 的估计

量，并忽略第三项如

$$\hat{\mathbb{V}}(\hat{\tau}^{\text{itt}}) = \frac{s_0^2}{N_0} + \frac{s_1^2}{N_1}$$

这导致在大样本中得到有效的置信区间，通过随机化和 sutva 证明是正确的，而不需要额外的假设。

与意向干预方法相关的主要缺点是，相应的被估计量通常不是主要感兴趣的对象。研究人员可能会对不同分配机制所在的环境感兴趣，个人接受干预的激励可能会改变。例如，在医学药物试验中，如果一种药物被发放给普通民众，遵从率通常会大不相同。在试验阶段，知道药物疗效尚未确定的个体，更有可能停止遵从方案。因此，意向干预效应不会对新环境下的效应提供太多指导。换言之，意向干预效应的外部效度可能较差。我们推测，接受干预的因果效应更容易被推广到其他环境，尽管没有正式的结果证明这一点。

9.2　局部平均干预效应

一种直接解决不遵从性的替代方法，是使用工具变量方法和基于主要分层（principal stratification）的相关方法（Frangakis 和 Rubin，2002；Barnard 等，1998）。Bloom（1984）、Zelen（1979，1990）、Baker（2000）、Baker 和 Lindeman（1994）以及 Cuzick 等（1997）包含了对工具变量方法的早期和独立的讨论，一些涉及单边不遵从的特殊情况，Imbens 和 Angrist（1994）以及 Angrist 等（1996）对潜在结果框架给出了一般假定。另见 Imbens 和 Rubin（2015）以及 Lui（2011）的教科书讨论以及 Baker 等（2016）基于生物统计学的视角。第一步是考虑遵从行为的可能模式。设 $C_i \in \{c, d, a, n\}$ 表示遵从行为，其中

$$C_i = \begin{cases} c & \text{如果 } W_i(0) = 0, W_i(1) = 1 \\ d & \text{如果 } W_i(0) = 1, W_i(1) = 0 \\ a & \text{如果 } W_i(0) = 1, W_i(1) = 1 \\ n & \text{如果 } W_i(0) = 0, W_i(1) = 0 \end{cases}$$

其中，c 代表遵从者，d 代表违抗者，n 代表从不接受者，a 代表永远接受者。这些标签只是定义，不需要任何假设。

现在我们考虑两个关键假设。第一个是单调性（Imbens 和 Angrist，1994）或无违抗（no-defiance），这需要

$$W_i(1) \geqslant W_i(0)$$

119

这就排除了违抗者的存在，违抗者总是（也就是说，无论是被分配到控制还是干预）做与他们的分配相反的事。在本章考虑的设定下，当工具变量（instrument）是干预的随机分配时，这似乎是一个非常合理的假设：分配某人到积极干预增加了接受积极干预的激励，对许多单位来说，它们会拒绝本来可以接受的干预，以响应这种激励的增加，这似乎是不寻常的。在其他情况下，单调性可能是一个更有争议的假设。例如，在刑事司法的研究中，研究者将案件随机分配给法官，来识别监狱刑期对累犯（参考）的因果效应。在这种情况下，即使一名法官较另一名法官更严厉，即第一名法官判处个人入狱的比率较高，但被通常较宽松的法官判处监禁的人，并不一定也会被较严厉的法官判处监禁。

第二个关键假设通常被称为排除限制（exclusion restriction）。它要求在没有接受干预的情况下，分配不会对结果产生直接影响。形式上，使用 Angrist 等（1996）使用的形式，

$$Y_i(z,w) = Y_i(z',w), \quad \text{对于所有 } z,z',w$$

假设的关键部分是，对于从不接受者来说，

$$Y_i(0,0) = Y_i(1,0)$$

对于永远接受者来说，

$$Y_i(0,1) = Y_i(1,1)$$

对于遵从者和违抗者而言，该假设实质上是从干预分配的因果效应到干预接受的因果效应的解释。排除限制是一个很强的假设，需要根据具体情况证明其合理性。它不是由随机分配证明的，并且实际上与随机分配无关。给定排除限制，我们可以消除潜在结果对 z 的依赖，并简单地对 $w=0,1$，写出 $Y_i(w)$。

给定单调性假设和排除限制，我们可以识别干预接受对结果的平均因果效应，即所谓的局部平均干预效应（Imbens 和 Angrist，1994），如

$$\tau^{\text{late}} = \mathbb{E}\big[Y_i(1) - Y_i(0) \mid C_i = c\big]$$

$$= \frac{\mathbb{E}\big[Y_i^{\text{obs}} \mid Z_i = 1\big] - \mathbb{E}\big[Y_i^{\text{obs}} \mid Z_i = 0\big]}{\mathbb{E}\big[W_i^{\text{obs}} \mid Z_i = 1\big] - \mathbb{E}\big[W_i^{\text{obs}} \mid Z_i = 0\big]}$$

考虑这一设定，很明显，如果没有额外的假设，我们就不能识别对永远接受者或从不接受者的平均效应：没有干预的接受，我们无法观察永远接受者的结果；给定干预的接受，我们也无法观察从不接受者的结果。因此，我们需要假设将遵从者的干预效应外推到其他遵从群体，以

便识别整体平均干预效应。

9.3　推广局部平均干预效应

关于局部平均干预效应的一个主要问题，是它只反映在一个亚总体即遵从者上。在许多情况下，研究人员可能对干预的整体平均效应更感兴趣。在这里，我们讨论了一些可以进行的补充分析（supplementary analyses），以评估局部平均干预效应的推广性。本节以 Angrist (2004)、Hirano 等 (2000)、Imbens 和 Rubin (1997a，b) 以及 Bertanha 和 Imbens (2014) 的讨论为基础。Bertanha 和 Imbens (2014) 的讨论主要是在模糊回归间断设计的背景下进行的，但他们的结果直接适用于其他工具变量的环境。

我们使用与上一节相同的设定，但明确允许存在外生协变量 X_i。不同于使用工具变量方法来估计局部平均干预效应，另一种方法是调整协变量的差异来估计干预的平均效应，假设无混淆性为

$$W_i \perp (Y_i(0), Y_i(1)) \mid X_i$$

如果这一假设成立，我们可以估计干预的平均效应，以及使用按干预（as-treated）分析来估计任何亚总体的平均效应。一种自然的分析是基于不同干预状态，将局部平均干预效应与协变量调整后的差异进行比较。在线性模型设定下，两个估计值的正式比较方法是 Hausman 检验（Hausman，1983）。在没有协变量的情况下，Hausman 检验将检验等式

$$\frac{\pi_{\mathrm{a}}}{\pi_{\mathrm{a}} + \pi_{\mathrm{c}} \cdot p_z} \cdot \left(\mathbb{E}\left[Y_i(1) \mid G_i = \mathrm{a} \right] - \mathbb{E}\left[Y_i(1) \mid G_i = \mathrm{c} \right] \right)$$

$$= \frac{\pi_{\mathrm{n}}}{\pi_{\mathrm{n}} + \pi_{\mathrm{c}} \cdot (1 - p_z)} \cdot \left(\mathbb{E}\left[Y_i(0) \mid G_i = \mathrm{n} \right] - \mathbb{E}\left[Y_i(0) \mid G_i = \mathrm{c} \right] \right)$$

其中，π_{a}、π_{c} 和 π_{n} 分别是永远接受者、遵从者和从不接受者的总体份额。这一等式很难解释。在有干预情况下，永远接受者和遵从者期望结果之差的一个特定加权平均值，等于无干预情况下，遵从者和从不接受者期望结果之差的加权平均值。

与 Hausman 检验相比，一种更加自然且容易解释的方法是检验永远接受者和有干预的遵从者之间，以及从不接受者和无干预的遵从者之间未加权差异的等式

$$\mathbb{E}\left[Y_i(1) \mid G_i = \mathrm{a} \right] - \mathbb{E}\left[Y_i(1) \mid G_i = \mathrm{c} \right]$$
$$= \mathbb{E}\left[Y_i(0) \mid G_i = \mathrm{n} \right] - \mathbb{E}\left[Y_i(0) \mid G_i = \mathrm{c} \right]$$

正如 Angrist（2004）所建议的那样。

Bertanha 和 Imbens 建议检验这两个等式，而不仅是差异，如

$$\mathbb{E}[Y_i(1) \mid G_i = \mathrm{a}] - \mathbb{E}[Y_i(1) \mid G_i = \mathrm{c}] = 0$$

$$\mathbb{E}[Y_i(0) \mid G_i = \mathrm{n}] - \mathbb{E}[Y_i(0) \mid G_i = \mathrm{c}] = 0$$

如果在调整了协变量的差异之后这对等式成立，就意味着在有干预的情况下，永远接受者相当于遵从者，而在无干预的情况下，从不接受者相当于无干预的遵从者。这将表明，无干预的永远接受者可能相当于无干预的遵从者，有干预的从不接受者相当于有干预的遵从者，尽管这两种说法都无法检验。然而，如果这些等式成立，那么基于协变量进行了调整的遵从者平均效应，可以被推广到整个总体。

9.4 界 限

在存在不遵从问题的情况下，为了估计或推断干预接受的平均因果效应，除了做出额外假设外，还应关注如何求出被估计量的取值范围，这些范围与 Manski（1990，1996，2003a，b，2013）的一系列界限或部分识别（partial identification）方法研究中的数据一致。

没有任何额外假设的最简单方法认识到，由于不遵从问题，干预接受不再是外生的。因此，我们可以将其作为观察性研究来分析，不需要对分配过程做出任何假设。如果所有单位都被分配到干预，与没有单位被分配到干预相比，考虑潜在结果的平均差异

$$\tau = \frac{1}{N} \sum_{i=1}^{N} (Y_i(1) - Y_i(0)) = \overline{Y}(1) - \overline{Y}(0)$$

要估计此对象，分别查看这两项会很有用。第一项是

$$\overline{Y}(1) = \frac{N_t}{N} \cdot \overline{Y}_t^{obs} + \frac{N_c}{N} \cdot \frac{1}{N} \sum_{i; W_i = 0} Y_i(1)$$

最后一项是导致问题的原因。数据无法直接提供有关该项的信息。让我们看一下结果为二元的特殊情况。在这种情况下

$$\overline{Y}(1) \in \left[\frac{N_t}{N} \cdot \overline{Y}_t^{obs}, \frac{N_t}{N} \cdot \overline{Y}_t^{obs} + \frac{N_c}{N} \right]$$

我们可以对被估计量的第二项做同样的事，导致

$$\tau \in \left[\frac{N_t}{N} \cdot \overline{Y}_t^{obs} - \frac{N_c}{N} \cdot \overline{Y}_c^{obs} - \frac{N_t}{N}, \frac{N_t}{N} \cdot \overline{Y}_t^{obs} + \frac{N_c}{N} - \frac{N_c}{N} \cdot \overline{Y}_c^{obs} \right]$$

这不是一个信息量很大的取值范围。通过构造，它可以总是包括零，所以我们永远不能确定干预对感兴趣的结果有任何影响。

接下来，让我们考虑当我们以维持二元结果假设的附加假设的形式

添加信息时，界限是如何变化的。在工具变量的全部假设下，即在单调性和排除限制假设下，我们可以大幅度地缩小界限。为了得出界限，同时发展对其价值的直觉，考虑一下干预效应是三个遵从组，即遵从者、从不接受者和永远接受者的平均值之和，是很有用的。其份额分别等于π_c、π_n和π_a。在单调性和排除限制假设下，可以识别出遵从者的平均效应。对于永远接受者，我们可以识别$\mathbb{E}[Y_i(1)\,|\,C_i=a]$，但是关于$\mathbb{E}[Y_i(0)\,|\,C_i=a]$，数据没有提供信息，因此，永远接受者平均效应的界限为

$$\tau_a \in \big[\mathbb{E}\big[Y_i^{\mathrm{obs}}\mid Z_i=0, W_i=1\big]-1, \mathbb{E}\big[Y_i^{\mathrm{obs}}\mid Z_i=0, W_i=1\big]\big]$$

同样地，

$$\tau_n \in \big[-\mathbb{E}\big[Y_i^{\mathrm{obs}}\mid Z_i=1, W_i=0\big], 1-\mathbb{E}\big[Y_i^{\mathrm{obs}}\mid Z_i=1, W_i=0\big]\big]$$

把这些结合起来

$$\begin{aligned}
\tau \in \big[& \pi_a \cdot (\mathbb{E}\big[Y_i^{\mathrm{obs}}\mid Z_i=0, W_i=1\big]-1) \\
& -\pi_n \cdot \mathbb{E}\big[Y_i^{\mathrm{obs}}\mid Z_i=1, W_i=0\big]+(\mathbb{E}\big[Y_i^{\mathrm{obs}}\mid Z_i=1\big] \\
& -\mathbb{E}\big[Y_i^{\mathrm{obs}}\mid Z_i=1\big]), \\
& \pi_a \cdot \mathbb{E}\big[Y_i^{\mathrm{obs}}\mid Z_i=0, W_i=1\big] \\
& +\pi_n \cdot (1-\mathbb{E}\big[Y_i^{\mathrm{obs}}\mid Z_i=1, W_i=0\big]) \\
& +(\mathbb{E}\big[Y_i^{\mathrm{obs}}\mid Z_i=1\big]-\mathbb{E}\big[Y_i^{\mathrm{obs}}\mid Z_i=1\big])\big]
\end{aligned}$$

在这些假设下，这些界限是清晰的（Balke 和 Pearl，1997）。

9.5 按干预和按协议分析

两种较老的方法有时被用于分析具有不遵从问题的实验，它们依赖于强假设，即按干预（as-treated）分析和按协议（per-protocol）分析。例如，参见 McNamee（2009）以及 Imbens 和 Rubin（2015）。在按干预分析中，通过接受的干预而不是分配的干预来比较单位，本质上援引了无混淆性假设。因为这是随机分配，而不是干预接受，所以随机化不能证明这是合理的。在工具变量假设（即单调性和排除限制假设）成立的情况下，评估按干预分析导致的结果，考虑这一点是很有用的。

按干预分析的被估计量为

$$\tau^{\mathrm{at}} = \mathbb{E}\big[Y_i^{\mathrm{obs}}\mid W_i=1\big]-\mathbb{E}\big[Y_i^{\mathrm{obs}}\mid W_i=0\big]$$

如果单调性假设成立，则第一项是干预情况下永远接受者和遵从者的结果平均值。如果具有 $Z_i=1$ 单位的比例等于 p_z，那么我们可以将

第一项写为

$$\mathbb{E}\big[Y_i^{\mathrm{obs}} \mid W_i = 1\big] = \frac{\pi_{\mathrm{a}}}{\pi_{\mathrm{a}} + \pi_{\mathrm{c}} \cdot P_Z} \cdot \mathbb{E}\big[Y_i(1) \mid C_i = \mathrm{a}\big]$$
$$+ \frac{\pi_{\mathrm{c}} \cdot p_Z}{\pi_{\mathrm{a}} + \pi_{\mathrm{c}} \cdot P_Z} \cdot \mathbb{E}\big[Y_i(1) \mid C_i = \mathrm{c}\big]$$

122

同样地，

$$\mathbb{E}\big[Y_i^{\mathrm{obs}} \mid W_i = 0\big] = \frac{\pi_{\mathrm{n}}}{\pi_{\mathrm{n}} + \pi_{\mathrm{c}} \cdot (1 - P_Z)} \cdot \mathbb{E}\big[Y_i(0) \mid C_i = \mathrm{n}\big]$$
$$+ \frac{\pi_{\mathrm{c}} \cdot (1 - p_Z)}{\pi_{\mathrm{n}} + \pi_{\mathrm{c}} \cdot (1 - P_Z)} \cdot \mathbb{E}\big[Y_i(0) \mid C_i = \mathrm{c}\big]$$

差异在于

$$\mathbb{E}\big[Y_i^{\mathrm{obs}} \mid W_i = 1\big] - \mathbb{E}\big[Y_i^{\mathrm{obs}} \mid W_i = 0\big]$$
$$= \mathbb{E}\big[Y_i(1) - Y_i(0) \mid C_i = \mathrm{c}\big]$$
$$+ \frac{\pi_{\mathrm{a}}}{\pi_{\mathrm{a}} + \pi_{\mathrm{c}} \cdot P_Z} \cdot \big(\mathbb{E}\big[Y_i(1) \mid C_i = \mathrm{a}\big] - \mathbb{E}\big[Y_i(1) \mid C_i = \mathrm{c}\big]\big)$$
$$- \frac{\pi_{\mathrm{n}}}{\pi_{\mathrm{n}} + \pi_{\mathrm{c}} \cdot (1 - P_Z)} \cdot \big(\mathbb{E}\big[Y_i(0) \mid C_i = \mathrm{n}\big] - \mathbb{E}\big[Y_i(0) \mid C_i = \mathrm{c}\big]\big)$$

在 Hausman 检验中，将表达式的最后两项与零比较来确定干预的外生性。一般来说，这种形式很难解释。

第二种是按协议分析，其中将不遵从分配干预的单位从分析中删除。在单调性和排除限制假设下，再次了解该方法的估计对象是有指导意义的。一般来说，

$$\tau^{\mathrm{pp}} = \mathbb{E}\big[Y_i^{\mathrm{obs}} \mid W_i = 1, Z_i = 1\big] - \mathbb{E}\big[Y_i^{\mathrm{obs}} \mid W_i = 0, Z_i = 0\big]$$

与按干预分析类似的计算表明，给定单调性和排除限制，其等于

$$\tau^{\mathrm{pp}} = \mathbb{E}\big[Y_i(1) - Y_i(0) \mid C_i = \mathrm{c}\big]$$
$$+ \frac{\pi_{\mathrm{a}}}{\pi_{\mathrm{a}} + \pi_{\mathrm{c}}} \cdot \big(\mathbb{E}\big[Y_i(1) \mid C_i = \mathrm{a}\big] - \mathbb{E}\big[Y_i(1) \mid C_i = \mathrm{c}\big]\big)$$
$$- \frac{\pi_{\mathrm{n}}}{\pi_{\mathrm{n}} + \pi_{\mathrm{c}}} \cdot \big(\mathbb{E}\big[Y_i(0) \mid C_i = \mathrm{n}\big] - \mathbb{E}\big[Y_i(0) \mid C_i = \mathrm{c}\big]\big)$$

同样，该表达式通常很难解释，因此不建议进行这种分析。

10　异质性干预效应与干预前变量

大多数文献都聚焦于估计整个样本或总体的平均干预效应。然而，在许多情况下，研究人员也对干预效应中是否存在异质性感兴趣。研究

这种异质性有不同方法。在这里，我们将讨论其中一些方法。注意，这 *123* 与第 4.4 节中使用协变量或预干预变量的方式不同，第 4.4 节仍然关注整体平均干预效应和干预前变量的存在，这些协变量仅用于提高估计量的精度。在观察性研究中，协变量也有助于使识别假设更可信。

正如本章开头所讨论的，随机试验的一个关键问题是外部效度。如果我们在不同的环境下进行干预，效应是否相同？虽然很多因素在不同环境下都存在差异，但一种常见的不同环境是个体单位所属的总体存在差异。如果这些差异可以通过可观察的干预前变量来捕捉，那么原则上就可以像 Hotz 等（2005）那样解决外部效度中的这种问题。特别地，如果我们获得协变量向量 x 的每个潜在值的干预效应估计值，那么我们可以在考虑分布差异的情况下估计任何总体的平均干预效应。也就是说，如果已知 X_i 的分布，给定一个 $\tau(x) = \mathbb{E}[Y_i(1) - Y_i(0) | X_i = x]$ 的估计值，很容易估计 $\mathbb{E}[\tau(X_i)]$。

10.1　具有干预前变量的随机试验

传统上，研究人员根据实际兴趣来指定特定的亚总体，估计这些亚总体的平均干预效应，并检验这些亚总体之间的干预效应是否相等。例如，人们感兴趣的可能是教育项目对女孩和男孩的影响差异。在这种情况下，分析是很简单的。使用第 6.1 节中提供的方法，简单地按亚总体来分别分析数据。在这些情况下，通常会有一些担心，即亚总体是事后选择的，因此 p 值由于多重检验（multiple testing）问题而不再有效。例如，假设有一个随机试验，包括 100 个独立的二元干预前变量，这些变量实际上与干预或结果无关。可以预期，对于其中 5 个协变量，即使与干预效应无关，用于检验平均干预效应因协变量值而不同的零假设的 t 统计量，其绝对值也会大于 2。预分析计划（Casey 等，2012；Olken，2015）是缓解这种问题的一种方法；另一种方法是对多重检验进行校正（List 等，2016）。下面，我们描述一些最近提出的替代方案，它们不仅在协变量数量较少时有效，而且在相对于样本大小的协变量数量较大时或在干预效应异质性的真正潜在模型可能相当复杂时也有效。

10.2　检验干预效应异质性

第二种方法，是简单地检验作为协变量函数的平均干预效应 $\tau(x) = \mathbb{E}[Y_i(1) - Y_i(0) | X_i = x]$ 是否存在异质性。

一种类型的检验，考虑是否有可观察异质性的证据。Crump 等 *124*

（2008）为零假设开发了非参数检验，如

$$H_0: \tau(x) = \tau, \text{对于所有 } x \in \mathbb{X}$$

相对于另一种检验

$$H_0: \tau(x) \neq \tau(x'), \text{对于某些 } x, x' \in \mathbb{X}$$

Crump 等的设置对条件期望使用了一系列参数近似

$$\mathbb{E}\left[Y_i^{\mathrm{obs}} \mid W_i = w, X_i = x\right] = \beta'_0 h(x) \cdot (1 - w) + \beta'_1 h(x) \cdot w$$

对于向量值（vector-valued）函数 $h(x)$，检验零假设即等式 $\beta_1 = \beta_0$。通过增加 $h(x)$ 的维度，使用适当的函数基础，可以无参数地检验零假设，即在无混淆性假设下，平均干预效应 $\tau(x)$ 是协变量的函数的一个常数，这意味着基于随机分配。

研究人员可能还想了解哪些协变量（如果有的话）与干预效应有关。一种自然的方法是逐个评估每个协变量的异质性。例如，每个协变量都可以转换为协变量值高于或低于中位数的二元指标变量，然后研究人员可以检验假设：协变量高时的干预效应比协变量低时的干预效应更高。进行大量的假设检验会引起多重检验问题，应该校正置信区间以考虑这一点。然而，标准方法（例如，Bonferroni 校正）假设每个检验均是独立的，因此在许多协变量彼此相关（这意味着检验统计量也彼此相关）的环境中可能过于保守。在这种背景下，List 等（2016）提出了一种在计算上可行的方法来解决多重检验问题。该方法使用 bootstrapping，并考虑了检验统计量之间的相关性。这种方法的一个挑战是，研究人员必须预先指定要进行的一组假设检验，因此，很难探索协变量之间所有可能的交互作用，以及将其离散化的所有可能方法。在下一节中，我们将考虑探索更复杂形式异质性的方法。

10.3　估计干预效应的异质性

有几种可能的方法来探索干预效应的异质性。第一种方法是指定干预效应异质性的参数模型［如（式 13）］并报告估计值。例如，一种简单的方法是指定结果变量对干预状态指标变量的回归，以及指标与干预指标之间的交互作用。相对于样本量来说，由于协变量数量较少，因此可以考虑干预指标的所有线性交互作用，这在一定程度上缓解了多重检验问题。下面，我们讨论将这种思想推广到正则化回归（例如，LASSO），其中使用系统方法来选择协变量。

第二种方法是构造 $\tau(x)$ 的完全非参数估计量。我们将在下面进一步发展这种方法；在足够大的数据集和相对较少的协变量的情况下，这种方法可能是有效的，最近基于机器学习技术的工作（Wager 和 Athey，2015），在不牺牲置信区间覆盖的情况下，导致可以处理多少协变量上的改进。对于相对于样本量来说协变量较多的情况，由 Athey 和 Imbens（2016）提出的第三种方法，使用数据来选择一系列亚组（协变量空间的一种"分区"），从而在特定意义上最大化了亚组之间的干预效应异质性。

选择完全非参数方法还是基于亚组的方法，可能部分取决于数据的约束；相对于样本大小来说，在有很多协变量的情况下，可能无法获得有效的置信区间（至少对于现有方法）。但是，即使这两种方法都是潜在可行的，如果实验结果将用于如下环境，其中依据实验进行决策的人，处理能力/记忆力有限，那么了解亚组而非 $\tau(x)$ 的完全非参数估计值可能更为可取。例如，医生可以使用一个简单的流程图来决定应该给哪些患者开药。研究人员可能更容易解释亚组的结果。

相对于逐个检验所有的协变量，选择协变量空间单个分区的方法，通常不会发现存在的所有异质性，因为该算法将重点放在影响最大的协变量上，而排除了其他协变量。此外，在构建分区的过程中，一旦我们根据一个协变量的值将数据分成两组，就会考虑对数据子样本做进一步的划分，从而降低了在额外协变量中检验异质性的能力。因此，构建单个分区并不能回答哪些协变量与异质性相关的问题；相反，其识别了将数据划分为有意义的组的特定方法。如果研究人员想要探讨所有协变量，同时保持数据驱动的方法来对它们进行离散化，一种方法是构建不同的分区，将注意力一次限制在一个协变量上。对于交互作用，可以考虑协变量的小子集。如果这样一种操作的结果是根据哪些协变量与显著的异质性相关来报告的，那么多重检验校正是必要的。List 等（2016）的方法适用于任意一组零假设，因此研究人员可以使用限于不同协变量子集的因果树方法生成一长串假设，然后通过多重检验校正来检验这些假设。由于在具有许多协变量的数据集中，通常有许多方法来描述本质上相同的亚组，因此我们预计检验统计量中会有很多相关，从而降低了多重假设检验的校正幅度。

我们从描述第三种方法开始，其中我们将构造协变量空间的一个分区，然后返回第二种和第一种方法。

10.3.1 数据驱动的亚组分析：干预效应的递归分区

Athey 和 Imbens（2016）开发了一种方法，用于探讨干预效应中的异质性，而不必预先指定异质性的形式，也不必担心多重检验问题。

126

他们的方法建立在"回归树（regression tree）"或"递归分区（recursive partitioning）"方法的基础上，其中样本被划分为多个亚组，这些亚组由每个单位所属协变量空间的区域来定义。该数据用于确定哪个分区产生的亚组在干预效应方面差异最大。该方法避免了在估计平均干预效应中引入偏误，并允许使用"样本分割（sample splitting）"或"诚实"估计的有效置信区间。使用样本分割来控制显著性水平的想法，在统计学中可以追溯到很久以前；例如，参见 Cox（1975），或最近的讨论，参见 Fithian 等（2015）。在样本分割方法中，在第一步中，使用一个样本来选择分区，而在第二步中，使用独立样本来估计干预效应，并为来自第一步分区的每个亚组（分别）构建置信区间。该方法的输出是一系列亚组，被选择来优化干预效应异质性（以最小化干预效应的期望均方误差），以及每个亚组的干预效应估计值和标准误。

让我们用一个简单的案例来说明这些问题，以发展更多直觉。假设在一个有很多协变量的环境中，我们只考虑协变量空间的一种分割。我们指定了一个标准来确定一个分割（即一种协变量选择和阈值的组合）是否比另一个更好。下面我们回到标准选择。给定一个标准，我们将选择使标准最大化的协变量和阈值。如果我们使用相同样本来估计两个子样本的平均干预效应，则该特定分割导致该标准的值很高的事实，通常意味着平均干预效应估计存在偏误。因此，Athey 和 Imbens（2016）建议使用一种诚实方法（honest approach）来估计单独样本的干预效应。这意味着，即使在有大量干预前变量或协变量的环境中，两个子样本的干预效应估计值也没有偏误，并且相应的置信区间是有效的。

一个关键问题是标准的选择。原则上，为了更准确地估计平均干预效应，人们希望进行分割（split）。一个复杂的因素是，优化预测的分割标准依赖于观察人们想要估计的期望结果。这里并非这种情况，因为无法观察到单位层次的干预效应。在文献中已经有各种建议来解决这个问题。一个简单的解决方案是将结果从 Y_i^{obs} 转换为

$$Y_1^* = Y_i^{\text{obs}} \cdot \frac{W_i - p}{p \cdot (1 - p)}$$

这个转换后的结果具有这样的性质：$\mathbb{E}\big[Y_i^* \mid X_i = x\big] = \tau(x) = \mathbb{E}\big[Y_i(1) - Y_i(0) \mid X_i = x\big]$。因此，基于预测的递归分区的标准方法可以适用（参见 Weisburg 和 Pontes，2015；Athey 和 Imbens，2016）。Su 等（2009）建议对两个子样本的平均干预效应为零的零假设使用检验统计量。Zeileis 等（2008）建议使用模型拟合，其中模型对应于具有

截距和二元干预指标变量分区中的线性回归模型。Athey 和 Imbens
（2016）证明了这两个标准都不是最优的，并推导出了一个新的标准，
它直接关注干预效应估计量的期望平方误差，事实证明，它既取决于 t
统计量，也取决于拟合测量。该标准被进一步修改以预测诚实估计，即
预测在选择亚组之后，在独立样本上重新估计的干预效应。这一修改最
终惩罚了亚组估计值的期望方差；例如，如果亚组太小，则干预效应估
计值的方差将很大。它还奖励解释结果而不是干预效应异质性的协变量
分割，在某种程度上，控制这些协变量可以使干预效应估计值的方差
更小。

其他相关的方法包括 Wager 和 Walther（2015），他们讨论了对置
信区间的修正（将置信区间加宽一个因子）作为样本分割的替代方案；
然而，由于置信区间需要大幅扩张，因此尚不清楚是否有各种各样的条
件来改善样本分割。相对于之前讨论的 List 等（2016）的方法，本节
中的方法侧重于导出单个分区，而不是在预先指定的协变量离散化下一
次只考虑一个协变量的异质性；本节中方法的优势是探讨交互效应，并
使用数据根据干预效应的均方误差来确定有意义的分区。

10.3.2　干预效应异质性的非参数估计

使用非参数估计来估计异质性干预效应（至少）有四个可能的目
标。第一个目标是描述性的：研究人员可以洞察哪些类型的单位具有最
高和最低的干预效应以及可视化比较静态结果，所有这些都不会施加事
先的限制。第二个目标，前面讨论过，研究人员希望估计不同单位分布
的环境中应用干预的影响。第三个目标，研究者希望得到个性化的政策
建议。第四个目标，研究者希望检验假设并构建置信区间。如果置信区
间是合意的，那么潜在方法的集合就相当小。对于最优政策评估，贝叶
斯框架可能有一些优势，因为在替代政策分配中纳入不确定性和风险是
很自然的。对于置信区间不重要的描述或估计，有多种方法。

干预效应异质性的经典非参数方法包括 K 最近邻匹配和核估计
（Härdle，2002）。在 K 最近邻匹配的情况下，对于任何 x，我们都可以
通过平均被干预的 K 最近邻的结果，并减去作为控制观察值的 K 最近
邻的平均结果，来构建在 x 处的干预效应估计值。核估计执行类似操
作，但使用平滑的加权函数，而不是统一地重新加权近邻（nearby
neighbors），并为较远的邻居赋予 0 权重。在这两种情况下，距离都是
使用协变量向量的欧几里得距离（Euclidean distance）来测量的。这些
方法可以很好地工作，并提供一个或两个协变量的令人满意的置信区间

128

覆盖，但此后性能会迅速恶化。非参数估计量的输出是对任意一个 x 的干预效应。由于模型对每个 x 产生不同的预测，因此估计值通常必须进一步总结或可视化。

核函数和最近邻匹配的一个关键问题是所有协变量都是对称干预的；如果一个单位在 20 维上与另一个单位接近，则这些单位在任何给定的维上可能都不是特别相似。在理想情况下，我们希望优先考虑对异质干预效应最重要的维度，就像在许多机器学习方法中所做的那样，包括非常成功的随机森林算法。不幸的是，许多流行的使用数据来选择协变量的机器学习方法，可能是渐近偏误主导的（bias-dominated）（包括标准随机森林）。最近，Wager 和 Athey（2015）提出了随机森林算法的修改版本，其产生的干预效应估计值可以被证明是渐近正态的，并且以干预效应的真值为中心，而且他们对渐近方差提出了一致的估计量。该方法对 Athey 和 Imbens（2016）开发的许多"树"进行平均；这些树彼此不同，因为对每棵树使用不同的子样本。此外，在选择要分割的协变量时存在一些随机化。每棵树都是"诚实的"，其中，一个子样本被用来确定分区，一个独立的子样本被用来估计叶片内的干预效应。与单棵树的情况不同，不会有任何数据被"浪费"，因为每一个观察值都被用来确定一些树的分区，并用来估计其他树的干预效应，而再抽样已经是该方法固有的一部分。这种方法可以被理解为核和最近邻匹配方法的推广，其中在 x 处估计的干预效应，是附近干预单位和附近控制单位的加权平均值之间的差；但是，选择哪些维度对测量距离是重要的取决于数据。在仿真中，与 K 最近邻匹配或核方法相比，该方法可以用更多的协变量获得名义覆盖，同时产生更准确的干预效应估计值。然而，当协变量的数量增加时，这种方法最终也变成偏误主导的。与核或最近邻匹配相比，它对不相关协变量的稳健性要得多。

解决该问题的另一种方法是将训练数据按干预状态进行划分，并将监督学习方法分别应用于每个组。例如，Foster 等（2011）使用随机森林来估计协变量对干预组和控制组结果的影响。然后，他们使用回归或分类树将预测差异作为数据，并将干预效应投射到单位的属性上。Wager 和 Athey（2015）的方法可以通过直接估计因果关系中的异质性来潜在地提高效率。此外，现成的（off-the-shelf）随机森林估计量还没有已建立的统计属性（因此置信区间不可用）。

从贝叶斯的角度来看，Green 和 Kern（2012）以及 Hill（2011）提出了使用基于森林的算法来估计异质干预效应。这些论文使用的是

Chipman 等（2010）的贝叶斯加性回归树方法，并报告了基于方便先验（convenience prior）的马尔可夫链蒙特卡罗（MCMC）抽样获得的后验可信区间。虽然贝叶斯回归树在实践中经常是成功的，但目前还没有结果保证后验集中在真实的条件均值函数附近，或者 MCMC 采样器在多项式时间内收敛。在一篇相关论文中，Taddy 等（2015）使用带有 Dirichlet 先验的贝叶斯非参数方法来灵活地估计数据生成过程，然后使用正则化方法或回归树将异质干预效应的估计值向下投影到特征空间，以获得异质性的低维总结（summaries）；但是，渐近性质仍然是未知的。

10.3.3　使用正则回归分析干预效应的异质性

Imai 和 Ratkovic（2013）、Signovitch（2007）、Tian 等（2014）以及 Weisburg 和 Pontes（2015）开发了用于因果推断和干预效应异质性的类似 LASSO 的方法，在可能存在大量协变量的情况下，使用正则化方法来发现哪些协变量是重要的。当感兴趣的干预效应交互作用具有低维数（即少数协变量与干预具有重要交互作用）时，可以推导出有效的置信区间（不需要使用如上所述的样本分割）；参见 Chernozhukov 等（2015）及其参考文献。这些方法要求真正的基础模型（至少近似地）是"稀疏的"：相对于对结果和干预效应异质性有重要影响的协变量（及其交互作用）数量，观察的数量必须很大。一些方法（例如，Tian 等，2014）建议分别在干预组和控制组中建模异质性，然后取差值；如果影响结果水平的协变量与影响干预效应异质性的协变量不同，这可能是低效的。另一种方法是将干预与协变量的交互作用合并为协变量，然后允许 LASSO 选择哪些协变量是重要的。交互作用项可以通过加权优先于不包括干预效应交互作用的项。

10.3.4　方法的比较

尽管基于 LASSO 的方法比随机森林方法需要更多的稀疏性先验限制，但是如果模型变得太复杂，两种类型的方法都将损失名义覆盖率。LASSO 方法对于协变量和结果之间存在线性或多项式关系的数据集有一些优势；随机森林方法并非简单地估计线性关系并将其用于外推，而是更加本地化。随机森林方法很好地被设计来捕捉协变量之间复杂的、多维的交互作用，或者高度非线性的交互作用。LASSO 的优点是最终输出是一个回归，这可能是一些学科的研究者更熟悉的；然而，重要的是要记住，当对用于估计的相同数据进行模型选择时，证明标准误的条件要严格得多。如果有效的置信区间在已知模型不稀疏且有许多协变量

130

的环境中享有绝对优先权，则递归分区方法提供的置信区间不会随着协变量数量的增加而恶化（完全不会）。相反，受影响的是干预效应预测的均方误差。

基于回归的方法和基于树的方法（包括随机森林）之间的另一个比较点，与之前讨论的基于随机化的推断与基于抽样的推断有关。基于树的方法通过将样本分成亚组并计算组内样本平均值来构建估计值，因此，通过随机分配干预可以证明估计和相关的推断是合理的。相反，基于回归的方法需要额外的假设。

10.3.5　与最优政策估计的关系

异质干预效应的估计问题与估计作为协变量函数的最优政策密切相关。颇具启发意义的是，对于二元干预，如果 $\tau(x)>0$，我们希望将协变量为 x 的个体分配给干预。然而，最优策略文献解决了当存在多个潜在干预时，以及当损失函数可能是非线性的时（因此，例如，在不同政策之间存在均值-方差权衡）可能出现的附加问题。更广泛地说，可以修改估计中使用的标准来考虑政策估计的目标；当使用正则化方法来惩罚模型复杂性时，该方法可能会降低发现与最优政策选择无关的异质性的优先性。例如，如果在协变量空间的某些部分，一种干预明显支配另一种干预，那么了解干预优势程度的异质性，在这些区域可能并不重要。

许多政策估计文献采用贝叶斯视角，这允许研究者在政策效应存在不确定性的环境中评估福利，并将风险厌恶纳入损失函数。

在机器学习文献中，Beyglzmer 和 Langford（2009）以及 Dudik 等（2011）讨论了转换结果的程序，允许现成损失最小化方法能够用于最佳干预政策估计。在计量经济学文献中，Graham 等（2014）、Dehejia（2005）、Hirano 和 Porter（2009）、Manski（2003a，b）以及 Bhattacharya 和 Dupas（2012）估计最优政策的参数或半参数模型时，依靠正则化进行协变量选择。另见 Banerjee 等（2016）。

11　交互作用环境下的实验

在这一节中，我们将讨论在有单位间干扰的环境下随机试验的分析。这种干扰可能采取不同形式。分配给一个单位的干预可能会溢出到其他单位。一个典型的例子是农业试验，在一块土地上施的肥可能会渗入其他地块，从而影响分配到不同干预地块的结果。它还可以采取个体之间积极和故意互动的形式，例如在教育环境中，让一个学生接触一个新的项目很可能会影响与该学生是朋友的学生的结果。

这些问题有许多不同的版本，也有许多不同的被估计量。Manski（1993）是观察性研究中的一篇重要理论论文，它引入了一套术语来区分情景效应（contextual effects）、外生效应和内生效应。当个体暴露在与同伴（peers）相似的环境刺激下时，情景效应就会产生。外生效应是指个体同伴的固定特征所产生的效应。在 Manski 的术语中，内生效应是指个体同伴行为的直接因果效应。

交互作用可能是影响推断能力的麻烦，研究人员主要感兴趣的可能是整体平均效应或者交互作用。这是一个活跃的研究领域，有许多不同的方法，但不清楚哪些结果最终会对实证研究（empirical work）最有用。事实上，一些最有趣的工作都是实证性的。

11.1　交互作用的实证研究

这里，我们讨论了一些在交互作用的实证工作中提出的问题。这些问题通过提出这些问题感兴趣的特定问题和环境为讨论理论研究提供了一些背景。这里有许多不同的环境。在某些情况下，同伴组的构成是随机的，在其他情况下，干预是随机的。第一种情况的例子是 Sacerdote（2001），其中个别学生被随机分配到宿舍，与室友配对。第二种情况的例子是 Duflo 和 Saez（2003），其中可能是内生形成的群体中的个体被随机分配到干预，干预在组水平上进行聚类。

Miguel 和 Kremer（2004）感兴趣的是驱虫项目对儿童教育结果的影响。驱虫对参与这些项目的个体结果有明显的直接影响，但就像在一般的传染病中那样，参与项目的个体与未参与项目的个体接触可能会产生外部性。Miguel 和 Kremer 发现了实质外部性的证据。

Crepon 等（2013）对劳动力市场培训项目的影响感兴趣。他们关注个人之间通过劳动力市场的交互作用。向失业人员提供培训的部分效应，可能是与未受过培训的人相比，这个人对雇主更具吸引力。然而，即使有更多受过培训的个人，但如果职位空缺的总数是一定的，那么即使培训过的人比控制组的人更有可能被雇用，整体效应也可能为零。Crépon 等人通过在一些劳动力市场上随机分配个人参加培训项目来研究这一点。他们在劳动力市场之间改变被分配到培训项目的个人的边际比率（marginal rate）。然后，比较不同劳动力市场之间以及劳动力市

132

场内部不同干预状况下平均结果的差异。在没有交互作用的情况下，这里以均衡效应（equilibrium effects）的形式出现，平均干预效应不会随着边际干预率的变化而变化。有证据表明，当边际干预率较低时，平均干预效应较高，这表明一部分干预效应是基于将工作从控制个体重新分配给培训个体。

Sacerdote（2001）研究了大学中室友对个人行为的影响。他利用达特茅斯将新生随机分配到宿舍的做法（在考虑吸烟行为等特征后）。这里的干预可以被认为是有一位特殊类型的室友，比如高中成绩相对较高或较低的室友。如果室友是随机分配的，那么发现室友成绩优秀的结果与发现室友成绩不佳的结果存在系统性差异，即室友间存在因果交互作用的证据。

133　　Carrell 等（2013）分析了来自美国空军学院的数据。他们对将新生分配到中队的结果进行了控制，以操纵新生所面临中队的学生特征分布。他们发现，学生的结果随着同学特征分布而系统性地变化，即存在交互作用因果效应的证据。

11.2　亚总体交互作用的随机试验分析

干扰的一个重要的特殊情况是假设总体可以被划分为多个组或整群，而交互作用仅限于同一整群内的单位。这是一个由 Manski（2013）、Hudgens 和 Halloran（2008）、Liu 和 Hudgens（2013）以及 Ugander 等（2013）研究的案例。讨论一般网络环境中的图切割方法，以生成基本网络的分区，其中至少近似地满足这样的假设。Hudgens 和 Halloran 在这个环境中定义了直接、间接、总（total）和整体（overall）因果效应，并考虑两阶段随机设计，其中在第一阶段随机选择整群，在第二阶段随机分配整群内的单位。某个特定单位的直接因果效应对应于只改变该单位的干预效应，并且所有其他干预保持固定的潜在结果之间的差异。间接效应对应于保持自身的分配不变，而同一组中其他单位的分配改变的因果影响。总效应包括直接效应和间接效应。最后，在 Hudgens 和 Halloran 框架中的整体效应是与整个组接受控制干预的基线相比，一个整群或组的平均效应。

Hudgens 和 Halloran 还强调了广泛使用的假设，即对于单位 i，重要的只是组中其他单位多大比例接受了干预，而不是接受干预单位的身份（identity）。如果没有这样的假设，间接干预效应的扩散使得很难获得其中任何一个的无偏估计量。这一假设常常在这一领域的实证工作中做出，有时是隐含的。

他们考虑不同组的边际干预率不同的设计。在分配的第一阶段，各组被随机分配到不同的干预率，在随后阶段，各单位被随机分配到干预。

11.3　网络交互作用的随机试验分析

这里，我们看一下一般的网络环境，在该环境中，单位的总体不一定被划分成互斥的组。在感兴趣的总体中有 N 个个体，我们有一个网络，其特征是 $N \times N$ 邻接矩阵 G，其中 $G_{ij} \in \{0,1\}$ 是表示单位 i 和 j 连接事件的二元指示变量。矩阵 G 是对称的，所有对角元素都等于 0。这里的问题是，通过在这个网络上进行随机试验，并采用二元干预，我们可以从交互效应的存在中了解到什么。与 Manski（1993）、Hudgens 和 Halloran（2008）的环境不同，我们只有一个网络，但网络更丰富，因为它不必是朋友的朋友，也可以是朋友本身。Athey 等（2015）感兴趣的问题类型是，例如，是否有证据表明改变对朋友的干预会影响这个人的结果，或者操纵对某个人朋友的朋友的干预，是否会改变他们自身的结果。研究通过关注精确检验来避免对大样本近似的依赖，这在单个网络的情况下很难得到。（对于网络规模扩大意味着什么这个问题甚至尚没有一个明确的答案；要说明这一点，需要研究人员具体说明网络增长意味着什么，即新单位的新链接。）

让我们集中讨论 Athey 等（2015）考虑的两个主要假设。第一，没有任何交互作用的零假设，即改变朋友的干预状态不会改变这个人结果的零假设，该假设在 Aronow（2012）中也考虑过。第二，某个朋友的朋友的干预，对这个人的结果没有因果效应的零假设。像 Liu 和 Hudgens（2013）以及 Athey 等（2015）一样，他们也考虑了随机化推断。

我们把重点放在总体干预是完全随机分配的环境中，对网络本身进行了如下分析。首先，让我们把重点放在没有任何交互作用的零假设上。Athey 等（2015）引入人工实验（artificial experiment）的概念。这个想法是从原始总体中选择一些单位，被称为焦点单位。在给定这些焦点单位的情况下，他们根据这些焦点单位的结果定义了一个检验统计量，即结果与接受干预的朋友的比例之间的相关性。他们观察了这个统计量的分布，这一分布是通过只对非焦点或辅助单位的干预进行随机化而得出的。在没有任何干预效应的零假设下，改变辅助单位的干预状态不会改变焦点单位的结果值。

对于第二个零假设，即朋友的朋友没有影响，他们又考虑了作为焦点单位的一个子集。第二个单位子集被称为"缓冲（buffer）"单位：这些单位是焦点单位的朋友。如果我们允许朋友对焦点单位产生影响，那么在为检验朋友的朋友的影响而设计的人工实验中，他们的干预就不能随机化。焦点单位和缓冲单位的补集被称为辅助单位，是在人工实验中干预被随机化的单位。辅助单位的干预分配上的随机化分布，得出了检验统计量上的分布，因此，这种方法使研究者能够检验朋友的朋友没有影响的假设，而不对朋友的直接影响或影响施加任何限制。

Athey 等（2015）还考虑了更丰富的假设，例如关于什么类型的链接定义对应于有意义的同伴效应的假设；他们提出了对这个假设的一种检验，即网络的更稀疏定义，足以捕捉干预朋友会影响某个单位的关系。

Aronow 和 Samii（2013）研究了在这种一般网络环境下的估计。他们假设干预效应存在一种结构，使得只有有限数量的单位层次干预分配，对单位 i 的结果具有非零因果效应。Hudgens 和 Halloran（2008）使用的组结构是一个特例，只有对与单位 i 处于同一组中单位的干预，才能对单位 i 的结果产生非零效应。

12　结　论

在这一章中，我们讨论了分析随机试验数据的统计方法。我们主要关注基于随机化的方法，而不是基于模型的方法，从 Fisher 和 Neyman 开发的经典方法开始，一直到最近在不遵从、整群化和识别干预效应异质性方法方面的工作，以及在有干扰环境中的实验。

参考文献

Abadie，A.，Angrist，J.，Imbens，G.，2002. Instrumental variables estimates of the effect of subsidized training on the quantiles of trainee earnings. Econometrica 70 (1)，91 - 117.

Abadie，A.，Athey，S.，Imbens，G.，Wooldridge，J.，2014. Finite Population Causal Standard Errors. NBER working paper 20325.

Abadie, A. , Athey, S. , Imbens, G. , Wooldridge, J. , 2016. Clustering as a Design Problem. Unpublished working paper.

Allcott, H. , 2015. Site selection bias in program evaluation. Q. J. Econ. 1117 – 1165.

Altman, D. , 1991. Practical Statistics for Medical Research. Chapman and Hall/CRC.

Angrist, J. , 2004. Treatment effect heterogeneity in theory and practice. Econ. J. 114 (494), C52 – C83.

Angrist, J. , Kuersteiner, G. , 2011. Causal effects of monetary shocks: semiparametric conditional independence tests with a multinomial propensity score. Rev. Econ. Stat. 93 (3), 725 – 747.

Angrist, J. , Pischke, S. , 2009. Mostly Harmless Econometrics. Princeton University Press, Princeton, NJ. Angrist, J. , Imbens, G. , Rubin, D. , 1996. Identification of causal effects using instrumental variables. J. Am. Stat. Assoc. 91, 444 – 472.

Aronow, P. , 2012. A general method for detecting interference between units in randomized experiments. Sociol. Methods Res. 41 (1), 3 – 16.

Aronow, P. , Samii, C. , 2013. Estimating Average Causal Effects under Interference between Units. arXiv: 1305. 6156 (v1).

Athey, S. , Eckles, D. , Imbens, G. , 2015. Exact P-values for Network Interference. NBER working paper 21313.

Athey, S. , Imbens, G. , 2016. Recursive partitioning for heterogeneous causal effects. arXiv: 1504. 01132 Proc. Nat. Acad. Sci. U. S. A. (Forthcoming).

Baker, S. , 2000. Analyzing a randomized cancer prevention trial with a missing binary outcome, an auxiliary variable, and all-or-none compliance. J. Am. Stat. Assoc. 95 (449), 43 – 50.

Baker, S. G. , Kramer, B. S. , Lindeman, K. S. , 2016. Latent class instrumental variables: a clinical and biostatistical perspective. Stat. Med. 35 (1), 147 – 160.

Baker, S. G. , Lindeman, K. S. , 1994. The paired availability design: a proposal for evaluating epidural analgesia during labor. Stat. Med. 13, 2269 – 2278.

Balke, A. , Pearl, J. , 1997. Bounds on treatment effects from studies with imperfect compliance. J. Am. Stat. Assoc. 92 (439), 1171 – 1176.

Banerjee, A. , Chassang, S. , Snowberg, E. , 2016. Decision theoretic approaches to experimental design and external validity. In: Banerjee, Duflo (Eds.), Handbook of Development Economics. Elsevier, North Holland.

Banerjee, A. , Duflo, E. , 2009. The experimental approach to development economics. Annu. Rev. Econ. 1, 151 – 178.

Bareinboim, E. , Lee, S. , Honavar, V. , Pearl, J. , 2013. Causal transportability from multiple environments with limited experiments. Adv. Neural Inf. Process.

136

Syst. 26 (NIPS Proceedings)，136 - 144.

Barnard，J.，Du，J.，Hill，J.，Rubin，D.，1998. A broader template for analyzing broken randomized experiments. Sociol. Methods Res. 27，285 - 317.

Benjamini，Y.，Hochberg，Y.，1995. Controlling the false discovery rate：a practical and powerful approach to multiple testing. J. R. Stat. Soc. Series B (Methodological)，289 - 300.

Bertanha，M.，Imbens，G.，2014. External Validity in Fuzzy Regression Discontinuity Designs. NBER working paper 20773.

Bertrand，M.，Duflo，E.，2016. Field Experiments on Discrimination. NBER working paper 22014.

Beygelzimer，A.，Langford，J.，2009. The Offset Tree for Learning with Partial Labels. http://arxiv. org/pdf/0812. 4044v2. pdf.

Bhattacharya，D.，Dupas，P.，2012. Inferring welfare maximizing treatment assignment under budget constraints. J. Econ. 167 (1)，168 - 196.

Bitler，M.，Gelbach，J.，Hoynes，H.，2002. What mean impacts miss：distributional effects of welfare reform experiments. Am. Econ. Rev. 96 (4)，988 - 1012.

Bloniarz，A.，Liu，H.，Zhang，C. H.，Sekhon，J. S.，Yu，B.，2015. Lasso adjustments of treatment effect estimates in randomized experiments. arXiv preprint arXiv：1507. 03652.

Bloom，H.，1984. Accounting for no-shows in experimental evaluation designs. Eval. Rev. 8，225 - 246.

Box，G.，Hunter，S.，Hunter，W.，2005. Statistics for Experimenters：Design，Innovation and Discovery. Wiley，New Jersey (Chapter 4 and 9).

Bruhn，M.，McKenzie，D.，2009. In pursuit of balance：randomization in practice in development field experiments. Am. Econ. J. Appl. Econ. 1 (4)，200 - 232.

Carrell，S.，Sacerdote，B.，West，J.，2013. From natural variation to optimal policy? The importance of endogenous peer group formation. Econometrica 81 (3)，855 - 882.

Casey，K.，Glennerster，R.，Miguel，E.，2012. Reshaping institutions：evidence on aid impacts using a preanalysis plan. Q. J. Econ. 1755 - 1812.

Chernozhukov，V.，Hansen，C.，2005. An IV model of quantile treatment effects. Econometrica 73 (1)，245 - 261.

Chernozhukov，V.，Hansen，C.，Spindler，M.，2015. Post-selection and post-regularization inference in linear models with many controls and instruments. Am. Econ. Rev. 105 (5)，486 - 490.

Chipman，H.，George，E.，McCulloch，R.，2010. BART：Bayesian additive regression trees. Ann. Appl. Stat. 4 (1)，266 - 298.

Cochran, W., 1972. Observational studies. In: Bancroft, T. A. (Ed.), Statistical Papers in Honor of George W. Snedecor. Iowa State University Press, pp. 77 - 90. Reprinted in *Observational Studies*, 2015.

Cochran, W., Cox, G., 1957. Experimental Design, Wiley Classics Library.

Cohen, J., 1988. Statistical Power for the Behavioral Sciences, second ed.

Cook, T., DeMets, D., 2008. Introduction to Statistical Methods for Clinical Trials. Chapman and Hall/ CRC.

Cox, D., 1956. A note on weighted randomization. Ann. Math. Stat. 27 (4), 1144 - 1151.

Cox, D., 1975. A note on data-splitting for the evaluation of significance levels. Biometrika 62 (2), 441 - 444.

Cox, D., 1992. Causality: some statistical aspects. J. R. Stat. Soc. Ser. A 155, 291 - 301.

Cox, D., Reid, N., 2000. The Theory of the Design of Experiments. Chapman and Hall/CRC, Boca Raton, Florida.

Crepon, B., Duflo, E., Gurgand, M., Rathelot, R., Zamora, P., April 24, 2013. Do labor market policies have displacement effects? Evidence from a clustered randomized experiment. Q. J. Econ. 128 (2), 531 - 580.

Crump, R., Hotz, V. J., Imbens, G., Mitnik, O., 2008. Nonparametric tests for treatment effect heterogeneity. Rev. Econ. Stat. 90 (3), 389 - 405.

Cuzick, J., Edwards, R., Segnan, N., 1997. Adjusting for non-compliance and contamination in randomized clinical trials. Stat. Med. 16, 1017 - 1039.

Davies, O., 1954. The Design and Analysis of Industrial Experiments. Oliver and Boyd, Edinburgh.

Deaton, A., 2010. Instruments, randomization, and learning about development. J. Econ. Lit. 424 - 455. Dehejia, R., 2005. Program evaluation as a decision problem. J. Econ. 125 (1), 141 - 173.

Dehejia, R., Wahba, S., 1999. Causal effects in nonexperimental studies: re-evaluating the evaluation of training programs. J. Am. Stat. Assoc. 94, 1053 - 1062 (Chapters 8, 11, 16 and 17).

Donner, A., 1987. Statistical methodology for paired cluster designs. Am. J. Epidemiol. 126 (5), 972 - 979.

Doksum, K., 1974. Empirical probability plots and statistical inference for non-linear models in the two-sample case. Ann. Stat. 2, 267 - 277.

Dudik, M., Langford, J., Li, L., 2011. Doubly robust policy evaluation and learning. In: Proceedings of the 28th International Conference on Machine Learning (ICML - 11).

137

Duflo，E.，Glennerster，R.，Kremer，M.，2006. Using randomization in development economics research: a toolkit. In: Handbook of Development Economics. Elsevier.

Duflo，E.，Hanna，R.，Ryan，S.，2012. Incentives work: getting teachers to come to school. Am. Econ. Rev. 102 (4)，1241 – 1278.

Duflo，E.，Saez，E.，2003. The role of information and social interactions in retirement decisions: evidence from a randomized experiment. Q. J. Econ. 815 – 842.

Eckles，D.，Karrer，B.，Ugander，J.，2014. Design and Analysis of Experiments in Networks: Reducing Bias from Interference (Unpublished working paper).

Eicker，F.，1967. Limit theorems for regression with unequal and dependent errors. In: Proceedings of the Fifth Berkeley Symposium on Mathematical Statistics and Probability，vol. 1. University of California Press，Berkeley，pp. 59 – 82.

Firpo，S.，2007. Efficient semiparametric estimation of quantile treatment effects. Econometrica 75 (1)，259 – 276.

Fisher，R. A.，1925. Statistical Methods for Research Workers，first ed. Oliver and Boyd，London.

Fisher，R. A.，1935. Design of Experiments. Oliver and Boyd.

Fisher，L.，et al.，1990. Intention-to-treat in clinical trials. In: Peace，K. E. (Ed.)，Statistical Issues in Drug Research and Development. Marcel Dekker，New York.

Fithian，W.，Sun，C.，Taylor，J.，2015. Optimal Inference after Model Selection. http://arxiv. org/abs/1410. 2597.

Foster，J.，Taylor，J.，Ruberg，S.，2011. Subgroup identification from randomized clinical trial data. Stat. Med. 30 (24)，2867 – 2880.

Frangakis，C.，Rubin，D.，2002. Principal stratification. Biometrics (1)，21 – 29.

Freedman，D.，2006. Statistical models for causality: what leverage do they provide. Eval. Rev. 30，691 – 713.

Freedman，D.，2008. On regression adjustments to experimental data. Adv. Appl. Math. 30 (6)，180 – 193.

Gail，M.，Tian，W.，Piantadosi，S.，1988. Tests for no treatment effect in randomized clinical trials. Biometrika 75 (3)，57 – 64.

Gail，M.，Mark，S.，Carroll，R.，Green，S.，Pee，D.，1996. On design considerations and randomization-based inference for community intervention trials. Stat. Med. 15，1069 – 1092.

Glennerster，R.，2016. The practicalities of running randomized evaluations: partnerships，measurement，ethics，and transparency. In: Banerjee，Duflo (Eds.)，Handbook of Development Economics. Elsevier，North Holland.

Glennerster, R. , Takavarasha, K. , 2013. Running Randomized Evaluations: A Practical Guide. Princeton University Press.

Graham, B. , Imbens, G. , Ridder, G. , 2014. Complementarity and aggregate implications of assortative matching: a nonparametric analysis. Quant. Econ. 5 (1), 29 - 66.

Green, D. , Kern, H. , 2012. Detecting heterogeneous treatment effects in large-scale experiments using Bayesian additive regression trees. Public Opin. Q. 76 (3), 491 - 511.

Härdle, W. , 2002. Applied Nonparametric Regression Analysis. Cambridge University Press.

Hausman, J. A. , 1983. Specification and estimation of simultaneous equation models. Handbook Econ 1, 391 - 448.

Hill, J. , 2011. Bayesian nonparametric modeling for causal inference. J. Comput. Graph. Stat. 20 (1).

Hinkelmann, K. , Kempthorne, O. , 2008. Design and analysis of experiments. In: Introduction to Experimental Design, vol. 1. Wiley.

Hinkelmann, K. , Kempthorne, O. , 2005. Design and analysis of experiments. In: Advance Experimental Design, vol. 2. Wiley.

Hirano, K. , Imbens, G. , Rubin, D. , Zhou, A. , 2000. Estimating the effect of flu shots in a randomized encouragement design. Biostatistics 1 (1), 69 - 88.

Hirano, K. , Porter, J. , 2009. Asymptotics for statistical treatment rules. Econometrica 77 (5), 1683 - 1701.

Hodges, J. L. , Lehmann, E. , 1970. Basic Concepts of Probability and Statistics, second ed. Holden-Day, San Francisco.

Holland, P. , 1986. Statistics and causal inference. J. Am. Stat. Assoc. 81, 945 - 970 with discussion.

Hotz, J. , Imbens, G. , Mortimer, J. , 2005. Predicting the efficacy of future training programs using past experiences. J. Econ. 125, 241 - 270.

Huber, P. , 1967. The behavior of maximum likelihood estimates under non-standard conditions. In: Proceedings of the Fifth Berkeley Symposium on Mathematical Statistics and Probability, vol. 1. University of California Press, Berkeley, pp. 221 - 233.

Hudgens, M. , Halloran, M. , 2008. Toward causal inference with interference. J. Am. Stat. Assoc. 103 (482), 832 - 842.

Imai, K. , Ratkovic, M. , 2013. Estimating treatment effect heterogeneity in randomized program evaluation. Ann. Appl. Stat. 7 (1), 443 - 470.

Imbens, G. , 2010. Better LATE than nothing: some comments on Deaton

138

(2009) and Heckman and Urzua (2009). J. Econ. Lit. 399 – 423.

Imbens, G. , Angrist, J. , 1994. Identification and estimation of local average treatment effects. Econometrica 61 (2), 467 – 476.

Imbens, G. W. , Kolesár, M. , 2016. Robust standard errors in small samples: some practical advice full access. Rev. Econ. Stat. 98 (4), 701 – 712.

Imbens, G. , Rosenbaum, P. , 2005. Randomization inference with an instrumental variable. J. R. Stat. Soc. Ser. A 168 (1), 109 – 126.

Imbens, G. , Rubin, D. , 1997. Estimating outcome distributions for compliers in instrumental variable models. Rev. Econ. Stud. 64 (3), 555 – 574.

Imbens, G. , Rubin, D. , 1997. Bayesian inference for causal effects in randomized experiments with noncompliance. Ann. Stat. 25 (1), 305 – 327.

Imbens, G. , Rubin, D. , 2015. Causal Inference in Statistics, Social, and Biomedical Sciences: An Introduction. Cambridge University Press.

Kagel, J. H. , Roth, A. E. , Hey, J. D. , 1995. The Handbook of Experimental Economics. Princeton university press, Princeton.

Kempthorne, O. , 1952. The Design and Analysis of Experiments. Robert Krieger Publishing Company, Malabar, Florida.

Kempthorne, O. , 1955. The randomization theory of experimental inference. J. Am. Stat. Assoc. 50, 946 – 967.

Lalonde, R. J. , 1986. Evaluating the econometric evaluations of training programs with experimental data. Am. Econ. Rev. 76, 604 – 620.

Lee, M. -J. , 2005. Micro-econometrics for Policy, Program, and Treatment Effects. Oxford University Press, Oxford.

Lehman, E. , 1974. Nonparametrics: Statistical Methods Based on Ranks. Holden-Day, San Francisco.

Lesaffre, E. , Senn, S. , 2003. A note on non-parametric ANCOVA for covariate adjustment in randomized clinical trials. Stat. Med. 22, 3583 – 3596.

Liang, K. , Zeger, S. , 1986. Longitudinal data analysis using generalized linear models. Biometrika 73 (1), 13 – 22.

Lin, W. , 2013. Agnostic notes on regression adjustments for experimental data: reexamining Freedman's critique. Ann. Appl. Stat. 7 (1), 295 – 318.

List, J. , Shaikh, A. , Xu, Y. , 2016. Multiple Hypothesis Testing in Experimental Economics. NBER working paper no. 21875.

Liu, L. , Hudgens, M. , 2013. Large sample randomization inference of causal effects in the presence of interference. J. Am. Stat. Assoc. 288 – 301.

Lui, K. , 2011. Binary Data Analysis of Randomized Clinical Trials with Noncompliance. Wiley. Statistics in Practice.

Lynn, H., McCulloch, C., 1992. When does it pay to break the matches for analysis of a matched-pair design. Biometrics 48, 397 – 409.

Manning, W., Newhouse, J., Duan, N., Keeler, E., Leibowitz, A., 1987. Health insurance and the demand for medical care: evidence from a randomized experiment. Am. Econ. Rev. 77 (3), 251 – 277.

Manski, C., 1990. Nonparametric bounds on treatment effects. Am. Econ. Rev. Pap. Proc. 80, 319 – 323.

Manski, C., 1993. Identification of endogenous social effects: the reflection problem. Rev. Econ. Stud. 60 (3), 531 – 542.

Manski, C., 1996. Learning about treatment effects from experiments with random assignment of treatments. J. Hum. Resour. 31 (4), 709 – 773.

Manski, C., 2003a. Partial Identification of Probability Distributions. Springer – Verlag, New York.

Manski, C., 2003b. Statistical treatment rules for heterogeneous populations. Econometrica 72 (4), 1221 – 1246.

Manski, C., 2013. Public Policy in an Uncertain World. Harvard University Press, Cambridge.

Meager, R., 2015. Understanding the Impact of Microcredit Expansions: A Bayesian Hierarchical Analysis of 7 Randomised Experiments. MIT, Department of Economics.

McNamee, R., 2009. Intention to treat, per protocol, as treated and instrumental variable estimators given non-compliance and effect heterogeneity. Stat. Med. 28, 2639 – 2652.

Miguel, T., Kremer, M., 2004. Worms: identifying impacts on education and health in the presence of treatment externalities. Econometrica 72 (1), 159 – 217.

Morgan, K., Rubin, D., 2012. Rerandomization to improve covariate balance in experiments. Ann. Stat. 40 (2), 1263 – 1282.

Morgan, S., Winship, C., 2007. Counterfactuals and Causal Inference. Cambridge University Press, Cambridge.

Morton, R., Williams, K., 2010. Experimental Political Science and the Study of Causality. Cambridge University Press, Cambridge, MA.

Murphy, K., Myors, B., Wollach, A., 2014. Statistical Power Analysis. Routledge.

Murray, B., 2012. Clustering: A Data Recovery Approach, second ed. Chapman and Hall.

Neyman, J., 1923, 1990. On the application of probability theory to agricultural experiments. Essay on principles. Section 9. translated in Stat. Sci. 5 (4), 465 – 480 (with discussion).

Neyman, J. , Iwaskiewicz, K. , Kolodziejczyk, St, 1935. Statistical problems in agricultural experimentation. J. R. Stat. Soc. Ser. B 2, 107－180 (with discussion).

Olken, B. , 2015. Promises and perils of pre-analysis plans. J. Econ. Perspect. 29 (3), 61－80.

Pearl, J. , 2000, 2009. Causality: Models, Reasoning and Inference. Cambridge University Press, Cambridge. Robins, P. , 1985. A comparison of the labor supply findings from the four negative income tax experiments. J. Hum. Resour. 20 (4), 567－582.

Romano, J. , Shaikh, A. , Wolf, M. , 2010. Hypothesis testing in econometrics. Annu. Rev. Econ. 2, 75－104.

Romer, C. D. , Romer, D. H. , 2004. A new measure of monetary shocks: derivation and implications. Am. Econ. Rev. 94 (4), 1055－1084.

Rosenbaum, P. , 2009. Design of Observational Studies. Springer Verlag, New York.

Rosenbaum, P. , 1995, 2002. Observational Studies. Springer Verlag, New York.

Rosenbaum, P. , 2002. Covariance adjustment in randomized experiments and observational studies. Stat. Sci. 17 (3), 286－304.

Rothstein, J. , von Wachter, T. , 2016. Social experiments in the labor market. In: Handbook of Experimental Economics.

Rubin, D. , 1974. Estimating causal effects of treatments in randomized and non-randomized studies. J. Educ. Psychol. 66, 688－701.

Rubin, D. , 1975. Bayesian inference for causality: the importance of randomization. In: Proceedings of the Social Statistics Section of the American Statistical Association, pp. 233－239.

Rubin, D. B. , 1978. Bayesian inference for causal effects: the role of randomization. Ann. Stat. 6, 34－58.

Rubin, D. , 2006. Matched Sampling for Causal Effects. Cambridge University Press, Cambridge.

Rubin, D. , 2007. The design versus the analysis of observational studies for causal effects: parallels with the design of randomized trials. Stat. Med. 26 (1), 20－30.

Samii, C. , Aronow, P. , 2012. On equivalencies between design-based and regression-based variance estimators for randomized experiments. Stat. Probab. Lett. 82, 365－370.

Sacerdote, B. , 2001. Peer effects with random assignment: results for Dart-

140

mouth roommates. Q. J. Econ. 116 (2)，681 – 704.

Schochet，P.，2010. Is regression adjustment supported by the Neyman model for causal inference? J. Stat. Plan. Inference 140，246 – 259.

Senn，S.，1994. Testing for baseline balance in clinical trials. Stat. Med. 13，1715 – 1726.

Shadish，W.，Cook，T.，Campbell，D.，2002. Experimental and Quasi-experimental Designs for Generalized Causal Inference. Houghton Mifflin.

Signovitch，J.，2007. Identifying Informative Biological Markers in High-dimensional Genomic Data and Clinical Trials (Ph. D. thesis). Department of Biostatistics，Harvard University.

Snedecor，G.，Cochran，W.，1967. Statistical Methods. Iowa State University Press，Ames，Iowa.

Snedecor，G.，Cochran，W.，1989. Statistical Methods. Iowa State University Press，Ames，Iowa.

Su，X.，Tsai，C.，Wang，H.，Nickerson，D.，Li，B.，2009. Subgroup analysis via recursive partitioning. J. Mach. Learn. Res. 10，141 – 158.

Taddy，M.，Gardner，M.，Chen，L.，Draper，D.，2015. Heterogeneous Treatment Effects in Digital Experimentation. Unpublished manuscript，arXiv：1412. 8563.

Tian，L.，Alizadeh，A.，Gentles，A.，Tibshirani，R.，2014. A simple method for estimating interactions between a treatment and a large number of covariates. J. Am. Stat. Assoc. 109 (508)，1517 – 1532.

Ugander，J.，Karrer，B.，Backstrom，L.，Kleinberg，J.，2013. Graph cluster randomization：network exposure to multiple universes. In：Proceedings of KDD. ACM.

Wager，S.，Athey，S.，2015. Estimation and Inference of Heterogeneous Treatment Effects using Random Forests. arXiv. org：1510. 04342.

Wager，S.，Walther，G.，2015. Uniform Convergence of Random Forests via Adaptive Concentration. arXiv：1503. 06388.

Wager，S.，Du，W.，Taylor，J.，Tibshirani，R. J.，2016. High-dimensional regression adjustments in randomized experiments. Proc. Nat. Acad. Sci. 113 (45)，12673 – 12678.

Weisburg，H.，Pontes，V.，June 2015. Post hoc subgroups in clinical trials：anathema or analytics? Clin. Trials.

White，H.，1980. A heteroskedasticity-consistent covariance matrix estimator and a direct test for heteroskedasticity. Econometrica 48，817 – 838.

Wu，J.，Hamada，M.，2009. Experiments，Planning，Analysis and Optimization，Wiley Series in Probability and Statistics.

Young, A., 2016. Channelling Fisher: Randomization Tests and the Statistical Insignificance of Seemingly Significant Experimental Results. London School of Economics.

Zeileis, A., Hothorn, T., Hornik, K., 2008. Model-based recursive partitioning. J. Comput. Graph. Stat. 17 (2), 492 – 514.

Zelen, M., 1979. A new design for randomized clinical trials. N. Engl. J. Med. 300, 1242 – 1245.

Zelen, M., 1990. Randomized consent designs for clinical trials: an update. Stat. Med. 9, 645 – 656.

第4章 实验设计的决策理论方法与外部效度[a]

A. V. Banerjee[*,‖], S. Chassang[§,1], E. Snowberg[¶,‖]

[*] 麻省理工学院，剑桥，马萨诸塞州，美国

[§] 纽约大学，纽约市，纽约州，美国

[¶] 加州理工学院，帕萨迪纳市，加利福尼亚州，美国

[‖] 国家经济研究局（NBER），剑桥，马萨诸塞州，美国

[1] 通讯作者联系方式：E-mail：chassang@nyu.edu

摘 要

142

一个现代的决策理论框架可以帮助澄清实验设计的重要实际问题。在我们最近工作的基础上，本章首先总结了我们理解实验者目标的框架，并将其应用于再随机化。然后，我们使用这个框架来阐明与实验注册、预分析计划以及最重要的外部效度相关的问题。我们的框架意味着，即使可以收集大量样本，外部决策也仍然具有内在的主观性。我们接受了这一结论，并认为为了提高外部效度，实验研究需要为结构性推测创造一个空间。

关键词

模糊厌恶；外部效度；非贝叶斯决策；随机化；自选择

JEL 分类号

C93；D70；D80

a. 感谢 Esther Duflo 在手册撰写方面的领导以及对早期草稿的扩展评论。Chassang 和 Snowberg 感谢 NSF 资助项目 SES-1156154 的支持。

1 引　言

1.1　动　机

在过去的几十年里，经济研究中最成功的两个领域是决策理论及其近亲行为经济学、实验经济学和实证微观经济学。尽管两者都强调实验作为一种研究方法，但这两种文献几乎没有联系[①]。事实上，这样的对话很难进行，因为有充分的理由：按照主流经济学理论的处方设计的实验，即使是最仁慈的审稿人也会拒绝；相反，实践中的实验没有满足主观理性的标准公理。

以我们在 Banerjee 等（2014）的工作为基础，本章试图建立这样的一种对话。我们相信，在实验者试图将他们的实践变成规范的时候，现代决策理论可以为实验设计提供一个急需的框架。反过来，我们认为实验社区面临的问题为决策理论提出了一系列丰富而有用的挑战。对理论家来说，这是一个难得的编写可能会影响同事实践的模型的机会。

1.2　综　述

我们认为，为理解实验设计找到一个好的理论框架的主要困难，源于实验者作为一个个体和作为一个群体之间偏好的不一致。作为一个个体，实验者的行为或多或少像贝叶斯主义者（Bayesians）。然而，作为一个群体，实验者的行为就像极端的模糊厌恶决策者，认为确定一个具体先验（a specific prior）来评估新信息是不明智的。

我们的框架考虑了决策者同时选择实验设计和决策规则的问题，即从实验结果到政策的映射，其试图最大化自己的主观效用，同时也满足了可能能够否决她的选择的对抗性受众。我们描述了这个框架，然后总结了 Banerjee 等（2014）的结果：首先，它统一了贝叶斯主义和频率主义的观点。对于小样本量，或者如果决策者不太重视说服她的受众，最

[①] 参见 Chassang 等（2012）、Kasy（2013）和 Banerjee 等（2014）中的最新例外情况。尽管经济理论家已经对实验进行了广泛研究，但仍然缺乏这种联系（Grossman 和 Stiglitz，1980；Milgrom，1981；Banerjee，1992；Persico，2000；Bergemann 和 Välimäki，2002）。Bandit 问题一直是这类文献的重点（Robbins，1952；Bellman，1956；Rothschild，1974；Gittins，1979；Aghion 等，1991；Bergemann 和 Välimäki，1996，2006）。

优实验是确定性的，并使主观效用最大化。如果相反，样本量较大，那么允许事先自由推断的随机试验就变得最优。其次，该框架阐明了再随机化所涉及的权衡。它总是可以提高实验的主观价值，但却降低了政策推断的稳健性。然而，如果再随机化的数量不是特别大（与样本量相比），再随机化的稳健性成本可以忽略不计。

拥有实验者的模型也为预注册和预分析提供了一个有用的视角。这里既不需要也不想要贝叶斯决策者。另外，担心对抗性受众的决策者会两者都看重。重要的观察是，这两种视角没有必要被视为对立的。如果事前假设有明确的标签，就没有理由限制实验的动态更新，因为它们正在运行。一些决策者会重视了解实验者事先提出的假设，而贝叶斯决策者只关心收集的数据，他们会重视尽可能获得最有信息量的实验。同时报告"事前感兴趣的问题"和"临时感兴趣的问题"，可以同时满足两种类型的要求。

最后几节专门讨论外部效度问题。虽然在实验环境内部的（政策）决策问题中，有同时满足贝叶斯和对抗性视角的方法，但我们认为外部环境中的决策必然是主观性的，事情可能只是在不同情况下有所不同。然而，这并非意味着外部推断需要是含糊或没有信息的。我们接受这样 *144* 的观点，即外部推断必然是推测性的，应该被看作实验研究的一部分并进行报告。

我们制定了一个基于两种主要观察的结构性推测框架。首先，推测的方式，无论是通过结构模型还是简化形式的经验预测，都不重要。重要的是，要把推测表述为可被进一步数据证伪的清晰假设。结构建模的优点是自动产生一组完全指定的可证伪预测集合。然而，模型参数的推测性并不比经验丰富的实地研究人员用自然语言表述的假设少。虽然模型在系统性和澄清思想上有价值，但没有正式理由来排除让实验者满意的任何形式的推测，前提是预测采用的是精确、可证伪的方式。

第二种观察是，为结构性推测创造空间，可能会对实验设计、运行和报告方式产生重要影响。事实上，我们相信它可能会导致一个更有效和更有信息量的实验过程。我们认为对"更好"推测的需求，将导致实验者收集那些被忽视、未报告或被视为对已报告研究缺乏建设性的数据：例如，关于参与者偏好和信念的数据，参与者在更广泛经济体制中的位置，价值观和规范在我们测量结果中所起的作用，等等。我们通过为结构性推测提供有趣主题的明确示例来说明这一点。

这一节的其余部分非常简要地讨论了实验设计的历史，强调了理论和实践的相互作用。

1.3 简　史

第一个有记录的控制实验是在《圣经·但以理书》中找到的，这个故事发生在公元前 605 年左右，比较了素食与巴比伦宫廷的肉类和葡萄酒饮食对健康的影响。

> 但以理对宫长派来管理但以理、哈拿尼雅、米沙利、亚撒利雅的侍卫说："请试试你的仆人 10 天。让我们有蔬菜吃，有水喝。这样，你就可以把我们的容貌与那些吃王室口粮的年轻人的容貌进行比较，按照你所观察到的来处理你的仆人了。"因此，他同意了这一建议，并对他们进行了 10 天的测试。在 10 天结束时，观察到他们看起来比所有一直吃王室口粮的年轻人更好和更胖（Daniel 1：11-14，NRSV）。

尽管早已出现了控制试验，但经过数千年，随机化才被精通实地实验的统计理论家插入实验过程中。Simpson 和 Pearson（1904）主张在接种（inoculants）检验中采用粗略的随机化形式（同时进行第一次元分析，参见 Egger 等，2001）以建立真正的控制组。在随后几年中，Pearson 制定了越来越强大的随机化防御措施，强调需要从与接受干预的人群相同的总体中获得控制组（最终在 Maynard，1909 中提出）。Fisher（1926）是第一个提出详细随机化程序的人，他将其扩展为关于实验设计的经典著作（Fisher，1935）。

归功于两个因素，随机化成为实验设计的中流砥柱。第一个因素是寻找一种方法来评估治疗效果的医疗从业者，以防止这些治疗的制造商操纵。事实证明，仅有随机化是不足以完成这项任务的，这导致了许多工具的开发，如我们在本章中讨论的试验预注册和预分析计划。这些工具在医学上取得了成功，但它们的成本和收益可能随不同领域而变化。因此，我们尽可能抽象地找出使它们更有吸引力或更没有吸引力的因素，视情况而定。

第二个因素是社会科学的许多领域都希望识别干预的因果效应。一个时期的延迟之后，随机化被放在因果分析框架的中心，导致多个社会科学学科的随机控制实地实验的爆炸性增长（Rubin，1974；Pearl，2000）。然而，再一次，仅随机化还不足以完成这项任务。存在许多实践中的困难，如接受干预的参与者不愿接受干预以及相互干扰。一些统计工具被发展出来以解决这些问题。然而，由于决策理论对统计技术的选择几乎没有什么影响，我们在这里不讨论它们。

最后，还有采用贝叶斯视角而不是经典视角的实验设计工作。然而，就像在计量经济学中一样，其存在有点边缘化。即使是贝叶斯实验设计的支持者也注意到，尽管有很强的规范性吸引力，但仍然很少使用，即使曾经用过（Chaloner 和 Verdinelli，1995）。

2　理论框架

我们从一位决策者的角度出发，她可以通过进行实验来指导政策选择。她可能是一位试图提出政策建议的学者，也可能是一位试图使政策变得更好的政策企业家。如果最终政策决定影响到实验的目标总体，决策问题可以是内部的，如果其适用于与实验不同的总体（因此有外部效度），也可以是外部的[①]。

我们的讨论和建模遵循 Banerjee 等（2014）的观点，但更加非正式。感兴趣的读者可以查阅原文以了解更多细节。

行动和偏好　决策者需要决定是否实施某项政策 $a \in \{0,1\}$，该政 　146 策向一种单位质量的总体提供干预 $\tau \in \{0,1\}$，总体可能由人、地区、城市、学校等组成，由 $i \in \{0,1\}$ 对个体进行索引[②]。为了给她的判断提供信息，决策者能够进行实验，将给定数量的 N 个被试分配到干预组或控制组中。

给定干预 τ 的被试 i，其潜在结果由 $Y_i^\tau \in \{0,1\}$ 表示。$Y=1$ 被称为成功。每个个体 i 与协变量 $x_i \in X$ 相关联，其中集合 X 是有限的。协变量 $x \in X$ 是可观测的，并且影响结果 Y 的分布。协变量在总体中的分布 $q \in \Delta(X)$ 是已知的，并且有完全支集（full support）。结果变量 Y_i 是以协变量为条件、独立同分布（i.i.d.）的。以干预 τ 和协变量 x 为条件的成功概率，表示为 $p_x^\tau \equiv \mathrm{prob}(Y_i^\tau = 1 | x_i = x)$。

环境和决策问题　为了明确决策问题，以及内部和外部问题之间的

---

① 注意，决策问题可能是不同的，因为总体已经改变。例如，它由不同的人组成，或者由具有不同信念的相同的人组成，或者在不同情景下，或者干预在某些方面存在差异，例如，在不同时间通过不同的分配渠道提供。

② 为简单起见，我们将重点放在将相同干预状态分配给所有 $i \in \{0,1\}$ 的政策上。

区别，我们定义了环境 z，环境 z 由以协变量和干预状态为条件的、成功概率的有限维向量 p 来描述：

$$p = (p_x^0, p_x^1)_{x \in X} \in ([0,1]^2)^X \equiv \mathscr{P}$$

在本章的前半部分，我们考虑的是内部决策问题，在这些问题中，实验总体和政策相关总体的环境相同。后半部分更多地关注外部决策问题和外部效度，这两种环境可能会有所不同。

给定已知环境 p 和政策决定 $a \in \{0,1\}$，决策者的收益 $u(a,p)$ 可以写为

$$u(a,p) \equiv \mathbb{E}_p Y^a = \sum_{x \in X} q(x) p_x^a$$

这个公式没有明确地识别不可观测变量，尽管它允许 p_x^τ 随着 x 的变化以任意方式变化，这实际上是不可观测变量的后果。

实验和决策规则　实验是对由一个元组 $e = (x_i, \tau_i)_{i \in \{1,\cdots,N\}} \in (X \times \{0,1\})^N \equiv E$ 所代表个体的已实现的干预分配。实验产生的结果数据为 $y = (y_i)_{i \in \{1,\cdots,N\}} \in \{0,1\}^N \equiv \mathscr{Y}$，给定 (x_i, τ_i)，每个 y_i 有独立的实现 $Y_i^{\tau_i}$。

决策者的策略包括（可能是随机的）实验设计 $\mathscr{E} \in \Delta(E)$ 以及决策规则 $\alpha : E \times \mathscr{Y} \to \Delta(\{0,1\})$，其将实验数据（包括实现的设计 e 和结果 y）映射到政策决定 a，我们用 $\mathscr{A}$ 表示可能的决策规则集。由于 $\mathscr{E}$ 是在已实现干预分配上可能概率分布的集合，因此这个框架允许随机试验。

我们假设被试在协变量的条件下是可互换的，所以从实验者的角度来看，标签排列相同的实验是等价的（De Finetti, 1937）[①]。

3　实验设计的不同视角

3.1　贝叶斯实验

许多经济理论都基于决策者是主观期望效用最大化者的假设。因为这意味着贝叶斯更新（Bayesian updating），我们称这样的决策者为贝叶斯主义者。虽然主观期望效用最大化是一个非常有用的框架，但它会

---

　　① 这里的框架不是特别通用。目的是为我们提供足够的灵活性来说明特定问题。例如，我们考虑在干预整个总体还是无人被干预之间做出粗略的政策决定。实际上，人们可能会考虑由可观察协变量引出的更复杂的政策决定。我们还假设了在一项聚合约束（aggregate constraint）下，自由选择干预和控制观察值的数量。实际上，干预和控制数据点的成本可能不同。这些简化不会影响我们的结果。

导致理论处方与实验实践不一致①。

形式上，让决策者从对干预效应的先验 $h_0 \in \Delta(\mathscr{P})$ 开始。在我们实验问题的情景中，最优实验 $\mathscr{E}$ 和决策规则 α 必须解决：

$$\max_{\mathscr{E}, \alpha} \mathbb{E}_{h_0} [u(\alpha(e, \gamma), p)] \tag{1}$$

主观期望效用框架的一个直接含义是随机化从来都不是严格最优的，而对于一般的先验，它是严格次优的。

命题 1［Banerjee 等（2014），贝叶斯主义者不进行随机化。］

假设决策者是贝叶斯主义者，即根据式（1）设计实验。然后，对式（1）存在确定性解 $e \in E$。当且仅当对所有 $e \in \text{supp}\ \mathscr{E}$，$e$ 解出式（1），一种混合策略（随机化）$\mathscr{E} \in \Delta(E)$ 可解出式（1）②。

对结果的直觉是简单的。当存在纯策略均衡时，混合策略对于主观期望效用最大化者从来不是严格最优的，而随机对照试验（RCT）是上述决策问题的一种混合策略。Kasy（2013）使用与命题 1 类似的结果来论证随机对照试验是次优的。具体地说，它强调如果目标是在干预样本和控制样本之间取得平衡，通过有目的地根据参与者的可观察变量将其分配到干预组和控制组中，可以更有效地完成，从而消除了纯粹因为随机过程中的坏运气而导致样本不平衡的任何可能性。

命题 1 显然与实验的实践不符。为了随机分配干预和控制，现实生活中的实验者需要花费不小的费用。我们将这种不匹配（mismatch）解释为贝叶斯范式未能很好地描述实际实验者的目标。然而，我们也相信，通过仔细考虑命题 1 可以获得对实验实践的洞察力。在转到引言中讨论的对抗性观点之前，我们将在下面的例子中这样做。

例子：贝叶斯实验的逻辑

考虑一个评估教育券的实验。这项实验将影响一位学校负责人（superintendent）的决定，即是否在她所在的学区推行教育券。这位负责人过去曾对教育券不屑一顾，到目前为止，她认为，决定学业成绩的最重要因素是学生是来自贫困家庭还是优势家庭。她采用这种信念来解释她所在学区私立学校的优越表现，因为它们是优势学生的堡垒。然而，近年来，她开始接受与其信念截然相反的观点：学校教育是学业成绩的唯一决定因素。也就是说，即使是一个贫困学生在私立学校也会表

---

① 它在规范上也很吸引人，Savage（1954）提出的"类似（as if）"公理化看起来很自然，主观期望效用最大化有时被认为是理性的一种表达。

② 参见 Banerjee 等（2014）中的精确定义和证明。

现得更好。为了验证这一假设，她说服了一所私立学校，让她随心所欲地分配某个学生入学。

面对只有一个观察值的实验，大多数学术实验者都会放弃。怎么会从这样的实验中学到东西呢？比较组是什么？然而，设计一个信息丰富的实验是很容易的：贝叶斯决策者总是有先验的，她可以将学生的结果与先验进行比较。假设负责人认为，一个贫困学生在标准化考试中的分数永远不会高于第 70 个百分位数。然后，她会清楚地发现，如果一个贫困学生被私立学校用唯一的名额录取，考试得分在第 90 个百分位数，她会发现这是有参考价值的。

将第二个学生加入实验，带来了新的问题和新的洞见。具体地说，假设一所公立学校的某个名额也被分配给这个实验。被分配到公立学校的学生与被分配到私立学校的学生应该有相同或不同的背景吗？我们应该抽签分配私立学校的名额吗？

一旦我们认识到先验在设定基准中的作用，这些问题就变得容易回答了。我们的负责人从只重视背景的理论出发。根据这一理论，最令人惊讶的结果，因此也是最有可能让她的先验发生变化的结果，是上私立学校的贫困学生成绩远远超过上公立学校的优势学生。如果发生这种情况，她会强烈更新信念，支持另一种解释，即学校教育才是最重要的。因此，最优设计包括将私立学校的学位分配给一个贫困学生，并将一个优势学生送到公立学校。特别是，与两个学生均来自相同背景的实验相比，她更有可能对这个实验的结果印象深刻。

引人注目的是，这个例子驳斥了平衡干预和控制组本质上具有吸引力的观点。此外，我们主张对学生进行确定性分配，而不是随机分配。事实上，抽签只会让我们远离理想的设计：如果优势学生被分配到私立学校，我们能学到的东西很少。

命题 1 表明这一结果适用于所有样本量。只有在涉及具有不同先验（或单个决策者不能承诺单一先验）的多个决策者的情况下，才能满足这种推理的限制。引入另一位对经济背景的影响持略有不同先验信念的学校官员：她认为，虽然贫困学生不会从转到私立学校中受益，但优势学生转到公立学校会受到伤害。在这种情况下，前面建议的设计就没有那么吸引人了。如果我们观察到贫困学生做得更好，可能是因为私立学校帮助他做得更好，也可能是因为公立学校伤害了较富裕的学生。（或者两者兼而有之！）

当实验者想要说服其他决策者时，她会设计一个实验，这个实验不仅会让她了解相关信息，而且会让她具有任意先验信念的受众了解到。这是 Banerjee 等（2014）寻求捕捉的观点。在这种环境下，随机化实验成为唯一能成功抵御所有先验的实验，也就是说，即使是魔鬼的拥护者也无法挑战其解释的唯一实验。

3.2 模糊性或受众

贝叶斯决策尽管是经济理论的默认框架，但绝非共识。首先，决策者可能不信任她的先验，表现出模糊性厌恶（Ellsberg，1961；Schmeidler，1989；Gilboa 和 Schmeidler，1989；Klibanoff 等，2005）。其次，她可能根本无法考虑持有某一特定先验的所有可能含义，这实际上违反了萨维奇（Savage）的完备性公理（Gilboa 等，2009；Bewley，1998）。最后，她可能会认识到，需要说服那些先验可能与自己不同的人[①]。

我们在 Banerjee 等（2014）中提出的模型，认真考虑了实验者关心说服这样一类受众的想法。实际上这类"受众"可能反映了实验者本身的自我怀疑和内在批判，或者有否决权（如审稿人）的利益相关者的真实受众[②]。决策者选择试验设计 $\mathscr{E}$ 和决策规则 α 来求解

$$\max_{\mathscr{E},\alpha} U(\mathscr{E},\alpha) \equiv \lambda \underbrace{\mathbb{E}_{h_0,\mathscr{E}}\big[u(\alpha(e,\gamma),p)\big]}_{\text{subjective effectiveness}}$$
$$+ (1-\lambda) \underbrace{\min_{h\in H} \mathbb{E}_{h,\mathscr{E}}\big[u(\alpha(e,\gamma),p)\big]}_{\text{robust effectiveness}} \tag{2}$$

其中，$\lambda \in [0,1]$。这里，h_0 是固定的参考先验，而 H 是备择先验 $h \in \Delta(P)$ 的凸集。一位具有这些偏好的决策者可以被解释为在参考先验 h_0 的情况下最大化其有用性，同时还满足具有先验 $h \in H$ 的对抗性受众[③]。第一项从实验者的角度来捕捉对信息性的渴望，而第二项捕捉对稳健性的渴望。

模糊厌恶实验 Banerjee 等（2014）在一个附加假设下，通过模糊

[①] 一个相关的担忧是，她可能会被那些不同意她的先验的人指控进行了欺诈性证据操纵。然而，如果彻头彻尾的欺诈是一个令人担忧的问题，那么可核实的程序就会比随机化更有必要。

[②] 该模型属于 Gilboa 和 Schmeidler（1989）公理化的极大极小偏好类别。

[③] 注意，如果 $\lambda=1$，我们恢复（1），因此该模型嵌套在标准贝叶斯期望效用最大化中。如果将满足受众作为硬约束引入，那么权重比 $\dfrac{1-\lambda}{\lambda}$ 就会被解释为该约束的一项适当拉格朗日乘数。

厌恶决策者来研究最优实验。

假设 1

我们假设存在 $v>0$，这样，对于所有的 $X_0\subset X$ 均有 $|X_0\leqslant N/2|$，这里存在一个先验 $h\in\arg\min_{h\in H}\mathbb{E}_h(\max_{a\in\{0,1\}}p^a)$，这样几乎每个 $p_{X_0}\equiv(p_x^0,p_x^1)_{x\in X_0}$。

$$\min\{\mathbb{E}_h[\max_{a\in\{0,1\}}\overline{p}^a-\overline{p}^0|p_{X_0}],\mathbb{E}_h[\max_{a\in\{0,1\}}\overline{p}^a-\overline{p}^1|p_{X_0}]\}>v$$

该条件是说，即使实验要揭示协变量 x 在 X_0 中的每个值的成功概率，在集合 H 中仍然至少存在一个先验，在该先验下，做出错误政策决定的条件似然从零有界（bounded away from zero)[①]。

命题 2 对于 $\lambda\in(0,1)$：

（1）以给定样本量 N 为例。一般来说，对于每一个先验 h_0 都存在 $\underline{\lambda}\in(0,1)$ 使得对所有 $\lambda\geqslant\underline{\lambda}$，解 $\mathcal{E}^*$ 对于式（2）是唯一的、确定性的，且对 $\lambda=1$ 是贝叶斯最优的。

（2）按给定权重 λ 计算。存在 $\underline{N}$ 使得对于所有的 $N\geqslant\underline{N}$，最优试验 $\mathcal{E}^*$ 均是随机的。当 N 趋于无穷大时，最优实验允许正确的政策决定，概率为 1，一致地高于先验 $h\in H$。

命题 2 表明，最优的实验设计取决于可用的数据点（或参与者）的数量，以及决策者赋予自己先验与受众先验的权重。结果的第（1）部分表明，当样本点稀少时，或者当决策者不太重视满足其他任何人（λ 接近 1）时，最优实验将是贝叶斯的。也就是说，实验者将专注于将干预和控制观察值分配给她期望从其身上学到最多的被试。第（2）部分显示，当样本点充足和/或决策者关心满足对抗性受众时，她将使用允许无先验识别正确政策的随机试验[②]。

要为结果和假设 1 建立直觉，将决策者看作与自然（可能是 $1-\lambda$）

---

① 指定此条件的方式意味着 $N<2|X|$。这也暗示了 H 中先验的存在，这给函数 p_x^a 关于 x 不光滑的可能性赋予了一定的权重。这种以可观察变量为条件的不光滑，可以用不可观察变量建立微观基础，尽管以可观察变量和不可观察变量为条件的成功率是平滑的，不可观察变量的变异的急剧变化与可观察变量 x 的值的微小变化相关，从而导致 x 的不平滑。

② Kasy（2013）报告了一个似乎与我们的结果直接矛盾的结果：随机试验永远不会比确定性实验做得更好，即使目标是最大最小的。结果的差异来自这样一个事实，即在 Kasy 的框架中，受众在随机化发生后设置其先验，而不是像在我们的框架中那样，在设计揭示和实际随机化之间设置其先验。在 Kasy 的框架中，受众显然会选择先验，这实际上意味着他们无法从实际干预分配中学到任何东西。以期刊审稿人作为怀疑受众的一个例子，我们认为我们的假设更现实：即使面对随机对照试验产生的协变量不平衡，审稿人也表现出相当大的忍耐力，尽管也有一些实例表明，他们对特定的不平衡情况感到相当困扰，从而建议拒稿。

玩零和博弈是有用的。在决策者选择了一个实验之后，自然界选择了先验，从而在给定实验设计的情况下最大限度地增加了选择错误政策的机会。因为假设 1 的存在，如果决策者的干预分配中有任何清晰的模式，自然可以利用这些模式。随机化消除了自然可以利用的模式。

实验者理论

虽然随机化可以防止自然在实验设计中利用模式，但它并不总是最优解决方案。这可能有两个原因。首先，决策者可能不太关心受众（λ 接近 1），做好最坏的打算没有什么用处。其次，在小样本情况下，随机化带来的效力损失（相对于最优确定性实验）是如此之大，以至于它抵消了降低自然利用确定性分配的能力所带来的好处。当样本变大时，随机化带来的效力损失缩小为零，而针对有挑战性先验的稳健性收益保持为正，并从零有界[1]。

图 1 描绘了命题 2 对实际实验设计的意义。在科学研究中，当实验者面对持怀疑态度的受众时，她会进行随机化。相比之下，一个企业在少数几个生产地点实施成本高昂的新工艺，不会在随机团队中进行试验。该企业将把重点放在少数几个可以学习到最多的团队上[2]。然而，当可用的样本很大时，企业确实会随机化。这就是企业与许多最终用户在网上交易的情况：尽管企业只需要说服自己来相信特定广告或用户界面设计的有效性，但观察值很多，随机化成本很低，使用起来也很方便。

命题 2 的逻辑适用于对特定技术进行评估的决策树的所有阶段。当科学家想要说服其他人时，他们会进行详细的随机试验。然而，在早期阶段，当科学家决定要做什么实验时，不会只是随机选择一个假设。取而代之的是，他们对最有可能值得详细探索的技术形成了主观先验。这与我们的结果非常吻合：科学家可以进行的实验数量有限，而且每个实验都非常昂贵，因此主观地精简考虑的集合是有意义的。在在线营销中，实验可以以很低的成本进行，因此，在实验之前不需要使用主观先验来精简一组可能的广告。

命题 2 的附加含义加深了我们对实验实践的理解。第（2）部分暗示，即使决策者在不了解所有影响（包括为什么随机化、实验要满足哪些受众）的情况下进行随机化，对于较大的 N 值，也仍然会产生一个

152

---

　　[1]　正如 Kasy（2013）所指出的那样，如果 p_x 有足够的连续性，决策者也可以通过确定性地选择正确的 x 集来限制可能解释的集合。假设 1 排除了太多的连续性。

　　[2]　同样，一位政客在做政治宣讲时会精心挑选少数地点并且还会精心挑选观众。

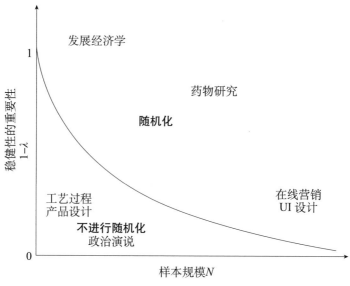

图 1　不同的实验模式

近乎最优的实验。即使某人（或她自身的怀疑）产生了一个特别有挑战

153 性的先验，决策规则仍然可能接近最优。从这个意义上说，我们的方法解决了决策者可能违反 Savage 完备性公理的担忧[①]。

命题 2 也强调了实际随机化的重要性。如果一个实验采用的是"近似（nearly）"随机的分配方案，比如基于某个实验环节一天中的时间来分配［参见 Green 和 Tusicisny（2012）及其批评］，或者实验被试名字的第一个字母［就像 Miguel 和 Kremer（2004）的驱虫研究；参见 Deaton（2010）的批评］，那么往往会在受众中发现一个持怀疑先验的人。随机化提供了对最怀疑先验的防御，但近似随机化没有提供这样的保护。

4　再随机化、注册与预分析

命题 2 表明，式（2）描述的对抗性实验框架，对捕捉真实实验者的目标可能是有用的。我们现在强调的方法，拥有一个可以阐明当前对

---

① 假如可能政策的复杂性有限，对用协变量 x 改变干预的更复杂政策，类似结果也成立。有关"复杂性"的操作定义，参见 Vapnik（1999）。

实验社区很重要问题的模型。

4.1　再随机化

Banerjee 等（2014）将式（2）的对抗性框架应用于再随机化问题。随机化的一个众所周知的问题是其有时会导致干预组和控制组之间的可观察特征不太平衡（参见 Morgan 和 Rubin，2012，以及其中的参考文献）[1]。当然，分层、分区块和匹配方法可以用来改善平衡，同时保持随机化[2]。然而，正如任何试图同时对多个连续变量分层的研究人员所知道的那样，这在实践中可能相当困难。此外，这些技术也有自己的问题（Athey 和 Imbens，2016）。

再随机化是一种简单而有直观吸引力的选择：如果样本"看起来"不平衡，简单地再次随机化，并继续这样做，直到样本看起来平衡。虽然许多作者告诫不要使用再随机化，因为它可能有很大的统计和内部效度成本［参见 Bruhn 和 McKenzie（2009）和其中的参考文献］，我们的框架可以精确地计算这些成本。

从纯粹的贝叶斯视角来看，再随机化不会产生任何问题，实际上可能还是有益的，因为它可以从特定的主观观点选择更接近最优确定性实验的实验。也就是说，如果是通过一次幸运的随机化，或者通过在许多样本中进行选择而达到的，那么为什么贝叶斯主义者要从相同的平衡样本中学习不同的东西呢？

在 Banerjee 等（2014）中，我们表明 Bruhn 和 McKenzie（2009）提出的担忧在我们的对抗性框架中是有意义的。就稳健性而言，再随机化确实是有代价的。事实上，足够多的再随机化导致了本质上的确定性分配，这会导致受众的损失从零有界。然而，我们也表明，如果再随机化的次数不是样本量的指数，那么这一成本可以忽略不计。

我们可以使这些成本和收益精确化，如果有 K 个随机化发生（$K=1$ 是一个标准的 RCT），频率论者的决策，即在分配经验上表现最好的干

154

---

① 平衡很重要，因为如前所述，它限制了对证据不同解释的可能集合。这似乎也是实验被恰当执行的一个经验法则，尽管这可能无法保证。

② 由于与"维度诅咒"相关的原因，对几个连续变量进行分层通常是不切实际的。考虑有一个干预、一个控制和四个（连续）变量描述参与者异质性的实验。自然而然的策略是沿着每个维度将试特特征堆栈（bin）在一起。在本例中，我们假设每个变量被分成五个堆栈。然后这里有 $4^5=1\,024$ 个单元格（cells）将被分层，每个单元格需要两个观察值：一个处理，一个控制。除非样本量明显大于 2 048，否则很可能会有许多单元格只有一个不匹配的观察值。

预，在损失以 $\sqrt{\dfrac{\max\{1,\log(K)\}}{N}}$ 为界的情况下是最优的。重要的是，

$\sqrt{\log(N)}$ 是 1.5 和 3 之间的一个数字，当样本大小介于 10 和 10 000 之间时，这意味着设置 $K \leqslant N$ 使得稳健性的损失最小。反过来，K 个随机化保证最终样本将在概率为 $1 - 0.95^K$ 的 5% 最平衡样本组内。观察 $1 - 0.95^{100} > 0.99$，这表明以下再随机化的经验法则（rule of thumb）。

经验法则

使用 K 个随机化中最平衡的样本，其中 $K = \min\{N, 100\}$。

注意，平衡标准不需要事先定义。也就是说，即使在看到一组可能的分配后，研究人员也可以再随机化 K 次，并选择他们喜欢的干预和控制的分配①。

我们相信我们的再随机化提议有几个好处。首先，它提供了简单而有效的指导方针，在这些指导方针下，进行再随机化是不成问题的。其次，通过这样做，它可能有助于将再随机化公开。正如在 Bruhn 和 McKenzie（2009）中所讨论的那样，许多使用再随机化的作者没有披露这一点，可能是因为这种做法已经被污名化了。然而，只要再随机化是以一种明确考虑其成本和收益的方式进行的，就没有理由出现污名化。

155 最后，再随机化可以帮助实验者找到与政府或研究伙伴之间的折中办法，这些政府或研究伙伴对随机化感到不安。在某些情况下，实验者会协商一个近似随机的干预分配方案，就像前面讨论的驱虫例子一样。我们的建议是一个中间立场：实验者可以生成 K 个随机化的列表，并提供给实施伙伴，而合作伙伴可以从该列表中选择。实施伙伴用来选择特定随机化的标准可以是他们喜欢的任何标准：从对他们来说"看起来"最公平的标准到更愤世嫉俗的标准，即看重在干预组中有特定村庄或个人的标准。混合标准也是可能的：一名实验者可以产生 100 个随机化方案，并允许实施伙伴从五个最平衡的方案中选择他们想要的任何方案。

---

① 这里有两个重要的注意事项。第一，当进行整群随机化时，例如在村庄层次，再随机化的数量应该等于整群的数量，而不是观察值数量。第二，既可以分层，也可以再随机化。也就是说，实验者可以选择简单的变量进行分层，然后再随机化，以便在更复杂或连续的变量中实现更好的平衡。

4.2 注 册

在美国经济学会的随机对照试验注册（Randomized Controlled Trials Registry）等平台的推动下，注册正在被越来越多的实验社区接受。它有两个效果。首先，它创建了一个集中而全面的实验设计和结果数据库，不受发表偏误、文件抽屉偏误等的影响。其次，它经常促使研究人员致力于某一特定的实验，而不是在实验过程中改变实验设计。应该指出，后者不是登记或其设计者的主要意图。

在式（2）描述的框架内，注册的第一个方面无疑是好的。更多的信息总是有益的，原因很简单，因为可能会被忽略[①]。

注册的承诺价值就不那么明显了。在动态环境中，实验设计可以在新信息到达后更新，贝叶斯主义中没有承诺的价值，因为它们是时间一致的。的确，如果决策者在制订复杂的应急计划方面能力有限，那么承诺就有负面价值。当人们考虑到更新设计可能会产生更有用的信息时，这种价值就更是负面的。

4.2.1 良好承诺

尽管注册是不完美的承诺工具，但实验者经常使用它们。承诺对于式（2）描述的模糊厌恶决策者是有价值的。事实上，正如 Machina（1989）所强调的那样，非期望效用最大化者并不是动态一致的。换句话说，事前喜欢某一特定设计的模糊厌恶决策者可能对事后的实验不满意，并试图改变其设计。

可能决策者想要对抗的那种诱惑相当于：（1）篡改已实现的随机分配，或（2）放弃实施根据事先规定的举证责任已被证明有效的政策。事实上，一旦随机分配完成，总是存在实现的样本分配和/或政策结论不令人满意的先验。承诺可以让实验者按照原来的计划进行。应该记住的是，这个计划事前让实验者和她的对抗性受众都感到满意。

认为登记允许各方同时致力于一项实验和一项行动计划的想法似乎是合理的。研究的合作伙伴有时可能想要重新进行分配，关闭全部或部分实验，或隐瞒部分数据，因为他们发现结果具有误导性。这种隐藏信息本身很可能是不受欢迎的，除此之外，它还可能对实验者的激励产生

---

① 注意，表现出自我控制问题的决策者（Gul 和 Pesendorfer，2001）或偏好不确定性揭示的决策者（Kreps 和 Porteus，1978），可能更愿意限制可用信息。参与战略博弈的玩家也可能有这种偏好。

潜在有害影响（Aghion 和 Tirole，1994）。因此，注册可以降低这种风险。

4.2.2　坏的承诺

然而，这里有过度承诺的余地。事实上，虽然实验者致力于随机分配很重要，但并不需要致力于特定干预来保证稳健的推断。例如，在获得干预 A 的经验后，实验者可能主观地决定变体 A' 可能更有用。使用 A' 进行实验并不妨碍对 A' 的值与默认替代干预（default alternative）的值进行稳健推断。事实上，来自 A 和 A' 实验的数据可以聚合，对应于混合干预 A/A'。

原则上，如果可能干预是有限的，模糊厌恶的决策者可能希望将她的实验的干预随机化。然而，在实践中，实验者不会将他们评估的干预随机化。对于这种随机的探索来说，可能的干预的空间实在太大了，因此没有什么用。相反，实验者的主观先验最终推动了待评估干预的选择。干预选择后的随机分配允许实验者说服她的受众来认真对待数据，尽管可能会造成宝贵信息的损失。

如果实验者受到想象力的限制（正如我们肯定会），那么一劳永逸地致力于非常详细的设计是没有什么意义的。这样做成本很高，并且限制了灵活性，而且不能提高稳健性。因此，没有理由不更新实验，只要这些更新是进行了注册的，就像大多数注册平台所允许（和跟踪）的那样[①]。

4.2.3　例　子

一位内部人士对 Alatas 等（2012）的看法说明了过度承诺的代价。Alatas 等（2012）描述了印度尼西亚的一项实地实验，社区被要求将其成员从贫穷到富有进行排名。出于对公平的考虑，家庭被排名的顺序是随机选择的。排名较早家庭的排名要准确得多，想必是因为随着排名会议的进行，负责排名的人员变得疲惫或无聊。这不是作者们一开始想了解的东西。然而，改变排名规则以防止后期排名的低效是有意义的，或许排名可以分批进行，中间有休息时间。但是，实验已注册的事实给了我们一种错误的感觉，即我们无法改变设计，尽管这样的更新可以反映在注册中，并可以允许更多的学习机会。

另一个例子可以在 Andreoni 等（2016）中找到，其使用激励选择来估计巴基斯坦脊髓灰质炎疫苗接种者的时间折现参数（time-discoun-

---

① 当然，实验者不应该被允许先收集数据，然后只注册与该数据选定部分有关的设计。

ting parameters）。这些参数然后被用于构建最优合约，并根据标准计件工资率进行检验。不幸的是，作者已经预先注册了，因此感觉对数据显示有设定错误的时间偏好模型有一个承诺。这是一个潜在的致命决定，因为这篇论文是使用偏好估计来设计个性化合约的"概念验证"。如果设定错误（misspecification）足够严重，会导致无法产生重大改进。幸运的是，情况并非如此，但其说明了"过多"承诺的危险。

4.3　预分析计划

预分析计划列出所有感兴趣的结果，以及实验完成后分析数据的方式。形式上，它可以被认为是数据的统计量 S 的子集。

4.3.1　预分析与有限理性

有趣的是，无论是贝叶斯主义者还是模糊厌恶决策者都不认为登记一个预分析计划是有益的，其受众也不关心她是否这样做。这源于两个隐含的假设：（1）所有数据都是公开的；（2）决策者和受众有无限的认知能力。如果受众怀疑实验者精心挑选结果，就可以自己进行分析。当实验者面对老练的专业受众（即审稿人、编辑、研讨会参与者）时，这似乎是合适的。然而，在实践中，对预分析是有需求的，因此，一个仔细的、以决策理论为基础的预分析计划可能是值得的。

虽然这样的基础超出了本章的范围，但我们可以提示使预分析（即预先选择要报告的统计量 S 的子集）变得相关的设置。我们认为，这反映了决策者或受众的有限理性约束。实际上，如果决策者只能处理信息 S 的子集，那么她理所当然地会关心选择该集合的方式。制订预分析计划可以消除利益相关者的疑虑，促进可操作的推断。当然，如果认知能力是问题所在，那么预分析计划就不能过于复杂：其目标不是让作者来预见对数据的所有有趣的研究。这将使时间有限的决策者无法制订预分析计划，从而违背其目的。 *158*

在实践中，实验者可能会与不同的受众对话，每个人对预分析计划都有不同的态度。一位学术受众可能认为，通过要求进行稳健性检验，实际上会迫使报告所有相关的数据维度。这种类型的受众可能更愿意忽略预分析计划。然而，作为时间有限的政策制定者，这种受众可能有不同行为，并且只会从简单、明确陈述的预分析计划的实验中更新信念。

我们认为没有必要将这些观点视为对立的。考虑到受众的多样性，对我们的最佳响应似乎允许在清晰定义的"事前分析"和"事后分析"部分之内对数据进行事前和事后分析。预先指定的假设对于缺乏真正钻研数据的、时间有限的受众将是有用的。数据的事后分析允许实验者报告在没有数据帮助的情况下很难预见的洞察力。

4.3.2　注意事项

前面的讨论没有涉及道德风险问题①。在这方面，有两个问题似乎是相关的：实验者的不当行为在经济学中很普遍吗？注册和预分析的机制是这种潜在问题的长期解决方案吗？这一点的数据表明，答案分别是"不是很"和"可能不是"。特别是，Brodeur 等（2016）在顶级经济学期刊的文章中几乎没有发现邪恶行为（nefarious conduct）的证据，在随机试验结果的报告中也没有发现证据。此外，在医学领域，预注册和预分析的规范通常由期刊来强制执行，牛津大学循证医学中心最近的一项研究发现，所检查文章中有 58/67 包含错误报告（misreporting），即没有报告预先指定的结果②。对这些结果的反应相当不同，至少有一家著名期刊对所有涉及的文章进行了更正，另一家发布了一篇社论，为错误报告的各个方面进行辩护。

159 　　我们没有考虑到的预分析计划的一个重要方面，是其作为与研究合作伙伴的合约工具（contractual devices）的价值（Casey 等，2012；Olken，2015），而这些伙伴投入大量资金用于获得实验结果。在这些环境中，预分析计划可以阻止研究伙伴在收集数据后改变定义。此外，提前指定表格格式及其中的分析，对于识别和消除共同作者之间的分歧以及将意向转化为对研究助理的明确指示来说非常有用。

4.3.3　理　论

预先指定理论可能是一种防止对主动选择的分析进行指责（和诱惑）的方法，而且仍然保留了一些分析灵活性。预先指定理论不同于当前的常见做法，后者是在一篇论文中宣布理论，同时展示经验分析的结果。相反，预先指定理论是在经验分析之前，最好是在进行实验之前，"发表"预先指定的理论。

明确的、预先指定的理论保留了分析的灵活性，同时也限制了解释。它可以用于证明运行没有预先指定的回归的合理性，这些回归是理论的自然含义，不会让全面模型设定搜索者（full-scale specification

---

①　Humphreys 等（2013）还强调了预分析计划的沟通作用。然而，这不应贬低注册和预分析计划非常真实的承诺性质，为了使其成功，人们需要关注如何激励作者遵守或不遵守这一承诺。

②　参见 http://compare-trials.org/blog/post-hoc-pre-specification-and-undeclared-separation-of-results-a-brokenrecord-in-the-making/。

searchers) 乘虚而入。此外，预先指定理论具有公开实验者先验的作用，从而使受众能够以与实验者先验理论不一致的理由来质疑实验者对数据的解释。当然，分析的某些部分不能从抽象理论中得出，例如，聚类（clustering）的层次。因此，将对设定的某些事前限制与预先指定理论相结合可能是有意义的。

值得强调的是，即使事后发展出的理论，也可以对结果的分析和报告施加有用的限制。特别是，考虑到某种理论的含义，受众可以询问为什么有些经过检验而其他没有。虽然在某些情况下，事后理论可能被证明是完全临时提出的（jury-rigged），但至少可以弄清楚作者的假设，然后对这些假设提出质疑。

从某种意义上说，一项预分析计划通常只是反映了某种隐含理论，因此，预先指定理论具有与预分析计划相同的缺点，但具有其他优点。像预分析计划一样，理论无法改变想检查整个数据集的持怀疑态度的受众的信念。另外，如果事后证明该理论是无关的，那么可能会分散对数据有用特征（就像预分析计划一样）的注意力。然而，随着我们在下一节中的进一步说明，理论具有使外部推断更容易和更透明的额外好处。

5　外部效度

到目前为止，我们主要关注内部决策问题，在该问题中，参与实验的总体的干预效应，与将对其实施政策的总体的干预效应相同。现在，我们将我们的框架用于应对外部决策问题，其中，这两个总体之间的干预效应可能有所不同。 *160*

正式地，我们允许用向量 p 来描述的干预效应随环境而变化，表示为 $z \in \{z_e, z_p\}$（对于实验性和政策相关性）：

$$p_z = (p_{x,z}^0, p_{x,z}^1)_{x \in X} \in ([0,1]^2)^X \equiv \mathscr{P}$$

虽然随机化在内部决策问题（$z_e = z_p$）中是稳健最优的，但只要样本量足够大，我们现在表明，外部环境的政策建议，即使在任意大的样本量下也是贝叶斯主义的。在合理的假设下，关于在尚未研究的环境或总体中选择哪种政策的最佳猜测，是实验者在相关环境下看到实验结果后的后验（posterior）。

让 $H_{|p_z}$ 表示受众所欢迎先验 $h \in H$ 的干预效应的 p_z 边际分布 $h_{|p_z}$ 集合。虽然关于环境 z_e 的信息对于任何给定的先验都可能影响 p_{z_p} 的后

验，但并不需要限制 p_{z_p} 的可能先验的集合。这可以通过下面的正式假设来捕捉到。

假设 2

$$H_{|p_{z_p}} \times H_{|p_{z_e}} \subset H^{①}$$

外部效度可以理解为以下问题：在环境 z_e 中进行实验后，实验者被要求对外部环境 z_p 提出建议。因此，她选择 $\mathscr{E}$ 和 α 来求解

$$\max_{\mathscr{E} \sim p_{z_e},\alpha} \{\lambda \, \mathbb{E}_{h_e}[u(\alpha, p_{z_p})] + (1-\lambda) \min_{h \in H} \mathbb{E}_h[u(\alpha, p_{z_p})]\} \qquad (3)$$

命题 3（外部政策建议是贝叶斯的。）

式（3）中的最优建议规则 α^* 仅取决于实验者在给定实验实现 e 时的后验信念 $h_e(p_{z_p}|e)$。最优实验 $\mathscr{E}^*$ 在先验 h_e 下是贝叶斯最优的。

也就是说，外部建议只反映了实验者的信念，而不是受众的信念。这是因为，在假设 2 下，环境 z_e 中积累的证据不会改变受众在环境 $z_p z_p$ 中欢迎的先验集合，即没有减少环境 z_p 中的模糊性。这进一步表明，人们所能获得的最多信息是实验者对状态 p_{z_p} 的主观后验信念。

6　结构性推测

161　　命题 3 形式化了自然直觉，即外部政策建议不可避免地带有主观性。这并不意味着它不受实验证据的影响，相反，判断将不可避免地影响它。

这也并非意味着实验者的主观建议不能用于启发政策制定者。在许多（大多数？）情况下，政策制定者将不得不在没有针对特定环境量身定做的随机对照试验的情况下做出决定。因此，决策者最有用的信息库很可能是实验者，因为她可能非常了解实验环境、以前的结果和评估，以及政策环境与实验环境有什么不同。

命题 3 也不意味着对外政策建议是空谈。事实上，可能会收集到更多证据，如果建议是精确的，它可能会被证明是对的或错的。我们的目标应该是提取实验者对不同环境下干预效应的诚实信念。虽然这并非一种完全显而易见的做法，但我们从激励专家的文献中知道，这是可能的

---

① 虽然这一假设显然是风格化的，但我们的结果是一般化的，前提是对环境 z_p 仍然具有足够的模糊性，即使在很好地了解环境 z_e 的条件下也是如此。

（例如，参见 Olszewski 和 Peski，2011；Chassang，2013）。

实际上，我们认为没有必要采取正式的激励来确保披露的真实性。相反，我们相信，一套明确的、针对结构性推测的系统指导方针可能会有很大用处。

结构性推测的指导方针：

（1）实验者应该系统地推测他们研究发现的外部效度。

（2）这类推测应该与论文的其他部分清楚地分开，也许可以放在一个叫作"推测"的部分里。

（3）推测要精确、可证伪。

这里的核心要求是推测性陈述要被贴上这种标签，并且是可证伪的。实际上，这意味着预测需要足够精确，以便验证或证伪它们的实验是清楚明白的。这将允许后续的实验者进行检验。从声誉的角度来看，这意味着推测性陈述不会是空谈。

6.1　结构性推测的价值

我们认为，为结构性推测创造空间是重要和有用的，原因有三个：

第一，提供专用的推测空间将产生原本不会被传输的信息。在评估外部问题时，实验者将运用其在该领域中的全部实践知识，包括对作用机制的直观理解，对干预效应的潜在异质性的理解，对与可观察特征相关的因素的直观理解，等等。

第二，强制使用推测性陈述的格式，例如，保证陈述的精确性和可证伪性，将促进和鼓励后续检验以及与密切相关研究的互动。

第三，对我们来说，要求实验者推测外部效度的最重要的副作用是创造产生实验设计的激励机制，最大限度地提高解决外部问题的能力。为了解决可扩展性（scalability）问题，实验者可以组织本地的试点研究，以便与他们的主要实验进行比较。为了识别适合推广到其他环境的亚总体，实验者可以提前识别可以推广的群体特征，并基于这些特征分层。为了将结果推广到具有不同未观察特征分布的总体，实验者可以使用 Chassang 等（2012）讨论的选择性试验技术得出前者，并分别对这样识别出的每一组进行实验。

虽然这些好处是推测性的（而且很难证伪！），但我们相信，为外部效度创建一个严格的框架，是完成社会科学实地实验生态系统的重要一步，也是对实验的许多其他方面的补充。

在接下来的各小节中，我们将描述目前可使用的结构性推测的操作

162

框架。首先，我们将提供一些具体的例子来说明结构性推测可能是什么样子的，以及有多大的用处。然后，我们将提出一组应系统性解决的外部效度问题的基线集。最后，我们将讨论结构性推测的可能形式：定性的、精简的以及结构性的。

6.2　例　子

为了充实我们所说的结构性推测的内容，下面以几篇论文为背景来描述其可能采取的形式。

Dupas（2014）　Dupas（2014）研究了短期补贴对长期采用措施的效应，并报告说，短期补贴对采用更有效、更舒适的蚊帐有显著效应。在该文的第 5 节中，论文对外部效度进行了特别的讨论。

它首先阐述了一个简单而透明的论点，将短期补贴的有效性与解决各种形式不确定性的速度和用户成本及收益的时间安排相联系。如果收益方面的不确定性很快得到解决，短期补贴可能会产生长期效应。如果收益方面的不确定性解决得很慢，而且采用成本很早就产生了，那么短期补贴不太可能产生长期效应。

163　　然后，它回答了这个问题："对于哪些类型的健康产品和背景，可以期望获得同样的结果？"它根据短期（或一次性）补贴将如何改变采用模式，将潜在技术分为三类：

（1）增加的：炉灶、滤水器；

（2）不受影响的：水消毒剂；

（3）减少的：驱虫药。

虽然非常简单，但这些陈述是结构性推测可能是什么样子的完美例子。他们抨击了一个相关的政策问题，即将一次性补贴扩大到其他技术，并做出了可能通过新实验来证伪的明确预测。

Banerjee 等（2015a）　该文不涉及推测，但可以为实验者及其受众说明结构性推测的潜在价值。特别是，它报告了七个旨在帮助极端贫困人口的、在七个不同国家进行的不同实地实验。所有国家的基本干预都是相同的，资金来自同一个来源，评估都由耶鲁大学的迪恩·卡兰（Dean Karlan）协调。

在这项研究中，外部推测有两种选择。首先，不同国家在不同时间进行评估。其次，每个地点都有多轮结果。在实验早期评估国家的结果可以用来推测后来评估的结果。在一个国家内，前几轮可以被用来猜测后面的几轮。但是这样做有什么好处呢？从事后看来，我们应当怎么做呢？

关于这项研究，出现了许多常见的问题：我们预计效应会持续多久？在富裕或中等收入国家实施这一项目有什么意义？在前几轮和前几个国家中，对这些问题进行正式猜测将提供一个结构来回答读者和评论者有理由批评的多个疑问以及我们实验设计中的合理元素。此外，公开预测将为作者和其他学者提供一个机会，让他们了解哪些类型的预测往往是可信的。

即使是方向性预测，即这个效应会比那个更大，或者比某个数字（可能是零）更大或更小的推测，也有一定的用处。在较富裕的国家，对该项目影响的点估计值较小。这是否意味着该项目需重新考虑较富裕的国家？我们可以通过汇总我们对项目的所有了解，包括分位数结果和特定亚总体的结果，来决定是否相信这种效应会随着一个国家的国内生产总值（GDP）增长而缩小。由于结果来自不同国家和轮次，我们可以在不同时点这样做，来看一下在做这类预测方面有多好，以及我们应该多强烈地提倡这种在研究结束时的预测。类似的研究实践可以用来预测影响随着时间推移的变化，这是理解干预是否真的能将人们从贫困陷阱中解救出来的关键。

Banerjee 等（2015b）　方向性预测在最大化 Banerjee 等（2015b）所描述的一系列所谓在正确水平上教学（Teaching at the Right Level，TaRL）干预的信息方面也非常有用。这些干预试图教给孩子们他们所缺乏的基本技能，即使其所在年级假定他们已经掌握了这些技能。在发展中国家的大多数学校里，这并非理所当然的（Banerjee 和 Duflo，2011）。由于这种干预已被证明在学校系统中有边际作用，每个实验（RCT）都专注于将这种做法整合到公立学校的不同方式。干预多种多样，从培训教师，到向他们提供 TaRL 使用的资料，到在暑假期间（教师不需要遵循既定的课程大纲）实施 TaRL，到将 TaRL 直接融入课程中，等等。每一次干预都建立在之前干预的成功和失败的基础上，最终形成了两种不同但成功的模式。然而，如果不记录下这一路上的预测，看起来就像是在黑暗中开枪的事后合理化。即使是最低限度的公开预测，这种方法也可能是更有效的，会有很大的帮助。

Duflo 等（2008）　另一项可能会很有用的创新，是我们呼吁在每篇论文的末尾记录结构性推测（除了在数据库中记录之外，正如我们在以下部分中所描述的那样）。这将允许明确划分（demarcation）推测性的结果，这往往会出现在有预注册和预分析计划的论文以及其他论文中。这样的划分显然有助于解决 Deaton（2010，第 441 - 442 页）对第一篇 TaRL 论文的批评（Banerjee 等，2007）。

当在印度的两个城市进行的两个独立但相同的随机对照试验发现，孟买儿童的成绩比瓦多达拉（Vadodara）儿童提高较少时，作者表示，"这可能与孟买超过 80% 的儿童已经掌握了该项目涵盖的基本语言技能有关"（Duflo 等，2008）。目前尚不清楚这里提出的"可能性"有多大，当然也没有证据表明这符合被视为（随机对照试验）核心理由之一的"黄金标准"。出于同样的原因，不断成功地复制"有效的"实验，即与某些潜在的或指导的机制无关的实验，既没有、也不太可能有说服力。

通过在论文中设立一个位置，明确表明这一断言是基于我们自己的知识和直觉，而非实验设计的一部分，我们的建议将有助于回应此类批评。

事后评估

总而言之，我们的建议将在三个方面有助于解决对先前研究的批评。第一，它将在研究中建立一个位置，其中这些猜测是可以期望和鼓励的。第二，通过对此类推测增加声誉激励，读者可以放心，推测并非用来解释令人不快差异的闲聊。第三，由于鼓励实验者在复制之前对其结果进行推测，接近其预测的复制应该会略微增加实验者偏好的潜在机制的可信度。

由加州大学的 Stefano Della Vigna 和芝加哥大学的 Devin Pope 率先提出的另一种方法，是从范围广泛的专家那里获得特定研究问题的先验（Della Vigna 和 Pope，2016a，b）。这种方法有一个好处，那就是迫使受众在研究开展之前考虑他们的先验，并通过改变平均先验或瓦解先验的分布来识别研究可以做出最大贡献的地方。然而，它不太可能防范受众中最具怀疑态度的成员，其可能不属于任何给定的接受调查的专家组。此外，它缺乏我们建议的许多附带好处。

另外，Della Vigna 和 Pope 的方法目前正在实施，然而除了 Dupas（2014）之外，上述论文都没有包含结构性推测。为什么不这样做？当然，这在一定程度上是因为它不在研究议程中。但还有更深层次的原因：我们和许多其他研究人员一样，专注于局部平均干预效应估计值的精简形式，但关于如何转化到其他环境，这种形式能直接告诉我们的很少。推测的一种更自然的基础是估计一个结构模型并使用估计的参数，这些参数可以直接依赖于环境特征来进行样本外预测。但是，我们必须认识到，模型选择本身是主观的，所以提供一个使某些预测合理化的模型，本身并不完全令人放心。

然而，另一种选择可能更糟糕。由于不同的（贝叶斯主义）读者对世界有不同的先验和模型，即使没有模型的结构良好的推测，也可以有多种解释方式。该模型充当了一种货币，用于将作者拥有的许多不同信息片段简化为一个数字。如果没有模型的支持，这种操作似乎很难准确地进行。

为了减少可能模型的空间，划分其中结构性推测特别有用的环境集合以及在那里可能遇到的挑战特别有帮助。这就是下一小节试图做的事情。

7　特别关注的问题

虽然我们的建议可以适用于任何外部效度的元素，但概述一些经济学家关注的外部效度问题或许是有用的。

焦点外部效度问题包括：

（1）干预的可扩展性如何？

（2）对不同总体的干预效应如何？

（3）同一总体在不同环境下的干预效应如何？

我们没有进一步讨论的另一个重要问题是 Dupas（2014）提出的：一种不同但相关的技术会产生什么影响？ 166

7.1　可扩展性

许多发展环境中的一个核心问题是干预的规模如何扩展，即，如果干预在省、国家或地区推广，实验中测量的干预效应可能发生什么变化？这一关切往往由两个相互关联的问题组成：溢出效应如何增加或减少特定干预的好处？一个有能力实施大规模干预的组织的激励会如何影响结果？

溢出效应（spillovers）　溢出效应包括一般均衡效应和外部性。考虑一项干预，为当地学校中表现最好的学生提供奖学金，让其进入省级学校就读。作为一种实验性干预，这项政策可能会对一个地区产生很大的正面效应，因为当地学校的几个学生可以得到改善的教育。然而，如果在全国范围内推广，人力资本的回报将会减少，可能会削弱对财富、储蓄和消费等结果的干预效应。然而，这里可能会有正向的一般均衡效应。例如，受过更多教育的现有劳动力可能增加外国直接投资，并创造新型的就业机会。一般均衡效应很难通过纯粹的实验方法来理解，但可以利用不同来源的信息为推测提供参考。例如，可以利用平均人力资本的地区异质性来描绘如果扩展该项目可能会产生什么影响。

直接外部性（例如，物理交互、信息、传染等）可能更容易捕获，因为它们往往更本地化。至少部分捕捉局部外部性的实验设计现在相当标准（Baird 等，2014；CrYPER 等，2013；Muralidharan 和 Sundararaman，2015）。困难的外部效度问题与扩展对采用率的影响有关。在某些情况下，例如那些驱虫药物或疫苗，私人回报是总采用率的递减函数。这可以通过在不同地点的项目强度变异来解决。虽然这种变异可能不会导致足够的统计效力，从而成为一篇论文的主要发现，但它将有助于指导对外部效度的推测。

由他人实施（implementation by others）　关于执行机构的知情推测本身就很困难。似乎与三种环境相关：由其他研究人员实施，由非政府组织或国际机构实施，以及由省级或国家政府实施（Bold 等，2013）。困难在于，为了使她的推测有意义，实验者需要具体说明他们的预测适用于哪些政府或非政府组织。这可能会使实验者面临政治风险，并阻碍他们未来进行实验的能力[①]。至少，实验者应该可以强调干预的具体方面，这些方面造成了其他人难以实施。

实施过程中可以由实验者控制的一个方面，是当与目标总体互动时，他们拥有的声誉资本。他们可以通过对其潜在实施伙伴进行初步认知调查，以及通过改变呈现自己的方式来控制这一点。让官员出席会议可能会对人们参与实验的方式产生重大影响。

再强调一次，一项实验可能没有足够的能力来改变实施方式，从而导致重大的发现。然而，这些数据显然将有助于知情的推测。在某些情况下，实验者可能只对事情在不同环境下会如何发展有一个直观理解。这种直观理解对下一位尝试类似实验的实验者来说将是非常有价值的。因此，推测执行机构对结果的作用将是有益的贡献。

[①]　在实践中，许多组织的员工比研究人员本身更清楚自己有限的实施能力，这可能会减轻这一担忧。

7.2　对其他总体的效应

如果一个项目在一个地区或国家有效，那么它在另一个地区或国家是否有效？如果一个项目对特定的社会群体有效，那么它对同一国家的不同群体是否有效？对于不同国家的同类群体呢？回答这样的问题本质上是一种推测性工作，但对实验者来说这样做是有用的。实验者对局部的机制有详细的直观知识，这有助于阐明什么对结果扩展或不扩展是重要的。

例如，假如一个项目在印度被发现是有效的，实验者试图推测它在肯尼亚的有效性。实验者可能首先评估干预效应的潜在异质性，并决定该项目在帮助贱民阶层（Scheduled Castes）成员方面基本上是有效的。如果情况是这样，人们可以推理该项目可能对肯尼亚历史上受到歧视的人群有效。然而，如果另一位实验者认为针对贱民阶层的平权行动（affirmative action）似乎对干预的有效至关重要，通过清楚地阐明这一假设，她可能会质疑它的相关性。

亚组和选择性试验　我们认为通常有指导意义但识别能力很差的亚组分析，在制定成功的推测性假设方面发挥着重要作用。按亚组来重新加权干预效应，提供了一种将研究发现投射到不同环境的自然方式。这显然包括根据可观察特征形成的组，如收入、教育、宗教等等。有趣的是，这也包括通过机制引出的不可观察的特征。 *168*

最近的一系列实验文献［由 Ashraf 等（2010）、Berry 等（2012）、Cohen 和 Dupas（2010）、Jack 等（2013）以及 Karlan 和 Zinman（2009）说明，并在 Chassang 等（2012）中被形式化］将随机化与自选择相结合，以便"观察不可观测变量"。这种想法如下：随机试验是对干预的抽签。许多试验都是由一次抽签组成的。通过不同胜率的多个抽签并将成本分配给这些抽签，可以得出参与者的干预价值，并根据价值估计干预效应。这为预测不同总体的干预效应提供了更多的信息。

例如，正如选择性试验可以发现边际干预效应［参见 Heckman 和 Vytlacil（2005）］，它们允许实验者计算该项目对通过价格、减少可获得性等方式选择的总体的影响。实验者也会根据项目是否对每个人有效或只对积极性很高的参与者有效，来对外部干预效应做出截然不同的预测。

重要的是要注意，抽签的"成本"不一定是金钱。事实上，与金钱相比，努力似乎是一个更容易在不同地点进行比较的测量指标。Alatas

等（2016）通过改变参与者是出远门参与面试还是待在家乡面试来了解他们是否有资格参与针对穷人的现金转移项目。他们发现，那些出远门参与面试的人实际上更有资格参与这个项目，面试官认为他们也明显更可靠。根据参与者是否被判断有资格，随机化干预（现金转移项目）将允许这项研究估计动机较强和动机较弱的人的不同回报。更广泛地说，通过机制可以获得的信息种类非常多，而且常常伴随着自然的结构解释。我们相信，收集这些信息将有助于制定推测性假设。

7.3　相同总体，不同环境

同一总体在不同环境下对干预的反应可能不同。例如，如果干预可以帮助人们更多地储蓄，人们可能会问：随着人们储蓄的积累，干预是否会继续有效？同样，人们可能会问：随着新技术信息的传播，对技术采用的补贴效果如何？等等。

和以前一样，亚组分析很可能有助于形成关于随着总体的演变，效应将如何显现的观点。更富有的参与者或更知情的社区可能被用来作为未来总体的代理。因此，实验设计的创新在这方面可能也有帮助。

169 Chassang 等（2012）强调，通过改变激励或改变参与者认为其正在接受干预的信念，就有可能识别干预效应的纯行为层面，即伴随（期望）干预的参与者行为变化导致的干预效应。例如，一位小企业主参加了一项接受会计培训的实验，她可能会决定延长工作时间，因为她相信培训会让工作效率更高。这可能导致发现培训的正面效应，即使会计本身并没有用。然而，这些效应可能不会持续，对于知情的参与者来说，由于意识到会计的用处有限，因此干预效应可能要小得多。

这种观察在医学上是有用的。在医学上，由于新药与患者行为的交互作用，隔离干预效应对于理解该药物的真正增值是必不可少的。在医学试验的背景下，Chassang 等（2015）提出了 2×2 盲法试验（图 2），能够分离出干预的纯效应以及干预与行为的交互作用。在一项 2×2 试验中，参与者被随机分到两个臂（arms）上。在一个臂上，参与者被告知他们干预概率将很高，而在另一个臂上，他们被告知干预概率将很低。然后，相应地进行每个臂内的试验。在假设参与者行为会随着干预概率而改变的情况下，该试验独立地将行为和干预都进行随机化。这足以隔离干预的纯效应、行为的纯效应以及干预与行为的交互作用。

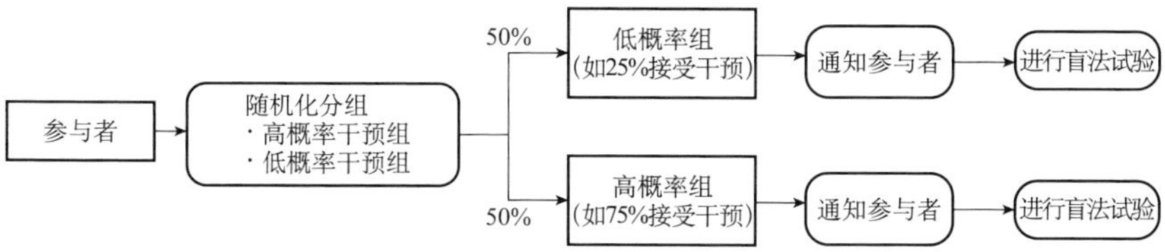

图 2　2×2 盲法试验

说明：图中显示了随机化的两个阶段，参与者首先被分配到高概率或低概率干预组，并被告知这一概率（从而产生相应的安慰剂效应），然后以标准的盲法接受干预或非干预。

资料来源：Chassang, S., Snowberg, E., Seymour, B. and Bowles, C., 2015. Accounting for behavior in treatment effects: new applications for blind trials, PLoS One 10 (6), e0127227.

Bulte 等（2014）在使用种子品种（seed varieties）作为其技术的发展环境下实施了 2×2 试验的一个版本。研究结果表明，对干预的纯粹行为响应，即由变化的期望（expectations of change）来中介的响应，是非常重要的。反过来说明，参与者可能会随着时间的推移改变他们的响应，因为他们知道了干预的真正有效性。实际上，运行 Chassang 等（2012）描述的复杂机制，或使用 Bulte 等（2014）中的盲法干预，并不总是可行的。但是，应当始终对参与者进行调查，了解他们对这项技术的期望，以及他们如何改变自己的做法以响应干预。在许多情况下，这些调查测量不会自然地作为确凿证据被报告，但在形成推测假设上可能被证明是相当有用的。 *170*

7.4　结构性推测的格式

在结束对结构性推测的讨论时，我们简要讨论了表达结构性推测的格式。我们认为，在这个阶段，只要建立的假设是明确和可证伪的，可以采用各种方式来制定关于外部效度的假设。

定性预测（qualitative predictions）　简单的定性陈述不一定比分析性陈述更不严谨。例如，Dupas（2014）描述了干预效应可能较大或较小的环境。这些描述很简单，但却很精确，而且可以证伪。

实验者经常对多个亚总体和/或分位数干预效应得出精简形式的估计值，尽管他们可能不会报告所有估计值，估计值加上一些对哪些环境相似的直观理解，使他们有可能预测干预效应变化的方向，尽管不是变化的幅度。这种推测自然是用定性方式表达的，如"这个干预效应很可能比那个大"。

预测模型（predictive models） 如果有足够的关于亚组的数据，实验者可以放心地建立统计模型，基于可观察变量来预测其他环境中的干预效应。多期、多国的试验，如 Alatas 等（2012），或多试验元分析（meta-analyses）提供了自然的起点。产生一个有完全设定的预测模型，其主要优点是它是明确的，而且通过构造，也是清晰和可证伪的。因此，与纯粹的定性预测相比，这是进一步分析的更好起点。注意，该模型不一定需要预测点估计值。一个预测估计值范围的模型将同样被很好地设定。

理论和结构模型（theory and structural models） 理论在形成有用的推测假设方面发挥着重要作用。如果一个实验者展示了一个她认为最好的理论模型，总结了她看到的事实，而且这个理论足够丰富，涵盖了她实验之外的环境，她实际上是在对其他环境做出方向性预测①。

在某种程度上这已经发生了。例如，Karlan 等（2012）评估了两项改善加纳裁缝经营业务的干预。在一种干预中，裁缝们得到了现金补助；在另一种干预中，他们接受了培训。这两种干预都改变了裁缝的经营方式（至少短暂地），但从长远来看，这两种干预都没有增加利润。作者建立了一个模型，在模型中，这种情况发生的原因是裁缝将这些干预视为探索新机会的机会。虽然其中大多数都失败了，但实验的选择价值可能仍然是正面的。这意味着其中有一些裁缝从这些干预中获得了非常大的收益，但平均而言，效应很小，并且很难探测到。为了验证这一预测，作者分析了其他有类似干预的研究，这些干预能够探测到分布右尾的变化差异。他们为自己的理论找到了一些证据支持。

已识别的结构模型，就像预测性统计模型一样，具有吸引力，因为它们对外部环境做出完全设定的预测。与纯粹的统计模型相比，它们的一个优势是可以使外部推断过程更加透明。然而，我们强调命题3的警示意义。在所有外部决策问题中，推断不可避免地是主观的。在结构化建模中，主观性的来源是模型本身。

8 结 论

本章内容涉及实验模型、实验设计处方和外部效度。希望决策理论

---

① 一些预测可能是模棱两可的，这既是正式模型的优点，也是缺点。

在实验实践中的广泛（潜在）应用足以说服理论家和实践者，这是一个富有成效的领域，有待进一步探讨。

参考文献

Aghion，P.，Tirole，J.，1994. The management of innovation. Q. J. Econ. 109 (4)，1185－1209.

Aghion，P.，Bolton，P.，Harris，C.，Jullien，B.，1991. Optimal learning by experimentation. Rev. Econ. Stud. 58 (4)，621－654.

Alatas，V.，Abhijit，B.，Hanna，R.，Olken，B. A.，Tobias，J.，2012. Targeting the poor：evidence from a field experiment in Indonesia. Am. Econ. Rev. 102 (4)，1206－1240.

Alatas，V.，Purnamasari，R.，Wai-Poi，M.，Banerjee，A.，Olken，B. A.，Hanna，R.，2016. Self-targeting：evidence from a field experiment in Indonesia. J. Polit. Econ. 124 (2)，371－427.

Andreoni，J.，Callen，M.，Khan，Y.，Jaffar，K.，Sprenger，C.，2016. Using Preference Estimates to Customize Incentives：An Application to Polio Vaccination Drives in Pakistan. NBER Working Paper Series ♯ 22019.

Ashraf，N.，Berry，J.，Shapiro，J. M.，December 2010. Can higher prices stimulate product use? Evidence from a field experiment in Zambia. Am. Econ. Rev. 100 (6)，2383－2413.

Athey，S.，Imbens，G. W.，2016. The econometrics of randomized experiments. In：Esther，D.，Banerjee，A.（Eds.），Handbook of Field Experiments，vol. 1，pp. 73－140.

Baird，S.，Aislinn Bohren，J.，McIntosh，C.，Berk，Ö.，2014. Designing Experiments to Measure Spillover Effects. PIER Working Paper ♯14－032.

Banerjee，A.，August 1992. A simple model of herd behavior. Q. J. Econ. 107 (3)，797－817.

Banerjee，A.，Duflo，E.，2011. Poor Economics：A Radical Rethinking of the Way to Fight Global Poverty. PublicAffairs.

Banerjee，A.，Duflo，E.，Goldberg，N.，Karlan，D.，Osei，R.，Parienté，W.，Shapiro，J.，Thuysbaert，B.，Udry，C.，2015a. A multifaceted program causes lasting progress for the very poor：evidence from six countries. Science 348 (6236)，1260799.

Banerjee，A.，Banerji，R.，Berry，J.，Duflo，E.，Kannan，H.，Mukherji，S.，

Walton, M., 2015b. Teaching at the Right Level: Evidence From Randomized Evaluations in India. MIT Working paper.

Banerjee, A., Cole, S., Duflo, E., Linden, L., August 2007. Remedying education: evidence from two randomized experiments in India. Q. J. Econ. 122 (3), 1236 – 1264.

Banerjee, A., Chassang, S., Montero, S., Snowberg, E., 2014. A Theory of Experimenters. Princeton University, Mimeo.

Bellman, R., April 1956. A problem in the sequential design of experiments. Sankhyā Indian J. Statistics 16 (3/4), 221 – 229.

Bergemann, D., Välimäki, J., September 1996. Learning and strategic pricing. Econometrica 64 (5), 1125 – 1149.

Bergemann, D., Välimäki, J., 2002. Information acquisition and efficient mechanism design. Econometrica 70 (3), 1007 – 1033.

Bergemann, D., Välimäki, J., 2006. Bandit Problems. Cowles Foundation discussion paper.

Berry, J., Fischer, G., Guiteras, R., 2012. Eliciting and Utilizing Willingness to Pay: Evidence from Field Trials in Northern Ghana. Cornell University, mimeo.

Bewley, T. F., 1998. Knightian uncertainty. In: Jacobs, D. P., Kalai, E., Kamien, M. I. (Eds.), Frontiers of Research in Economic Theory: The Nancy L. Schwartz Memorial Lectures 1983 – 1997. Cambridge University Press: Econometric Society Monographs, pp. 71 – 81.

Bold, T., Kimenyi, M., Mwabu, G., Ng'ang'a, A., Sandefur, J., 2013. Scaling up What Works: Experimental Evidence on External Validity in Kenyan Education. Center for Global Development Working Paper #321.

Brodeur, A., Lé, M., Sangnier, M., Zylberberg, Y., 2016. Star wars: the empirics strike back. Am. Econ. J. Appl. Econ. 8 (1), 1 – 32.

Bruhn, M., McKenzie, D., 2009. In pursuit of balance: randomization in practice in development field experiments. Am. Econ. J. Appl. Econ. 1 (4), 200 – 232.

Bulte, E., Beekman, G., Di Falco, S., Hella, J., Lei, P., 2014. Behavioral responses and the impact of new agricultural technologies: evidence from a double-blind field experiment in Tanzania. Am. J. Agric. Econ. 96 (3), 813 – 830.

Casey, K., Glennerster, R., Miguel, E., 2012. Reashaping institutions: evidence on aid impacts using a preanalysis plan. Q. J. Econ. 127 (4), 1755 – 1812.

Chaloner, K., Verdinelli, I., August 1995. Bayesian experimental design: a review. Stat. Sci. 10 (3), 273 – 304.

Chassang, S., 2013. Calibrated incentive contracts. Econometrica 81 (5), 1935 – 1971.

Chassang, S. , Snowberg, E. , Seymour, B. , Bowles, C. , 2015. Accounting for behavior in treatment effects: new applications for blind trials. PLoS One 10 (6), e0127227.

Chassang, S. , Padró i Miquel, G. , Snowberg, E. , June 2012. Selective trials: a principal-agent approach to randomized controlled experiments. Am. Econ. Rev. 102 (4), 1279 – 1309.

Cohen, J. , Dupas, P. , 2010. Free distribution or cost-sharing? Evidence from a randomized malaria prevention experiment. Q. J. Econ. 125 (1), 1 – 45.

Crépon, B. , Duflo, E. , Gurgand, M. , Rathelot, R. , Zamora, P. , 2013. Do labor market policies have displacement effects? Evidence from a clustered randomized experiment. Q. J. Econ. 128 (2), 531 – 580.

De Finetti, B. , 1937. La Prévision: ses lois Logiques, ses sources subjectives. Ann. l'institut Henri Poincaré 7 (1), 1 – 68.

Deaton, A. , June 2010. Instruments, randomization, and learning about development. J. Econ. Literature 48 (2), 424 – 455.

Della Vigna, S. , Pope, D. , 2016a. What Motivates Effort? Evidence and Expert Forecasts. University of California, mimeo.

Della Vigna, S. , Pope, D. , 2016b. Run This Treament, Not That: What Experts Know. University of California, Mimeo.

Duflo, E. , Glennerster, R. , Kremer, M. , 2008. Using randomization in development economics research: a tool kit. In: Paul Schultz, T. , Strauss, J. (Eds.), Handbook of Development Economics, vol. 4. Elsevier, Amsterdam, pp. 3895 – 3962.

Dupas, P. , 2014. Short-run subsidies and long-run adoption of new health products: evidence from a field experiment. Econometrica 82 (1), 197 – 228.

Egger, M. , Davey Smith, G. , Sterne, J. A. C. , 2001. Uses and abuses of meta-analysis. Clin. Med. 1 (6), 478 – 484. *173*

Ellsberg, D. , 1961. Risk, ambiguity, and the savage axioms. Q. J. Econ. 75 (4), 643 – 669.

Fisher, R. A. , 1926. The arrangement of field experiments. J. Ministry Agric. G. B. 33, 503 – 513.

Fisher, R. A. , 1935. The Design of Experiments. Oliver & Boyd, Edinburgh and London.

Gilboa, I. , Schmeidler, D. , 1989. Maxmin expected utility with a non-unique prior. J. Math. Econ. 18 (2), 141 – 153.

Gilboa, I. , Postlewaite, A. , Schmeidler, D. , 2009. Is it always rational to satisfy Savage's axioms? Econ. Philosophy 25 (3), 285 – 296.

Gittins, J. C., 1979. Bandit processes and dynamic allocation indices. J. R. Stat. Soc. Ser. B Methodol. 41 (2), 148 – 177.

Green, D. P., Tusicisny, A., 2012. Statistical Analysis of Results from Laboratory Studies in Experimental Economics: A Critique of Current Practice. Columbia University, mimeo.

Grossman, S. J., Stiglitz, J. E., June 1980. On the impossibility of informationally efficient markets. Am. Econ. Rev. 70 (3), 393 – 408.

Gul, F., Pesendorfer, W., 2001. Temptation and self-control. Econometrica 69 (6), 1403 – 1435.

Heckman, J. J., Vytlacil, E., May 2005. Structural equations, treatment effects, and econometric policy evaluation. Econometrica 73 (3), 669 – 738.

Humphreys, M., de la Sierra, R. S., Van der Windt, P., 2013. Fishing, commitment, and communication: a proposal for comprehensive nonbinding research registration. Polit. Anal. 21 (1), 1 – 20.

Jack, B. K., et al., 2013. Private information and the allocation of land use subsidies in Malawi. Am. Econ. J. Appl. Econ. 5 (3), 113 – 135.

Karlan, D., Knight, R., Udry, C., 2012. Hoping to Win, Expected to Lose: Theory and Lessons on Micro Enterprise Development. NBER Working Paper Series ♯ 18325.

Karlan, D. S., Zinman, J., 2009. Observing unobservables: identifying information asymmetries with a consumer credit field experiment. Econometrica 77 (6), 1993 – 2008.

Kasy, M., 2013. Why Experimenters Should Not Randomize, and What They Should Do Instead. Harvard University, Mimeo.

Klibanoff, P., Marinacci, M., Mukerji, S., 2005. A smooth model of decision making under ambiguity. Econometrica 73 (6), 1849 – 1892.

Kreps, D. M., Porteus, E. L., 1978. Temporal resolution of uncertainty and dynamic choice theory. Econometrica 46 (1), 185 – 200.

Machina, M. J., 1989. Dynamic consistency and non-expected utility models of choice under uncertainty. J. Econ. Literature 27 (4), 1622 – 1668.

Maynard, G. D., March 1909. Statistical study of anti-typhoid inoculation. Biometrika 6 (4), 366 – 375.

Miguel, E., Kremer, M., January 2004. Worms: identifying impacts on education and health in the presence of treatment externalities. Econometrica 72 (1), 159 – 217.

Milgrom, P. R., July 1981. Rational expectations, information acquisition, and competitive bidding. Econometrica 89 (4), 921 – 943.

Morgan, K. L. , Rubin, D. B. , 2012. Rerandomization to improve covariate balance in experiments. Ann. Statistics 40 (2), 1263 - 1282.

Muralidharan, K. , Sundararaman, V. , 2015. The aggregate effects of school choice: evidence from a two-stage experiment. Q. J. Econ. 130 (3), 1011 - 1066.

Olken, B. A. , 2015. Promises and perils of pre-analysis plans. J. Econ. Perspect. 29 (3), 61 - 80.

Olszewski, W. , Peski, M. , 2011. The principal-agent approach to testing experts. Am. Econ. J. Microeconomics 3 (2), 89 - 113.

Pearl, J. , 2000. Causality: Models, Reasoning, and Inference. Cambridge University Press, New York.

Persico, N. , 2000. Information acquisition in auctions. Econometrica 68 (1), 135 - 148.

Robbins, H. , September 1952. Some aspects of the sequential design of experiments. Bull. Am. Math. Soc. 58 (5), 527 - 535.

Rothschild, M. , 1974. A two-armed bandit theory of market pricing. J. Econ. Theory 9 (2), 185 - 202.

Rubin, D. B. , 1974. Estimating causal effects of treatments in randomized and *174* nonrandomized studies. J. Educ. Psychol. 66 (5), 688 - 701.

Savage, L. J. , 1954. The Foundations of Statistics. Courier Corporation.

Schmeidler, D. , July 1989. Subjective probability and expected utility without additivity. Econometrica 57 (3), 571 - 587.

Simpson, R. J. S. , Pearson, K. , 1904. Report on certain enteric fever inoculation statistics. Br. Med. J. 2 (2288), 1243 - 1246.

Vapnik, V. , 1999. The Nature of Statistical Learning Theory, second ed. Springer.

第5章　随机评估的实用性：伙伴关系、测量、伦理与透明度

R. Glennerster

麻省理工学院，J-PAL，剑桥，马萨诸塞州，美国

E-mail：rglenner@mit. edu

摘　要

一些关键的创新促使学术界迅速扩大了对实地实验的使用。其中一些是计量经济学的，但也有许多是高度实践性的。研究者学会了如何与各种各样的实施组织合作，从小型的地方性非政府组织到大型的政府官僚机构。他们改进数据收集技术，并转而使用数字化数据收集。随着研究者更多地参与他们检验干预的设计和实施，出现了新的伦理问题。最后，实验使用的戏剧性增长提高了与研究透明度有关的好处。本章记录了其中的一些实践创新，关注如下问题：如何选择实施被评估干预的组织并与其有效合作；如何最大限度地减少样本缩减、如何监测调查员，并确保在干预和比较区域一致地收集数据；实际的伦理问题，例如何时开始伦理审批程序；以及研究透明度，包括如何防止发表偏误和数据挖掘以及实验注册、预分析计划、数据发表再分析和复制工作的作用。

关键词

数据收集；伦理；实地实验；伙伴关系；研究透明度

JEL 分类号

C81；C93；O10；O12；O22

经济学家很早就知道，随机化可以通过解决选择偏误问题来帮助识别因果联系。在 Gueron（2017）关于社会实验的政治和实践：革命的种子一章以及 Gueron 和 Rolston（2013）中描述了美国在 20 世纪 60 年代和 70 年代将实验从实验室转移到政策世界的努力。这一经验至关重要，对于证明实地实验的可行性、解决一些重要伦理问题、展示研究者

和从业者如何合作以及证明实地实验的结果往往不同于观察研究的结果。有趣的是，对第一波实地实验的学术支持相对有限（Gueron 和 Rolston，2013），其中大部分是由 MDRC、Abt 和 Mathematica 等研究组织进行的，以评估美国政府项目，而且它们主要使用个人层次的随机化。相比之下，最近一波始于 20 世纪 90 年代中期的实地实验是由学术界推动的，最初专注于发展中国家，经常与非政府组织合作，并经常使用整群设计。

　　一些关键性的创新推动了实地实验的腾飞，特别是在学术界。其中一些是理论性的，包括：理解如何从有限的样本量中最大化统计效力（Imbens，2011；Bruhn 和 McKenzie，2009）；如何使用随机对照试验（RCT）来测量外部性（Miguel 和 Kremer，2004）；信息的传播（Duflo 和 Saez，2002；Kremer 和 Miguel，2007）；均衡效应（Crépon 等，2012；Mobarak 和 Rosenzweig，2014）；以及网络理论中的参数（Chandrasekhar 等，2015；Beaman 等，2013）。

　　然而，推动实地实验增长的许多创新都非常实用。研究者学习如何 _177_ 与一系列实施组织合作，包括地方非政府组织、私营公司和社会企业家。与早期随机对照试验大多数与政府合作不同，这些新的合作伙伴倾向于更开放地尝试解决问题的新方法，并且更愿意单独和联合检验其项目的不同方面。后勤和财务限制意味着他们不能接触到想接触的每一个人，这使得随机化成为分配有限资源的自然方法。在测量方面也有重要的实践创新，为实地实验开辟了新的被试领域。这些实验的新合作伙伴和新被试领域的出现，带来了一系列新的伦理问题，包括如何定义实践和研究之间的边界，以及随着研究者越来越多地参与检验干预的设计和实施，如何规范跨越边界的活动。最后，实验使用率的戏剧性提高增加了与研究透明度相关的好处。

　　本章试图记录一些实践创新，这些创新伴随实地实验，并促使其被广泛使用。当然，这种记录不可能是全面的，所以我们集中在四个分散而重要的问题上。第 1 节将讨论如何选择实施项目的合作组织并与其合作，这些组织负责实施使用 RCT 来评估的项目，以及在什么条件下，研究者既是项目实施者又是项目评估者是合理的。第 2 节将讨论数据收集中的实际挑战和应对挑战的策略，包括最大限度地减少样本损耗，监控调查员，并确保在干预和比较领域中一致性地收集数据。第 3 节将涵盖进行随机评估的研究者在设计和执行研究时必须考虑的实际伦理问题。第 4 节将涵盖研究透明度的主题，包括发表偏误、数据挖掘、实验注册、预分析计划（PAP）、数据发表再分析以及复制。

1 研究者与实施者的合作

与大多数学术性的经济研究不同，进行基于实地的随机对照试验，通常涉及研究者与实施被评估干预的组织或个人之间的密切合作。这种合作可能是实地实验工作中最好的事情，也可能是最坏的事情。如果合作进展顺利，研究者可以从实施伙伴那里学到大量知识，如关于当地正式和非正式机构如何运作、如何在当地背景下测量结果以及如何解释研究结果的知识。如果合作进展不顺利，几乎不可能进行高质量的实地实验。在本节中，我们将讨论与实施伙伴发展和保持良好合作的实际方法。

178

我们从如何找到正确的实施者，以及做什么才能使研究者-实施者的伙伴关系尽可能有效的小贴士开始。然后，我们讨论是否以及何时值得尝试"自我实施"，即既做实施者又做评估者。

1.1 发展良好的研究者-实施者伙伴关系

研究者和实施者的伙伴关系，就像任何其他关系一样，需要倾听和理解另一个伙伴，灵活地满足对方的需求，尊重对方的贡献，并保持诚实。在最初的"求爱"阶段，这两个组织会试图了解对方是否希望建立评估的伙伴关系。在此阶段，研究者应该从实施者身上发现什么？可以做什么对实施组织来说有用的事情，从而与实施组织建立良好的关系？

1.2 怎样才是一个好的实施伙伴？

1.2.1 足够的规模

对于一个好的实施伙伴来说，第一个也是容易确定的过滤条件是，一个组织的运营规模是否足够大，是否能产生足够大的样本量来为实验提供足够的统计效力。多大才是足够大，取决于随机化将要发生的层次［参见本书中 Athey 和 Imbens（2017）关于随机试验的计量经济学的第3章］，以及被比较的项目变体的数量和感兴趣的结果。因此，在判断某项评估是否可行之前，需要对潜在评估进行大量详细的讨论。令人惊讶的是，许多潜在的合作伙伴可能在很早的时候就被排除在外，因为这些实施者的运营规模不够大，无法进行像样的评估。

1.2.2　灵活性

愿意尝试不同版本的项目，并根据与研究者的讨论调整内容是实施伙伴的一个重要属性。我们可以通过一起和单独检验项目的不同部分，或者通过对同一问题的不同方法进行相互比较来学到很多东西，但是进行这种类型的检验需要非常灵活的合作伙伴。最好的伙伴关系是研究者和实施者一起决定要检验的最有趣的项目版本。

1.2.3　技术方案的专业知识和代表性项目

检验由没有经验的实施者来运行的项目、发现零结果（null result）并产生响应是有风险的："项目当然没有影响，因为您是与没有经验的实施者一起工作的。"从没有经验的实施者那里，研究者很难学到好的项目是如何良好运行的，这种合作伙伴关系有单方面的风险。在另一个极端，除非我们想检验概念验证（proof of concept），否则我们可能不想与名声在外（gold-plated）的实施者一起合作。这里有两个风险：项目太贵了，即使有效，也永远不会有成本效益；项目依赖于不寻常的、难以复制的资源。例如，一个依赖于几个非常有活力的教师或导师的项目，可能很难复制。一个大规模运营的实施者不太可能运作一个成名项目，并且已经证明了该项目是可扩展的。与较小的实施者合作也是可行的，但需要严格遵循其他人使用的模型。小额信贷组织 Spandana 是我们评估小额信贷影响的完美实施伙伴（Banerjee 等，2015a）。它的运营规模很大，信贷产品与许多其他小额信贷组织的产品接近。当其扩展到印度的一个大城市，即小额信贷组织典型的地点时，我们检验了它的影响。

1.2.4　本地专业知识及声誉

具有与研究群体相关的多年工作经验的实施者，对当地正式和非正式机构、人口特征和地理特征有深入了解，这对设计和实施评估来说是非常宝贵的。他们可以回答一些问题，比如：哪些信息可能会引起这些人群的共鸣？项目的成功是怎么样的？我们如何测量它？当我开始在塞拉利昂的工作时，我花了很长时间和塞拉利昂统计局、医疗保健以及机构改革和能力建设项目的工作人员在该国各地旅行。我的其中一位同事曾与塞拉利昂重要的人类学家保罗·理查兹（Paul Richards）共事。我们对信任、群体身份以及集体行动的最终测量，在很大程度上依赖于他们的建议和投入。我了解到，询问刚刚结束的内战是社会允许的，但询问婚姻纠纷可能会让我们被赶出村庄。从泰扬·罗杰斯（Tejan Rogers）那里，我了解到，塞拉利昂的每个农村（和一些城市）社区都会组织如

"清扫道路（road brushing）"这样的集体活动，清除连接社区和临近社区的土路上不断侵蚀道路的植被，甚至在河流上修建常见的棕榈木桥梁。这种活动发生的频率和社区参与的比例，成为我们首选的集体行动测量标准，这些标准已经被许多其他学者使用。

同样重要的是，一直在当地工作的实施者在当地社区中拥有一定声誉，而研究者需要数年的时间才能建立声誉。这种声誉可能是至关重要的。如果对实施者的怀疑意味着很少人接受项目，会导致我们很难了解项目的影响。实施组织的声誉，对允许研究团队在社区开展工作以及获得调查的高响应率也是至关重要的。

180   研究者需要了解这种声誉资本对实施者的价值。实施伙伴似乎不愿尝试新想法，可能是一个完全有理由的警示，即避免将他们来之不易的声誉置于危险境地。

1.2.5　员工流失率低

评估要求建立一种信任和理解的伙伴关系，而这需要时间。在评估进入关键阶段时，实施组织中的关键人员经常会离职。他们的继任者可能不太愿意接受评估，想要检验一个不同问题，反对随机化，或者只是不感兴趣。任何组织都可能出现高流动率，但拥有外来员工的政府和组织尤其有可能。从当地社区吸纳员工的非政府组织，往往人员流动率较低。研究者保护评估的唯一方法，是尝试与实施组织的多个级别建立关系，这样就不会因为失去一个关键人物而毁了整个项目。

1.2.6　渴望了解真相，并愿意投资于发现真相

实施伙伴最重要的品质，是渴望了解干预的真正影响，并愿意投入时间和精力帮助研究者发现真相。许多组织一开始时很热衷于评估的想法：它们希望专家证明它们的项目非常成功。在某一时刻，这些组织将意识到，严格评估可能会得出结论：它们的项目没有正面效应。对这种情况，可能有两种反应：突然意识到所有的现实约束，导致评估变得不可能，或者重新建立了解评估结果的承诺。

在 Glennerster 和 Takaravasha（2013，第 20 页）中，我们引用了 Pratham 的 Rukmini Banerji 在启动对其旗舰项目"阅读印度（Read India）"的评估时所说的话：

> 当然，（研究者）可能会发现它不起作用。但如果真的不起作用，我们也需要知道这一点。我们对自己和与我们合作的社区负有责任，不能把大家的时间和资源浪费在一个无助于孩子学习的项目上。如果

我们发现这个项目不起作用，我们就会开发一些可以起作用的东西①。

这就是作为一个理想伙伴的那种承诺。不仅仅是因为一个不情愿的合作伙伴可能会对有效评估设置障碍，实施的合作伙伴甚至需要成为评估团队中一个积极且负责任的成员。在评估过程中，不可避免地会出现实施者必须帮助解决的问题，这些问题通常需要他们付出经济或时间成本。基线调查可能会落后于项目，实施需要推迟到基线完成；项目的交通成本可能会更高，因为实施的社区最终会比其他情况下更分散，以作为控制组；由于评估，可能需要提前设定项目的推出时间和地点；必须有书面的选择标准并严格遵守，以减少当地工作人员接受项目人员的自由裁量权；或者可能需要将一些有希望的项目领域保留给控制组。合作伙伴只有充分认识到高质量评估的好处，理解为什么这些限制对高质量评估是必要的，才会容忍这些问题并积极帮助解决这些问题。小额信贷公司 Spandana Sphoorty 的 Padmaja Reddy* 就是这种承诺的一个很好例子。在评估 Spandana Sphoorty 的小额信贷产品的早期阶段，我们意识到 Spandana Sphoorty 的信贷工作人员正在进入一些控制区域招募小额信贷客户。只有靠 Padmaja Reddy 的积极干预才设法阻止了这种活动，如果不加以监控，将破坏整个实验。

对评估的承诺需要来自组织的多个层次。如果德里的总部希望进行影响评估，但当地员工不愿意，总部强行开展评估是不可取的，因为地方层次的工作人员需要与研究者一起深入参与具体工作。同样地，如果当地员工有承诺，而总部没有承诺，当地员工参与研究所需的额外时间和费用便不会获得支持。最糟糕的情况是资助者强迫不情愿的实施者去实施由研究者运行的 RCT。我自己和其他人的痛苦经历表明，参与到这样的场景中，将耗费研究者数月的时间来提出实施者总会想方设法反对的评估设计。

如果这种发现赤裸裸真相的承诺听起来有点乐观，那么有一些实用方法可以让影响评估对合作伙伴的威胁更小。与独自运行单个项目的组织相比，运行多种类型项目的实施者从其中一个项目的影响评估中获得的风险较小。另一种选择是检验项目的不同变体，而非检验项目本身的影响。例如，检验每周偿还小额贷款相比于每月偿还小额贷款的利弊（Field 等，2012），比检验小额贷款的影响威胁性更小。在某些情况下，

---

① 这段引文是我对 Rukmini 演讲的记忆。

* Padmaja Reddy 为印度的小额信贷公司 Spandana Sphoorty 的创始人及前 CEO。

研究者通过检验一个威胁较小（尽管可能不怎么有趣）的问题来开始与实施者的关系。随着伙伴关系建立了信任，实施伙伴会开放越来越多的项目组合来接受严格检验。

1.2.7　合作伙伴标准之间的权衡

一个重要的问题是合作伙伴，其必须致力于了解项目的真实效果，能够理解随机化，并将时间和专业知识投入严肃的评估伙伴关系，这种*182* 伙伴不太可能代表其他实施者。我们担心在评估项目中存在系统性偏误。Allcott（2015）检查了111个类似项目的随机对照试验，这些项目分布在美国各地，目的是鼓励节能。他发现，在采用并评估项目的前10个地点，比那些随后采用并评估项目的地点更有效。即使校正了不同地点之间的明显差异，这一结论也成立。他建议，特别热衷减少能源消耗的地区，公用事业公司会更早签署该项目，客户对节能信息也会有更多响应。注意，在这种情况下，评估和项目采用是一体化的。Allcott对地点选择偏误的估计结合了两种可能的偏误：该项目对那些早期的采用者和愿意接受评估的人更有效。Allcott无法检验那些愿意评估的人是否会运行更高质量的项目，因为在他提供的案例中，这些项目是由不同地点的单个运营商来运行的。

是优先选择一个有代表性的合作伙伴，还是选择一个高度忠诚的合作伙伴，这取决于研究目标。如果我们检验的是潜在的人类行为，比如愿意为未来的收益买单，那么合作伙伴的代表性就不那么重要了。如果我们想知道一种经常实施的项目是否有效，就会优先考虑与有代表性的合作伙伴开展合作。注意，与关于人类行为的一般问题相比，"这种类型的项目是否有效"不一定是与政策更相关的问题。就其性质而言，更一般的问题更具推广性，可以被应用于更广泛的政策问题。

1.3　研究者如何与实施组织建立良好的伙伴关系？

我们列出了一长串研究者希望实施伙伴具备的特征。但是实施者会希望研究伙伴有什么特质呢？研究者如何才能使他或她自己变成更好的合作伙伴呢？

1.3.1　回答合作伙伴希望得到答案的问题

从倾听开始。研究者带着想要检验什么的想法进入合作关系，但了解实施者想从合作关系中学到什么也是很重要的。尝试用评估的一部分来回答实施者的关键问题，用另一部分来回答研究者的关键问题。例如，这些问题往往不需要在研究中增加一个臂（arm），而只需要收集一些好的监测数据或总体状况的定量描述性数据。

1.3.2 评估设计要有灵活性

当一个研究者开始一段伙伴关系的对话时，他/她头脑中的研究设计几乎从来都不是最终实施的设计。灵活地应对实施者提出的实际问题至关重要。在过去的 20 年里，随机化评估在发展经济学中取得成功的一个主要原因是，一系列的工具被开发出来，并以不同方式引入随机化的元素。在与合作伙伴对话时，务必牢记所有工具，并利用它们带来的灵活性进行严格研究，同时考虑实施者的关注点。

实施者对随机化的一个普遍担忧是他们会失去选择被认为最有可能从干预中受益的个人或社区的能力。他们可能会担心，如果社区太大，缺乏凝聚力，或者太小，没有足够资源来充分参与，那么社区动员项目就无法发挥作用。一个培训项目可能想招收受过一些教育但并不是太多教育的学生。这些担忧的问题相对容易处理：同意剔除不符合标准的个人或社区，只要剩余的个人或社区足够用于随机选择一些人来接受干预，一些人来接受控制。这需要扩大项目的地理范围。在处理这些问题时，气泡中的随机化（randomization in the bubble）可能是一种有用的设计。

随机分阶段设计也有助于解决实施者的担忧，尽管它们也有明显缺点。Glennerster 和 Takavarasha（2013）详细介绍了不同随机化技术的优缺点。

能够（can）并且应当（should）显示的灵活性是有限度的。如果一个实施组织反复地拒绝许多不同的研究设计，而这些设计都是精心定制来解决之前对话中提出的问题的，那么在某种程度上，研究者需要评估实施者是否希望评估成功。这是一个很难做出的判断，而且常常被不愿意放弃的想法所蒙蔽，因为研究者投入了大量时间。在这种情况下，需要关注的关键问题是实施者是否同样试图克服评估的实际障碍。如果没有，那么离开并放弃已投资的沉没成本是有意义的。与其投入更多时间和金钱之后被迫离开，不如现在就离开。

1.3.3 分享专业知识

许多合作伙伴有兴趣了解更多关于影响评估的知识，这是与研究者合作开展评估过程的一部分。应当花点时间向他们解释影响评估技术，并让他们参与评估过程的每一步。主动为该组织工作人员提供随机评估的培训，或举办 Stata 研讨会。使整个组织了解随机评估对研究也有重要的好处。在孟加拉国，孟加拉国发展协会（Bangladesh Development Society）的工作人员非常精通随机对照试验的逻辑。当他们注意到周围社区的女孩参加项目活动时，就采取了处理措施。他们（自发地）向社区解释这可能会干扰控制组，要求只允许当地女孩参加。

184　　研究者通常拥有相当多的关于项目设计具体要素的专业知识，包括监控系统和激励措施，而且了解潜在资金来源——所有这些都可能被实施者高度重视。许多研究者最终在监测系统和项目设计方面提供了技术援助，远远超出正在评估的项目。当评估过程后期出现难题时，赢得声誉是非常宝贵的。

1.3.4　提供中间产品

虽然实施伙伴从最终评估的结果中受益，但项目资助和报告的时间表与学术时间表有很大不同。通常情况下，实施组织需要在项目最终数据收集前，以及在最终评估报告完成的几年前，寻求资金以维持项目运行。因此，提供中间产品是很有帮助的。这些产品包括：需求评估的书面报告，研究者利用现有数据和/或项目设计中使用的定性资料；其他地方类似项目的描述；项目开始时提供的详细描述条件数据的基线报告；或研究者正在实施项目的任何持续监测的定期报告。研究者通常会收集这些数据，但直到写作最终论文时才会进行数据分析。意识到实施者有不同的时间表并尽早推出这些产品可以使它们更有用。

1.3.5　在当地活动并保持频繁联系

伙伴关系需要工作和见面的时间。实地实验并不是你建立了实验，然后离开，一段时间后再回来发现结果。这个过程中会出现各种问题，尤其是在发展中国家：罢工、资金削减、物价上涨、埃博拉疫情暴发。重要的是让研究团队的一名成员待在现场，帮助实施伙伴考虑如何处理大大小小的冲击，来满足实施者和研究者的共同需求。即使在持续多年的项目中，我每周也会与我的研究助理通电话，他们要么常驻实施者的办公室，要么经常去拜访他们。我们总是有很多事情要谈。我每年也会访问这个研究地点一两次。评估过程中出现的常见问题包括：低于预期的项目参与率、高于预期的项目运行成本、不均衡的实施质量，以及关于如何改进项目的新想法。

1.4　与政府合作时的特别考虑

与政府伙伴进行合作有特殊的好处和挑战。好处之一是：政府通常拥有大量可支配的资源，而且它们的地理覆盖范围很广。因此，例如Olken 等（2014）能够在印度尼西亚省区一级进行随机抽样，并且在干预地区有 180 万个目标受益者。政府还收集了大量关于个人的数据，如儿童考试成绩、成人收入以及与刑事司法系统的接触数据。尽管即使政府不是评估项目的实施者，研究者也可能获得这些数据，但正式合作关系使这项工作变得很容易。行政管理数据可以允许研究者在不做广泛调查的情况下评估影响。

对需要大样本量和/或长期跟踪的研究设计，这特别有益。例如，Angrist 等（2006）跟踪了哥伦比亚私立学校教育券抽签的中签者和未中签者，方法是在教育券发放七年后，将中签者与统一的大学入学考试链接起来。正在进行的研究中，Bettinger 等在抽签 17 年后，将教育券中签者和未中签者与政府税收和收入数据链接起来。政府的广泛影响使在代表较大地理单位的总体中随机化成为可能。Muralidharan 和 Sundararaman（2011）在安得拉邦（Andhra Pradesh）农村学校的代表性样本中，检验了教师激励薪酬的影响，这意味着他们的结果在 6 000 万人口中是有效的[①]。

与政府合作的另一个好处是，如果发现试点有效，政府有能力将项目扩展到大量人群。如果对政府实施的试点进行评估，这可能会缓解（尽管不一定消除）对扩大规模的项目不会像试点那样实施的担忧。各国政府可能会发现，来自试点的结果比另一个组织实施的结果更有说服力。2015 年，Banerjee、Hanna 和 Olken 与印度尼西亚政府合作，检验向接受政府补贴大米的人提供个人身份证明（表明他们有资格获得的大米数量和价格）如何减少分配系统中的腐败。结果显示，这些身份证明使目标受助人获得的补贴增加了 25%，因此政府扩大了身份证明项目的规模，惠及 6 600 万人。从评估设计到项目扩展大约需要一年的时间。

有些问题只能通过与政府合作来审查：例如，操纵如何奖励税务人员（Khan 等，2014）；如何培训和奖励警察（Banerjee 等，2012）；或者如何监管公司向环境中的排放（Duflo 等，2013）。

然而，与政府合作在带来这些好处的同时，也带来了相当大的成本。与非政府组织相比，政府可能行动缓慢，检验开箱即用（out-of-the-box）解决方案的能力或意愿较低。与政府一起进行以理论为导向的实地实验特别困难。政府往往对回答抽象问题不感兴趣，因为对这种问题的回答，虽然可以为许多政策提供信息，但不会作为一个具体项目扩大规模。政府还会发现，与非政府组织相比，只为有限数量的贫困公

---

① 安得拉邦有 8 000 万人口，其中 75% 是农村人口。

186 民提供服务更加困难。一些政府会受到法律限制，要求它们平等对待有同等需要的公民。当法国政府想使用随机试验检验项目时，它们首先必须修改宪法才能做到这一点（J-PAL，2015）。此外，由于公务员定期调动，政府工作人员的流动率可能很高。这使得在不同级别的政府中建立支持变得更加重要：如果 RCT 得到部长支持，但没有下级官员的支持，那么它很可能随着下一次内阁改组而消亡。选举可能会同时导致政策重点和人员的大幅变化。它还可能导致选举前后一段时间项目的瘫痪，即使正在评估的项目得到了两党支持。例如，我参与的一项 RCT 崩溃了，因为新当选的政府冻结了所有不必要的支出，正在考虑新的优先事项，因此项目监测无法进行。在另一个例子中，一项即将进入现场的调查不得不暂停，因为国家汇率紧缩，这再次导致了冻结。政府预算削减和最后一刻的紧缩并不局限于发展中国家。最后，需要承认的是，各国政府可以不受惩罚地违背任何协议。当政府决定动用给终线调查预留的资金来填补项目预算的缺口时，研究者所能做的并不多。

之前讨论的促进伙伴关系的许多战略，总体上对促进与各国政府的伙伴关系特别重要。相对于研究者来说，政府合作伙伴在这方面处于强势地位，因此认真倾听它们想要什么是很重要的。它们通常在很短的政治时间表内工作，因此交付中间产品（如基线报告）可能是保持它们参与度的关键。

与政府合作通常需要采取比与非政府组织合作更正式的方式。各国政府通常需要一份谅解备忘录，为双方设定明确期望。在实际实施层面的讨论可能进展顺利，但任何最终决定，即使是相对较小的决定，都可能需要得到高级官员的批准。考虑到这一点，在日程表中预留额外的时间是很重要的。政府采购规则也可能造成相当大的延误。例如，如果我们决定一项干预需要一份向参与者解释研究的传单，政府可能要求竞争性投标来印制这份传单，从而导致几个月的延误。拥有一些不通过政府运作的独立资金，对减轻其中一些限制非常有帮助：研究者可以提供传单印刷费用或额外的监测费用等。如果政府面临流动性短缺的限制，独立资金也可以帮助维持研究的进行。

做第一个吃螃蟹的人对非政府组织来说可能是令人兴奋的，但却会让政府感到紧张，因为这会让它们受到批评。通过实验来思考（即它在报纸头版上的样子）可以帮助减轻人们的担忧。另一种策略是从另一个部*187* 门或国家引进一名以前参与过实验的官员，最好是相同类型的官员。对官员来说，与其他官员交谈比从研究者那里获取信息要让人放心得多。

政策制定者通常对就如何测量或改进项目提供建议的研究者持适度的怀疑态度，特别是来自另一个国家、州或地区的人。对研究者来说，证明自身的相关性和当地知识是很重要的。保持谦虚、向政策制定者学习的愿望，以及大量了解当地情况都会有所帮助。我见过，当政策制定者从研究者那里听到他们的实地经历时，明显放松并开始参与讨论。与一位凯内马（Kenema）的农民或一名匹兹堡的教师讨论恰如其分的逸事，对于建立信誉是至关重要的。

1.5　自我实施

不与实施伙伴合作，由研究者来实施干预的主要好处是可以高度灵活地精确检验干预或干预范围。要了解特定项目如何以及为什么会产生这样的影响，我们可能希望将其拆开，单独和综合检验不同的元素，可能很难找到愿意这样做的实施者。例如，社区驱动发展（CDD）是一种很常见的发展项目，向社区提供当地设计项目的整体捐赠，并进行促进（facilitation）以鼓励在选择项目时做出包容性决策。多年来，研究者一直想检验促进的边际效益，但将涉及在没有促进的情况下提供一些赠款，这是大多数 CDD 的实施者强烈反对的。结果是，大多数研究都检验了赠款和促进的结合（Casey 等，2012；Fearon 等，2009；Humphreys 等，2012；Beath 等，2013）。

我们可能想比较非常不同的两种类型的项目，这些项目旨在相互提供同样的结果。但个别实施者可能会专门开展项目 A 或项目 B，没有人愿意并有能力在一些随机确定的地点做项目 A，在其他地点做项目 B。我们可以试着找到两个实施者，在各自进行干预的地方开展合作，但这种三方合作可能异常困难。即使我们成功了，也不可能将项目 A 和项目 B 的不同影响与运行组织的不同实施技能的影响区分开来。任何项目和现金之间的潜在比较，就是一个很好的例子。将项目在实现给定目标方面的有效性与提供现金来实现相同结果进行比较，通常是有用的。与前面段落中提到的 CDD 示例一样，大多数实施者不愿简单地发放现金，而 GiveDirectly 是一个例外，它是由经济学家发起的。他们最终得出正确结论，认为发放现金可能是帮助穷人的一种有效方式，几乎没有负面影响（Haushofer 和 Shapiro，2013）。为了进行这种类型的比较，有时可以与合作伙伴达成妥协。孟加拉国的一项研究随机化了拯救儿童（Save the Children）组织的女孩赋权项目的不同要素，但也增加了一条（非现金）激励推迟结婚的臂。虽然不是原始项目的一部分，但拯救儿童组织同意了一种混合安排，即研究者负责设计、筹集资金并帮助实施非现金交付项目，而拯救儿童组织通过其现有的食品分配系统支持非现金激励的交付，在实施方面提供支持，使这一要素非常类似于拯救儿童项目（Buchmann 等，2016）[①]。

当我们想要通过本身没有太多实际好处的干预来检验关于潜在人类行为的理论时，自我实施的灵活性特别有用。实验室实验是这方面的一种极端形式。实施伙伴不太可能想要进行实验室实验，而且他们没有那么多的专业知识可以贡献，因为这与他们通常做的事情相去甚远。但实验室实验在检验精确假设方面非常有用，因为它们隔离了各臂之间非常具体的差异。许多实验室外的随机对照试验的有效性介于实验室实验和项目评估之间。

一系列关于健康预防产品采用的随机对照试验是一个很好的说明项目评估和实验室实验之间的连续统，以及研究者如何从与实施者合作转变为通过这个连续统来自己实施的例子。Kremer 和 Miguel（2007）与一个非政府组织合作，将驱虫药的价格随机化，作为更大项目的一部分。Ashraf 等（2010）试图了解价格是否影响健康产品的使用（这与驱虫药是不同的问题），并区分为产品付费的心理承诺效应和选择效应。为了做到这一点，人们挨家挨户地以随机选择的价格出售稀释的氯。一些同意以给定价格购买氯的人随后获得了折扣，或者惊讶地获得了免费的氯。尽管这种两阶段定价不太像普通的非政府组织项目，但研究者能够与国际人口服务组织（PSI）合作实施，因为研究者和 PSI 之间的长期关系，以及 PSI 在设计他们未来的项目时认识到了解消费者潜在健康行为的价值[②]。相反，Hoffmann 等（2009）的研究自己实施了项目，在该项目中，他们随机确定向人们提供蚊帐的价格。为了摆脱现金约束，他们在出售前为被试提供了足够的现金来购买。他们还考虑了损失厌恶，提出一旦个人购买了蚊帐，他们可以从个人那里回购。虽然这种设计在区分预防健康的不同消费者行为理论上非常有帮助，但没人会认为这是运行蚊帐分发项目的好方法，所以与实施伙伴合作不太可能是一种选项（Hoffman 当时是一名研究生，这意味着她无法像 Kremer、

190

[①] 有关这项正在进行的研究的描述，请访问 http://www.povertyactionlab.org/evaluation/empowering-girls-rural-bangladesh。

[②] Cohen 和 Dupas（2010）使用了与 Ashraf 等类似的设计，但在肯尼亚使用蚊帐，并通过研究组织"扶贫行动创新（Innovations for Poverty Action）"来实施。

Miguel 和 Ashraf 与各自的合作组织那样，建立长期合作伙伴关系）。

研究者有时选择研究组织作为实施者，或创建新的实施组织，因为他们的经验和理论研究提出了一种新的战略，具有规模有效的潜力。在这些情况下，研究者通常会同时进行项目设计和研究。Chlorine Dispensers for Safe Water（安全用水加氯器）和 StickK 是研究者帮助创造新产品和组织来扩大这些产品规模的例子，这些产品也通过实地实验进行了评估①。

对自我实施的这些重要好处起抵消作用的是如下重要缺点：要很好地实施一个复杂项目，需要注意力非常集中和大量工作；从对当地背景了解很多的实施者的洞察力中，研究者无法受益；可能会提出问题，即结果可以在多大程度上被推广到不是由非研究组织（nonresearch organizations）实施的项目；以及研究者实施的项目是否会产生不同和更复杂的伦理问题。作为非营利性大学的一部分，学者可能会受到政治宣传的约束，这可能限制他们自我实施选择研究的能力（我将在第 3 节讨论最后两点）。

研究者很容易低估直接实施项目的挑战，特别是在发展中国家。研究者特别是年轻研究者在查看实施组织收取的管理费后会认为自己实施该项目会更便宜，但在实验进行到一半时，才意识到为什么其他组织会收取高昂的管理费，这是很常见的现象。许可很难获得，物资不能按时到达，工作人员生病或辞职，或者发生飓风。运行 RCT 已经够难的了，同时还要实施项目更是一个令人头疼的问题。在后勤和人力资源管理等大多数实施任务中，研究者也不一定有比较优势。这就是研究者经常自行实施周转迅速（quick turnaround）的 RCT 和/或实地中的实验室实验（lab in the field）的另一个原因：实施的关键任务（如确定实验室中行为干预的确切措辞）更接近研究者的比较优势，并且不需要长期雇用工作人员。

研究者主导的随机对照试验结果的推广程度如何？Vivalt（2015）在对发展中国家实地实验的元分析中发现，在同一类型项目的研究中，运行该项目组织的身份是项目影响的最大预测因素。这表明，如果项目

---

① 在加氯器的例子中，该项目最初由 ICS Africa 实施，然后由扶贫行动创新实施，在那里进行了更多扩展规模检验，然后被拆分给 Evidence Action。关于 Dispensers for Safe Water 的更多信息，请访问 http://www.evidenceaction.org/dispensers/。关于 StickK 的更多信息，请访问 http://www.stickk.com/。

由政府运行，研究者实施项目的结果不一定会产生同样的影响。然而，这是否为研究者实施项目研究的缺点，主要取决于我们试图从一项研究中获得什么类型的发现，以及正在检验的干预类型。正如已经讨论过的，研究者主导的实施目标通常是厘清潜在行为，而非检验项目是否为规模有效的。在这种情况下，非政府组织或政府可能以不同于研究者的方式实施项目，这一事实与实现研究目标无关。没有非政府组织会按照Hoffmann等的方式来实施蚊帐分配，但这并不会破坏RCT提供的关于损失厌恶的一般发现。经常被忽略的一点是，关于人类行为的发现通常来自研究者实施的研究，或并非为检验可扩展干预而设计的研究，在某些方面，比从特定项目评估中获得的经验更具普遍性，正是因为它们寻求检验更一般和更理论性的问题。

但是，如果一项随机对照试验的目标是吸取经验教训，即关于特定类型的干预在实现特定结果上是否有效，以及这种类型的项目是否应该扩大规模，该怎么办？这对研究者实施项目的评估有多大用处？为了理解这一点，我们需要思考为什么研究者实施的项目与其他人实施的项目不同。

某些研究者实施的项目受到批评，被认为其不是一种方法的有效检验，因为研究者没有正确运行项目的专业知识。一种可能解决方法是雇用具有研究者所缺乏的技术能力的人。在某些学科（如医学或农学），专家资格可以记录在案，他们的建议可以由独立专家验证。因此，Cole和Fernando（2012）评估了一个基于电话的农业推广项目。要做到这一点，他们需要一位农业专家。这位专家给出的建议很容易评估。但在其他领域，这种对实施质量的外部验证更难做到。例如，如果一位经济学研究者运行并评估了一个关于社区动员的项目，但没有发现任何效应，则相比一位知名的、受人尊敬的社区动员项目实施者的无效应评估结果，前一结果的权重更小。

一个更普遍的担忧是，研究者实施的项目不具代表性，因为实施得太好了。研究者受过很高水平的教育，在评估过程中，会把大量注意力集中在相对较少的参与者身上。不幸的是，让这么多受过高等教育的人专注在相对较小的区域实施一个项目并不典型。在实施组织中，具有同等教育水平的人员往往负责非常多的项目，覆盖数十万人。这不仅是研究者实施项目的问题。接受评估的项目通常比没有接受评估的项目受到更严格审查。然而，同样地，这种情况作为一个问题的程度取决于研究目标。

如果一项研究是为检验概念验证（proof of concept）而设计，那么研究者关注（作为实施者或仅作为一个参与伙伴）就不是问题。一项概念验证研究提出了如下问题："如果一项干预得到了最好的实施，会产生什么影响？"医学和公共卫生试验通常是概念验证研究。例如，了解解决贫血能否提高生产力是有用的，即使涉及密集干预，即给家庭发放补铁药片，并定期进行访问，以确保较高的遵从性（Thomas 等，2003）。如果这项研究发现了这种联系，问题仍然存在，即如何以可持续方式最优地增加铁摄入量。研究者实施的项目通常是概念验证研究。

另一种替代方法可以确保从研究者实施的研究中吸取更广泛的教训，即研究者非常详细地记录实施步骤，以便清楚地知道检验的实施干预是什么，其他人如何复制它。这种监控可被用来评估实施质量是否会随着项目的扩展而下降。当质量易于测量时，这种方法效果最好。例如，可以客观地监控加氯器是否经常是空的，由此判断随着规模的扩大和对每个社区关注的减少，项目质量恶化的程度。随着规模的扩大，很难判断被监控项目的质量是如何变化的。这一点不仅与研究者实施的项目有关，而且是特别相关。

综上所述，当决定是否以研究者身份来实施项目时，仔细考虑研究目标是很重要的。如果这是一个短期的小规模实验，有相当理论化的目标，项目实施上的细微差异对设计至关重要，自我实施是一个很好的途径。如果目标是检验概念验证，并有客观方法来测量实施质量，那么自我实施是可能的，但考虑到所涉及的工作，并不一定是可取的。对于绝大多数实地实验来说，自我实施的好处并不能超过成本。特别是，研究者将自己与潜在的有用合作伙伴隔离开来。

某些评论者认为，研究者参与项目实施会引发重要的伦理问题。这个 *192* 问题主要在选举前后的实地实验中出现[①]。我们将在第 3 节中讨论这个问题。

2　为实地实验中的实际困难做准备

在进行实地实验时，最好能做好最坏的打算。有些危机是不可预见

---

① 蒙大拿州的一次实地投票动员实验引起了关于研究伦理的相当激烈的辩论，因为实验中使用的传单不适当地使用了蒙大拿州的印章。然而，有人质疑进行可能影响选举结果的研究是否道德。进一步的讨论参见 https://thewpsa.wordpress.com/2014/10/25/messing-with-montana-get-out-the-vote-experiment-raises-ethics-questions/。

的：在一个 12 个月的时期中，我的实地实验遭受了埃博拉、骚乱、全国性罢工和政变的打击。发生不可预见冲击的可能性，使得为可预见挑战做好准备变得更加重要。即使有最好的实施伙伴，也会有遵守随机化协议的问题，并且项目接受率将低于你的预期。即使有一支经验丰富、训练有素的调查团队，也会有人试图伪造数据，并不得不解决样本缩减问题。在本节中，我们将讨论应对这些挑战的策略。

2.1 不遵从

尽管尽了最大努力，但总会有随机分配接受干预的人没有进入项目，而那些被随机分配到对照组的人却设法获得了干预。如果不遵从水平较低，意向干预（intention-to-treat）的估计值仍然是有效的，但通过减少干预和对照之间的差异，不遵从显著降低了统计效力[①]。如前所述，选择正确的合作伙伴是遵从性的关键，但设计易于遵循的随机化方案也很重要。为了使项目顺利运行，项目实施者有许多问题要处理。在最好的设计中，他们不需要做出与随机化协议相关的决定。通常，最好的策略是确保任何一线实施者只与干预组或控制组成员之一共同工作，永远不会在不同实验组参与实施。例如，Buchmann 等（2016）比较了两个不同版本的赋权项目，监督许多村庄的实地监督员总是被派到运行相同版本项目的村庄。在一种情况下，可以让一线工作人员对不同的人采用不同实施方式，前提是他们遵循的是计算机脚本（script），而脚本是随机化的（Duflo 等，2005）。Karlan 和 Appel（2016）有许多实地实验出错的例子，许多例子都涉及不遵从。有几个例子是，尝试在现有项目上添加对附加元素（element）的评估。新元素只是简单给现有项目人员增加工作量，并非他们的主要关注点或专业知识，因此，新元素实施得很差并且存在不一致。

即使项目工作人员很好地实施了该项目并符合随机化协议，该项目的接受率也可能会令人失望。在 Banerjee 等（2015a）中，Spandana Sphoorty 公司预测，80％的合格妇女将接受她们的小额信贷产品。在规划这项研究时，我们假设这是一个过高估计值，并预测接受率为60％。然而，实际的接受率不到 20％。接受率对统计效力来说非常关键，所以保证接受率是很重要的。如果项目在其他地点运行，一种方法

---

① 最小可检测效应（MDE）规模在进入效力方程时进行了平方，因此效力对 MDE 的变化特别敏感。

是收集其他地点实际的接受率数据。或者在评估之前进行小规模试点，对于估计接受率并理解项目和研究实施的细节是有用的。即使那样，主要研究中的接受率也可能比试点研究中低，因为试点研究经常受到特别高水平的关注。

另一个不遵从的驱动因素是，表面上看起来可分离的随机化单位，实际上要混乱得多。卫生部在地图上划定的清晰诊所服务区，可能与实际去哪家诊所就诊的人没有什么关系。政府强加的政治边界，如城镇、村庄或州，与推动项目实施和溢出的日常互动模式并不总是对应的。甚至家庭（household）的定义也并不简单：家庭通常被定义为一起吃饭的人，但如果他们住在一起，即使不一起吃饭，也很难只将其一部分视为家庭而另一部分不是。为了防止这种不遵从，关键是建立自然的随机单位，这些单位通过人们如何进行实际互动来理解，而非按照某些政府计划应如何互动，Glennerster 和 Takavarasha（2013）的第 4 章更深入地讨论了这个问题。

问题最大的不遵从形式是违抗者（defier）：因为被随机分到控制组而接受干预的人，或因为被随机分到干预组而不接受干预的人。与其他只会降低效力的不遵从形式不同，违抗者可能会导致结果出现偏误。由于信息提供与先验的交互作用，信息干预中最有可能出现违抗者[①]。如果担心违抗者，我们需要识别他们可能成为问题的组（例如，通过收集现有先验的基线数据）并计算异质效应。可以单独检查某个信息项目的效应：那些信息可能与之前的先验一致，也可能高于或低于之前的先验。参见 Glennerster 和 Takavarasha（2013），了解该主题的更详细信息。

194

即使做了最好的准备，事情也会出错。因此，必须在整个实施阶段监测遵从和实施情况，并向实施者提供反馈，以便修正实施者的任何问题，并在项目接受率上加倍努力。收集谁没有接受该项目的数据，对专注于接受推广战略的实施者非常有帮助。在终线（end line）收集谁接受了该项目的数据，对于解释结果很重要；例如，区分影响有限是由接受人数较低导致的，还是由接受项目者的影响较低导致的。在合适的情况下，还需要这些数据来计算接受干预者的干预效应（treatment-on

---

① 例如，我们可以告诉人们系安全带的好处，作为增加安全带使用的方式，从而进一步测量安全带的有效性。然而，如果某些人之前对安全带好处的看法是夸大的，那么信息实际上会使他们更不可能使用安全带。我们对信息项目的估计是有效的，但如果在行为的其他方面，违抗者与非违抗者是不同的，那么对安全带效果的估计将是不正确的。

the-treated）估计值。

2.2　缩　减

高缩减率可能会毁掉原本设计和实施得很好的随机对照试验。大多数随机对照试验涉及在干预开始前后收集同一群人的面板数据。虽然在这些研究中可以通过对估计系数设定界限来考虑缩减，但除非缩减非常小，否则这些界限将很大，很难从结果中得出准确结论。即使没有收集面板数据的随机对照试验，也不得不担心所选样本的缩减：如果我们随机选择接受自然实地实验的人来测量其效应，但只接触到一部分试图访问的人，结果可能是有偏误的。

以下是保持低自然缩减的一些提示：

2.2.1　计划一次以上的访问

无论是在家里、学校还是工作场所进行调查，即使事先得到提醒，有些人也会在调查员前来调查的当天缺席。最多可能需要三次单独的访问，以确保接触到尽可能多的人。

2.2.2　追踪人们所在的位置

如果受访者已经搬家，简单地不断回到同一地点可能是不够的。如果儿童已经辍学，调查员需要去儿童家里。如果项目结果是儿童考试成绩，则需要在家里进行考试。如果家庭已经搬走，有必要去新的地点跟踪和采访。Baird 等（2008）详细介绍了肯尼亚生活面板调查的工作，该调查从 1998 年持续到 2011 年，成功地跟踪了完成学业、结婚和进入劳动力市场的青少年（一个特别难以追踪的年龄段）。在第一轮调查中，19% 的人搬离了该地区，该团队跟踪了在肯尼亚各地以及乌干达、坦桑尼亚甚至英国的受访者。

2.2.3　仔细考虑数据收集的时机

取决于一天或一年中的不同时间，愿意或能够与调查员交谈的人数会有变化。如果在工作日期间出现，大多数人都不在家。如果在吃饭时打电话，他们可能不想进行过多的讨论。选择合适的时间收集数据，需要很好地了解你的总体。还可能需要向调查员支付额外费用，让他们在正常工作时间以外工作。在学校或工作场所进行研究，具有以较低的成本控制自然缩减的优势，因为受访者在特定时间很方便地聚集在一个地点。在下午晚些时候或傍晚，当人们下班回来时，通常是在家里访问他们的好时机。在塞拉利昂农村，调查期间，调查员会留在社区，从而可以在前一天晚上预先告知人们，他想要采访他们，并安排一个双方都方

195

便的时间。这也意味着调查员全天都在社区里工作，更容易安排一个可以接触到人们的时间。

通常，避免在传统旅游旺季进行调查是有好处的。例如，8 月对巴黎的专业人士来说将是一个可怕的访问时间。也有例外，假设某项研究追踪的是那些在特定时期回到父母家中的青少年，则在美国感恩节是个好时机。当我们试图在孟加拉国的研究中追踪女孩时，在开斋节期间进行了最后一轮调查，从而减少了自然缩减。开斋节是在达卡工厂工作或结婚离家的女孩传统上回到父母家里的时候。

2.2.4　在基线收集跟踪数据

基线调查问卷应该包括一个"跟踪模块"，它会问这样的问题："如果你搬家了，当地社区中有谁不会和你一起搬家，但知道你搬到哪里？"跟踪模块应该询问受访者的电话号码以及他们的社会关系。

2.2.5　是否可以向参与者以外的其他人收集数据？

即使人们搬家了，或者孩子们辍学了，也有可能从认识他们的人那里收集一些关于他们的数据，把追踪成本降到最低，并减少自然缩减。学校可能知道孩子什么时候辍的学。同伴可能知道某个女孩是否怀孕了，即使她们已不再上学。诊所可能有患者何时停止取药和定期体检报告的数据（但注意，必须在基线调查中获得获取这些受访者数据的许可）。父母可能对他们成年的孩子了解很多，而且父母往往比他们的孩子更少搬家。

2.2.6　尽可能降低回答调查的成本

提出有压力的问题的长时间调查，可能会得到较低的回复率。适当的长度取决于受访者和数据收集方式。即使受访者完成了基线调查，如果调查时间太长，他们也会故意缺席接下来的几轮调查。儿童注意力持续时间较短，因此需要进一步缩短调查时间。电话调查需要比面对面的调查时间短。如果调查中含有可能促使某人中止访问的问题，例如虐待配偶的问题，就应该放在调查结束时，这样即使访问被中止，也只会失去数量有限的数据。

2.2.7　根据缩减制定目标，而非根据尝试次数制定目标

确定调查员尝试联系指定受访者的次数是比较常见的，但这可能会建立低效的激励机制。调查员拥有私人信息，即关于最好什么时候重返其家庭，最大限度地增加接触受访者的机会的信息，对他们来说，有激励利用这些信息是很重要的（而非有强烈激励来降低缩减率，以致伪造数据）。考虑一项电话调查，在电话调查中，调查员被给予一份待呼叫的人的名单，并被告知每个人至少要呼叫三次。实现这一目标的最简单

方法是在对方不太可能在家的时候打电话，然后接连打三次。在这种情况下，缩减率将是可怕的。如果给调查员一份名单，并告诉他们尽可能联系到更多的人，他们将会了解一天中可能获得高响应率的时间，询问人们何时有空，并在一天中的不同时间尝试联系同一个人。

2.2.8 考虑补偿

调查需要很长时间，因此对受访者进行补偿是合适的。如果调查时间很长，或者受访者需要前往诊所或检测中心才能完成调查，那么一个小小的激励将有助于降低缩减率。在面板调查中尤其如此，因为受访者知道调查将会持续很长时间。任何激励都需要得到伦理审查委员会（IRB）的批准，该委员会评估这项研究的伦理，以确保人们不会因为这种激励而承担意外风险。在 IRB 看来，补偿人们的时间通常是合乎伦理的。使用过的激励包括儿童用的小背包、肥皂和烹饪用的调料。

2.3 数据质量不佳

收集高质量数据的挑战并不是实地实验独有的，一些实地实验依赖于行政管理数据（J-PAL 为实地实验中使用行政管理数据提供了有用指导，https://www.povertyactionlab.org/admindata）。然而，研究者往往无法获得管理数据，无法获得所有个人的数据，数据不可靠，或者不够详细，无法满足研究者的需求，这些问题迫使研究者自己收集数据。数据的收集很难监控，这意味着调查员可能会走捷径，在极端情况下，还会编造数据。

因此，数据收集的一个重要部分是监控数据的质量，而这一点的关键是核查（back-check）过程。一位富有经验的调查员（通常是督导）进行回访，对随机选择的受访者子样本重新提几个问题。然后评估两次响应之间的一致性。许多研究者会对 10% 的样本进行这种"核查"。因为对于大型调查，我们需要足够的数据才能使其成为有效比较，所以比率可以低于这个数字，而对于小型调查，这一比率应该更高。核查不一定是全面的。事实上，核查时间应该较短，以避免受访者因被问两次相同问题而感到恼火。进行核查的一个原因是确保调查员没有编造数据。询问受访者最近是否接受过访问，并询问受访者几天内不太可能改变的简单问题的答案，这对实现这一目标是有用的。应该警告调查员，核查将在未经宣布的基础上进行。良好的做法是确保所有调查员的工作在调查头几天至少被核查过一次，并与调查员讨论任何两次调查的明显差异。然而，不应假设所有差异都是调查员的错。受访者经常会根据当天的情况和感受而改变他们的回答，即使被问及年龄或家庭规模等缓慢变化的变量时，也是如此。

技术为监控调查员提供了越来越多的选择。基于纸质的调查，监测必须依靠外部监控者的突击访问来检查调查员是否在正确时间出现在正确地点。监控者还可以观察访问的一部分，了解调查员是否正确地提出问题并适当地记录了答案。也可以进行问卷检查：如果某些问题被遗漏，或者某个调查员无法找到目标家庭的比率很高，团队督导可以接手调查（pick up）。使用 GPS 设备，可以更密切地跟踪调查员。即使不需要获得受访家庭的 GPS 坐标用于分析，让调查员记录坐标，也有助于保证他们确实访问了该家庭。电子数据收集现在允许记录部分或全部访问。与让督导在旁边进行监听不同，调查员不知道系统何时开始录音或访问录音的哪一部分将被抽查到，从而有更强的改善表现的动机。

电子数据收集还使得在实地调查阶段评估上传数据成为可能。通过寻找模式，可以发现并纠正调查员犯的错误，在更糟糕的情况下可以终止雇用。警示信号包括核查人员和调查员收集的答案差异很大、找不到目标住户的比率很高，以及访问时间低于平均时间（比较访问的开始和结束时间来测量）。通常在调查中有重要的触发式问题，根据受访者的回答，可能会改变调查的长度。在人口统计调查中，会有很多关于女性的每次怀孕反应的问题；在一项农业调查中，会有很多关于农民种植的每种作物的生长情况的问题。希望降低工作量的调查员，有激励让受访者回答较少数量的关键触发问题。检查某些调查员对这些触发问题的回答是否低于平均水平，是发现质量不佳的调查员的好方法。在核查过程中检查这些触发问题也很重要。 *198*

核查不能解决受访者本身的问题，如无法理解问题、系统地少报或多报（这可能是社会赞许偏误等的结果）、不知道答案，或者疲倦和回答不准确。本书的许多章节都讨论了测量方面的良好实践。但同样重要的是，使用调查工具在给定地点进行广泛的实地检验，因为与一个总体有关的问题可能不会被另一个总体很好地理解。有必要制定与当地相关的指标，特别是难以测量和有文化特殊性的结果，如社会资本。在启动塞拉利昂社区驱动发展（CDD）项目的基线调查和评估之前，Casey 花了一年时间与当地伙伴合作，制定与当地相关的集体行动、信任和参与指标（Casey 等，2012）。然而，依赖当地相关指标，与作为各国基准水平和影响的国际公认指标之间存在紧张关系。如果每项研究都使用不同方法来测量结果，就很难比较不同项目的成本效益，因为没有单一的有效性标准。因此，混合使用本地量身定做和国际认可的指标通常是个好主意。例如，在教育研究中，我们希望进行一项与实验总体的学习水平相适应的考试。然而，如果要比较不同地点的项目有效性，我们也希望包括一些可在不同研究中比较的基准问题。更多讨论，参见 Muralidharan（2017）关于发展中国家教育领域的实地实验的一章。

2.4 避免干预组和控制组在数据收集方面的系统性差异

进行随机对照试验的研究者，必须处理的大多数测量问题，与使用其他方法的研究者所面临的问题相似。然而，有几个问题是 RCT 研究者必须特别关注的。这些都归结为需要在干预组和控制组中以同样方式收集数据，并避免干预与人们报告数据的方式产生交互作用。

作为常规监控过程的一部分，项目通常会收集大量数据。这些监测数据对解释随机对照试验的结果非常有用。例如，可以帮助我们区分无效应（null effect）是由实施不好的项目造成的，还是由实现良好的项目效应很小造成的。然而，这些项目数据通常不应被用来测量结果。如果项目仅在干预区域运行，则比较区域中没有过程数据，因此无法进行比较。如果我们在干预区域使用项目过程数据，并试图在比较区域收集类似的数据，我们将永远不会知道，测量结果的任何差异是由于结果的真正潜在差异还是由于干预和比较中的测量过程的差异。例如，如果干预区域的数据由项目工作人员收集，而比较区域的数据由专业调查员收集，那么存在一种风险，即专业调查员在调查受访者和检查不一致答案上更好，因此，专业调查员所得最终结果系统地不同于项目工作人员所得结果。

一般来说，使用项目人员来收集结果数据是有问题的，因为会增加社会赞许偏误的风险。例如，受访者会发现，在被给他们做不安全性行为危险培训的人问及是否有过不安全性行为时，可能会感到特别尴尬。此外，数据收集也很难做得好，由经验丰富、有动力做好工作的人来收集会有很大好处，因为他们未来的职业前景取决于能否很好地完成任务。

过程数据被用来测量结果的一个例外，是当随机对照试验在每个人都参与项目的样本中进行时，随机参与不同类型的项目，过程数据是以相同方式在干预和比较人群中例行收集的。例如，如果同一信贷组织内的不同借款人被随机分配接受信贷合同的不同版本，并且还款是利率的结果，那么贷款人关于还款率的信息可以被用来对比干预客户和比较客户的结果。Giné 和 Karlan（2014）在研究小额信贷合同时使用了这种方法，William 等（2016）[1]也使用了这种方法来研究农业合作合同，尽

---

① 有关这项正在进行的研究的说明，请访问 http://www.povertyactionlab.org/evaluation/encouraging-adoption-rainwater-harvesting-tanks-through-collateralized-loans-kenya。

管两者也收集了调查数据。即使在这些情况下，通过比较来自调查的自我报告数据与实施组织的管理数据，可以检查数据的效度，特别是在测量结果时存在主观性的情况下。令人担忧的是，由于项目工作人员正在收集过程数据，知道哪些参与者被分配到干预，哪些被分配到比较，这种知识和对结果的任何偏见可能会影响他们记录结果的方式。

另一个诱惑是在与控制组不同的时间收集干预组数据。例如，如果合作伙伴正在推动快速实施项目，他们可能要求先在干预区域收集基线数据，以便项目可以开始，稍后在比较区域进行数据收集。这种时序差异会影响干预数据和比较数据之间的差异，应该避免。

如果项目对潜在结果和结果测量之间的关系有影响，即使在干预组和比较组中以相同方式收集数据，两组数据也不能以相同方式解释，从而破坏了实验的效度。 *200*

当项目提供改变特定行为的激励时，这个问题最常出现，这也改变了错误报告行为的激励。我们希望能够区分导致实际行为改变的激励和导致报告行为而不是实际行为改变的激励。结果的测量越客观，这种情况发生的可能性就越小，但如果激励足够大，就可能引发实质性的作弊，从而破坏更客观的测量。这就是使用与激励测量分离的结果测量更可取的原因。例如，Dhaliwal 和 Hanna（2014）研究了一个项目，在该项目中，医务人员的出勤受到监测，官员威胁将对缺勤率高的人采取行动。为了判断该项目是否影响了出勤，作者使用了与官方监测无关的随机抽查。即使一个项目不会改变受访者报告结果的激励，也可能改变一种行为的感知社会赞许性。例如，一个旨在鼓励储蓄的项目可能会使人们更倾向于报告储蓄，即使它没有改变储蓄本身。在项目可能改变社会赞许的情况下，必须依赖更客观的结果测量，通常包括非调查结果。Glennerster 和 Takavarasha（2013）有一个非调查结果的目录，并列出了每种结果的优点与缺点。

3　伦　理[①]

大多数实地实验都将人作为研究的被试，在这一点上，它们与大多

---

① 本节参考了 George DeMartino 和 Deirdre N. McCloskey（2016）主编的《牛津职业经济伦理手册》（*The Oxford Handbook of Professional Economic Ethics*）中 Glennerster 和 Powers 的文章。

数经验性的经济研究没有什么不同。但实地实验使用范围的扩大与更多研究者以及更多年轻研究者有关，他们收集自己的数据，特别是在发展中国家。与收集和存储机密数据相关的实际挑战很多，我们将在本节中讨论这一点。虽然运行实地实验所涉及的大多数实践和伦理问题，在任何涉及第一手数据收集的研究中都是常见的，但实地实验中常见的研究者和实施者之间的密切合作确实提出了具体伦理问题，特别是在实践（受国家法律以及规范和职业道德标准监管）和研究（在大多数国家有单独的正式监管结构）之间的边界方面。

201　　《贝尔蒙特报告》（Belmont Report）阐述了美国伦理研究监管体系的基本原则。这份报告由美国生物医学和行为研究保护人类研究被试全国委员会于 1978 年发布，为大多数联邦部门或机构资助的研究伦理问题的决策提供了依据（Code of Federal Regulations，Title 45，sec. 46.101）[1]。虽然报告中提出的原则是在美国制定的，但它们相当有普遍性，与世界各地伦理审查结构背后的原则相似[2]。自 1978 年以来，根据这些原则对成千上万项研究进行了评估，积累了相当多的实践经验[3]。这些原则明确地涵盖了医学和非医学研究，认为审查和保障措施的水平应与某项研究的风险水平相适应。这一点很重要，因为社会科学研究的风险水平往往低于许多医学研究。

　　《贝尔蒙特报告》阐述了三个关键原则：

1. 尊重他人

　　人们应该被视为自主主体。他们有自己的目标，有权利和能力决定实现这些目标的最佳方式。在大多数情况下，这一原则要求研究者向潜在参与者清楚地展示研究的风险和好处，并让他们决定是否想要参与。该原则还承认，有些人没有完全的自主权，例如儿童可能不了解研究的全部风险和好处，囚犯没有行动自由。如果自主性受到损害，研究者必须采取特别的预防措施。

2. 仁慈

　　研究者应该避免故意造成伤害，并寻求最大化研究对被试的好处，最大限度地减少研究对被试的风险。然而，避免所有伤害的风险是不切实际的，而且会阻碍研究给社会带来的收益。因此，需要权衡伤害风险

---

①　http://www.hhs.gov/ohrp/humansubjects/guidance/45cfr46.html♯46.101，August 15，2013.

②　例如，澳大利亚的准则同样包括公正、仁慈和尊重他人的原则，尽管还包括"研究价值和诚信"原则。加拿大伦理审查的三个主要原则是尊重他人、关心福利和公正。

③　医学研究数据库 PubMed 报告了 1978—2013 年间注册的超过 32.5 万项医学试验。

和研究可能给社会带来的好处。

3. 公正

公正原则侧重于研究成本和收益的分配。它试图避免这样的情况，即一组人（例如，穷人或囚犯）承担与研究相关的风险，而另一组人则获得好处。它认识到，承担研究风险的人可能并不完全是那些获得好处的人。相反，它的目标是确保在从中受益人群的类型中进行研究。

这些原则是两种不同的伦理传统之间的妥协：以权利为基础的路径和功利主义的路径。功利主义者和经济学家熟悉仁慈原则，强调需要权衡风险（落在个人身上）和收益（其中许多是社会积累的）。它被尊重他人原则中的自决权所修正：为了社会而将风险强加给个人的研究是道德的，但只有在个人理解风险并愿意承担风险的情况下。但是，从尊重他人原则中获得知情权并不是绝对的，本身也受到仁慈原则的修正：在与研究相关的风险最小而充分告知被试的成本很高的情况下，不完全告知，甚至在某些情况下欺骗被试是道德的。这种情况下的成本可以是货币，也可以是研究有效性的成本。

公正原则明确解决了对功利主义的一种反对——如果其给一些人带来了好处，就为伤害某些人提供了辩护——通过宣称承担风险的人应该得到好处。但是，通过将这一原则应用于群体而不是个人，其成了两种伦理传统之间的妥协。

3.1　伦理审查委员会

正如这些原则所表明的那样，在确定进行研究的最合乎伦理的方式时，要做出艰难的权衡。研究者对判断这些权衡负有主要责任。然而，他们也有兴趣来推进其研究，这可能会模糊他们对风险和收益的看法。因此，需要一个独立的权威机构来评估这种权衡，确保研究人员合适地应用伦理规则。这一角色是由 IRB 履行的。美国大多数大学都有 IRB，它们有自己的程序来审查和批准由大学教职员工和学生进行的研究。大多数来自美国政府机构的研究资金，都要求研究者遵循人类研究保护办公室（OHRP）建立的一套伦理审查准则，因此，这些准则已成为各大学采用的默认标准，即使研究并非依靠美国政府的资助。OHRP 标准来源于《贝尔蒙特报告》，但会定期更新①。

---

① 可在 http://www.hhs.gov/ohrp/humansubjects/commonrule/index.html 获得。另请参阅 http://www.hhs.gov/ohrp/humansubjects/guidance/45cfr46.html♯46.101。

一些美国非大学研究机构拥有自己的内部 IRB，遵循 OHRP 标准（例如，扶贫行动创新和 Abt Associates）。其他机构，如 Mathematica Policy Research，则使用由一个自愿组织，即人类研究保护项目认证协会（Association for Accreditation of Human Research Protection Programs）认可的外部 IRB。

在美国以外，涉及人类被试的社会科学研究的伦理审查制度相当复杂。一些国家的制度与美国类似。例如，澳大利亚的研究准则包括公正、仁慈和尊重他人的原则，尽管还包括"研究价值和诚信"原则（在美国，这一原则被纳入慈善原则）。加拿大伦理审查的三个主要原则是尊重他人、关心福利和公正。

令人惊讶的是，美国以外有数量惊人的大学没有正式伦理审查制度来对涉及人类被试的研究进行伦理审查。由于伦理审查委员会主要被视为医学研究领域的机构，许多没有医学院的大学没有设立伦理审查委员会。此外，一些医学伦理审查委员会要么不接受非医学研究审查，要么装备不足，无法审查非医学研究。

向医学伦理审查委员会寻求审查的社会科学家面临三个主要问题：这些委员会不熟悉社会科学家从事的研究类型；它们的审查程序是为对被试施加很高风险的研究而设计的；它们强加的医学伦理标准与研究伦理标准不同。不熟悉可能意味着对社会科学中标准的结果测量提出质疑（有一次我被要求从调查中删除一个关于家庭拥有什么资产的问题，因为这被认为太有侵入性）。由于医学伦理审查委员会习惯于处理对被试造成重大风险的研究，常常有比正常低风险社会科学研究更严格的安全措施，并作为标准要求，因此不愿批准知情同意或书面知情同意的豁免，即使在风险很低、负担非常高时。如果一项研究正在审查一种可能有危险副作用的新药的影响，由文盲参与者认识的人仔细宣读列出所有风险的同意书，并让他们签名，从而获得书面同意可能是合适的。如果这项研究只是测量他们的身高，可能仍然被认为是一项"健康"研究，但获得文盲参与者的口头同意是合理的。医生和护士的道德义务超越了研究伦理，包括为有需要的人提供护理。因此，医学伦理审查委员会可能要求研究者为其研究结果中发现的需要治疗的人提供医疗。例如，如果体检显示一个儿童营养不良，医生可能会推荐其接受治疗。虽然医学伦理审查委员会可能要求治疗研究者发现的生病的被试，但这一义务并非源于大多数研究伦理的原则。

一些从事实地实验的研究者已经通过与所在大学合作建立这种伦理

审查委员会来应对 IRB 的缺乏。2009 年，巴黎经济学院和印度金融管理与研究所分别与 J-PAL 欧洲和 J-PAL 南亚合作建立了 IRB。世界银行目前取决于其成员的法规，正在积极讨论建立伦理审查委员会（Alderman 等，2014）。有点令人惊讶的是，实地实验运动竟然刺激了 IRB 的创建，而许多这样的机构（包括世界银行）在实地实验流行之前很久就从人类被试那里收集了数据①。

204

3.2　何时需要伦理审查？

当研究者进行涉及人类被试的研究时，必须寻求伦理审查。"研究"和"涉及人类被试"的确切定义，在不同行政区域（jurisdictions）可能会有所不同，因此研究者需要了解适用于他们研究的当地规则。在某些情况下，会适用多种标准。例如，当美国大学的研究者在肯尼亚进行研究时，他们可能需要寻求本国大学和肯尼亚医学研究所（KEMRI）的批准。

在美国，"研究"被定义为导致一般知识创造的系统调查。关于项目功能的过程数据不是研究，因为它旨在为项目提供信息，而不是产生对其他项目有用的一般知识。询问少数项目受益者的经历不是研究，因为它不是系统的（因此不会产生一般知识）。这就是为什么非政府组织和政府所做的大多数内部评估不算研究，也不受同样严格的伦理审查②。

这一定义对研究者的实际含义是，研究者为实地实验做准备的早期工作通常不算研究，因此可以在伦理研究被批准之前完成。例如，研究者可以访问该项目，并与受益者和项目工作人员交谈。他们可以检查行政管理数据和试点问卷，这一切都是在批准之前进行的。事实上，这项工作的很大一部分是为了准备伦理审查的文件，因为大多数审查都需要一份最终问卷的副本，该问卷将被用于任何第一手数据收集。在收集研究中使用并且作为研究用途的数据之前，需要获得批准（或声明不需要完全的批准）。收集研究中使用但不作为研究用途的数据（包括正在开展的行政管理数据的收集），可以在获得批准前进行，因为无论是否用于研究，都会开展。然而，研究者可能需要批准才能访问和使用行政管

205

①　创建 IRB 的一个潜在刺激因素是美国经济学会（American Economic Association）制定的相对较新的要求，即涉及收集人类受试者数据的论文必须披露它们是否获得了 IRB 的批准。

②　尽管内部评估通常收集的数据与实地实验中收集的数据相似，而且与不适当发布数据相关的风险也是类似的，但情况确实如此。在一些国家，非政府组织或政府对来自内部评估的数据的处理受到隐私条例的保护。

理记录，因为这些记录可能包括个人信息，信息发布可能会对研究对象造成伤害。

伦理审查的第二个触发因素是研究涉及人类被试。（还有其他关于动物研究的准则，但由于社会科学很少有动物被试，在这里我们忽略了这些规定。）如果研究包括对人类被试的访问，或者从人类身上收集人体样本（例如，尿液或血液），那么这项研究就被视为涉及人类被试。

如果研究涉及使用关于人类的数据，但不涉及收集这些数据，并且研究者永远无法获得允许进行个人身份识别的信息，那么就不需要伦理批准。如果研究者只使用可公开获得的数据（通常在公开之前删除所有个人身份信息），也不需要批准。因此，一项使用人口与健康调查数据的研究不需要伦理批准。就像使用行政管理数据一样，如果研究者需要获取个人标识变量（如精确的地理位置）来进行研究，那么即使自己不收集数据，也需要获得批准。

3.3 遵守尊重人类被试要求的实际问题

3.3.1 知情同意

尊重他人（respect-for-persons）的原则要求研究者向研究涉及的人解释与参与研究相关的任何伤害风险，并在继续进行研究前征得他们的同意。

实验在个体层次上进行随机化的情况下，遵守这一要求通常相对简单。我们选择研究样本，然后与个人接触，告知他们与任何参与研究相关的风险，并请求他们同意参与。这通常是在随机化之前，在收集基线数据的背景下进行的。如果被试不同意，就将他们从样本中剔除，尽管记录拒绝参与被试的数量是一种良好的了解那些确实参与的被试的代表性的做法①。知情同意书的精确措辞和收集知情同意书的方法必须得到IRB 的批准，并取决于实验环境和所涉及风险。一般来说，最好是书面同意（即让被试签署知情同意书，上面会列出风险和任何潜在好处）。然而，当许多被试是文盲时，书面的知情同意书可能不是传达风险的最有效方式。要求文盲被试在他们不能阅读的书面文件上按指印，甚至可能会造成困扰。Alderman 等（2013）指出，在印度，要求文盲在一份文件上按指印，作为调查过程的一部分，可能会给人一种调查是由政府

---

① 关于拒绝参与人数的信息是联盟指南的要求，因此通常必须包含在医学杂志上发表的论文中。

进行的印象（因为拇指的指印通常与官方文件联系在一起），因此参与是强制性的，破坏了对人的尊重。如果风险很高，我们需要取得书面同意，可以找一位有文化并得到参与者信任的社区成员，向其仔细解释书面文件。然而，在很大程度上，社会科学实验并不涉及如此高水平的风险，获得口头同意通常是合适的，特别是当被试中有很高比例是文盲时。在这种情况下，调查员朗读同意内容并询问被试是否同意，然后勾选是否同意的复选框。同意内容的一个关键部分，是解释被试有权随时离开实验，并有权在数据收集过程中不回答任何问题。重要的是，知情同意书要以被试容易理解的方式书写。Zywicki（2007）提供了一些例子，在这些例子中，IRB 使知情同意书变得更具技术性和更难理解，这使得那些受教育程度有限的人更难做出关于参与的知情决定。

在社区层次进行随机化时，收集知情同意更为复杂，因为数据通常只在社区人群的一个随机样本中收集，因此研究团队可能不会与社区中的所有人直接互动。在这种场合下，决定如何继续进行时有三个重要的问题需要牢记：该项目是否要求参与者选择加入？是否收集关于社区层次结果的数据，在这种情况下，社区所有成员都在实验的某些被试定义下？在多大程度上是项目本身的标准做法，因此，那些参与项目但没有被收集数据的人，就不被认为是研究的一部分？

许多通过实地实验评估的项目都需要参与者选择加入。例如，如果一个项目为特定社区的母亲提供参加识字课程的机会，母亲们就有机会选择参加或不参加。正如稍后讨论的那样，一些 IRB 不会将那些参与该项目但研究者没有收集个人可识别数据的人视为实验被试。然而，即使这些项目参与者被认为是实验被试，如果有人向潜在参与者解释项目，然后潜在参与者选择是否参与，该项目也符合尊重他人的原则。

如果项目为整个社区提供服务，并且参与者不能选择退出，伦理问题就会变得更加复杂（Hutton，2001）。例如，在社区水井中添加氯，安装路灯，修改选举市长的规则，或者改变教师的教学方式。通常，实施组织在进行这种社区层次的干预之前，都会寻求社区的同意，要么是政府机构本身有问责过程，要么是实施机构受到政府的监管。如果干预的风险很低，那么通常不需要所有社区成员的个人同意；要么是因为 IRB 认为由于风险很小，而收集同意的成本太高；要么是因为 IRB 认为项目实施是实践而非研究，因此超出了它的权限。例外情况可能是，项目设计更多被认为是为研究考虑而非为项目考虑（我们将在下一节讨论此问题）。

207

在许多医学整群随机对照试验中，不收集个人的知情同意，因为个人不被认为是实验被试，特别是如果干预是在医生的层面上进行的。McRae 等（2011）认为，病人不是为医生提供不同类型培训或激励的实验被试。这是因为研究者不直接与患者互动，而医疗专业人员应当被认为是实验被试，他们在伦理上负责决定什么对患者是正确的。

3.3.2 豁免知情同意

当被试面临的风险较低而收集知情同意的成本较高时，研究伦理规则允许放弃对知情同意的要求。收集知情同意的成本可能是金钱上的，也可能是以破坏研究完整性的形式出现的。设想一项关于不同形式广告在减少成年人吸烟上的有效性的实验。该实验将全美各地的禁烟广告牌位置随机化，然后通过香烟销售来测量吸烟水平。这项研究的参与者包括任何看到广告牌的人。研究者没有很好的方法来识别看到广告牌的个人，评估干预效果的数据来自香烟销售的管理记录，因此在数据收集过程中没有机会征求同意。在该地区挨家挨户收集同意的费用将高得令人望而却步，而且看到广告牌造成伤害的风险很低，因此这项研究很可能会获得知情同意的豁免。同样，美国的许多教育实地实验都不需要征得所有学生家长的同意，因为这是不可行的，而且研究风险也很低。

收集知情同意的另一个代价是，知道他们是研究的一部分，或者知道研究的全部细节，可能会改变被试行为，这可能会破坏实验的效度。例如，我们可能不想告诉人们，他们参与了一个关于种族偏见的实验，因为这可能会让他们更多地意识到潜在偏见，从而改变他们在实验期间的行为。一种方法是告诉被试他们是研究的一部分，但不对实验主题给出完整解释，甚至在实验主题上误导被试。另一种方法是不告诉被试他们是实验的一部分。如果不告诉人们，他们是实验的一部分，或者在实验的主题上误导他们，那么在实验进行之前，需要得到 IRB 的许可。研究者必须向社会解释研究可能带来的好处，以及如果被试知道他们是实验的一部分，或知道实验的真正原因，为什么研究就会受到破坏，从而证明豁免知情同意是合理的。然后，IRB 将决定缺乏完全的透明度是否合理。IRB 通常会要求研究者在实验结束时向被试做出说明，作为获得豁免的条件。

请注意，这与实验中的欺骗不同，即作为实验的一部分，研究告诉被试一些不真实的事情。在实地实验中，也许最常见的欺骗形式是当调查员假装成其他人时：例如，假装有一种特定症状，看看医疗专业人员是否会询问他们合适的问题，并给出合适的护理建议。在这些情况下，获得知情同意的一种方法是事先警告医疗提供者，在某个时候会有神秘患者，并获得他们对这项检验的同意。如果实验持续几个月，知道许多患者中有一位是神秘患者，这种知识不太可能显著改变他们的行为。有关欺骗和知情同意的更多信息，参见 Alderman 等（2013）。

3.3.3 保护信息的机密性

作为知情同意的一部分，被试通常被告知，他们提供的任何信息都将保密。这项与被试的协议必须严格遵守，IRB 申请需要列出研究者将采取的遵守这项协议的实际步骤。研究团队中任何涉及数据处理的人，从调查员到项目负责人，都必须接受适当的数据处理培训，以确保遵守向 IRB 描述的协议。确保被试保密性的重要方法，是确保将数据链接回个人（即个人标识变量）的任何信息，如姓名、地址、电话号码或照片，尽快与其余数据分离；尽可能在分析过程中只使用不可识别（de-identified）的数据（以防止数据泄露风险）；以及保证有个人标识变量数据的安全。准确的步骤将取决于数据由什么组成，以及是如何收集的。例如，当通过纸质调查收集数据时，所有个人识别变量都印刷在调查问卷的前一到两页上，并在调查的所有页面上打印身份号码（仅为研究目的生成，对其他任何人都没有任何信息量）。这意味着一旦调查完成并由现场督导检查后，带有识别信息的第一页，就可以与调查的其余部分分离并单独存储。然后，带有识别信息的页面和将其链接回调查答案的代码，必须存储在安全的地方（例如上了锁的柜子）。当以电子方式收集数据时，可以对设备进行加密，这样，如果手机、平板电脑或PDA 被盗，任何人都无法访问这些数据。如果分析确实需要一些识别信息（例如，用于检查地理溢出的全球定位数据），则需要在加密的计算机上进行分析，以便在计算机被盗时无法访问数据。正如我们稍后将讨论的那样，当识别信息（如全球定位数据）是分析的一个组成部分时，在保持机密性的同时，发布足够数据来完全复制研究可能会很复杂。

3.4 实施的伦理问题

在关于知情同意的讨论中，很明显，确定谁是研究被试，即需要得到谁的知情同意并不总是简单的。特别是，当实地实验评估一个项目时，那些参与该项目但研究者没有收集数据的人，是不是研究被试？那么，研究伦理是否可以管辖这个项目？《贝尔蒙特报告》指出，研究和实践之间的界限，以及需要和不需要伦理批准之间的界限是模糊的。尽管这份报告的大部分内容适用于生物医学和行为（或社会科学）研究，但涉及研究和实践之间区别的部分，几乎完全是从生物医学的角度撰写的。这导致了一些伦理标准的混乱和争论，这些标准将被用于许多社会科学实地实验相应项目的实施。事实上，在界定研究与实践区别部分的末尾，《贝尔蒙特报告》明确指出，作者认为尚未为界定社会科学研究与实践之间的界限做好准备：

> 由于与社会实验相关的问题可能与生物医学和行为研究的问题有很大不同，委员会目前明确拒绝就此类研究做出任何政策决定。相反，委员会认为这个问题应该由它的一个继任机构来解决。

随后，成立了一个小组来研究这一点，但并没有发布额外的准则（guidelines）。研究者和IRB在评估社会科学家的研究方案时面临的实际问题是，是否以及何时应该寻求伦理批准，以及研究规则（包括知情同意的要求）是否适用于正在评估的项目。以下段落中的讨论，代表了我基于仔细阅读《贝尔蒙特报告》，要求对许多随机对照试验进行伦理审查的观点。然而，值得重申的是，在美国，不同的IRB对标准的解释不同；不同的国家有不同的规则；对实施的监管是各机构的标准差异最大的领域之一。

在光谱的一端，答案似乎是显而易见的：在检验新药的医学实地实验的典型案例中，需要根据了解其有效性的收益来评估与药物（干预）相关的风险。换句话说，风险和收益的评估以及知情同意适用于正在检验的项目（药物）以及围绕它的数据收集。

然而，也有同样明显的例子，表明伦理规定对研究者正在评估的干预没有管辖权。Angrist（1990）评估了越南战争的影响，其中需要通过抽签来决定参军与否。Chattopadhyay和Duflo（2004）同样评估了印度最高法院的一项裁决的影响，该裁决规定三分之一（在印度许多邦进行随机分配）的村庄，必须将村长（pradhan）的职位给予一名妇女。在这些情况下，IRB对正在评估项目的实施没有管辖权：这里没有坚持要让参与越南参军抽签的人提供知情同意。村庄也不能拒绝参加妇女参政配额项目。

新药评估案例和越南战争/配额评估案例之间的关键区别，解释了为什么在新药案例中实施是研究的一部分，而在其他案例中不是。差异在于，在一个案例中，药物（干预）是由研究者设计的，而在另外两个案例中，干预是由其他人（例如，政府或最高法院）设计和实施的。我不认为这是关键区别，原因有两个。首先，我们认为药物试验的审查应该包括药物风险和益处，无论开发药物的研究者是否继续检验它，或是否有人进行临床试验。其次，如果实施者的身份决定了干预是否应该被审查，那么我们可以说，如果一个研究者也帮助运营了一个非政府组织，那么这个非政府组织所做的一切，无论是否经过评估，都应该得到伦理批准。

《贝尔蒙特报告》还支持这样的观点，即一项活动是否应遵循研究准则，应该基于活动是什么，而不是谁实施了这项活动。该报告承认（对于生物医学研究）研究者会经常行医（就像社会科学研究者有时从事直接扶贫工作，或就政策设计向政府或非政府组织提供建议一样）。这种"实践"被认为不属于研究伦理的范围。相反，《贝尔蒙特报告》将研究定义为一种导致普遍性知识（generalizable knowledge）的活动。

在实地实验中应用这一规则的挑战在于，它是两种不同活动的组合，并导致了普遍性知识。大多数实地实验将项目推出与数据收集结合在一起，两者都不能单独建立普遍性知识。

但这提供了一个有用的标准，可用来推论实施是否需要遵循研究伦理准则，哪些部分需要遵循，也就是说，项目实施中对正常实践（或原本会发生什么）的任何改变，都应该是为了建立普遍知识的目的。因此，如果一个非政府组织在新领域推出一个项目，这将不会建立普遍知识，也不会（在我看来）被算作研究，而且该项目本身应该受到非政府组织活动规则的监管，而不是伦理审查委员会的审查。研究者对项目推出数据的使用和收集，则应遵循研究伦理，因为有必要从项目推出中吸取普遍的经验教训。然而，如果要从该项目中学习，并且推出方式有实质性改变，那么这种改变属于研究伦理的范围。注意，这并不是所有IRB都采取的立场。国际儿童支持组织（International Child Support）在肯尼亚实施的学校驱虫项目中，KEMRI 要求所有参加儿童的父母在接受药物之前提供书面许可，因为该项目正在研究中。如果没有对该项目进行评估，非政府组织就不需要收集书面（甚至口头）同意，因为驱虫药物已被证明是极其安全的。换句话说，同一组织完全相同的行动，在被研究时即认为是研究，但在没有被研究时即不认为是研究。Zywicki（2007）讨论了一个例子，一项包括提供可能挽救生命的药物研究，因为研究者无法事先获得书面同意而被关闭，尽管在没有研究的情况下，提供药物可能也不需要书面同意。

有时可以假设，如果研究者实施了一个项目，那么整个项目就是为了生成知识而引入改变的一部分。但正如我前面所说，伦理准则不是基于谁开展活动，而是基于活动是什么。因此，如果研究者评估了一个在学校分发蚊帐的非政府组织项目，研究者访问了该学校儿童的一个随机子集，那么研究者只需从访问的个人那里获得知情同意。如果分发蚊帐的是研究机构，我认为同样的规则也适用：研究规则涵盖了访问和数据收集，但分发蚊帐本身并不需要征得知情同意。

围绕研究者实施的问题，在蒙大拿州进行的一次选举实验的争议中得到了生动说明（Johnson，2015）。在这项实验中，研究者向选民发放传单，让法官个人基于意识形态标准来参加选举。对该项目的主要批评是：（1）传单使用了蒙大拿州的印章，给人的印象是州的官方文件，而实际上不是；（2）传单是"明确的倡导"，即为个别候选人而不是为议题宣传，因此没有遵守少报规则（underreporting rules）；（3）未寻求或未得到 IRB 对研究的批准；（4）干预可能改变了一些选举的结果。根据蒙大拿州的政治实践专员报告（2015 年），前两个是违反蒙大拿州选举法的行为，被进行了相应处理（Motl，2014）。换句话说，研究者作为实施者受到监管，并被要求遵守这些标准。更为复杂的问题是：由于大学的税收地位，即使研究者遵循了披露规则来表达支持，任何通过大学获得的资金都不能用于支持。

关于改变选举结果是否违反伦理有更多的争论。据推测，只有当研究者进行干预时，这种反对意见才适用，因为研究者一直在研究影响选举的干预。如果有观点认为研究者进行的干预不应改变选举，这就提出了一个问题：研究者进行的干预是否也不应该改变其他结果？例如，如果说不希望医学中的实地实验改变人们的健康结果，就有点奇怪了。

一个论点是，认为选举与其他干预不同，改善一个人的健康不会影响另一个人的健康，但选举结果是零和收益；干预不会促进社会的整体改善，相反，必然会以牺牲一个群体的利益来帮助另一个群体。但研究者研究的许多干预都有一些分配或零和的方面。一名研究者进行一项研究来帮助一些女性建立小企业，这会对现有当地企业产生潜在的负面外部性，这是不道德的吗？事实是，社会科学涉及现实世界，社会科学家研究的干预将对世界产生影响。从蒙大拿州案例中产生了要求改变的实际呼吁，IRB 过于专注对少数实验被试的潜在伤害，应该更多意识到社会整体的成本以及社会整体的收益（Humphreys，2014；Johnson，2015）。当进行研究时，我们必须意识到研究伦理和围绕研究干预的伦理和规定。但尚不清楚的是，为什么研究者作为实施者时，会有一套与其他实施者不同的伦理标准或规定。

根据活动而不是根据是谁开展活动来决定研究伦理所涵盖内容的一个好处是，它避免了在项目是否属于研究者实施的问题上划清界限。考虑到实地实验中研究者和实施者之间的密切合作，大多数被评估项目都是两者的组合。即使不是研究者的人实施了项目，研究者也经常提供项目设计的建议（基于对其他有效项目知识的了解）。但是，关于如何改进一个项目的建议并不是研究。应当算作研究的是，有意地操纵项目来产生普遍的经验教训：例如，创建一个控制组，以便对项目进行严格评估。在下一节中，我们将讨论一些例子，这些例子可能存在潜在的风险或成本，与严格评估项目所必需的项目操纵进而导致实施的改变相关。

3.5　不同形式的随机化带来的潜在危害

有许多不同的方法可以将随机化元素引入项目中，以实现对其影响的严格评估。每种方法都会导致特定伦理问题。

非研究者常常觉得不舒服的研究操纵是干预抽签。在这种设计中，一些研究参与者被随机分配参加该项目，而另一些人从未参加过项目。令人担忧的是，为了评估项目影响，项目中一些潜在参与者被"拒绝"进入项目。在评估实地实验的潜在危害时，我们需要考虑，干预抽签的引入是否改变了接受项目的总人数，或者是否改变了谁接受项目。在大多数情况下，当没有足够资金来向所有可从中受益者提供政策或项目时，就会使用干预抽签。例如，一个项目为玻利维亚的小规模企业家提供金融知识培训，但经费只够培训 200 名企业家，远少于所有符合条件的企业家数量。抽签被用于决定谁可以参加该项目，但并不会改变接受干预的人数。

可能会有这样的情况：一个项目（通常是政府项目）确实有足够资金为所有符合条件的人提供干预，但在评估的第一阶段决定减少接受该项目的人数。在这种情况下，损害风险在于项目是有益的，推迟引入导致对所有符合条件的潜在参与者的福利延迟。注意，这是一种损害的风险，而不是已知的损害，因为在这个阶段，我们不知道该项目是否有益。（如果我们知道它确实是有益的，而且资金允许每个人都接受项目，就不应该做这个实验。）这种损害风险应当被了解项目影响的潜在好处所抵消，包括可能发现项目具有意想不到的负面影响，以及评估使人们免受这些损害。

如果干预抽签不改变项目参与者数量，它可能会改变谁会参加项目。Ravallion（2012）认为，随机分配收益将研究被试"仅视为达到某种目标的手段"，因此违反了尊重人的原则。但是，所有人类被试的研究都会利用来自某些个人的信息作为手段，以便获得普遍的经验和教训。特别是如果损害的风险很小（例如，填写调查的时间成本），即使风险很大（如在一些医学试验中），如果认为研究对社会有好处，他们也很乐意奉献[①]。尊重人的原则承认，人们可以在知情情况下选择是否参加主要为帮助他人的研究。

一个更微妙的反对意见是，随机分配资源是一种错误瞄准（mistargeting）的形式（Barrett 和 Carter，2014）。想象一下，某个项目有资金为美国东北部一个城市的 500 个最贫困家庭提供保暖衣物，实施者有一个好方法来识别最需要帮助的人。评估这一项目需要识别 1 000 个贫困家庭，如果项目已经识别出城市中最需要帮助的 500 个家庭，这1 000 个家庭中的某些家庭，可能不像最初 500 个家庭那么贫困。从1 000 个家庭中随机抽取一半领取保暖衣物。在这种情况下，评估施加了一些损害风险，因为识别出的 500 个最贫困家庭中，有一些最终得不到保暖衣物，而一些稍微不那么贫困的家庭将获得保暖衣物。然而，注意，这只是一种损害风险，因为我们不知道收到保暖衣物是否有益（如果知道，就不会评估该项目），而且我们通常不知道项目识别最贫困家庭的方式是否有效。最近专门研究瞄准问题的实地实验（通过在不同社区中随机选择不同瞄准方法）表明，传统上使用的瞄准方法不一定是识别需求的最佳方式（Alatas 等，2013）。许多项目没有对特定瞄准地区中最贫困的人进行全面评估。相反，他们有资格标准（eligibility criteria），并在项目满员时停止招募。在这些情况下，可以与实施者合作，继续开展招募，直到识别出更多符合条件的参与者，然后在他们中进行随机化。由于最弱势的人往往不是首先报名参加新项目的人，延长的招募期实际上有助于改善瞄准精度。

在设计实地实验时，通常可以通过扩大项目的地理范围来避免削弱项目的瞄准标准。在前面的例子中，与其将同一城市的潜在家庭群体扩大为 1 000 个，不如将该项目扩展到第二个城市，识别每个城市中最贫困的 500 个家庭，然后从中随机选择 250 个接受项目。这将允许评估继续进行，而不会削弱瞄准。这种为适应评估而进行的地理扩展，通常会增

[①] 正如我们在尊重他人的原则下所讨论的那样，在整群试验中获得知情同意往往是一个挑战。

加项目实施者的后勤成本，这种成本需要与进行评估的收益进行比较。

如果这些选项都无法进行，评估将导致项目瞄准较差的高风险，这 *215* 不一定会使评估不符合伦理，因为需要将此风险与和研究相关的收益进行比较。

一种与错误瞄准问题特别相关的实地实验形式是围绕分界点（cut-off）的干预抽签。与简单干预抽签不同，这种方法明确地认识到，一些潜在参与者可能比其他人更有资格，因此可以在项目有明确的排序资格标准时使用。接近资格分界点的潜在参与者被随机选入或排除出项目。有三种略微不同的方式可以在分界点附近抽签。资格可以扩大到以前不符合资格的人，从这些人中随机选择进入项目。或者，被随机分组的人可以来自以前略高和略低于资格分界点的人。或者，随机化只能在以前有资格的人中进行，从而减少了项目的总体参加人数。通常这种方法不会改变受益人数，但在大多数情况下会导致某些被接受参加项目的人比其他未被接受的人更不够资格。

在评估分界点附近使用抽签的成本与收益的权衡时，有一些问题需要牢记。正如我们曾说过的，不太可能知道该项目是否有益，否则评估就不会发生。这里存在一定程度的不确定性：表明该项目有益的证据越是有力，对"拒绝"人们参与项目的担忧就越大。另一个关键问题是：对于似乎更有资格的人来说，该项目的收益是否会更高？

例如，想象一下，这种方法在南非被用于评估人们获得消费贷款的效应（Karlan 和 Zinman，2010）。银行有一个评分系统来决定谁有信用。假设得分高的人会明智地使用贷款，并能偿还银行贷款，从而使银行和参与者的境况变得更好。评分系统也是为了剔除会带来不良风险、无法偿还贷款的人。如果这些人获得了贷款，并且因为有不良信用记录（尽管如果他们从来没有资格从任何贷款人那里获得贷款，那么不良信用记录是否会给他们带来损失就永远无从知晓）而无法偿还贷款，潜在不良风险就会加剧。这正是银行对其瞄准方法质量的担忧，这促使它们邀请研究者来研究分界点，并帮助做出改进。

但是研究者或银行知道评分系统擅长确定谁的风险较低，谁的风险较高吗？也许这个系统足够好，可以检测出非常低和非常高的风险，但它在选择分界点附近的人上是否做得很好？信用评分系统有可能歧视那些风险很低但碰巧住在较贫穷社区的人。在这种情况下，使用抽签方法 *216* 实际上可能会减少歧视的危害。如果评分系统的质量存在不确定性，那么围绕分界点抽签是进行随机评估的一个非常好的理由，因为有助于产生关于评分系统有多好以及分界点位置是否正确的知识。正是这种关于合适评分系统和分界点的不确定性，导致了 Karlan 和 Zinman（2010）中的南非银行要求研究者进行这项研究。

在银行的例子中，如果评估发现略低于分界点的人与高于分界点的人表现一样好，那么银行将被鼓励向更多人发放贷款，那些略低于分界点的人将受益，银行也将受益。这里有一种风险，那就是分界点应当处于正确位置，否则那些低于分界点的人会因获得无法偿还的贷款而陷入债务。在设计这项研究时，必须考虑到这一风险。风险可以通过在分界点之上随机化（在合格的人中抽签）来改善，但这会导致其他风险：评估不能判断分界点是否太高，而且与其他设计相比，会更多地减少符合条件者的参与。也可以缩小分界点附近进行随机化的范围，这样银行就不会贷款给任何得分很低的人。但这也有缺点：对分界点位置的了解会更少，对于给定规模的项目，统计效力会更小，因此影响估计值的精度会更低。

对分界点的测量越准确，以及项目的瞄准程度越高，研究者就越应该在分界点附近抽签。例如，强有力的证据表明，分年龄体重（weight-for-age）和臂围是判断哪些儿童需要补充喂养项目的良好标准。因此，研究者可能会决定，在补充喂养项目的分界点附近进行随机化是不合适的。

4　研究的透明度[①]

有组织的怀疑主义，是科学研究过程中必不可少的："由于涉及结果的可验证性，科学研究受到同行专家的严格审查……科学家的活动受到严格监管，其程度可能是任何其他活动领域都没有的"（Merton，1942，第 276 页，引自 Miguel，2015）。

在过去的几年里，越来越多的人担心，社会科学和医学研究并不总是符合这个理想。2011 年，一项对 Diederk Stapel 研究的调查显示，同行评议心理学期刊上至少有 30 篇论文是基于编造的数据［参见 Call-

────────────

① 在准备这一节的过程中，我从 Edward Miguel 关于研究透明度（http://emiguel. econ. berkeley. edu/teaching/12）的学期课程讲义中学到了很多，尽管我并不总是得出相同的结论。

away（2011）中的报告]。当人们对数据真实性提出质疑时，《科学》杂志撤消了一篇关于同性恋婚姻态度的高度公开的实地实验的稿件（McNutt，2015）。与由非营利性机构资助的研究相比，完全由营利性机构资助的医学试验，更有可能从新干预中找到正面效应（Ridker 和 Torres，2006）。可复制项目要求研究者进行新的实验，试图复制 2008 年发表在顶级心理学期刊上的研究结果。在 100 项原始研究中，只有 35 项在复制中具有与原始研究相同方向的统计显著效应，并且复制研究中的效应量在统计上显著小于原始研究（Open Science Collaboration，2015）。

　　经济学也无法逃过聚光灯。Brodeur 等（2016）检查了 2005—2011 年间发表在顶级经济学期刊上的研究，发现许多结果的 p 值略低于 0.05，即统计显著性的传统标准。在 Fryer（2017）的"发达国家的人力资本生产：来自 196 个随机实地实验的证据"一章中，呈现了已发表的教育实地实验论文中估计效应量的大小与样本量之间的关系（这是发表偏误的一个明显标志，稍后讨论）。Chang 和 Li（2015）在检查宏观经济论文时，只能"在没有联系作者的情况下成功复制了 67 篇论文中的 22 篇（33％）的定性发现。除去 6 篇有保密数据的论文和 2 篇使用我们没有软件的论文之外，在作者的协助下，我们复制了 59 篇论文中的 29 篇（49％）"。

　　最后，关于数据或分析中是否存在错误，以及几项重要经济学研究的结论应在多大程度上修改，一直存在着备受瞩目的争论，这些争论包括（按时间顺序）Hoxby（2000）（评论 Rothstein，2004，2005；以及回应 Hoxby，2007）；Donohue 和 Levitt（2001）（评论 Foote 和 Goetz，2008；以及回应 Donohue 和 Levitt，2006）；Rogoff 和 Reinhart（2010）（评论 Herndon 等，2014；以及回应 Rogoff，2013）；以及 Miguel 和 Kremer（2004）（评论 Davey 等，2015；以及回应 Hicks 等，2015）。

　　要注意区分不同的关注点。由于存在如下问题，研究结果可能不能反映世界的潜在真实状态：

　　（1）数据是编造的；

　　（2）数据收集或数据分析有误；

　　（3）结果对替代模型设定不稳健；

　　（4）研究发现仅在非常具体的背景下成立，不是普遍性的；

　　（5）对干预的描述不够详细，从而无法检验结果在类似情况下是否成立；或

　　（6）抽样变异性意味着结果是偶然所得。

218

解决问题（1）到（3）的一种方法，是将研究背后的数据公之于众。然后，其他研究者可以检查这些数据，即是否有迹象表明它是编造或操纵的。例如，Broockman 等（2015）的分析导致了前面提到的《科学》撤稿事件。他们还可以检查分析中有没有简单错误，并且结果对于不同模型设定是否稳健。问题（4）要求在不同背景下对调查结果进行检验，而问题（5）要求在论文补充材料中包括实施细节，因为期刊通常不允许将这些细节放在正文中。问题（4）可以通过调整多重假设检验和 PAP（稍后详细讨论），以及通过多次检验同一干预来减少。然而，这些旨在提高信度的方法都不是无成本或没问题的。

在担心原始研究信度的同时，也有人担心试图复制研究发现的信度。在评论影响评估国际倡议（International Initiative for Impact Evaluation，3iE）致力于检查重要国际发展论文的可复制性时，Ozler（2014）说："在这样一种复制工作中进行稳健性检验的要点，是在将一个统计显著的结果转换为不显著结果并强调之前，不要重新进行回归分析……复制在很大程度上是为了减少 p 值操纵（p-hacking），而不是增加它。"Blattman 在他的博客文章《亲爱的记者和政策制定者：关于寄生虫战争你需要知道的事》中评论了 Miguel 和 Kremer（2004）再分析的讨论。他总结道："无论是一张感人的照片、一个感人的结果，还是一篇开创性的论文的感人记录，每个人都有夸大的激励。整件事让我觉得这对科学来说是遗憾的一天。"Simonsohn（2015）指出，许多声称发现"复制失败"的研究，比原始研究的样本量要小，没有足够能力来检验原始研究是否真的被复制。同样，还有几个不同的问题：

（1）研究者试图通过再分析数据或进行一项新的研究来检验原始论文的信度，可能会有发现与原始研究不同结果的激励；

（2）数据或分析中的小错误并不一定会转化为总体结论的实质性变化，关键是要区分结果中有意义的变化和非实质性的变化；

（3）如果尝试使用大量不同的模型设定来检验结果的稳健性，则选择性呈现这些设定中的少数几个，可能会误导人们对结果稳健性的印象；

（4）只有发现一项研究无法重复时，作者才会寻求发表，但会让人们对更广泛研究的整体信度产生误导性印象；

（5）样本变异性可能意味着后续研究的结果是偶然的；

（6）涉及复制或可重复性的统计方法并不简单，也没有单一的公认标准来判断再分析或复制是否无法复制原始研究。

术语的不规范使用使讨论更加混乱。有时术语"复制（replication）"

被用于表示获取原始数据，并查看是否相同数据可以生成已发表论文中
的表格。有时这个术语被用来表示检验实验在相同潜在总体的不同样本
上运行时是否发现了相同结果。最后，这可能意味着在新的总体中进行
检验。Clemens（2015）对可能的不同选项提供了一种有用的分类，并
建议对术语进行标准化。注意，在这一章中虽然我尽可能多地尝试和使
用 Clemens 的定义，但谈到使用不同定义的论文时，我会使用论文作者
使用的术语（特别是在引用论文时）（见图 1）。

将任何研究归类为复制研究的建议标准

| | 参数估计的
样本分布 | 差异的
充分条件 | 类型 | 跟踪研究方法与原始报告方法 | | | 示例 |
				相同规格	相同总体	相同样本	
复制	相同	随机机会、 误差或欺诈	证实	是	是	是	改正错误测量、 法规、数据库
			重复	是	是	否	弥补抽样误差、 低统计效力
稳健性	不同	抽样分布 改变	重新分析	否	是	是/否	改变规格、 重置变量
			扩展	是	否	否	改变地点、时间， 剔除异常值

说明：相同规格、总体及样本意味着这些项目与原始论文报告的相同，但不必与原始论文
所用的法规、数据库中的内容完全相同。因此，例如，如果原始论文所用法规中包含一个误差，
使得无法得出与原始论文所述完全一致的回归，而新法规改正了该误差，我们仍然认为是使用
了和原始论文相同的规格。

图 1　将任何研究归类为复制研究的建议标准

4.1　数据挖掘统计、多重假设检验与发表偏误

在讨论用于解决之前提出的一些挑战的方法之前，必须准确了解这
些挑战及其背后的统计数据。除了编造数据（这是简单的欺诈）之外，
挑战来自这样的事实，即随机评估中估计系数的标准统计显著性检验，
是基于假定我们一次只检验一个独立假设。在现实中，研究者经常使用
一项研究来检验多个相关假设，而一项研究可能并不是检验假设的唯一
研究。有了完整信息，就可以调整标准统计检验来考虑这样一个事实，
即在一项研究中检验了多个不同假设，或者一个假设在不同研究中进行
了多次检验。

大多数随机对照试验既报告了干预虚拟（dummy）变量的估计系
数，也报告了与该系数相关的 p 值。p 值给出了估计系数是偶然得到的

概率。估计系数的不确定性是由抽样变异性引起的。我们从更广泛的总体中随机抽取干预组和控制组，可能会偶然选择经历了与正在评估项目无关的正面（或负面）冲击的人加入干预组。这将导致我们高估（或低估）真正的项目效应。如果我们进行大量的随机对照试验，平均估计的干预效应将接近真正的干预效应。任何一项试验的估计干预效应都是从可能的干预效应分布中随机抽取的，并以真实效应为中心。我们在一个特定实验中观察到的任何非零干预效应是否由于偶然，取决于估计的效应、样本大小和从中抽取样本的潜在总体的方差（我们使用样本的方差来近似）。对估计干预效应 p 值的标准计算，是假设从干预组和控制组可能组合的分布中随机抽取一次。如果我们不止一次抽样，我们需要对此保持透明并做出解释。有关随机试验背后的计量经济学的更多讨论，请参见 Ahey 和 Imbens（2017）关于随机试验的计量经济学的章节。

我们的研究可能会偏离标准假设检验背后的简单的一臂（one-arm）、一研究（one-study）假设，主要的途径有两种：单个假设可能会在几个不同研究中检验一次以上，或多个不同和相互关联的假设可能会在同一研究中检验。当我们准确知道哪些假设已由哪些研究者检验时，就有可能得出有效的结论，包括通过调整 p 值的计算。然而，缺乏研究透明度可能会导致其他研究者曲解单个研究或组合研究的含义。

4.2 发表偏误

如果在同一总体上运行几个随机对照试验，我们将从可能的随机对照试验的分布中抽取多个样本，这将提高我们真实效应量估计值的精度。我们对所有不同研究的加权平均效应量，比对一项研究本身的估计效应量有更大的信心（这里样本量越大的研究被给予越大的权重）[①]。

221

然而，如果我们只能看到进行随机对照试验的一个选定样本，可能无法对真正的效应量做出正确推断。如果我们只能看到那些落入可能估计效应量分布的特定部分的实现，整体估计效应量将是有偏的。我们观察的效应量的这种选择，可能是因为研究者试图只发表那些估计效应量

[①] 经济学家很少进行正式的元分析，其中系数是以这种方式被平均，因为我们很少看到对同一总体进行完全相同干预的多个随机对照试验（RCT）。正如 Meager（2015）所报告的那样，平均系数并不是使用来自许多研究数据的有效方式。元分析在健康领域更为常见，对不同总体进行相同干预的研究是基于不同总体的干预效应（和潜在总体方差）相同的假设来平均的。相反，经济学家倾向于综述这些研究，并讨论干预效应在不同总体之间如何以及为什么可能相同或不同。发表偏误对元分析的损害不亚于对文献综述的损害。

落在特定范围内的 RCT，或者期刊只发表那些落在给定效应量范围内的估计效应。为了帮助说明，我们举一个例子，其中所有研究都有相同的样本量 N（因此应该给予相同权重），并且都在相同潜在总体（因此都是从相同分布中抽取的，并且具有假设为已知的相同方差）上进行的。图 2（a）显示了真实效应量为零的情况，因此样本量为 N 的 RCT 的可能估计效应量的分布以零为中心。标准假设检验将给出一个临界值 $\pm \hat{\beta}_{cv}$（即，如果估计效应量大于/小于 $\pm \hat{\beta}_{cv}$，则当真实效应量为零时，效应量是偶然结果的概率小于 5%）。假设运行了三个不同的 RCT，它们提供的估计效应量分别为 $\hat{\beta}_1$、$\hat{\beta}_2$ 和 $\hat{\beta}_3$。如果我们观察所有这三个估计值，我们有一个基于所有三项研究的新的估计效应量，它的置信区间比任何一项单独的研究都要紧（tighter）。由于这一置信区间仍然包括零，我们真的无法拒绝真实效应为零的零假设。事实上，我们有合理的信心认为，考虑到这种紧密的置信区间，真实效应接近零。

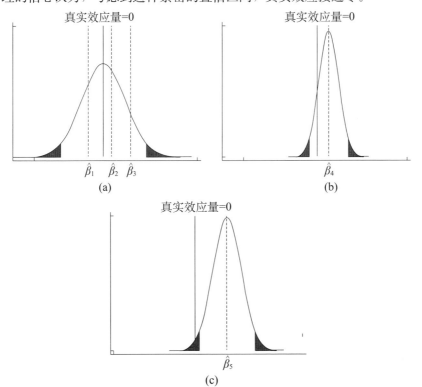

图 2　（a）来自样本量为 N 的随机对照试验的可能估计效应量分布，以零为中心并且真实效应量为零。（b）根据 3 项随机研究结果得出的效应量的估计分布。（c）通过只观察研究 2 和 3 得出的效应量的估计分布

然而，如果那些进行研究或资助研究的人对一个特定结果感兴趣，并压制（repress）那些没有正系数（在这种情况下是$\hat{\beta}_2$）的研究结果，我们可能会拒绝零假设，即得出结论，真实效应不为零的概率大于95%。注意，我们对真实效应的新估计值，可能位于最初以零为中心的置信区间，而不位于新的置信区间，鉴于我们正在借鉴两项研究，新的置信区间更小。真实效应量的估计值和新的置信区间都将是有偏的，因为故意排除了那些估计效应量在给定范围之外的研究。这是发表偏误的一种形式，也被称为"文件抽屉问题"（Rosenthal，1979）。

如果研究者和出版者没有理由偏爱正面或负面的结果，但更有可能发表显著不为零的结果，也会出现发表偏误。在前面所述的例子中，只有$\hat{\beta}_3$本身显著不为零。如果只发表这项研究，我们可能会错误地拒绝零假设，得出真实效应小于零的结论。注意，对于足够大的一组研究，我们最终会正确地得出结论，即估计效应与零无法区分，即使只发表了结果显著不为零的研究。这是因为有些研究会有显著的正面效应，有些则会有显著的负面效应，最终可能会得出正确效应，即与零无法区分的结论。然而，如果所有研究都得以发表，这一过程所需时间将要长得多[①]。

如果我们知道已进行研究的全部总体，并知道每项研究的结果，就可以避免发表偏误。这可以通过一个两步过程来实现，在这个过程中，研究者（1）在研究者（或期刊）知道结果之前，记录研究存在及其打算检验的假设；（2）研究者承诺报告结果（最好是在同一地点），即使论文从未被期刊接受。然后，做文献回顾的研究者，可以观察所有随机对照试验检验给定假设的结果。第二步更难监管，特别是如果研究结果已在其他地方报告了，一些期刊就不会发表研究。因此，研究者可能会花费数年时间试图发表一项零干预效应的研究，但在此过程中无法公布结果。幸运的是，即使是第一步也让我们更接近减少发表偏误的目标，因为允许进行文献回顾的研究者观察到，在试图检验给定假设的研究中，有多少研究结果在预测的研究结束时间之后相对较快就发表了。如果他们观察到，所有已发表的研究都有正向的估计干预效应，但在文献回顾时应该已完成的研究中，只有一小部分已完成，这会导致对已发表

---

① 对于结果本身在传统置信水平上与零没有显著区别的研究，仅仅是在随机对照试验完成和研究发表之间有较长间隔，就足以导致某些偏误。如果正在进行一系列随机对照试验，估计效应在给定范围内的研究，与在此范围之外的研究相比，完成与发表的间隔较短，则在任何给定时间，对已发表研究的回顾都将观察到一组有偏的结果，并得出不准确的结论。

研究的估计效应的信度存疑。

4.3　目前解决发表偏误的举措

研究者记录涉及健康结果的随机对照试验（RCT）的批准注册系统已经存在多年：常用的注册系统包括 ClinicalTrials. gov 和欧盟临床试验注册系统。国际标准随机临床试验编号（ISRCTN），是一种对试验进行唯一编号的国际系统，它试图使跟踪特定主题临床试验的唯一编号变得更容易：试验可能有不同的名称，并在不同的地方注册，但它们只能有唯一的 ISRCTN。

美国经济学会（AEA）最近建立了一个社会科学随机试验的注册系统（socialscienceregistry. org）。影响评估国际倡议（3iE）也设有国际发展影响评估注册系统，接受非随机化的评估，但不接受发达经济体中的项目评估。这些注册系统的目标，是为了更容易地跟踪社会科学中有多少研究试图检验给定的假设。与健康期刊不同的是，社会科学期刊（目前）没有要求作者在批准注册的系统中注册实地实验才能发表。然而，AEA 和其他专业团体强烈鼓励其成员注册他们的试验，一些资助者现在正在要求他们的受赠者也这样做。

注册实地实验相对简单。AEA 注册系统中的必填字段包括标题、国家、状态、试验开始和结束日期、干预开始和结束日期、实验设计的简要说明（即待检验的假设）、待测量的主要结果、关键词（以便进行文献回顾的人搜索所有的研究来检查特定主题）、随机对照试验是否整群化（如果是的话，还包括整群的数量、计划观察值的数量）、是否获得了人类被试的批准，以及从谁那里获得了批准。所有这些信息通常都需要获得人类被试的批准，才能进行实地实验，因此研究者注册的额外负担很小。注册系统允许研究者在系统中报告最终结果，或链接到最终论文，以便那些进行回顾的人可以知道研究结果是否发布，以及结果是什么。

不需要提供有关如何分析数据的详细信息（尽管可以使用 AEA 注册系统来注册这种计划，如下一节所述）。注册一项研究也不意味着作者必须公开发布他们的数据，尽管 AEA 注册系统确实允许链接到已发布的数据和最终论文。虽然可以在试验注册后更改 AEA 注册系统中的信息（例如，由于项目实现的延迟而更改结束日期），但是系统会跟踪这些更改，以便可以看到试验随时间的演变。例如，如果样本量更改，则可以跟踪到。

224

如果注册是为了帮助减少发表偏误，它应该在结果公布之前完成。如果在干预开始之前完成注册，AEA 会将研究标记为"预注册"。

作为减少发表偏误的一种方式，注册的负面影响相对较小。成本主要是填写注册表所需的时间。主要的风险是注册系统可能没什么用，因为不完整。虽然医学研究注册的运作时间比社会科学的注册更长，医学期刊也为注册提供了强大的激励，但这些注册系统中的大量研究从来没有公布过结果，即使是在注册系统里也是如此。

4.4 多重假设检验的数据挖掘与校正

当两项不同的研究检验相同的假设时，很明显，这两项研究代表从一组可能的结果中抽取两次，但即使在一项研究中，也可能有效地抽取不止一次。

想象一下，我们正在进行一项实地实验，以检验不同健康信息在鼓励人们购买肥皂方面的有效性。每天我们都守在一家杂货店里，招募购物者加入到研究中。一些人随机接收一条消息，另一些人接收另一条消息，我们在他们结账时观察购买情况。每天晚上，我们都会分析实地实验的数据。在第一天和第二天结束时，随机接收不同信息的人在购买决策上没有显著差异。在第三天结束后，我们看到了一种显著的差异，并确定已经达到了足够大的样本量来表明一种显著差异，因此停止实验并发表了结果。虽然这三天都是同一实验的一部分，但我们正落入与第4.2 节所述的完全相同的陷阱。我们随机选择了三个不同样本来运行我们的实验：第 1 天的数据，第 1 天和第 2 天的数据，以及第 1 天、第 2 天和第 3 天的数据；我们决定只显示这三个数据中一个的结果，因为它产生了我们想要看到的结果。这一结果很可能来自第 3 天谁被随机分到哪一组的偶然变异。如果我们再继续实验一天，两个组之间的差异可能会再次消失。这个"停止问题"的解决方案相对简单：我们需要根据统计效力计算来预先确定样本量，并在达到预定样本量时停止。为了能够可信地向其他人表明我们遵循了这一程序，提前承诺公开打算停止实验的样本量是有用的。AEA 注册系统是可以将此类承诺存档的地方。它保留做出承诺的日期的记录，以及随时间推移对承诺所做的任何更改记录以及相关日期。

关于何时停止滚动招募实地实验的决定，只是研究者关于如何收集和分析数据所做的许多潜在选择之一。在实地实验的情况下，许多这些选择都是在研究者知道这些选择将对最终结果的分析产生什么影响之前做出的。例如，我们决定在哪里进行研究，调查哪种类型的参与者，样本量是多少，收集什么变量，预计影响会在多长时间内变得明显，以及如何表达问题。关键是，谁属于干预组，谁属于控制组，并不是由研究者决定的。

研究者在分析阶段有自由裁量权的决定包括：是否在估计回归中为自变量增加控制变量；是否从分析样本中剔除异常值以及哪些观察值算作异常值；在潜在的许多结果变量中考虑哪些是最重要的；是否以水平、对数或变化来定义结果度量；是否以及如何将不同的结果测量合并为聚合的结果测量；以及在哪些亚组中检验异质性干预效应。在这些问题上的不同选择可能导致不同结论的风险，已经被接受一段时间了（Leamer，1983）。然而，重要的是不要夸大这种风险，这种风险将根据情况而有所不同。在样本量足够大的情况下，对自变量进行控制在一定程度上可能会提高估计效应的精度，但选择不同变量加入控制，很少导致估计系数发生明显变化。在大多数情况下，结果对是否删除异常值并不敏感，审稿人通常会要求作者通过包括或排除异常值和控制变量证明结果是稳健的。在某些情况下，对于主要结果变量应该是什么，研究者没有太多的自由裁量权。一个旨在提高学校入学率的项目，将把学校入学作为主要结果；一个旨在提高疫苗接种率的项目，可能会使用儿童完全接种疫苗的比率。即使是一个看似简单的结果测量，如疫苗接种率（有效的测量包括接种任何疫苗的儿童数量、2～5 岁儿童完全接种疫苗的比例、按时接种疫苗的儿童比例等），也可能有略微不同的定义方法，但这些测量通常彼此高度相关，审稿人通常会要求作者证明，在不同的结果定义方法下，结果是有效的。

当研究者将一个不太精确和普遍认可的成功指标作为结果的概念时，数据挖掘的一种更严重的风险就会出现。测量妇女赋权或社会资本等概念可能需要多个指标，没有一个指标明显优于另一个。例如在 Casey 等（2012）中，我们收集了 300 多个指标来测量 GoBifo 项目对社会资本的影响。如果我们分别考虑这些指标，并将每个潜在的结果指标对干预虚拟变量进行回归，很可能会偶然发现干预虚拟变量与其中一个指标之间存在显著关系。事实上，我们证明了精挑细选个别结果指标是可能的，这些指标（单独来看）表明 GoBifo 项目对社会资本的某一特定方面产生了正面或负面影响。在全面检查结果指标的真实效应后我们认为，结果是一种精确的零效应。如果我们报告所有 300 多个回归，那么很明显，对于绝大多数结果，估计的效应量为零，少数显示显著系数

226

（一些是正的，一些是负的）的可能是偶然的结果。然而，如果我们运行 300 多个潜在结果变量的估计回归，并只报告系数为正且与零有显著差异的回归，可能会给人一种印象，即该项目在改变社会资本方面是有效的，而实际上数据并不支持这一结论。运行许多回归并只报告那些产生显著系数的回归，通常被称为"数据挖掘（data mining）"、"钓鱼（phishing）"或"p 值操纵（p-hacking）"。

当有多种定义研究主要结果的潜在方法时，可以使用三种基本方法来避免数据挖掘。第一是将许多结果变量组合成几个聚合的结果变量；第二是针对多个假设被检验的事实调整 p 值；第三是提前承诺如何分析来自实验（或其他分析）的数据。

将多个潜在结果变量合并为一个的最简单方法是创建一个指数（index）。我们可能会收集许多旨在测量财产的指标，包括一系列资产虚拟变量。如果一个家庭拥有收音机、自行车或电视机，这些虚拟变量的取值就是 1。与其检验项目对每个单个资产虚拟变量的影响，不如创建一个财产指数，该指数是所有单个资产虚拟变量的平均值。然后我们估计该项目对整体财产指数的影响。对于其他多方面的结果测量也可以这样做。例如，我们可能会问一系列关于女性是否参与各种家庭决策的问题。我们可以通过平均所有这些问题的回答来创建决策指数。指数通常用于合并许多相似的虚拟变量。

Kling 等（2007）在他们对搬迁到机会（Moving to Opportunity）的评估中使用的均值效应方法（mean effects approach），是将相似结果指标"家族"进行合并的另一种越来越受欢迎的方式。一个结果家族，可能是所有询问健康、教育或其他相似的广泛的话题。要估计均值效应，一个家族的所有变量都需要放在类似的量表上，每个变量都有相同的平均值（零）、标准差和方向（对所有变量，负值应该是不好的，而正值是好的）。然后，我们对新的变量集合运行一组关联估计（linked set of estimations），这组关联估计中所有系数的平均值即"均值效应"。

227　　均值效应指数可以被用来减少我们估计干预效应的结果测量的数量。在将假设减少到一个可管理的数量之后，我们可以调整 p 值来反映正在检验几个相关假设这一事实。Bonferroni 校正是实现这一点的最简单方法，但它存在统计效力低的问题：即使在应该拒绝零假设的时候，也无法拒绝。一种更好的方法是使用自由下降重抽样（free step-down resampling）方法来计算家族层次的错误率。Westfall 和 Young（1993）提出了这种方法，Anderson（2008）对其使用提供了很好的解释。后一种方法的一个优点是它考虑到结果变量可能彼此相关。

当我们呈现不同的结果测量时，调整 p 值并不总是必要或合适的。一些假设显然是次要的，旨在说明实现（或没有实现）主要效应的机制。在 Banerjee 等（2010a，b，c）中，我们评估了 Pratham 的一个项目，该项目旨在通过向家长提供关于学生阅读水平较差的信息，以及他们可以倡导改变的方式来提高阅读水平。我们收集了一些结果，包括是否向家长提供了这些信息，家长是否改变了对孩子学习多少的看法，家长是否加大了对学校的监督或倡导更多教育资源，是否为学校争取了更多资源，以及考试成绩是否有所提高。我们为过程中每一步的相关变量创建了一系列结果，但我们没有将它们变成一个家族，也没有针对我们有几个家族的事实调整 p 值。这是因为，尽管我们发现前两个结果在统计上具有显著性（发生在信息环节，家长们更了解信息），但我们并没有宣布项目成功，因为因果链条明显在这一点停止了。了解更多信息并不会导致更多的努力、资源或结果。换句话说，结果总是在理论背景下来判断，这可能是数据挖掘的一个重要阻碍。注意，在论文主要结果和检验机制的回归之间，一些作者未能做出这种区分。因此，Young（2016）通过调整论文中报告的所有回归的 p 值来"校正"各种随机对照试验的显著性，无论这些回归是否检验了某个主要结果。

数据挖掘是一种特殊风险的另一个关键领域（被指责为数据挖掘是一种严重风险）是亚组检验。与多重结果一样，亚组间的差异效应检验引起了人们对多重假设的担忧。如果我们简单地在每个可能的亚组中检验效应，我们很可能会找到一个有显著干预效应的亚组。一种选择是针对检验的亚组数量调整 p 值。一种更好的方法是，在为什么某些亚组与其他亚组反应不同的背后有一个清晰的激励理论。例如，如果我们正在评估一个激励女孩留在学校的项目，我们发现该项目对在中学步行距离内的女孩的影响，比那些不在步行距离内的女孩更大，这将增强我们对整体结果的信心。

4.5　预分析计划

也许避免数据挖掘或被指责为数据挖掘的最稳健方法，是预先承诺 *228* 如何通过创建预分析计划（PAP）来分析实地实验数据。PAP 可以是之前所讨论策略的有益补充。例如，如果我们计划从 300 多个结果变量中创建五个家族，在如何划分它们方面有很大的决定权，除非我们事先指定哪些变量将进入哪些家族。很难可信地针对回归运行的数量来调整

我们的 p 值，除非我们事先准确承诺要运行哪些回归（如果没有这种承诺，我们可能会运行更多回归，只选择那些显著的回归并调整与这些回归相应的 p 值，但这将是没有意义的）。类似地，如果我们想要针对运行亚组分析的数量来调整 p 值，重要的是在开始时说明打算检验哪些亚组。

在进行实地实验的人中，PAP 的使用量有所增加，但远未达到正常标准。许多经济学家认为，PAP 约束太强，作者在数据中发现了在检查之前无法预测的重要真相，不追踪这些发现可能是错误的。其他人则担心，这种跟踪数据的方式，可能导致研究者偶然发现存在的模式，因此提前约束他们是有用的。

撰写 PAP 并不是没有成本的。这是一个既耗时又困难的过程。很难考虑在每种可能的结果组合下应该进行哪些额外检验，特别是当试验有多个臂的时候。正如 Olken（2015）所解释的那样，"大多数研究论文检验了大量假设。假设本身往往以实现其他先前的假设检验为条件：一篇论文在表 4 中检验的精确统计问题取决于表 3 的答案；在表 5 中提出的问题可能取决于表 4 的答案；依此类推。"

没有什么可以阻止研究者将 PAP 中未提出问题的结果放在论文里。这些结果被认为是探索性的，而不是确认性的。然而，大多数读者对这些结果的重视程度低于对没有 PAP 论文的结果的重视程度。虽然抽象科学模型会表明，随后的研究可以通过验证性检验来跟进这些探索性结果，但 Olken 指出，在经济学中这种后续工作没有医学界那么常见，尤其是经济研究的经费只是医学界的一小部分。Olken 还认为，对于研究者来说，提前考虑如何在多种不同情景下分析结果是有机会成本的，可能以更深入关注数据分析后揭示的某一种情景为成本。这与其说是时间的机会成本问题，不如说是 PAP 过程让研究者提前固定想法的风险，因此无法灵活地看到在探索数据之前没有想到的模式。事实上，这种"提前固定想法"恰恰是 PAP 的好处（它降低了被偶然出现的模式说服的风险），但同时也是代价（也许模式不是偶然出现的，如果我们被 PAP 蒙蔽了双眼，就会错过它们）。这是 PAP 的基本权衡[①]。

---

① 一个相关但不同的问题是，如果 PAP 中承诺的所有回归都在主要论文中报告，可能会使阅读变得枯燥乏味。例如，假设干预 1、2 和 3 是基础项目的不同组合（twists），并且所有三个干预效应与零均无显著差异（insignificant from zero），混合结果和所有亚组系数也是一样的。我们不需要看到所有结果；只需要看到三个混合臂的结果（有最精确的估计值）和一个脚注，来说明单独运行时没有一个混合臂是显著的，并且没有一个亚组显著。一些作者将 PAP 中设定的所有结果都放在附录中，但不一定在正文中全部显示，以帮助解决这个问题。

考虑到这些权衡，PAP 最常见的用途是被应用在没有明显单一的、主要的结果变量的实地实验中，或者被应用在作者知道亚组分析将是论文的关键部分并担心被指责为数据挖掘的时候。考虑到多臂研究中进行 PAP 的复杂性，PAP 在单臂试验中更为常见。研究者也使用 PAP 来帮助管理与合作伙伴的关系。有一份书面文件来阐明合作伙伴希望或期望看到什么结果，并将其视为成功，这会非常有帮助。这可以避免后来的尴尬讨论，在这种讨论中，合作伙伴想要挑选正面发现。这些合作伙伴/研究者文档不一定要像完整 PAP 那样详细才有用（遵循详细 PAP 的广泛的合作伙伴/研究者协议，例子可参见 Casey 等，2012）。

Olken（2015）提供了一个有用的清单，列出了 PAP 中应该包括的内容，如下表所示：

预分析计划的清单

项目	简介
主要结果变量	这项研究感兴趣的关键变量。如果要检验多个变量，应该知道如何进行多重假设检验
次要结果变量	需要检查的其他感兴趣的变量
变量定义	精确的变量定义，指定如何将原始数据转换为要用于分析的实际变量
包含/排除规则	包含或排除观察值的规则以及处理缺失数据的程序
统计模型设定	要使用的精确统计模型，以及要检验的假设的设定
协变量	分析中要包含的任何协变量的列表
亚组分析	对数据执行的任何异质性分析的描述
其他问题	其他问题包括数据监控计划、停止规则和临时查看数据

资料来源：Olken, B. A., 2015. Promises and perils of pre-analysis plans. J. Econ. Perspect. 29 (3), 61 - 80.

经济学内部仍有争议的一个问题是，在研究过程中撰写 PAP 的最佳时机。一种纯粹的方法建议 PAP 应该在实验开始之前编写，但目前还不清楚这是否为最佳时机。例如，Casey 等认为等待一段时间来撰写有几个好处：文献在试验期间有所增加，这可能会提出额外假设，可用试验中产生的数据进行检验；研究现场的观察可能产生其他可以检验的

230

假设，包括干预不可预见的负面影响；基线数据收集的过程也可以告诉研究者，哪些结果变量得到很好的测量，哪些结果测量有改进空间。

在 FDA 监管的试验中，在试验开始之前只需要指定主要和次要结果变量，而详细数据处理和分析计划是在收集终线数据之后，但在数据合并之前，即基于哪些观察值是干预和哪些是比较的信息（Olken，2015）。这允许研究者在包括干预状态之前确定最佳拟合（best-fit）设定，或者在研究者知道异常值是干预还是控制之前删除异常值。一些经济学家使用了这种方法（Olken 特别推荐这种方法），而另一些经济学家则倾向于在收集终线数据之前设定 PAP。Bidwell 等（2015）在一篇包括几轮数据收集的论文中使用了多阶段 PAP：分析给定数据集并提出假设，这些假设将在后续数据集中检验。编写初始的全面 PAP，然后在预先指定的时间更新。

许多用于实地实验的 PAP 现在已经公开，在第一次撰写之前值得研究一下。一些早期的经济学 PAP 可以在 http://www.povertyactionlab.org/Hypothesis-Registry 上找到。包括贫困瞄准的 PAP（参见 Alatas 等，2013）、GoBifo（参见 Casey 等，2012），以及俄勒冈健康保险实验（参见 Finkelstein 等，2012）。自从 AEA 的注册系统开放之后，新的经济学 PAP 已经发表在 https://www.socialscienceregistry.org/ 上。

4.6　问题严重程度的证据

提高研究结果的透明度和可重复性并不是没有代价的。准备要发表的数据需要时间，这些时间可以用来做新的研究。再分析数据和进行复制及扩展研究也是如此。这些成本是否值得，在一定程度上取决于问题与成本相比有多严重。估计问题的严重程度并非易事。我们不能通过检查已发表的复制或再分析研究，询问发表的文章中有多少发现研究可复制，有多少发现复制失败，来判断问题的严重程度。复制或可重复性的努力，同样会受到发表偏误和数据挖掘等问题的影响。如果说有什么不同，就是对重复性研究来说，发表偏误和数据挖掘的激励可能比原始研究更糟。在原始研究中，零效应可能没有大的正面或负面效应那么令人兴奋，但这至少是一个新发现。如果复制研究发现了与原始研究完全相同的效应，它甚至没有成为新闻的好处，作者很可能不会花很多精力来试图发表它，或者更糟糕的是，可能会试图操纵结果，以表明原始发现并不稳健。在其他情况下，复制研究比原始研究的统计效力要差得多。若在原始研究中发现显著的效应，但在低效力研究中没有发现显著的效

231

应，那么这并不是人们经常宣称的"复制失败"。Simonsohn（2015）也指出，检验不同论文中的两个估计效应量是否存在显著差异，可能不是判断新研究是否无法复制第一项研究的好方法。他建议，合适的标准是复制的结果是否一致，也就是说，存在一个足够大的效应量，足以被原始研究检测到。Simonsohn 认为，心理学文献中关于偏见的大部分证据都是基于不适当的检验。例如，心理学中被引用最多的 10 项研究，均在其标题中使用了"复制失败"来检验复制研究是否显著不同于零，即使复制研究的样本通常比原始研究小得多。

一种绕过这种复制中的发表偏误的方法，是定义一组特定的研究，这些研究将被再分析或重复，并就如何再分析或重复事先设定了明确标准。这种方法的额外好处是，复制者几乎没有激励来验证或破坏最初结果：无论发现是许多研究可以复制，还是很少研究可以复制，结果都会让一些人感到惊讶。

最近，两个重复心理学研究结果的大型倡议得出了结论。Klein（2014）有多个实验室重新检验了心理学的重要发现。一些实验室与原始实验位于同一个国家（即，用 Clemens 的话说，是复制实验），还有一些是关于新总体的（根据 Clemens 的定义，是扩展）。在 13 个原始实验中，有 10 个发现了相似的结果，有 1 个发现了相当相似的结果，有 2 个几乎没有证据表明在原始或新总体中存在一致结果。复制实验的效应量有时比原始实验大，有时比原始实验小。总而言之，这些结果相当令人鼓舞。

心理学的第二项倡议检查了更多的研究（100 项），但试图只复制一次，而且主要是在相似总体上（Open Science Collaboration，2015）。对于结果不一致的原始研究和复制研究，不可能说哪一个是正确结果。然而，可以通过许多原始研究和复制研究对来检查模式。如 Open Science Collaboration（2015）的一项研究的图所示，复制研究可能发现效应量与原始研究大小相似，但与零没有显著差异。复制还可能产生显著不同于零但大小不相似的效应量。这两种方法本身都不是可重复性的良好测量。然而，Open Science Collaboration（2015）研究中的图还表明，平均而言，复制研究的估计效应量大大低于原始研究，其显著性也大大低于原始研究。即使我们只看有高统计效力的研究，也是正确的。总而言之，这些结果引发了可重复性的重要问题。如何解释这两个倡议发现之间的差异尚不清楚。一种可能的理论是 Klein 等提出的。Klein 等考察了一些更著名的研究结果，而且这些结果之所以著名是有原因的。这一论点得到了 Dreber 等（2015）的支持，这表明心理学研究者能够相当好地预测 100 项研究中的哪些可以复制。

目前还没有开展过这种结构良好、系统性的尝试来重复已有的经济学研究。相反，Brodeur 等（2016）使用不同方法来估计经济学实地实验的偏误。如果研究者的数据挖掘提示，他们的结果略高于 5％ 或 10％ 的临界显著性水平，或者如果结果低于这些水平的研究不太可能被发表，那么只会有很少被发表的结果刚好低于这些临界值（cutoffs）。通过考察 2005—2011 年间三种顶级期刊（*AER*、*JEP* 和 *QJE*）的实证研究，Brodeur 等在经济学非随机化研究中，而不是在实地实验中，找到了这种刚好低于常规显著性水平的"缺失质量"证据。Olken（2015）认为，即使在经济学非随机化研究中，观察到的缺失质量所表明的操纵水平也不是实质性的。Brodeur 等估计，低于 0.05 的 p 值中有 10％～20％ 实际上应该在 0.10 和 0.25 之间。Olken 指出，这意味着在 100 项研究中，我们将有 7.25 个（零假设）错误拒绝，而不是 5 个错误拒绝。他认为，尽管这不是一个理想的结果，但它表明，只有在不给研究带来很大成本的情况下，才应该采取行动来解决发表偏误和数据挖掘问题。

为什么我们看不到更多 p 值操纵的证据呢？一种解释是，经济学论文在发表前要经过漫长过程，这有助于降低 p 值操纵的能力。论文通常会在激烈的讨论和批评中展示很多次。在这一过程和评审过程中，如果稳健性检验中没有包含明显的模型设定，研讨会参与者和评审人通常会要求查看。作者的动机不仅是看有多少文章被发表，也是为了获得同行的尊重。做出任何篡改数据以获得特定结果的行为，作者都会失去同行的尊重。现在，数据更多地与文章一起发表，作者可能意识到，其他人会尝试不同的稳健性检验。如果他们发现结果不稳健，作者将受到批评。最后，在经济学中，经费压力（financial stakes）不像在医学领域那么高。在医学领域，数百万美元的收入流依赖于一种被发现有效的药物或设备。但这并不意味着经济学中没有 p 值操纵行为，也不意味着评审制度运作完美；只是我们需要正确看待问题的严重程度。

虽然 Brodeur 等的结果和对 p 值分布的类似分析，可以告诉我们 p 值操纵行为以及围绕特定临界点（如 0.05）可能的发表偏误，但并不能很好地反映发表偏误的总体大小。尽管 Brodeur 等发现，80％ 研究的 p 值低于 4％，这并不一定意味着发表偏误；可能意味着作者更有可能去检验合理的关系，而非不合理的关系。如果我们想检验发表偏误的大小，需要在研究开始时找到一个类似质量的确定的研究样本，并跟踪哪些研究被成功发表。

Franco 等（2014）做到了这一点：他们跟踪了所有 221 项获得竞争性奖励的研究方案，以获得有代表性的美国总体样本。这些方案的目标是在社会科学分时（time-sharing）实验倡议下开展一项实验。在 49 项产生零结果（null results）的研究中，只有 10 项发表在期刊上，有 1 项作为书籍章节发表。在 93 项成果显著的研究中，有 56 项作为期刊论文发表，有 1 项作为书籍章节发表。这两组之间的差异在很大程度上可通过作者是否写下结果来解释。例如，在 38 项未发表的零结果研究中，甚至只有 7 项被写了下来。最后一个发现可能仅仅是作者内在地意识到，如果写下结果，期刊就不太可能发表研究。这也可能反映了一些未观察到的研究质量的异质性，尽管作者认为，考虑到获得这些资助的激烈竞争，这并非令人担忧的问题。

同样的情况是，一些发现没有其他发现那么有趣，研究者和期刊应该更多地强调重要和有趣的结果。如果一个现成的想法有显著的影响效应，可能会很有趣，但如果有零效应，那就不有趣了。这种时间和期刊空间的机会成本，必须与发表偏误的成本进行比较。

4.7　复制和透明度的激励

在这一节中，我们将讨论在多大程度上有足够的激励使社会科学领域中实地实验的研究者保持透明度，以及如果有的话，应该采取哪些额外激励措施来鼓励透明度、再分析、稳健性检验、复制和扩展研究。

在创造更大透明度的所有策略中，注册实地实验可能是成本最低的：它花费的时间很少，而且不太可能会扭曲研究[①]。因为这并不困难，可能不需要很大的激励。然而，由于好处是公开的，因此助推（nudge）是合适的，特别是为了尽早获得实验注册。越来越多的资助者和研究实施组织要求进行注册。

正如前面所讨论的，PAP 是困难和昂贵的，而且在经济学的实地实验中几乎没有证据表明存在统计数据挖掘。对作者来说，做 PAP 的主要激励是为了保护自己免受数据挖掘的指控。在这个阶段，进一步的激励不太可能得到保证。

数据发布的好处可能更大，因为它允许检查稳健性和欺诈，并允许

234

---

① Coffman 和 Niederle（2015）提出，注册的一个可能的成本是，作者可能不想在论文被发表之前分享研究设计。然而，AEA 注册允许作者在论文被发表之前隐藏设计的细节。

其他人对相关问题进行研究。研究者的成本相当高，但都是一次性成本。发布不会不适当地歪曲研究。正是在这一点上，激励应该受到重点关注。

20年前，甚至10年前，经济学家们几乎不会期望一篇论文背后的数据能在发表时公开，但也有例外。例如，20世纪90年代末，麦克阿瑟基金会不平等研究网络资助了一系列发展研究，包括一些早期的实地实验，并要求发表所有研究的数据（Research Network on Economic Equality & Social Interactions）。发展领域中的许多经济学家也认为有义务在其他人提出要求时提供他们的数据。

将数据公开的激励迅速增加。2004年，《美国经济评论》（*American Economic Review*）开始要求作者公开数据和复制代码，以支撑已发表论文中的表格。大多数顶级期刊紧随其后，还有应用领域的期刊，如《劳动经济学杂志》（*Journal of Labor Economics*）和《发展经济学杂志》（*Journal of Development Economics*）。如果论文研究做得好，了解数据发布是必要的，可以鼓励良好的数据管理和文档记录，使发布的任务变得更容易。许多资助者，包括影响评估国际倡议、阿诺德基金会（Arnold Foundation）和阿卜杜勒·拉蒂夫·贾迈尔贫困行动实验室（Abdul Latif Jameel Poverty Action Lab），都要求它们资助的研究公布数据。

究竟什么才算数据发布，仍然存在争议。大多数经济学期刊只要求作者公布复制论文表格所需数据集的一部分，并不要求他们公布原始数据。这意味着无法执行某些稳健性检验（例如，当控制已收集但未包括在控制变量中，从而未发表的变量时，结果是否成立）。这还意味着在创建聚合变量（aggregate variables）或"清理"数据时，可能发生一些操纵。但目前还不清楚公布原始数据事实上是否更加透明。大多数原始数据需要做大量的工作，以至没有参与研究的人无法理解。即使公布了原始数据并将其转换为干净数据的代码，干净的数据文件也将如此冗长而乏味，不太可能有人从中了解任何有用的东西。例如，在对塞拉利昂小农农业进行的有全国代表性的调查中，清理工作涉及数千次手工更正两次输入对比错误（double-entry reconciliation errors），并将当地十几种测量产出的不同方法转变为共同标准。对于另一位研究者来说，很难评论凯内马金凤花（Kenema buttercup）比波金凤花（Bo buttercup）大多少，以及一蒲式耳有多少金凤花。在心理学方面，作者指出，一些原始数据包括脑部扫描数据，在一项研究中公布所有脑部扫描数据是不

235

可行的。

更令人担忧的是 Chang 和 Li（2015）之前详细说明的发现，在有数据发布要求期刊上发表的许多研究，没有公布足够的信息来允许作者在论文中重现结果。此外，许多数据集由于缺少几天的额外工作而处于未发布状态，即使只是收集、清理和分析数据中的一小部分工作。这些数据代表了一项重要的公共品（public good）：除了对检查发表的研究发现的效度有用，其他研究者还可以使用它们，为统计效力计算整群内部相关性，与其他数据结合进行新的分析，发表描述性研究，或者探索原始作者没有探索的关系。目前，包括伯克利社会科学透明度倡议（Berkeley Initiative for Transparency in Social Sciences）、扶贫行动创新和阿卜杜勒·拉蒂夫·贾迈尔贫困行动实验室在内的多个机构，正在努力提供援助和财政激励，以公布更多数据。像 Chang 和 Li 这样的论文专门审计期刊发表规则的执行情况，也很有用。

应该做些什么来激励研究者使用公布的数据，以检查现有研究的效度？一种观点是，学术激励倾向于产生新的研究，因此对现有研究没有做足够的检查。这就是 3ie 启动它的项目来资助研究者验证现有研究的原因之一。然而，正如我们之前所讨论的那样，许多人批评这种尝试：激励是为了鼓励那些进行核查和稳健性检验的人发现问题，在没有经过同行评审的情况下，将结果发表在 3ie 的网站上；没有发现任何问题的核查尝试，似乎不太可能被发表；还有人指责核查作者背离了他们的 PAP。

博士生将从事验证作为学习的一部分，这一过程被广泛认为不太容易受激励问题的影响。学生们从这个过程中学到了很多，如果他们像发现错误一样完成验证，那么在课堂上的表现也会很好。唯一的缺点是，*236* 哪些论文被以这种方式验证并没有公开的记录：专业人士有一种感觉，很多论文都经过了检验，只有几个标题的错误被公布出来，但没有人确切地知道有多少论文经过了检验。这种没有记录的情况也意味着，不同班级可能一次又一次地验证同一份论文，而其他论文则没有得到验证。讲授这些课程的教授们对将学生的所有工作结果公之于众表示担忧，并解释说，学生并不总是有时间或能力做彻底的核查工作。然而，简单地记录哪些论文是特定班级审查的被试，而不需要说明结果，可能是迈向透明度的有用一步。如果一篇论文已在多个班级进行了核查，但没有发表任何关于潜在错误的评论，这可能有助于增加对结果的信心，即使没有一篇学生论文应该被视为是合格的。

一种压力更小、激励一致的策略，是在发表之前进行核查。作者可以将数据和代码提交给一个独立的团队，该团队试图在发表之前验证分析。这可以通过期刊本身或通过独立团体来实现。同样，博士生或博士后可能会很乐意做这份工作，当然，前提是这份工作的报酬与教学助理一样高，能为他们提供从事自己研究所需的收入。J-PAL 目前正在对选定论文进行发表前的核查。

这就留下了更复杂和更昂贵的问题，即鼓励复制或扩展，即在相同/相似或不同的总体中进行新的实验。Coffman 和 Niederle（2015）认为，复制特别有用。它们解决了 p 值操纵、数据和分析中的错误，以及结果是偶然产生的风险等问题。他们认为，复制对研究过程的歪曲程度低于 PAP，提出 PAP 在妨碍分析灵活性方面有相当大的成本。然而，他们也承认，大型实地实验可能过于昂贵，而且很难多次进行。此外，学者们可能没有激励对一个特定的问题进行第二、第三或第四次研究。一种方法是为协调良好（well-coordinated）的工作提供资金，以便同时在许多不同情景中检验一种方法。由此产生的一系列结果很可能会引起极大关注和学术奖励。例如，由 BRAC 首创的、关于毕业方法的一系列协调的研究被发表在《科学》（Banerjee 等，2015b）上。这些协调方法既昂贵又困难。它们面临着跨情景检验非常标准化项目的目标和允许项目适应当地需求及偏好之间的持续紧张关系。Coffman 和 Niederle（2015）提议创办一份新的期刊，只发表复制和可能的扩展研究。这有一个好处，那就是新的研究在质量上经过了同行评审，作者知道他们的复制研究有一个学术发表途径。他们的建议中一个特别有趣的部分是，任何对原始研究的随后引用都可以在后面加上符号，表明结果是否已经被复制（R＋表示已经成功复制；R－表示已复制但未成功）。这意味着对原作者来说，将其研究复制出来是有好处的。他们承认有很多问题需要解决，比如什么才算成功的复制。他们还指出，对于运行成本较低的研究来说，复制可能更常见。我们要补充的是，当干预的定义非常明确时，这种方法更有用，因为这是确保在原始研究和复制研究中检验相同干预的唯一方法。非常大的、复杂和昂贵的研究可能永远不会或很少有复制的尝试。去中心化方法（decentralized approach）目前在经济学中比较典型，是由不同研究者在不同情景下以不同方式检验单个理论的预测。理论驱动的方法对检验具有复杂的相互依赖组件的项目不太有用，比如在毕业项目中，多地点研究可能更有用。去中心化的、理论驱动的检验更有可能保持更普遍的状态，学者们继续具有强烈的在相似和不同背景下检验一篇论文中提出的理论的激励。

关于提高经济学透明度和可重复性的辩论，经常未能应用这种更具理论性的视角，这样做可能会给人一种我们知道的比做的更少的印象。例如，我们可能没有几个准确的复制来检验 Banerjee 等（2010c）检验的印度免疫项目的激励在其他国家是否"有效"。但是，我们确实有来自不同国家的多项研究在检验相同的潜在假设，即价格的微小变化（无论是正向的还是负向的）可以对健康预防产品的接受度产生令人惊讶的巨大影响。有关的总结，参见 Kremer 和 Holla（2008）以及 Kremer 和 Glennerster（2011）。同样，最近一系列关于选举前向选民提供候选人信息的影响研究，均检验了投票是否纯粹是裙带主义的（Fujiwara 和 Wantchekon，2013；Bidwell 等，2015；Ferraz 和 Finan，2007；Banerjee 等，2010a，b，c）。我们不想以同样的方式向不同国家选民提供完全相同的信息，也不想检验较晚的（"复制"）研究中发现的系数是否显著低于较早的（"原始"）研究中的系数，或不想检验一项研究是否在另一项研究的误差范围内。然而，不同发展中国家的研究一致发现，提供信息会改变人们的投票方式，这一事实使我们相信这一发现有比一项单独研究更高的信度。

经济学中的经典方法不是检验项目在不同背景下是否"有效"，而是检验理论在各种情况下是否成立。

5　结　论

　　实地实验很难做好，大部分的血、汗和泪水都来自研究实施的细节。在数以千计的微小决策中，任何一个判断失误可能都会破坏整个研究事业。对细节的关注是至关重要的。与合作伙伴的错误沟通，可能会导致不遵循随机化协议，低估预算将意味着项目无法按预期完成，措辞不当的调查问题可能会导致结果测量的模糊，低接受率可能会导致实验统计效力不足，或者在一年中错误的时间进行调查，可能会导致较高的样本缩减率。研究者的作用不仅仅是评估设计，而是统领这些实际决策，贯穿从设计到数据发布的整个过程。

238

参考文献

Alatas，V.，Banerjee，A.，Hanna，R.，Olken，B. A.，Purnamasari，R.，Wai-Poi，M.，2013. Ordeal mechanisms in targeting：theory and evidence from a field experiment in Indonesia. Natl. Bur. Econ. Res.

Alderman，H.，Das，J.，Rao，V.，2013. Conducting Ethical Economic Research：Complications from the Field. World Bank Policy Research Working Paper，No. 6446.

Aldermanet，H.，Das，J.，Rao，V.，2014. Conducting Ethical Economic Research：Complications from the Field. The Oxford Handbook of Professional Economic Ethics，Oxford，UK. http://www. oxfordhandbooks. com/view/10. 1093/oxfordhb/9780199766635. 001. 0001/oxfordhb-9780199766635-e-18.

Allcott，H.，2015. Site selection bias in program evaluation. Q. J. Econ. 130 (3)，1117 - 1165. http:// dx. doi. org/10. 1093/qje/qjv015.

Anderson，M. L.，2008. Multiple inference and gender differences in the effects of early intervention：a reevaluation of the abecedarian，Perry preschool，and early training projects. J. Am. Stat. Assoc. 103 (484).

Angrist，J.，Bettinger，E.，Kremer，M.，2006. Long-term educational consequences of secondary school vouchers：evidence from administrative records in Colombia. Am. Econ. Rev. 847 - 862.

Angrist，J. D.，1990. Lifetime earnings and the Vietnam era draft lottery：evidence from social security administrative records. Am. Econ. Rev. 313 - 336.

Ashraf，N.，Berry，J.，Shapiro，J. M.，2010. Can higher prices stimulate product use? Evidence from a field experiment in Zambia. Am. Econ. Rev. 100 (5)，2383 - 2413. http://dx. doi. org/10. 1257/aer. 100. 5. 2383.

Athey，S.，Imbens，G. W.，2017. The econometrics of randomized experiments. In：Duflo，E.，Banerjee，A. (Eds.)，Handbook of Field Experiments，vol. 1，pp. 73 - 140.

Baird，S.，Hamory，J.，Miguel，E.，2008. Tracking，attrition and data quality in the Kenyan life panel survey round 1 (KLPS - 1). Cent. Int. Dev. Econ. Res.

Banerjee，A.，Chattopadhyay，R.，Duflo，E.，Keniston，D.，Singh，N.，2012. Improving Police Performance in Rajasthan，India：Experimental Evidence on Incentives，Managerial Autonomy and Training. w17912. National Bureau of Economic Research，Cambridge，MA. http://www. nber. org/papers/ w17912. pdf.

Banerjee，A.，Duflo，E.，Glennerster，R.，Kinnan，C.，2015a. The miracle of microfinance? Evidence from a randomized evaluation. Am. Econ. J. Appl. Econ. 7 (1)，22 – 53. http：//dx. doi. org/10. 1257/app. 20130533.

Banerjee, A. , Duflo, E. , Goldberg, N. , Karlan, D. , Osei, R. , Parienté, W. , Shapiro, J. , Thuysbaert, B. , Udry, C. , 2015b. A multifaceted program causes lasting progress for the very poor：evidence from six countries. Science 348 (6236)，1260799.

Banerjee, A. , Hanna, R. , Kyle, J. C. , Olken, B. A. , Sumarto, S. , 2015. Contracting Out the Last-Mile of Service Delivery：Subsidized Food Distribution in Indonesia，w218372015. National Bureau of Economic Research，Cambridge, MA. https：//www. povertyactionlab. org/sites/default/files/publications/553％ 20Raskin％20Contracting％20Last％20Mile％20NBER％20Dec2015. pdf.

Banerjee, A. , Kumar, S. , Pande, R. , Su, F. , 2010a. Do Informed Voters Make Better Choices? Experimental Evidence from Urban India. Unpublished Manuscript. http：//www. Povertyactionlab. org/node/2764.

Banerjee, A. V. , Banerji, R. , Duflo, E. , Glennerster, R. , Khemani, S. , 2010b. Pitfalls of participatory programs：evidence from a randomized evaluation in education in India. Am. Econ. J. Econ. Policy 1 – 30.

Banerjee, A. V. , Duflo, E. , Glennerster, R. , Kothari, D. , May 17, 2010c. Improving immunisation coverage in rural India：clustered randomised controlled evaluation of immunisation campaigns with and without incentives. BMJ 340 (1)，c2220. http：//dx. doi. org/10. 1136/bmj. c2220.

Barrett, C. B. , Carter, M. R. , 2014. Retreat from radical skepticism：rebalancing theory，observational data and randomization in development economics. In：Field Experiments and Their Critics：Essays on the Uses and Abuses of Experimentation in the Social Sciences，pp. 58 – 77.

Beaman, L. , Keleher, N. , Magruder, J. , 2013. Do Job Networks Disadvantage Women? Evidence from a Recruitment Experiment in Malawi. Working Paper. Department of Economics，Northwestern University.

Beath, A. , Christia, F. , Enikolopov, R. , 2013. Winning hearts and minds through development：evidence from a field experiment in Afghanistan.

Bidwell, K. , Casey, K. , Glennerster, R. , June 2015. Debates：The Impact of Voter Knowledge Initiatives in Sierra Leone. Abdul Latif Jameel Poverty Action Lab Working Paper. http：//www. povertyactionlab. org/publication/debates-impact-voter-knowledge-initiatives-sierra-leone.

Blattman, C. , October 23, 2015. Dear Journalists and Policymakers：What You Need to Know about the Worm Wars. Chris Blattman Blog. http：//chrisblattman. com/2015/07/23/dear-journalists-and-policymakers-what-you-need-to-know-

239

about-the-worm-wars/.

Board of Governors of the Federal Reserve System, Chang, A. C., Li, P., 2015. Is Economics Research Replicable? Sixty Published Papers from Thirteen Journals Say "Usually Not". Finance and Economics Discussion Series 2015 (83), pp. 1 – 26. http://dx. doi. org/10. 17016/FEDS. 2015. 083.

Brodeur, A., Lé, M., Sangnier, M., Zylberberg, Y., 2016. Star wars: the empirics strike back. Am. Econ. J. Appl. Econ. 8 (1), 1 – 32. http://dx. doi. org/ 10. 1257/app. 20150044.

Broockman, D., Kalla, J., Aronow, P., 2015. Irregularities in LaCour. https://web. stanford. edu/~ dbroock/broockman _ kalla _ aronow _ lg _ irregularities. pdf.

Bruhn, M., McKenzie, D., 2009. In pursuit of balance: randomization in practice in development field experiments. Am. Econ. J. Appl. Econ. 1 (4), 200 – 232. http://dx. doi. org/10. 1257/app. 1. 4. 200.

Buchmann, N., Field, E., Glennerster, R., Nazneen, S., Pimkina, S., Sen, I., 2016. The effect of conditional incentives and a girls' empowerment curriculum on adolescent marriage, childbearing and education in rural Bangladesh: a community clustered randomized controlled trial. Abdul Latif Jameel Poverty Action Lab Working Paper December 2016. https://www. povertyactionlab. org/sites/default/files/KK _ empowerment _ Bangladesh _ Dec2016%20%281%29. pdf.

Callaway, E., 2011. Report finds massive fraud at Dutch universities. Nature 479 (7371), 15. http://dx. doi. org/10. 1038/479015a.

Casey, K., Glennerster, R., Miguel, E., 2012. Reshaping institutions: evidence on aid impacts using a preanalysis plan. Q. J. Econ. 127 (4), 1755 – 1812. http://dx. doi. org/10. 1093/qje/qje027.

Chandrasekhar, A., Kinnan, C., Larreguy, H., 2015. Social Networks as Contract Enforcement: Evidence from a Lab Experiment in the Field. Working Paper. http://faculty. wcas. northwestern. edu/ ~cgk281/SaI. pdf.

Chattopadhyay, R., Duflo, E., 2004. Women as policy makers: evidence from a randomized policy experiment in India. Econometrica 72 (5), 1409 – 1443.

Clemens, M. A., 2015. The Meaning of Failed Replications: A Review and Proposal. Institute for the Study of Labor (IZA).

Coffman, L. C., Niederle, M., 2015. Pre-analysis plans have limited upside, especially where replications are feasible. J. Econ. Perspect. 29 (3), 81 – 98. http://dx. doi. org/10. 1257/jep. 29. 3. 81.

Cohen, J., Dupas, P., 2010. Free distribution or cost-sharing? Evidence from a randomized malaria prevention experiment. Q. J. Econ. 125 (1), 1 – 45. http://

dx. doi. org/10. 1162/qjec. 2010. 125. 1. 1.

Cole，S. A.，Fernando，A. N.，2012. The value of advice：evidence from mobile *240* phone-based agricultural extension. SSRN Electron. J. http：//dx. doi. org/10. 2139/ ssrn. 2179008.

Crépon，B.，Duflo，E.，Gurgand，M.，Rathelot，R.，Zamora，P.，2012. Do Labor Market Policies Have Displacement Effects? Evidence from a Clustered Ran-domized Experiment. w18597. National Bureau of Economic Research，Cambridge，MA. http：//www. nber. org/papers/w18597. pdf.

Davey，C.，Aiken，A. M.，Hayes，R. J.，Hargreaves，J. R.，July 2015. Rea-nalysis of health and educational impacts of a school-based deworming programme in western Kenya：a statistical replication of a cluster quasi-randomized stepped-wedge trial. Int. J. Epidemiol. http：//dx. doi. org/10. 1093/ije/dyv128 pii：dyv128.

Dhaliwal，I.，Hanna，R.，2014. Deal with the devil：the successes and limita-tions of bureaucratic reform in India. Natl. Bur. Econ. Res.

Donohue，J. J.，Levitt，S. D.，2001. The impact of legalized abortion on crime. Q. J. Econ. 116 (2)，379 - 420. http：//dx. doi. org/10. 1162/00335530151144050.

Donohue，J.，Levitt，S.，2006. Measurement Error，Legalized Abortion，and the Decline in Crime：A Response to Foote and Goetz (2005). w11987. National Bureau of Economic Research，Cambridge，MA. http：//www. nber. org/papers/w11987. pdf.

Dreber，A.，Pfeiffer，T.，Almenberg，J.，Isaksson，S.，Wilson，B.，Chen，Y.，Nosek，B. A.，Johannesson，M.，November 2015. Using prediction markets to estimate the reproducibility of scientific research. Proc. Natl. Acad. Sci. http：// dx. doi. org/10. 1073/pnas. 1516179112.

Duflo，E.，Gale，W.，Liebman，J.，Orszag，P.，Saez，E.，2005. Saving in-centives for low-and middle-income families：evidence from a field experiment with H&R block. Natl. Bur. Econ. Res.

Duflo，E.，Saez，E.，2002. Participation and investment decisions in a retire-ment plan：the influence of colleagues' choices. J. Public Econ. 85 (1)，121 - 148. http：//dx. doi. org/10. 1016/S0047 - 2727 (01) 00098 - 6.

Duflo，E.，Greenstone，M.，Pande，R.，Ryan，N.，2013. Truth-Telling by Third-Party Auditors and the Response of Polluting Firms：Experimental Evidence from India，w192592013. National Bureau of Economic Research，Cambridge，MA. http：//www. nber. org/papers/w19259. pdf.

Fearon，J. D.，Humphreys，M.，Weinstein，J. M.，2009. Can development aid contribute to social cohesion after civil war? Evidence from a field experiment in post-conflict Liberia. Am. Econ. Rev. 287 - 291.

Ferraz，C.，Finan，F.，2007. Exposing Corrupt Politicians：The Effects of

Brazil's Publicly Released Audits on Electoral Outcomes.

Field, E. , Pande, R. , Papp, J. , Park, Y. J. , 2012. Repayment flexibility can reduce financial stress: a randomized control trial with microfinance clients in India. Edited by Tiziana Leone PLoS One 7 (9), e45679. http://dx. doi. org/10. 1371/journal. pone. 0045679.

Finkelstein, A. , Taubman, S. , Wright, B. , Bernstein, M. , Gruber, J. , Newhouse, J. P. , Allen, H. , Baicker, K. , Oregon Health Study Group, 2012. The Oregon health insurance experiment: evidence from the first year. Q. J. Econ. 127 (3), 1057 – 1106. http://dx. doi. org/10. 1093/qje/qjs020.

Foote, C. L. , Goetz, C. F. , 2008. The impact of legalized abortion on crime: comment. Q. J. Econ. 123 (1), 407 – 423.

Franco, A. , Malhotra, N. , Simonovits, G. , 2014. Publication bias in the social sciences: unlocking the file drawer. Science 345 (6203), 1502 – 1505. http://dx. doi. org/10. 1126/science. 1255484.

Fryer Jr. , R. , 2017. The production of human capital in developed countries: evidence from 196 randomized field experiments. In: Duflo, E. , Banerjee, A. (Eds.), Handbook of Field Experiments, vol. 2, pp. 95 – 322.

Fujiwara, T. , Wantchekon, L. , 2013. Can informed public deliberation overcome Clientelism? Experimental evidence from Benin. Am. Econ. J. Appl. Econ. 5 (4), 241 – 255.

Giné, X. , Karlan, D. S. , 2014. Group versus individual liability: short and long term evidence from Philippine microcredit lending groups. J. Dev. Econ. 107, 65 – 83.

Glennerster, R. , Powers, S. , 2016. Balancing risk and benefit: ethical tradeoffs in running randomized evaluations. In: DeMartino, G. F. , McCloskey, D. N. (Eds.), The Oxford Handbook of Professional Economic Ethics. Oxford University Press, Oxford, UK.

Glennerster, R. , Takavarasha, K. , 2013. Running Randomized Evaluations: A Practical Guide. Princeton University Press, Princeton, NJ.

Gueron, J. M. , 2017. The politics and practice of social experiments: seeds of a revolution. In: Duflo, E. , Banerjee, A. (Eds.), Handbook of Field Experiments, vol. 1, pp. 27 – 70.

Gueron, J. M. , Rolston, H. , 2013. Fighting for Reliable Evidence. Russell Sage Foundation, New York, pp. 1 – 22.

Haushofer, J. , Shapiro, J. , 2013. Household response to income changes: evidence from an unconditional cash transfer program in Kenya. Mass. Inst. Technol.

Herndon, T. , Ash, M. , Pollin, R. , 2014. Does high public debt consistently stifle economic growth? A critique of Reinhart and Rogoff. Camb. J. Econ. 38 (2),

241

257 - 279.

Hicks, J. H., Kremer, M., Miguel, E., July 2015. Commentary: deworming externalities and schooling impacts in Kenya: a comment on Aiken et al. (2015) and Davey et al. (2015). Int. J. Epidemiol. http://dx. doi. org/10. 1093/ije/dyv129 pii: dyv129.

Hoffmann, V., Barrett, C. B., Just, D. R., 2009. Do free goods stick to poor households? Experimental evidence on insecticide treated bednets. World Dev. 37 (3), 607 - 617.

Hoxby, C. M., 2000. "Does competition among public schools benefit students and taxpayers?". Am. Econ.

Rev. 90 (5), 1209 - 1238. http://dx. doi. org/10. 1257/aer. 90. 5. 1209.

Hoxby, C. M., 2007. Does competition among public schools benefit students and taxpayers? reply. Am. Econ. Rev. 97 (5), 2038 - 2055. http://dx. doi. org/ 10. 1257/aer. 97. 5. 2038.

Humphreys, M., November 2, 2014. How to Make Field Experiments More Ethical. The Monkey Cage. https://www. washingtonpost. com/blogs/monkey-cage/ wp/2014/11/02/how-to-make-field-experiments-more-ethical/.

Humphreys, M., Sanchez De La Sierra, R., Van Der Windt, P., 2012. Social and Economic Impacts of Tuungane: Final Report on the Effects of a Community Driven Reconstruction Program in Eastern Democratic Republic of Congo. Unpublished, Department of Political Science, Columbia University.

Hutton, J. L., 2001. Are distinctive ethical principles required for cluster randomized controlled trials? Stat. Med. 20 (3), 473 - 488. http://dx. doi. org/ 10. 1002/1097 - 0258 (20010215) 20: 3<473:: AID - SIM805>3. 0. CO; 2 - D.

Imbens, G., 2011. Experimental Design for Unit and Cluster Randomized Trials. International Initiative for Impact Evaluation (3ie), Washington, DC. http:// cyrussamii. com/wp-content/uploads/2011/06/ Imbens _ June _ 8 _ paper. pdf.

Johnson, J., May 13, 2015. Campaign Experiment Found to Be in Violation of Montana Law. The Monkey Cage. https://www. washingtonpost. com/blogs/monkey-cage/wp/2015/05/13/campaign-experiment-found-to-be-in-violation-of-montana-law/.

J-PAL, 2015. Martin Hirsch/Government Panel: Creating Space for Evidence in Policymaking in France. https://www. youtube. com/watch? v=gCi60Dyxgws&list=PL5Dr 5MK6NSso3iEqn6BDu8OzyMFy LwiNE&index=19.

Karlan, D., Appel, J., 2016. Failing in the Field: What We Can Learn When Field Experiments Go Wrong. Princeton University Press, Princeton, NJ.

Karlan, D. , Zinman, J. , 2010. Expanding credit access: using randomized supply decisions to estimate the impacts. Rev. Financ. Stud. 23 (1), 433 – 464. http://dx. doi. org/10. 1093/rfs/hhp092.

Khan, A. Q. , Khwaja, A. I. , Olken, B. A. , 2014. Tax Farming Redux: Experimental Evidence on Performance Pay for Tax Collectors, w206272014. National Bureau of Economic Research, Cambridge, MA. http:// www. nber. org/papers/w20627. pdf.

Klein, R. A. , Ratliff, K. A. , Vianello, M. , Adams, R. B. , Bahník, S. , Bernstein, M. J. , Bocian, K. , et al. , 2014. Investigating variation in replicability: a "many labs" replication project. Soc. Psychol. 45 (3), 142 – 152. http://dx. doi. org/10. 1027/1864 – 9335/a000178.

Kling, J. R. , Liebman, J. B. , Katz, L. F. , 2007. Experimental analysis of neighborhood effects. Econometrica 75 (1), 83 – 119.

Kremer, M. , Glennerster, R. , 2011. Improving health in developing countries. In: Handbook of Health Economics, vol. 2. Elsevier, pp. 201 – 315. http://linkinghub. elsevier. com/retrieve/pii/ B9780444535924000049.

Kremer, M. , Holla, A. , 2008. Pricing and Access: Lessons from Randomized Evaluation in Education and Health. Citeseer.

Kremer, M. , Miguel, E. , 2007. The illusion of sustainability. Q. J. Econ. 122 (3), 1007 – 1065. http:// dx. doi. org/10. 1162/qjec. 122. 3. 1007.

Leamer, E. E. , 1983. Let's take the con out of econometrics. Am. Econ. Rev. 31 – 43.

McNutt, M. , 2015. Editorial retraction. Science 348 (6239), 1100. http://dx. doi. org/10. 1126/ science. aac6638.

McRae, A. D. , Weijer, C. , Binik, A. , Angela White, Grimshaw, J. M. , Boruch, R. , Brehaut, J. C. , et al. , 2011. Who is the research subject in cluster randomized trials in health research? Trials 12 (1), 183. http:// dx. doi. org/10. 1186/1745 – 6215 – 12 – 183.

Meager, R. , August 2015. Understanding the Impact of Microcredit Expansions: a Bayesian Hierarchical Analysis of 7 Randomised Experiments. MIT Working Paper. http://economics. mit. edu/files/10595.

Miguel, E. , Kremer, M. , 2004. Worms: identifying impacts on education and health in the presence of treatment externalities. Econometrica 72 (1), 159 – 217. http://dx. doi. org/10. 1111/j. 14680262. 2004. 00481. x.

Miguel, T. , 2015. "Introduction to Economics 270D. " Presented at the Econ 270D: Research Transparency in the Social Sciences. University of California, Berkeley. http:// emiguel. econ. berkeley. edu/assets/ miguel _ courses/12/Lectures-PDF. zip.

Mobarak, A. M. , Rosenzweig, M. , 2014. "Risk, insurance and wages in gener-

242

al equilibrium. " Natl. Bur. Econ. Res.

Motl, J., 2014. Decision Finding Sufficient Facts to Demonstrate a Violation of Montana's Campaign Practice Laws. Commissioner of Political Practices of the State of Montana.

Muralidharan, K., 2017. Field experiments in education in the developing countries. In: Duflo, E., Banerjee, A. (Eds.), Handbook of Field Experiments, vol. 2, pp. 323 – 386.

Muralidharan, K., Sundararaman, V., 2011. Teacher performance pay: experimental evidence from India. J. Polit. Econ 111 (1), 39 – 77.

Olken, B. A., 2015. Promises and perils of pre-analysis plans. J. Econ. Perspect. 29 (3), 61 – 80.

Olken, B. A., Onishi, J., Wong, S., 2014. "Should aid reward Performance? Evidence from a field experiment on health and education in Indonesia. " Am. Econ. J. Appl. Econ. 6 (4), 1 – 34. http:// dx. doi. org/10. 1257/app. 6. 4. 1.

Open Science Collaboration, 2015. Estimating the reproducibility of psychological science. Science 349 (6251), aac4716. http://dx. doi. org/10. 1126/science. aac4716.

Ozler, B., October 15, 2014. How Scientific Are Scientific Replications? World Bank Blog. http://blogs. worldbank. org/impactevaluations/how-scientific-are-scientific-replications.

Ravallion, M., 2012. Fighting poverty one experiment at a time: a review of Abhijit Banerjee and Esther Duflo's *poor economics*: A Radical Rethinking of the Way to Fight global poverty. J. Econ. Lit. 50 (1), 103 – 114. http://dx. doi. org/ 10. 1257/jel. 50. 1. 103.

Research Network on Economic Equality & Social Interactions. MacArthur Foundation, n. d.

Ridker, P. M., Torres, J., 2006. Reported outcomes in major cardiovascular clinical trials funded by for-profit and not-for-profit organizations: 2000 – 2005. JAMA 295 (19), 2270. http://dx. doi. org/10. 1001/ jama. 295. 19. 2270.

Rogoff, K., October 2013. FAQ on Herndon, Ash and Pollin's Critique of "Growth in a Time of Debt" . Technical report. Unpublished Mimeo available on Rogoff's website at: http://tinyurl. com/ot8h53e.

Rogoff, K., Reinhart, C., 2010. "Growth in a time of debt. " Am. Econ. Rev. 100 (2), 573 – 578.

Rosenthal, R., 1979. The file drawer problem and tolerance for null results. Psychol. Bull. 86 (3), 638 – 641. http://dx. doi. org/10. 1037//0033 – 2909. 86. 3. 638.

Rothstein, J., 2004. Does competition among public schools benefit students and taxpayers? A comment on Hoxby (2000). SSRN Electron. J. http://dx. doi. org/

10. 2139/ssrn. 692582.

Rothstein，J.，2005. http：//www. nber. org/papers/w11215.

Simonsohn，U.，2015. Small telescopes detectability and the evaluation of replication results. Psychol. Sci. 0956797614567341.

243　Vivalt，E.，2015. How Much Can We Generalize from Impact Evaluations? Unpublished Manuscript New York University.

Westfall，P. H.，Young，S. S.，1993. Resampling-Based Multiple Testing：Examples and Methods for p-value Adjustment. Wiley Series in Probability and Mathematical Statistics. Wiley，New York.

William，J.，Kremer，M.，de Laat，J.，Tavneet，S.，2016. Borrowing Requirements，Credit Access，and Adverse Selection：Evidence from Kenya (in press).

Zywicki，T. J.，2007. Institutional review boards as academic bureaucracies：an economic and experiential analysis. Northwestern Univ. Law Rev. 101，861.

第6章　实地实验设计中的建构心理学[a]

E. L. Paluck[1]，E. Shafir[1]

普林斯顿大学，普林斯顿，新泽西州，美国

[1]通讯作者联系方式：

E-mail：epaluck@princeton. edu；shafir@princeton. edu

摘　要

在这一章中，我们认为好的实验设计和分析考虑到了建构的概　*245*
念，即一个人对刺激、情境或实验干预的主观解释。研究人员很早就
意识到了可能影响实验参与者行为的动机，如自我展示、谋利或不信
任。行为的其他驱动因素包括一致性、认同感、社会规范、正义感和
公平——所有这些因素都会影响个人对目前情境的建构。实验工具和
干预类似地以塑造参与者反应的方式被"建构了"。我们回顾了围绕
建构概念的逻辑和发现，以及建构考虑应当如何影响实验设计和部署
的方式，以便在参与者和研究者之间实现共享建构。这些考虑也适用
于实验研究的复制和扩展。最后，我们讨论了实验假设的建构如何影
响研究者对数据的建构。

关键词

行为科学；建构；实地实验设计；测量；心理学；扩展；调查设计　*246*

JEL 分类号

C930；C830

a. 本章是修订版，是在 Esther Duflo 和 Abhijit Banerjee 组织的 NBER 实地实验经济学
会议之后编写的。感谢 Robin Gomila、Sachin Banker、Peter Aronow 和 Ruth Ditlmann 提出的
宝贵意见。

1 引 言

你为什么会对这一章感兴趣？一个合理的假设是，你之所以阅读，是因为你关心好的实验设计。为了创造强有力的实验设计来测试人们对干预的反应，研究人员通常会考虑经典的驱动人类行为的动机。不需要大量的心理学训练就能认识到，在你的实验范式中，几种类型的动机可能会影响一个人的参与和诚实。这样的动机包括战略性的自我展示、怀疑、缺乏信任、教育水平或掌握程度，以及简单的功利主义动机，如最少的努力和最优化。例如，将你的发现归因于参与者的高度怀疑，或他们决定尽可能少做的程度降至最低，对于提高结果的普遍性和可靠性很重要。

心理学家一致认为，在设计实验时，考虑这些动机是重要的，但他们将其他行为驱动因素排在更靠前的位置。一些经常被其他实验研究人员忽视的个人行为驱动因素（心理学家认为这些因素很重要）包括：一致性、认同感、骄傲、抑郁和饥饿等情绪状态，社会规范，以及对正义和公平等概念的感知。此外，心理学家敏锐地意识到了促进或削弱这些行为驱动因素的直接情境的特征。对任何实验者来说，问题是：我们如何找出在任何一个特定的实验中，哪些行为驱动因素是重要的，以及它们有多重要？

在这一章中，我们重点讨论建构的概念，这是一个心理学家用来理解行为和设计实验，但被低估的概念，可以更好地近似和帮助分离导致感兴趣行为的因果动力。建构被定义为个人对刺激的主观解释，无论该刺激是一个选择集、一个情境、另一个人或群体或人类、一项调查，还是一项实验干预（Ross 和 Nisbett，1991）。因此，举例来说，个人在调查中对不同项目的建构，将视乎他或她对整个调查的主观意义而定。他或她可能会将一项关于风险偏好的调查解读为"关于我是否会成为一个好投资者的调查"，即使研究者不是这样介绍调查的，也不是研究者真正想要理解的。

在过去的二十年里，心理学的洞察力已经被整合进对经济感知和行为的研究中，形成了一个被称为行为经济学或应用行为科学的分支学科（Kahneman，2013）。一个结果是，许多对行为感兴趣的经济学家，对看似平凡的直接情景特征有了更好的理解，这些特征可以促进或削弱行

247

为驱动因素以及行为本身。现在，来自不同学科的大多数行为导向的科学家都会告诉你"情境很重要"。例如，取消对个人时间的一些小要求，如签署表格或改变默认设置，可以显著提高接受率，如签署 401K 计划或成为器官捐赠者（Thaler 和 Sunstein，2008）。

跨学科的行为科学文献已经产生了大量关于如何设计干预的建议，因为情境很重要，有关的建议是，个人对一项干预的时机、物理位置、环境和框架很敏感（Datta 和 Mullainathan，2014；Shafir，2013）。虽然心理学已经与经济学融合，创造了一门"行为信息科学（behaviorally informed science）"，但心理学家指出，这一领域永远不会完全"行为化"（Ross 和 Nisbett，1991）。换句话说，在研究行为时，我们不能忽视个体对行为的主观想法，就像早期心理学家通过训练老鼠和鸽子对光和声音做出反应来研究刺激-行为反应模式一样（Skinner，1960；Seligman，1970）。这是因为我们创造的干预措施和研究设计从来没有像实验者想要的那样被直接解释。相反，我们的干预和研究工具的建构方式，必须被理解为知道参与者实际上在对什么做出反应。

从这个意义上说，标准经济思维中有一种假设，从心理学家的角度来看，这确实是相当激进的。经济学理论假设人们在世界的两个选项之间做出选择，如工作 A 和工作 B，或者，如果一个人想买车，那么就是小汽车 A、B 或 C，决策者会考虑他们拥有的信息。事实证明，人们实际上决定的不是出现在世界上的选项，而是其在精神上的表现。当一个人面临选项 A 和 B 之间的选择时，他或她不是在现实的 A 和 B 之间做出选择，而是在脑海中的 A 和 B 之间做出选择。这种表现（representation）不是一个完整的、中立的总结（summary），而是一种具体和构造的描写（rendering）——一种建构（construal）。

在之前研究讨论的基础上，即如何基于对情境压力的理解和个人对这些压力的建构来设计干预（Datta 和 Mullainathan，2014；Ross 和 Nisbett，1991；Shafir，2013），本章指出参与者对实验的建构方式，包括对环境有疑问的行为、干预、干预的部署和测量工具等每件事，将如何影响你设计和部署实验的方式。

承认对实验的主观解释，并不等同于声称对参与者的现实建构一无所知。心理学家可以提供许多方法，其中建构过程可能是系统的和可预测的。尽管如此，一个更深入的信息是，实验者需要对参与者如何看待实验干预的假设保持低调，并明确测试这些假设。提前意识到并采取措施来理解参与者的建构，可以帮助你设计和部署这类实地实验，该类实 *248*

验有助于阐明你感兴趣行为的因果过程。

此外，作为研究者的你，也不会被排除在建构的力量之外。在本章接近尾声时，我们将探讨你自己对你的实验和数据的建构，如何影响你解释结果、进行复制的方式，并为扩大实验规模或机构政策推荐干预的要素。我们首先提供建构的概述：它的定义、功能和一些说明性的例子。

建构的原则

在 20 世纪之交，特别是在两次世界大战期间，心理学家们正在远离弗洛伊德式的关注点，即个人历史、驱动行为的个体差异以及行为失调。库尔特·勒温（Kurt Lewin），一位德国心理学家，也是一位流亡者（èmigrè），最终领导了麻省理工学院的群体动力学中心。他开发了一种情境驱动的替代方案来取代弗洛伊德的主张，即个人内部的冲突力量（本我、自我和超我），只有通过个人和他或她的治疗师的内省，才可以解释行为和个人决策。为了促进对行为的科学研究，勒温建议，我们应该在个人周围的环境中寻找相互冲突的力量，如法律、家庭压力、社会规范、同伴甚至物理环境，并分析这些力量是如何推动个人以及他或她自称的信仰和做出特定行为选择的欲望的。

勒温声称，环境中的这些冲突的力量，推动和拉动个人的行为选择，是一个紧张的系统。他描绘的紧张是个人动机和环境力量之间的紧张关系。通过一系列实地实验，勒温展示了领导者、工作场所等级、同伴的公共行为以及特定资源的物理临近性如何促进或抑制一个人的个人欲望和信念，并以可预测的方式改变行为（Lewin 和 Gold，1999）。他的早期理论奠定了现代社会和认知心理学的基础，今天它仍然在指导心理学家设计和评估行为改变以及决策实验时所做的假设。

当勒温探索情境压力对行为的重要性时，一些心理学家将这一观点推向极端，包括像 B. F. 斯金纳（B. F. Skinner）这样的激进行为主义者。他们认为，所有行为都只不过是对客观环境力量随时间推移而学习到的反应。这种观点虽然一开始很受欢迎，但后来被证明是远远不够的。特别突出的是人类思维原则的缺失，这是勒温提出的作为紧张系统分析的关键部分：建构。勒温认为，处于紧张系统中的个人并不能直接和客观地感受到环境力量。感知是一个主观过程，可能以深思熟虑的、审慎的方式发生，也可能以快速且不自觉的方式发生。建构（即对环境力量做出解释和附加主观意义的行动，这些力量包括同伴、领导者、工

249

作空间、群体身份、选择等）本身也是变量，同一个人在不同时间和不同情景下对同一刺激的解释并不相同。同样，两个经历相同刺激的人可能会以不同方式建构它。

建构如何影响判断和行为的一些经典例子，包括以下几个：

● 对刺激的判断取决于相对于你在环境中已适应的类似刺激，你如何建构判断。当你习惯于宽松的（lax）规则时，规则被认为是严格的，当你来自更严格的规则环境时，规则被认为是宽松的。这个结论是直观的，而且很容易通过一个类似的物理体验来演示，就是你先把手放进冷水桶或热水桶后，再用你的手来判断水温。判断将是相对的，而不是物理（或社会）属性的绝对反映（Weber 等，1996）。

● 框架影响建构。将货币金额定义（framing）为损失或收益，会改变其建构，并引发风险态度（Tversky 和 Kahneman，1981）。更广泛地说，任何将刺激（想法、选择或行为）描述为与感知参考点一致或偏离感知参考点的框架，都会改变个人对刺激的感受（Kahneman 和 Miller，1986）。

● 自我评估是通过社会比较进行的。对自我的判断，包括成就、动机、特定身份的力量以及意识形态，通常是相对于出现在情境中的其他个人或问题中提到的其他个人来做出的（Markus 和 Kunda，1986；Morse 和 Gergen，1970）。

● 税收和补贴会引发意想不到的反应，取决于个人对其目标行为的建构。当激励补贴了自我激励的行为时，个人可能会将经济激励建构为心理税（即，失去激励）——小的经济回报取代了以前的重大心理推动。同样，当强加在个人有复杂感受或试图停止的行为上时，经济税可能被解释为心理补贴（激励），因为通过罚款可以缓解最初的负罪感（Miller 和 Prentice，2013）。

● 同伴压力之所以有效，不仅是因为从众，还因为同伴重新定义了有问题的行为。个人不仅采用了同伴的行为，而且接受了同伴对行为或情境的建构。例如，当个人观察到同伴对"政客（politician）"的职业排名非常正面与非常负面时，个人对"政客"一词的排名会发生变化，这不是出于模仿，而是因为由于同伴的排名，个人心目中有不同类型的政客（Asch，1940）。

● 整体判断（global judgments）会影响（color）更具体的判断，之前信息会改变之后信息的含义。例如，热情（warmth）等整体特征可能会改变智力等更具体特征的建构：当一个人被整体判断为热情的

250

时，后者会被解释为智慧，但当这个人被认为是冷漠的时，则后者被解读为狡猾（cunning）。沿着类似的思路，某位教师被他或她的学生评为年度教师这一信息是首先揭示还是稍后揭示，将导致对这位教师与学生争论的不同解释（Ross 和 Nisbett，1991）。

● 消息的来源会影响消息的意义。阿希（Asch，1948）在一项经典研究中表明，在引用"偶尔有一点反抗是件好事"这句话时，将作者归于托马斯·杰斐逊（Thomas Jefferson）还是列宁，会导致学生对这句话的解释有很大差异。此外，消息中的词汇会影响消息本身。当被问及美国可能干预外国危机是否明智时，美国人报告的认可程度存在很大差异，取决于用相同术语描述的情境：使用与第二次世界大战相关的几个词（闪电战入侵，军队运输）还是使用让人想起越南战争（Gilovich，1981）的词（快速打击入侵，奇努克直升机）。

● 意识形态会改变人们关注、相信和记忆的事实：党派决定了个人在阅读新闻或其他类型的事实报道时，将关注、相信、记忆和理解哪些事实（Vallone 等，1985）。

● 建构会影响个体如何评估不同因果因素的相对重要性。虽然外行（和研究人员）合理地搜索不同类型的"数据"来理解现实世界中行为的原因，包括观察值的独特性（行为对这个实例或这个人有多具体）、一致性（随着时间的推移，这种行为是从这种情境中还是从这个人身上观察到的）以及共识（有多少其他人以这种方式或在这种情境下做出行为），人们往往偏向于对行为的倾向性解释，把重点放在一个人的性格上，而不是放在对依赖于环境压力的行为的情境解释上（Kelley，1973；Ross 和 Nisbett，1991）。

用认知心理学家 Jerome Bruner（1957）的话来说，根据当前的适应水平、框架、社会比较和目前的欲望，对刺激进行不同建构的个人，是"超越了给定的信息"。心理学家认为，这种主观的解释是人类认知的正常特征，可以是谨慎的、有意识的，也可以是自动的、无意识的。这种建构可能是一个自动和无意识的过程，对研究者直接询问个人解释如何取决于当前处境的能力造成了困难。事实上，个人通常不会洞察到问题展示、同伴和其他勒温环境压力影响他们自己的建构的方式。

251　影响社会环境建构的因素可以是主观的和微妙的。因此，让我们提供最后一个来自视觉感知的例子，其中的因素更加客观和清晰。思考一下下面的图片（图1）。在一项研究中，如果你作为实验者，向一个人展示这张图片，你会向他展示相同大小的头（在纸上），但这个人将建构出非常不同大小的头。如果你询问参与者需要多少记号笔才能覆盖图片中的每一个头，你会得到不同的估计值，尽管事实上它们的大小是相同的。当然，在这里，深度和角度的线索产生了难以察觉的、毫不费力的、普遍的、不同头部大小的建构。（事实上，在这个例子中，你作为实验者，如果不是更了解的话，可能也会依赖这些提示。）社会情景建构背后的因素是多种多样和不明显的，但它们同样会产生与客观呈现背道而驰的主观表征。

图 1　一个视觉错觉

幸运的是，心理学家已经在人们的建构过程中发现了一些"导致意义可变性和不稳定性的系统性因素"（Ross 和 Nisbett，1991，第 69 页）。Ross 和 Nisbett（1991）回顾了关于各种建构工具的经典文献，其中包括诸如脚本、图式、模型和各种启发式等知识结构，这些知识结构帮助个人以最小的努力快速地理解他人、情境、选择和各种刺激。

例如，图式（schemas）代表一组相关主题知识的心智建构。一旦图式被激活，随后的刺激就会按照该图式所建议的路线进行解释，从而对记忆、决策、判断和行为产生影响。例如，"农场"的图式会影响一个人在考虑农场环境时的注意力；他或她会花更多的时间关注不符合他或她的农场图式的方面，比如章鱼的外观。在这种情况下，他或她的图

252

式将预测她期望看到什么，他或她花最多时间考虑关于农场的哪些信息，以及他或她对农场的记忆（Loftus 和 Mackworth，1978）。脚本（scripts），诸如在学术会议上如何表现的脚本，包含更具体的知识结构，即某些事件应该按什么顺序展开，以及个人在每个事件中应该如何表现，如讨论环节、咖啡休息时间或与同事共进晚餐时（Schank 和 Abelson，2013）。

脚本、图式和启发式（Gilovich 等，2002）可以作为存在于特定总体（如农场或学术会议中的人）中的局部建构工具，或作为适用于大多数人的建构工具〔如对变化的现状偏向，这表现在许多不同总体中（Eidelman 和 Crandall，2009；Kahneman 等，1991）〕。这些不同的建构工具将提高个人解释新情境的能力，即使它们有时会引导行为和判断偏离理性行动者模型的预测方向，也有助于使最终的行为和判断更具流动性和可预测性。

外行和社会科学研究者往往没有认识到建构在引导人们反应方面的作用；相反，他们倾向于将偏离某些理性预测或规范的选择归因于个人的预定特征，如智力、个性或意识形态。关于建构的文献鼓励这样的观点，即行为不一定是个人性格的产物，而是了解个人如何建构他们的选择或环境的窗口。"如果标准的直觉认为，问题的主要原因是人类的弱点，或者是一群人的特别弱点，社会心理学家通常会寻找情境障碍和克服它们的方法"（Ross 和 Nisbett，1991）。

对于实验者（以及政策制定者，大部分这种研究的消费者）来说，这种洞察力是非常重要的。实验中的行为及其解释并不是简单地由实验的客观构件决定的，而是由参与者知道、想要、关注、感知、理解、记忆的内容等决定的。因此，原本设计良好的实验，包括善意的干预，可能会因为参与者或研究人员自己建构的方式而失败。成功和失败之间的区别，有时可以归结为在表现和随后建构上相对良性的和非实质性的变化，而非复杂和昂贵的实验逻辑或程序的重新安排。

253　　在接下来的内容中，我们将展示心理学家如何理解建构及其对有效实验设计的重要性。我们提供了一些建议以帮助作为一名研究者的你去试图理解参与者对实验中刺激的建构，或者与参与者达成我们所说的共享建构（shared construal）。我们的目标是在实地环境中设计和部署一个刺激（干预），让参与者按照你希望的方式进行建构。

我们所谓的共享建构，并不是指研究者和参与者以相同方式理解行为问题或选择集。当然，实验者（比方说，研究儿童糖果偏好的教授）

对选项的看法可能与被试截然不同。实验者会知道参与者不知道的事情，并且可能以不引起参与者注意的方式安排实验。我们所说的共享建构是，研究人员在设计实验时尽可能地体现参与者的视角。在 Mischel（Mischel 等，1972）设计他著名的棉花糖实验时，需要知道那些他可能会厌恶的、奇怪的、几乎不像食品的食物对孩子们来说是不可抗拒的。

心理学家认为，设计实验是一种创造不同的反事实世界的方式，供参与者居住和回应。俗话说："我可以为你做出解释，但我不能代替你理解。"因此，关键是要设计一个让参与者以实验者想要的方式来理解的世界，而不需要他或她解释太多。做到这一点并非易事，也没有万无一失的秘诀可以遵循。在接下来的几节中，我们将提供一些建议，以帮助理解参与者的建构以及你自己的建构，因为你在概念化干预和实验（试点阶段），设计和部署干预及测量（设计阶段），以及解释结果并计划后续实验或扩展（解释阶段）。

2　试点：寻求研究者和参与者对行为与情境的共享建构

试点通常指在实际实验之前测试一个实验范式。但是，试点也可以是在设计完整的实验之前，留出时间来理解参与者总体对问题中的行为和实验范式中涉及情境的建构。从这个意义上说，试点是一个关于建构的调查和发现阶段。需要实验者具有高度的谦虚、好奇心和开放性，在设计干预来测试他们的行为之前，要更好地理解是什么在驱使人们，他们是如何看待研究问题的。

在设计干预或实验范式（即操纵和测量的部署、内容或设置）之前，重要的是先了解在感兴趣的特定环境中，有问题行为的潜在驱动因素。什么是导致行为不能实施的约束力，或者在特定时间或人群中驱动行为的强制力？

Redelmeier 等（1995）感兴趣的是，为什么在加拿大多伦多东南部地区，无家可归的成年人反复去急诊室（ER）治疗非危及生命的疾病，每年多达 60 次，即使无法得到所需的任何东西。医疗专业人员和研究人员的一种常见建构是，这种行为是由无家可归成年人的贫困以及温暖收容所的吸引力推动的，如果医院提供更多的护理，这只会增加需求。

254

作者使用调查数据来理解去医院急诊室的无家可归成年人的建构：许多人报告说受到医院工作人员的粗暴对待，近一半的人报告说他们的需求在就诊时没有得到满足。至关重要的是，42％的人报告说返回急诊室是因为医疗需求没有得到满足。

在这种替代建构的基础上，Redelmeier 等（1995）提出的假设是，增加护理会解决无家可归的成年人对其护理体验的满意度，并减少返回的次数。这为他们的实验设计提供了信息：一种由志愿者运营的有同情心的护理环境，通过友好交谈和建立其他类型的融洽关系，在就诊期间为随机分配的无家可归者提供额外的（尽管是非临床的）关注以及一种基线条件，即根据急诊室政策，对选择样本的另一半提供治疗。在这种情况下，满怀同情的接待直接解决了参与者对情势的建构，导致反复到急诊室就诊的人数下降了30％。

值得注意的是，这项实验排除了这样一些无家可归的成年人：他们可能对治疗的变化没有反应，包括那些有严重精神病、不会说英语、酗酒或患重病的人。这些选择以及洞察力，即参与者相比医疗专业人员，对重复就诊触发因素的理解，是通过熟悉实验背景、愿意承认对观察行为的标准解释中的不确定性以及一些关于参与者自己建构的收集数据来获得的。

在实验之前调查参与者对感兴趣行为的建构，可能会改变干预设计，帮助你重新定义实验的问题。在急诊室实验中，个人对情境有"全面（big picture）"看法，而医院管理者和医疗专业人员则有错误的建构。试点有助于揭示对行为的不同洞察力，关于干预设计的文献也提出了这一点（Datta 和 Mullainathan，2014）。ER 研究的经验教训不仅是干预实现了正确建构，更重要的是，经验丰富的医疗专业人员一直以来都有错误的建构。这是值得注意的，也是因为对建构进行修改的需要：询问客户他们的想法和感受。

255　　　通过试点来了解当地的建构，可以帮助设计最有效的控制或比较条件。它可以帮助创造最明显的对比，从而找出被认为是导致合意研究行为出现的因果因素。在 Redelmeier 等（1995）的实验中，实验者没有提供财务激励，而是专注于提供有同情心的临床治疗方式。

试点还可以帮助你更好地理解参与者对环境的建构，即你计划进行实验操纵或测量的环境。干预地点的选择，不应该只考虑后勤的便利（尽管这通常对成功部署实地实验至关重要）。关于情景效应的心理学研究表明，实验地点往往可以推动实验结果的某些方面，这一点与其他问题相比往往不太受重视。显然，你花了很多时间来设计实验干预的形式，比如说，一个社区会议，而不是电话或信件。一旦设计好，你会在教堂、旧学校或餐厅召开社区会议吗？你会把经过深思熟虑设计的信件或电话寄到或打到某人的家里，还是送到他或她的工作场所？是月初还是月底？

在这一点上，不会让你感到惊讶的是，心理学家相信对参与者将如何建构你的干预和它所解决的问题来说，这些选择非常重要。在著名的 Milgram 服从研究中，实验者会命令一名参与者在另一名研究参与者记忆任务失败时，对他或她施加（最终是假的）电击。在耶鲁大学进行的这项研究中，65％的参与者完全服从实验者的命令，提供了最大限度的电击；当研究在附近城市布里奇波特（Bridgeport）的一座不起眼的办公楼里进行，没有明显的大学背景时，48％的参与者完全服从（当指令通过电话传达时，几乎没有人服从）（Milgram，1974）。

还可以考虑 Berger 等（2008）对情景和行为的研究，在选民被分配到在教堂投票以及在学校投票时，他检查了投票结果。首先，使用观察数据，他们估计，当选民被分配到学校投票而非教堂投票时，投票支持增加教育支出（通过将州销售税从 5.0％提高到 5.6％）的可能性大约高出 0.5 个百分点。其次，通过一项实验，参与者在陈述他们的政策偏好之前，首先会看到学校或写字楼的图像，作者认为，学校背景会让参与者对教育有积极看法，并投赞成票。尽管没有一个参与者认为，通过接触学校图像可以提高他们对增加销售税以支持教育的赞同，但这一效应是存在的，"这表明环境刺激可以在意识之外影响投票选择"（第 8847 页）。

这项研究强调了一个重要张力。在实验的试点阶段，由于研究目标是获得共享建构，这种时候会担心很多事情，如情景的意外影响，或参与者未被理解的视角等。同时，重要的是要记住，参与者通常不太可能是最有用的信息提供者。毕竟，如果参与者对什么驱使他们的行为有很好的洞察力，就可以通过询问他们得知，不需要进行昂贵的研究。事实证明，建构过程大多脱离了自觉意识。通过进行精心控制的研究，我们可以发现人们的建构规律，而参与者自己基本上没有意识到这些规律。

256

3 设计：确保干预设计、测量与部署以实现研究者和参与者的共享建构

3.1 干预设计与部署

实地实验的参与者是否像研究者一样理解干预的内容？在一项经典的研究中，Gneezy 和 Rustichini（2000）在以色列日托中心样本的随机子集中引入对接孩子迟到的罚款。罚款通常被理解为对行动的一种威慑，我们可以预测，考虑到延误增加的经济成本，接受日托干预的父母会有动力准时出现。

然而，父母似乎认为罚款是一些心理学家所说的"经济税，但却是一种心理补贴"（Miller 和 Prentice，2013）。在实施罚款的日托中心，父母显著地更有可能接孩子迟到，即使在 17 周以后罚款被取消了，这一效应仍然存在。Gneezy 和 Rustichini（2000）等认为，罚款重塑了父母对环境的理解。特别是，父母和日托提供者之间关于接送的契约发生了变化。罚款澄清了契约——迟接孩子是花钱换来的。所以父母愿意为迟到付出代价。陈述这些结果的另一种方式是，父母最初认为准时接孩子是一种道德义务；迟到意味着你违反了这一点。因此，罚款被建构为一种心理补贴，将父母从道德负罪感中解脱出来。这些从道德负罪感中解脱出来的父母，现在觉得他们只需要付钱，不会再因为迟到而感到内疚。

对于你的实验干预，社区成员和其他旁观者怎么看？实地实验的一种负外部性可能是，你的参与者社交网络中的其他（非目标）人，可能会以意外的方式建构干预，并影响你的参与者。Ross 和 Nisbett（1991）描述了剑桥 Somerville 研究令人惊讶的结果，在研究中，青春期早期的高危男孩被随机分配来接受或不接受一系列长期治疗，包括放学后和暑期编程、辅导、家访等。在实验的 40 年随访中，研究人员发现，干预参与者的结果并不比控制参与者好，而且在某些方面，包括成年后犯罪和死亡率，干预参与者似乎更糟糕。

Ross 和 Nisbett（1991）认为，一个对干预缺乏观察到的响应的潜在解释，是社区对干预响应的建构。例如，教练和牧师等社区成员会自然而然地向高危男孩伸出援手，他们可能意识到接受干预的男孩不再需

要社区的帮助，并撤回了重要的支持。另一种可能性是，社区成员将这些接受干预的男孩建构为更糟糕的"麻烦制造者"，因为受到外界关注，并这样对待他们。这些都是事后提出的解释，但可能合理的解释提醒我们，即使在社区与实验操纵没有直接关系的情况下，理解社区的建构也很重要，特别是因为它可能会影响实际的发现。

预期到不同的建构，并获得对干预设计及其在参与者总体和周围社区中部署方式[①]的共享建构，不是一项小任务。我们使用的例子表明，有必要运行干预的小规模版本，以引发对干预的反应和报告建构，而不仅仅是假设的干预。在像急诊室这样的例子中，采访那些经历过治疗的人。或者就像日托实验一样，采访父母，看看他们如何理解目前与日托中心的"契约"，什么因素驱使他们迟到，以及他们认为的日托中心对迟接孩子的感受。只有当父母对迟到收费的建构被理解后，研究人员才能探索基于共享建构的干预，这将产生预期的迟到减少，而不是增加迟到人数。

最后，尽管在实施干预之后才会出现，但所有实验都应该包括某种形式的操纵检查（manipulation check）来评估参与者是否理解和注意到干预的内容。操纵检查在心理学实验中一直被用来描述性地了解参与者对干预的感知，但在心理学之外，这种检查相对较少。操纵检查不仅仅是简单地确定干预的提供，还可以产生给定随机干预意向的 LATE 估计，也可以被用来描述参与者对干预的建构，方式是询问"这封信告诉了你什么？"这种问题，或者在参与者收到邀请参加金融知识培训的信件之后，询问"那封信是谁寄的？你觉得他们为什么要寄？"当我们进行"无欺骗"研究时，可能想要询问参与者是否真的完全相信这一点。当我们告诉他们干预分配是"随机的"时，参与者会怀疑它实际上是被操纵的吗？我们遇到过这样的例子：参与者相信一个有吸引力的实验者是"研究的一部分"。还有一些研究的部分内容声称"我们真的对你的信仰和偏好感兴趣"，这种说法会被驳回。更具介入性的操纵检查，可以针对目标总体的一小部分子样本，通过调查或访谈进行，或在试点期间进行。

3.2　结果与过程的测量

参与者如何建构你的测量工具？他们是否按照你预设的方式来理解

---

① 另见 Haushofer 和 Shapiro（2013）最近关于参与者对随机分配过程公平性的建构研究。

你的调查问题？协助收集档案数据（例如，一段时间内邻居的照片）的社区成员是否认为数据收集是适当的？他们是否与研究者一样，认为感兴趣的记录代表了研究行为的准确痕迹？

尽管调查测量被认为是仅次于行为结果的非介入式测量，但它们往往是想要的额外信息，或是在没有良好行为记录、制度薄弱或杂乱无章的环境中，结果测量的唯一来源。幸运的是，心理学中关于心理测量学、启发式和偏见的大量文献提供了一个框架，用来思考参与者对调查问题的建构何时可能与研究者不同。

当参与者阅读或聆听一系列问题时，他们经常会积极进行解释或曲解。不仅仅是听或读，然后回答问题。相反，他们试图（通常是相当天真地）解释研究者正在寻找什么，根据之前的问题来思考每个问题意味着什么。问题并不是孤立地处理的，而是试图使问卷具有整体意义，评估其一般用途和广泛主题。举一个引人注目的例子，心理学中使用最广泛的问卷之一是罗森伯格自尊量表（Rosenberg Self-Esteem Scale），它的特点是一系列旨在评估个人自尊的调查项目，其中没有一个包括自尊这个词。参与者通过回答诸如"总体来说，我对自己很满意"和"总的来说，我倾向于觉得自己是个失败者"（反向得分）等项目来表达认同程度。

Robins 等（2001）凭直觉认为，使用这个量表的参与者会很快将该量表的目的建构为测量自尊，而且对关于自尊的直接问题的回答也同样有效。他们建构了一个替代问卷，由一个项目组成："我有很高的自尊。"这个单一项目的评分与有大量标准测量〔包括其他自我评估和偏见、心理和身体健康以及参与者同伴评级的多项目自尊问卷〕相关程度相同，单一项目调查还减少了参与者关于多次回答同一问题的投诉数量，并通过多项目调查协议减少跳过问题或随机回答以及其他问题的数量。

平心而论，在很多情况下，一个更复杂的主题需要多个项目；我们这里的重点不是调查必须简短，而是参与者不是每个调查项目的被动接受者。当然，他们的解释可能与研究者自己的理解有不同程度的重叠。许多心理学家使用"认知访谈"（Willis，2004）技术，在广泛的部署之前，测试参与者对问卷的理解程度。这项技术包括让参与者大声回答每个问题，讨论他们对问题的反应，也根据他们对前面问题的回答以及为什么他们要提供这种回答。

参与者也可以用不同的有意义的方式来建构某些问题，仅仅是脑海中浮现某种函数的结果，例如，问题的顺序。Schwarz 和 Xu（2011）询问了司机乘坐豪华轿车而不是经济型轿车通勤上班的乐趣。在一项研究中，他们询问了密歇根大学的教职员工，先询问他们开的是什么车（品牌、型号和年份），随后询问他们在通勤时"通常"感觉如何。与通常直觉一致的是，当司机驾驶更豪华的汽车时，报告的积极情绪更多。因此，驾驶与宝马的蓝皮书价值（bluebook values）相当的汽车通勤的司机积极情绪的估计平均分，明显高于驾驶与本田雅阁（Honda Accord）价值相当的汽车通勤的司机。

然而，相反的提问顺序描绘了一幅不同的图景。在这种顺序中，大学教职员工首先被要求报告他们最近一次开车上班的感觉，在报告了他们的感受后，才被问到他们开的是什么车。在这种情况下，以蓝皮书价值（取自然对数）为指标的汽车驾驶质量与司机的情绪体验完全无关。

这些以及类似的发现提出了一个简单但重要的观点：人们脑海中瞬间浮现的东西会影响他们的建构。当汽车在驾驶者的脑海中出现时，对享受的判断来说很重要，但对其他方面则不重要。当被要求报告在通勤时的通常感觉时，司机会被引导去思考他们的汽车，得到与汽车的价值相关的答案。但当没有提及这辆车时，它的价值根本就不算什么。

在其他情况下，参与者在回答问题或执行计算上与调查人员要求的略有不同，特别是当参与者仅从表面来理解所涉及的概念时。项目替代（item substitution）是从经典 Linda 类型问题中观察到的一种现象。Tversky 和 Kahneman（1973）[①] 向参与者描述了一个虚构的研究生，*260* 并列出了九个研究生专业领域的清单。以下是描述：

Tom 虽然智商很高，但缺乏真正的创造力。他需要秩序和清晰，需要整洁的系统，在这个系统中，每个细节都能找到合适的位置。他的写作相当枯燥和机械，偶尔会因一些老套双关语和科幻类型想象力而生动形象。他有强烈的求知欲。他似乎对别人没什么感觉，没什么同情心，也不喜欢和别人交往。虽然以自我为中心，但他仍有很强的道德感。

一组参与者被给予一个代表性（或相似）问题；其他参与者被给予一个概率问题。代表性问题组的参与者根据 Tom 在每个领域中"类似于典型研究生"的程度，对九个专业领域进行了排名。概率问题组的参与者根据 Tom 专门从事每个领域的概率，对这九个领域进行了排名。

---

① 另见 Kahneman 和 Frederick（2002）的进一步讨论。

报告的代表性和概率之间接近完全相关（0.97），显示出接近完全的属性替代。代表性判断是自然的和自动的，比概率判断更容易获得，因为概率判断不直观，而且相当困难。（而且没有第三个属性，可以很容易地解释这两个判断。）当被问及概率时，这是一个足够微妙又熟悉的概念，不需要进一步澄清，人们会用相似判断来替代他们的回答。当然，这会导致实际的错误，在这种情况下，更相似但可能性更小的事件会获得更高的概率评分。（研究还表明，参与者的概率判断与他们自己对研究生专业领域的估计基准率高度负相关。）

概率是一个常见且直白易懂的概念，但却是基于其他考虑因素（如相似性或恐惧）来生成回答，而这些因素与实际概率几乎没有什么关系。沿着类似的思路，当受访者被问及愤怒、忧郁或幸福等概念时，调查人员需要担心受访者会否答非所问，他们到底在盘算什么。例如，许多研究人员在教育程度较低的总体中开展研究时会使用图片来帮助参与者建构问卷——确切地说，使用图片来说明问卷。当然，参与者不仅使用文字，也使用对图片的主观解释，因此很重要的是通过试点来了解这些图片是否能够很好地传达意向性问题或回答选项。我们中有人在卢旺达进行了一项实地实验，使用了抑郁症的图片量表。该量表以前曾在同一国家和更广泛的非洲大湖区（Great Lakes）的已发表研究中使用。它要求参与者通过指着一系列拿着石头的人的照片中的一张来回答"过去几周你的感受如何"的问题。从一幅画到另一幅画，石头越来越大：在量表的一端，人的手中拿着一块小石头，在量表的另一端，人弯着腰，肩上扛着一块巨大的石头。

261　　由于量表已在该地区的以往研究中得到了成功应用，因此我们在没有试点的情况下将该量表直接带入了实地。在一个地点，一名参与者被问及他目前的感受，并被展示了图片量表。参与者等了一会儿，然后离开了面试场所去与附近的其他人商量。当他回来时，他告诉面试官，他愿意为面试官搬一些较小的石头，但不是一些较大的石头。对量表的误解甚至更深。这一量表在这个社区引起了积极的讨论，我们被告知，在最近的国内冲突中，一支军队要求社区的一群年轻人帮助他们运送物资，这些年轻人再也没有出现过。一个测量创伤抑郁反应的量表被社区建构为与他们创伤的最初来源之一有关。我们小心翼翼地澄清了我们的意图，修复了情境，把量表从研究中去掉了，并决心再也不在没有试点的情况下使用量表了。

3.3　研究者在场

参与者如何建构你是谁，作为一名研究者，你出现在社区对他们和他们参与实验意味着什么？一些伦理讨论鼓励研究人员远离某些数据收集或干预部署，因为参与者对科学家的尊重或恐惧，可能导致他们将参与或回答某些类型的问题建构为强制性的（Orne，1962；Rosnow 和 Rosenthal，1997）。

Paluck（2009）报告说，在她开展实地实验的冲突后国家，不同程度的政府审查和人身安全导致访问者及其他实验代表使用不同的自我展示策略。例如，在卢旺达，那里的安全状况非常好，政府审查非常严格，研究人员对支持他们和这项研究的大学有强烈认同感。然而，在边境对面的刚果民主共和国（DRC），那里的安全和政府监控程度较低，工作人员穿着印有与大学合作的当地非政府组织（NGO）标志的 T 恤。在卢旺达，这种对 NGO 的强调，被参与者建构为他们的回答受到政府监督，就像该国的大多数 NGO 在实验期间一样。然而，在刚果民主共和国，由于缺乏安全，参与者需要从已知的当地来源，即非政府组织，获得合法性保证，而不是将该非政府组织建构为：愿意与政府分享他们答案的行动者。

还有很多其他的例子，但我们的最终标准是实验的感知来源会影响参与者对参与或不参与的建构，他们回答的保密性，以及实验的整体意义，等等。当然，"社会赞许偏误"，即倾向于以一种其他人喜欢的方式回答问题，在这种情况下是以实验者喜欢的方式，也是一种严重的风险。（通过使用自我填写的计算机调查和尝试高度中立的问题措辞，社会赞许偏误可得到一定程度的缓解。）我们甚至可以在这一章中使用你自己对信息来源的建构来类比：作为一名正在阅读本章的经济学家，如果你知道本章来自两位经济学家、社会学家和心理学家，你会觉得在某些方面或多或少具有权威性吗？

4　解释：研究者如何建构数据中的重要内容？

到目前为止，我们的重点一直放在参与者的建构上。但研究者会使用与参与者相同的建构工具：我们建构参与者做了什么，他们告诉了我

262

们什么，其方式可能与其实际行动或意义相符，也可能不相符。建构参与者的自我报告并不是研究者执行建构过程及影响他们对实验结果的理解的唯一方式。建构也会影响我们进行数据分析的方式，以及我们认为对复制或扩展干预较重要的因素。

最近，社会科学家提出了在部署实地实验或开始分析之前预注册分析优点的理由和证据（Casey 等，2011；Olken，2015；Committee，2015）。正如 Vallone 等（1985）所指出的，党派偏见会影响个人在事实新闻文章中所看到的内容，研究者也可能在大型数据集中选择性地使用支持其偏好假设的分析（Casey 等，2011）。正如 Olken 所说，"即使有着最高尚意图的研究者，在试图事后来理解一组复杂结果时，也可能最终屈服于相同的偏见"（第 1 页）。

心理学家将这种做法理解为普通的、有时不可避免的建构过程的结果：在设计阶段，你认为最重要的测试将随着你观察数据收集过程、分析数据、形成或略微修改研究结果的工作假设而发生变化。虽然预注册你的所有分析有不可忽略的成本（Olken，2015），但也有明显的优势。除了公开承诺先验预测之外，预注册还可以帮助研究者在设计和修改实验方案时更仔细地考虑他们的假设。一种类似的做法可以帮助事后降低实验假设的权重，即预注册一个实地实验。如果整个试验没有产生研究者预期的结果，这种做法有助于防止选择性报告（例如，使用 http://www.socialscienceregistry.org/或新出现的 Open Science Framework）。

建构也可以影响研究者将哪些因素作为整个实验的普遍的经验教训，也就是，可以影响导致相关结果的原因。乍一看，这似乎有违直觉。毕竟，自变量的随机化允许估计因果关系。但研究者如何解释自变量的重要特征到底是什么，以便复制或扩大他们的研究？

考虑一下在南非进行的实地实验，在这个实验中，Bertrand 等（2010）操纵了银行给客户信件中提供的贷款信息，并操纵贷款提供者给客户提供金融贷款信件中的信息。其中一些信息是客户应了解贷款条款的核心信息，包括贷款规模、期限和利率。其他"信息"是次要的，比如人们可以借到的不同贷款的例子，或嵌入到信件平面设计中的一张男人或女人面孔的照片。正如所预测的那样，研究者发现，信件中的一些次要特征对贷款接受率有实质性影响。例如，对于男性客户来说，信中有一张女性照片明显增加了贷款需求，大约相当于将利率降至 4.5 个百分点，相当于使贷款利率降低 25%。

如何解释这个实验？它究竟说明了什么？这是否表明，女性的照片尤其能够提高贷款接受率？应该总是期待女性的照片会提高金融产品的接受率吗？女性的照片在比利时会同样有效吗，或者其他类型的照片在那里会被证明更有效吗？研究者如何建构女性照片在实验中作为贷款驱动因素所起的作用，决定了他们将如何尝试在其他背景中复制该实验，或者他们希望如何制度化或扩大实验结果在南非以及别处的其他合作银行的应用，在略有不同的背景中复制实验，例如不同银行或政府或其他公司，反映了参与者以不同方式建构干预的可能性。当干预被认为来自非常不同的来源或者与略有不同的建构有关时，这一点尤其相关。毕竟，像许多其他可能的次要线索一样，女性可能扮演不同的角色，承载着不同的象征性内涵，并与不同地方的金融市场有不同联系。

4.1　复制实验

在最普遍的层面上，南非贷款实验告诉我们，对金融产品广告进行简单的、看似无关紧要的调整可以产生很大的差异。除此之外，我们还不清楚如何建构操纵的细节，例如，关于女性照片所起的作用。研究者面临的挑战，是在复制或扩大实验时，如何提炼出最重要的、可保持稳定的、原始的重要结果。

我们的建议是，在一项实验中要考虑具体操纵的转换，就像你在考虑货币转换一样。谢克尔（Shekels）在以色列会很管用，无论是在特拉维夫还是在耶路撒冷，但试图在日本"复制"它是错误的。同样，在一个地方运行良好的操纵，也应该在另一个具有必要共同特征的地方运行良好，但是当被搬到某些重要方面不同的情景时，很可能会失败。由于建构的原因，比起乍看起来，这个建议没那么明显，或更容易应用。实地实验和实验室实验通常复制的是表面结构，如谢克尔，而没有复制更深层次的结构，如购买力。这与跨文化研究者对功能或方法等价性的担心有关（Alasuutari 等，2008），任何从事"直接复制"的研究者都应当暂停一下。复制研究需要复制原始研究的"深层"结构，而不是表面结构。它需要从原始研究中复制参与者的建构，然而矛盾的是，这可能需要对原始研究进行重新配置，特别是当新情景中的建构过程遵循与原始研究略为不同的逻辑时。事实上，无论表面上多么忠实于原始研究，如果不能复制出真正重要的特征，都可能会导致复制失败。有关心理学上的复制概念的最新讨论，参见 Monin 等（2014）。

264

4.2 实验结果的制度化与规模化

事实上，辨别如何建构复制效应的驱动因素与尝试识别哪些因素应该"扩大"时遇到的挑战类似。我们所说的扩大，是指大规模复制你的实验，或者将你的实验操纵作为公共或私人机构常规运作程序的一部分。在扩大实验规模所涉及的潜在复杂问题中，一种实验操纵是目标总体接受的干预可能来自不同于原始实验评估的来源。而这种来源（例如，大学、非政府组织或政府）会较大地影响参与者对干预的建构。此外，干预不再作为一项试验，或者不再仅仅是"实验"，而是作为一项既定的政策，这一事实本身会产生显著不同的建构。

据我们所知，最引人注目和最发人深省的例子之一是由国家司法研究所（National Institute of Justice）（Garner 等，1995）领导的反家庭暴力实验，其中参与者的建构从实验转变为制度化政策。这项实验使用了一种鼓励设计（encouragement design），让警察在接到报告家庭事件的电话时做出反应。警察在到达现场后，通过颜色编码的记事本，被随机分配进行逮捕（arrest）、调解（mediate）或分离（separate）（尽管在紧急情况下，他们可以违反随机化）。这项实验的估计效应揭示了逮捕对于防止家庭暴力事件再次发生的重要性，逮捕被发现可以减少 50% 以上的未来暴力事件。这些结果随后被用来支持提高逮捕率的法律，被捕者即对虐待配偶负有责任的个人。然而，后续研究（Iyengar，2010）发现，这些法律增加了实施法律后亲密伴侣杀人案件的数量。

关于 Iyengar（2010）与国家司法研究所实验的方法和发现，如果撇开相关的争论不谈，我们可以提出疑问：强制逮捕虐待配偶者的法律，如何会增加杀人案？一个看似合理的解释是暴力受害者对报警求助的建构。在国家司法研究所的实验中，打电话给警察仅仅被理解为求救电话。确切的影响，即警察一旦到达现场可能会做什么，目前还不确定。显然，施虐的伴侣永远不会把打电话给警察建构为一种受欢迎的行为；然而，在法律要求立即逮捕之前，这些电话并不被理解为要求逮捕。但一旦写入法律，打电话给警方就意味着要逮捕这名伴侣。推测起来，家庭纠纷中的双方都共享了这种新的建构，这对被虐待者来说可能不算什么，但至少对施虐者来说更为重要。逮捕的确定性作为一种建构，与早期"实验"阶段主导的建构不同，因此可以解释为什么在法律出台后杀人案会上升。

总而言之，目标总体对干预的理解可能会随着干预规模的扩大、来源的不同、形式的轻微改变或不再新颖而改变。以这种方式思考参与者的建构，也是理解和预测负外部性的一种手段。由于扩大的干预与参与者的建构不一致，损失——被虐待妇女得救较少，塑料袋回收较少——因此被强加给整个社会。

5　结　论

行为科学中的一个根本性的紧张关系，长期以来一直困扰着外显行为研究，最明显的表现是行为主义，以及由认知科学研究的隐蔽心理过程。这种紧张关系是实地实验的中心，其最终目标是改变和测量实际行为，但干预设计在很大程度上取决于参与者的精神生活。在这一章中，我们关注了精神生活的一个基本方面，即建构。

建构是人们体现日常经验的方式。其中一些可以是自然的、直接的和毫不费力的，其他部分可以是有意识的和费力的，分别是"系统 1"和"系统 2"思维的结果（Kahneman，2011）。这对研究者来说是一个巨大的挑战，因为最终感兴趣的是由此产生的行为，它由始终难以观察、通常难以控制、对细微差别始终敏感的过程来塑造。

这一章应该会让你相信，实地实验不是现成的工具。人们需要在细微差别很重要的情景中建立共享建构。即使是在实验室里进行的简单行为博弈［即测量响应不同激励的行为，其中行动和支付（moves and payoffs）都被很好地定义］，仅仅改变博弈的名称也能显著改变参与者选择的策略。在一项研究中，参与者（美国大学生和以色列飞行员）玩了一个 N 步因徒困境博弈，也被称为华尔街或社区博弈（Liberman 等，2004）。结果表明，无论在第一轮还是在整体上，标签对参与人选择合作或背叛的影响都远远大于同伴基于参与人声誉的预测结果。

> 我们吃吧，奶奶！（Let's eat, Grandma!）
> 我们吃奶奶吧！（Let's eat Grandma!）

细微的差别可以拯救生命。它们可以改变策略行为，可以改变你的实验刺激在实验中或在试图复制实验过程中被建构的方式。

尽管我们没有万无一失的（surefire）方法来处理建构，但我们的建议是，思考和探索可能会影响你的研究的建构方式的各个方面。与其仅仅"传递"相关信息，不如想想传递中使用的术语，如社区、华尔街；传递信息所处的背景，如教堂、学校；传递信息的人：女人、男人、儿童；以及他们在这一特定环境（milieu）中的潜在作用。同样，当你试图复制实验时，要注意参与者在原始研究中的建构，而不仅是原始刺激或程序。重复实验中重要的心理因素，而不是肤浅的结构。

有一件著名的逸事，是关于三个棒球裁判员谈论如何判别（call）好球和坏球（balls and strikes）的。第一个裁判员认为眼见为实（as he sees them），第二个裁判员在它们既成事实时（as they are）才做判断。第三个裁判员说，在他做出判定之前（until he calls them），它们什么都不是。我们就是这样考虑建构的。你可能认为参与者只是根据他们看到的来建构，或者你可能认为他们建构了那里到底有什么。但事实是，在参与者建构之前，你的研究不会发生任何事情。然而挑战是，需要非常小心地处理这种建构。

参考文献

Alasuutari, P., Bickman, L., Brannen, J., 2008. The SAGE Handbook of Social Research Methods. Sage.

Asch, S. E., 1940. Studies in the principles of judgments and attitudes：Ⅱ. Determination of judgments by group and by ego standards. J. Soc. Psychol. 12, 433 - 465.

Asch, S. E., 1948. The doctrine of suggestion, prestige and imitation in social psychology. Psychol. Rev. 55, 250.

Berger, J., Meredith, M., Christian Wheeler, S., 2008. Contextual priming：where people vote affects how they vote. Proc. Natl. Acad. Sci. U. S. A. 105, 8846 - 8849.

Bertrand, M., Karlan, D. S., Mullainathan, S., Shafir, E., Zinman, J., 2010. What's advertising content worth? Evidence from a consumer credit marketing field experiment. Q. J. Econ. 125, 263 - 306.

Bruner, J. S., 1957. Going beyond the information given. Contemp. Approaches Cogn. 1, 119 - 160.

Casey, K., Glennerster, R., Miguel, E., 2011. Reshaping Institutions：Evidence on Aid Impacts Using a Pre-analysis Plan. Technical report. National Bureau of Economic Research.

Committee, The TOP Guidelines, 2015. Promoting an open research culture：The top guidelines for journals. Work. Pap. 1, 1 - 2.

267

Datta, S., Mullainathan, S., 2014. Behavioral design: A new approach to development policy. Rev. Income Wealth 60, 7 – 35.

Eidelman, S., Crandall, C. S., 2009. A psychological advantage for the status quo. In: Social and Psychological Bases of Ideology and System Justification, pp. 85 – 106.

Garner, J., Fagan, J., Maxwell, C., 1995. Published findings from the spouse assault replication program: A critical review. J. Quant. Criminol. 11, 3 – 28.

Gilovich, T., 1981. Seeing the past in the present: The effect of associations to familiar events on judgments and decisions. J. Pers. Soc. Psychol. 40, 797.

Gilovich, T., Griffin, D., Kahneman, D., 2002. Heuristics and Biases: The Psychology of Intuitive Judgment. Cambridge University Press.

Gneezy, U., Rustichini, A., 2000. A fine is a price. J. Leg. Stud. 29, 1 – 18.

Haushofer, J., Shapiro, J., 2013. The Social Costs of Randomization.

Iyengar, R., 2010. Does arrest deter violence? Comparing experimental and non-experimental evidence on mandatory arrest laws. In: Di Tella, R., Edwards, S., Schargrodsky, E. (Eds.), The Economics of Crime: Lessons for and from Latin America. NBER/University of Chicago Press, pp. 421 – 452.

Kahneman, D., 2011. Thinking, Fast and Slow. Macmillan.

Kahneman, D., 2013. Foreword. In: Shafir, E. (Ed.), The Behavioral Foundations of Public Policy. Princeton University Press, pp. 7 – 9.

Kahneman, D., Frederick, S., 2002. Representativeness revisited: Attribute substitution in intuitive judgment. In: Heuristics and Biases: The Psychology of Intuitive Judgment, 49.

Kahneman, D., Knetsch, J. L., Thaler, R. H., 1991. Anomalies: The endowment effect, loss aversion, and status quo bias. J. Econ. Perspect. 193 – 206.

Kahneman, D., Miller, D. T., 1986. Norm theory: Comparing reality to its alternatives. Psychol. Rev. 93, 136 – 153.

Kelley, H. H., 1973. The processes of causal attribution. Am. Psychol. 28, 107.

Lewin, K., Gold, M. E., 1999. The Complete Social Scientist: A Kurt Lewin Reader. American Psychological Association.

Liberman, V., Samuels, S. M., Ross, L., 2004. The name of the game: Predictive power of reputations versus situational labels in determining prisoner's dilemma game moves. Pers. Soc. Psychol. Bull. 30, 1175 – 1185.

Loftus, G. R., Mackworth, N. H., 1978. Cognitive determinants of fixation location during picture viewing. J. Exp. Psychol. Hum. Percept. Perform. 4, 565.

Markus, H., Kunda, Z., 1986. Stability and malleability of the self-concept. J.

Pers. Soc. Psychol. 51, 858. Milgram, S., 1974. Obedience to Authority.

Miller, D. T., Prentice, D. A., 2013. Psychological levers of behavior change. In: Shafir, E. (Ed.), The Behavioral Foundations of Public Policy. Princeton University Press, pp. 301 – 309.

Mischel, W., Ebbesen, E. B., Zeiss, A. R., 1972. Cognitive and attentional mechanisms in delay of gratification. J. Pers. Soc. Psychol. 21, 204.

Monin, B., Oppenheimer, D. M., Ferguson, M. J., Carter, T. J., Hassin, R. R., Crisp, R. J., Miles, E., Husnu, S., Schwarz, N., Strack, F., et al., 2014. Commentaries and Rejoinder on Klein et al. (2014).

Morse, S., Gergen, K. J., 1970. Social comparison, self-consistency, and the concept of self. J. Pers. Soc. Psychol. 16, 148.

Olken, B., 2015. Pre-analysis plans in economics. J. Econ. Perspect. 29 (3), 61 – 80.

Orne, M. T., 1962. On the social psychology of the psychological experiment: With particular reference to demand characteristics and their implications. Am. Psychol. 17, 776.

Paluck, E. L., 2009. Methods and ethics with research teams and NGOs: Comparing experiences across the border of Rwanda and Democratic Republic of Congo. In: Surviving Field Research: Working in Violent and Difficult Situations, pp. 38 – 56.

Redelmeier, D. A., Molin, J.-P., Tibshirani, R. J., 1995. A randomised trial of compassionate care for the homeless in an emergency department. Lancet 345, 1131 – 1134.

Robins, R. W., Hendin, H. M., Trzesniewski, K. H., 2001. Measuring global self-esteem: Construct validation of a single-item measure and the Rosenberg self-esteem scale. Pers. Soc. Psychol. Bull. 27, 151 – 161.

Rosnow, R. L., Rosenthal, R., 1997. People Studying People: Artifacts and Ethics in Behavioral Research. WH Freeman, New York.

Ross, L., Nisbett, R. E., 1991. The Person and the Situation: Perspectives of Social Psychology. Mcgraw-Hill Book Company.

Schank, R. C., Abelson, R. P., 2013. Scripts, Plans, Goals, and Understanding: An Inquiry into Human Knowledge Structures. Psychology Press.

Schwarz, N., Xu, J., 2011. Why don't we learn from poor choices? The consistency of expectation, choice, and memory clouds the lessons of experience. J. Consum. Psychol. 21, 142 – 145.

Seligman, M. E., 1970. On the generality of the laws of learning. Psychol. Rev. 77, 406.

Shafir, E., 2013. The Behavioral Foundations of Public Policy. Princeton University Press.

268

Skinner, B. F. , 1960. Pigeons in a pelican. Am. Psychol. 15, 28.

Thaler, R. H. , Sunstein, C. R. , 2008. Nudge. Yale University Press.

Tversky, A. , Kahneman, D. , 1973. Availability: A heuristic for judging frequency and probability. Cogn. Psychol. 5, 207 - 232.

Tversky, A. , Kahneman, D. , 1981. The framing of decisions and the psychology of choice. Science 211, 453 - 458.

Vallone, R. P. , Ross, L. , Lepper, M. R. , 1985. The hostile media phenomenon: Biased perception and perceptions of media bias in coverage of the Beirut massacre. J. Pers. Soc. Psychol. 49, 577.

Weber, Heinrich, E. , Elizabeth Ross, H. , Murray, D. J. , 1996. EH Weber on the Tactile Senses. Psychology Press.

Willis, G. B. , 2004. Cognitive Interviewing: A Tool for Improving Questionnaire Design. Sage Publications.

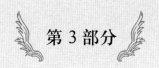

第 3 部分

理解偏好与偏好变化

第7章　市场中的实地实验[a]

O. Al-Ubaydli[*,§,¶,1]，J. A. List[‖,#,a]

[*]巴林国际战略和能源研究中心，麦纳麦，巴林

[§]乔治梅森大学，费尔法克斯，弗吉尼亚州，美国

[¶]墨卡托斯中心，阿灵顿，弗吉尼亚州，美国

[‖]芝加哥大学，芝加哥，伊利诺伊州，美国

[#]国家经济研究局（NBER），剑桥，马萨诸塞州，美国

[1]通讯作者联系方式：E-mail：omar@omar.ec

摘　要

本文是对市场中实地实验研究文献的综述。综述涵盖的主要结果如 *271* 下：（1）一般而言，市场组织了商品的有效交换；（2）存在一些阻碍有效交换的行为异常；（3）当交易者富有经验时，许多行为异常就消失了。

关键词

行为经济学；实地实验；市场；福利定理

JEL 分类号

B21；B53；C93；D41；D51；D61

1　引　言

传统上，经济学研究实际上是市场研究的同义词，最著名的例证是 *272* 亚当·斯密（Adam Smith）的《国富论》（*Wealth of Nations*）——可能是该学科的创始性贡献。在这位苏格兰经济学家的著作之后，是许多

---

a. 感谢安德鲁·西蒙（Andrew Simon）的出色研究协助。

杰出人物的开创性贡献，如阿尔弗雷德·马歇尔、约翰·梅纳德·凯恩斯、弗里德里希·冯·哈耶克、肯尼斯·阿罗、加里·贝克尔和罗伯特·卢卡斯。尽管在魔鬼经济学（Freakonomics）革命之后的几年里，经济学家研究主题的范围无疑有所扩大，但市场仍然是该学科知识使命的核心。例如，自2001年以来的14年中，有八个诺贝尔经济学奖被明确授予市场研究，在剩下的六个奖项中，有两个是最常应用于市场研究的计量经济学方法。

经济学家使用的方法工具是从约翰·斯图亚特·穆勒（John Stuart Mill）等人的叙述和演绎论点演变而来的，接着利昂·瓦尔拉斯（Leon Walras）等人引入了初等数学方法，然后是约翰·希克斯（John Hicks）和杰拉德·德布鲁（Gerard Debreu）等人使用的形式决策-理论数学机制，詹姆斯·莫里斯（James Mirrlees）和乔治·阿克洛夫（George Akerlof）等学者的博弈论分析，以及最近基于主体的建模（agent-based modeling）的出现。这些理论贡献得到了大量实证（经验）研究的补充，其中一些最著名的研究与国际贸易及金融市场有关。毫无疑问，由于前述学者的努力，我们对市场功能的理解有了不可估量的进步。

直到2002年的诺贝尔奖，对我们理解市场最重要的贡献之一——Vernon Smith（1962，1965）的真实风险双向口头拍卖（real-stakes double oral auctions）——仍未受到大多数主流经济学家的关注。Smith的实验追随Chamberlin（1948）的脚步，催生了大量研究市场过程的实验文献。随后学者研究了不同的制度，如传统拍卖（Coppinger等，1980）、分散的双边议价（Hong和Plott，1982）和标价（Plott，1986）。他们还改变信息结构来研究资产泡沫等重要现象（Smith等，1988），其他研究考察了社会偏好干扰市场出清过程的可能性（Fehr等，1993）。早期实验文献中出现的一个最重要的结论，是一个从未有理论或非实验研究令人信服地证明的结论：市场导致商品的有效交换，即使许多传统的完全市场假设被打破，当有少数定价交易者拥有不完全信息并且缺乏像模糊的瓦尔拉斯拍卖商这样的中央协调者时，这种情况也会发生（Hayek，1945；Smith，1982）。

与传统的自然产生的数据相比，由Vernon Smith首创的实验室实验方法提供的关键优势是，能够人为控制交易者对正在交易商品的估值（称为诱导价值），这使得研究人员能够准确地估计需求和供应的计划，从而允许进行精确的福利分析。这一点不应被低估：虽然主流经济学接

273

受了亚当·斯密的"看不见的手"理论，但经济学家花了近200年的时间才提出这一现象的可信证据。尽管这一结果具有根本上的重要性，但总的来说，实验室实验（更不用说那些研究市场的实验）仍然是一种小众工具（niche tool）。许多主流经济学家相对缺乏热情的原因之一是实验室实验被认为是人为的（artificiality）；许多学者担心，风险小、策略空间有限、被试缺乏经验以及实验者的综述都有助于形成价值有限的经验洞察力来理解自然发生的市场（Levitt 和 List，2007）。特别是，在实验室实验中经常发现的许多行为异常，如禀赋效应（Knetsch，1989）和零声誉环境中的互惠（Fehr 和 Gachter，2002），与新古典模型的前提与结论都不一致，并被用作挑战主流经济学的知识平台。

正如关于市场的理论和实证文献随着可用方法和工具的进步而发展一样，随着21世纪初实地实验技术的出现，关于市场的实验研究领域文献也是如此。这一变化是朝着统一的实证方法迈出的基本步伐，因为在许多情况下，实地实验技术既有传统自然数据和实验室实验数据两者的优点，也有两者都没有的缺点。以前认为缺乏现实性而拒绝实验室实验数据的实证经济学家如今欣然地接受了自然实地实验，甚至认为它是解决与自然产生数据相关的内生性问题的灵丹妙药。

特别值得一提的是，实地实验使研究人员能够研究真实市场中的真实交易者，而不必牺牲对环境的控制。因此，研究文献对以下问题提供了更复杂的答案："租赁市场中的种族歧视有多普遍"（Ahmed 和 Hammarstedt，2008）？"提高工资率的生产力后果是什么"（Gneezy 和 List，2006）？"商业培训对小额信贷市场的影响是什么"（Karlan 和 Valdivia，2011）？

市场是一个巨大且极其多样化的研究领域，本书中的许多其他研究涵盖了文献的重要部分。在这篇综述中，我们将重点放在整体结论上。此外，鉴于文献相对较新，我们还讨论了与文献相关的一些方法论问题。

在对市场实地实验研究文献的回顾中，我们得出了三个主要结论：第一，也是最重要的，一般而言，市场可以组织商品的有效交换；第二，与许多实验室实验文献一致，存在阻碍市场组织商品有效交换能力的行为异常；第三，当交易者有足够的经验来承担角色时，许多行为异常就消失了，恢复了市场组织商品有效交换的能力。 *274*

这篇综述的结构如下：第2节是序言，在这里我们讨论了市场是如何定义的，本综述将涵盖的研究、市场实地实验研究的分类以及实地实验在研究市场时的优缺点；第 3 节介绍了文献中的主要结果；第 4 节讨论了学者考虑在实证市场研究中使用实地实验的关键方法论见解；第 5 节是结束语，包括对未来可能进行的市场实地实验研究的讨论。

2 序 言

市场对经济学学术的重要性是不言而喻的，对一般实验文献（Chamberlin，1948；Smith，1965）以及对实地实验领域特定文献（List，2004a）的许多早期贡献都是对市场的研究。因此，当本书编辑联系我们并提出撰写一篇关于市场中的实地实验文献综述的想法时，除了对提议感到高兴和荣幸之外，我们还认为，在一本致力于实地实验的书中这是非常合乎逻辑的组成部分。

正如任何一位文献综述的作者都很清楚的那样，在精简的愿望和全面的努力之间试图保持平衡的时候，决定包括哪些研究会存在一些问题。除了这个传统的挑战之外，我们还遇到了一个意想不到的困难，那就是如何找到一个适合"市场"的可操作性定义。

2.1 定义市场

对于如市场这样一个经济学学科中如此核心的概念，经济学家竟然几乎没有提供定义（Hodgson，2008），这有点不合常理。作为这一奇怪遗漏的例证，原本非常全面的 1987 年版的《新帕尔格雷夫经济学词典》（*New Palgrave Dictionary of Economics*）甚至没有收录"市场"一词。（这一遗漏在 2008 年出版的第二版中得到了更正。）正如我们将看到的，综述文章面临的一个严重挑战是，如果对市场有任何合理的定义，绝大多数研究贡献都可以归类为对市场的研究。

在没有教科书释义的情况下，外行的词典释义是一个显而易见的起点。根据《梅里亚姆-韦伯斯特词典》（*Merriam-Webster Dictionary*）的说法，市场是"实现商品交换的商业活动过程"，或者市场是"为进行贸易而私下买卖的人们的聚会，通常不是通过拍卖"。这与《新帕尔格雷夫经济学词典》第二版提供的奥地利学派式的宽泛定义是一致的：市场是"涉及私有财产（大致定义为私人控制下的资产）的所有形式的贸易或交易"（Hodgson，2008）。

为了采用专业概念和缩小描述范围，《新帕尔格雷夫经济学词典》

提供了不同的定义，大致如下："市场涉及多个交易、多个买家或多个卖家，因此存在一定程度的竞争。市场被定义为多个买家或多个卖家通过其经常交易大量特定类型商品的机构。交易本身是在法律和合同可执行性框架内进行的。市场涉及有助于建立、组织和合法化交易处理的法律和其他规则。它们涉及定价和交易程序，有助于建立对价格的共识，并经常通过沟通有关产品、价格、数量、潜在买家或潜在卖家的信息来帮助实现这一点。简而言之，市场是有组织的、制度化的经常性交易"（Hodgson，2008）。

根据最广义的界定，市场包括了人们在证券交易所遇到的有组织交易，两个公司之间常见的重复供应安排的关系型交易，在 Craigslist 观察到的一次性、偶然的交易，以及完全非正式的交易，如青少年用铲子为邻居的车道铲雪，以换取 20 美元。如果转换到更狭义的界定，人们可能会认为，除了证券交易所的情形之外，其他所有交易都应该被排除在外。然而，潜在或隐藏（potential or latent）竞争的幽灵，再加上允许民事诉讼的法律制度的存在，共同确保了人们可以完全合法地根据广义和狭义的界定，将所有四种情形均归类为市场交易。这使选择在文献综述中包括哪些研究的过程变得复杂。

2.2　文献综述所涵盖的研究

如上所述，从对市场的宽泛定义开始，我们很难将研究排除在文献综述之外。毕竟，产业组织文献——一类庞大的文献——被自动地归入市场文献中。作为例证，如果查看最新一期（在撰写本文时）《美国经济评论》（105：2），其中有 14 篇论文，我们认为其中 10 篇是关于市场的。非正式地浏览该刊和其他顶尖期刊的各期证实，大多数经济学论文可以归类为某种类型的市场研究。

在《美国经济评论》等期刊上发表的论文中，实地实验只占一小部分；因此，也许将我们的注意力限制在市场的实地实验研究上会使综述范围变得容易管理。在这一点上，注意我们使用的是 Harrison 和 List （2004）对实地实验的定义，这意味着将人工实地实验、框架实地实验和自然实地实验结合在一起，但排除了传统的实验室实验。

276

● 传统的实验室实验（conventional laboratory experiments）采用标准的学生被试群体、抽象框架和一套强加的规则。

● 人工实地实验（artefactual field experiment）与传统实验室实验相同，除了使用非标准的被试群体之外。

● 框架实地实验（framed field experiment）与人工实地实验相同，除了被试可使用的商品、任务或信息集中有实地背景之外。

● 自然实地实验（natural field experiment）与框架实地实验相同，除了实验环境下的被试是自然地承担这些任务，而且被试不知道他们处于一项实验中之外。

将我们的注意力限制在实地实验上的最简单方法是使用电子论文存储库 www. fieldexperiments. com（注意，这是一个高度不完整的数据库，但任何被收录的论文肯定属于实地实验）。同样，在某种程度上是非正式地，我们按照字母顺序查看了大约 350 篇列出论文中的前 50 篇，找到了 25 篇可以被合理地归类为市场研究的论文，涵盖了各种各样的主题，如教育回报、大规模献血、租赁市场中的种族歧视、密封竞价拍卖中的行为、消费品的真实与假设支付意愿，以及博彩市场的操纵。

作为另一种选择，我们还对标题包含"实地实验"一词的文章进行了 JSTOR 搜索，按照时间倒序来排序。同样，在前 50 篇论文中，我们找到了 25 篇可以被合理地归类为市场研究的论文，并涵盖了一系列广泛的主题，如保险需求、西非的选票购买、危地马拉的小额信贷、劳动力市场上的熟练移民、保健品定价、女性创业和产品定制。

从这种非正式的搜索和分类工作中我们得出的主要结论是，对市场的实地实验进行穷尽式综述是不可能的。此外，即使人们可以通过综述随机选择的论文样本使之变得可行，考虑到市场实地实验涵盖主题的多样性，还不清楚这样的综述是否具有很大的科学价值。

鉴于上述情况，本次综述将特别关注方法论问题。我们将对广泛的实地实验进行调查，目的是为反复出现的方法问题提供洞察力。

另一个要考虑的因素是本书其他章节的贡献，因为它们中的许多都涵盖了与"市场"显著重叠的主题。为了避免不必要的重复，我们最多只涉及以下主题：市场营销；与发展中国家和反贫困干预特别有关的问题；歧视；教育；以及劳动力市场。

2.3　对市场中的实地实验进行分类

277　　　我们的综述将涵盖市场实地实验研究的整体结果，不会围绕研究分类来构建结果。然而，在背景中，记住以下分类是有意义的，因为它有助于组织学术贡献的类型。我们将文献分为三个主要维度。

第一，探索特定市场制度的研究，目标是更好地理解，相比于没有这种目标的研究，它如何发挥作用。因此，例如，Lucking-Reiley

（1999）使用一个框架实地实验来测试第一价格密封投标和荷兰式拍卖的收入等价性；这显然构成了对特定市场制度的探索。另外，Bertrand等（2010）研究广告内容对做广告产品需求的影响；研究的高度情景特殊性，加上缺乏对交易过程规则的关注，使得该研究不是对特定市场制度的探索。

第二，研究经验模型是结构的还是精简形式的（reduced-form）（将它们视为光谱的两端）。我们将结构建模定义为对不同决策者所面临的优化问题进行显式建模的计量经济学设定。通常，这包括一个均衡概念，以协调决策者的优化，作为开发计量经济学设定的一步。这样的模型主要是建立知识的演绎法。相反，在精简形式的模型中，主体（agents）可以从表面价值而不是一系列优化问题的终点来解释计量经济学设定。精简形式的建模对应于建立知识的归纳法。

在市场的实地实验研究中，结构模型与精简模型的选择比典型的经济学研究更值得注意。对于大多数领域，研究人员根据标准的利与弊在这两种技术之间做出在很大程度上不受限制的选择：一方面，结构模型涉及更多的任意假设（从而存在严重设定错误的风险），并且它们可能特别需要数据；另一方面，结构模型可以帮助提供更多统计上有效率的计量经济学设定（包括优越的外推能力），并且允许福利和反事实分析。

在市场的实证研究中，研究人员在考虑结构模型时面临着一个额外的障碍：在大量买家和卖家进行身体和语言互动的市场中，很难以一种既足够容易处理，允许推导出可估计的计量经济学设定，又足够复杂以便捕捉制度本质的方式，对策略空间建模。例如，尽管专业的知名人物进行了长达一个多世纪的经验丰富的研究努力，但是相比于基本的瓦尔拉斯需求和供给模型，经济学家仍然没有能够利用现代博弈论技术取得实质性进步，这主要是难以处理环境的结果（Al-Ubaydli 等，2012）。一些研究，如 Gjerstad 和 Dickhaut（1998），采取了另一种路径来放松严格的理性假设，使用主体建模来推导可检验的预测。因此，在市场实地实验研究的文献背景下我们发现，在许多市场制度中非常缺乏结构模型，因为它们不可行。随之而来的大量精简模型反映了研究人员基于任何现有方法来归纳性理解市场的努力。填补文献中的这一缺口有很多好处，因为难以建模的市场是现代经济的动力，而对真实市场进行具体的福利分析则是圣杯（holy grail）。

第三，相比于明确考虑新古典模型的行为替代，所有理论和经验建模研究都符合新古典蓝图。新古典模型的一个有用的操作定义是，每个决策者都最大化期望效用，而非自身的货币结果，并且已根据理性预期对不确定性建模。新古典模型最常见的行为替代对应于利己主义的崩溃（例如，不公平厌恶、一次性环境中的互惠）或期望效用的崩溃（例如，损失厌恶、模糊性厌恶）。

就像结构维度与精简形式维度的情况一样，新古典与行为维度在市场文献的实证研究中也是值得注意的。从亚当·斯密时代以来，人们就不受监管的市场能否带来有效率的结果展开了激烈的辩论。这场辩论跨越了不同的学科，目前仍然是一个高度政治化的问题。根据福利经济学第一定理，在新古典模型条件下运行的市场是有效率的。因此，研究人员假设新古典模型的行为替代优于新古典主义模型，在许多情况下，他们不仅试图改进现有狭隘模型的预测准确性，而且他们通过破坏其原则（tenets）来攻击福利经济学第一定理。反过来，当一项研究拒绝新古典模型的行为替代时，通常是在试图恢复福利经济学第一定理。当然，这些趋势不是绝对的，许多对行为与新古典争论的有见地的贡献反映了试图改进对特定市场情景的理解。然而，一般而言，市场实证研究文献的消费者应当记住，实证探索行为偏好的研究往往试图提出更重要的、关于不受监管的市场的效率和纠正性政府干预的可取性的观点。因此，这样的研究与政治和/或社会学的暗流有关，其在情绪上激化了这场辩论。

总而言之，与大多数文献相似，市场文献中的实地实验研究涉及一种研究的混合，包括关注一般原则的研究和深入钻研特定案例（即特定市场制度）的研究。然而，与大多数文献不同的是，结构建模在市场文献的实地实验研究中的代表性不足，因为即使最简单的市场也很难轻松地建模。此外，在行为与新古典建模的背景下，市场文献的实地实验研究是围绕福利经济学第一定理和政府干预市场的可取性展开更大规模和更重要辩论的知识战场。因此，即使是一些平凡的问题，比如禀赋效应（List，2003）的存在，也可能成为引爆点。

2.4　实地实验有哪些优点和缺点？

大多数数据的类型可以分为三类：自然产生的数据、实验室实验数据和实地实验数据。与自然产生的数据相比，实验数据作为一个整体的优点是众所周知的（Kagel 和 Roth，1997）。最近，经济学家们就实验室和实地实验数据的利弊进行了广泛的辩论（Levitt 和 List，2007；Falk 和 Heckman，2009；Frechette 和 Schotter，2015）。虽然这些辩论中提出的一般原则很好地适用于市场的实证研究，但也有一些特殊因素值得一提。

如上所述，市场之所以特别有趣，是因为经济学家不断地寻找证据，证明市场有能力提供有效率的结果。评估效率需要了解主体对不同结果的偏好；最常见的是指正在交易商品的买方（卖方）价值（成本）。一般来说，这是非常困难的，因为这些价值是自定的（这意味着它们是天然指定的，而不是由实验者明确指定的），因此必须从交易者那里获取信息。此外，在大多数市场制度中，交易者面临着强烈的激励来歪曲自己对商品的真实估值，特别是为了获得讨价还价的优势。在对市场歧视的研究中，隐藏真实估值还有一个额外激励：例如，不想因为对某个种族的人怀有敌意而被视为偏执狂。得到交易者价值的最常用方法之一是调查（也称为或有估值）；尽管采用了各种复杂的方案，但它们仍然是昂贵、笨拙和不可靠的价值估计方法（Diamond 和 Hausman，1994）。

实验为研究人员提供了一种评估效率的方法：研究人员可以归纳出价值，而不是依赖于极难发现的自定价值。注意，这不同于最常被引用的实验的优势，即它们允许随机化。这就是为什么 Vernon Smith 的真实风险实验（Smith，1962，1965）回顾起来被认为是如此有开创性；根据瓦尔拉斯动力学，它们首次系统和透明地展示了正常的市场均衡。

在很大程度上，能够产生归纳价值的优点仅限于实验室实验。在自然实地实验中，研究人员很容易影响自定价值，但只有在有限的情况下才能归纳价值，评估效率通常需要完全的信息。对于研究人员来说，一种聪明的解决方法是使用合谋者（confederates），其价值由研究人员诱导、行为受到研究人员的严格控制，并让合谋者与不知道实验的普通交易者进行秘密互动（List，2006a）。由于普通交易者的价值是自定的和未知的，因此对合谋者价值的了解，只能够评估一些与效率有关的问题。

效率不是市场研究的全部和终点；然而，有很多有知识价值的问题与效率无关，更重要的是，并不需要了解价值。关于市场歧视的文献就是一个很好的例子，因为可以利用技术来检测和评估歧视，而不一定知道正在交易的商品的价值。侧重于比较不同方案创收性质（而不是分配效率）的拍卖研究也属于这一类。在这些情况下，与自然、实验室和实地实验数据相关的常见优点与缺点都适用。

280

3 主要结果

3.1 传统商品市场

在我们看来，一般的实地实验研究（更不用说市场的实地实验研究）中最重要的结果，不过是一般情况下实验室实验研究中最重要结果的复制。因此，我们认为这一结果是实验经济学中最重要的结果，当然也是实证经济学中最重要的结果之一（如果不是唯一最重要的）。

结果 1：以分散交易为基础的市场成功地组织了商品的有效率交换。

该结果的一流论文是 List（2004a）。为了更好地理解这篇论文，我们需要首先介绍它的两个重要的前期研究：Chamberlin（1948）和Smith（1962），它们都是传统的实验室实验。

在 Chamberlin（1948）中，被试被分为买家和卖家，并分配一个价值 v，即私人信息（诱导价值）。交易者参与了一个虚构商品的市场，在这个市场上，买家试图购买一个单位，卖家试图出售一个单位。如果以价格 p 成功交易，买家将赚取 $v-p$，卖家将赚取 $p-v$；交易失败将导致零收益。因此，价值就充当交易者的保留价格。这种支付（payoff）结构允许实验者绘制一个逐步的需求和供给计划，这反过来又允许预测均衡价格，并指定边际内和边际外的交易者。为了充分发挥效率，所有边际内交易者都应该进行交易，而边际外交易者都不应该进行交易。

Chamberlin 交易环境的运作遵循以下规则：

● 在交易回合中，交易者有机会在其他交易者能听到的范围内四处走动并通过不受限制的口头谈判来争取达成交易。

● 在成功谈判一笔交易后，两个交易者将通知实验者，这时将公开宣布交易价格。

Chamberlin 实验的一个重要特点是，收益完全是假设的；要求被试表现得好像他们在挣真钱一样。

感兴趣的主要变量（回溯性的）是实际实现的租金占潜在租金的比例，即所谓的效率。这相当于检查边际内交易者相对于（vis-a-vis）边际外交易者成功进行交易的程度。这几乎等同于检查交易价格收敛到预

281

期均衡价格的程度和速度。

Chamberlin 发现，价格是波动的，它们会聚到一个低于均衡价格的价格，这意味着不完全有效（less-than-fully-efficient）的交换。他将此归因于一种可能性，即在他的实验中，买家比卖家更善于讨价还价，因为大多数被试只有真实的买家经历。

Vernon Smith 则有不同的理由，他提出 Chamberlin 市场未能按照预测的方式实现均衡的三个潜在原因：第一，缺乏财务激励；第二，缺乏经验（被试博弈的回合非常有限）；第三，信息流通有限，特别是只有交易价格才是真正公开的，常规的出价和报价通常只有这对相关的交易者知道。

Smith（1962，1965）通过引入财务激励给被试更多的交易经验，并将交易规则从 Chamberlin 的具有公开价格的分散双边议价改为双向口头拍卖来检验他的假设。在 Smith 的设置中，它类似于传统的交易平台，所有出价和报价都是公开的信息，包括那些实际导致了交易的信息。结果，价格迅速收敛到瓦尔拉斯均衡，并观察到效率的极高水平。随后的大量文献证实了这些发现的稳健性。

正如前面所提到的，Smith 的工作第一次令人信服地证明了瓦尔拉斯动力学和"看不见的手"，这之所以可能，是因为诱导偏好（价值）。尽管 Smith 在知识上取得了巨大的飞跃，但由于他对传统实验室实验的依赖，他的结果与真实的、非人工的市场之间仍然存在着知识上的差距。数十年的社会心理学研究已经证明，与常规实验室实验有关的异常情况产生的行为可能无法反映实验室外的行为（Levitt 和 List，2007）。因此，随后学者面临的挑战是，了解是否有办法利用 Chamberlin 和 *282* Smith 在该领域的创新。

这把我们带到了 List（2004a），其名义上是 Chamberlin（1948）和 Smith（1962，1965）的基于实地的混合产物。在理想情况下，List 应该进行一次自然实地实验。然而，学者们还没有发现一种与自然实地实验的定义特征兼容的方式来诱导价值，即被试不知道自己参与了实验。当然，实验者可以通过广告等方式隐蔽地影响被试的自定价值；然而，构建精确的需求和供给计划需要了解准确的价值。

原则上，调查方法可以让研究绕过归纳价值的需要。然而，由于几种原因，他们尚未提供解决方案。首先，关于调查方法能否准确估计自定价值仍存重大争议（Diamond 和 Hausman，1994）。其次，构建容易分析的需求和供给计划需要一个小的、封闭的市场和较短的时间范围。这样的市场在实践中是相当难以获得的，如果它们是由实验者秘密构建的，加入像或有价值调查（contingent-value surveys）这样不同寻常的事物肯定会破坏实验者保持被试不知道实验的努力。

因此，List 承认，凭借当时可用的工具（据我们所知，至今仍是如此），他能在已知需求和供给计划的市场上开展的最接近自然实地实验的实验就是一次框架实地实验。因此，List 的任务是找到一个具有以下两个特征的真实市场：第一，它是一个有代表性交易者样本愿意参与实验的市场；第二，它将是一个可以在有少量交易者的实验室环境中有效模拟的市场。

最后，List 选择了 Chamberlin 的分散双边议价市场，该市场当时部署在体育用品和收藏徽章交易中。为什么 List 选择了 Chamberlin 市场，而不是双向口头拍卖市场，比如芝加哥期货交易所（Chicago Board of Trade）中可以找到的那种类似于现代证券交易所开展的双重电子拍卖市场，或众多替代市场中的任何一种？当然，主要的动机是可行性，而不是相信这两个市场在某种程度上系统性地比其他市场更有趣或更有代表性。特别是，作为市场上一个敏锐的交易者，List 具备了建立和运行实验所需的知识和联系网络。有关执行自然实地实验的更多建议参见 List（2011b）。

List（2004a）的 Chamberlin 市场与其原型略有不同，因为卖家在固定柜台交易，交易区域的移动能力仅限于买家。这是为了更好地模仿正在研究的市场：体育用品展览看起来类似农贸市场，卖家在固定设施上展示他们的商品并紧挨着其他卖家。而且，与 Chamberlin（1948）和 Smith（1962，1965）中完全虚构的商品相比，交易的商品没有那么抽象：它是被研究市场上的真实商品，但被破坏以至没有内在价值，所以实验者可以根据需要自由地诱导价值。一些回合的诱导需求和供给计划可以在图 1 中看到，其中均衡价格预计在 13～14 美元的范围内。

这些差异在很大程度上是表面上的。从科学的角度来看，关键的差异在于，List（2004a）是一项框架实地实验：被试是来自体育用品和纪念徽章市场的真实买家和卖家，每个人都以自然的经验水平扮演各自的自然角色，并且利益（诱导价值）被校准到自然水平。

283

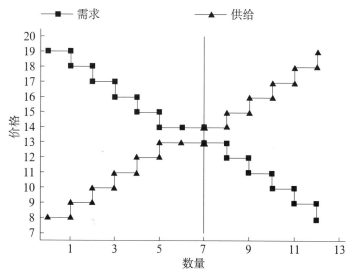

图 1　List（2004a）中对称市场的需求/供给计划

List（2004a）对不同性别和年龄的参与者进行了实验，更重要的是使用了不同形状的需求和供给计划，包括一些高度不对称的系统，其中一个需求或供给是完全有弹性的。总体而言，他发现价格一致收敛于均衡（平均交易价格始终在 13～14 美元的范围内），因此，效率水平很高（在随后几轮交易中，平均效率为 95％）。效率是在没有要求出价和报价是公开信息的情况下实现的，就像在双向口头拍卖中那样。这一点值得注意，因为在非正式的层面上，大多数市场并不是典型的公开出价和报价的市场，因此，如果经济学家预测价格的一流模型依赖于实践中很少看到的制度特征，这将是令人担忧的。

List 和 Price（2006）重复了 List（2004a），但他们的卖家数量较 *284* 少，每个卖家可以销售多个单位。他们还观察到购买的效率水平在 95％左右。

与此相关的是，Haushofer 和 Zurlinden（2013）在肯尼亚内罗毕的基贝拉（Kibera）非正式定居点举行了有 220 名居民参加的双向拍卖博弈。每个参与者被分配了买家或卖家的角色，并分别给定 20 克朗或 10 克朗的保留价格。交易价格在四轮内迅速收敛到略高于 11 克朗（但低于 12 克朗），而且收敛速度与买家及卖家的数学能力有很强的相关性。当角色交换时，报价下降得更快，这表明观察性学习在市场行为的发展中发挥了作用。总体而言，论文发现新古典价格理论能够准确预测非标准被试的市场行为。

同样，Waichman 和 Ness（2012）进行了一项人工实地实验，让 45 名德国农民和 45 名学生参与三个分散的议价市场之一，只是市场规模不同。被试被随机分配一个保留价值和买家或卖家的角色。在所有干预中，配置效率比（allocative efficiency ratio）平均高于 80%，但在统计上显著低于 100%。农民和学生的交易量和价格没有显著差异，但在两对干预和混合数据中，农民创造的盈余（surpluses）显著超过学生和市场均衡预测的盈余。Waichman 和 Ness 的结果证实了新古典竞争理论可以很好地预测这类市场的配置效率结果。这两项研究都与 Chamberlin（1948）不一致，但支持 List（2004a）的结果。

为了给这些经验见解增加理论结构，Miller（2013）提出了一个解释市场收敛到竞争均衡（CE）的一般收敛定理（general convergence theorem）。这一理论假设，如果价格在一个没有发生亏损（loss-generating）交易或没有未交易的盈利单位（profitable units）的市场中收敛，那么价格和数量一定会收敛到 CE。为了证明这一模型，Miller 通过增加主体的身份（status）意识并运行 Smith 和 Chamberlin 市场干预，修改了 Gode 和 Sunder（1993）的零智能主体（ZIA）市场模拟。他发现，根据一般收敛定理，所有的实验都收敛到 CE。

就我们所知，除了少数实验（其中有我们刚才提到的几个）外，List（2004a）并没有以类似于 Smith（1962，1965）的方式掀起一波诱导价值框架实地实验的浪潮，因此几乎没有其他研究可以报告。由于第 2.3 节中讨论的原因，即开发一个易于处理的模型的难度，从事瓦尔拉斯动力学的研究没有采用任何结构建模。因此，虽然像 List（2004a）这样的论文大大增加了我们对市场过程的理解，但经济学家仍然需要填补一个巨大的理论空白。

285　　在讨论文献中研究的其他一些市场制度之前，我们先简要介绍一下弗里德里希·冯·哈耶克的工作。肯尼斯·阿罗和杰拉德·德布鲁提出的瓦尔拉斯模型的一般均衡版本是易于处理的，因为它是一个决策论模型，而不是博弈论模型：主体是价格接受者，模型中没有人主动设定价格。该模型与经济学本科生熟悉的一系列完全市场假设有关，这些假设经常被非经济学家嘲笑为难以置信（implausibility）——完全信息（所有价格）、没有外部性、价格接受行为（可能通过交易者的连续性来证明）和理性预期。

哈耶克（1945）采用了一种叙述的论证模式，而不是现在被认为是主流的数学建模技术。他认为，对于市场发挥其最重要的功能——促进商品的有效交换，这些假设是没有必要的。他认为市场本质上是动态的和不可预测的，而非 Arrow-Debreu 宇宙中充满了静态和确定性的市场。他将环境描述为由定价、敢于冒险的企业家推动，这些企业家通过创造性破坏（creative destruction）过程创造新的市场并淘汰现有市场。只要存在均衡价格，一位哈耶克学派的经济学家相信，通向均衡的道路就是市场创造价值的地方；相反，传统的新古典经济学家认为失衡的活动令人讨厌，均衡是最重要的地方。

Vernon Smith 把"哈耶克假说"这个名字与这种观点联系在一起：完全市场的任何一个假设都不是市场有效运行所必需的（Smith，1982）。Smith 的实验室实验为这一观点提供了强有力的证据：尽管交易者的数量很少（约 20 人），交易者定价，信息不完美和不完全，预期不一定是理性的，也没有集中的协调者，但双向口头拍卖导致了有效的交易。Al-Ubaydli 和 Boettke（2012）回顾了实地实验文献，包括本章所考虑的研究，他们也发现了强有力的支持。

结果 2：即使标准新古典模型的许多条件被打破，特别是当交易者数量较少、交易者是价格制定者、信息不完美和/或不完全、预期不理性、没有集中协调者时，结果 1 仍然成立（Al-Ubaydli 和 Boettke，2012）。

List（2004a）以及 List 和 Price（2006）中的环境显然违反了标准的完全市场假设，看起来更接近哈耶克设想的那种市场［参见 Joyce（1984）中一个具有实际的瓦尔拉斯拍卖商的实验］。我们敦促学者们在设计未来的实地实验时更认真地考虑哈耶克的方法，因为新古典建模技术自瓦尔拉斯（Walras，1874）以来基本没有产生可检验的预测。有关哈耶克研究的更多信息，参见 Boettke（2012）、Boettke 和 O'Donnell（2013）、Boettke 和 Candela（2014）以及 Boettke 等（2014）。

3.2 金融市场

在传统市场中，交易者确信正在交易的商品对自己的价值，而对其他交易者来说，他们并不完全了解商品的价值。价格的作用是给每个交易者提供关于其他交易者对不同商品的估值信息，从而帮助每个交易者决定如何在可用的商品上分配他或她的资源。效率是通过商品最终被那些最看重商品的人消费的程度来衡量的。同样，无效率被表示为导致次优消费的价格。

286

在设想的古典金融市场中，所有交易者对交易的每一种商品估值都是相等的（除了风险偏好），但交易者并不完全了解这个价值是什么。如果交易者关于共同价值的信息是异质性且不完全的，那么价格的作用就是传播有关商品基本价值的信息。无效率被表示为价格持续大幅偏离商品的基本价值。最常见的例证是资产泡沫。

金融市场实验具有吸引力的原因与传统市场实验相同：在真实的金融市场中，我们很少知道资产的基本价值，这主要是由于有关潜在概率分布的信息不完全。（一个例外的好例子是机械化赌博，比如轮盘赌。）像 Smith 等（1988）的实验室实验使研究人员有机会操纵交易者可获得的信息，同时保留所有商品的真实价值的全部信息。

与传统市场实验的另一个相似之处是金融市场中的自然实地实验能提供的信息相对缺乏，因为商品的基本价值是未知的。因此，当我们想要对金融市场的效率做出明确陈述时，框架实地实验是我们能得到的最接近自然实地实验的方法。

金融市场研究和传统市场研究之间的一个关键区别是额外的结构使理论建模变得更容易。虽然模型仍然不能以完全令人满意的方式捕捉出价和报价的过程，但文献已经提供了高度复杂的结构模型来说明资产价值的理性预期是如何形成的，以及交易者如何应对此类市场中不断发布的大量信息（Bikchandani 等，1992；Celen 和 Kariv，2004）。

结果 3：关于金融市场效率的证据喜忧参半，虽然总的趋势是趋向于有效价格，但经常会检测到有限幅度的系统性偏差。

研究人员用来研究金融市场效率的一种方法是实验，测量战略环境下贝叶斯决策的发生率：如果每个人都以贝叶斯方式行事，那么信息就会得到有效聚合，在资产市场的背景下，资产价格将尽可能快地接近其基本价值。在 Alevy 等（2007）中，专业交易者被置于一个共同的世界状态，每个人都被给予一个关于世界真实状态的私人的、独立的信号。每个人都必须根据所有可用的信息，以随机确定的顺序宣布他或她认为交易者所处的世界状态。因此，第一个交易者可以纯粹根据他或她的私人信号做出决定，但第二个交易者也可以利用第一个交易者的声明，第三个交易者可以利用前两个交易者的声明，依此类推。专业交易者被发现有 76% 的时间是贝叶斯的。从表面上看，这表明在平行的市场环境下，资产价格将在一定程度上反映基本价值，但它们也可能偏离基本价值。Alevy 等（2007）的数据为这一观点提供了一些支持，交易者有 3% 的时间进入了反向信息级联（聚集在错误状态下）。

287

Cipriani 和 Guarino（2009）修改了 Alevy 等（2007）的观点，旨在允许交易者交易资产，持有资产的回报取决于世界的真实状态。与 Alevy 等（2007）相似，作者发现决策在很大程度上是理性的，但也有一小部分交易者从事异常行为，包括非理性弃权、反向操作和集群行为。Drehmann 等（2007）进行了类似的框架实地实验，但在一些干预中增加了正外部性和负外部性。与其他两篇论文类似，他们也发现了适度的理性（贝叶斯）决策水平。

Drehmann 等（2004）进行了一个框架实地实验，理论模型预测不会出现理性集群行为，因为价格起到了整合市场信息的作用。在支持模型的预测方面，作者没有发现任何显著的集群。然而，价格系统性地偏离了理论预测的水平，他们将其归因于部分交易者的反向行为。

List 和 Haigh（2010）研究了一个期权交易模型，对交易者应该如何应对未来潜在的上涨投资消息与下跌投资消息，该模型做出了精确（sharp）的预测。在他们的框架实地实验中，他们发现专业交易者在很大程度上遵守了模型预测。

另一部分金融市场实地实验的文献检验了交易行为，但没有试图将其与效率联系起来，也不需要资产基本价值的全部信息。存在许多探索专业交易者对行为异常的易感性的研究（Haigh 和 List，2005）。注意，当这样的研究被用来得出关于效率的结论时，证据应该被认为是间接的：理论模型提供了效率的充分条件，而非必要条件，因此初始条件或任何中间步骤的崩溃并不单独意味着无效率。对这些行为异常研究的讨论推迟到下面的第 3.4 节。

总体而言，允许直接评估效率的金融市场框架实地实验的数量很少，与受 Smith 等（1988）启发的、充满活力的实验室实验文献相比，是微不足道的。这是可以理解的，因为金融市场的重要主角都是时间相对昂贵的人。例如，Drehmann 等（2004，2007）使用的麦肯锡顾问。传统市场通常由交易者组成，购买他们时间的金额，不会超过大多数研究的预算，例如 List（2004a）中的跳蚤市场交易者，这意味着框架实地实验是可行的。不过，我们督促学术界尝试进行更多这类实验，特别是考虑到自然实地实验对评估效率相关问题的作用有限。

3.3　单一拍卖

拍卖在理论上比大多数市场制度更容易建模，有两个原因。首先，

288

一旦开盘钟声响起，市场只有一方（买家）活跃。其次，对活跃方的战略空间的限制要多得多。例如，在密封竞价拍卖中，根据其价值，买家除了选择一个号码之外没有其他决定。虽然密封投标单一拍卖在实践中非常常见，但我们并不知道有任何自然发生的密封投标双向拍卖。

由于可处理性的提高，拍卖模型能够产生比标准市场模型更丰富的可检验预测，标准市场模型几乎没有超出瓦尔拉斯在 19 世纪的预测。结构建模成为一种选择（Brown 和 Morgan，2009；Ely 和 Hossain，2009）。这对实地实验者来说尤其令人兴奋，因为在传统市场情况下，学者们需要了解市场参与者的价值才能探索有限的可检验预测范围。因此，虽然由于自然实地实验与诱导价值不相容，传统市场的实地实验探索通常限于框架实地实验，但拍卖的实地实验很容易成为自然实地实验。

拍卖的实地实验相对容易的另一个原因是，拍卖本质上是一次性的操作，这意味着研究人员可以监督并潜在地控制整个过程。相比之下，传统市场是流动的实体，有时没有可感知的开始或结束（比如在亚马逊上购买商品），它们容纳的买家和卖家数量要多得多。

由于产生可检验假说的机会扩大了，而且实地实验的文献相对较新，在我们看来，就本章而言，文献还没有产生我们感兴趣的那种总体结论。我们对与效率有关的结果特别感兴趣，然而，据我们所知，这些研究结果远没有达到与拍卖的实验室实验相近的研究努力程度（Kagel 和 Levin，2014）。

相反，拍卖的实地实验文献更多关注从卖方角度出发的收入最大化问题，因为这些因素的函数在理论模型和实践中都很容易操纵，例如卖方声明的保留价格（Ostrovsky 和 Schwarz，2011）或拍卖类型（Lucking-Reiley，1999）。因此，在本节中，我们将简述一些重要论文，重点放在包含方法论经验和教训的论文上。

Hossain 和 Morgan（2006）是一篇关于拍卖的实地实验论文，其中包含了理论和经验的有益交融。他们使用 2×2 的自然实地实验，在 eBay 上出售配对的 CD 和 Xbox 游戏。他们的关键干预变量是运输成本：他们比较高运输成本干预和低运输成本干预的投标模式（bidding patterns）。为了完成设计，他们将高总最低出价干预与低总最低出价干预进行交叉（cross）。总之，该设计允许他们验证拍卖理论的几个基本预测。他们报告说，提高总最低出价减少了竞标者的数量和出售的可能性，但这增加了以出售为条件的预期收入。这些结果与标准拍卖理论有很好的一致性。

因此，在降低总最低出价的同时，增加运输成本往往会增加卖方获得的整体收入（包括运费）。这一结果对 Xbox 游戏和音频 CD 都适用，只要总最低出价低于物品零售价的 30%。有趣的是，当总最低出价超过零售价的一半时，这种效应就消失了。在该实验中，当将总最低出价 8 美元用于 CD 时，效应就出现了。虽然从理性竞价理论的观点来看，这一结果令人惊讶，但作者指出，这一结果可以用一个简单的模型来解释，即投标人倾向于在拍卖中忽略运输成本的大小，除非运输成本变得异常高。

与本研究相关的是 Lucking-Reiley（1999）以及 Katkar 和 Reiley（2006）的创新性框架实地实验。如上所述，第一项研究代表了互联网如何被用来检验经济理论的早期例子。Lucking-Reiley（1999）在一个参与竞价人数未知的现有市场中使用基于互联网的拍卖来检验四种主要拍卖形式之间的收入等价性理论。Katkar 和 Reiley（2006）检验了与保留价格相关的拍卖理论，这种方式符合 Hossain 和 Morgan（2006）的精神。更具体地说，Katkar 和 Reiley（2006）设计了一项自然实地实验来比较秘密和公开保留价拍卖的结果。Katkar 和 Reiley（2006）在 eBay 上拍卖了 50 对匹配的 Pokeman 交易卡片。为了能够识别，每张卡被拍卖了两次，一次的最低出价为该卡账面价值的 30%，另一次的最低出价为 0.05 美元，秘密保留价相当于该卡账面价值的 30%。使用秘密保留价导致卖家的收入低于公布保留价。有趣的是，保留价的保密性降低了：（1）出售该卡的概率，（2）拍卖中严肃竞拍者的数量，以及（3）中标者的数量。因此，与许多 eBay 卖家的信念和理性竞标者行为模型的预测相反，使用秘密保留价而不是公开保留价实际上降低了卖家的预期收益，因为这既降低了拍卖成交的可能性，也降低了拍卖成交后收到的价格。我们认为对这些类型的研究，复制和进一步研究的时机已经成熟，因为互联网仍然是一个有用的、尽管没有得到充分利用的实验室。

List 和 Lucking-Reiley（2000）使用运动卡（sports card）实地实验检验与多单位维克里（Vickrey）拍卖相关的预测。从理论上讲，与维克里拍卖相比，统一价格拍卖的需求应该会减少，作者发现了这种证据。此外，与理论一致的是，需求减少被证明是无效率的，而改用维克里拍卖可以消除这种无效率，并且不会对卖家的收入产生不利影响。

在线拍卖网站也为研究人员提供了检验声誉效应的机会。建模在线

290

声誉的效应比建模更基本的特征（如保留价或拍卖类型的效应）更具挑战性，因此相关实地实验依赖于精简形式的计量经济学方法。Jin 和 Kato（2006）以及 Resnick 等（2006）操纵卖家声誉，不出所料地发现，有证据表明更好的声誉会带来更好的结果。

如上所述，与实验室实验相比，实地实验的优势在于扩大了策略空间。Grether 等（2015）利用这一点，在在线汽车拍卖中寻找网络先令（cyber-shilling，即伪造购买评价）的证据：发现有一群买家的行为很奇怪，表明他们被卖家招募来代表卖家工作。

最后，另一部分文献考察了慈善拍卖。Carpenter 等（2008）重复了 Lucking-Reiley（1999）对收入差异的研究，但以一场旨在为慈善事业筹集资金的拍卖为背景。这篇论文再次展示了使用单一拍卖而不是双向拍卖的优势：可以对环境进行可处理的建模，并得出精确的预测。他们发现，与理论和之前的实验室实验相反，第一价格拍卖的表现优于第二价格拍卖和所有付费拍卖。他们推测，熟悉第一价格拍卖的格式是解释结果的关键因素。

3.4　行为异常

行为经济学大大增强了该专业的知识工具箱。在早期，实验室实验是该领域占主导地位的经验方法。与实验室实验相关的精确度和易复制性使研究人员能够产生一批偏离新古典模型的稳健（至少在实验室中）的结果，如禀赋效应、有限理性和利他主义。然而，许多主流经济学家表示不愿接受这些发现，因为发现依赖实验室实验，他们认为实验室实验是不可推广的数据来源。此外，该领域的结论经常被用作攻击福利经济学第一定理的手段，从而将辩论政治化（有意或无意），并招致与支持数据的普遍性无关的批评。

有些人对行为经济学的一流结果有方法论上的疑虑，实地实验为潜在地解决这一争议提供了一条途径。事实上，在实地环境下探索行为偏差的无数次尝试都发现，最初基于实验室的结论是可靠的，对市场具有重要的意义。

行为实验文献的一个受欢迎的特点是，研究人员在结构和精简形式建模之间的选择，不受结构模型的难处理性的限制。与拍卖类似，实验环境也可以以一种允许构建有洞察力模型的方式进行简化。

我们讨论的第一个行为异常，是对前景理论（prospect theory）的大量衍生文献，前景理论是期望效用理论的一种改进（refinement）。

结果 4：真实市场中可观察到禀赋效应和损失厌恶，阻碍了有效交易。

以下内容大量引用了 Ericson 和 Fuster（2014）的文献综述。禀赋效应被定义为这样一种观察现象：人们似乎仅仅因为某物是属于自己的，就赋予自己拥有的东西以额外价值。

典型的实验室证明（Knetsch，1989）涉及随机分配给被试两种价值相似的商品（如杯子和糖果棒）中的一种。然后，实验者给被试一个机会，让他们用分配商品去交换另一种商品。如果观察以商品 1（例如，马克杯）为最终结果的可能性，在统计上（正向地）取决于初始分配，那么这就是禀赋效应的证据。人们常常用"损失厌恶"来解释：放弃一种商品所带来的效用损失超过了获得这种商品所带来的收益。

如果禀赋效应强烈而广泛，那么它就会阻碍市场有效配置商品的能力，因为它会让人们"非理性地"不愿交易。福利经济学第一定理要求，以初始禀赋的市场价值为条件，最终消费独立于初始禀赋，这与禀赋效应是不一致的。

禀赋效应的实验室证据是强有力的，尽管它不是绝对的（Plott 和 Zeiler，2005，2007）。在实地中，证据更加复杂。List（2003）模仿了 Knetsch（1989）的设计，但秘密地确保实验是一个自然实地实验。在一次体育用品展览中，他招募参与者完成一项调查，以换取少量的钱和一张运动卡。运动卡是两张价值相当的卡之一，分配是随机的。在分配卡片并完成调查之后（允许被试有时间建立对最初分配卡片的依恋感），给被试提供用它来交换剩余卡片的机会。List 检测到了禀赋效应，尽管主要是在无经验交易者的情况下（我们将在下面讨论有经验的交易者）：随机分配到卡 1 的人中有 20％用它交换了卡 2，随机分配到卡 2 的人中有 26％用它交换了卡 1（如果被试没有受到禀赋效应的影响，这些数字的总和应该是 100％）。List（2003）也发现了类似的结果，同样是在实地环境中，与 Engenmann 和 Hollard（2010）一样。大多数市场都存在无经验的交易者，包括体育用品市场，因此这些实验表明，禀赋效应很可能会阻碍真实市场的有效交易。Apicella 等（2014）对一个孤立的狩猎-采集部落进行了一项禀赋效应实验，发现只有那些更多接触了现代社会的人才会显示出禀赋效应。

在金融市场的背景下，Haigh 和 List（2005）在一项实地实验中发现了禀赋效应的间接证据，该实验的参与者是芝加哥期货交易所的专业交易者。被试被要求在彩票上下注，这些彩票旨在检测损失厌恶情绪的存在。以前的实验室实验使用标准的学生被试，已经证明了损失厌恶的盛行；与在体育用品市场中检测到的相反，Haigh 和 List（2005）发现，在专业交易者中损失厌恶甚至更强烈，证实了损失厌恶（因此是禀赋效应）干扰有效交易的可能性。

劳动力市场是另一个损失厌恶情绪已被证明有助于推动供给方行为的环境。Hossain 和 List（2012）发现，当激励被框定为损失而不是收益时，中国高科技制造工厂的工人提供了更多的努力。Fryer 等（2012）在城市教师中发现了相同结果。当实验者不控制参考点时的损失厌恶测试，已经证明比 Goette 等（2004）更复杂，Fehr 和 Goette（2007）发现了有利的证据，Andersen 等（2014）则发现了相反的证据。

我们将讨论的第二个行为异常是有限理性，即决策者的优化能力受到限制。经济学家研究了许多不同形式的有限理性。在实地实验的背景下，机会更加难得，因为偏好几乎总是自定的，而不是诱导出来的。

结果 5：在真实市场中观察到了有限理性，并阻碍了有效交易。

赢者的诅咒是在实地实验中观察到的一种有限理性的形式。它被定义为在不确定情况下，在共同价值行动中，中标出价（winning bids）系统性地超过拍卖物（auctioned item）价值的趋势。赢者的诅咒是有效交易的障碍，因为它可能导致中标出价来自对物品的估值低于卖家的买家。

在实验室实验中，测试赢者的诅咒的存在很简单：给一个项目分配一个共同价值（common value），并向被试随机分配独立且同分布的信号，即共同价值是从一个众所周知的分布中抽取的。然后，竞标根据英国拍卖规则进行，并将中标出价与诱导的共同价值进行比较。实验室实验经常检测到赢者的诅咒（Kagel 和 Levin，1986）。

当投标者是从体育用品展览中抽取的专业拍卖参与者时，Harrison 和 List（2008）使用框架实地实验来测试赢者的诅咒是否存在。他们发现，专业人士成功地避免了赢者的诅咒，除非他们扮演不熟悉的角色。

Hou 等（2009）使用 eBay 上的一项自然实地实验研究赢者的诅咒。他们购买经过专业认证的收藏币，然后在没有关于认证程度的完全信息的情况下发布拍卖广告，从而操纵了硬币价值共同成分的不确定程度。在这种自然的环境下，他们发现，对于未经认证的硬币，他们安排的 60 次拍卖中，有 83％ 的结果是赢家支付的价格高于硬币的购买价值。

有限理性的另一种形式是有限的心理账户（mental-accounting）能力。如上所述，Hossain 和 Morgan（2006）调查了在线购物者的敏感度，即对商品价格在其直接成本与运输和搬运费用之间的划分。理性购物者应该对以总成本为条件的划分无动于衷。通过在自然的在线拍卖环境中随机改变价格组成，作者证明了收取更高的运输费用会给卖家带来更大的收入。他们还表明，这种有限理性的情况可以部分归因于损失厌恶。

List 和 Haigh（2005）采用了一项框架实地实验来调查芝加哥期货交易所的专业交易者中阿莱悖论的普遍程度。他们发现，专业人士确实表现出与阿莱悖论一致的行为。诸如 Hossain 和 Morgan（2006）这样的异常意味着可获得未实现的套利收益，因此导致市场过程潜在的低效率。

List 和 Millimet（2008）还采用了一项框架实地实验来研究在一个主要由儿童参与的运动卡市场中，一致偏好的普遍程度。他们发现，在有交易经验的儿童中，38％的儿童表现出违反显示偏好的广义公理（GARP）的偏好。

市场中这种有限理性的另一个例子可以在 Anderson 和 Simester（2003）中找到，他们探索了消费者对 9 美元价格尾数的反应。他们使用自然实地实验与邮购目录零售商（retail catalog merchant）合作，随机向客户发送三个目录版本中的一个，这些版本显示了同一产品的不同价格。通过改变价格尾数来系统地改变产品的价格，他们可以探索新古典理论的各种特征。例如，一根棒球棒可能会被提供给所有消费者，但每个目录版本的价格分别为 39 美元、34 美元和 47 美元。Anderson 和 Simester（2003）发现 9 美元的价格对需求量有正向效应，这种效应大到 39 美元的价格实际上比 34 美元的价格产生了更高销量。这一发现令人费解，因为他们的数据可以拒绝这种理论，即消费者通过截断或取整（truncation or rounding）将 34 美元的价格变成 30 美元。这种发现为一个有趣的话题提供了确凿的证据，并表明需要一个更好的理论来解释消费者是如何处理价格的，更具体地说，是如何处理价格尾数的。

我们考虑的第三个新古典模型的偏离是社会偏好，即决策者对其他人的结果有偏好，以他们自己的结果为条件。社会偏好的种类如此之多，以至文献还没有提供一个统一模型。然而，研究的模型已经产生了广泛的结构和精简形式的见解。这些见解包括纯粹利他主义、温暖的光芒（Andreoni，1990）、不公平厌恶（Fehr 和 Schmidt，2001）、互惠

294

（Dufwenberg 和 Kirchsteiger，2004）、内疚厌恶（Battigalli 和 Dufwenberg，2007）等。

与其他行为异常类似，社会偏好代表着福利经济学第一定理前提的崩溃，因此，原则上它们阻碍了市场有效配置资源的能力。然而，在这些行为异常中，社会偏好的一个显著特征是，在实践中，它们往往为相应的市场失灵提供了一个潜在的解决方案。例如，在缺乏外部执行的一次性市场环境中，对欺诈的恐惧可能会阻止有效交易发生；但是，如果双方都关心公平或正义，那么有效的交易可能仍然会发生。这是次优理论的一个例子（Lipsey 和 Lancaster，1956）。

结果 6：在真实市场中观察到对公平和其他形式社会偏好的关注，尽管尚不清楚这会加强还是阻碍有效交换的前景。

市场实地实验的一个特别丰富的脉络是对礼物交换假说的研究。Akerlof（1982）提出，信息不对称问题，即管理者无法以一种完全可执行的方式在合同中指定工人的努力，可以通过社会偏好来减弱。通过给予工人高于市场工资的公平工资，管理者可以诱导公平的努力水平，这超过了最低可实施的努力水平，因此表述为"礼物交换"。虽然最初的背景是劳动力市场，但该机制适用于许多同构的环境，如投资博弈（信任博弈；Berg 等，1995）。

Fehr 等（1993）是第一个实验室证明。经理与员工匿名配对，进行一次性互动。经理选择工资，报告给他们的合作伙伴，工人通过选择努力来完成这场博弈。效率的结果是高工资、高努力，但纳什均衡（通过逆向归纳）是最低工资、最低努力。作者发现工资和努力程度之间存在着强烈的正相关关系，他们还观察到平均工资和努力程度远远超过了他们允许的最低水平。作者们将此归因于积极互惠和不公平厌恶的结合。

在实地实验中调查社会偏好是有挑战性的，因为在存在重复互动的情况下，很难设计一个实验来允许研究人员区分声誉担忧和社会偏好，作为对行为的解释（List，2006a）。在实验室里，实验者对环境的高水平控制很容易绕过这个问题，因为实验者可以创造一个一次性的环境，就像 Fehr 等（1993）那样。

Gneezy 和 List（2006）提供了一个实用的解决方案：专注于只雇用工人一次并且是短期的工作，这种工作与工人的长期职业规划有很大差异，以至他们不太可能寻求经理的推荐。这两份工作是图书馆编目和上门筹款，招聘对象是大学生。作者得出了初步证实了 Fehr 等（1993）

的实验室发现的结果，工人的努力程度对高于市场的工资反应积极，但随着时间的推移，生产率恢复到与市场工资相关的基线水平。

本书的其他贡献（von Wachter）详细介绍了这方面的文献，因为Gneezy 和 List（2006）进行了大量礼物交换实地实验。Fehr 等（2009）的综述证实，有强有力的证据表明劳动力市场存在社会偏好，特别是互惠。在某些情况下，社会偏好帮助解决了信息不对称引起的问题，明显促进了有效交换。在其他情况下，社会偏好阻碍了有效交换。例如，Kube 等（2013）模仿了 Gneezy 和 List（2006）的设计，但他们引入了随意减薪。他们发现，报复动机会导致生产力的持续下降。正如 Aker-lof 和 Yellen（1990）所推测的那样，按照 Keynes（1936）的精神，这可能是宏观经济层面上非自愿失业的一个来源。

Anderson 和 Simester（2008）是一项关于社会偏好的研究，它与礼物交换文献有间接关系。作者与一个邮购目录公司合作来研究允许大码衣服的价格超过小码衣服会产生什么效应。他们发现，一部分顾客认为这种定价系统是不公平的，其反应是大幅减少购买，这是负面互惠的表现。正如 Kube 等（2013）所述，这是社会偏好阻碍有效交换的一个例子。

也许与礼物交换文献有点不同的是探索市场中身份和交易模式的研究。例如，Bramoulle 等（2010）研究了关系形成的效应，即代理人更愿意与特定代理人交易对市场结果的影响。在对两种不同类型代理人进行的一系列模拟中，他们发现，与随机选择交易伙伴的模型相比，代理人从一轮又一轮学习模型中发展了更多关系，这种关系使参与者更有可能进行交易，而且关系通过鼓励低效交易减少了总体盈余。在一个体育用品展和一个跳蚤市场上进行的实验中，作者发现了统计上显著的自发（未经提示）关系形成，边际外买家执行交易的可能性增加（以及相应的效率损失），以及重复交易（即在关系内部交易）导致总体盈余降低的证据。

与此相关的是，Bulte 等（2015）与塞拉利昂市场经验极其有限的被试（43％的被试报告买卖某物每周多于一次）一起经营霍桑市场。第一组结果关注当被试与他们所在村庄以及与其他村庄的成员交易时的市场结果。作者发现，在这两种干预中，经济效率水平低于之前的研究（以预测盈余的百分比测量）。第二组结果关注引入一名中间商作为买家的谈判者而导致的效率变化。结果表明，引入中间商后，效率提高，这说明讨价还价的社会规范对决定样本的市场行为很重要。

同样，沿着负面社会偏好导致低效结果的路线，也存在大量关于歧视的实地实验文献，这也是本书其中一章的主题（Bertrand 和 Duflo）。由于歧视的社会不可接受性质，部署实地实验来研究这类现象特别有指导意义；公开实验的审查将促使被试更加努力地避免看起来像是歧视，即使他们在日常生活中确实存在歧视（Al-Ubaydli 和 List，2015）。

尽管 Bertrand 和 Duflo 的优秀章节列出了检验市场歧视的各种实地实验，但值得对经验实证方法进行简要概述，以提供一个有用的基准（另见 Riach 和 Rich，2002；List，2006b）。这一领域的工作可以分为两种截然不同的研究技术：个人方法和书面申请方法。个人方法的研究，包括让个人参加工作面试或通过电话申请工作。在这些研究中，研究人员匹配了两名测试者，除了感兴趣的比较静态特征（例如，种族、性别、年龄）外，他们在所有相关的就业特征上都是相同的。然后，经过适当的培训，测试者会找到发布招聘广告的潜在雇主。使用不同的结果测量，然后研究人员根据感兴趣的变量报告差异。

297 书面申请方法可以追溯到 Jowell 和 Prescott-Clarke（1970），精心准备的书面求职申请会被发送给登过招聘广告的雇主。通常的做法是，在一些地理区域内的日报上选择广告来检验歧视。与个人方法的检验类似，要注意确保除了感兴趣的变量之外，申请在几个维度上都是相似的。最近的一项使用书面申请方法的研究是 Bertrand 和 Mullainathan（2004b），他们通过向波士顿和芝加哥的各种潜在雇主发送简历，随机分配听起来像白人或黑人的姓名，来操纵对申请者种族的感知。他们发现，简单的姓名操纵产生了很大的差异："白人"申请者每发送 8 份简历就能获得 1 次面试机会，而"黑人"申请者必须发送 14 份简历才能获得 1 次面试机会。在两种简历中添加正面背景信息，会加剧而不是缩小这种差异。

最近，在设计歧视实地实验时，研究人员经常试图区分歧视的两个主要经济学理论：统计理论和敌意理论。在前者中，偏好仍然是新古典的，行为是对类别（种族、性别等）的反应。因为该类别包含统计上有用的信息，即的确会直接影响利润/效用的因素，如生产力、犯罪行为等。撇开道德考虑不谈，这种类型的歧视可以帮助润滑市场过程的车轮，因为它暴露了与不完全信息相关的困难。相比之下，敌意反映了负面的社会偏好，因此很可能会阻碍有效的交换。举个例子，如果偏执阻碍了留长发的人进入劳动力市场，有 30% 的人口留着长发，那么放弃的产出是非常可观的。

　　因此，歧视实地实验测量了被试对一系列可观察属性的反应，其中一个维度，即被研究的类别（种族、性别等）是随机改变的。为了分离出敌意，剩余的可观察属性的向量包括了该类别最有可能代理的变量，从而消除了该类别作为统计工具的作用（List，2004b）。例如，假设雇主歧视浓眉的人，因为他们倾向于驾驶红色汽车，而驾驶红色汽车不利于业务，研究人员将在实验中向雇主展示浓眉且显然不开红色汽车的人，这意味着对他们的任何剩余歧视都是敌意的结果。

　　这种设计并不完美。首先，它要求研究人员能够捕捉所有链接该类别的统计渠道来成功利用（pay off）相关信息。在浓眉的例子中，也许雇主担心潜在员工有第二辆车。其次，它要求被试在做出决策时仔细考虑所有可用的信息。如果他们是有限理性的并且被信息淹没（或者没有注意到），他们可能会有统计上的动机来求助于歧视启发式，即便在存在使启发式变得多余的信息的情况下也是如此。因此，在浓眉的例子中，雇主可能没有注意到浓眉的求职者开的是一辆红色汽车。

　　采用上述技术的研究已被用于分析一系列现象，如就业（Bertrand 和 Mullainathan，2004）、汽车销售（List，2004b）、住房销售（Ahmed 和 Hammarstedt，2009）和出租车租赁（Castillo 等，2012）。有些研究，如 List（2004b），发现在特定背景下观察到的歧视主要是统计上的，而另一些研究（如 Gneezy 等，2012）则提供了令人信服的敌意证据。因此，歧视文献得出了关于社会偏好的广泛的混合结论：它们存在于市场中，有时促进、有时阻碍有效的交换。 298

　　最后，在与传统市场稍有不同的背景下，社会偏好的大量实地实验证据是关于慈善捐款的文献（List，2009）。例如，在自然实地环境中募集财务捐款的努力一直导致非零捐款，无法令人信服地与伪装成社会偏好的声誉问题调和。例如，参见 List 和 Lucking-Reiley（2002）、Landry 等（2006）以及 Karlan 和 List（2007）。

　　上面讨论的行为异常绝不是穷尽的；为了简约起见，我们检查了对主要结果提供了最好阐述并且最有启发性的一部分文献。

3.5　经验与行为异常

　　实验室实验已经积累了大量实验室环境中行为异常的证据。上一节调查了市场实地实验，发现实地环境中也有相当多行为异常的证据，其中一些阻碍了市场有效配置商品的能力。然而，在实地的普遍性肯定比实验室发现的要弱，更仔细的考察表明，这至少部分是系统性的。

结果 7：有证据表明，随着市场经验的增加，一些真实市场中观察到的阻碍有效交易的行为异常会减少，甚至可能消失。

这一结论仍然是一个相当大的争议来源，因为它陷入了一场更大的关于实验室实验与实地实验的可取性的方法论辩论（Levitt 和 List，2007；Falk 和 Heckman，2009；Al-Ubaydli 和 List，2015），在某种程度上，也陷入了分散市场作为资源配置机制的有效性这一更大规模和高度政治化的辩论。

正如上面所简述的，在对禀赋效应的调查中，List（2003）发现它的力量随着被试市场经验的增加而减弱，并且对最有经验的市场专业人士来说是不存在的。List（2003）提出的非实验证据表明，这更有可能是由于干预而不是选择，这一点得到了 List（2011a）中的实验证据的支持。List 和 Haigh（2010）提供了进一步的证据，证明专业人士系统地比大学生更少出现损失厌恶，这是对期权模型的一次检验。然而，值得注意的是，在 Haigh 和 List（2005）中，同样的作者发现，与参与同一实验的大学生相比，专业交易者目光短浅（myopic）的损失厌恶更为普遍，这表明市场经验的效应并不能统一降低行为异常的发生率。

尽管在专业交易者中发现了阿莱悖论，但通过对大学生进行类似实验，List 和 Haigh（2005）发现专业交易者的阿莱悖论程度更弱。

在他们对金融市场贝叶斯决策的研究中，Alevy 等（2007）发现，与大学生相比，专业人士更不可能是贝叶斯主义者，尽管这不会影响他们的收入。然而，在某些情况下，专业人士表现出较低的被卷入反向级联的倾向，研究人员将其归因于优越的推理能力。此外，与大学生不同，在领域从收益转向损失时，专业人士中的贝叶斯主义没有什么不同。这证明了经验在提高绩效中的因果作用，在后来的几轮中，大学生们像专业人士一样，开始协调不同收益/损失领域的行为。此外，专业人士的贝叶斯决策程度，也与所报告的专业人士交易活动的强度正相关。

沿着类似的思路，在 List 和 Millimet（2008）对参与运动卡市场的儿童违反 GARP 的研究中，作者发现，在有经验的交易者中，违反 GARP 的行为明显较少，包括通过增加被试交易活动的干预随机分配的经验。

如上所述，在他们对赢者的诅咒的研究中，Harrison 和 List（2008）发现，承担自然角色的、有经验的交易者没有遭受赢者的诅咒的影响。

这些实地实验的发现追随大量实验室研究的脚步，这些实验室研究发现，即使在实验室内，伴随被试在短暂参与期间接触的受控经验，行为异常会减少。例如，在他们对禀赋效应的调查中，Plott 和 Zeiler (2005) 发现，一旦引入付费练习轮次和启发方法的反馈，禀赋效应就会消失。他们的结论是，之前观察到的禀赋效应更有可能是被试错误观念的结果，而不是人类偏好的基本特征。同样，如上所述，与 Chamberlin (1948) 分散市场的失败平衡相比，Vernon Smith (1962) 将他的双向口头拍卖的成功均衡部分归因于一个事实，即被试能够积累双向口头拍卖中重要的操作经验。

一般来说，进行实地实验是困难的，尤其在实地中模拟特定实验室实验的精确结构，这意味着在经验和行为异常发生率之间，交互作用的证据是有限的。然而，大多数研究支持这一结论：专业经历可以减少（有时甚至消除）妨碍有效交换的行为异常，这并不令人惊讶。毕竟，阻碍有效交换等同于把钱留在桌上，无论是在个人层面还是集体层面。因此，所有各方都有一种积极寻求摆脱自己的行为异常的内在激励。可以想象，一个受到禀赋效应困扰的股票交易者在纠正这种情形之前，将遭受低于平均收入的痛苦。

即使人们对自己的偏误一无所知，或者发现对此无能为力，市场也会施加一种选择的力量，这种力量会淘汰受害者，因为他们的交易表现会较差。有丰富的主流（Witt，1986；Blume 和 Easley，2002）和非正统（Hayek，1945）文献论证了这一点。

4　方法上的洞见

由于市场定义的宽泛性是不可避免的，我们对市场实地实验研究文献进行了必要的大概回顾。尽管考虑的研究各不相同，但我们相信可以获得一些核心的方法论洞见。

结论 1：在自然实地实验中诱导所有参与者的偏好目前是不可能的。

我们从文献中得到的主要见解是，目前，还没有人开发出一种方法来真正诱导自然实地实验中所有参与者的偏好（价值）。如果放宽诱导所有参与者偏好的要求，那么合谋者可以提供部分解决办法。例如，在 List (2006a) 和 Castillo 等 (2012) 中，具有诱导偏好的合谋者被严格地指示如何在市场上行为，其余不知道自己正在参与的参与者有自定偏好。这使研究人员可以研究部分市场过程。然而，由于偏好信息的不完全，研究者无法研究市场的均衡和福利属性。

这意味着，虽然像 List（2004a）这样的实地实验代表着对 Smith（1962，1965）的基础工作的重大增量，但我们还无法在一个自然发生的市场中打开需求和供给的黑匣子，并确定地观察需求、供给、实际价格、均衡价格和盈余正在发生什么。关于心理启动（priming）的大量文献（Bargh 和 Chartrand，2000）给了我们许多建议，即如何隐蔽地影响自定偏好，从而保留自然实地实验的关键特征，但检验最重要市场经济理论的信息障碍要求会更高。因此，我们认为，如果学者们能够开发出在自然产生的市场中秘密并精确诱导偏好的方法，那么知识回报将是巨大的。

301　　因此，在取得这样的进展之前，为了研究市场，在框架实地实验和自然实地实验之间进行选择，仍然存在一个基本的权衡。

结论 2： 在考虑将行为异常的实验室实验证据推广到自然市场环境时，学者们必须特别小心。

可推广性的争论足够大，需要单独研究，参见 Frechette 和 Schotter（2015）末尾的讨论。有一点值得一提，而不需要过于深入行为异常和市场的更广泛辩论。就其本质而言，市场是具有增强的财务激励的自然环境，其特点是进化的力量扩大了那些优化得很好的行动者的影响，并为自己和其他人创造盈余。此外，相同的力量会削弱那些优化不佳、未能为自己和他人实现盈余者的影响。

因此，当学者们想将行为异常从实验室环境外推到实地环境时，需要非常小心。避免行为偏差符合专业交易者的利益，这意味着我们应该毫不奇怪地发现，与低风险、低经验的实验室实验中的大学生相比，他们更少受到行为偏差的影响。

社会偏好是这一非常具体论点的例外（尽管对更广泛的实验室与实地辩论不是），因为它们不一定会阻碍有效的交换，事实上，它们可能会通过弥补市场失灵来促进交换。

结论 3： 在自然市场中，区分社会偏好和声誉问题可能极具挑战性，因为很难构建零声誉问题的环境。

如上所述，根据情况的不同，社会偏好既可以促进有效的交易，也可以阻碍有效的交易，这意味着研究它们在市场上的普遍性会有很大的收益。由于无名氏定理（folk theorem）的幽灵，设计实验的研究人员在将数据解释为支持社会偏好存在时必须谨慎：在通常情况下，可以归因于社会偏好的行为，也可以用声誉方面的担忧来解释。

实验室实验可以通过使用匿名和完美陌生人设计来消除被试之间的声誉担忧，但实地实验者很难获得这种技术。此外，正如 List（2006a）所证明的那样，背景变量中看似无害的变化，会对声誉担忧的普遍性产生重大影响。在一个体育用品展览会上（在合谋者的协助下）进行的自然实地实验中，List 对信任博弈进行了研究。他发现，无论交易者是否基于本地，是否宣布和/或实施第三方质量认证，都对观察到的交易者可信度产生了深远影响。对混合后数据的考察表明，要么存在弱社会偏好，要么存在弱声誉担忧；根据声誉担忧的来源分析数据，对 List 这样的业内人士来说，担忧是显而易见的，而对外行来说则没有那么明显，这些结果表明不存在社会偏好。

作为提醒，我们从大量慈善捐款的文献中了解到，社会偏好是存在的，并对经济有重大影响。结论 3 并非否认社会偏好的存在，而是提醒我们，在将市场行为归因于这些偏好时，必须非常谨慎。

结论 4：研究人员应当使用基于主体的模型，为市场实地实验设计提供信息，并生成福利处方。

由于难以构建一个容易处理的模型，目前传统市场的理论模型比其他领域的理论模型提供的信息要少得多。这并不是因为没有尝试，而是因为在 20 世纪 80 年代出现了大量文献，这些文献将博弈论工具应用于传统市场，以努力使博弈论建立在对瓦尔拉斯的分析基础上，其研究贡献者包括一些经济理论中最杰出的名字。不幸的是，可检验的预测只能在最抽象的环境中产生，这意味着具有经验思维的经济学家被迫依赖归纳方法来了解市场，计量经济学设定几乎总是以精简形式出现。例如，这与拍卖文献形成对比，在拍卖文献中，研究者可以估计丰富的结构模型并检验复杂的理论。

随着功能强大的个人计算机的出现，基于主体的建模在经济学中得到了广泛应用。然而，据我们所知，它很少被用来提高我们对传统市场的理解。Gjerstad 和 Dickhaut（1998）是一个例子，说明基于主体的建模如何填补传统市场分析困难造成的一些漏洞；与之前纯粹基于瓦尔拉斯模型的努力相比，作者能够建立一个更好地捕捉双向口头拍卖的动态价格的模型。

令人费解的是（对我们来说），Gjerstad 和 Dickhaut（1998）并没有激发一系列后续研究，尽管将丰富的知识回报与加深我们对市场的理解联系在一起。他们的贡献早于实地实验最近的激增，因此，我们认为，基于他们的工作，通过将主体的模型与实地实验方法相结合甚至会更有成效，我们鼓励学者利用现有工具。

5 结 论

市场是经济学专业的核心，但我们对它们知之甚少。对于学者来说，提高对市场和市场过程的了解的最好方式是将从所有来源获得的见解结合起来：新古典理论、基于主体的建模、叙述性-演绎推理、实验室实验、实地实验和自然产生的数据。在这方面，对拍卖的研究堪称典范：所有类型的理论和计量经济学模型以及所有类型的数据均被结合在一起加深我们的理解。

很难建立易于处理的市场理论模型，这意味着我们必须更加努力地利用替代的知识来源。因此，实地实验在发展对市场的理解方面发挥了更大作用，这是过去 15 年中经济学专业掌握的一个重要角色。

在回顾文献时，我们得出了三个主要结论：

（1）一般来说，市场可以组织商品的有效交换；

（2）存在削弱市场组织有效交换能力的行为异常；

（3）当交易者有足够的经验时，许多行为异常会减少，有时甚至会消失，从而恢复市场组织商品有效交换的能力。

如果学者能够建立一个非均衡市场的结构模型并利用实地实验数据进行估计，从而允许对非均衡市场进行福利分析，我们将认为这是经济学专业的一次巨大的知识飞跃。目前，这似乎是不可能的，因此，我们敦促该专业更认真地考虑，将基于主体模型与实地实验相结合作为中间步骤。

最后一点与金融市场有关。迄今为止进行的为数不多的框架实地实验为金融市场有效运行的能力提供了混合证据。鉴于这些市场对全球经济的重要性，我们督促业界与专业交易者建立更多的联系，以促进更多这方面的研究。

参考文献

Ahmed，A. M.，Hammarstedt，M.，2008. Discrimination in the rental housing market: a field experiment on the internet. J. Urban Econ. 64 (2), 362 – 372.

Ahmed, A. M., Hammarstedt, M., 2009. Detecting discrimination against homosexuals: evidence from a field experiment on the internet. Economica 76 (303), 588 – 597.

Akerlof, G. A., 1982. Labor contracts as partial gift exchange. Q. J. Econ. 97 (4), 543 – 569.

Akerlof, G. A., Yellen, J. L., 1990. The fair wage-effort hypothesis and unemployment. Q. J. Econ. 105 (2), 255 – 283.

Al-Ubaydli, O. A., Boettke, P. J., 2012. Markets as Economizers of Information: Field Experimental Examination of the "Hayek Hypothesis". George Mason University Working Paper.

Al-Ubaydli, O., List, J. A., 2015. Do natural field experiments afford researchers more or less control than laboratory experiments? Am. Econ. Rev. 105 (5), 462 – 466.

Al-Ubaydli, O., Houser, D., Nye, J., Paganelli, M. P., Pan, X. S., 2012. The causal effect of market priming on trust: an experimental investigation using randomized control. PLoS One 8 (3), e55968.

Alevy, J. E., Haigh, M. S., List, J. A., 2007. Information cascades: evidence from a field experiment with financial market professionals. J. Finance 62 (1), 151 – 180.

Andersen, S., Brandon, A., List, J. A., Gneezy, U., 2014. Toward an Understanding of Reference-Dependent Labor Supply: Theory and Evidence from a Field Experiment. NBER Working Paper No. 20695.

Anderson, E. T., Simester, D. I., 2008. Does demand fall when customers perceive that prices are unfair? The case of premium pricing for large sizes. Mark. Sci. 27 (3), 492 – 500.

Anderson, E. T., Simester, D., 2003. Effects of $9 price endings on retail sales: evidence from field experiments. Quantitative Mark. Econ. 1 (1), 93 – 110.

Andreoni, J., 1990. Impure altruism and donations to public goods: a theory of warm-glow giving. Econ. J. 100 (401), 464 – 477.

Apicella, C. L., Azevedo, E. M., Christakis, N. A., Fowler, J. H., 2014. Evolutionary origins of the endowment effect: evidence from hunter-gathers. Am. Econ. Rev. 104 (6), 1793 – 1805.

Bargh, J. A., Chartrand, T. L., 2000. The mind in the middle. In: Handbook of Research Methods in Social and Personality Psychology, pp. 253 – 285.

Battigalli, P., Dufwenberg, M., 2007. Guilt in games. Am. Econ. Rev. 97 (2), 170 – 176.

304

Berg, J. , Dickhaut, J. , McCabe, K. , 1995. Trust, reciprocity, and social history. Games Econ. Behav. 10 (1), 122 - 142.

Bertrand, M. , Mullainathan, S. , 2004a. Are Emily and Brendan more employable than Latoya and Tyrone? Evidence on racial discrimination in the labor market from a large randomized experiment. Am. Econ. Rev. 94 (4), 991 - 1013.

Bertrand, M. , Mullainathan, S. , 2004b. Are Emily and Greg more employable than Lakisha and Jamal? A field experiment on labor market discrimination. Am. Econ. Rev. 94 (4), 991 - 1013.

Bertrand, M. , Karlan, D. S. , Mullainathan, S. , Shafir, E. , Zinman, J. , 2010. What's advertising content worth? Evidence from a consumer credit marketing field experiment. Q. J. Econ. 125 (1), 263 - 306.

Bikchandani, S. , Hirshleifer, D. , Welch, I. , 1992. A theory of fads, fashion, custom, and cultural change as information cascades. J. Political Econ. 100 (5), 992 - 1026.

Blume, L. , Easley, D. , 2002. Optimality and natural selection in markets. J. Econ. Theory 107 (1), 95 - 135.

Boettke, P. J. , 2012. Living Economics. The Independent Institute, Oakland, CA.

Boettke, P. J. , Candela, R. , 2014. Hayek, Leoni, and Law as the fifth factor of production. Atl. Econ. J. 42 (2), 123 - 131.

Boettke, P. J. , O'Donnell, K. W. , 2013. The failed appropriation of F. A. Hayek by formalist economics. Crit. Rev. A J. Polit. Soc. 25 (3 - 4), 305 - 341.

Boettke, P. J. , Coyne, C. J. , Leeson, P. T. , 2014. 12. Hayek versus the neoclassicists: lessons from the socialist calculation debate. In: Elgar Companion to Hayekian Economics, 278.

Bramoulle, Y. , List, J. A. , Price, M. K. , 2010. Buyer-Seller Relationships under Perfect Information. University of Tennessee Working Paper.

Brown, J. , Morgan, J. , 2009. How much is a dollar worth? Tipping versus equilibrium coexistence on competing online auction sites. J. Political Econ. 117 (4), 668 - 700.

Bulte, E. , Andreas, K. , List, J. A. , Turley, T. , Voors, M. , 2015. From Personalized Exchange towards Anonymous Trade: A Field Experiment on the Workings of the Invisible Hand. BYU Working Paper.

Carpenter, J. , Holmes, J. , Matthews, P. , 2008. Charity auctions: A field experiment. Econ. J. 118 (1), 92 - 113.

Castillo, M. , Petrie, R. , Torero, M. , Vesterlund, L. , 2012. Gender Differences in Bargaining Outcomes: A Field Experiment on Discrimination. National Bureau of Economic Research No. 18093.

Celen, B. , Kariv, S. , 2004. Observational learning under imperfect information. Games Econ. Behav. 47, 72 – 86.

Chamberlin, E. H., 1948. An experimental imperfect market. J. Political Econ. 56 (2), 95 – 108.

Cipriani, M., Guarino, A., 2009. Herd behavior in financial markets: an experiment with financial market professionals. J. Eur. Econ. Assoc. 7 (1), 206 – 233.

Coppinger, V. M., Smith, V. L., Titus, J. A., 1980. Incentive behavior in English, Dutch and sealed-bid auctions. Econ. Inq. 18 (1), 1 – 22.

Diamond, P. A., Hausman, J. A., 1994. Contingent valuation: is some number better than no number? J. Econ. Perspect. 8 (4), 45 – 64.

Drehmann, M., Oechssler, J., Roider, A., 2004. Herding and contrarian behavior in financial markets: an internet experiment. Am. Econ. Rev. 95 (5), 1403 – 1426.

Drehmann, M., Oechssler, J., Roider, A., 2007. Herding with and without payoff externalities—an internet experiment. Int. J. Industrial Organ. 25 (2), 391 – 415.

Dufwenberg, M., Kirchsteiger, G., 2004. A theory of sequential reciprocity. Games Econ. Behav. 47 (2), 268 – 298.

Ely, J., Hossain, T., 2009. Sniping and squatting in auction markets. Am. Econ. J. Microeconomics 1 (2), 68 – 94.

Engelmann, D., Hollard, G., 2010. Reconsidering the effect of market experience on the "endowment effect". Econometrica 78 (6), 2005 – 2019.

Ericson, K. M. M., Fuster, A., 2014. The endowment effect. Annu. Rev. Econ. 6 (1), 555 – 579.

Falk, A., Heckman, J. J., 2009. Lab experiments are a major source of knowledge in the social sciences. Science 326 (5952), 535 – 538.

Fehr, E., Gachter, S., 2002. Altruistic punishment in humans. Nature 415, 137 – 140.

Fehr, E., Goette, L., 2007. Do workers work more if wages are high? Evidence from a randomized field experiment. Am. Econ. Rev. 97 (1), 298 – 317.

Fehr, E., Schmidt, K. M., 2001. Theories of Fairness and Reciprocity—Evidence and Economic Applications. CEPR Discussion Paper No. 2703.

Fehr, E., Goette, L., Zehnder, C., 2009. A behavioral account of the labor market: the role of fairness concerns. Annu. Rev. Econ. 1, 355 – 384.

Fehr, E., Kirchsteigher, G., Riedl, A., 1993. Does fairness prevent market clearing? An experimental investigation. Q. J. Econ. 108 (2), 437 – 459.

Frechette, G. R., Schotter, A., 2015. Handbook of Experimental Economic Methodology. Oxford University Press.

Fryer, R. G., Levitt, S. D., List, J., Sadoff, S., 2012. Enhancing the Efficacy of Teacher Incentives Through Loss Aversion: A Field Experiment. NBER Working Paper No. 18237.

Gjerstad, S., Dickhaut, J., 1998. Price formation in double auctions. Games Econ. Behav. 22 (1), 1 – 29.

Gneezy, U., List, J. A., 2006. Putting behavioral economics to work: Testing for gift exchange in labor markets using field experiments. Econometrica 74 (5), 1365 – 1384.

Gneezy, U., List, J., Price, M., 2012. Toward an Understanding of Why People Discriminate: Evidence from a Series of Field Experiments. NBER working paper.

Gode, D. K., Sunder, S., 1993. Allocative efficiency of markets with zero-intelligence traders: Market as a partial substitute for individual rationality. J. Political Econ. 119 – 137.

Goette, L., Huffman, D., Fehr, E., 2004. Loss aversion and labor supply. J. Eur. Econ. Assoc. 2 (2 – 3), 216 – 228.

Grether, D., Porter, D., Shum, M., 2015. Cyber-shilling in automobile auctions: evidence from a field experiment. Am. Econ. J. Microeconomics 7 (3), 85 – 103.

Haigh, M. S., List, J. A., 2005. Do professional traders exhibit myopic loss aversion? And experimental analysis. J. Finance 60 (1), 523 – 534.

Harrison, G. W., List, J. A., 2008. Naturally occurring markets and exogenous laboratory experiments: A case study of the winner's curse. Econ. J. 118 (528), 822 – 843.

Harrison, G. W., List, J. A., 2004. Field experiments. J. Econ. Literature 42 (4), 1009 – 1055.

Haushofer, J., Zurlinden, N., 2013. Market Convergence and Equilibrium in a Kenyan Information Settlement. Princeton Working Paper.

Hayek, F. A., 1945. The use of knowledge of society. Am. Econ. Rev. 35 (4), 519 – 530.

Hodgson, G. M., 2008. Markets. In: The Elgar Companion to Social Economics.

Hong, J. T., Plott, C. R., 1982. Rate filing policies for inland water transportation: An experimental approach. Bell J. Econ. 13 (1), 1 – 19.

Hossain, T., List, J. A., 2012. The behavioralist visits the factory: Increasing productivity using simple framing manipulations. Manag. Sci. 58 (12), 21 – 51.

Hossain, T., Morgan, J., 2006. Plus shipping and handling: Revenue (non) equivalence in field experiments on eBay. The B. E. J. Econ. Analysis Policy 5 (2), 1 – 30.

Hou, J., Kuzma, A., Kuzma, J., 2009. Winner's curse or adverse selection in online auctions: The role of quality uncertainty and information disclosure. J. Electron. Commer. Res. 10 (3), 144 – 154.

Jin, G., Kato, A., 2006. Price, quality, and reputation: evidence from an online field experiment. RAND J. Econ. 37 (4), 983 – 1005.

Jowell, R., Prescott-Clarke, P., 1970. Racial discrimination and white-collar *306* workers in Britain. Race 11, 397 – 417.

Joyce, P., 1984. The Walrasian tantonnement mechanism and information. RAND J. Econ. 15 (3), 416 – 425.

Kagel, J. H., Levin, D., 1986. The winner's curse and public information in common value auctions. Am. Econ. Rev. 76 (5), 894 – 920.

Kagel, J., Levin, D., 2014. Auctions: A Survey of Experimental Research (working paper).

Kagel, J. H., Roth, A. E., 1997. Handbook of Experimental Economics. Princeton University Press, Princeton, NJ.

Karlan, D., List, J. A., 2007. Does price matter in charitable giving? Evidence from a large-scale natural field experiment. Am. Econ. Rev. 97 (5), 1774 – 1793.

Karlan, D., Valdivia, M., 2011. Teaching entrepreneurship: impact of business training on microfinance clients and institutions. Rev. Econ. Statistics 93 (2), 510 – 527.

Katkar, R., Reiley, D. H., 2006. Public versus secret reserve prices in eBay auctions: results from a Pokémon field experiment. B. E. J. Econ. Analysis Policy 6 (2). Advances Article 7. http://www. bepress. com/bejeap/advances/vol6/iss2/art7.

Keynes, J. M., 1936. The General Theory of Interest, Employment and Money. Palgrave Macmillan, London, UK.

Knetsch, J. L., 1989. The endowment effect and evidence of nonreversible indifference curves. Am. Econ. Rev. 79 (5), 1277 – 1284.

Kube, S., Marechal, M. A., Puppe, C., 2013. Do wage cuts damage work morale? Evidence from a natural field experiment. J. Eur. Econ. Assoc. 11 (4), 853 – 870.

Landry, C. E., Lange, A., List, J. A., Price, M. K., Rupp, N. G., 2006. Toward an understanding of the economics of charity: evidence from a field experiment. Q. J. Econ. 121 (2), 747 – 782.

Levitt, S. D., List, J. A., 2007. What do laboratory experiments measuring social preferences reveal about the real world? J. Econ. Perspect. 21 (2), 153 – 174.

Lipsey, R. G., Lancaster, K., 1956. The general theory of second best. Rev. Econ. Stud. 24 (1), 11 – 32.

List, J. A., 2003. Does market experience eliminate market anomalies? Q. J. Econ. 118, 47 – 71.

List, J. A., 2004a. Neoclassical theory versus prospect theory: evidence from the marketplace. Econometrica 72 (2), 615 – 625.

List, J. A. , 2004b. The nature and extent of discrimination in the marketplace: evidence from the field. Q. J. Econ. 119 (1), 49 – 89.

List, J. A. , 2006a. The behavioralist meets the market: measuring social preferences and reputation effects in actual transactions. J. Political Econ. 114 (1), 1 – 37.

List, J. A. , 2006b. Field experiments: a bridge between lab and naturally occurring data. Adv. Econ. Analysis Policy 6 (2). Article 2.

List, J. A. , 2009. Social preferences: some thoughts from the field. Annu. Rev. Econ. 1, 563 – 579.

List, J. A. , 2011a. Does market experience eliminate market anomalies? The case of exogenous market experience. Am. Econ. Rev. 101 (3), 313 – 317.

List, J. A. , 2011b. Why economists should conduct field experiments and 14 tips for pulling one off. J. Econ. Perspect. 25 (3), 3 – 15.

List, J. A. , Haigh, M. S. , 2005. A simple test of expected utility theory using professional traders. Proc. Natl. Acad. Sci. U. S. A. 102 (3), 945 – 948.

List, J. A. , Haigh, M. S. , 2010. Investment under uncertainty: testing the options model with professional traders. Rev. Econ. Statistics 92 (4), 974 – 984.

List, J. , Lucking-Reiley, D. , 2000. Demand reduction in multiunit auctions: evidence from a sportscard field experiment. Am. Econ. Rev. 90 (4), 961 – 972.

List, J. A. , Lucking-Reiley, D. , 2002. The effects of seed money and refunds on charitable giving: experimental evidence from a university capital campaign. J. Political Econ. 110 (1), 215 – 233.

List, J. A. , Millimet, D. L. , 2008. The market: catalyst for rationality and filter of irrationality. B. E. J. Econ. Analysis Policy 8 (1), 1 – 55.

List, J. A. , Price, M. K. , 2006. On the Fragility of Collusive Arrangements: Evidence from Field Experiments. University of Nevada Reno Working Paper.

Lucking-Reiley, D. , 1999. Using field experiments to test equivalence between auction formats: magic on the internet. Am. Econ. Rev. 89 (5), 1063 – 1080.

Miller, R. M. , 2013. A General Model of Convergence for Competitive Markets. State University of New York at Albany Working Paper.

Ostrovsky, M. , Schwarz, M. , 2011. Reserve prices in internet advertising auctions: a field experiment. In: ACM Conference on Electronic Commerce, pp. 59 – 60.

Plott, C. R. , 1986. Rational choice and experimental markets. J. Business 59 (4), S301 – S327.

Plott, C. R. , Zeiler, K. , 2005. The willingness to pay-willingness to accept gap, the "endowment effect," subject misconceptions, and experimental procedures for eliciting valuations. Am. Econ. Rev. 95 (3), 530 – 545.

Plott，C. R.，Zeiler，K.，2007. Asymmetries in exchange behavior incorrectly interpreted as evidence of prospect theory. Am. Econ. Rev. 97 (4)，1449 - 1466.

Resnick，P.，Zeckhauser，R.，Swanson，J.，Lockwood，K.，2006. The value of a reputation on eBay: a controlled experiment. Exp. Econ. 9，79 - 101.

Riach，P. A.，Rich，J.，2002. Field experiments of discrimination in the market place. Econ. J. 112，F480 - F518.

Smith，V. L.，1962. An experimental study of competitive market behavior. J. Political Econ. 70 (2)，111 - 137.

Smith，V. L.，1965. Experimental auction markets and the Walrasian hypothesis. J. Political Econ. 73 (4)，387 - 393.

Smith，V. L.，1982. Microeconomic systems as an experimental science. Am. Econ. Rev. 72 (5)，923 - 955.

Smith，V. L.，Suchanek，G. L.，Williams，A. W.，1988. Bubbles，crashes，and endogenous expectations in experimental spot asset markets. Econometrica 56 (5)，1119 - 1151.

Waichman，I.，Ness，C.，2012. Farmers' performance and subject pool effect in decentralized bargaining markets. Econ. Lett. 115 (3)，366 - 368.

Walras，L.，1874. Elements D'Economie Politique Pure. Rouge，Lausanne.

Witt，U.，1986. Firms' market behavior under imperfect information and economic natural selection. J. Econ. Behav. Organ. 7，265 - 290.

第8章　歧视的实地实验[a]

M. Bertrand[*,1]，E. Duflo[§]

[*] 芝加哥大学布斯商学院，芝加哥，伊利诺伊州，美国

[§] 麻省理工学院，剑桥，马萨诸塞州，美国

[1] 通讯作者联系方式：

E-mail：Marianne. Bertrand@chicagobooth. edu

摘　要

310　　本文综述了现有的实地实验文献，包括歧视的普遍性、这种歧视的后果，以及削弱歧视的可能方法。我们强调了文献中的关键空缺和未来实地研究工作的成熟机会。第 2 节综述了用来测量歧视普遍性的各种实验方法，尤其是审计和通信研究；还描述了实验室研究中常用的其他几种测量工具，这些工具值得在实地研究中得到更多考虑。第 3 节概述了关于刻板化或歧视代价的文献，重点是自我期望效应和自我实现的预言；第 3 节还讨论了一种数量较少的实地文献，即组织和群体中多样性有限的后果。论文的最后一节，第 4 节，综述了削弱歧视的政策和干预的证据，涵盖了榜样和群体间接触效应，以及社会认知和技术去偏见战略。

关键词

审计研究；接触假说；通信研究；歧视的成本；心理学和经济学

JEL 分类号

A33：Handbooks；J15：Economics of Minorities，Races，Indigenous Peoples，and Immigrants-Non-labor Discrimination；J16：Economics of Gender-Non-labor Discrimination；J71：Labor Discrimination

---

a. Laura Stilwell 和 Jan Zilinsky 提供了出色的研究协助。感谢 Abhijit Banerjee 的评论。特别感谢讨论者 Betsy Levy Paluck 对初稿进行了详细而全面的评审。

1　引　言

黑人的就业率通常更低。女性在企业、学术和政治阶梯的顶层非常稀少，尽管（至少在富裕国家）她们在学校取得了更好的成绩，而且学历可能更高。虽然许多媒体和舆论界人士认为，歧视是导致这些模式的关键力量，但实际上并非这样简单。事实证明，就我们在本章中对歧视的定义而言——少数群体的成员（女性、移民等）与在相似情况下具有相同特征的多数群体成员相比，被区别对待（不太有利）——使用标准回归分析方法和观察数据很难获取令人信服的歧视证据。

然而，在过去的几十年里，经济学、社会学、政治学和心理学的大量文献利用实验（实验室和实地）提供了令人信服的证据，证明这种定义的歧视确实存在。本章我们从描述各种实验方法开始，这些方法已被用来测量实地中的歧视。总体而言，这类文献提供了令人震惊的证据来证明世界各地普遍存在对少数群体或代表性不足群体的歧视。我们总结了这种研究，并讨论了一些关键局限。

如果歧视像证据所显示的那样普遍，那么现有理论能否告诉我们，少数群体和整个社会所付出的代价是什么？经济学文献中关于歧视的两个重要模型给出了截然不同的答案，特别是在社会后果方面。在贝克尔（Becker，1957）为劳动力市场建立的第一个模型中，某些雇主对雇用少数群体成员感到厌恶（distaste）。他们可能会通过拒绝雇用如黑人放纵这种厌恶，或者，如果他们真的雇用了黑人，在相同生产力水平下，支付给他们的薪酬比其他员工要低。如果歧视性雇主在经济中的比例足够大，那么在原本有相同生产力水平的少数群体雇员和多数群体雇员之间，工资差异就会出现于均衡中，而这种工资差异反映了边际雇主对少数群体工人的厌恶参数（Becker，1957；Charles 和 Guryan，2008）。如果不雇用少数群体工人，超边际的种族主义雇主将只能获取更低利润。事实上，如果完全竞争条件得到满足，歧视性雇主就会被淘汰出局，基于偏好（taste-based）的歧视就会消失[①]。

这种基于偏好的歧视解释，与许多经济学家认为更严格的解释形成

[①]　如果雇主知道他由于敌意而无法和黑人一起很好地工作，拒绝雇用黑人可能是有效率的，但这并不能改变这样做的企业不应该生存的事实。

了鲜明对比，后者不涉及对效用函数（对某些群体的敌意）进行特别（即使是直觉的）添加，以帮助将令人费解的行为合理化。在"统计歧视（statistical discrimination）"模型中（Phelps，1972；Arrow，1973；Aigner 和 Cain，1977），少数群体成员的差别待遇是由于信息不完全，因此歧视是信号提取问题的结果。作为利润最大化的潜在雇主、房东或汽车推销员，他们试图使用所有可用的信息来推断一个人的特征，并基于这些特征来考虑完成与这个人的市场交易。当特定个人的信息有限时，特定群体的成员资格可以提供预期生产力的其他有价值信息。例如，再次使用劳动力市场情景，雇主可能已知，少数群体申请者的平均生产力低于多数群体申请者。在这种情况下，如果雇主看到两个申请者有相似的噪声（noisy）但生产力信号是无偏的（unbiased），那么雇主应该理性地偏爱多数群体申请者，因为她的预期生产力更高。虽然预期生产力在平均意义上等于每种群体的真实生产力，但统计歧视将导致某些少数群体工人的待遇不如有相同真实生产力的非少数群体工人，也就是说，将导致前面定义的歧视。在个人生产力信号完全没有提供信息的极端情况下，如果黑人的平均生产力没有超过所需阈值，雇主可能会理性地决定只向白人提供工作机会。

虽然基于偏好的歧视显然是低效的（只需考虑它如何限制人才分配），但统计歧视在理论上是有效率的，因此，在功利主义论点下，更容易从伦理角度进行辩护。此外，统计歧视也可以说是公平的，因为对于有相同预期生产力的人（即使没有相同的实际生产力）来说，其待遇是一样的，而非出于敌意。事实上，许多经济学家很可能会支持将统计歧视作为一项好的政策，即使它现在是非法的（例如，在美国劳动力市场和房地产市场背景下）。

不幸的是，正如我们在下一节中将讨论的那样，虽然实地实验在证明歧视存在方面总体上是成功的，但它们（除了少数例外）难以将歧视模式与特定的理论联系起来。

与此同时，在对歧视根源的理解上，心理学家取得了相当大的进步，在很大程度上是在与经济学平行的轨道上。他们提出的理论和进行的（主要是实验室）实验有助于更好地确定歧视的微观基础。我们认为，这一系列工作模糊了偏好解释和统计解释之间的界限，而这种界限是经济学家倾向于划分的。

心理学家关于歧视的研究工作被嵌入大量文献以试图理解偏见的根源，偏见被广泛地描述为基于群体成员身份对他人的负面评价。这类文献在广泛的领域中寻找这种负面评价的微观基础，领域包括人格发展、社会化、社会认知、进化心理学和神经科学。

早期的心理学学者将偏见视为一种不正常的思维形式，并将其等同于一种精神病理学（想一想阿道夫·希特勒），可以通过解决"患病"总体中部分人的人格失调来进行治疗。直到 20 世纪下半叶，心理学家中流行的偏见观点才开始植根于正常的思维过程（Dovidio，2001），社会化和社会规范被视为主导的驱动力。Tajfel（1970）以及 Tajfel 和 Turner（1979）有影响力的工作，证明了社会认同（social identity）在潜在偏见过程中所起的关键作用。实验证据表明，将人们分配到各个群体中即使是完全任意的，即使群体不是持久的，也足以产生对群体内部成员的偏爱和对群体外部成员的负面态度。与此同时，进化心理学强调了社会分化和划分清晰群体边界的重要性，认为这是实现人类之间的合作利益，而不会带来高成本风险的一种方式，群体成员和群体认同作为一种偶然利他主义（contingent altruism）的形式出现（Brewer，1981）。虽然群体内的爱不一定意味着群体外的仇恨，但使群体成员忠诚变得重要的相同因素，也提供了对抗和不信任外部人的基础。

313

此外，心理学文献的最新进展证明了无意识（unconscious）、无意图（unintentional）形式偏见的存在。现代社会心理学家认为，态度可以以内隐的模式发生，人们的行为方式可以与其外显观点或自我利益无关，甚至有时是相反的（Banaji 和 Greenwald，1995；Bertrand 等，2005；Dovidio 等，1998a，b；Greenwald 和 Banaji，1995）。神经科学研究表明，大脑的不同区域在有意识和无意识的处理过程中被激活，这表明无意识过程是不同的精神活动。例如，对黑色面孔的无意识处理与情绪和恐惧相关的大脑区域的激活有关，而对相同面孔的有意识处理会增加与控制及调节相关区域的大脑活动。内隐偏见更有可能在模棱两可、时间压力大、认知负荷大或对任务注意力不集中的情况下驱动行为。

心理学文献中的这两种关于偏见的主要观点都被认为是一种进化现象，使群体成员身份成为社会认同的重要成分，或是一种因接触外群体成员而引发的无意识的自动负面联想，对于经济学家研究的更精简的"基于敌意"模型，这两种观点都可以作为微观基础。更重要的是，这些心理模型清楚地表明，推动统计歧视的有限信息和决策模式本身可能内生于对外群体成员的有意识或无意识偏见。如果积极与自己群体交往的社会需要也使外群体成员感到更疏远和不了解（Brewer，1988），一位雇主就不会投资于收集外群体成员信息，或者若认定少数群体成员生产力的个人信号完全没有价值，就会导致所有少数群体成员都被平等视为不可雇用。内群体成员和外群体成员之间实际的接触有限，意味着大多数员工或同事对少数群体质量相当无知；也意味着雇用、选择或出租给他们看起来风险可能更高，在存在风险厌恶的情况下，这也会引发更多统计歧视（Aigner 和 Cain，1977）。无意识的偏见会影响用于评估预期生产力的具体标准或规则（Uhlmann 和 Cohen，2005）；例如，看到一张黑人面孔或读到简历上的黑人名字所隐含的危险感，会导致雇主过于重视顺从（docility），将其作为一种工作质量，而不是去最大限度地提高生产力。最近，在技术性工作中，强调将员工与公司之间的"契合度（fit）"作为招聘标准，引发了一种新形式的微妙歧视。同样，无意识的刻板印象可能影响我们对生产力投入的判断，同样程度的自信来自男性时被认为有利于生产力，而来自女性时被认为是不好的（Rudman 和 Glick，2001）。

314

或许最重要的是，无论歧视是基于偏好还是统计，它最终都会通过自我实现的预言导致不同群体之间的真正差异。如果刻板印象中的女性不擅长数学，有才华的女孩可能会灰心丧气，最终变得不擅长数学。如果教师或雇主认为特定肤色的学生不那么聪明，就会减少对他们的投入。因此，歧视，无论是基于偏好的歧视还是统计上的歧视，都可能造成或加剧不同群体之间现有的差异。最初基于偏好和低效的歧视，很容易演变成更"合理（justifiable）"的形式。今天的"有效"刻板印象可能是周围有敌意环境的产物，使不同歧视理论之间的分歧变得非常复杂。

本章内容如下：第 2 节专门介绍了在实地中用来测量歧视的各种实验方法，特别是审计研究和通信研究。审计研究将除了研究特征（种族、犯罪记录等）之外所有可观察特征都匹配的个人派出去申请工作或购物，研究人员分析了他们的反应。通信研究是目前关于歧视的实地实验中所占份额最大的研究，它做同样的事情，但通过制造虚构的申请者（通常是工作或公寓）来控制更多的变量，这些申请者通过邮件来通信。我们总结了这些研究的发现（清楚地证明了歧视的普遍性），并讨论了主要的局限性。

在本章的这一节中我们还讨论了几种测量歧视的替代方法，其中许多方法都是在心理学文献中发展起来并在实验室中使用的：内隐联想测验（Implicit Association Tests）、戈德堡范式实验（Goldberg paradigm experiments）、列表随机化，以及支付意愿与少数群体成员交互作用的测量标准。我们认为，这些可供选择的方法值得对歧视测量感兴趣的经济学家在实地研究中给予更多的考虑。

第 3 节回顾了解决被歧视或刻板化的成本问题的研究。特别是，我们回顾了这种类型的实验工作，即被通过负面刻板印象镜头看待的威胁如何对绩效产生直接的负面影响。我们还回顾了期望效应的实验文献，目标是理解针对少数群体的刻板印象和偏见如何最终被自我实现。

我们总结了本章的第二部分，回顾了歧视直接导致的组织和群体中限制多样性的成本（和收益），相关实地文献少得令人惊讶。这允许我们来讨论实地工作，我们不仅从受歧视群体的角度，而且从整个社会的角度考虑了歧视的后果。

本章最后一节，即第 4 节，涉及对已提出的旨在消除或削弱歧视的各种干预和政策的综述。这一节涵盖的主题包括榜样的影响，如何通过联系和接触少数群体来改变偏见，以及大量关于社会认知和技术去偏见策略的心理学文献。我们认为，考虑到大量理论性和基于实验室的研究尚未被应用到实地，这一领域中很多有前途的未来研究的"采摘时机已经到来"。

2　在实地环境下测量歧视

早期关于歧视的研究集中在个人层面结果的回归上，其中歧视是从"少数（minority）"变量的差异估计的，在纳入尽可能多的生产力代理变量后，这种差异仍然无法解释[1]。

这种方法的局限性是众所周知的。由于遗漏变量偏误，对"少数"系数估计值的解释是有问题的。具体地说，回归分析的结果可能指出，存在种族或性别的区别对待，即使决策者（比如雇主）在决定给员工支付多少工资时从未使用过群体成员资格。然而，可能的情况是，种族或性别与其他生产力代理变量相关，这些变量对研究人员来说是不可观察的，但雇主可以观察到。因此，使用回归方法不能得出这样的结论，即雇主在决策过程中使用了群体成员资格。

---

[1]　劳动力市场歧视这一更狭窄主题的早期文献回顾，参见 Altonji 和 Blank（1999）的研究的第 48 章。

传统的答案一直是尽可能多地使用与生产力相关的、个人层面的特征来进行饱和回归。但是，当然，确保研究人员观察到决策者所观察到的一切，是一项不切实际的任务。

此外，在回归中增加越来越多的控制变量，最终可能会模糊对证据的解释。考虑一下劳动力市场背景：少数群体工人可能对已知的现存歧视做出最好的反应，可以简单地进入到没有歧视或歧视有限的行业。因此，在回归中发现，在控制了行业或雇主固定效应后，收入没有种族差距，可能表明边际没有歧视，这与平均没有歧视有很大不同。

316 另外，正如 Guryan 和 Charles（2013）在研究中所指出的，研究人员控制的变量本身可能受到歧视的影响。也就是说，弱势群体可能因为歧视而无法进入高质量学校，但考虑到他们人力资本积累较低，因此可能获得公平的市场工资。尽管人们仍然会得出这样的结论，即劳动力市场不存在歧视，而是教育市场存在歧视，但如果少数群体对劳动力市场歧视的预期促成了他们的教育决策，那么这可能是不对的。换句话说，少数群体成员可能决定在教育上投资不足，如果他们预期自己将无法获得这种教育的劳动力市场回报。

审计和通信方法被发展出来，以解决用回归方法测量歧视的这些核心局限性。在接下来的一节中，我们回顾了这两种类型的研究，讨论了它们在多大程度上解决了回归方法的局限性，也考虑了它们产生的新问题。

2.1　审计研究

在探讨歧视程度的最著名的审计研究中，Fix 和 Struyk（1993）对该方法的描述如下：

> 两个人（审计员或测试员）被匹配所有相关的个人特征，除了被认为会导致歧视的特征，例如种族、族群、性别之外。然后，他们申请一份工作、一套住房或抵押贷款，或者开始就商品或服务进行谈判。基于所研究的和/或受反歧视法律保护的特征，密切观察、记录和分析他们在交易中获得的结果和受到的对待，以确定结果是否揭示了差别对待模式。

据说，当受保护类别的审计员系地受到比其队友更差的对待时，歧视就被检测到了（Yinger，1998）[1]。

　　Ayres 和 Siegelman（1995）提供了一个著名的早期审计方法的例子。在这项研究中，很多对测试员（每对中总有一位白人男性）接受了统一的讨价还价培训，然后被派到随机选择的芝加哥地区经销商处谈判购买一辆新车。38 个测试员和 153 家经销商讨价还价，购买了 306 辆汽车。测试员选择具有中等吸引力的人，每对测试员在同一经销商处为同一型号汽车讨价还价，通常在几天之内进行。经销商被随机选择，测试员被随机分配到经销商处，并随机选择每对中的哪一个测试员首先接触经销商。测试员在不同经销商处讨价还价的车型总共有 9 种，遵循统一的讨价还价脚本，研究人员指示测试员迅速专注于一款特定汽车，开始就此进行谈判。测试员得到进一步指示：在讨价还价开始时告诉经销商，自己可以为这辆车提供资金。尽管有相同的讨价还价方式，Ayres 和 Siegelman（1995）发现给白人男性的报价低于白人女性和黑人（男性或女性）。虽然辅助证据表明，经销商对女性和黑人的不同对待可能是由经销商对消费者保留价格的统计推断造成的，但数据并不强烈支持任何单一的歧视理论。

　　另一个著名的劳动力市场审计研究是 Neumark 等（1996）的研究，该研究调查了性别歧视在男女服务员垂直隔离中的作用。具体地说，两名男大学生和两名女大学生被派往费城的 65 家餐厅申请服务员工作。这些餐厅被分成高、中、低三个价位类别，目的是估计每个价位类别的餐厅在提供工作机会时的性别差异。这项研究旨在让一对男性和女性候选人在每家餐厅申请一份工作，这样男性和女性候选人平均来说是相同的。研究发现高价餐厅对女性的歧视和低价餐厅对女性的偏爱是一致的。在高价餐厅提供的 13 个工作机会中，有 11 个是给男性的。相比之下，在低价餐厅提供的 10 个工作机会中，有 8 个是给女性的。此外，研究中从餐厅收集的信息表明，高价餐厅的收入要高得多，这意味着明显的招聘歧视，即对服务员基于性别的收入差异有影响。结果被解释为，雇主歧视和客户歧视都是一致的。

　　审计方法的另一个有趣的应用是 Pager（2003）的研究，他对申请入门级别职位的人进行了配对，并探讨了以种族为条件的犯罪记录的影

---

　　① 最早的审计研究结果可以在 Newman（1978）、McIntyre 等（1980）、Galster（1990）、Yinger（1986）、Cross 等（1990）、James 和 DelCastillo（1991）、Turner 等（1991）以及 Fix 和 Struyk（1993）的研究中找到。

响。作者雇用了一对黑人测试员以及一对白人测试员。在每一对中，一个审计员被"分配"一个犯罪记录（这个分配是随机的和轮流的。例如，每个测试员都会在某些时点扮演有犯罪前科的角色)①。总共有350个雇主被审计。犯罪记录的效应在统计上是显著的，在程度上也是有意义的：假装有犯罪记录的白人进行的申请中，有17%收到了回电，相比之下，自称无犯罪记录的白人进行的申请中，这一比例为34%。也就是说，如果一个有同样资格的白人候选人被认为有犯罪记录，收到回电的可能性约为一半。对黑人申请者来说，效应明显大得多：在被认为有犯罪记录的黑人申请者中，有5%收到了回电，相比之下，在无犯罪记录的黑人申请者中，这一比例为14%。这意味着一个同样资格的黑人候选人，如果有犯罪记录，收到回电的可能性约为无犯罪记录者的三分之一。此外，这些估计值表明，没有犯罪记录的黑人申请者收到回电的可能性与有犯罪记录的白人申请者大致相同。

大多数审计研究没有明确测试哪种歧视理论最有解释力，即使经常非正式地讨论什么形式的歧视与数据中观察到的模式一致或不一致。一个值得注意的例外是List（2004）的研究，他在运动卡市场上招募了买家和卖家，并记录到少数群体买家在进行购买收藏卡的讨价还价时收到的报价较低。List（2004）的一个发现是，在这种情况下，缺乏信息和对少数群体缺乏经验的预期助长了歧视行为。有经验的经销商存在更多歧视行为。在有经验的买家中，对少数群体的最终报价与白人男性收到的报价相似，但少数群体需要更多时间才能实现这一结果。此外，List通过将实地数据与这些经销商在实验室中参加独裁者博弈的结果相结合，试图排除对数据的偏好解释。他发现，在这种博弈中，非白人男性与白人男性获得的正分配（positive allocations）大致相当，并将这种模式解释为缺乏基于偏好的歧视的证据。当然，虽然实验室实验是实地研究的有益补充，但经销商在独裁者博弈中的行为本身，并不能证明在实际市场交易中没有基于偏好的歧视。

审计研究的局限性

Heckman和Siegelman（1993）以及Heckman（1998）讨论了审计研究的许多弱点。首先，这些研究要求审计员配对中的两个成员除了被操纵的特征外，在所有可能影响雇主眼中生产力的维度上都是相同的。

---

① Pager认为："通过改变配对中由哪个成员来呈现自己有犯罪记录，申请者配对内未观察到的差异得到了有效控制。"

为了做到这一点，研究人员通常会在几个特征（身高、体重、年龄、方言、着装风格和发型）上对审计员进行匹配，并对他们进行几天的培训以协调面试风格。然而，批评者指出，这不太可能消除一对审计员之间存在的众多差异。

审计研究的另一个弱点是它们不是双盲的：审计员知道研究的目的。正如 Turner 等（1991）所记录的那样："第一天的培训还包括介绍就业歧视、平等就业机会以及项目设计和方法综述。"这可能导致审计员出现有意识或潜意识的动机，生成与他们的种族或性别问题信念一致或不一致的数据。正如心理学家所证明的那样，这些需求效应可能相当强烈。很难保证审计员不想去"干得好"。即使审计员隐约觉得雇主对待少数群体是不同的，也可能导致对待上的测量差异。由于事实上审计员并非真的在找工作（或试图为自己买车），因此会更自由地让信念影响讨价还价或面试过程，这可能进一步增强了需求效应。

2.2　通信研究

通信研究被发展出来以解决审计方法的一些明显弱点。通信研究依赖于虚构的申请者，而非依赖于真实审计员或测试员，来与潜在的雇主或房东实际见面。具体地说，作为对工作或租房广告的响应，研究人员会发送（许多）成对的简历或表示感兴趣的信件，其中一个被赋予可感知的少数群体特征。通过比较可感知少数群体特征（有和没有）的虚构申请者的结果来估计歧视。最常见（但不是唯一）的操纵可感知少数群体特征的方式，是通过申请者的名字（例如，女性名字、非裔美国人名字、阿拉伯名字等）。在一项通信研究中，研究结果主要（但不唯一）限于测量雇主或房东对邮件或电子邮件发送的虚构申请的回复①。

与审计方法相比，通信方法有几个优点。首先，因为它依赖于虚构的人的简历或申请，而不是真实的人，所以可以肯定，雇主或房东看到的所有信息均可以在不同群体之间产生严格的可比性。这保证了任何观察到的差异完全是由少数群体特征操纵引起的。其次，纸质申请的使用隔离了需求效应。最后，由于边际成本相对较低，可以发出大量的申请。除了提供更精确的估计值外，较大的样本量还允许研究人员从更多角度来检查差别对待的性质，从而可以将结果与具体的歧视理论更紧密

---

① 有关不同方法的情况，请参见第 2.3.2 节和第 2.3.3 节。

地联系起来①。

尽管 Guryan 和 Charles（2013）称通信测试是"方法上的重大进步"，而且大约 15 年前发表的一篇关于市场歧视的综述只讨论了观察性研究和审计研究（Yinger，1998），但这种方法实际上并不是那么新。近半个世纪前，为了揭露种族歧视或宗教歧视，研究者就开始向雇主发送虚构的申请和简历②。然而，在 Bertrand 和 Mullainathan（2004）的研究之后，经济学中通信研究的数量大大增加了，他们通过发送虚构简历来响应波士顿和芝加哥报纸上的招聘广告研究了劳动力市场上的种族歧视。为了操纵感知的种族，他们随机将听起来很像白人的名字（如 Emily Walsh 或 Greg Baker）分配给一半简历，将听起来非常像非裔美国人的名字（如 Lakisha Washington 或 Jamal Jones）随机分配给另一半简历。他们总共响应了 1 300 多个招聘广告，涉及销售、行政支持、文员和客户服务等工作类别，并发出了近 5 000 份简历。他们发现，白人名字收到的面试回电要多出 50%。

2.2.1 劳动力市场中的通信研究

表 1 回顾了劳动力市场通信研究的主要结果。

从表 1 我们可以清楚地看出，到目前为止，在世界上许多国家中进行了劳动力市场通信研究，这类研究的重点放在可以在简历中随机化的各种感知特征上。下面，我们将更详细地回顾一些研究，尤其关注这种研究，即其试图超越简单地记录差异对待是否源于操纵特征，致力于理解哪种理论最符合数据模式。然而，不幸的是，这些研究往往是对 Bertrand 和 Mullainathan（2004）相当接近的复制，只不过针对不同的总体或背景。除了少数例外之外，文献未能进一步推动通信方法的发展，即通过设计方法来正式检验差异对待为什么会发生的各种理论。

2.2.1.1 种族和族群

到目前为止，基于种族和族群背景的劳动力市场歧视研究一直是通信方法最受欢迎的应用领域。虽然发表偏误一直是令人担忧的问题，但基于种族或族群特征的通信研究的结果，提供了劳动力市场中种族和族

---

① 我们在第 2.5 节中讨论了通信研究共有的其他缺点，以及与审计方法相比，通信方法的额外缺点。

② 早期研究见 Jowell 和 Prescott-Clarke（1970）、Jolson（1974）、Hubbuck 和 Carter（1980）、Brown 和 Gay（1985）以及 Riach 和 Rich（1991）。一个提醒是，这些研究中有些未能完全匹配少数群体简历和非少数群体简历之间的技能。

表 1　劳动力市场通信研究的主要结果

论文	国别	简历数/申请人数	职位空缺量	效应（回电比率）	理论
Galarza 和 Yamada (2014) 特征：种族；吸引力	秘鲁	4 820	1 205	白人与主著的比例：1.8 低吸引力伤害了白人女性	无
Eriksson 和 Rooth (2014) 特征：失业持续时间	瑞典	8 466	—	就业与长期失业人数之比：1.25	无
Blommaert 等 (2014) 特征：阿拉伯名字	荷兰	636	—	荷兰人与外国人数之比：1.62（无条件比率）。无差异，如果观点固定	无
Nunley 等 (2014) 特征：种族	美国	9 396	—	白人与黑人之比：1.18（无条件）	与统计歧视不一致，与偏好歧视一致
Ghayad (2013) 特征：失业持续时间	美国	3 360	600	就业与失业之比：1.47	无
Bartos 等 (2013) 特征：族群（罗马人、亚洲人、土耳其人）	捷克与德国	274（捷克） 745（德国）	—	捷克人与越南人之比：1.34 如果候选人是土耳其人，简历要求会降低	与注意力歧视一致
Wright 等 (2013) 特征：宗教/族群	美国	6 400	1 600	白人与穆斯林之比：1.58	与世俗化和文化厌恶论的理论模型一致

续表

论文	国别	简历数/申请人数	职位空缺量	效应（回电比率）	理论
Kroft 等 (2013) 特征：失业持续时间	美国（最大的100个MSA*）	12 054	3 040	失业持续时间1个对数点的变化：回电概率降低4.7个百分点	无
Baert 等 (2013) 特征：国籍（土耳其语发音的名字）	比利时	752	376	佛兰芒人与土耳其人之比：1.03至2.05，取决于职业	无
Bailey 等 (2013) 特征：性取向	美国	4 608	1 536	无效应	无
Ahmed 等 (2013) 特征：性取向	瑞典	3 990	—	异性恋与同性恋之比（男性）：1.14 异性恋与同性恋之比（女性）：1.22	无
Acquisti 和 Fong (2013) 特征：性取向与宗教	美国	4 183	—	基督教徒与穆斯林之比：1.16	无
Patacchini 等 (2012) 特征：性取向与吸引力	意大利	2 320	—	异性恋与同性恋之比：1.38	无
Kaas 和 Manger (2012) 特征：移民（种族/族群）	德国	1 056	528	德国人与土耳其人之比：1.29（如果不包括推荐信）	与统计歧视一致

续表

论文	国别	简历数/申请人数	职位空缺量	效应（回电比率）	理论
Jacquemet 和 Yannelis（2012）特征：种族/国籍	美国	330	990	英国人名与外国人名之比：1.41 英国人名与黑人人名之比：1.46	与种族同质性的模式一致
Ahmed 等（2012）特征：年龄	瑞典	466	—	31 岁与 46 岁之比：3.23	无
Oreopoulos（2011）特征：国籍（和种族）	加拿大	12 910	3 225	英文名与移民之比：从 1.39 到 2.71	无
Carlsson（2011）特征：性别	瑞典	3 228	1 614	女性与男性之比：1.07	无
Booth 等（2011）特征：族群	澳大利亚	4 000 以上	—	白人与意大利人之比：1.12 白人与华人之比：1.68	无
Booth 和 Leigh（2010）特征：性别	澳大利亚	3 365	—	女性与男性之比：1.28（女性主导的职业）	无
Riach 和 Rich（2010）特征：年龄	英国	1 000 以上	—	2.64 青睐年轻候选人	无
Rooth（2009）特征：吸引力/肥胖	瑞典	1 970	985	不肥胖/有吸引力与肥胖/无吸引力之比：范围从 1.21 到 1.25（但某些职业更高）	无

续表

论文	国别	简历数数/申请人数	职位空缺量	效应（回电比率）	理论
McGinnity 等（2009）特征：国籍/种族	爱尔兰	480	240	偏爱爱尔兰人，反对亚洲人、德国人和非洲人，分别为1.8、2.07和2.44	无
Banerjee 等（2009）特征：种姓与宗教	印度	3 160	371	上层种姓与其他种姓之比：1.08（软件工作，不显著），1.6（呼叫中心工作）	无
Lahey（2008）特征：年龄	美国	4 000	—	年轻人与老年人之比：1.42	无
Petit（2007）特征：年龄、性别、子女数量	法国	942	157	对25岁、无子女的妇女，范围从1.13到2.43	无
Bursell（2007）特征：族群	瑞典	3 552	1 776	瑞典人名与外国人名之比：1.82	与统计歧视不一致
Bertrand 和 Mullainathan（2004）特征：种族	美国	4 870	1 300 以上	白人与非裔美国人之比：1.5（销售工作中女性为1.22）	无
Jolson（1974）特征：种族与宗教	美国	300	—	白人与黑人之比：销售岗位为4.2	无

* MSA：大都市统计区域。

群歧视的压倒性证据。几乎在所有大洲都积累了证据：拉丁美洲［例如，Galarza 和 Yamada（2014）将秘鲁的白人与土著申请者进行比较］，亚洲［例如，Maurer-Fazio（2012）］，澳大利亚［例如，Booth 等（2011）］、欧洲［例如，Baert 等（2013）将比利时的移民和非移民比较］，爱尔兰［例如，McGinity 等（2009）将爱尔兰名字的候选人与明显非爱尔兰名字的候选人比较］，等等。

试图采用通信方法来更多了解哪种歧视理论最符合数据中的模式，主要集中在试图为（或反对）统计歧视提供佐证。最常见的方法是研究回电的差距是否与提供给雇主的求职者信息量有关，这是 Bertrand 和 Mullainathan（2004）首先做的研究，即文凭如何影响回电的种族差距。特别是，Bertrand 和 Mullainathan（2004）实验性地改变了针对特定广告使用的简历质量。质量较高的申请者平均拥有多一点的劳动力市场经验，就业历史的空白更少；他们更有可能拥有电子邮件地址，完成一些证书学位，拥有外语技能，或者获得一些荣誉。作者们为每个广告投递了四份简历：两份质量较高，两份质量较低。他们随机给其中一份质量较高的简历和一份质量较低的简历取了一个听起来像非裔美国人的名字。他们发现，简历质量较高的白人收到的回电比简历质量较低的白人多近 30％。另外，拥有较高质量的简历对非裔美国人的效应较小。换句话说，白人和非裔美国人之间的差距随着简历质量提高而变大。在对整体歧视的统计歧视解释下，虽然人们预期提高文凭会缓解雇主对非裔美国人申请者在一些不可观察的技能方面可能会存在缺陷的忧虑，但这却与他们的数据不相符。Bertrand 和 Mullainathan 认为，一个简单的替代模型最能解释他们数据中的模式，那就是雇主进行某种形式的词典式搜索（lexicographic search）：

> 雇主收到如此多的简历，他们在阅读这些简历时可能会使用快速启发式。一种这样的启发式可能是，当他们看到一个非裔美国人的名字时，就不再读下去。因此，他们可能永远看不到非裔候选人的技能，这可以解释为什么这些技能得不到奖励。

这些发现在 Nunley 等（2014）的研究中得到了复现：与白人相比，黑人收到的回电减少了 14％，当在简历中添加生产力特征时，歧视并未得到缓解。然而，一些研究报告的结果更符合统计歧视模型的预测。Oreopoulos（2011）提交了 12 910 份简历，以响应加拿大的 3 225 个职位广告。首先，他比较了（虚构的）申请者，这些申请者有外国名字，但曾就读于加拿大（或外国）大学，并在加拿大有工作经验。加拿大人（听起来像英语的名字）与上过加拿大大学的外国人相比，回电比率是1.39，与上过国外大学的外国人相比，回电比率是1.43。然而，如果外国人的工作经验是纯粹的国际经验，那么回电比率就会大幅下降（回电比率为2.71）*。此外，如果有外国工作经验和教育背景的申请者拥有一个中文姓与一个英文名（如Michelle Wang），他们在就业市场上的前景会有所改善。这增加了一小部分"歧视"是统计歧视的可能性，例如，雇主对申请者的英语技能做出推断。也许更引人注目的是，Kaas和Manger（2012）在德国发出了528对申请，以研究一个土耳其名字的效应。在不包含推荐信的情况下，德国人名字与土耳其人名字的回电比率为1.29。当增加一封推荐信，信中包含生产力的间接信息（如尽职尽责，和蔼可亲）时，歧视就消除了，作者将其解释为与统计歧视一致的证据。有趣的是，推荐信中提供的这种"软信息"似乎消除了回电比率的差异，尽管简历中提供的"硬信息"（如工作历史或荣誉）在其他研究中并没有消除差异。进一步探讨这种对比会很有趣。

2.2.1.2　性　别

关于性别的研究较少，一般来说，在回电阶段对女性的歧视通常也不那么明显。一些研究试图表明歧视程度（和性质）是否取决于职业的性质。Carlsson（2011）发出了各种配对的简历，职位涉及IT专业人员、司机、建筑工人、销售助理、高中教师、餐厅工人、会计、清洁工、学前教师和护士。总体而言，女性被回电的频率略高于男性；在男性占主导地位的职业中，男性拥有轻微（不显著）的优势。Booth和Leigh（2010）关注女性主导的职业（服务员、数据输入、客户服务和销售工作），发现偏爱女性的回电比率为1.28。

今后一个感兴趣的研究主题是应用通信方法来测量，对有孩子的妇女或未来可能有孩子的年轻妇女的偏见程度。据我们所知，只有Petit（2007）对此进行了研究。为了阐明家庭约束在性别歧视中的作用，Petit为男性和女性申请者发送了简历，他们的年龄为25岁或37岁，有或者没有孩子。在高技能职位（法国金融业）的年轻从业者中发现了对女性的歧视，但在壮年从业者中没有发现歧视。

＊　英文原书如此。——编辑注

2.2.1.3　种姓和宗教

Banerjee 等（2009）研究了种姓和宗教在印度软件和呼叫中心部门中的作用。他们发送了 3 160 份虚构的简历，其中随机分配与种姓相关的姓氏，以响应德里（印度）及周边地区的 371 个职位空缺，这些职位在主要城市报纸和在线招聘网站上发布了广告。他们没有在软件工作中发现歧视非上层种姓（即预定种姓、预定部落和其他种姓）申请者的证据。但是，在呼叫中心的工作中，他们确实发现上层种姓和其他种姓（和较小程度上预定种姓）的回电比率之间存在着较大和较显著的有利于上层种姓的差异。他们没有发现对穆斯林的歧视。

Wright 等（2013）通过在简历中列出的学生活动表明某个申请者属于某一宗教①，而控制组的简历中没有宗教身份，探讨了宗教对美国工作前景的潜在影响。与控制组相比，穆斯林申请者通过电子邮件或电话收到至少一次联系的可能性降低了 24%，收到的联系总数比控制组减少了 33%。

2.2.1.4　失业咒语

最近，研究人员应用通信模型来更好地理解劳动力市场对失业者的歧视模式。在瑞典，Eriksson 和 Rooth（2014）随机分配了各种特征（目前失业、过去的毕业即失业、过去的工作间失业、工作经验和雇主数量）。长期失业不会减少申请者的机会，只要申请者有后续工作经验。然而，如果申请者在之前 9 个月内失业，他或她的回电率下降了 20%②。在美国，Ghayad（2013）发现（当前）失业时间超过 6 个月特别有害：每增加 6 个月的非就业时间，拥有相似公司经历简历的面试请求率就会下降 1.13 个百分点，一旦候选人经历了 6 个月的失业，面试请求率会额外下降 8 个百分点。

Kroft 等（2013）将这些结果与未来雇主面临的推断问题联系起来。作者复制了这一结果，即较长的雇佣持续年限降低了回电率，但也说明这取决于劳动力市场状况。在紧张的劳动力市场，持续时间的依赖性更强，这表明雇主将失业长度信息作为生产力的信号，但认识到当劳动力市场条件较弱时，该信号信息量较小③。

---

① 在简历上只表示宗教信仰是一件棘手的事。通过学生活动进行的操纵可能揭示的不仅是宗教，这一问题我们将在第 2.4 节中讨论。

② 正如作者所承认的那样，一个警告是，并不是所有雇主都认为简历上的空白意味着失业。

③ 这可能也解释了 Eriksson 和 Rooth（2014）（之前提到的）研究中的发现，因为这个特定研究是在 2007 年 3—11 月进行的，也就是在全球金融危机期间进行的。

2.2.1.5 其他特征：性取向和年龄

简历研究现在也被用来试图发现一些不太明显领域中的歧视。

文献试图估计对女同性恋、男同性恋、双性恋和变性（LGBT）候选人的歧视；然而，大多数研究只关注女同性恋和男同性恋[①]。估计对 LGBT 候选人的歧视的挑战之一是如何提供将候选人识别为少数群体成员的信息，而这些细节通常不会在求职申请中提到。在 Ahmed 等（2013）在瑞典进行的研究中，性取向通过在求职封面信中提到相同性别"配偶"以及提到在 LGBT 权利组织（男同性恋身份）或瑞典红十字会（异性恋身份）从事志愿工作显示。针对的职业包括男性占主导地位的职业（建筑工人、机动车司机、销售人员和机械师）、女性占主导地位的职业（商店售货员、幼儿教师、清洁工、餐馆工人和护士），以及较为中立的职业（高中教师）。作者发现了一些轻微的歧视证据（比率为 1.14），最终可能是由于信号的性质（例如，在 LGBT 权力部门工作，而不是在红十字会工作，可能被视为一种政治姿态，而不仅是暴露身份）。在意大利，Patacchini 等（2012）进行了一项通信研究，通过在亲同性恋倡导团体的实习显示了"同性偏好"，发现对男同性恋者的歧视更高（1.38），但对女同性恋者的歧视并不高。在美国，Bailey 等（2013）没有发现歧视男同性恋或女同性恋候选人的证据。

年龄歧视问题也引起了一些关注，几篇论文（Ahmed 等，2012；Lahey，2008；Riach 和 Rich，2010）发现，比起年长的候选人，年轻的候选人通常更受青睐。这项工作的一个根本问题是，很难论证年龄不一定是生产力的代理。Lahey（2008）试图通过爱好来控制身体健康（例如，壁球被认为是显示健康的），但这最终只在一定程度上令人信服。

最后，还研究了外表：Rooth（2009）研究了瑞典劳动力市场中的肥胖问题，Patacchini 等（2012）研究了意大利的美丽溢价（beauty premium）。Rooth（2009）使用经过操纵的面部照片来显示除了肥胖外其他条件均完全相同的候选人。结果显示，肥胖者的回电响应明显较低：肥胖男性的回电率降低了 6 个百分点，而肥胖女性的回电率降低了 8 个百分点。Patacchini 等（2012）发现"漂亮"女性的美丽溢价很小（2%），但统计显著；然而，他们没有发现男性的美丽溢价。有趣的是，高技能漂亮女性的美丽溢价消失了：低技能漂亮女性相比高技能漂亮女

[①] 据我们所知，目前还没有使用通信方法来专门针对变性者歧视的研究。

性更有可能被回电。另外，Hamermesh 和 Biddle（1994）确实发现在美国存在美丽溢价。我们将在第 2.9 节进一步讨论美丽溢价的基本原理。

2.3 其他环境下的通信研究

2.3.1 租赁市场

租赁市场的通信研究与劳动力市场的通信研究非常相似。表 2 总结了文献中的主要发现。 *328*

租赁市场研究在方法论和基本结果上复制了劳动力市场的研究。研究人员通常识别租房广告并发送询问，操纵感兴趣的特征。瑞典存在对阿拉伯名字的歧视（Carlsson 和 Eriksson，2014；Ahmed 和 Hammarstedt，2008；Ahmed 等，2010）。Ewens 等（2014）、Hanson 和 Hawley（2011）以及 Carpusor 和 Loges（2006）的研究发现，美国存在对黑人和其他少数族群的歧视。意大利（Baldini 和 Federici，2011）和西班牙（Bosch 等，2010）发现了对移民的歧视。Ahmed 和 Hammarstedt（2009）发现了对 LGBT 人群的歧视。

与劳动力市场文献平行的另一个流行变体，是提供关于一些申请者的更多信息（例如，工作等）。正面信息（例如，"我不吸烟，我是一名全职建筑师"）往往会降低白人和少数群体之间的回电比率，而负面信息（"我是个吸烟者，我的信用评分不太完美"）或电子邮件中的小拼写错误往往会提高这一比率。

2.3.2 零 售

在线平台的发展使研究人员可以使用通信方法来研究零售市场中的歧视。目前这类研究还很少，但进行更多研究的大门是敞开的。

Zussman（2013）研究了以色列二手车在线市场中族群歧视背后的机制。该论文采用了一种创新的、分两步的方法。首先，向二手车卖家发送大约 8 000 对电子邮件。来自一个名字听起来像犹太人买家的询问，相比一个有阿拉伯名字的买家发来的电子邮件询问，得到回复的可能性高 22%。其次，一项后续的电话调查被用来了解卖家对少数群体的态度，以梳理出这种效应的潜在机制。研究人员发现，强烈反对"以色列的阿拉伯人比犹太人更有可能作弊"这一说法的犹太汽车卖家，并不会歧视阿拉伯买家，而其他卖家则会歧视。也就是说，对交易质量的期望与阿拉伯人的差别（平均）对待相关。

Pope 和 Sydnor（2011）报告了来自 P2P 借贷网站的证据。他们发现，与那些信用记录相似的白人相比，附有黑人照片的贷款清单获得资金的可能性要低 25%～35%。 *329*

表 2 租赁市场论文的发现

研究	国别	询问次数	效应	理论
Carlsson 和 Eriksson（2014） 特征：少数群体身份（阿拉伯名字）	瑞典	5 827	瑞典人与阿拉伯人之比（女性）：1.37 瑞典人与阿拉伯人之比（男性）：1.62	无
Ewens 等（2014） 特征：种族	美国	14 237	白人与黑人之比：1.19	与统计歧视一致，与偏好歧视不一致
Bartos 等（2013） 特征：少数群体身份（罗马人或亚洲人名字）	捷克与德国	1 800	捷克人与少数族群之比：1.27（网站可用），1.9（将亚洲人名字和罗马人名字混合）	与注意力歧视一致
Hanson 和 Hawley（2011） 特征：种族	美国	9 456	白人与非裔美国人之比：1.12（根据社区和单元类型不同）	与统计歧视一致
Baldini 和 Federici（2011） 特征：移民身份，语言能力	意大利	3 676	意大利人与东欧人之比：1.24 意大利人与阿拉伯人之比：1.48	无
Ahmed 等（2010） 特征：少数群体身份（阿拉伯名字）	瑞典	1 032	瑞典人与阿拉伯人/穆斯林之比：1.44（无信息），1.24（申请人的详细信息）	无
Bosch 等（2010） 特征：移民身份	西班牙	1 809	西班牙人与摩洛哥人之比：1.44（无信息），1.19（有正面信息）	无

续表

研究	国别	询问次数	效应	理论
Ahmed 和 Hammarstedt（2008） 特征：移民（种族/族群/宗教）	瑞典	1 500	瑞典与阿拉伯男性之比：2.17	无
Carpusor 和 Loges（2006） 特征：种族/族群（阿拉伯人、非裔 美国人）	美国 （洛杉矶县）	1 115	白人与阿拉伯人之比：1.35 白人与黑人之比：有条件回听，1.59； 无条件回听，1.98	无

2.3.3 学术界

330　　Milkman 等（2012）在学术界进行了一项实地实验，样本为 6 548 名教授。这些教授收到了虚构的潜在博士生的电子邮件，希望在当天或一周内安排一次会面；学生的名字表明了他们的种族（高加索人、非裔美国人、西班牙人、印度人或中国人）和性别。当这些请求在一周内得到满足时，高加索男性获准接触教授的比率，比女性和少数群体高出 26%；而且，与女性和少数群体相比，高加索男性得到的回应更多、更快。然而，当潜在的学生要求当天会面时，这些模式基本上被消除了。作者认为，他们对时间歧视效应的发现与心理学的观点是一致的，即细微的情景变化可以改变基于种族和性别的歧视模式（我们将在本章最后一节，即第 4.4 节回到这个话题）。

2.4　超越简历

　　随着互联网的兴起，雇主可以很容易地在网上找到除了他或她的简历之外更多关于求职者的信息。最近的几项研究通过允许雇主搜索比简历通常更多和不同的信息丰富了通信方法。

　　鉴于在线社交网络的日益普及，Acquisti 和 Fong（2013）的贡献格外有趣。他们通过向招聘信息提交申请来使用通信方法，并通过为虚构申请者创建社交网络个人网站来扩展实验范围。如果雇主愿意，这些网站允许他们收集额外信息。这些网上关于求职者的额外信息与他们的宗教和性取向有关。这篇论文提出的问题是，简历上没有但网上可获得的额外信息是否会导致歧视：申请表中没有披露身份，但在流行社交网络上看起来是穆斯林（相比基督徒）或同性恋男性（相比异性恋男性）的申请者，会受到不平等对待吗？

　　为了做到这一点，他们创建了不同的在线个人资料：一个是在专业网站上的个人资料，另一个是在社交网站上的个人资料，其中重点是分享照片或与休闲相关的评论，而不是工作机会。专业网站上的个人资料在不同干预方法中都是相同的（甚至照片也是一样的）。研究人员使用的名字（经过仔细测试后选择）通常与特定的种族或宗教没有什么联系。也就是说，穆斯林候选人的名字不是阿拉伯的，但在社交网站上搜索一下，就可以推断出候选人的宗教信仰。只有社交网站上的个人资料包含线索（例如，基督徒相比穆斯林，或异性恋男性相比同性恋男性）。

331　　实验发现，只有一小部分雇主使用社交媒体进行关于求职者的额外查询①。考虑到雇主搜索的努力有限，群体成员身份的效应通常很小。特征操纵的总体效应在统计上并不显著：12.6%的似乎是基督徒的申请者收到了回电，相比之下，似乎是穆斯林的候选人的这一比例为10.9%。在似乎是异性恋男性的候选人中，约有10.6%的人收到了回电，而似乎是同性恋男性的候选人收到回电的比例差不多一样。

这类研究的优势在于，研究人员能更自然地研究传统上不会展示在简历上的特质的效应。虽然一些通信测试试图通过简历上描述的课外活动来表明宗教信仰或性取向，但这种类型的披露可能揭示的不仅是宗教信仰或性取向：雇主可能是对某人关于宗教信仰或性取向的激进主义做出反应，而不是他们的宗教信仰或性取向本身。

虽然 Acquisti 和 Fong（2013）专注于同性恋身份对男性和宗教的影响，但他们的方法可以用来研究其他有趣的、到目前为止大多未被探索的特征的影响。例如，候选人的网络规模会有影响吗？雇主会不会推断一位受欢迎的候选人拥有宝贵的社交技能呢？看起来有吸引力的候选人会收到更多的回电吗，或者试图"设计（choreograph）"自己的在线形象，是否会被视为一种不受欢迎的特质？透露家庭地位的候选人会与更私密的候选人受到不同对待吗？显然，在线实地实验为研究"雇主想要什么"提供了广阔的空间。

2.5　通信研究的局限

虽然通信研究解决了审计方法的一些关键弱点，但它们与审计研究有共同的弱点，并有自己的一些独特的局限性。

这两种类型的研究只能让我们了解招聘行为的平均差异。但是，我们一般认为候选人关心的是边际反应。真正的求职者在求职过程中很可能会有策略地调整自己的行为，也就是说，他们不会随意应聘职位。因此，当真正的求职者已经根据劳动力的现实情况充分优化了自己的求职策略时，尽管给定环境下的平均歧视的信息很多，但通信研究和审计研究并不能提供关于边际歧视的信息。这与 Heckman 和 Siegelman 提出的批评有关。他们在对"清晰而令人信服的证据：测量美国歧视"的研究贡献中对审计研究中使用报纸广告提出了质疑，提到了之前的发现，

332

----

① 由于几个原因，无法测量社交或专业网络个人资料的准确访问次数。然而，使用 Google Adword"关键词工具"的统计数据和专业网络 Premiere 账户的统计数据，作者估计至多有三分之一的雇主试图获取候选人的个人在线资料。

即大多数工作都是通过与公司直接接触或通过家人和朋友等非正式渠道找到的：

> 大学生伪装成蓝领工人寻找入门级工作。除了涉及的伦理问题外，这还提出了一个潜在的重要问题，即城市学院的演员可能无法体验到，真正参与者在劳动力市场中实际发生的事（Fix 和 Struyk，1993）。

实地研究（包括审计研究和通信研究）的另一个缺点是，虚构的申请者通常只申请入门级工作。这里有几个例外，我们之前描述的一些研究使用的是熟练和有经验的职位的申请。但实际上，许多工作从来没有登过广告，而且工作场所整体上的歧视程度可能与劳动力市场入口测量到的歧视程度有很大不同。

实地研究（审计研究和通信研究）的另一个局限性是，研究的结果变量通常非常粗略。事实上，在这方面，通信研究不如审计研究。在大多数情况下，面试邀请或租赁报价（"回电率"）是实地实验获取的唯一结果。一个例外是 Doleac 和 Stein（2013），他们能够通过当地在线市场来跟踪交易即 iPod 销售，直到完成。显然，由于没有真正的申请者，通信研究方法不能进入面试阶段、工作提供阶段、工资制定阶段或人们签订公寓租约阶段。从理论上讲，使用审计员时，所有这些都可以测量。然而，即使是审计研究也不允许跟踪其他重要的结果，如工作时间、工作条件或晋升。典型通信研究中的二元结果（回电或不回电）提出了如何进行某些分析的重要问题。对那些没有回电给任何虚构申请者的雇主来说，应该推断关于歧视的什么信息？这是"对称对待（symmetric treatment）"的证据吗？Riach 和 Rich（2002）认为，如果多数群体和少数群体候选人都被拒绝，这并不构成平等对待的证据。只有通过研究人员通常无法获得的更加连续的结果变量，如雇主对候选人的排名，才有可能解决这种紧张。

通信研究和审计研究也引发了伦理问题。雇主的时间注定是一种稀缺资源，进行这些研究的研究人员在没有征得有关各方同意的情况下使用了这些时间。在这个伦理问题上，一个积极观点是 List（2009）的研究。他认为："当研究使参与者变得更好，使社会受益，并给予所有被试匿名和公正的干预时，缺乏知情同意似乎是合理的。"然而，科学界以外的许多人可能不会同意。事实上，List（2009）指的是被试得到补

333

偿的实验；在通信测试中，我们没有遇到雇主实际得到时间补偿的实验①。

另一个被低估的伦理问题是，当申请人拒绝一份工作时，可能会发生预期的消耗雇主注意力之外的事。雇主可能会"了解"（变得确信），具有与虚构候选人相似属性的申请者不太可能接受录用。如果真的发生这种情况，因为之前与冒充求职者的研究人员的沟通，一些真正的求职者可能受到不同的对待（可能不太好）。但也有可能的是，雇主观察到一两个虚构候选人的拒绝后，最终可能会有这样的印象，即市场比他或她想象的要趋紧；然后筛选可能变得不那么严格，这可能对真正的失业候选人有利（但对雇主可能是不利的）②。

Heckman 和 Siegelman（1993）对通信和审计方法的更微妙的批评，最近被 Neumark（2012）重新审视。Heckman 和 Siegelman（1993）表明，在审计研究或通信研究中会出现一个令人不安的结果，因为感兴趣的结果在生产力上不是线性的（就像提供的工资一样），而是非线性的。也就是说，我们认为，在招聘过程中，公司会根据标准来评估求职者的生产力，如果满足标准，公司就会为其提供一份工作（或回电）。如果雇主认为黑人和白人在未观察到的生产力方差上存在差异，这种非线性关系会对任何基于回电的歧视推断提出问题。

例如，考虑这样一种情况，即雇主认为白人的未观察生产力的方差比黑人的高。通信和审计方法使黑人和白人申请者在可观察生产力特征 X_1 上相等。然而，没有传达第二个不可观察生产力相关的特征，即 X_2 的信息。因为雇主只有在感觉或预期 $\beta_1 X_1 + X_2$ 之和足够大时，才会提供求职面试，所以当 X_1 设置在低水平时，雇主必须相信 X_2 是高的（或可能是高的）才会提供面试。即使雇主没有观察 X_2，如果雇主知道 X_2 的方差对于白人来说更大，雇主也可以正确地得出结论，即白人比黑人更有可能拥有足够大的 $\beta_1 X_1 + X_2$ 之和，因为黑人较少拥有非常大的 X_2

334

① 通信研究方法也被引入了约会市场（例如，Ong 和 Wang，2015）。我们不在这里回顾这些贡献，因为在提到约会对象选择时，谈论歧视有一点困难，但在约会网站上放置虚假申请的伦理困境似乎也特别严重。从概念上说，是否需要在约会网站上创建一个虚构个人资料也完全不清楚，因为研究人员已经可以观察到用户在做出决定时所观察到的完全相同的信息。因此，没有未观察到的变量导致分析有偏，也没有从虚构简历中获得信息。该研究可以利用观察数据进行（Fisman 等，2008；Hitsch 等，2010；Banerjee 等，2009）。这使得伦理问题显得尤为突出。

② 这个特殊问题至少可以通过事后向雇主汇报他们是研究的一部分来部分解决。

值。因此，相比于白人，雇主将不太可能向黑人提供工作机会，即使观察到的 X_1 平均值对于黑人和白人是相同的，未观察到的 X_2 的平均值也一样。相反，如果 X_1 被设置为较大的值：在这种情况下，雇主只需要避免 X_2 非常小的值，这对于方差较大的白人更为常见。换言之，Heckman 和 Siegelman（1993）表明，即使观察到的变量和未观察到的变量都有相等的群体平均值，审计研究或通信研究也可能产生有偏的估计值，任何一个方向的歧视都是虚假证据，或歧视不存在的虚假证据。

基于这一批评，Neumark（2012）建设性地表明，如果一项通信研究包括影响招聘结果的申请者质量的可观察测量的变异，即使不可观察变量的方差存在群体差异，也可以得到歧视的无偏估计值。Neumark 解释了在任何将来的通信研究中如何轻松实施他的方法。所需要做的就是在简历或申请表中加入一些影响被录用概率的特征变异①。

最后，值得注意的是，在进行了数十项通信研究之后，针对持续观察到的区别对待，在方法上只有有限的改进来帮助区分不同理论。雇主必须尽力根据有限的信息来推断候选人未来的生产力。也就是说，属于不同群体的申请者可能会经历不同的对待，即使贝克尔所理解的歧视（差别对待是出于偏见）是不存在的，只有统计歧视在起作用。接受者可能推断出研究人员想要属性之外的属性。例如，Fryer 和 Levitt（2004）建议，黑人名字可能"在控制简历上的信息之后，向雇主提供关于劳动力市场生产力的有用信号"。正如我们所指出的，这显然适用于年龄，但如果选择黑人名字是父母的政治声明，并伴随着对学校教育和服从的不同态度，那么种族可能也是如此。更广泛地说，正如我们已经多次提到的那样，即使雇主一般不认为某个特定身份是生产力低下的迹象（或希望基于此进行歧视），他们也可能从这个人公开表达这个身份的事实中推断出一些东西。毕竟，当雇主可以在网上获得这些信息但没有直接在简历中报告时，根据宗教信仰或性取向，回电率没有差异（Acquisti 和 Fong，2013）。

研究人员反复使用的、试图将基于统计的歧视与基于偏好的歧视分开的唯一方法，是比较简历或申请表中生产力属性较弱或较强的少数和

---

① 该方法基于三种类型的假设。首先，它基于一个假设的雇佣二元阈值模型，该模型询问工人感知的生产率是否超过标准。其次，它对不可观测的分布强加了一个参数假设。最后，它依赖于一个额外的识别性假设，即某些申请者的特征会影响员工的感知生产力，从而影响招聘，并且这些特征对感知生产力的影响不会随团队成员身份的不同而变化。

非少数群体申请者配对之间结果的不同差距（differential gaps）。随着简历中包含更多与生产力相关的信息，少数和非少数群体申请者在不可观察特征上的平均差异会缩小，统计歧视也应该会减少；然而，很明显，这仍然是一种非常间接的试图在雇主或房东中隔离基于偏好的歧视的方式。

在这方面，Bartoš 等（2013）最近的一篇论文打破了典型通信研究的模式，值得特别关注。这篇论文的突出之处在于其推动通信研究方法论发展的能力，考察超越纯粹的回电数据，并改进我们的歧视理论。

该论文将两个重要观点联系起来：注意力是一种稀缺资源，以及缺乏候选人的个人信息会导致选择决策中的歧视，换言之，统计歧视是选择决策中的一个重要因素。虽然现有的统计歧视模型隐含地假设个人完全注意可获得的信息，但论文发展和检验了一个模型，在该模型中，了解少数群体的身份会影响对个人信息的注意力水平，以及由此产生的跨群体获得信息的不对称，即"注意力歧视（attention discrimination）"，将如何导致歧视。特别是，作者认为，在只有一小部分申请者被认为超过选择门槛的市场比如劳动力市场，负面刻板印象预计会降低注意力。另外，在大多数申请者被选中的市场如住房租赁市场，效应正好相反。

Bartoš 等（2013）在两个实地实验中测试了这种"注意力歧视"：一个在劳动力市场，另一个在租赁市场。通过访问包含简历的超链接和个人网站，他们可以监控决策者如何获取申请者信息。他们为虚构申请者创建了个人网站，并在捷克提交租房申请，以及在德国和捷克提交求职申请。使用简历的超链接和个人网站的好处是，研究人员能够跟踪个人资料的准确访问者数量，以及跟踪额外关注申请者的房东和雇主的比例。因此，这项研究能够评估一个听起来像少数群体的名字是否会导致不同的回电，以及是否导致更少或更多的搜索。

像以前的文献一样，Bartoš 等（2013）发现了住房和劳动力市场中歧视少数群体申请者的证据。不过，最有趣的是他们关于注意力分配的发现。在德国和捷克的劳动力市场，与少数群体相比，雇主在打开和阅读多数群体候选人的简历上投入了更多的精力。相比之下，在住房租赁市场，房东通过个人网站获得了更多关于少数群体的信息，而不是关于多数群体候选人的信息。

这一发现可以用一个模型来最好地解释，在这个模型中，注意力是由市场类型内生决定的。当做选择的实体（choosing entity）需要挑选"顶尖候选人"时，它会将注意力分配给根据其先验实力较强群体的候

336

选人。在大多数候选人被接受的市场中，可能会使用某种门槛规则，做选择的实体希望淘汰最弱的候选人。在这种情况下（例如，住房市场），更多注意力将被最优地分配给在先验上似乎不那么有利群体的成员。该模型说明了选择决策中歧视的持续性，即使个人的信息是可用的，并且在偏好上没有差异。该模型还意味着，负面刻板印象群体就业资格的回报较低（因为他们的证书不太可能被审查）。从政策的角度来看，论文的模型和结果也强调了群体属性揭示时机的关键作用。

Bartoš 等（2013）是一个很好的例子，说明了如何推进简历研究的基础设施，以提供更深入的理解，与为什么会发生差别对待的具体理论建立更清晰的联系，以及就解决这一问题的最有效政策提供建议。沿着这些思路做更多的努力，将有助于重新复兴这类文献。

我们现在转向测量歧视的其他方法，这些方法通常更多地基于实验室，更紧密地与歧视根源的特定模型联系在一起。

2.6 内隐联想测验

内隐联想测验（IAT）是由 Greenwald 等（1998）首先引入的一种基于计算机的测验。IAT 由社会心理学家 Greenwald、Nosek 和 Banaji 以及其他合作者开发，提供了一种间接测量两个概念之间联系强度的方法。这项测验依赖于这样一种想法，即一项脑力任务越容易，执行起来就越快。当实施一项 IAT 时，被试被要求以尽可能快的速度将概念或对象分到四个类别中的一个，只有两种反应（左或右）。IAT 的逻辑是，当应当有相同答案（左或右）的对象以某种方式"结合在一起"时，执行任务会更容易[1]。

典型的 IAT 由七个"阶段"组成，包括使被试熟悉刺激材料和规则的练习阶段。例如，考虑一个旨在评估黑人和白人类别与好和坏属性之间的联系强度的 IAT。在练习阶段，材料和分类规则一起使用。在第337一阶段，被试只会被呈现面孔作为刺激，并被要求将白人面孔分配给一侧，将黑人面孔分配给另一侧；在第二阶段，被试只会被呈现单词作为刺激，并被要求将愉快的词汇分配给一侧，将不愉快的词汇分配给另一侧。在测试阶段，被试被要求同时对代表四个概念（黑人、白人、好、坏）的刺激进行分类，但同样只有两种反应（左或右）。在其中两个测试阶段（"刻板印象"测试阶段），代表白人和好的项目 [例如，白人面

---

[1] 参见 Lane 等（2007），以获得对 IAT 的出色介绍。

孔和诸如精彩（wonderful）等词语] 需要放置在屏幕的一侧，而代表黑人和坏的项目 [例如，黑人面孔和诸如可怕（horrible）等词语] 需要放置在另一侧。在另外两个测试阶段（"非刻板印象"阶段），代表黑人和好的概念的项目需要放在屏幕的一侧，而代表白人和坏的概念的项目则放在另一侧。然后，通过刻板印象阶段和非刻板印象阶段之间反应时间的毫秒（milliseconds）差异来测量一个人不喜欢黑人面孔（在这种情况下）的程度[①]。

有两大类 IAT 与歧视有关：如果态度或总体偏好是研究的问题，那么类别（例如，黑/白）与表示好/坏的单词有关（就像我们刚才给出的例子一样）。或者，人们可能对类别（如男性/女性）和特定特征或属性（如职业/家庭）之间的联系感兴趣[②]。第一种被称为态度 IAT，第二种被称为刻板印象或信念 IAT。其他类型包括自尊 IAT（例如，类别为自我和他人，单词是正面或负面）。

自从最初的 IAT 被发表以来，已经有数百项 IAT 研究，其中许多试图捕捉可能导致歧视（针对黑人、穆斯林、女性等）的态度或更类似于统计歧视的现象（妇女与数学、妇女与职业、妇女与政治等）。IAT 在学术心理学内部和外部都产生了极大的影响。截至 2015 年 8 月，Greenwald、McGhee 和 Schwartz 1998 年发表的介绍 IAT 的原创文章，在 Google Scholar 中被引用了 6 689 次。IAT 关于歧视的研究结果被引用来建议修改法律、教育法官和学生等。IAT 越来越多地被用作便利工具来测量态度是否会对任何特定干预做出反应，因为可以远程进行，有大样本的在线参与者进行实验。因此，随着实验转移到在线平台，它们经常被用作心理学实验的终点（end points）测量[③]。

有许多关于 IAT 使用的元分析、综述文章和批评文章。回顾所有这些文献并不在本文的范围内；然而，提出的关键问题是 IAT 实际收集到了什么，提出的相关问题是它是否与歧视行为的其他预测因素和歧视行为本身存在有效的联系。一些单独的研究显示了有希望的联系。例如，内隐偏见预测，对黑人目标的模糊行为会做出更负面的判断（Rudman 和 Lee，2002），以及在与黑人被试的互动中（McConnell 和

---

① 当然，在实践中，关于如何使用这些数据必须做出一些选择，这一点在 Greenwald 等（2003）的研究中进行了综述。

② 例如，Nosek 等（2002）发现了将男性术语与和科学及职业相关的特征联系起来的刻板印象，而女性术语则被发现与文科和家庭有关。

③ 有关用于终点的 IAT 的示例，参见 Lai 等（2014）。

Leibold，2001）做出更负面的非语言"微行为（microbehavior）"（说话时间更少，微笑更少，等等）。这一点很重要，因为这些微行为通常被认为是内隐偏见转化为不同行为的渠道，即使在没有报告明显歧视的人中也是如此。

一些研究还显示了这些效应的某些机制，例如，对黑人表现出更大内隐厌恶的参与者，更有可能察觉到黑人（但不是白人）面孔的攻击性（Hugenberg 和 Bodenhausen，2004）。只有少数研究调查了这些内隐态度的差异是否与实地中的不同行为有关。在亚特兰大和波士顿，与白人患者相比，持强烈反黑人隐含态度的医生，不太可能给非裔美国患者开心肌梗死的溶栓治疗处方（Green 等，2007）。Rooth（2010）试图在瑞典的一项通信研究（重点是阿拉伯-穆斯林与基督徒）中将招聘者的行为与稍后收集的招聘者层次的内隐歧视测量联系起来。不幸的是，他们只访问了 26% 的招聘者，但在这些人中，他们确实发现，在 IAT 中测量到的对阿拉伯人的隐性厌恶与不给有阿拉伯-穆斯林名字简历回电的倾向之间存在相关性。

对 122 份研究报告进行的初步元分析发现，IAT 似乎确实捕捉到了一些关于态度的东西，也许比自我报告更准确（Greenwald 等，2009）。他们显示，内隐测量和更标准的外显测量之间存在很强的相关性。此外，IAT 似乎比外显报告更能预测实际行为，特别是对于种族偏好等敏感主题（他们有 32 个样本有 IAT 测量、外显测量和关于行为的提问）。

然而，Oswald 等（2013）最近的一项元分析对这些初步发现提出了质疑。使用更大的样本（包括较新的研究，以及较早元分析中省略的一些研究）和略有不同的汇总方法，他们发现 IAT 与各种歧视测量的相关性比 2009 年元分析最初发现的要低得多。可以肯定的是，外显测量的表现同样不好，但没有那么差。

除了这场辩论（可能是最核心的）之外，IAT 还受到了一些批评和质疑，主要是关于对它们的解释。首先，在某种程度上，它们与外显态度不同，这是否反映了个人"更深层次"的东西，以及在任何意义上，是否比自我描述更"真实"，或者仅仅是另一种态度？有趣的是，Oswald 等（2013）的元分析表明，事实上，当看到黑人和白人面孔时，不同的大脑活动与 IAT 之间存在很强的相关性。这表明 IAT 确实反映了一些基本的心理过程。但是我们的行为是由社会环境调节的，正如我们对偏见问题的回答是由这种环境调节的一样。

那么，IAT 真的识别了偏见，还是仅仅是一些原始的心理"材料"，而我们对其进行了转化？如果有人觉得他们对黑人没有偏见，但他们的 IAT 显示出自动的白人偏好，这意味着什么（Arkes 和 Tetlock，2004）？关于最后一个问题，Banaji 等（2004）认为，不能在所有情况下都依赖有意识的、没有偏见的态度，IAT 可能会捕捉到在解释其他情况下的行为时可能更相关的无意识态度。因此，他们拒绝这样的观点，即"如果不明确地表达偏见，就不能反映一种偏见的感觉"（Banaji 等，2004）。然而，在这方面，IAT 和微观行为之间的低相关性有点令人担忧，因为这一理论意味着，无意识的偏见通过无意识的行为转化为实际的歧视行动。

另外，IAT 测量的是流行的文化还是个人的态度？例如：如果一个人更多地将女性与家庭而不是与职业联系在一起，在某种意义上，她是在做出价值判断，还是一个生活中的事实？

无论这些争论的结果如何，不同的人测量到的内隐态度有很大的不同，内隐态度和外显态度之间以及相似领域的不同内隐态度之间的强烈相关性，似乎确实表明内隐态度捕捉到了关于个人的一些信号。这并不意味着 IAT 可以被认为是任何特定个人态度的可靠测量（在最好的情况下，它测量的态度有大量噪声）。然而，这确实意味着 IAT 可能是一个很好的测量群体相互歧视倾向的工具。

在这种背景下，无论 IAT 对行为的预测价值是什么，它受到特定操作的影响程度都是令人感兴趣的。作为经济学家，我们更感兴趣的是，态度在多大程度上受到了（经验、环境或具体干预）影响，而不是在某个时点上的纯粹测量。使用 IAT 作为结果变量，也有助于回避其是否代表任何个人的深层事实的问题：虽然信号可能有噪声，但在有信号的范围内，可能是一个有用的测量工具。正如提到的那样，在将 IAT 主要用作描述性工具十多年后，心理学研究开始将其用作结果。例如，Lai 等（2014）设立了一个去偏见的研究竞赛，每个团队都有 5 分钟的预算与参与者互动，结果是黑人-白人态度 IAT 的分值。

近年来，经济学家也开始使用 IAT 作为因变量。例如，Beaman 等（2009）在印度西孟加拉邦设计和实施了两个独立 IAT，以测量对女性领导者的偏好，以及女性与家庭活动而不是政治活动的刻板印象联系。然后，他们检验了接触女性领导者对这两个测验的影响（我们将在下面的第 2.7 节讨论结果）。 340

Lane 等（2007）就如何建立一项 IAT 提供了详细和有用的说明。构建和分析测验所需的软件（毫秒软件）可以购买。IAT 可以只为不识字的被试设计语音或图像刺激〔这是 Beaman 等（2009）使用的〕，尽管对没有计算机经验的总体和年龄较大的参与者来说，测验更加困难，但它们可以是一个非常有用的工具。随着研究越来越多地使用电子数据收集方法（在平板电脑或笔记本上），加入 IAT 的额外成本越来越少。

当然，心理学上的争论并不意味着 IAT 应该被认为是一颗"灵丹妙药"，适合取代任何其他歧视测量。特别是，在政策干预中，它可能无法替代对实际行为的良好测量。然而，它可能是一个极其有用的可用于理解结果以外的机制的中间变量〔在 Beaman 等（2009）中，感兴趣的最后终点是实际投票〕，或者，如果潜在地进行事先收集，可作为感兴趣的协变量。例如，在 Glover 等（2015）的研究中，IAT 被用作潜在雇主歧视的代理测量（更多详细信息见第 3.2.2 节）。

2.7　戈德堡范式实验

戈德堡范式实验是审计研究或通信研究的实验室版本。它们是根据戈德堡 1968 年进行的一项实验命名的，在实验中，学生们对书面文章进行评分，除了作者的男性或女性姓名外，这些论文都是相同的（Goldberg，1968）。这个最初的实验表明了一种偏见：除非文章是关于女性的主题，否则女性的分数会更低。从那时起，心理学中的大量文献使用戈德堡范式来识别对不同群体的歧视，特别是对女性领导者的抵制[①]。

在典型的实验室实验中，一组被试被要求评论一个场景（vignette），例如描述一名女性或男性经理的行为，或者目睹一名合谋者（男性或女性）模拟的领导情景。然后，参与者被要求评估领导者的能力，或者说明是否愿意让这些人担任他们共同执行任务的领导者。回顾了大量这样的研究，Eagly 等（1992）发现，平均而言，对女性领导者的负面评价并未明显高于男性领导者。然而，在某些情况下，他们确实发现女性领导者受到的负面评价更多：例如，当领导行为以男性风格进行时（特别是，当领导者被认为是权威时）。这支持了 Eagly 的"角色一致（role congruence）"假设：人们不喜欢的是，女性的行为不符合女性化风格。因为强势的领导者必须坚定自信（assertive），而女性必须端庄娴静（demure），这使得女性很难被认为是强势的领导者。

事实上，环境是人为的，答案与他们的利害关系很小，这使得与基

341

---

① 参见 Eagly 等（1992）的文章，对这种抵制女性领导者的文献进行了回顾和元分析。

于实地的通信测试相比，这些实验本身没有那么重要。但戈德堡式实验的一个优点是，它们可以容易地、精细地操纵，这使它们成为实地研究（或实地实验）中良好的结果测量。它们也可以很容易地被添加到标准调查工具中。例如，Beaman 等（2009）寻求找出对女性领导者的歧视如何受到先前接触的影响。他们进行了两个戈德堡实验。在一个实验中，他们要求参与者听一位政治领导者的演讲，由一名女性或一名男性演员朗读（注意，有几名男性和女性演员是很重要的）。在第二个实验中，他们讨论了一个场景，其中女性或男性领导者做出的决定要么有利于男性（灌溉投资），要么有利于女性（饮用水投资）。每个人都会收到一个随机选择的演讲和场景版本。随机化是按村庄以及之前接触女性领导者的情况（由于性别保留政策）来分层的。虽然这不能说明任何单个个人的歧视程度，但可以了解，平均而言，作为对同一演讲或小场景的反应，接触一位女性领导者是否会影响个人对女性较低评分的程度。Beaman 等（2009）发现男性和女性均倾向于歧视女性领导者，但男性比女性的歧视程度更高（这项研究的其他结果将在第 4.1.2 节进一步讨论）。

2.8 列表随机化

与通信测试或戈德堡实验一样，列表随机化（也称项目计数技术、不匹配计数或列表响应）并不提供对个人偏见的测量，但可以提供总体中歧视程度的估计值。在存在社会赞许偏误的情况下，它们是一种得出对歧视问题的准确答案的方式。这种想法是向被试提供一份包括 n 个陈述的列表，这些陈述通常是无争议的，但可能是真的或假的（例如，我早餐喝咖啡；我喜欢爆米花）[①]。然后，随机选择的一组人，在 n 个无争议的陈述之上，还被问到一个潜在有争议的陈述（例如，"如果一个非裔美国家庭搬到隔壁，我会不高兴"）。被试只需要陈述他或她同意的陈述数量。比较得到 n 的人和得到 $n+1$ 个陈述的人中说"是"的比例，可以很好地测量歧视程度。很明显，没有人（包括访问者）知道某个特定被试是如何回答这个有争议的陈述的。与 IAT 不同的是，这种方法不会揭示无意识的偏见，或被试甚至自己想要否认的偏见，但它可以防

342

---

① 正如我们下面将解释的那样，在这些问题的选择上存在着一种紧张关系：为了最大化精确性，它们应该是几乎每个人都说"是"或"不是"的行为，但这样就无法给主题以任何掩护。

止结果受到社会赞许偏误的影响。

Kuklinski 等（1997a，b）较早地应用列表随机化来测量歧视程度。这两项研究都发现，使用列表随机化技术的美国南方存在相当大的种族偏见（尽管在北方不是）。此外，他们发现使用这种方法比使用直接启发方法（direct elicitation methods）有更高的歧视测量水平；例如，当通过列表随机化而非传统调查方式来提问时，受访者更有可能不同意这种陈述，诸如"我对搬到隔壁的黑人家庭感到舒服"。同样，Coffman 等（2013）的研究表明，控制组在回答直接提问时对同性恋总体陈述的歧视，比通过列表随机化方法得出的歧视低得多。例如，当问题是列表的一部分时，对工作中公开身份的同性恋经理，受访者表示反对的可能性比直接提问时高 67％。

一些报纸已经使用这种方法来得出对总统候选人的态度。Kane 等（2004）没有发现对犹太总统候选人乔·利伯曼（Joe Lieberman）的歧视。Martinez 和 Craig（2010）发现，在佛罗里达州，很少有白人对出现黑人总统的可能性感到苦恼。然而，与民意调查相比，对于女性担任总统的想法，列表随机化揭示了更多的反对意见（Streb 等，2008）。正如前面所提到的，几项研究表明，列表随机化技术产生了与直接提问不同的答案。通过 48 个比较直接报告和列表随机化的研究，Holbrook 和 Krosnick（2010）的元分析发现，当通过列表随机化来得到社会不赞许的行为时，估计值中有 63％ 显著更大。另外，对不敏感行为的反应则更加相似（Tuchiya 等，2007）。

然而，列表随机化方法并非没有问题。正如我们早先所提到的，在精确性（这需要每个人都回答是或否的陈述）和为主题提供"掩护"（这需要相反的要求）之间存在着根本的紧张关系。这意味着列表随机化方法的结果往往相当不精确。Gosen（2014）还表明，结果常常系统性地取决于列表中包括了多少无争议的陈述，尽管在 Tsuchiya 等（2007）中发现了相反的情况。

总而言之，列表随机化是一种很有前途的测量歧视的方法，因为它较少受到社会赞许偏误的影响，但由于很少有经济学家使用它[1]，需要做更多工作来确定它在实地实验中的用处。与其他间接方法相比，列表随机化通常更容易实施（对于调查员和受访者都是如此），但风险在于统计效力较低（Droitcour 等，1991）。如果能看到更多的研究，将列表

---

① 参见 Karlan 和 Zinman（2012）在经济学中的应用实例。

随机化获得的歧视测量与 IAT 或戈德堡实验比较，将会很有趣。比较这些不同测量的噪声程度也会很有趣。事实上，列表随机化方法只能提供汇总（而非个体）的歧视测量，这使它作为结果变量的使用变得复杂（例如，对于随机试验），但不比已讨论过的任何其他方法更复杂，这些方法也只能给出群体层次的结果，例如戈德堡实验。

2.9 支付意愿

贝克尔（Becker）基于偏好的歧视模型的一个关键预测是，人们应该愿意花钱与自己所在群体的人互动。有些令人惊讶的是，这一预测并没有产生大量文献来试图评估歧视的支付意愿。正如我们所提到的，通信测试和审计测试往往基于二元结果测量（面试与否，录用与否）。

直到最近，最接近测量这种支付意愿的研究工作是由 Hamermesh和 Biddle（1994）推动的一篇关于"美丽溢价"的文献，他们发现，长相好于平均水平员工的工资比平均水平高出 10％～15％。与黑人工资的种族差距类似，美丽溢价可能是因为漂亮员工的生产力更高，也可能是因为消费者更喜欢与漂亮的人互动（Biddle 和 Hamermesh，1998；Pfann 等，2000），或者是因为漂亮的人更自信。或者雇主的这种信念是错误的。

Mobius 和 Rosenblat（2006）建立了一个实验室实验，其中来自阿根廷图库曼的本科生和研究生被随机分成"雇主"和"工人"两组。在实验中，"雇主"不得不雇用"工人"来完成一项解决迷宫的任务。经过一次练习测试（这项测试被记录下来，变成了工人的数字"简历"）和一个问题（工人们估计他们在 15 分钟内可以解决多少个迷宫），每个工人被配对到五个雇主，雇主要么看到（1）只有简历，（2）简历和照片，（3）简历和电话面试，或者（4）简历加面试，再加照片[①]。雇主依次看到 5 个工人，然后判断每个工人可以解决多少个迷宫。这一估计值有助于雇主自己的支付。它还进入大多数工人实际工资的计算。

Mobius 和 Rosenblat 表明，任务生产力不会受到美丽的影响（根据 50 名高中生依据照片进行的评估），尽管工人的信心会受到影响。美丽每增加一个标准差，自信就会增加 13％～16％。然而，雇主愿意支付更多工资给被认为更漂亮的员工：在所有能看到美丽的干预中，雇主

344

---

① "工人"的工资受到他们估计的迷宫数量与他们实际竞争的数量之差的影响，因此他们有激励去说实话。

都愿意向工人支付更多工资。根据干预的不同，溢价在 12％和 17％之间。通过比较干预来分解美丽溢价，作者估计，15％是由于信心渠道，40％是通过视觉和口头刻板印象渠道（当雇主没有看到员工，但与她通电话时，美丽仍然会影响工资，这一事实表明，美丽与说话技能相关，这可能是美丽渠道的另一个特征）。有趣的是，雇主对生产力的估计并不会受到他们是否知道这实际上会增加工人工资的影响。这表明，在这个实验室实验中，几乎没有纯粹的基于偏好的歧视。雇主给美丽的人加薪，因为他们（错误地）认为这些工人会更有效率。

这个实验有很多局限性，尤其是从本章的观点来看，它是一个实验室实验，仅限于招聘阶段的一次性互动。然而，它为利用这种方法的实地实验可能是什么样子设置了一个有趣的模板，特别是，它出色地展示了建立歧视和理解其背后的机制所需的不同部分。

最近跟随 Mobius 和 Rosenblat 脚步的一篇论文是 Rao（2013）的研究，该研究试图测量印度富裕儿童歧视较贫穷儿童的程度（我们将在第 4.2 节更详细地讨论，以估计通过一个教育平权行动项目来强制接触较贫穷儿童，对任何此类歧视的影响程度）。为了做到这一点，Rao 基于接力赛的团队选择建立了一个巧妙的实地实验。首先，一所富裕的私立学校和一所贫穷的公立学校的学生都参加一场体育赛事来支持他们的同学，这些学生被随机分成不同赛段，获得不同的竞赛奖金（从 50 卢比到 500 卢比，这是非常高的金额）。在混合了 15 分钟后，他们观看了一系列一对一的短跑（大多数是让贫困学生和富裕学生对决），然后每个人都被要求在工作表上指出，他想要两人中的哪一个作为接力赛队友。在这些选择被揭晓后，将选择之一挑出来，组成团队，并进行接力赛。为了确保挑出一个贫困学生是有"成本"的（如果学生不喜欢他们），学生必须花 2 个小时与他们的队友开展社交，这在团队选择之前就已宣布。这个实验有很多聪明的特点。它为学生提供了一个真正的选择，并通过改变奖励金额（stakes）清楚地表明了（平均而言）学生愿意牺牲多少来避免与贫困学生互动。冲刺阶段完全而明确地揭示了能力，所以这种设置针对的是得到纯粹基于偏好的歧视（例如，不喜欢和贫困队友一起玩）。

结果显示，在这一背景下，存在大量基于偏好的歧视：在 19％的贫困学生速度最快的情况下，富裕学生总会更喜欢选择富裕学生作为队友[①]。歧视确实随着奖励金额的增加而下降：歧视从最低奖金的 35％下

---

① 相比之下，如果一个富裕学生是最快的，他被选中的概率为 97％，而在两个背景相同的学生中，最快的被选中的概率为 98％。

降到中等奖金的 27%、最高奖金的 5%。通过对数据进行结构模型拟合，Rao 估计，对于之前没有接触过贫困学生的学生来说，与贫困学生互动的厌恶价值 37 卢比。也就是说，一名学生愿意放弃高达 37 卢比的期望奖金来与富裕学生而不是贫困学生交往。

3　歧视的后果

3.1　自我期望效应

3.1.1　刻板印象威胁与绩效不佳

统计歧视模型解释了弱势群体在雇佣决策中受到的差别对待，这是因为雇主无法完美地预测某个工人未来的生产力，因此他们理性地决定，对工人种族群体的平均生产力给予一定权重。例如，非裔美国人作为一个整体被认为生产力低于白人，鉴于雇主无法准确预测每个特定候选人的未来生产力，雇主在决定是否聘用任何非裔美国人求职者时会考虑这一假定的平均生产力差异。

虽然在上述逻辑下，歧视是由于不同群体之间生产力的平均差异而导致的，但社会心理学的研究已经为反向因果渠道提供了令人信服的证据。特别是，将某些群体归类或"刻板印象化"为生产力较低的简单过程，似乎会导致这些群体的生产力较低。这项研究表明，由于"刻板印象"或"刻板印象威胁"（Steele 和 Aronson，1995）的负担，来自某些群体的个人可能会受到负面绩效结果的困扰（如考试成绩较低或与学者接触较少）[①]。关键的猜测是，通过负面刻板印象的镜头看待个人的威胁可能会产生一种焦虑，从而扰乱认知的绩效。

在一项开创性的研究中，Steele 和 Aronson（1995）在实验室环境中证明，通过要求考生在考试前表明他们的种族，诱导刻板印象威胁会损害非裔美国人在智力任务上的绩效。他们还表明，通过说服考生相信这项考试不是用来测量他们的能力的，可以减少刻板印象，并显著地提高非裔美国人的绩效，大幅缩小种族差距。

自那以后，许多实验室研究都复制了刻板印象威胁的影响，包括对

346

---

① Steele 和 Aronson（1995）将其定义为"将对自己群体的负面刻板印象确认为自我特征的风险"。

种族以外的社会身份（如性别、收入阶层等）以及对调节结果（如血压、心率变异性、绩效期望、努力等）的影响①。

刻板印象威胁的其他社会心理学研究也关注记录可以消除或削弱刻板印象威胁的方法。一种研究已经解决了刻板印象的潜在消息，即被刻板印象化的个体，由于他们的群体成员身份受到固有限制。因此，如果参与者确信智力不是一种固定特征，而是一种可以通过艰苦工作和努力来提高的可塑品质，他们可能不太容易被刻板印象化。Levy 等（1998）提出了与这种观点一致的证据。描述性地，他们发现，与那些认为智力具有可塑性的人相比，持有智力实体理论（即智力是一种固定特征）的人对种族和职业群体做出了更多刻板印象化的特质判断。此外，在一项小型实验室实验中，他们发现操纵隐含理论影响了刻板印象的水平，至少是暂时的。在实验中，155 名学习心理学入门课程的学生被随机分配一篇假的"科学"文章，这些文章要么提供了实体（固定的）证据，要么提供了关于人格的增量（可塑性）观点的证据。在学生读完这篇文章后，研究者向他们提出了一些问题，他们必须对一共 15 个特征进行评级，即这些特征在多大程度上准确描述了某些职业群体（教师、医生、律师和政客）和族群（非裔、亚裔和拉丁裔美国人）。为了试图降低参与者认识到文章和问题之间联系的可能性，研究人员告诉参与者，这些问题是针对另一项研究的，稍后他们将被问到关于文章内容的问题。实验发现了一个小而显著的效应：那些阅读了主张固定人格文章的人，不太可能相信特征可以改变，更有可能将刻板印象特征评价为对他们各自群体高度准确的描述。

同样，在一项实验室实验中，Aronson 等（2002）将白人学生和黑人学生分配到三种条件中的一种，以评估旨在减少刻板印象威胁的干预的影响。在两种条件下，学生们被要求给一名正在经历学业困难的年轻

---

① 虽然大多数这些实验室研究都是由社会心理学家进行的，但也有少数是由经济学家进行的。例如，Dee（2009）在斯沃斯莫尔学院（Swarthmore College）对运动员学生和非运动员学生进行了一项实验室实验，随机分配其中一些人接受干预，以启动他们对刻板印象身份（即运动员学生）的认识。他发现，与非运动员相比，这种干预使运动员的考试成绩降低了14%。此外，Hoff 和 Pandey（2006）提供了印度北方邦种姓启动实验的证据。在 321 名高种姓和 321 名低种姓初中男生志愿者中，当种姓不公开时，在激励性迷宫解决任务中的绩效没有种姓差异，但突出种姓会导致巨大而稳健的种姓差异。然而，这种情况下绩效不佳的机制似乎与社会心理学文献中假设的机制有很大不同。特别是，作者发现，当影响迷宫解决任务（随机抽签）获得奖励的非人类因素被引入时，种姓差异就消失了。结果表明，当突出种姓身份时，低种姓被试会预期他们的努力将得不到应有的回报。

学生写一封鼓励信。在其中一种条件下，学生们被提示赞同一种观点，认为智力是可塑的，"就像肌肉"，可以随着工作和努力而增长。在第二种条件下，学生赞同存在不同类型智力的观点。第三种条件作为控制条件，不要求学生写一封信。在干预几天后，所有学生都被要求表明他们对学术的认同和享受。结果显示，如果他们写了一封赞同可塑智力的信，更有可能报告享受和重视教育，尤其是黑人学生。此外，在可塑智力条件下，干预后 9 周收集的黑人学生成绩明显更高。白人学生也表现出了类似的效应，尽管在统计上是边际的[①]。

虽然大多数关于刻板印象威胁以及如何消除这种威胁的研究都是在实验室进行的，但社会心理学家也进行了一些有趣的实地研究。在学校里，考试和成绩测量是正常操作的一部分，为大部分实地研究提供了一个自然的环境。

Good 等（2003）进行了一项实地实验，以测试帮助女性、少数群体和低收入青少年克服刻板印象威胁影响的方法，从而提高他们的标准化考试分数。具体地说，由大学生来指导不同实验条件下的七年级学生，要么鼓励他们将智力视为可塑的，要么将七年级的学习困难归因于教育环境的新颖性。结果表明，两种实验条件下女性的标准化数学考试成绩均显著高于控制条件下的女性。同样，实验条件下以黑人、西班牙裔和低收入青少年为主的学生，标准化阅读考试成绩均明显高于控制条件下的学生。Blackwell 等（2007）基于实验室中"可塑性智力"的发现进行了一项实地实验。他们从 95 名主要是非洲裔和西班牙裔的七年级学生中基于实验室中已获得成功的干预随机选择了一半参加为期 8 周的可塑性智力理论培训（每周 25 分钟，在学生课堂上）。在控制条件下，学生也接受了小组辅导，但没有接受这一理论。在各实验条件下的学生均取得了较高的成绩等级。

Good 等（2008）还进行了一项实地实验，其中他们探索了高水平大学数学课程中的刻板印象威胁及其否定（negation），这些课程通常是通往数学和科学职业生涯的大门。在高等大学微积分序列的最后一门课程中，男性和女性学生接受了一项考试，其中包含的项目与研究生入学考试（GRE）这种标准化考试中的项目相似。所有学生都被告知这项

348

---

① 值得注意的是，对于这项实验，虽然随机干预是在实验室进行的，但结果是（1）在实验室外自然发生的任务上测量的，（2）是在干预发生后相当长的一段时间内测量的；与标准的"刻板印象威胁"实验室实验相比，这两个特征都是这个实验的重要优势。

考试的目的是"测量你的数学能力"（刻板印象威胁），但另外有一半学生得到"这次数学考试在绩效或数学能力上没有任何性别差异"的保证（刻板印象威胁否定）。在刻板印象威胁否定条件下，女性的考试成绩高于男性，但在刻板印象威胁条件下，女性的考试成绩与男性相当。

在一项相关的实地研究中，Cohen 等（2006）通过在学期开始时肯定学生的自我概念（大概是为了让他们免受刻板印象威胁），缩小了低收入中学生中的黑人-白人平均绩点（GPA）差距。干预非常轻微：学生们被要求写一系列短文，重点是自我肯定的价值。作者首先发现了短期影响，然后，最显著的是相当大的长期影响：在干预两年多后，参与短文写作的非裔美国学生的平均 GPA 比控制组高 0.24 分（Cohen 等，2009）。大部分效应集中在那些最初成绩不佳的人身上。这些都是值得注意的数字，特别是考虑到大多数教育干预的效应往往会消退。作者推测，长期的好处可能是因为最初的心理状态设定了一条自我实现的轨迹。

从那时起，Cohen 的工作在其他类似的背景下被复制和扩展，Dweck 和 Cohen 的初步见解帮助启动了心理学的一个子领域，被称为"心态研究（mindset studies）"。Yeager 等（2014）实验了"明智的反馈"，在这种干预中，高中生会得到对他们书面作业的批判性反馈，同时还会附上一张便条，强调老师的高标准和学生能够成功的信念。这种干预减少了非裔美国学生中的不信任，并提高了最终产品的质量[1]。

3.1.2 认同与偏好

"刻板印象威胁"文献可以被视为更广泛文献的一部分，即关于自我认同的考虑如何影响弱势群体的行为和偏好，并最终可能使经济结果中的差距永久化。同样，女性在被提醒自身的性别时，可能会在数学考试中表现不佳（由于"女孩不擅长数学"的刻板印象带来的焦虑负担）。当被提醒她们的性别时，她们也可能表现出低风险偏好（如果受到有性别偏见的父母和/或教师的"女孩不应承担风险"的行为规范的熏陶）。

大量社会心理学文献已检验了自我分类理论及其运作的认知机制[2]。在这种背景下，最近，一些经济学论文利用实验室环境来更多了解各种社会认同是如何与偏好参数（如风险、时间和社会偏好）相

---

[1] 一篇为白宫会议撰写的背景论文很好地概述了关于心态研究的文献（Yeager 等，2013）。

[2] 例如，参见 Reicher 和 Levine（1994）、Forehand 等（2002）以及 LeBoeuf 等（2010）。

关的。

例如，Benjamin 等（2010）探索种族和性别的类别规范对时间和风险偏好的影响。在实验室环境中，他们研究了如何突出社会认同的一个特定方面，从而影响被试做出更有风险或更有耐心的选择的可能性。从方法论的角度来看，这项研究包括暂时使某种社会类别（就像在"刻板印象威胁"文献中所做的那样）变得更加突出（"启动"），并观察如何影响被试的选择。例如，突出性别认同的操纵，是通过实验开始时的一份问卷来完成的，在这份问卷中，被试被要求确定他们的性别，以及对男女同住宿舍楼层相比单一性别宿舍楼层中居住的看法。这项研究揭示了一些关于种族认同的有趣模式。例如，启动被试的亚裔美国人身份会让被试更有耐心。因此，亚裔美国人身份在一定程度上导致这个种族群体中人力资本积累的平均水平较高。

然而，让性别变得突出似乎对男性或女性的耐心或风险厌恶程度都没有显著影响。当然，也有可能是这个实验中的启动太弱，无法暂时影响偏好。换句话说，很难从这些非结果中肯定地得出结论，即性别认同规范不能在文化上加强性别之间冒险意愿的生物学差异。

另一项旨在评估社会偏好如何受到性别认同影响的实验室研究是 Boschini 等（2009）的研究。这里研究的问题是性别认同启动是否会影响被试的利他主义水平。这项实验比较了已启动性别认同的被试和未启动性别认同的被试在独裁者博弈中的行为。结果表明，启动确实会影响行为，但只有当被试被分配到混合性别组时。此外，这一效应是由男性推动的：男性对启动很敏感，在混合性别环境中，当启动男性身份时，他们会变得不那么慷慨。女性似乎对这种干预没有反应。

就我们所知，除了前面讨论的以教育和青少年为重点的心态研究文献之外，还没有社会认同如何影响偏好和行为的实地实验。对于未来的研究来说，考虑这样的工作似乎是值得的。干预目标是强调一种"默认"社会认同，相对于"可选择（alternative）"的社会认同来说，会对该社会群体的绩效产生相反效果。例如，虽然一位年轻的黑人父亲决定努力完成大学课程可能不够酷（uncool），因为这"表现得太像白人了"，但当他作为"父亲"的身份被启动时，这个决定可能会引起更多的共鸣。此外，当致力于加强群体间行为和结果的差异时，可以设计具体的干预来简单取消或削弱社会认同规范的力量。如果女性是因为内化的保守社会规范，如"什么是适合女性的工作"，而决定不申请高风险但也是高回报的工作，那么就可以使用有反作用的"消息"来削弱这一保守规范的吸引力，这种与"刻板印象威胁"文献中削弱刻板印象负担的精神是一样的。如果传递这种反作用"消息"的时间接近女性选择这些重要职业的时间（例如，在申请学校或在网站求职时，或在考虑联系 LinkedIn 网络的联系人时），这种干预可能会特别有效。

3.2 期望效应与自我实现预言

3.2.1 皮格马利翁效应和傀儡效应

假设少数和多数群体员工具有相似的内在能力。关于他们能力的不同信念如何持续下去呢？一种解释是，雇主认为少数群体平均生产力较低的观点是自我强化的（Arrow，1973；Coate 和 Loury，1993）。这可能有两个原因。首先，面对雇主的信念，少数和多数群体员工会理性地进行不同的技能投资或努力选择。如果少数群体员工知道雇主信念的更新会很慢，因此不太可能提拔她，那么她会认为投资于自己的技能没有什么价值。其次，如果雇主不相信少数群体员工会胜任工作，他们自己可能会减少对少数群体员工的投资（例如，投资于培训）。在这两种情况下，雇主对少数群体员工的信念都会自我实现。

社会心理学文献对这种自我实现的预言提供了多种示例[①]，有趣的是，这些例子大多发生在实地环境中。

351 社会心理学中自我实现预言的早期工作集中在提高期望如何能够自我实现上。在一项开创性的研究中，Rosenthal 和 Jacobson（1968）在美国一所公立小学（橡树学校）进行了实地实验。老师们被诱导相信他们班上五分之一的学生会比其他学生发展得更快（"开花和绽放"），通过智商得分来测量（可能是通过哈佛的强加习得测试来测量的）。事实上，这些学生是随机选择的。主要结果测量是智商测试（综合能力测试），分别在学年开始（前测）、4 个月（第一学期末）、8 个月（第二学期末和第一学年末）和 20 个月（第二学年末以及不同教师）进行。Rosenthal 和 Jacobson 表明，教师提高了期望的学生相比同一班级的控制组学生，智商提高得更快（在一年中，干预组儿童智商增加了 12 分，控制组儿童增加了 8 分），到第一年结束时，对一年级和二年级学生的效应最大。Rosenthal 和 Jacobson 将这种由教师信念导致的成绩提升称

---

① 心理学中第一种被广泛研究的自我实现预言是实验者效应。实验者效应是指实验者影响被试以符合实验者期望的方式对干预做出反应的可能性。Rosenthal（1963）总结了十几项实验者效应研究，想了解类似的人际期望效应是否会发生在医生、心理治疗师、雇主和教师中。

为"皮格马利翁效应（Pygmalion effect）"。

随后，人们对课堂上的皮格马利翁效应进行了深入的研究[1]，并提出了广泛的批评意见。Snow（1995）重新分析了原始实验的数据，强调了大约 35% 的智商观察值超出了正常范围，有几个观察值在前测和后测得分上增长迅速（例如，从 17 分增加到 110 分）。他发现，当这些异常分值被忽略时，对智商的期望效应就消失了。一项相对较新的文献回顾（包括对元分析和各种批评的平衡回顾）得出结论：虽然课堂上的皮格马利翁效应是真实存在的，但它可能相当温和（Jussim 和 Harber，2005）。

自从这项早期工作以来，社会心理学家已经在其他几个领域证明了领导者期望的自我实现性质，并试图更好地理解潜在的机制。Rosenthal（1994）和 Eden（1992）对这种文献中的大部分工作进行了回顾。例如，Eden 和 Shani（1982）复制了 Rosenthal 和 Jacobson（1968）在以色列国防军中的原始设计和结果。但他们也得出结论：基于补充随机对照试验的额外调查工作，领导行为是产生皮格马利翁效应的关键中介变量。

同样以以色列国防军为研究对象，Eden 和 Ravid（1982）在一项研究中有趣地将期望和自我期望的操纵结合在一起。受训人员包括 60 名男性，他们在服兵役的上半年报名参加了为期 7 周的文书课程，分为五个培训小组，每个小组由一名指挥官来指导。为了产生皮格马利翁效应，从每组受训人员中随机选择四分之一的人并由导师描述为具有很高的成功潜力。另外又随机选择了四分之一的人并由心理学家在一次简短的个人访问中直接告知他们有很高的成功潜力，以诱导高度的自我期望。其余受训人员作为控制组。两个高期望组的学习成绩都显著高于控制组，这证实了皮格马利翁假设和额外假设，即诱导高自我期望将类似地提高受训者的绩效。有趣的是，虽然几位导师在课程中途出人意料地被调离，而且作者没有要求代课导师重新进行期望诱导，但假设的绩效差异仍在继续，这反映了期望效应可能的持久性。最后，Eden 和 Ravid（1982）还表明，受训人员之间的公平考虑可能起到了中介作用：在这两种高期望条件下的受训者均报告了过度奖励的感觉，这可能促使他们提高绩效。

352

---

① 　参见 Dusek 等（1985）以及 Rosenthal 和 Rubin（1978），这是心理学中最早的元分析之一，基于 345 项研究，也见 Rosenthal（1994），其中更新了综述。

皮格马利翁文献表明了提高领导者期望的自我实现本质，而这类文献的另一个分支也证明了降低期望的自我实现本质。心理学家称这种现象为"傀儡效应（Golem effect）"。

考虑到与降低领导者期望相关的更麻烦的伦理问题，关于傀儡效应的研究比皮格马利翁效应要少得多（Reynolds，2007）。这一挑战导致了研究设计不像那些证明皮格马利翁效应的设计那样"干净"。例如，Oz 和 Eden（1994）随机引导部队中接受干预的班长（$n=17$）相信体能测试得分低并不表明部下不合格，而控制班长（$n=17$）则没有被告知如何解释测试得分。实验表明，干预组中得分较低的个人比控制组中的人改善更多。虽然研究人员采用了令人尊敬的研究设计，并谨慎地遵守伦理标准，但样本太小，并且研究人员没有直接降低主管的期望。

考虑到研究傀儡效应的挑战，文献中的另一种方法是依赖于领导者期望的自然变化，而不是从外部来改变这些期望。例如，Babad 等（1982）研究了体育专业实习教师的期望效应。他们发现，被教师寄予很高期望的学生表现最好（即"皮格马利翁效应"例子的标准设计）。然而，他们也发现，相比教师对其自然期望较高或中等的学生，教师对其自然期望较低的学生绩效更差，这与"傀儡效应"是一致的。

最近的一篇论文（Kondylis 等，2015）证明了自我实现预言的力量。在村庄里，随机选择女性或男性学习一项新技术并将其传授给其他人。女性从培训中获得了更多信息，那些接受过她们培训的人确实学到了更多东西。但女性最终在说服的农民数量方面表现更差，因为其他农民认为女性的能力较差，因此对她们传达的信息关注较少。

3.2.2　对偏见的内生反应

虽然皮格马利翁效应和傀儡效应证明，领导者对绩效的期望是自我实现的，但它们并不直接与歧视联系在一起。领导者对某些群体的偏见是否也会内生地影响这些群体的绩效？经济学文献中两项最近的实地研究为这个问题提供了我们认为是第一个基于实地的答案。从概念上讲，这些研究遵循与 Babad 等（1982）研究非常相似的研究方法，证明了自我实现预言的相关性，从而解释了不同工人或学生群体之间持续存在的绩效差异。具体地说，这项分析不是"人为地"启动领导者来改变他们的偏见水平，而是随机将受训人员分配给已知具有不同偏见水平的领导者。需要明确的是，与首选的"皮格马利翁设计"相比，这种设计的局限性在于不能正式地排除用于解释发现的任何未观察到的因素，这些因素系统地与领导者中偏见的不同水平相关。然而，下面的两篇论文采取

353

了几个巧妙步骤来解决这一问题。

Glover 等（2015）研究了一家法国杂货连锁商店的收银员，其中相当大一部分人来自北非和撒哈拉以南非洲地区。他们评估了收银员在被分配到对其群体有更多偏见的经理的那几天中是否会表现更差。他们使用 IAT 测验来测量管理者对不同出身员工的偏见。这些商店的收银员在不同日子与不同经理一起工作，几乎无法控制他们的日程安排，这使得作者可以利用日程安排的准随机性来评估与更大偏见的经理配对的因果效应。为了解决之前提出的困难，即与经理偏见相关的其他一些可能影响员工绩效的经理特征（例如，更有偏见的经理可能技能更差），他们使用了双重差分方法，将有偏见和无偏见的经理领导下少数群体员工的绩效变化与这两种类型的经理下非少数群体员工的绩效变化进行比较。他们发现，在被安排与有偏见经理一起工作的日子里，少数群体收银员更有可能缺席。当他们来上班时，花在工作上的时间更少；特别是，他们在轮班结束后留下来的可能性要小得多，而且他们扫描商品条码的速度更慢，客户等待时间也更长。

Glover 等（2015）还报告了有趣的补充调查证据，以更好地理解机制。他们没有发现少数群体员工报告说更不喜欢与有偏见的经理一起工作，或者有偏见的经理不喜欢他们，或者有偏见的经理让他们对自己的能力缺乏信心。然而，他们确实发现了证据，表明有偏见的经理在管理少数群体员工方面投入精力较少。少数群体员工报告说，有偏见的经理不太可能来到他们的收银台，而且有偏见的经理要求他们的努力更少。与此一致的是，他们发现，在合同期间，这种经理偏见的效应会增加，也许是因为员工会了解到，他们没有受到有偏见经理的监督。

Lavy 和 Sand（2015）估计了小学教师的性别偏见对男孩和女孩在初中和高中期间的学业成绩的影响，以及对高中期间选择数学和科学高级课程的影响。特别是，他们追踪了以色列特拉维夫从小学到高中的三个同期群（cohorts）的学生。通过比较教师在"非盲（nonblind）"课堂考试与"盲（blind）"的匿名全国考试中对男生和女生的平均打分来测量教师的性别偏见行为。为了识别，在给定年级和小学中，作者将教师和学生有条件地随机分配到班级。他们比较了就读于同一所小学但随机分配给不同教师的学生的结果，这些教师有着不同程度的刻板印象。他们发现，在上学早期被分配到一位性别偏见更强的教师会对职业选择产生长期效应，因此可能影响学生成年后获得的收入。具体而言，教师在某一学科中对男生的高估对男生在初中和高中期间的全国性考试成绩

354

有显著的正向效应，而对女生有显著的负向效应。此外，被分配给更加偏爱男孩的小学数学教师会鼓励男孩并阻碍女孩参加高中提供的高级数学课程。

3.3 政治歧视与群体不平等

政治和其他领导职位上的歧视的直接后果是，受歧视群体中有权为其群体中其他人利益行事的成员较少。在一个标准的中间选民世界里，女性或其他从属群体在政治中代表性不足的问题没有那么重要，因为当选的政客会努力代表中间选民的利益。但是，如果政客不能致力于特定政治纲领，由他们的群体成员来最终决定将实施的政策类型，那么在最高层缺乏代表性，意味着社会中代表不足的群体将获得更糟糕的结果（Besley 和 Coate，1997；Pande，2003）。如果领导者的缺席意味着代表不足的群体发现他们无法在政治领域表达自己的偏好，也会发生这种情况。

关于政治中歧视后果的最好证据来自一些研究，这些研究评估了当代表不足的群体最终获得政治代表时会发生什么。一些观察性研究利用了势均力敌的选举对代表性的外生冲击；少数其他论文也研究了强制任命的非随机变异[①]。还有一组研究利用了随机选择的地点，这些地点的印度地方政府必须从历史上代表不足的群体（种姓、部落或性别）中选出一名领导者。Chattopadhyay 和 Duflo（2004）对随机选择接受男性或女性领导者的村庄进行了比较，发现相比于男性偏好，女性领导者在女性更偏好的商品上花费更多。Beaman 等（2010）在更长的时期内复制了结果。使用覆盖更大数量的邦的数据集，他们发现，结果会随着时间的推移而持续存在，即使在席位不再保留、女性（普遍）离开权力之后，对饮用水（女性偏好的商品）的投资也会继续增加[②]。Iyer 等（2012）的研究显示，（地方政府中）更多的女性代表与更多针对女性的犯罪有关；研究使用的是拉贾斯坦邦家庭层次的犯罪受害调查；然而，研究也显示，增加原因不是犯罪数量的实际增加，而是举报此类犯罪的意愿增强。最后，Chattopadhyay 和 Duflo（2004）进一步发现，来自

---

① 参见 Pande（2003）、Clots-Figuera（2009、2011）以及 Rehavi（2007）的例子。

② Bardhan 等（2010）比较保留席位前后的不同地点，没有发现领导人的做法有什么不同，但由于配额对亲女性政策似乎持久的影响，这一发现可能并不令人惊讶。

预定种姓的村庄领导者对预定种姓小村庄的投资更多[①]。

3.4　多样性的好处？

歧视会导致公司、立法机构等缺乏多样性，但是多样性本身对社会来说重要吗？歧视可能产生的低多样性对组织和整个社会的绩效有何影响？

3.4.1　同质性会损害还是有助于提升生产力？

政治经济和发展方面的大量文献往往强调多样性的代价，特别是族群多样性。如果不同群体的成员彼此不喜欢，多样性就会造成阻碍，滋生冲突，使人们很难就公共利益供给达成一致，等等。

Lang（1986）提出，歧视的根源是不同群体之间的沟通困难（他称之为"语言社区"）。Lazear（1999）也提出了类似论点。在这种世界观下，隔离是自然出现的，因为同质性群体更有生产力（因为他们内部的交流更快、更容易）。更多同质性的群体将创造一个信任的环境，人们可以在其中更好地合作。虽然少数群体将因此受到损害，但短期均衡是有效的，旨在直接增加多样性的政策在社会意义上将适得其反。政策的作用应该是消除群体之间的语言障碍（例如，通过教育系统）。

其他人则强调了多样性的好处和同质性（或只想与和自己相似的人交往的倾向）的潜在缺点。一个有力的论据是，相似的人往往有相似的信息和视角，如果人们只与像他们自己一样的人互动，许多有价值的信息将不会跨群体传递。在人力资源和管理文献中，差不多已经正式地提出了这些论点。更正式地说，Golub 和 Jackson（2012）表明，当网络中的主体更愿意与那些有相似特征（同质性）的人交往时，网络中的参与者可能需要很长时间才能收敛到某种共识。

最终，在沟通和合作的成本与观点多样化的收益之间存在权衡，这意味着多样性（因此同质性）在理论上可能会损害或提高生产力（Hamilton 等，2003；Alesina 和 Ferrara，2005）。

虽然有大量关于多样性对公共产品提供的影响的非实验文献[②]，以及相当多的实验室实验文献[③]，但实地实验文献才刚刚出现。不过，在

[①]　Dunning 和 Nilekani（2013）发现，保留席位对按族群进行的公共产品分配的影响很小，而对各党派分配的影响很大，但他们使用了回归间断设计策略，而不是关注随机分配的邦。

[②]　参见 Alesina 和 Ferrara（2005）关于多样性的文献综述。

[③]　例如，参见 Woolley 等（2010）和 Engel 等（2014）。

稍后一节中我们仍然会回顾一些有趣的近期论文。

Hoogendoorn 和 Van Praag（2012）以及 Hoogendoorn 等（2013）通过实验改变了本科生创业团队的构成，创业被作为某个课程的一部分。在 12 人的团队中，学生们创办、出售股票，并运行一个有利润目标和股东的真正的公司，为期一年。他们在 45 个团队和 550 名学生中进行了这项实验。

参赛团队的构成基于性别（仅限男性、仅限女性或混合性别）和族群（非荷兰族裔的比例，从 20％到 90％不等）而有所不同。然后，学生们有一年的时间来选择他们的风险企业、选举执行官、召开会议、生产、销售、赚钱和清算。这是一个实地实验；项目进行了一年多，努力做事的激励非常高。学生毕业的能力、学习成绩、可能得到的一些钱都取决于此。

这项实验对性别多样性有明显的好处。绩效是团队中女性比例的函数，呈现倒 U 形，在女性比例约为 0.55 时达到峰值。作者将这一效应归因于性别多样化群体中有更多的监控。这本身就是一个有趣的发现，因为这不是理论文献中强调的一种机制：也许当沟通太容易时，员工会变得更加自满。

对于族群多样性，结果更为微妙：Hoogendoorn、Oosterbeek 和 Van Praag 发现，当团队中至少 50％是荷兰人时，增加多样性对绩效的边际效应为零，甚至可能是负的。然而，一旦团队中荷兰人的比例低于 50％，其他族群比例的进一步增加就会带来更好的绩效。作者还发现了理论文献中提出的不同渠道的证据（包括在更多样化的群体中有更高沟通成本，但在更多样化的团队中有更多样化的知识），但这些结果并不是非常精确。

Hjort（2013）分析了一个自然实验，在这个实验中，肯尼亚的一个花卉公司随机将工人分配到团队中。肯尼亚提供了一种族群紧张局势加剧的背景，其中不同群体之间的不信任程度可能特别高。在实验中，一个上游工序的工人向一组（两个）下游工人分发鲜花。上游工人每包花挣 w，下游工人每包花挣 $2w$。Hjort 发现，在给定生产力条件下，当一个或两个下游工人不是来自上游工人的族群时，上游工人给团队分发的鲜花更少，代价是他的工资更低，整体产量也更低。此外，在混合团队中，上游工人给来自同一族群工人的花更多。有趣的是，在 2008 年种族冲突加剧期间，同质性团队和族群混合团队之间的产出差距翻了一番。作为对此的回应，该公司为下游工人引入了团队薪酬（非随机），随后导致了族群混合团队生产力的提高。

同样在肯尼亚，Marx 等（2015）将调查员随机配对（pairs），并将每个调查员配对分给一名主管。调查员的工作是与一户人家取得联系，并实施干预。他们发现，同质配对具有更高的生产力，他们将其归因于对这些团队有更高的信任。然而，当一个配对与同一族群的督导进一步匹配时，生产力会更低（而不是更高）。在 Marx 等（2015）的实验中，横向团队多样性的（负面）影响和纵向关系的（正面）影响之间的对比，提示了歧视的一种不同的潜在负面影响：内群体偏好可能会为作弊和腐败创造空间。在他们的研究背景下，同族的督导愿意让调查员作弊。

3.4.2　歧视与腐败

Prendergast 和 Topel（1996）从理论上分析了偏袒（favoritism）对管理者最优薪酬和权力范围的影响。这一点超出了公司的范围：歧视可能会导致政客（向其族群的成员）不当地分配资源，或者相反地，导致他们愿意忍受来自自身群体的腐败或无能的政客（而非来自另一个群体的腐败程度较低的政客）（Key，1949；Padro i Miguel，2007）。更广泛地说，选民对某一群体的偏好可能会削弱各种竞选问题的作用，并且意味着降低政府质量（Dickson 和 Scheve，2006）。

Besley 等（2013）提供了这种效应的非实验证据：他们表明，在瑞典，社会民主党为了推动实现性别平衡，要求以"拉链"模式（一男/一女）来选择所有候选人，之后男性候选人的素质大大提高（他们称之为"平庸男性的危机"）。

关于同质性与政客素质或腐败程度之间联系的实验证据很少见。一个有趣的实验发生在印度人口最多的北方邦，那里种姓政治的兴起伴随着令人震惊的政治犯罪（Banerjee 等，2010）。在 2007 年选举前夕，立法议会的现任议员中，有 206 名存在一起针对他们的刑事案件且悬而未决（Banerjee 和 Pande，2009）。在 2007 年选举之前，作者进行了一项实地实验，随机选择村庄接受无党派选民动员活动（街头戏剧、木偶剧或讨论）。一种类型的竞选活动鼓励公民就问题投票，而不是种姓，而另一种类型的活动鼓励他们不要投票给腐败的候选人。他们发现，种姓活动导致了（报告的）基于种姓投票的减少，并且减少了有犯罪记录候选人的选票份额。因此，似乎成功地减少了歧视（在这种情况下，更准确地说，减少了低种姓群体成员系统地歧视高种姓候选人的倾向），确实有助于提高当选领导者的素质。

358

第 3.3 节讨论的印度的自然实验引入了女性参政配额，这也为这个问题提供了有趣的解释。至少在短期内，为女性政治家保留席位减少了收受贿赂（Beaman 等，2010）。当然，在短期内，配额不会增加竞争（因为恰恰相反，配额只对女性开放，而最初是对女性和男性开放的），观察到的腐败减少可能是由于女性的固有特征或她们缺乏经验。然而，在中期，配额确实倾向于增加政治竞争，因为一旦一名女性离任，她的席位空缺，她（或她的亲属）可以选择再次参选，但是相比于假如她是传统的在任者，现在这一领域的竞争更加开放。此外，当 Banerjee 等（2013）收集了先前保留的地点发生什么情况的数据后，他们发现，席位变为公开的女性在职者比席位变为公开的男性在职者更不可能参选，但当他们不仅考虑在任者，而且考虑在任者及其家人时，这种效应就消失了。换句话说，在刚经历配额或没有配额的地点，从在任者集团（incumbent's dynasty）中选出某个人的概率保持不变。此外，他们还发现，在任者家庭中的某个人再当选（reelection）的概率对之前保留地点的过去绩效更加敏感。因此，最好的政治家集团在保留之后更有可能再当选，而最差的集团不太可能。如果这一效应持续存在，它确实表明，即使在这些限制被解除后，限制选民在"舒适区"之外投票的政策也可能提高决策过程的整体质量。

3.4.3　小数定律

即使歧视不会导致彻底的腐败，它也可能会限制可用的候选人群体。研究表明，领导者的素质对公司（Bertrand 和 Schoar，2003）和国家（Jones 和 Olken，2005）都很重要。如果歧视意味着必须从相对较小的人才库中挑选领导者，这将减少最有才华的人被挑选出来的机会，因此会产生负面的生产力后果。

任何此类歧视后果的经验证据（即使是非随机的）充其量也是很少的：Ahern 和 Dittmar（2012）以及 Matsa 和 Miller（2013）检查了挪威 2006 年法律的影响，该法律规定了公司董事会席位中的性别配额。他们都发现了对盈利能力和股价的负面影响。然而，这些都是短期影响。这可能是女性暂时效果不佳，因为经验较少，或者她们最大化了短期股东价值外的其他东西，而这些东西从长远来看，可能会被发现是能带来利润的。

不幸的是，我们没有看到这方面的实验，也想不出一个明显的设计。但对于进一步的研究来说，这将是一条非常有趣的道路。

4 什么因素影响歧视?

4.1 领导者与榜样

歧视某个群体的一种效应是,很少有领导者从这个群体中脱颖而出,成为主流。这可能有三种后果。首先,从机制来说,这一群体中处于决策地位的人较少。在领导者歧视其他群体成员的程度上,歧视将持续存在。其次,多数群体认为少数群体不可能成功的信念可能会得到加强,因为他们很少(如果有的话)在实践中观察到少数群体的成功。最后,少数群体的成员可能会觉得,要么他们没有能力成功,要么整个世界都在反对他们,甚至连尝试都没有意义[①]。考虑到所有这些情况,可以通过迫使其他人与传统上受歧视群体的领导者接触,从而减少歧视,通常可以通过配额来实现。本节将对此进行回顾,并指出文献缺口。

4.1.1 领导职位的多样性是否直接影响歧视?

在机制上,由于决策权集中于多数群体,歧视可能会滋生歧视。例如,如果管理者大部分是男性,他们可能会倾向于在招聘或晋升决策中青睐其他男性。这种事情之所以发生,是因为他们自己(有意识或无意识地)歧视女性,或者因为他们认识更多男性,更有可能提拔或聘用他们认识的人或与他们更相似的人[②]。这种趋势是要求一定比例的女性进入公司董事会、学术界或任命、评估和晋升委员会的部分理由。

然而,少数群体领导者或包含这些少数群体领导者的委员会是否一定会偏袒少数群体中的其他人并不明显:面对自己的歧视,他们可能会觉得有必要不遗余力地避免被认为有偏见。在几项观察性研究中,女性并不倾向于对其他女性做出比男性更有利的评价[③]。在集体决策中,委员会的其他成员也可能做出反应,试图"撤销"他们(正确或错误地)认为少数群体成员拥有的任何议程。

少数群体代表对遴选委员会产生影响的经验证据,主要来自 Ba-

360

---

① 参见,例如,Lockwood 和 Kunda(1997)。

② Bagues 和 Perez-Villadoniga(2012)提供了西班牙司法机构入职考试的证据,支持后一种效应;Bagages 和 Zinovyeva(2015)表明,前一种效应也适用于学术晋升的情况。

③ 参见 Booth 和 Leigh(2010)在澳大利亚进行的一项审计研究,他们发现简历上的性别与招聘人员的性别之间没有交互作用。另见 Broder(1993)在 NSF 申请评审背景下的类似证据,以及 Abrevaya 和 Hamermesh(2012)的评审报告。

gues 等的一系列非常有趣的论文。Bagues 和 Esteve-Volart（2010）研究了西班牙司法机构入职考试评估委员会的性别构成对女性在考试中成功与否的影响。人们被随机分配到一个委员会的事实，使得因果研究成为可能。他们发现，当分配产生的委员会有更多女性时，女性在考试中成功的可能性较小，而男性候选人则正好相反。研究中的其他证据表明，在一定程度上，这些结果至少是由女性评估者倾向于高估男性候选人的质量这一事实推动的。

361   Zinovyeva 和 Bagues（2011）以及 Bagues 等（2014）分别从西班牙和意大利的随机学术评估委员会中找到有趣的证据。在这两个国家，提拔的候选人都会出现在一个中央委员会面前，以满足资格。相关文件被分配给随机组成的委员会。在西班牙的案例中，作者发现增加一名女性委员会成员对女性候选人晋升的可能性没有影响。在意大利的案例中，他们发现了一个负面影响：在一个由五名成员组成的委员会中，每增加一名女性成员，女性申请者的成功率相对于男性申请者下降约两个百分点。通过分析投票记录，他们发现：（1）女性对同一位女性候选人的打分比男性更严厉；（2）当委员会中有女性时，男性委员会成员对女性候选人的评分更严厉，可能是因为他们试图弥补这些委员会中对女性感知到的偏爱［尽管考虑到（1），现实情况似乎正好相反］。

    学术和招聘委员会的这一证据令人震惊，表明某种类型的平权行动实际上可能会伤害有前途的女性候选人。看看在其他环境中是否也会这样，比如管理或政治决策，将是一件有趣的事情。Bursell（2007）的研究是一项审计研究，在这个方向上取得了一些进展（尽管它关注的具体比较本身并不是实验性的）。他向瑞典的 1 776 个职位发送了 3 552 份申请，其中包括更高技能职位的申请，诸如高级/高中教师、IT 专业人员、经济学家和工程师。此外，根据首席执行官（CEO）的名字，比较了瑞典语发音名字和非瑞典语发音名字的申请者的回电率等。他发现，与前面提到的证据一致，当一个公司的 CEO 有一个外国发音的名字时，听起来像瑞典人名字的申请者收到回电的概率高出 2.4 倍。如果 CEO 有一个瑞典语发音的名字，回电概率要高出 1.7 倍（Bursell，2007）。

4.1.2　少数群体领导者与多数群体的态度

    即使让妇女或少数群体成员参与领导决策没有直接效应，它也仍然可能影响对少数群体的歧视，因为那些担任领导职务的少数群体中的个人将改变多数群体对少数群体能力的信念或信念的精度。

    在 Beaman 等（2009）的工作论文版本中，作者提出了一个偏好和统计歧视相互促进的模型。假如有强烈的反对女性领导者的偏好（或社会规范），那么，公民很有可能从来没有看到过一个实践中的女性领导者。这使得女性领导者作为一个群体有更高的风险：即使公民认为平均而言女性领导者与男性的能力相当，但他们对男性领导者的先验（priors）要精确得多，而且在某种程度上他们是风险厌恶的，这将导致他们避免女性领导者。当然，如果公民从女性能力较弱的先验开始，这一点就会得到强化：他们永远没有机会发现自己事实上是错的。在这个世界上，强制接触来自少数群体的领导者（政治领袖、董事会成员、学术部门的同事、顶尖大学的学生等）将对歧视产生持久的负面影响，即使它不会影响社区的潜在偏好，而仅仅通过影响对少数群体能力的信念①。

362

如果一个好的领导者的形象也随着人们的观点而演变，那么这种影响可能会得到加强。Eagly 和 Karau（2002）的"角色不协调（role incongruity）"理论指出，人们更喜欢男性领导者的原因之一是与领导能力相关的特质（力量、魄力），而不是在既定性别规范下与女性相关的特质（如待人友善、乐于助人等）。然而，当人们看到许多（不仅仅是一两个象征性的）女性领导者坚强而友善的一面，或者她们高效但更乐于助人的领导风格时，人们可能会改变对女性领导者的态度。随着女性性别刻板印象和与领导相关素质之间不一致性的减少，对女性领导者的偏见也会减少。

当然，一种相反方向的潜在力量是集体抵制少数群体领导者的可能性，特别是，如果感知到她们进入领导角色是因为受到特殊待遇（Coate 和 Loury，1993）。

Beaman 等（2010）在印度地方选举政治的背景下研究自然实验，并为临时平权行动政策的持久效应的潜在机制提供了更多证据。在随机和轮流选择某些地方村委会，强制其选举女性领导者的背景下，作者表明，经过一个保留周期（当同一个地方碰巧连续两个周期为女性保留时，更是如此），更多的女性在无保留的席位上参选和当选。虽然这可能有很多原因（包括女性可能变得更愿意参选，或者可能已经建立了女性网络），但提供的证据表明，这至少部分是因为以前要求保留的村庄

---

① 在一项观察性研究中，Miller（2014）在美国平权行动项目的背景下发现了与这种影响一致的证据。美国政府承包商被强制雇用少数群体工人。Miller 发现，当一个机构不再是政府承包商，即不再受这种平权行动影响后，黑人的雇佣比例仍在继续增长。

的态度发生了变化。他们通过各种方式收集关于态度的证据：包括一个戈德堡实验和两个 IAT，一个是对女性领导者的喜欢或不喜欢［他们的模型并没有采取更"固有（hardwired）"态度的立场］，另一个是将女性与家务活动、男性与领导活动联系在一起的刻板印象（基于评估"角色不协调"效应是否减弱的精神）。他们发现，过去配额的经历不会影响偏好（以偏好 IAT 来测量），尽管它往往会强化对女性在领导地位中的既定偏好。然而，公民（特别是男性）更新了对女性能力的看法。例如，如果在这个周期或前一个周期中接触过配额，他们对女性发音演讲的评分与男性发音演讲的评分一致。此外，刻板印象的 IAT 还表明，将女性与家务活动联系在一起而非与领导力联系在一起的刻板印象减少了。这提供了相当有力的实地证据，表明接触另一个群体的榜样（role models）会影响态度。证据似乎相当有力：Bhavnani（2009）还发现，在（马哈拉施特拉邦市区）预留了一段时间的席位后，女性更有可能继续当选。Banerjee 等（2013）还发现，在拉贾斯坦邦，女性更有可能在之前保留的席位上竞选（并获胜）。

尽管有大量实验室文献检验了角色不一致性理论及其含义，而且实验室研究表明，例如，被要求筛选出典型男性工作（例如，财务经理实习生）候选人的大学生，在阅读了一篇记录女性在这类工作中取得成功的社论后不太可能歧视女性的简历（Heilman 和 Martell，1986），但我们还不知道在其他背景下（例如，接触到女性或黑人经理、少数群体教师等）研究这些效应类型的实地实验。确定是否能够在其他背景下发现对多数群体态度的这种影响，是很有价值的。

4.1.3 榜样、抱负与少数群体的态度

来自弱势群体的领导者，除了他们的直接决策权力和他们对多数群体的意见产生的影响外，还可以作为榜样和先驱者。他们会影响少数群体对自己的成功能力或抱负的态度。看到成功的女性或黑人会减少刻板印象威胁（正如第 4.1.2 节所讨论的），或者影响这些群体的信念，即社会被操纵来反对他们，所以不管怎么尝试都没有意义。在这两种情况下，即使多数群体的态度（尽管这当然也可能引发随后多数群体信念和态度的改变）没有直接的改变，接触榜样也可能增加努力，为少数群体带来更好的结果。然而，正如 Lockwood 和 Kunda（1997）所指出的，这些积极的效应可能会被削弱——通过固定的少数群体成员如何看待他们的能力，以及他们认为榜样的成就与个人有多大的相关性和可达性。

就像接触对多数群体态度的影响一样，关于这个问题，既有描述性

文献，也有实验室文献。观察性文献寻找结果（如青少年怀孕）或刻板印象测量（如 IAT）与自然发生接触（如黑人教师）之间的相关性。例如，Dasgupta 和 Asgari（2004）表明，接触过女教师和榜样的女性，更有可能将女性与领导力联系起来。一项实验室实验文献探索了在科学、技术、工程和数学（STEM）职业中，接触刻板印象女性榜样（Betz 和 Sekaquaptewa，2012）或接触非刻板印象的计算机科学榜样（Cheryan 等，2011）在多大程度上增加了女孩对 STEM 表现出兴趣的可能性。有趣的是，也许与 Lockwood 和 Kunda（1997）研究中的注意事项一致，这些研究表明，榜样仅仅属于少数群体可能是不够的，而且榜样的"类型"似乎意义重大。

Cheryan 等（2011）发现，通过实验室中的"相互了解"任务，接触到非刻板印象的计算机科学榜样（例如，穿着时髦、喜欢运动、爱和朋友出去玩、看《办公室》等"正常"电视节目的人），会增加实地实验中女性被试的成功信念，而且无论榜样的性别如何，都是如此。与第3.1.2 节中关于"社会认同"的讨论类似，作者认为这是因为女性觉得计算机科学专业的刻板印象特征（例如社交孤立、痴迷于计算机、社交笨拙）与她们认为的女性性别角色（例如爱帮助他人、拥有社交技能、注意外表）不一致，而非刻板印象的榜样，无论是男性还是女性，都会因此影响年轻女孩的偏好和信念。另外，Betz 和 Sekaquaptewa（2012）发现，反刻板印象而又女性化的 STEM 榜样（如通过化妆和穿粉色衣服、喜欢阅读时尚杂志等特征来暗示），相对于性别中立的 STEM 榜样（如通过穿深色衣服和戴眼镜、喜欢读书等特征来暗示）而言，阻止了中学女生在 STEM 中取得成功的期望。作者发现，对于那些不认同STEM 被试的女孩来说，情况尤其如此，并得出结论：这一亚组的女孩认为 STEM 成功和女性气质的结合是做不到的。

全面回顾这两篇文献超出了本章的范围，但实验室实验的混合结果为实地研究提供了有趣的方向。

然而，在这里，到目前为止，实地实验工作似乎相当有限。Beaman 等（2012）研究了同样的随机自然实验，即在印度担任领导职务的女性对女孩受教育程度和职业抱负的影响。他们提供的证据表明，父母对女儿的希望受到了影响。与从不保留女性席位的村庄相比，保留女性席位村庄的父母更有可能表示，希望女儿中学毕业或进一步升学，也更有可能表示，希望女儿有一份职业。父母对男孩的期望没有改变。此外，在保留女性席位的村庄，女孩更有可能留在中学，这不能直接归因

365 于领导者的任何直接行动，因为中学不在他们的管辖范围内。因此，这强烈暗示了一种因果关系，即从榜样到抱负的改变，以及行为的实际改变。

总体而言，与我们在第 4.2 节中讨论的关于"水平接触"（例如，室友或同学）的大量文献相比，这类文献似乎出人意料地少。对此的部分解释是实用的：与主管、领导者或教师相比，同伴群体中可能存在更多自然发生的变化。另一个问题是，在许多环境下，女教师或领导者采取的行动可能会直接转化为女学生（或实习生）的行为改变，即使对抱负没有任何影响，因此孤立对少数群体抱负的影响是很棘手的。虽然在印度的配额实验中情况并非如此，但情况可能是这样的。然而，我们怀疑，在这一领域缺乏更多的实地研究，也反映了对这一重要而令人兴奋的主题的关注太少，还需要做更多的工作来探索接触榜样如何影响少数群体的抱负。

4.2　群际接触

Allport（1954）发展了接触假说，该假说也被称为群际接触理论。Allport 认为，在适当的条件下，人际接触是减少偏见的有效方法：如果多数群体成员有机会与少数群体成员交流，他们就能理解和欣赏他们，偏见就会减少。特别是，根据 Allport 的说法，如果接触情境具有四个特征，即群体之间的地位平等、共同的目标、群体间合作以及当局、法律或习惯的支持，那么群体间的接触将减少偏见。

接触假说的大部分心理学文献都集中在实验室实验上，这些实验帮助完善了 Allport 的原始理论。心理学中一个悬而未决的问题是：是否需要接触情境的具体条件来确保接触具有理论上的效应？例如，为了有效地减少歧视，接触必须在与地位平等的同龄人（例如，大学宿舍中的两个室友一起做数学作业）的合作环境中进行，这一点很重要吗？在结合群际接触理论的观察和实验研究的元分析中，Pettigrew 和 Tropp（2000）发现，在综述的 515 项研究中，有 94％显示群际接触减少了偏见。他们的元分析还表明，接触效应可以被推广到各种少数群体（不仅包括种族和族群意义上的少数群体，而且包括老年人、精神病患者、LGBT 等群体）以及广泛的接触环境（学校、家庭等）。Pettigrew 和 Tropp（2000）还评估了 Allport 所述的最佳接触条件是否为取得积极接触结果所必需的。他们发现，接触和偏见之间的反向关系是持续性的，

366 尽管没有那么强烈，即使接触情境在结构上没有与 Allport 的条件匹配。

因此，虽然 Allport 的条件可能不是减少偏见所必需的，但它们的某些组合可能是相关的。心理学家们仍在争论和研究针对妨碍群际接触减少偏见的特定负面因素。

虽然许多关于接触假说的实验研究都是在实验室进行的，但也有相当多的实地实验。Green 等（2016）识别出了 56 个实地实验。

经济学领域最著名的实地研究集中在大学室友之间的接触上。Sacerdote（2000）第一个利用大学室友的随机分配来研究同伴对考试成绩的效应。与我们更相关的是，Boisjoly 等（2006）利用哈佛大学随机分配的室友研究了在大学分享的经历对维持平权行动政策是否合适的看法的影响。他们发现，被随机分配给非裔美国人室友的白人学生明显更有可能支持平权行动。因此，与非裔美国人交往会让个人对他们更有同情心。他们还发现，被分配了任何少数群体室友的白人学生在第一年后更有可能与其他族群的成员继续交往。

关于 Boisjoly 等（2006）还不清楚的问题是，与少数群体室友的接触是否减少了刻板印象或偏见？即使偏见不受影响，同理心（empathy）也可能会增加。Burns 等（2015）利用相同的设计来解决这个问题，因此，他们的论文最接近接触假说的实地检验。具体地说，他们利用开普敦大学双人间室友的随机分配，调查拥有不同种族的室友是否会影响种族间的态度以及合作行为和学习成绩。他们发现，根据 IAT 的测量，与来自不同种族的室友生活在一起大大减少了对该群体成员的偏见。刻板印象的减少伴随着更普遍的合作倾向，如在囚徒困境博弈中测量的，但对信任的影响较小，如在信任博弈中测量的。这篇论文还报告了关于成绩的有趣结果。被分配到非黑人室友的黑人学生的 GPA 较高；被分配到非白人室友的白人学生的 GPA 较低。

Shook 和 Fazio（2008）的研究报告了相关发现。参与者是白人大一新生，他们被随机分配到大学学院宿舍系统中的一名白人或一名非裔美国人室友。学生们在校园第一季度的前两周和最后两周参加了两个课程。在这些课程中，他们回答了对室友的满意度和参与程度的问题，并完成了一个关于群际焦虑量表以及一项 IAT 测验。自动激活的种族态度（用 IAT 测量）和群际焦虑，随着时间的推移在跨种族宿舍的学生中得到改善，但在同一种族宿舍的学生中没有改善。然而，与同一种族宿舍的参与者相比，跨种族宿舍的参与者报告说他们对自己室友的满意度和参与度较低。

心理学的几个实地实验也检验了同学之间的接触效应。特别是，心理学家们研究了合作学习技术，这种技术使得学生必须相互教学、相互学习，并强调小组中每个成员的学业成功，而且测试了这些技术是否有助于减少偏见（Johnson 和 Johnson，1989；Slavin，1995）。理由是，因为合作学习鼓励不同种族和族群背景的学生之间积极的社会互动，它创造了 Allport 假设的一些有利于减少歧视的条件：当学生合作时，他们有机会根据优点而不是刻板印象来评判对方。Slavin 和 Cooper（1999）回顾了关于合作学习的实地证据，这些证据普遍支持合作学习是改善群体间关系的有用工具。

例如，Slavin（1977，1979）研究了一种特殊的合作学习方法，称为学生团队成就部（Student Teams Achievement Divisions）。在这种方法下，老师讲课，然后学生在四人小组中学习工作表。在此之后，学生们进行个人测验，并根据每个学生相对于自己过去记录的进步程度来计算团队分数。团队分数在通讯（newsletters）中公布。Slavin 发现，经历这种合作学习超过 10～12 周的学生，比控制组学生获得了更多的跨种族友谊。在一年后的随访中，Slavin（1979）发现，经历过合作学习的学生平均说出了 2.4 个自己种族以外的朋友的名字，而控制组平均提到的名字不到 1 个。此外，Slavin 和 Oickle（1981）发现，由于使用相同的合作学习方法，白人对非裔美国人的友谊显著增加，但有趣的是，非裔美国人对白人的友谊并没有差异。

最近一篇经济学论文也将接触假说带到了课堂上，但实验条件并不是为了尽可能减少偏见而设计的，至少按照 Allport 的假设来说是如此。从 2007 年开始，德里的一些精英私立学校被要求为贫困学生提供入学机会。Rao（2013）利用这一政策变化，使用实验和管理数据相结合的方式研究富裕学生（来自新德里 14 所私立学校）接触贫困学生是否会影响与穷人进行社会互动或歧视的偏好、慷慨和亲社会行为，以及学习和课堂行为。他的识别策略的核心，是比较一所学校内接受干预和未接受干预的学生队列的结果。Rao 还利用了第二种更接近随机设计的识别策略。在他的样本中，一些学校按名字的字母顺序将学生分配到学习小组和学习伙伴中。因此，在这些学校中，与给定富裕学生名字相似的贫困儿童的数量，在和贫困学生的个人互动中提供了合理的外生变异。作为对接触假说的检验，第二种识别策略显然更有吸引力，因为它更集中于学生之间个人互动的变化，并排除了其他混淆因素（如教师行为的变化、课程的变化等）。

Rao（2013）发现，经济多样化的教室导致富裕学生在校外对其他贫困儿童的歧视较少。正如第 2.9 节所讨论的，Rao 测量歧视的方法是相当独特的。首先，他依赖于一个实地实验，在这个实验中，富有的参与者选择队友进行接力赛，并被迫透露他们是如何在运动能力较强的贫困学生与运动能力较差的富裕学生之间进行权衡的。使用这种歧视测量方法，Rao 发现，在学校接触贫困学生可以减少 12 个百分点的歧视。Rao 还进行了第二次实地实验。他邀请学生参加一所招收贫困学生学校的聚会，并采用激励手段来测量他们接受邀请的意愿。他发现，有贫困同学会让学生更愿意与贫困孩子一起参加聚会。特别是，它将参加聚会所需激励的平均大小减少了 19％。有一个贫困的学习伙伴（例如，单独接触）能够解释这种"玩耍意愿"提高的 70％。

当 Rao（2013）研究接触贫困学生如何影响课堂上的亲社会行为和学习时，他发现，有贫困同学会让学生变得更亲社会，可以通过他们在学校志愿参加慈善活动的历史以及在实验室进行的独裁者博弈中的行为来测量。研究结果显示，接触贫困学生不仅会让富裕学生对穷人更加仁慈，还会更广泛地影响慷慨和公平的观念。最后，Rao 表明，接触贫困同学对富裕学生的考试成绩影响有限：尽管他发现富裕学生的英语考试成绩出现了边际上显著并有意义的下降，但对印地语、数学成绩或所有科目的综合指数并没有影响。

之前回顾的各种研究表明，群际接触是减少偏见的有效工具，尽管仍有更多的工作要做，以确定在什么具体条件下接触是最有效的。然而，心理学最近的一些工作（Dixon 等，2012）提出了评估接触假说的新角度，更具体地说，它对实现更具包容性社会的最终目标的效应可能没有立即出现的效应那么明显。在这一新的研究方向下所做的观察之一是，以往的接触假说研究很少关注少数群体对接触的反应，而将重点放在接触如何改变多数群体成员的偏见水平上。在此背景下，Dixon 等（2012）提到一些观察性研究表明，虽然多数群体成员在群际接触后可能要求更多社会变革以实现包容性，但少数群体成员实际上会变得不那么渴求社会变革，因为他们认为歧视和社会不公正已经减少。最近的几项研究（Saguy 等，2009；Dovidio 等，2009；Glasford 和 Calcagno，2012）提供了与观察数据一致的实验室结果，接触条件下的少数群体成员似乎被诱导相信多数群体比真实情况更公正。如果这些效应是真实的，就很容易想象在社会层面接触会产生怎样的适得其反的效应，因为理论上更有权力的少数群体倡导者（例如，常春藤大学的非裔美国人经历了积极的群际接触）降低了他们的政治激进水平。至少，这项在心理学上具有挑衅性的新研究表明，未来群际接触假说的实地实验工作应该更加系统地收集少数群体成员对接触的反应的证据，并拓宽成功干预结果的定义。

4.3 社会认知去偏见策略

在没有直接接触的情况下，有没有可能教导个人减少对少数群体的偏见？

我们从印度拉贾斯坦邦的一个实地实验开始讨论，它提供了一个警示故事，简单地告诉人们要克服他们的刻板印象是多么容易。Banerjee 等（2013）建立了一个大规模随机试验，旨在测试公民能否学习他人关于女性领导者素质的经验。我们已经表明，在这种环境中，对女性成为决策者的能力存在很大的偏见。他们利用高质量的街头剧团，在 2010 年村委会（地方政府）选举前几周安排了一场街头表演，随后讨论了当地领导者的绩效。根据我们之前在第 4.1.2 节中讨论的研究工作，具有女性领导者的直接经历，确实会改变人们对女性领导者的态度（以及投票给女性领导者的意愿），这项研究通过向公民提供客观信息寻求检验是否可以加速这一过程，即事实上，在执行地方政府的一项关键任务时，女性和男性做得一样好。这项实验在 382 个村委会进行：在随机选择的村庄中，一场街头表演强调了当地领导者在做出关键决策时的重要性，并鼓励公民投票选举一名称职领导者。然后，它展示了在一流的就业保障计划下，所有领导者提供就业的平均绩效信息。在另一组村庄，表演和信息几乎相同，但表演脚本强调了这样一个事实，即公民往往对女性领导者有偏见，但女性也可以成为好的领导者。提供的领导者绩效的统计数据也按性别分类（结果表明，在样本地区，女性做得与男性差不多一样好）。

370　　　　主要有两个结果：第一，表演和信息运动在不强调性别时，似乎确实改变了先验。更多的候选人参选导致现任候选人参选和获胜的可能性降低。例如，在开展一般竞选活动的村庄中，现任候选人选票份额下降了 6 个百分点（或引人注目的 60%）。此外，在开展性别中立竞选的地方，现任候选人的得票率对过去的绩效变得更加敏感。然而，第二，在运动引入"性别"主题的地方，这些影响消失了：在这些村庄，干预对任何结果（包括女性参选或获胜的概率，或妇女的投票率）几乎没有影响。这就好像，当公民们了解到这场运动是为了说服他们考虑女性时，他们就失去了兴趣。这些发现凸显了在歧视盛行的环境中，与歧视做斗争的挑战①。

这项实验之所以失败，是因为它没有对偏见的结构和克服偏见的方法给予足够的重视。在过去的 20 年里，社会心理学家在实验室环境下设计并检验了一系列策略，以减少偏见和刻板印象思维。这些包括 [在 Paluck 和 Green（2009）中的分类之后]：增强意识；通过观点采择（换位思考）来瞄准情绪；瞄准价值一致性和自我价值；专家意见和问责干预；以及重新分类、去分类和交叉分类技术。

增强意识的策略受到大量著作（特别是 IAT 文献）的启发，表明偏见可以在没人意识到或认可的情况下运作。到目前为止，心理学文献中出现的最有希望增强意识的策略包括反刻板印象培训和接近回避培训。

例如，在 Kawakami 等（2000）的研究中，实验室被试接受了广泛的培训，以否定对老年人和光头（剃光头的年轻人，一般穿着厚重的靴子，通常属于工人阶级的一部分，并被刻板地认为有攻击性）的特定刻板印象。在老年人刻板印象否定条件下，研究人员要求被试在看到一张有老年人刻板印象特征的老年人照片时回答"否"，在看到一张无刻板印象特征的老年人照片时回答"是"。在光头刻板印象否定条件下，研究人员要求被试在看到一张有刻板印象特征的光头照片时回答"否"，在看到一张无刻板印象特征的光头照片时回答"是"。Kawakami 等（2000）表明，这种否定刻板印象的培训能够减少刻板印象的激活。即使参与者不再被要求"无刻板印象"，重要的是，对于那些没有直接参与否定培训阶段的刻板印象特征，也能得到这些结果。这种减少的激活水平在培训课结束 24 小时之后仍然清晰可见②。

Dasgupta 和 Greenwald（2001）报告了两个实验，在这两个实验中，他们检查了接触受尊敬和不受欢迎榜样的照片是否可以减少对白人超过美国黑人的自动偏好，以及对年轻人超过老年人的偏好。在实验 1 中，参与者接触到受尊敬的黑人 [如丹泽尔·华盛顿（Denzel Washington）] 和不受欢迎的白人 [如杰弗里·达默（Jeffrey Dahmer）]，不受欢迎的黑人 [如迈克·泰森（Mike Tyson）] 和受尊敬的白人 [如汤姆·汉克斯（Tom Hanks）]，或者非种族榜样。在榜样接触之后立刻和 24 小时后，他们完成了一项 IAT，评估了自动种族态度和两个外显

371

---

① 注意，这个样本中的保留，对保留被取消后女性参选或获胜概率的效应仍然是正向的，就像在西孟加拉邦或孟买一样：所以结果并不是因为拉贾斯坦邦的人对女性有着这种地狱般的偏见，以至于无法了解她们。只是似乎他们无法从这次干预中了解她们。

② 后续的研究部分复制并验证了最初的发现。参见 Gawronski 等（2008）。

态度测量。在干预结束后 24 小时内，接触受尊敬的黑人和不受欢迎的白人显著削弱了自动亲白人的态度，但不影响外显种族态度。实验 2 提供了使用自动年龄相关态度的重复实验。另外，Wittenbrink 等（1997）研究了观看非裔美国人在欢乐的户外烧烤或与帮派有关事件中的视频的效应。将非裔美国人置于积极环境中会产生较低的内隐偏见得分。

在 Madva（2015）评论的一系列论文中，Kawakami 和他的同事们还证明了反刻板印象培训和接近-回避培训如何减少偏见。例如，Kawakami 等（2007a）进行了一项实验室实验，要求被试将男性面孔与"敏感"等词语配对，将女性面孔与"坚强"等词语配对，从而进行性别反刻板印象培训。被试接下来评估了四份求职申请（其中两份是男性名字，两份是女性名字），申请的职位是"地区医生协会主席"。在接受过反刻板印象培训的被试中，61% 的人选择了女性担任这一职位，而在没有接受过培训的被试中，这一比例仅为 35%。

在另一个实验中，Kawakami 等（2007b）证明了"接近-回避"条件的去偏见潜力。在这项实验中，白人和亚裔参与者在看到黑人面孔时反复朝自己的方向拉操纵杆，在看到白人面孔时将其推开。在完成这项培训后，参与者在 IAT 上的内隐偏见减少了。Kawakami 等（2008）还表明，"接近-回避"条件培训是处理刻板印象威胁的一种很有前途的方法：经过反复"接近"数学相关图像（如计算器、方程式）的女本科生，随后在内隐测量上表现出对数学的更强偏好，并在数学考试中回答了更多的问题。Forbes 和 Schmader（2010）复制了 Kawakami 等（2008）的一项研究，允许去偏见培训和数学考试之间有较长延迟（24～30 小时），显示出在这种背景下，反刻板印象培训似乎比接近-回避培训更有效[①]。

因为情绪状态会影响偏见的表达，心理学家假设，鼓励感知者体验少数群体情绪的干预可能是有效的去偏见策略。若每次你走进一家商店，你的智力都会自动受到质疑，或者被侦探跟踪，这是什么感觉？观点采择（perspective taking）主张站在被刻板印象者的立场上，评估那

372

---

① 有趣的是，只有当选择最佳候选者的任务排在第二位时，即在特征评估之后，才能观察到这些效应。当这个选择任务是第一位时，接受过培训者中只有 37% 选择女性候选人。当任务的顺序改变时，也出现了类似的模式，即参与者始终对第一项任务有偏见，对第二项任务无偏见，无论实际上首先进行哪项任务。对这种效应的一种可能解释是，参与者似乎意识到研究人员在试图去除他们的偏见，并试图通过故意以更刻板的回应来修正这种感知到的效应，至少在一开始时是这样。一旦他们有机会明确抵消这种去偏见，就不再试图抵制培训，效应就会显现出来。随后，他们用反刻板印象的方式来回应。

些不断以负面方式被刻板印象化的个人的情感影响。

目前有多项研究证明，观点采择作为一种策略具有减少群际偏见的优点。有人将观点采择与减少负面群体刻板印象的激活和应用联系起来（Galinsky 和 Moskowitz，2000；Todd 等，2011）；还有人表明，通过采用特定外群体目标的观点会导致对目标群体中其他个体成员更积极的评价（Shih 等，2009），以及对目标群体整体更积极的评价（Stephan 和 Finlay，1999）。例如，Todd 等（2011）进行了一系列实验室实验，检验了观点采择对几个结果的影响：自动评估、接近-回避反应以及面对面互动时表现的行为。在其中一个实验中，参与者观看了一段视频，视频描述了一系列针对黑人男性与白人男性的歧视行为。在观看视频时，参与者要么采用黑人的观点，要么试图保持客观和超然（控制组）。研究人员在这项实验中包括了两种不同的观点采择条件。一些参与者在观看视频时试图想象黑人的想法、感受和经历（其他条件）；另一些参与者试图想象他们自己的想法、感受和经历，就像他们处于黑人的境况（自我条件）一样。在观看完视频后，参与者完成了 IAT 的一个变体，即相对于美国白人来评估黑人的自动评估。在两种观点采择条件下（其他条件和自我条件）的被试，比控制被试表现出显著更弱的亲白人偏见。

以价值一致性和自我价值为目标的策略依赖于这样一种理论，即个体希望保持有价值认知和行为之间的一致性，或者保护自我价值可能被用于导致压抑他们的偏见（Paluck 和 Green，2009）。这一领域的去偏见策略利用了认知失调和自我肯定理论。例如，在一项实验室实验中，Leippe 和 Eisenstadt（1994）应用认知失调理论，让被试认为偏见与他们的自我价值不一致：大学生在同意撰写一份支持亲黑人政策的公开声明后，软化了他们在社会政策上的反黑人立场，并报告了更多的平等主义态度和信仰。此外，Fein 和 Spencer（1997）报告说，通过圈出对他们最重要的价值来"自我肯定"的实验室被试，更有可能对犹太求职者做出正面评价[①]。

社会心理学的一系列研究表明，偏见和歧视也可能受到专家意见的影响，并对他人的信仰和行为承担更大的责任。Levy、Stroessner 和 Dweck（1998）表明，告诉实验室被试，专家认为人格是可塑的，可以减少对少数群体的刻板印象。Dobbs 和 Crano（2001）报告说，当要求

_____

① 注意，参与者中的犹太人被排除在这部分研究之外。

被试证明自己给他人的分配是合理的时，他们会给虚构的外群体分配更多点数；类似地，Bodenhausen 等（1994）表明，涉及学校纪律案件的学生如果相信他们对案件的评估要对其他同龄人负责，就不太可能对该学生形成刻板印象。

个体化（individuating）是另一种社会认知去偏见策略，它涉及收集关于一个人的背景、品位、爱好和家庭的非常具体的信息，由此做出的判断将基于这个人的细节，而不是群体特征。这种方法植根于社会认同和分类化文献，本质上是一种去分类化的努力，其中被试被要求关注个体而不是群体（Brewer，1988；Fiske 和 Neuberg，1990）。Lebrecht 等（2009）提供了个体化练习的有趣观点。在他们的研究中，在包含五个环节的培训方案中，两组高加索人被试平等地接触相同的非裔美国人面孔。在个体化条件下，被试学会了如何区分非裔美国人面孔；具体地说，他们接受了对其他种族面孔的"专门知识培训"，作者将其定义为提高观察者在培训领域内将对象进行个体化的能力，从而降低其他种族面孔的刻板印象程度。相反，在分类化条件下，被试学会了将面孔归类为非裔美国人或非非裔美国人。与分类化条件下的被试不同，个体化条件下的被试通过培训，显示出对非裔美国人面孔的歧视有所改善。此外，不同于分类化条件下的被试，个体化条件下的被试表现出内隐种族偏见的减少。仅就个体化条件而言，单个被试的内隐种族偏见减少的程度，与被试在区分非裔美国人面孔能力方面的改善程度显著相关。

受社会认同和分类文献启发的其他去偏见策略，包括重新分类和交叉分类技术，即鼓励参与者使用相同衬衫颜色或共享奖品等线索，将来自不同群体的人视为一个从属群体的一部分，或者让参与者意识到他们在第三个群体中的共同成员身份。这种重新分类和交叉分类的努力，在减少内群体偏袒和改善群体之间的合作方面取得了一些成功（Dovidio 和 Gaertner，2000；Gaertner 等，1999）。

Lai 等（2014）最近在社会认知去偏见领域进行了一项令人兴奋的研究，他试图确定减少内隐偏见的各种方法的有效性。作为一场研究竞赛，学者团队被给予 5 分钟的时间来实施干预，即他们相信会减少对白人（相比黑人）的内隐偏好（使用 IAT 测量）。目标是获得 IAT 得分，以反映对这两个群体中任何一个缺乏内隐偏好。团队提交了 18 项干预，在三项研究中大约测试了两次，总共有 11 868 名非黑人参与者。一半的干预有效减少了偏爱白人而非黑人的内隐偏见。最有效的干预如下：（1）参加一个所有队友都是黑人，而对手都是白人的体育赛事，并举行

374

不公平的比赛，随后被指示回忆黑人队友是如何帮助他们的，而白人对手没有帮助他们；（2）阅读一个图画故事，要求一个人把自己放在被白人袭击并被黑人解救的受害者角色中；以及（3）与反刻板印象的黑人［例如迈克尔·乔丹（Michael Jordan）、马丁·路德·金（Martin Luther King, Jr.）］以及反刻板印象的白人榜样［例如，蒂莫西·麦克维（Timothy McVeigh）、杰弗里·达默（Jeffrey Dahmer）］练习 IAT。

　　人们可能会对这一实验室证据与实地的相关性感到担忧，因为它只能记录相当短期的效应（最高 24 小时），因此与现实世界的相关性有限。然而，即使是这么短的时间框架，也可能与一些重要的决定有关，这些决定已被证明是有偏见的，比如人力资源经理决定是否传递给定简历或教师评分决定。因此，我们认为，即使是短期效应也可能与现实世界相关。

　　然而，这种实验室证据不允许我们评估的是，如果同一个人（例如，人力资源经理）反复接触这种去偏见策略（例如，每次他或她坐下来开始评阅简历或给考试评分），这些短期效应会有什么不同。³⁷⁵

　　心理学中的其他一些去偏见工作已在认真对待这种对一次性、短期干预的担忧，并询问是否可以建立相关的策略来持久地减少偏见。Devine 和一系列合著者的工作特别令人感兴趣。Devine（1989）提出了一种打破习惯的方法来减少偏见，并将内隐偏见比作通过社会化经验养成的根深蒂固的习惯。因此，"打破"内隐偏见的"习惯"需要学习激活偏见的背景，以及如何用反映一个人非偏见目标的反应来取代有偏见的反应。Devine 和 Monteith（1993）以及 Plant 和 Devine（2009）争辩说，打破偏见习惯的动机有两个来源。首先，人们必须意识到自己的偏见，也必须关注偏见的后果，才会有动力努力消除偏见。其次，人们需要知道什么时候可能会出现有偏见的反应，以及如何用更符合他们目标的反应来取代这些有偏见的反应。

　　Devine 等（2012）开发和测试了一种更长期的干预，帮助人们减少内隐偏见，并"打破偏见习惯"。参与者是心理学概论课程中的 91 名非黑人学生，他们完成了为期 12 周的纵向研究来获得课程学分。干预的主要内容如下。首先，为了确保他们意识到自己的偏见，所有参与者都完成了一项内隐偏见的测量，并收到了关于他们偏见水平的反馈。研究者提供了一个偏见教育和培训项目给被分配到干预组的人，目标是唤起他们对内隐偏见的普遍关注，并培训人们消除这些偏见。项目持续了 45 分钟。教育部分将表达内隐偏见比作一种习惯，并提供信息，将内隐偏见与各种环境（如人际、就业、健康）中的歧视行为联系起来。培训部分描述了如何在日常生活中应用各种减少偏见的策略。培训部分为参与者提供了广泛的策略（包括下一节讨论的许多策略，例如采用被污名化的其他人的观点，想象反刻板印象的例子，接受否定刻板印象联想的培训，以及个体化），以及与少数群体成员进行积极互动的机会（例如，群际接触）。这使得参与者能够灵活地选择最适用于生活中不同情境的策略。

在干预之后 4 周和 8 周，干预组参与者的 IAT 得分低于控制组参与者；而且，4 周和 8 周的效应之间没有系统性差异，表明内隐种族偏见的减少随着时间的推移持续存在。这些数据提供了第一手证据，表明受控的随机干预可以持久地减少内隐偏见。干预没有改变参与者报告的种族态度，但确实影响了参与者对歧视的担忧，以及他们对个人偏见的认识。此外，对歧视的担忧也成为干预效应的调节变量。干预似乎在第 2 周引发了对歧视的担忧，干预组中内隐偏见减少最多的，是那些经历了越来越多担忧的被试。

尽管对这些不同的社会认知去偏见技术，心理学进行了大量的理论和实验室实验工作，但值得注意的是，在实地中对这些技术的评估却非常少。

Paluck 和 Green（2009）对前面列举的去偏见技术的随机实地证据进行了彻底的文献搜索。虽然他们识别的实地实验数量并不算少（71个），但他们调查的大部分工作并非由心理学文献直接指导，也无法被合并到之前综述的基于实验室的具体策略的目录中。此外，现有的实地研究很少是为了跟踪行为结果测量的变化而设计的。现有实地研究的模式还包括非常短期的追踪（通常在一天之内），并在教室环境中与学生总体一起进行，因此，即使不是明确地在实验室进行的，也与实验室环境非常相似。

到目前为止，最常见的是依赖于各种娱乐形式（书籍、电影、动画片等）的干预，以便创造一个旨在改变刻板印象思维的有说服力的叙述。然而，在许多情况下，娱乐内容并非基于指导实验室工作的特定心理学理论，因此很难将实验室和实地证据直接联系起来。例如，Paluck 和 Green（2009）识别了几个在学校进行的随机实地实验，以测量阅读对偏见的影响。这项工作表明，通过阅读与研究总体相似儿童与不同种族儿童之间接触的内容（例如，群际友谊），以及阅读强调少数群体人物的个人特征而非群体成员特征的内容（例如，个体化），自我报告的偏见减少了。但还有一种可能，阅读干预可能是有效的，因为它们通过观点采择（例如，设身处地地为书中少数群体人物着想）而引起了情感反应，或者因为它们是沟通社会规范（例如，对其他人正在做什么的描述，因此读者应该做什么）的渠道。

Paluck 和 Green（2009）还识别了一些基于指令（而不是基于叙事）的实地干预。然而，在这种情况下，干预的内容很少直接由实验室证据来指导，缺乏理论基础可能在一定程度上解释了缺乏令人印象深刻的发现。一个例外是 Lustig（2003）的研究，该研究评估了以色列的一个培训项目，该项目旨在鼓励观点采择和同理心，以减少犹太 12 年级学生对巴勒斯坦人的偏见。Lustig（2003）报告了在犹太学生中令人鼓舞的发现，这些学生被要求从巴勒斯坦人的角度写一篇关于以巴冲突的文章。

旨在直接测试意识提高、价值一致性和自我价值以及重新分类、去分类和交叉分类技术的随机实地研究，基本上用一只手就可以数完[①]。所有这些研究都是在学生总体中进行的，并产生了喜忧参半的结果。

与此同时，我们相信，每年有数以百计的反偏见干预直接受到了前面描述的实验室文献的启发，这些干预不仅在学校，也在商业和政府环境中发生，但却没有得到严格评估。对于研究人员来说，最重要的是，与有兴趣的组织建立伙伴关系，以便更好地了解他们正在投入资源的多样性培训项目的价值，无论是对偏见的直接影响，还是对组织绩效的最终影响。人力资源部门、警察部门和法庭只是可能的真实世界环境中的一小部分，在这些环境中，可以对大量基于实验室的文献进行急需的实地验证。

例如，美国司法部正在资助为警察人员开发一门反映公平和公正警务观点的课程。这一培训项目将当代关于偏见的科学应用于警务：它培训警官来了解内隐偏见的影响，并为他们提供减少和管理偏见所需的信息和技能。该课程不仅涉及种族/族群偏见，而且涉及基于性别、性取向、宗教、社会经济地位等其他因素的偏见。在前面描述的各种实验室测试方法的启发下，警官们学习技能，以减少和管理自己的偏见。来自全国各地的研究人类偏见的社会心理学家，是帮助设计课程的团队成员。虽然这一项目已经在各种目标受众（新警官/巡逻警官、一线主管、

---

① 参见 Houlette 等（2004）的重新分类，Rokeach（1971，1973）的价值一致性，Katz 和 Zalk（1978）以及 Katz（2000）的认知再培训，Lustig（2003）的观点采择。

中层管理人员、指挥人员和执法培训人员）中实施，但据我们所知，它并没有受到严格的评估。

作为另一个例子，最近几年有很多关于如何使用前面描述的社会去偏见技术来消除法官和陪审员偏见的讨论。Kang 等（2012）讨论了将这些技术引入法庭的可能方式。他们认为：

> 在法庭和法院大楼里，应该使用照片、海报、屏幕保护程序、小册子和装饰品，让审判过程中的参与者想起反典型的范例或联想。对于陪审员来说，法庭希望通过提醒他们反典型的联想从而在法庭上暂时激活不同的心理模式，来减少内隐偏见对他们决策的影响。

378 此外，Elek 和 Agor（2014）显示了如何通过简单地修改法官向陪审团传达的标准说明，将去偏见策略带到法庭上，例如包括承认偏见的普遍性和明确鼓励观点采择。

4.4 技术去偏见

Stanovich 和 West（2000）提出了系统 1 和系统 2 的认知功能的一个重要区别。系统 1 对应于直觉推理，它往往是快速的、隐含的和情绪化的。相比之下，系统 2 的推理往往更慢、更明确、更有逻辑性。在我们知道可能存在内隐偏见的情境下，例如在评估职位广告的不同候选人时，完全依赖系统 1 可能是危险的。

先前的研究已经表明了系统 1 的推理更有可能发生的条件。模糊的或不熟悉的情境往往与系统 1 相关：没有具体的决策标准，个人将依靠最容易获得的信息，包括刻板印象，来做出决策（Dovidio 和 Gaertner，2000；Johnson 等，1995）。愤怒或厌恶等情绪状态也被证明会导致对少数群体成员的更多偏见，即使这些情绪不是由少数群体成员本身引发的，也不是与决策情境直接相关的（DeSteno 等，2004；Dasgupta 等，2009）。有趣的是，尽管确切的机制尚不清楚，但研究表明，即使是快乐也会产生更多的刻板印象判断（Bodenhausen 等，1994）。重要的是，疲劳、时间压力、繁重的工作量、压力、紧急情况或分心状态也会触发更多的系统 1 推理和更多的刻板印象判断（Eells 和 Showalter，1994；Hartley 和 Adams，1974；Keinan，1987；Van Knippenberg 等，1999；Bodenhausen 和 Lichtenstein，1987；Gilbert 和 Hixon，1991；Sherman 等，1998）。

例如，Correll 等（2002）在实验室中使用电子游戏来评估种族对射击/不射击决定的影响，目标是持枪或持有非威胁性物体的人。虽然所有被试都被指示射击武装目标，不射击非武装目标，但被试会犯错误，这些错误与目标种族有系统的关联：他们不成比例地射杀非武装的黑人，而不射杀武装的白人。随后的研究表明，这种"枪手偏见"在被试疲惫（Ma 等，2013）、匆忙（Payne 等，2006）或看不清楚（Payne等，2005）的情况下更加普遍。

在 Danziger 等（2011）的实地研究中，法官的假释判决提供了另一个有趣的例证。他们的研究样本是以色列监狱假释委员会举行的1 112 个听证会，为期 10 个月。这些裁决由 8 名经验丰富的以色列犹太人法官做出，每位法官一天审议 14～35 个案件，每个判决花费大约 6分钟。法官有两次进餐时间，因此将一天分为三个环节。Danziger 等（2011）发现，在每个决策环节内，有利裁决的比例从 65％下降到几乎 *379*为零，在进餐休息后回到 65％。研究人员将结果归因于重复任务耗尽了法官的精神资源：当资源被耗尽时，法官开始选择简单的默认选项，即拒绝假释。而吃东西休息一下有助于补充法官们的精力。但是，研究人员没有发现任何证据表明，每一环节中做决定的时机会影响基于性别、族群或犯罪严重程度的歧视。

Casey 等（2012）研究了是什么触发了系统 1 与系统 2 的思维，以及如何基于这种知识来帮助在技术上消除法庭中的偏见。例如，作者讨论了在内隐偏见可能令人担忧的案件上，如何允许陪审员有更多的时间，例如，在做决定之前花更多时间来审查案件事实。此外，法院可以审查法官和其他决策者负担过重的情境，并考虑各种选项（例如，重新安排法院日历）以便为决策提供更多时间。此外，陪审员会被要求在审查案件之前承诺遵守决策标准。此外，法庭可以考虑使用具有特殊专业知识的法官来处理更加模棱两可的案件。Casey 等（2012）对法庭环境提出的许多可能的策略自然可以被应用于其他真实世界的环境，其中的决策偏见已被记录了下来。

当与特定决策过程相关的输入和结果历史数据可用时（例如，是否准予因犯假释），迈向系统 2 推理的另一种策略可能是构建统计模型，模型将输入（例如，过去的犯罪历史）自动映射到对相关结果的预测中（例如，累犯可能性）。这样的统计模型可以产生比专家更好的预测

(Dawes，1971)[①]。同样重要的是，使用简单的统计模型或更复杂的机器学习模型可以为决策者配备一种工具，帮助他们消除选择的偏见。更多的研究应该致力于测试这种方法在不同领域中的可行性。

随着更好地了解在特定环境中为什么会发生歧视，设计适当的技术去偏见策略将变得更容易。正如我们之前在第 2.5 节中所讨论的，Bartoš 等（2013）令人信服地证明，人力资源经理在注意力分配方面存在种族差距。一旦他们在简历上看到少数群体的名字，他们就会较少关注那份简历。这些发现证实了一种做法的价值，即对非少数群体和少数群体（或跨性别）的申请者单独排名，然后比较各自群体中领先的候选人。可以将此规则视为在预选过程中提供配额。我们不知道对这种策略是否有任何系统的评估。

380　　此外，由于决策者了解群体属性（如姓名）的时间越早，关注后续信息（如教育或资格）的不对称性就越大，Bartos 等（2013）的发现通过在选择过程中抑制群体属性的信号进一步证明了这种情况。近年来，政策制定者对这一特殊技术方法给予了相当大的关注，并在实地中进行了评估。特别是，对于使用"盲"招聘程序的可能性，大量通信研究提高了人们的兴趣。在某些招聘环境下，整个招聘过程可以匿名进行。Goldin 和 Rouse（2000）著名的研究表明，美国交响乐团在进行盲海选时雇用了更多的女性。然而，在大多数其他情况下，只有招聘的第一阶段是匿名的：匿名申请程序就是这种例子，比如在第一次遴选阶段隐藏简历中的身份特征。

在几个欧洲国家，已经对这种简历匿名化的影响进行了试点研究，包括在法国、荷兰、瑞典和德国进行了相对较大规模的实地实验。这些实验在 Krause 等（2012b）的研究中进行了总结。其中只有一个研究子集是真正随机的，我们集中讨论这个子集[②]。

---

①　Moore 等（2010）研究了研究生招生官员对成绩的解释，强调了线性模型在招聘、录取和选择决策中的价值。

②　Åslund 和 Skans（2012）分析了 2004—2006 年在瑞典哥德堡市地方行政部门进行的一项实验。基于双重差分方法，作者发现，与标准申请相比，匿名求职申请增加了女性和非西方血统的申请者获得面试邀请的机会。少数群体候选人在第一阶段的机会增加，也转化为妇女就业机会到达率更高，但移民就业机会却没有增加。在荷兰，2006 年和 2007 年在荷兰一个主要城市的公共行政部门进行了两次实验（Bøg 和 Kranendonk，2011）。实验的重点是少数群体。少数群体候选人在标准申请下的较低回电率在采用匿名求职申请后消失了。然而，关于工作机会，作者没有发现少数和多数群体候选人之间有任何区别，无论他们的简历是否被匿名处理。

2010 年和 2011 年，法国政府发起了一项实验，由法国公共就业服务机构实施。它涉及 8 个当地劳动力市场的约 1 000 个公司，总共持续了大约 10 个月（Behaghel 等，2014）。

在志愿参与的公司中，简历要么匿名发送，要么非匿名发送。实验的主要发现可以概括如下。首先，女性从匿名求职的较高回电率中受益，至少在她们与男性求职者竞争的情况下是这样。其次，也是最有趣的是，移民和贫困社区的居民在匿名求职申请中受到了损害。他们的匿名求职申请的回电率低于标准申请。这种对少数群体候选人的不利影响，与政策制定者所希望的正好相反。考虑法国通信测试的现有证据（Duguet 等，2010），这是一个令人惊讶的结果。该研究显示某些工作岗位对少数群体候选人有歧视，而其他工作则没有歧视，但从未对多数群体候选人有歧视。Behaghel 等（2014）基于同意参与实地实验公司的自选择来解释这些令人惊讶的结果。在被联系邀请参与实验的公司中，有 62% 接受了邀请。在大多数可观察的维度上，虽然参与公司与拒绝参与公司非常相似，但有一个显著的例外：参与公司倾向于面试和聘用相对更多的少数群体候选人（当使用标准简历时）。因此，匿名化妨碍了选定公司在实验期间更有利地对待少数群体候选人。因此，如果所有公司都强制实施，实验结果不能被认为代表了匿名化可能获得的效果。在方法论上，这篇文章提供了一个有价值的例子，说明了在试图推广实地实验的发现时存在的一种危险。如果被试在实验中有相当大的选择或自选择空间，外部效度就很难得到保证（Heckman，1992；Allcott，2015）。

另一项大规模随机实地实验于 2010 年初在德国进行（Krause 等，2012a）。一项关于德国公司招聘决策中的歧视的德国通信测试研究（Kaas 和 Manger，2012）的发表引发了一场激烈的公开辩论[①]。在此背景下，德国联邦反歧视局启动了一项针对匿名求职申请的实地实验来研究在打击招聘歧视方面的潜力。这个实验也受限于参与中的选择性，有八个组织自愿加入实验。匿名的特征包括申请人的姓名和联系方式、性别、国籍、出生日期和地点、残疾、婚姻状况和申请人的照片[②]。与法

---

① 研究发现，名字听起来像土耳其语名字的申请者，收到求职面试邀请的可能性平均比听起来像德语名字的申请者低 14 个百分点。在中小企业中，这一差异更大，达到 24 个百分点。

② 这项研究被进一步设计来评估从申请中删除身份标识的不同方法的实用性；实用性是通过采访这些公司的人力资源专家来评估的。考虑了四种方法：（1）标准化的申请表，其中不包括敏感信息；（2）改进现有的在线申请表，使敏感信息被禁用；（3）将申请人的非敏感信息复制到另一份文件中；（4）将原始申请文件中的敏感信息涂黑。

国的研究不同，作者发现，匿名化导致对少数群体的歧视减少。此外，匿名申请在实施上并不太困难，由申请人填写的标准化申请表似乎是使申请匿名的最有效和最高效的方式。

5 结 论

382 　　我们围绕三个重要主题组织了这一章：歧视的测量，歧视的后果，以及有助于消除歧视的因素和政策。从我们对每个主题下的现有实地实验的回顾中可以明显看出，相比已解决的问题，仍然有更多未回答或未探讨的问题。

　　到目前为止，在这一领域进行的大部分实地实验都与使用通信方法来测量歧视有关。这一系列工作证明，世界各地（至少在劳动力市场和租赁市场）对少数群体的差别对待是多么的普遍。这些研究通常关注单一国家的单一少数群体，在当地媒体和舆论中引发了重要的辩论，从这一角度来看，每一项研究都具有附加价值。在许多研究领域，研究人员都在回避复制，但令人耳目一新的是，这里的情况并非如此。这很可能是因为，在特定国家证明差别对待似乎是一个足够重要的目标。另外，在继续利用通信方法来超越纯粹的差别对待测量上，研究人员的能力受到了更多限制。令人失望的是，通信研究的实施方式几乎没有方法论上的创新。主要的创新可能是利用这种方法来研究种族、性别或族群以外的其他特征的差别对待，例如在最近的一组研究中，使用这种方法来研究对长期失业者的歧视。虽然人们可能由此得出通信方法可能已经达到了它的全部潜力的结论，但最近的论文，如 Bartoš 等（2013）表明，它可以被用来研究歧视的动态（在这种情况下是内生的注意力分配），这表明更具创造性的用途还有待探索。

　　或许，经济学家们将太多的注意力投放在使用实地实验测量歧视的程度上，所以在设计创造性的方法来更好地记录其后果或者更好地消除它等方面的活动要少得多。考虑到这类工作可以建立在丰富的理论和实验室文献（主要是心理学）基础上，后两个主题的实地证据的匮乏尤其令人震惊。关于歧视的后果这一主题，我们很高兴看到最近的一些论文，比如 Glover 等（2015）的研究，发展了创造性的实地设计，以证明歧视如何能够自我延续（self-perpetuating）。我们认为，这一章的最后一个主题，破坏歧视的干预，特别适合于实地实验。令人吃惊的是，经济学中这个问题的大部分研究都集中在接触假说和接触效应上，然而，心理学家已经提出了其他许多消除偏见的策略，并在实验室中进行了评估。我们强烈鼓励研究人员在不久的将来承担这项工作。与愿意为不同去偏见策略提供试验场的组织建立更多的伙伴关系，将特别有助于推进这项工作。更广泛地说，虽然过去十年的实地实验有助于记录歧视的普遍程度，但未来十年的实地实验在分离出有效方法来打击歧视方面应当发挥同样大的作用。

383

参考文献

Abrevaya, J., Hamermesh, D. S., 2012. Charity and favoritism in the field: are female economists nicer (to each other)? Rev. Econ. Statistics 94 (1), 202-207.

Acquisti, A., Fong, C. M., 2013. An Experiment in Hiring Discrimination via Online Social Networks. http://dx.doi.org/10.2139/ssrn.2031979. Available at SSRN: http://ssrn.com/abstract=2031979.

Ahern, K. R., Dittmar, A. K., 2012. The changing of the boards: the impact on firm valuation of mandated female board representation. Q. J. Econ. 127 (1), 137-197.

Ahmed, A. M., Hammarstedt, M., 2008. Discrimination in the rental housing market: a field experiment on the internet. J. Urban Econ. 64 (2), 362-372.

Ahmed, A. M., Hammarstedt, M., 2009. Detecting discrimination against homosexuals: evidence from a field experiment on the internet. Economica 76 (303), 588-597.

Ahmed, A. M., Andersson, L., Hammarstedt, M., 2010. Can discrimination in the housing market be reduced by increasing the information about the applicants? Land Econ. 86 (1), 79-90.

Ahmed, A. M., Andersson, L., Hammarstedt, M., 2012. Does age matter for employability? A field experiment on ageism in the Swedish labour market. Appl. Econ. Lett. 19 (4), 403-406.

Ahmed, A. M., Andersson, L., Hammarstedt, M., 2013. Are gay men and lesbians discriminated against in the hiring process? South. Econ. J. 79 (3), 565-585.

Aigner, D. J., Cain, G. G., 1977. Statistical theories of discrimination in labor markets. Industrial Labor Relat. Rev. 175-187.

Alesina, A., Ferrara, E. L., 2005. Ethnic diversity and economic performance. J. Econ. Literature 43, 762-800.

Allcott, H., 2015. Site selection bias in program evaluation. Q. J. Econ. 130 (3).

Allport, G. W. , 1954. The Nature of Prejudice. Addison-Wesley, Cambridge, MA.

Altonji, J. G. , Blank, R. M. , 1999. Chapter 48: race and gender in the labor market. Handb. Labor Econ. 3 (C), 3143 – 3259.

Arkes, H. R. , Tetlock, P. E. , 2004. Attributions of implicit prejudice, or "would Jesse Jackson 'fail' the implicit association test?" . Psychol. Inq. 15 (4), 257 – 278.

Aronson, J. , Fried, C. B. , Good, C. , 2002. Reducing the effects of stereotype threat on African American college students by shaping theories of intelligence. J. Exp. Soc. Psychol. 38 (2), 113 – 125.

Arrow, K. J. , 1973. The theory of discrimination. Discrimination Labor Mark. 3 (10), 3 – 33.

Åslund, O. , Nordströum Skans, O. , 2012. Do anonymous job application procedures level the playing field? Industrial Labor Relat. Rev. 65 (1), 82 – 107.

Ayres, I. , Siegelman, P. , 1995. Race and gender discrimination in bargaining for a new car. Am. Econ. Rev. 85 (3), 304 – 321.

Babad, E. Y. , Inbar, J. , Rosenthal, R. , 1982. Pygmalion, Galatea, and the Golem: investigations of biased and unbiased teachers. J. Educ. Psychol. 74 (4), 459.

Baert, S. , Cockx, B. , Gheyle, N. , Vandamme, C. , 2013. Do employers discriminate less if vacancies are difficult to fill? Evidence from a field experiment. In: IZA Discussion Paper, pp. 1 – 30.

Bagues, M. , Perez-Villadoniga, M. J. , 2012. Do recruiters prefer applicants with similar skills? Evidence from a randomized natural experiment. J. Econ. Behav. Organ. 82 (1), 12 – 20.

Bagues, M. , Zinovyeva, N. , 2015. The role of connections in academic promotions. Am. Econ. J. Appl. Econ. 7 (2), 264 – 292.

Bagues, M. , Sylos-Labini, M. , Zinovyeva, N. , 2014. Do gender quotas pass the test? Evidence from academic evaluations in Italy. In: Scuola Superiore Sant'Anna, LEM Working Paper Series, vol. 14.

384 Bagues, M. F. , Esteve-Volart, B. , 2010. Can gender parity break the glass ceiling? Evidence from a repeated randomized experiment. Rev. Econ. Stud. 77 (4), 1301 – 1328.

Bailey, J. , Wallace, M. , Wright, B. , 2013. Are gay men and lesbians discriminated against when applying for jobs? A four-city, internet-based field experiment. J. Homosex. 60 (6), 873 – 894.

Baldini, M. , Federici, M. , 2011. Ethnic discrimination in the Italian rental housing market. J. Hous. Econ. 20 (1), 1 – 14.

Banaji，M.，Nosek，B. A.，Greenwald，A. G.，2004. No place for Nostalgia in science: a response to Arkes and Tetlock. Psychol. Inq. 15 (4)，279 – 310.

Banaji，M. R.，Greenwald，A. G.，1995. Implicit gender stereotyping in judgments of fame. J. Personality Soc. Psychol. 68 (2)，181.

Banerjee，A.，Pande，R.，2009. Parochial politics: ethnic preferences and politician corruption. In: CEPR Discussion Paper No. DP6381.

Banerjee，A.，Bertrand，M.，Datta，S.，Mullainathan，S.，2009. Labor market discrimination in Delhi: evidence from a field experiment. J. Comp. Econ. 37 (1)，14 – 27.

Banerjee，A.，Green，D.，Green，J.，Pande，R.，2010. Can Voters Be Primed to Choose Better Legislators? Experimental Evidence from Rural India. Unpublished manuscript，available at: http://www. povertyactionlab. org/node/2764.

Banerjee，A.，Duflo，E.，Imbert，C.，Pande，R.，2013. Entry，exit，and candidate selection: evidence from India. In: Mimeo，3ie Grantee Final Report.

Bardhan，P. K.，Mookherjee，D.，Torrado，M. P.，2010. Impact of political reservations in West Bengal local governments on anti-poverty targeting. J. Glob. Dev. 1 (1).

Bartoš，V.，Bauer，M.，Chytilová，J.，Matějka，F.，2013. Attention discrimination: theory and field experiments. In: CERGE Working Paper，1211 – 3298.

Beaman，L.，Chattopadhyay，R.，Duflo，E.，Pande，R.，Topalova，P.，2009. Powerful women: does exposure reduce bias? Q. J. Econ. 124 (4)，1497 – 1540.

Beaman，L.，Duflo，E.，Pande，R.，Topalova，P.，2010. Political reservation and substantive representation: evidence from Indian village councils. In: Berry，S.，Bosworth，B.，Panagariya，A.（Eds.），India Policy Forum 2010 – 11，Volume 7. SAGE Publications Inc.

Beaman，L.，Duflo，E.，Pande，R.，Topalova，P.，2012. Female leadership raises aspirations and educational attainment for girls: a policy experiment in India. Science 335 (6068)，582 – 586.

Becker，G. S.，1957. The Economics of Discrimination. University of Chicago Press.

Behaghel，L.，Crépon，B.，Barbanchon，T. L.，2014. Unintended effects of anonymous resumes. In: CEPR Discussion Paper No. DP10215.

Benjamin，D. J.，Choi，J. J.，Joshua Strickland，A.，2010. Social identity and preferences. Am. Econ. Rev. 100，1913 – 1928.

Bertrand，M.，Mullainathan，S.，2004. Are Emily and Greg more employable than Lakisha and Jamal? A field experiment on labor market discrimination. Am. Econ. Rev. 94 (4)，991 – 1013.

Bertrand, M., Schoar, A., 2003. Managing with style: the effect of managers on firm policies. Q. J. Econ. 118 (4), 1169 – 1208.

Bertrand, M., Chugh, D., Mullainathan, S., 2005. Implicit discrimination. Am. Econ. Rev. 94 – 98.

Besley, T., Coate, S., 1997. An economic model of representative democracy. Q. J. Econ. 85 – 114.

Besley, T. J., Folke, O., Persson, T., Rickne, J., 2013. Gender quotas and the crisis of the mediocre man: theory and evidence from Sweden. In: IFN Working Paper.

Betz, D. E., Sekaquaptewa, D., 2012. My fair Physicist? Feminine math and science role models demotivate young girls. Soc. Psychol. Personality Sci. 3 (6), 738 – 746.

Bhavnani, R. R., 2009. Do electoral quotas work after they are withdrawn? Evidence from a natural experiment in India. Am. Political Sci. Rev. 103 (01), 23.

Biddle, J. E., Hamermesh, D. S., 1998. Beauty, productivity and discrimination: lawyers' looks and lucre. J. Labor Econ. 15, 172 – 201.

Blackwell, L. S., Trzesniewski, K. H., Dweck, C. S., 2007. Implicit theories of intelligence predict achievement across an adolescent transition: a longitudinal study and an intervention. Child. Dev. 78 (1), 246 – 263.

385 Blommaert, L., Coenders, M., van Tubergen, F., 2014. Discrimination of Arabic-named applicants in The Netherlands: an internet-based field experiment examining different phases in online recruitment procedures. Soc. Forces 92 (3), 957 – 982.

Bodenhausen, G. V., Lichtenstein, M., 1987. Social stereotypes and information-processing strategies: the impact of task complexity. J. Personality Soc. Psychol. 52 (5), 871.

Bodenhausen, G. V., Kramer, G. P., Süsser, K., 1994. Happiness and stereotypic thinking in social judgment. J. Personality Soc. Psychol. 66 (4), 621.

Bøg, M., Kranendonk, E., 2011. Labor market discrimination of minorities? Yes, but not in job offers. In: MPRA Paper No. 33332.

Boisjoly, J., Duncan, G. J., Kremer, M., Levy, D. M., Eccles, J., 2006. Empathy or antipathy? The impact of diversity. Am. Econ. Rev. 96 (5), 1890 – 1905.

Booth, A., Leigh, A., 2010. Do employers discriminate by gender? A field experiment in female-dominated occupations. Econ. Lett. 107 (2), 236 – 238.

Booth, A. L., Leigh, A., Varganova, E., 2011. Does ethnic discrimination vary across minority groups? Evidence from a field experiment. Oxf. Bull. Econ. Statistics 74 (4), 547 – 573.

Bosch, M., Angeles Carnero, M., Farré, L., 2010. Information and discrimination in the rental housing market: evidence from a field experiment. Regional Sci.

Urban Econ. 40 (1), 11 - 19.

Boschini, A., Muren, A., Persson, M., 2009. Constructing Gender in the Economics Lab. Technical report. Stockholm University, Department of Economics.

Brewer, M. B., 1981. Ethnocentrism and its role in interpersonal trust. Sci. Inq. Soc. Sci. 214.

Brewer, M. B., 1988. A dual process model of impression formation. In: Wyer, R., Srull, T. (Eds.), Advances in Social Cognition, vol. 1. Lawrence Erlbaum Associates, Inc., Hillsdale, NJ, pp. 1 - 36.

Broder, I. E., 1993. Review of NSF economics proposals: gender and institutional patterns. Am. Econ. Rev. 964 - 970.

Brown, C., Gay, P., 1985. Racial Discrimination: 17 Years After the Act. Policy Studies Institute.

Burns, J., Corno, L., La Ferrara, E., 2015. Interaction, Prejudice and Performance. Evidence from South Africa. Working Paper.

Bursell, M., 2007. What's in a name? A field experiment test for the existence of ethnic discrimination in the hiring process. SULCIS WP 7.

Carlsson, M., 2011. Does hiring discrimination cause gender segregation in the Swedish labor market? Fem. Econ. 17 (3), 71 - 102.

Carlsson, M., Eriksson, S., 2014. Discrimination in the rental market for apartments. J. Hous. Econ. 23, 41 - 54.

Carpusor, A. G., Loges, W. E., 2006. Rental discrimination and ethnicity in names. J. Appl. Soc. Psychol. 36 (4), 934 - 952.

Casey, P. M., Warren, R. K., Cheesman, F. L., Elek, J. K., 2012. Helping Courts Address Implicit Bias. Technical report. National Center for State Courts, Williamsburg, VA.

Charles, K. K., Guryan, J., 2008. Prejudice and wages: an empirical assessment of Becker's "the economics of discrimination". J. Political Econ. 116 (5), 773 - 809.

Chattopadhyay, R., Duflo, E., 2004. Women as policy makers: evidence from a randomized experiment in India. Econometrica 72, 1409 - 1443.

Cheryan, S., Oliver Siy, J., Vichayapai, M., Drury, B. J., Kim, S., 2011. Do female and male role models who embody STEM stereotypes hinder women's anticipated success in STEM? Soc. Psychol. Personality Sci. 2 (6), 656 - 664.

Clots-Figueras, I., 2009. Are Female Leaders Good for Education? Evidence from India. Universidad Carlos III de Madrid, Mimeo.

Clots-Figueras, I., 2011. Women in politics: evidence from the Indian states. J. Public Econ. 95 (7 - 8), 664 - 690.

Coate, S., Loury, G., 1993. Antidiscrimination enforcement and the problem of patronization. Am. Econ. Rev. 92 – 98.

Coffman, K. B. , Coffman, L. C. , Keith, M. , 2013. Marzilli Ericson. The size of the LGBT population and the magnitude of anti-gay sentiment are substantially underestimated. In: NBER Working Paper No. 19508.

386 Cohen, G. L. , Garcia, J. , Apfel, N. , Master, A. , 2006. Reducing the racial achievement gap: a social-psychological intervention. Science 313 (5791), 1307 – 1310.

Cohen, G. L. , Garcia, J. , Purdie-Vaughns, V. , Apfel, N. , Brzustoski, P. , 2009. Recursive processes in self-affirmation: intervening to close the minority achievement gap. Science 324 (5925), 400 – 403.

Correll, J. , Park, B. , Judd, C. M. , Wittenbrink, B. , 2002. The police Officer's dilemma: using ethnicity to disambiguate potentially threatening individuals. J. Personality Soc. Psychol. 83 (6), 1314 – 1329.

Cross, H. , Kenney, G. , Mell, J. , Zimmerman, W. , 1990. Employer hiring practices: differential treatment of Hispanic and Anglo job seekers. In: Urban Institute Report 90 – 4.

Danziger, S. , Levav, J. , Avnaim-Pesso, L. , 2011. Extraneous factors in judicial decisions. Proc. Natl. Acad. Sci. U. S. A. 108 (17), 6889 – 6892.

Dasgupta, N. , Asgari, S. , 2004. Seeing is believing: exposure to counterstereotypic women leaders and its effect on the malleability of automatic gender stereotyping. J. Exp. Soc. Psychol. 40 (5), 642 – 658.

Dasgupta, N. , Greenwald, A. G. , 2001. On the malleability of automatic attitudes: combating automatic prejudice with images of admired and disliked individuals. J. Personality Soc. Psychol. 81 (5), 800.

Dasgupta, N. , DeSteno, D. , Williams, L. A. , Hunsinger, M. , 2009. Fanning the flames of prejudice: the influence of specific incidental emotions on implicit prejudice. Emotion 9 (4), 585.

Dawes, R. M. , 1971. A case study of graduate admissions: application of three principles of human decision making. Am. Psychol. 26, 180 – 188.

Dee, T. S. , 2009. Stereotype Threat and the Student-Athlete. NBER Working Paper No. 14705.

DeSteno, D. , Dasgupta, N. , Bartlett, M. Y. , Cajdric, A. , 2004. Prejudice from thin air: the effect of emotion on automatic intergroup attitudes. Psychol. Sci. 15 (5), 319 – 324.

Devine, P. G. , 1989. Stereotypes and prejudice: their automatic and controlled components. J. Personality Soc. Psychol. 56, 5 – 18.

Devine, P. G. , Monteith, M. J. , 1993. The role of discrepancy-associated affect in prejudice reduction. In: Mackie, D. M. , Hamilton, D. L. (Eds.), Affect, Cognition, and Stereotyping: Interactive Processes in Group Perception. Academic Press, San Diego, CA, pp. 317 – 344.

Devine, P. G. , Forscher, P. S. , Austin, A. J. , Cox, W. T. L. , 2012. Long-term reduction in implicit race bias: a prejudice habit-breaking intervention. J. Exp. Soc. Psychol. 48 (6), 1267 – 1278.

Dickson, E. S. , Scheve, K. , 2006. Social identity, political speech, and electoral competition. J. Theor. Polit. 18 (1), 5 – 39.

Dixon, J. , Levine, M. , Reicher, S. , Durrheim, K. , 2012. Beyond prejudice: are negative evaluations the problem and is getting us to like one another more the solution? Behav. Brain Sci. 35 (6), 411 – 425.

Dobbs, M. , Crano, W. D. , 2001. Outgroup accountability in the minimal group paradigm: implications for aversive discrimination and social identity theory. J. Personality Soc. Psychol. 27, 355 – 364.

Doleac, J. L. , Stein, L. C. D. , 2013. The visible hand: race and online market outcomes. Econ. J. 123 (572), F469 – F492.

Dovidio, J. F. , 2001. On the nature of contemporary prejudice: the third wave. J. Soc. Issues 57 (4), 829 – 849.

Dovidio, J. F. , Gaertner, S. L. , 2000. Aversive racism and selection decisions: 1989 and 1999. Psychol. Sci. 11 (4), 315 – 319.

Dovidio, J. F. , Gaertner, S. L. , Isen, A. M. , Rust, M. , Guerra, P. , 1998a. Positive affect, cognition, and the reduction of intergroup bias. In: Sedikides, C. , Schopler, J. , Insko, C. A. (Eds.), Intergroup Cognition and Intergroup Behavior. Lawrence Erlbaum Associates, Mahwah, NJ, pp. 337 – 366.

Dovidio, J. F. , Gaertner, S. L. , Validzic, A. , 1998b. Intergroup bias: status, differentiation, and a common ingroup identity. J. Personality Soc. Psychol. 75 (1), 109.

Dovidio, J. F. , Gaertner, S. L. , Saguy, T. , 2009. Commonality and the complexity of "We": social attitudes and social change. Personality Soc. Psychol. Rev. 13 (1), 3 – 20.

Droitcour, J. , Caspar, R. A. , Hubbard, M. L. , Ezzati, T. M. , 1991. The item count technique as a method of indirect questioning: a review of its development and a case study application. In: Beimer, P. B. , Groves, R. M. , Lyberg, L. E. , Mathiowetz, N. A. , Sudman, S. (Eds.), Measurement Errors in Surveys. John Wiley & Sons, Inc. , Hoboken, NJ, pp. 185 – 211.

Duguet, E. , Leandri, N. , L'Horty, Y. , Petit, P. , 2010. Are young French jobseekers of ethnic immigrant origin discriminated against? A controlled experiment in the Paris area. Ann. Econ. Statistics 187 – 215.

387   Dunning, T., Nilekani, J., 2013. Ethnic quotas and political mobilization: caste, parties, and distribution in indian village councils. Am. Political Sci. Rev. 107 (1), 35 – 56.

Dusek, J. B., Hall, V. C., Meyer, W. J., 1985. Teacher Expectations. Lawrence Erlbaum Associates, Hillsdale, NJ.

Eagly, A. H., Karau, S. J., 2002. Role congruity theory of prejudice toward female leaders. Psychol. Rev. 109 (3), 573.

Eagly, A. H., Makhijani, M. G., Klonsky, B. G., 1992. Gender and the evaluation of leaders: a meta-analysis. Psychol. Bull. 111 (1), 3.

Eden, D., 1992. Leadership and expectations: pygmalion effects and other self-fulfilling prophecies in organizations. Leadersh. Q. 3 (4), 271 – 305.

Eden, D., Ravid, G., 1982. Pygmalion vs. Self-Expectancy: effects of instructor-and self-expectancy on trainee performance. Organ. Behav. Hum. Perform. 30, 351 – 364.

Eden, D., Shani, A. B., 1982. Pygmalion goes to boot camp: expectancy, leadership, and trainee performance. J. Appl. Psychol. 67 (2), 194.

Eells, T. D., Robert Showalter, C., 1994. Work-related stress in American trial judges. J. Am. Acad. Psychi-atry Law Online 22 (1), 71 – 83.

Elek, J. K., Agor, P. H., April 28, 2014. Can Explicit Instructions Reduce Expression of Implicit Bias? New Questions Following a Test of a Specialized Jury Instruction. Available at SSRN: http://ssrn. com/ abstract＝2430438.

Engel, D., Williams Woolley, A., Jing, L. X., Chabris, C. F., Malone, T. W., 2014. Reading the mind in the eyes or reading between the lines? Theory of mind predicts collective intelligence equally well online and face-to-face. PLoS One 9 (12), e115212.

Eriksson, S., Rooth, D. -O., 2014. Do employers use unemployment as a sorting criterion when hiring? Evidence from a field experiment. Am. Econ. Rev. 104 (3), 1014 – 1039.

Ewens, M., Tomlin, B., Wang, L. C., 2014. Statistical discrimination or prejudice? A large sample field experiment. Rev. Econ. Statistics 96 (1), 119 – 134.

Fein, S., Spencer, S. J., 1997. Prejudice as self-image maintenance: affirming the self through derogating others. J. Personality Soc. Psychol. 73 (1), 31.

Fiske, S. T., Neuberg, S. L., 1990. A continuum of impression formation from category-based to individu-ating processes: influences of information and motivation on attention and interpretation. Adv. Exp. Soc. Psychol. 23, 1 – 74.

Fisman, R., Iyengar, S. S., Kamenica, E., Simonson, I., 2008. Racial preferences in dating. Rev. Econ. Stud. 75 (177 – 32).

Fix, M., Struyk, R. J., 1993. Clear and Convincing Evidence: Measurement of Discrimination in America. Urban Institute Press.

Forbes, C. E., Schmader, T., 2010. Retraining attitudes and stereotypes to affect motivation and cognitive capacity under stereotype threat. J. Personality Soc. Psychol. 99 (5), 740.

Forehand, M. R., Deshpandé, R., Reed Ⅱ, A., 2002. Identity salience and the influence of differential activation of the social self-schema on advertising response. J. Appl. Psychol. 87 (6), 1086 – 1099.

Fryer, R. G., Levitt, S. D., 2004. The causes and consequences of distinctively black names. Q. J. Econ. 119 (3), 767 – 805.

Gaertner, S. L., Dovidio, J. F., Rust, M. C., Nier, J. A., Banker, B. S., Ward, C. M., Mottola, G. R., Houlette, M., 1999. Reducing intergroup bias: elements of intergroup cooperation. J. Personality Soc. Psychol. 76 (3), 388.

Galarza, F. B., Yamada, G., 2014. Labor market discrimination in Lima, Peru: evidence from a field experiment. World Dev. 58, 83 – 94.

Galinsky, A. D., Moskowitz, G. B., 2000. Perspective-taking: decreasing stereotype expression, stereotype accessibility, and in-group favoritism. J. Personality Soc. Psychol. 78 (4), 208.

Galster, G., 1990. Racial discrimination in housing markets during the 1980s: a review of the audit evidence. J. Plan. Educ. Res. 9 (3), 165 – 175.

Gawronski, B., Deutsch, R., Mbirkou, S., Seibt, B., Strack, F., 2008. When "just say No" is not enough: affirmation versus negation training and the reduction of automatic stereotype activation. J. Exp. Soc. Psychol. 44 (2), 370 – 377.

Ghayad, R., 2013. The jobless trap. In: Job Market Paper, pp. 1 – 39.

Gilbert, D. T., Gregory Hixon, J., 1991. The trouble of thinking: activation and application of stereotypic beliefs. J. Personality Soc. Psychol. 60 (4), 509.

Glasford, D. E., Calcagno, J., 2012. The conflict of harmony: intergroup contact, commonality and political solidarity between minority groups. J. Exp. Soc. Psychol. 48 (1), 323 – 328.

Glover, D., Pallais, A., Pariente, W., 2015. Discrimination as a Self-Fulfilling Prophecy: Evidence from French Grocery Store. Working Paper.

Goldberg, P., 1968. Are women prejudiced against women? Society 5 (5), 28 – 30.

Goldin, C., Rouse, C., 2000. Orchestrating impartiality: the impact of "blind" auditions on female musicians. Am. Econ. Rev. 90, 715 – 741.

Golub, B., Jackson, M. O., 2012. How Homophily Affects the Speed of Learning and Best Response Dynamics. FEEM Working Paper.

Good, C., Aronson, J., Inzlicht, M., 2003. Improving adolescents' standardized test performance: an intervention to reduce the effects of stereotype threat. J. Appl. Dev. Psychol. 24 (6), 642 – 662.

Good, C., Aronson, J., Harder, J. A., 2008. Problems in the pipeline: stereotype threat and women's achievement in high-level math courses. J. Appl. Dev. Psychol. 29 (1), 17 – 28.

Gosen, S., 2014. Social Desirability in Survey Research: Can the List Experiment Provide the Truth? (Ph. D. Dissertation) Philipps-Universitat, Marburg.

Green, A. R., Carney, D. R., Pallin, D. J., Ngo, L. H., Raymond, K. L., Iezzoni, L. I., Banaji, M. R., 2007. Implicit bias among physicians and its prediction of thrombolysis decisions for black and white patients. J. Intern. Med. 22 (9), 1231 – 1238.

Green, S., Green, D. P., Dias, K., Paluck, B. L., 2016. The contact hypothesis re-examined (in progress, forthcoming).

Greenwald, A. G., Banaji, M. R., 1995. Implicit social cognition: attitudes, self-esteem, and stereotypes. Psychol. Rev. 102 (1), 4.

Greenwald, A. G., McGhee, D. E., Schwartz, J. L. K., 1998. Measuring individual differences in implicit cognition: the implicit association test. J. Personality Soc. Psychol. 74 (6), 1464.

Greenwald, A. G., Banaji, M., Nosek, B. A., 2003. Understanding and using the implicit association test: I. An improved scoring algorithm. J. Personality Soc. Psychol. 85 (2), 197 – 216.

Greenwald, A. G., Andrew Poehlman, T., Luis Uhlmann, E., Banaji, M., 2009. Understanding and using the implicit association test: III. Meta-analysis of predictive validity. J. Personality Soc. Psychol. 97 (1), 17 – 41.

Guryan, J., Kofi Charles, K., 2013. Taste-based or statistical discrimination: the economics of discrimination returns to its roots. Econ. J. 123 (572), F417 – F432.

Hamermesh, D. S., Biddle, J. E., 1994. Beauty and the labour market. Am. Econ. Rev. 84, 1174 – 1194.

Hamilton, B. H., Nickerson, J. A., Owan, H., 2003. Team incentives and worker heterogeneity: an empirical analysis of the impact of teams on productivity and participation. J. Political Econ. 111 (3), 465 – 497.

Hanson, A., Hawley, Z., 2011. Do landlords discriminate in the rental housing market? Evidence from an internet field experiment in U. S. cities. J. Urban Econ. 70 (2 – 3), 99 – 114.

Hartley, L. R., Adams, R. G., 1974. Effect of noise on the stroop test. J. Exp. Psychol. 102 (1), 62.

Heckman, J., 1992. Randomization and social policy evaluation. In: Manski,

C. , Garfinkel, I. (Eds.), Evaluating Welfare and Training Programs. Harvard University Press, Cambridge, MA, pp. 201 – 230.

Heckman, J. J. , 1998. Detecting discrimination. J. Econ. Perspect. 101 – 116.

Heckman, J. J. , Siegelman, P. , 1993. The Urban Institute audit studies: their methods and findings. In: Fix, M. , Struyk, R. (Eds.), Clear and Convincing Evidence: Measurement of Discrimination in America. Urban Institute Press.

Heilman, M. E. , Martell, R. F. , 1986. Exposure to successful women: antidote to sex discrimination in applicant screening decisions? Organ. Behav. Hum. Decis. Process. 37 (3), 376 – 390.

Hitsch, G. J. , Hortaçsu, A. , Ariely, D. , 2010. Matching and sorting in online dating. Am. Econ. Rev. 130 – 163.

Hjort, J. , 2013. Ethnic divisions and productions in firms. In: CESifo Working Paper Series.

Hoff, K. , Pandey, P. , 2006. Discrimination, social identity, and durable inequalities. Am. Econ. Rev. 206 – 211.

Holbrook, A. L. , Krosnick, J. A. , 2010. Social desirability in voter turnout reports: test using the item count technique. Public Opin. Q. 74, 37 – 67.

Hoogendoorn, S. , Van Praag, M. , 2012. Ethnic diversity and team performance: a field experiment. In: Tinbergen Institute Discussion Paper 2012 – 068/3.

Hoogendoorn, S. , Oosterbeek, H. , Van Praag, M. , 2013. The impact of gender diversity on the performance of business teams: evidence from a field experiment. Manag. Sci. 59 (7), 1514 – 1528.

Houlette, M. A. , Gaertner, S. L. , Johnson, K. M. , Banker, B. S. , Riek, B. M. , Dovidio, J. F. , 2004. Developing a more inclusive social identity: an elementary school intervention. J. Soc. Issues 60 (1).

Hubbuck, J. , Carter, S. , 1980. Half a Chance? : a report on job discrimination against young blacks in Nottingham. Comm. Racial Equal.

Hugenberg, K. , Bodenhausen, G. V. , 2004. Ambiguity in social categorization the role of prejudice and facial affect in race categorization. Psychol. Sci. 15 (5), 342 – 345.

Iyer, L. , Mani, A. , Mishra, P. , Topalova, P. , 2012. The power of political voice: women's political representation and crime in India. Am. Econ. J. Appl. Econ. 4 (4), 165 – 193.

Jacquemet, N. , Yannelis, C. , 2012. Indiscriminate discrimination: a correspondence test for ethnic homophily in the Chicago labor market. Labour Econ. 19 (6), 824 – 832.

James, F. , DelCastillo, S. W. , 1991. Measuring Job Discrimination by Private Employers Against Young Black and Hispanic Seeking Entry Level Work in Denver

389

Metropolitan Area. Unpublished report. University of Colorado, Denver.

Johnson, D. W., Johnson, R. T., 1989. Cooperation and Competition: Theory and Research. Interaction Book Company, Edina, MN.

Johnson, J. D., Whitestone, E., Anderson Jackson, L., Gatto, L., 1995. Justice is still not colorblind: differential racial effects of exposure to inadmissible evidence. Personality Soc. Psychol. Bull. 21 (9), 893 – 898.

Jolson, M. A., 1974. Employment barriers in marketing. J. Mark.

Jones, B. F., Olken, B. A., 2005. Do leaders matter? National leadership and growth since world war II. Q. J. Econ. 120 (3), 835 – 864.

Jowell, R., Prescott-Clarke, P., 1970. Racial discrimination and white-collar workers in Britain. Race Class 11 (4), 397 – 417.

Jussim, L., Harber, K. D., 2005. Teacher expectations and self-fulfilling prophecies: knowns and unknowns, resolved and unresolved controversies. Personality Soc. Psychol. Rev. 9 (2), 131 – 155.

Kaas, L., Manger, C., 2012. Ethnic discrimination in Germany's labour market: a field experiment. Ger. Econ. Rev. 13 (1), 1 – 20.

Kane, J. G., Craig, S. C., Wald, K. D., 2004. Religion and presidential politics in Florida: a list experiment. Soc. Sci. Q. 85 (2).

Kang, J., et al., 2012. Implicit bias in the courtroom. UCLA Law Rev. 59 (5).

Karlan, D. S., Zinman, J., May 2012. List randomization for sensitive behavior: an application for measuring use of loan proceeds. J. Dev. Econ. 98 (1), 71 – 75.

Katz, P. A., 2000. Intergroup Relations Among Youth: Summary of a Research Workshop. Research Summary. Carnegie Corp, New York.

Katz, P. A., Zalk, S. R., 1978. Modification of children's racial attitudes. Dev. Psychol. 14 (5), 447.

Kawakami, K., Dovidio, J. F., Moll, J., Hermsen, S., Russin, A., 2000. Just say No (to stereotyping): effects of training in the negation of stereotypic associations on stereotype activation. J. Personality Soc. Psychol. 78 (5), 871.

Kawakami, K., Dovidio, J. F., Van Kamp, S., 2007a. The impact of counter-stereotypic training and related correction processes on the application of stereotypes. Group Process. Intergr. Relat. 10 (2), 139 – 156.

Kawakami, K., Phills, C. E., Steele, J. R., Dovidio, J. F., 2007b. (Close) distance makes the heart grow fonder: improving implicit racial attitudes and interracial interactions through approach behaviors. J. Personality Soc. Psychol. 92 (6), 957.

Kawakami, K., Steele, J. R., Cifa, C., Phills, C. E., Dovidio, J. F., 2008.

Approaching math increases math＝me and math＝pleasant. J. Exp. Soc. Psychol. 44 (3), 818 - 825.

Keinan, G. , 1987. Decision making under stress: scanning of alternatives under controllable and uncontrollable threats. J. Personality Soc. Psychol. 52 (3), 639.

Key, V. , 1949. Southern Politics in State and Nation. University of Tennessee Press.

Kondylis, F. , Mobarak, M. , Ben Yishay, A. , Jones, M. , 2015. Are Gender Differences in Performance Innate or Social Mediated? Working Paper.

Krause, A. , Rinne, U. , Zimmermann, K. F. , 2012a. Anonymous job applications in Europe. IZA J. Eur. Labor Stud. 1 (1), 1 - 20.

Krause, A. , Rinne, U. , Zimmermann, K. F. , 2012b. Anonymous job applications of fresh Ph. D. Economists. Econ. Lett. 117 (2).

Kroft, K. , Lange, F. , Notowidigdo, M. J. , 2013. Duration dependence and labor market conditions: evidence from a field experiment. Q. J. Econ. 128 (3), 1123 - 1167.

Kuklinski, J. H. , Cobb, M. D. , Gilens, M. , 1997a. Racial attitudes and the "new South" . J. Polit. 59 (2), 323 - 349.

Kuklinski, J. H. , Sniderman, P. M. , Knight, K. , Piazza, T. , Tetlock, P. E. , Lawrence, G. R. , Mellers, B. , 1997b. Racial prejudice and attitudes toward affirmative action. Am. J. Political Sci. 41 (2), 402 - 419.

Lahey, J. N. , 2008. Age, women, and hiring: an experimental study. J. Hum. Resour. 43 (1), 30 - 56.

Lai, C. K. , Marini, M. , Lehr, S. A. , Cerruti, C. , Jiyun-Elizabeth, L. S. , Joy-Gaba, J. A. , Ho, A. K. , Teachman, B. A. , Wojcik, S. P. , Koleva, S. P. , et al. , 2014. Reducing implicit racial preferences: I. A comparative investigation of 17 interventions. J. Exp. Psychol. General.

Lane, K. A. , Banaji, M. R. , Nosek, B. A. , Greenwald, A. G. , 2007. Implicit measures of attitudes. In: Wittenbrink, B. , Schwarz, N. (Eds.), Understanding and Using the Implicit Association Test: IV. Guilford, New York, pp. 59 - 102.

Lang, K. , 1986. A language theory of discrimination. Q. J. Econ. 101, 363 - 382.

Lavy, V. , Sand, E. , 2015. On the Origins of Gender Human Capital Gaps: Short and Long Term Consequences of Teachers' Stereotypical Biases. NBER Working Paper No. 20909.

Lazear, E. , 1999. Language and culture. J. Political Econ. 107 (6), S95 - S126.

LeBoeuf, R. A. , Shafir, E. , Bayuk, J. B. , 2010. The conflicting choices of alternating selves. Organ. Behav. Hum. Decis. Process. 111 (1), 48 - 61.

Lebrecht, S. , Pierce, L. J. , Tarr, M. J. , Tanaka, J. W. , 2009. Perceptual other-race training reduces implicit racial bias. PLoS One 4 (1), e4215.

390

Leippe, M. R. , Eisenstadt, D. , 1994. Generalization of dissonance reduction: decreasing prejudice through induced compliance. J. Personality Soc. Psychol. 67 (3), 395.

Levy, S. R. , Stroessner, S. J. , Dweck, C. S. , 1998. Stereotype formation and endorsement: the role of implicit theories. J. Personality Soc. Psychol. 74 (6), 1421 – 1436.

List, J. A. , 2004. The nature and extent of discrimination in the marketplace: evidence from the field. Q. J. Econ. 119 (1), 49 – 89.

List, J. A. , 2009. Informed consent in social science. Science 322 (5902), 672.

Lockwood, P. , Kunda, Z. , 1997. Superstars and me: predicting the impact of role models on the self. J. Personality Soc. Psychol. 73 (1), 91.

Lustig, I. , 2003. The Influence of Studying Foreign Conflicts on Students' Perceptions of the Israeli-Palestinian Conflict (Unpublished Masters thesis). University of Haifa.

Ma, D. S. , Correll, J. , Wittenbrink, B. , Bar-Anan, Y. , Srirarm, N. , Nosek, B. A. , 2013. When fatigue turns deadly: the association between fatigue and racial bias in the decision to shoot. Basic Appl. Soc. Psychol. 35, 515 – 524.

Madva, A. , 2015. Biased Against Debiasing: On the Role of (Institutionally Sponsored) Self-Transformation in the Struggle Against Prejudice. Working Paper, California State Polytechnic University.

Martinez, M. D. , Craig, S. C. , 2010. Race and 2008 president politics in Florida: a list experiment. Forum 8 (2).

Marx, B. , Pons, V. , Suri, T. , 2015. Homogeneous Teams and Productivity. Unpublish manuscript, available at: http://www. novasbe. unl. pt/images/novasbe/files/INOVA _ Seminars/Vincent _ Pons. pdf.

Matsa, D. A. , Miller, A. R. , 2013. A female style in corporate Leadership? Evidence from quotas. Am. Econ. J. Appl. Econ. 5 (3), 136 – 169.

Maurer-Fazio, M. , 2012. Ethnic discrimination in China's internet job board labor market. IZA J. Migr. 1 (12), 1 – 24.

McConnell, A. R. , Leibold, J. M. , 2001. Relations among the implicit association test, discriminatory behavior, and explicit measures of racial attitudes. J. Exp. Soc. Psychol. 37 (435 – 442).

McGinnity, F. , Nelson, J. , Lunn, P. , Quinn, E. , 2009. Discrimination in recruitment. Equal. Res. Ser.

McIntyre, S. , Moberg, D. J. , Posner, B. Z. , 1980. Preferential treatment in preselection decisions according to race and sex. Acad. Manag. J. 23 (4), 738 – 749.

Milkman, K. L. , Akinola, M. , Chugh, D. , 2012. Temporal distance and discrimination: an audit study in academia. Psychol. Sci. 23 (7), 710 – 717.

Miller, C., 2014. The Persistent Effect of Temporary Affirmative Action. Job Market Paper.

Mobius, M. M., Rosenblat, T. S., 2006. Why beauty matters. Am. Econ. Rev. 222 - 235.

Moore, D. A., Swift, S. A., Sharek, Z. S., Gino, F., 2010. Correspondence bias in performance evaluation: why grade inflation works. Personality Soc. Psychol. Bull. 36 (6), 843 - 852.

Neumark, D., 2012. Detecting discrimination in audit and correspondence studies. J. Hum. Resour. 47 (4), 1128 - 1157.

Neumark, D., Bank, R. J., Van Nort, K. D., 1996. Sex discrimination in restaurant hiring: an audit study. Q. J. Econ. 111 (3), 915 - 941.

Newman, J. M., 1978. Discrimination in recruitment: an empirical analysis. Industrial Labor Relat. Rev. 32 (1), 15 - 23.

Nosek, B. A., Banaji, M., Greenwald, A. G., 2002. Harvesting implicit group attitudes and beliefs from a demonstration website. Group Dyn. Theory, Res. Pract. 6 (1), 101 - 115.

Nunley, J. M., Pugh, A., Romero, N., Alan Seals, R., 2014. An Examination of Racial Discrimination in the Labor Market for Recent College Graduates: Estimates from the Field. Working Paper.

Ong, D., Wang, J., 2015. Income attraction: an online dating field experiment. J. Econ. Behav. Organ. 111 (C), 13 - 22.

Oreopoulos, P., 2011. Why do skilled immigrants struggle in the labor market? A field experiment with thirteen thousand resumes. Am. Econ. J. Econ. Policy 3 (4), 148 - 171.

Oswald, F., Mitchell, G., Blanton, H., Jaccard, J., Tetlock, P. E., 2013. Predicting ethnic and racial discrimination: a meta-analysis of IAT criterion studies. J. Personality Soc. Psychol. 105 (2), 171 - 192.

Oz, S., Eden, D., 1994. Restraining the Golem: boosting performance by changing the interpretation of low scores. J. Appl. Psychol. 85, 314 - 322.

Padro i Miguel, G., 2007. The control of politicians in divided societies: the politics of fear. Rev. Econ. Stud. 74 (4), 1259 - 1274.

Pager, D., 2003. The mark of a criminal record. Am. J. Sociol. 108 (5), 937 - 975.

Paluck, E. L., Green, D. P., 2009. Prejudice reduction: what works? A review and assessment of research and practice. Annu. Rev. Psychol. 60 (339 - 367).

Pande, R., 2003. Can mandated political representation increase policy influence for disadvantaged minorities? Theory and evidence from India. Am. Econ. Rev. 93

(4), 1132 - 1151.

Patacchini, E., Ragusa, G., Zenou, Y., 2012. Unexplored Dimensions of Discrimination in Europe: Religion, Homosexuality and Physical Appearance. Unpublished manuscript: http://www.frdb.org/ upload/file/FRDB _ Rapporto _ PATACCHINI. pdf.

Payne, B. K., 2006. Weapon bias: split-second decisions and unintended stereotyping. Curr. Dir. Psychol. Sci. 15, 287 - 291.

Payne, B. K., Shimizu, Y., Jacoby, L. L., 2005. Mental control and visual illusions: toward explaining race-biased weapon misidentifications. J. Exp. Soc. Psychol. 41 (1), 36 - 47.

Petit, P., 2007. The effects of age and family constraints on gender hiring discrimination: a field experiment in the French financial sector. Labour Econ. 14 (3), 371 - 391.

Pettigrew, T. F., Tropp, L. R., 2000. Does intergroup contact reduce prejudice? Recent meta-analytic findings. Reducing Prejudice Discrimination 93 (114).

Pfann, G. A., Biddle, J. E., Hamermesh, D. S., Bosman, C. M., 2000. Business success and businesses' beauty capital. Econ. Lett. 67 (2), 201 - 207.

Phelps, E. S., 1972. The statistical theory of racism and sexism. Am. Econ. Rev. 659 - 661.

Plant, E. A., Devine, P. G., 2009. The active control of prejudice: unpacking the intentions guiding control effects. J. Personality Soc. Psychol. 96, 640 - 652.

Pope, D. G., Sydnor, J. R., 2011. What's in a picture? Evidence of discrimination from Prosper.com. J. Hum. Resour. 46 (1), 53 - 92.

Prendergast, C., Topel, R., 1996. Favoritism in organizations. J. Political Econ. 104, 446 - 461.

Rao, G., 2013. Familiarity Does Not Breed Contempt: Diversity, Discrimination and Generosity in Delhi Schools. Job Market Paper.

Rehavi, M. M., 2007. Sex and Politics: Do Female Legislators Affect State Spending? Unpublished manuscript University of Michigan.

Reicher, S., Levine, M., 1994. Deindividuation, power relations between groups and the expression of social identity: the effects of visibility to the out-group. Br. J. Soc. Psychol. 33 (2), 145 - 163.

Reynolds, D., 2007. Restraining golem and harnessing pygmalion in the classroom: a laboratory study of managerial expectations and task design. Acad. Manag. Learn. Educ. 6 (4), 475 - 483.

Riach, P. A., Rich, J., 1991. Testing for racial discrimination in the labour market. Camb. J. Econ. 239 - 256.

392

Riach, P. A. , Rich, J. , 2002. Field experiments of discrimination in the market place. Econ. J. 112 (483), F480 – F518.

Riach, P. A. , Rich, J. , 2010. An experimental investigation of age discrimination in the English labor market. Ann. Econ. Statistics/Annales d'Économie de Statistique 169 – 185.

Rokeach, M. , 1971. Long-range experimental modification of values, attitudes, and behavior. Am. Psychol. 26 (5), 453.

Rokeach, M. , 1973. The Nature of Human Values, vol. 438. Free Press, New York.

Rooth, D. -O. , 2009. Obesity, attractiveness, and differential treatment in hiring: a field experiment. J. Hum. Resour. 44 (3), 710 – 735.

Rooth, D. -O. , 2010. Automatic associations and discrimination in hiring: real world evidence. Labour Econ. 17 (3), 523 – 534.

Rosenthal, R. , 1963. On the social psychology of the psychological experiment: the experimenter's hypothesis as unintended determinant of experimental results. Am. Sci. 268 – 283.

Rosenthal, R. , 1994. Interpersonal expectancy effects: a 30-year perspective. Curr. Dir. Psychol. Sci. 176 – 179.

Rosenthal, R. , Jacobson, L. , 1968. Pygmalion in the classroom. Urban Rev. 3 (1), 16 – 20.

Rosenthal, R. , Rubin, D. B. , 1978. Interpersonal expectancy effects: the first 345 studies. Behav. Brain Sci. 1 (3), 377 – 386.

Rudman, L. A. , Glick, P. , 2001. Prescriptive gender stereotypes and backlash toward agentic women. J. Soc. Issues 57 (4), 743 – 762.

Rudman, L. A. , Lee, M. R. , 2002. Implicit and explicit consequences of exposure to violent and misogynous rap music. Group Process. Intergr. Relat. 5 (2), 133 – 150.

Sacerdote, B. , 2000. Peer Effects with Random Assignment: Results for Dartmouth Roommates. NBER Working Paper No. 7469.

Saguy, T. , Tausch, N. , Dovidio, J. F. , Pratto, F. , 2009. The irony of harmony intergroup contact can produce false expectations for equality. Psychol. Sci. 20 (1), 114 – 121.

Sherman, J. W. , Lee, A. Y. , Bessenoff, G. R. , Frost, L. A. , 1998. Stereotype efficiency reconsidered: encoding flexibility under cognitive load. J. Personality Soc. Psychol. 75 (3), 589.

Shih, M. , Wang, E. , Trahan Bucher, A. , Stotzer, R. , 2009. Perspective taking: reducing prejudice towards general outgroups and specific individuals. Group Process. Intergr. Relat. 12 (5), 565 – 577.

Shook, N. J. , Fazio, R. H. , 2008. Roommate relationships: a comparison of interracial and same-race living situations. Group Process. Intergr. Relat. 11 (4), 425 – 437.

Slavin, R. E. , 1977. How student learning teams can integrate the desegregated classroom. Integr. Educ. 15 (6), 56 – 58.

Slavin, R. E. , 1979. Effects of biracial learning teams on cross-racial friendships. J. Educ. Psychol. 71 (381 – 387).

Slavin, R. E. , 1995. Cooperative Learning: Theory, Research, and Practice, second ed. Allyn & Bacon.

Slavin, R. E. , Cooper, R. , 1999. Improving intergroup relations: lessons learned from cooperative learning programs. J. Soc. Issues 55 (4), 647 – 663.

Slavin, R. E. , Oickle, E. , 1981. Effects of cooperative learning teams on student achievement and race relations: treatment by race interactions. Sociol. Educ. 54 (3), 174 – 180.

Snow, R. E. , 1995. Pygmalion and intelligence? Curr. Dir. Psychol. Sci. 169 – 171.

Stanovich, K. E. , West, R. F. , 2000. Advancing the rationality debate. Behav. Brain Sci. 23 (5), 701 – 717.

Steele, C. M. , Aronson, J. , 1995. Stereotype threat and the intellectual test performance of African Americans. J. Personality Soc. Psychol. 69 (5), 797 – 811.

Stephan, W. G. , Finlay, K. , 1999. The role of empathy in improving intergroup relations. J. Soc. Issues 55 (4), 729 – 743.

Streb, M. J. , Burrell, B. , Frederick, B. , Genovese, M. A. , 2008. Social desirability effects and support for a female American president. Public Opin. Q. 72 (1), 76 – 89.

Tajfel, H. , 1970. Experiments in intergroup discrimination. Sci. Am. 223 (5), 96 – 102.

Tajfel, H. , Turner, J. C. , 1979. An integrative theory of intergroup conflict. Soc. Psychol. Intergr. Relat. 33 (47), 74.

Todd, A. R. , Bodenhausen, G. V. , Richeson, J. A. , Galinsky, A. D. , 2011. Perspective taking combats automatic expressions of racial bias. J. Personality Soc. Psychol. 100 (6), 1027.

Tsuchiya, T. , Hirai, Y. , Ono, S. , 2007. A study of properties of the item count technique. Public Opin. Q. 71 (253 – 272).

Turner, M. A. , Fix, M. , Struyk, R. J. , 1991. Opportunities Denied, Opportunities Diminished: Racial Discrimination in Hiring. The Urban Institute.

Uhlmann, E. L. , Cohen, G. L. , 2005. Constructed criteria redefining merit to justify discrimination. Psychol. Sci. 16 (6), 474 – 480.

393

Van Knippenberg, A. D. , Dijksterhuis, A. P. , Vermeulen, D. , 1999. Judgement and memory of a criminal act: the effects of stereotypes and cognitive load. Eur. J. Soc. Psychol. 29 (2 - 3), 191 - 201.

Wittenbrink, B. , Judd, C. M. , Park, B. , 1997. Evidence for racial prejudice at the implicit level and its relationship with questionnaire measurements. J. Personality Soc. Psychol. 72, 262 - 274.

Woolley, A. W. , Chabris, C. F. , Pentland, A. , Hashmi, N. , Malone, T. W. , 2010. Evidence for a collective intelligence factor in the performance of human groups. Science 330 (6004), 686 - 688.

Wright, B. R. E. , Wallace, M. , Bailey, J. , Hyde, A. , 2013. Religious affiliation and hiring discrimination in New England: a field experiment. Res. Soc. Stratif. Mobil. 34, 111 - 126.

Yeager, D. S. , Paunesku, D. , Walton, G. M. , Dweck, C. S. , 2013. How can we instill productive mindsets at scale? A review of the evidence and an initial R&D agenda. In: White Paper for White House Meeting on "Excellence in Education: The Importance of Academic Mindsets".

Yeager, D. S. , Vaughns, V. P. , Garcia, J. , Apfel, N. , Brzustoski, P. , Master, A. , Hessert, W. T. , Williams, M. E. , Cohen, G. L. , 2014. Breaking the cycle of mistrust: wise interventions to provide critical feedback across the racial divide. J. Exp. Psychol. General 143, 804 - 824.

Yinger, J. , 1986. Measuring racial discrimination with fair housing audits: caught in the act. Am. Econ. Rev. 881 - 893.

Yinger, J. , 1998. Evidence on discrimination in consumer markets. J. Econ. Perspect. 23 - 40.

Zinovyeva, N. , Bagues, M. , 2011. Does Gender Matter for Academic Promotion? Evidence from a Randomized Natural Experiment. IZA Discussion Paper 5537.

Zussman, A. , 2013. Ethnic discrimination: lessons from the Israeli online market for used cars. Econ. J. 123 (572), F433 - F468.

第9章　选民动员的实地实验：
一个新兴文献的综述

A. S. Gerber[*, 1], D. P. Green[§, 1]

[*] 耶鲁大学，纽黑文，康涅狄格州，美国

[§] 哥伦比亚大学，纽约市，纽约州，美国

[1] 通讯作者联系方式：

E-mail：alan. gerber@yale. edu；dpg2110@columbia. edu

摘　要

本章回顾了利用实地实验研究政治参与的方法。我们首先绘制政治学领域实地实验的知识史。我们解释了为什么近年来实地实验的出现代表着相比以前工作的重要进步，以前主要依赖于非实验调查研究。我们对关于政治参与的实验文献的审查集中在与选民动员相关的两个广泛的研究领域：不同沟通方式（例如，面对面谈话、电话和邮件）的效应和不同信息（例如，强调社会规范、表达感谢或敦促表达实施意向）的效应。在最后一节中，我们讨论了一些实地实验中有待解决的问题和新的方法，这些问题与方法会对选民投票和政治行为研究提供更广泛的启发。

关键词

实地实验；政治参与；选民动员；投票行为

JEL 分类号

C93；D72

近年来，政治学实证研究的重点已开始从描述转向日益强调对因果效应的可信估计。这一变化的一个主要特征是实验方法的日益突出，特别是实地实验。

在这一章中，我们回顾了利用实地实验来研究政治参与的方法。虽然有几个重要的实验涉及选民参与以外的政治现象（Bergan，2009；Broockman 和 Butler，2015；Butler 和 Nickerson，2011；Broockman，2013，2014；Grose，2014；Kalla 和 Broockman，2016），但测量各种

干预对选民投票率的影响的文献是最多和最充分的，它很好地说明了实地实验在政治科学中的使用情况。从最初关注不同沟通方式的相对效应开始，学者们探讨了如何利用社会心理学和行为经济学的理论见解来设计信息，以及如何利用选民动员实验来检验理论主张的真实世界效应。大量实验性投票研究的存在是必不可少的，因为它提供了一个背景，在这一背景下可以很容易地辨别出不寻常和重要结果。

我们首先描述了当代研究选民投票的实地实验出现的知识背景，并讨论了在重新引入实地实验来研究政治行为前后一个时期中，竞选效应和选民动员的文献状况，还讨论了一些方法上的原因，即为什么这种变化相比以前的工作有了重要的进步。我们的文献综述集中在两个广泛的研究领域：不同沟通方式（面对面谈话、电话和邮件）的效应和不同信息的效应。在最后一节中，我们讨论了一些有待解决的问题和新的方向，即实地实验在选民投票和更广泛政治行为研究中的应用。

1　政治科学中实地实验出现的知识背景

政治科学实地实验的发展

20 世纪 20 年代，哈罗德·戈斯内尔（Harold Gosnell）进行了第一次政治学实地实验。戈斯内尔是 20 世纪上半叶最重要的经验政治学家之一，他很早就意识到了识别选民动员工作的效应的挑战。他指出，1924 年秋天有大量投票动员（get-out-the-vote，GOTV）活动，包括全国女性选民联盟挨家挨户的游说活动（door-to-door canvassing effort）以及一项由 200 万名童子军参与的竞选活动，来提醒公民投票义务。然而，他承认，投票率和动员活动之间的任何相关性都不能证明存在因果关系。戈斯内尔写道，选民投票的研究工作充斥着对因果识别的担忧：

> 所有这些关于选举的宣传的净效应是什么？是否有较高比例的合格选民参与选举过程？对这些问题唯一坦率的回答是我们不知道。诚然，在一些州，1924 年成年公民投票的比例比 1920 年要大，但这一增长的哪一部分（如果有的话）可以追溯到像投票动员活动这种单一因素？

> Gosnell（1927，第 2 页）

戈斯内尔接受了这一挑战，进行了最早的选民动员实地研究。他调查了 1924 年总统选举和 1925 年芝加哥市长选举中，GOTV 邮件对投票率的影响（Gosnell，1927）。虽然目前还不清楚在他的研究中是否采用了随机分配的 GOTV 干预，但他的研究方案的其他方面，如使用行政选民记录来测量结果，已经成为现代实验文献中熟悉的特征[①]。在戈斯内尔之后 30 年，Eldersveld（1956）进行了一系列随机实地实验，以测量不同竞选接触方式对选民投票率的影响。Eldersveld 在家庭层面分配干预，并利用选举后的行政记录测量了邮件、电话和拉票对密歇根州安娜堡选民投票率的影响。虽然这些早期的实验有许多当代工作的特点，但这些研究很少被引用，对后续研究的发展几乎没有影响。在 Eldersveld 之后的几十年里，实地实验被视为不同寻常的古董（curio）。在考虑到这种方法时，人们认为它不切实际或应用有限，因而对它不屑一顾。尽管实验室和调查实验在 20 世纪 80 年代和 90 年代变得流行起来，但在自然环境下的实验仍然很少；在 20 世纪 90 年代，没有任何主题的实地实验发表在主要的政治学期刊上。

政治科学实地实验的现代传统始于对竞选活动的一系列实验研究（Gerber 和 Green，2000；Gerber 等，2001）。实地实验的转向在一定程度上可以理解为对持续的方法论担忧的回应，这些担忧涉及当时重要政治行为文献中使用的占主导地位的方法。为了解政治科学领域开展实地实验的背景，我们简要回顾了作者 1998 年在纽黑文（New Haven）进行选民投票实地实验时竞选效应的文献状况。虽然这些文献包含了当时一些最好的实证研究，但这项工作存在着重要的方法论缺陷，经常产生明显相互冲突的结果。实地实验的吸引力部分源于它能够解决先前文献中的许多缺陷。

在纽黑文进行实地实验时，试图测量竞选支出对选举结果的影响的文献可能包括十几项使用各种实证策略的研究。除了少数例外之外，这些文献的一个共同特点是研究没有考察特定竞选活动的效应，而是探索了报告的竞选支出［由联邦选举委员会（FEC）汇编］与候选人选票份额之间的相关性[②]。使用新获得的 FEC 数据的开创性工作是由 Jacobson 进行的，他通过将选举结果对在任者和挑战者的支出水平回归来估计支出效应（Jacobson，1978，1985，1990，1998）。这种方法的一个关键

---

① 戈斯内尔游说了芝加哥的一些社区，并将一系列街道进行了配对。他选择了每对中的一条街道接受干预，但目前还不清楚戈斯内尔用什么方法来决定配对街道中的哪一条接受干预。

② 也有一些例外，例如 Ansolabehere 和 Gerber（1994）。

假设是，支出水平不会根据政治背景的未测量方面进行调整。然而，直觉表明，在任者在面临艰难的竞争时往往会增加支出。这一工作领域的重大发现加剧了这一担忧，即在任者的支出经常与在任者的选票份额负相关。对于偏误的威胁，有两种主要的反应。首先，一些研究提出了候选人支出水平的工具变量（Green 和 Krasno，1988；Gerber，1998）。其次，有人建议，可以通过面板数据方法消除相关选举条件的遗漏变量。Levitt（1994）研究了相同候选人在相同地区不止一次对决的竞选子集。使用涉及重复配对的竞选子集，Levitt 测量了选票份额变化和支出水平变化之间的关系，得出的估计值与候选人或选区属性的差异无关，这些差异可能潜伏在横截面回归的误差项中。

使用几个领先研究的结果，我们可以计算出每张选票的隐含成本[①]。表 1 显示，不同的估计策略产生的结果有很大不同。改变选票差距（moving the vote margin）的单张选票的估计成本范围从最少的 20 美元到最多的 500 美元不等（Gerber，2004）。这个范围似乎涵盖了所有看似合理的估计值。此外，也不清楚应该相信哪项研究，因为每项研究都依赖于一些假设，这些假设看似合理，但远不是无懈可击的。极不一致的结果以及估计值对建模假设的敏感性，表明尝试一种新的方法来测量竞选效应是有价值的。

399

表 1　在候选人选票差距上每增加一票的近似成本

文献	在任者（美元/票）	挑战者（美元/票）
Jacobson（1985）	278	18
Green 和 Krasno（1988）	22	19
Levitt（1994）	540	162
Erikson 和 Palfrey（2000）	68	35

说明：2015 年美元。计算是基于一个典型众议院选区的 190 000 张选票。对于众议院选举来说，这意味着在任者的选票份额每提高 1%，在任者的选票差距就会增加 3 800 票。

资料来源：改编自 Gerber，A. S.，2004. Does campaign spending work?：Field experiments provide evidence and suggest new theory. Am. Behav. Sci. 47，541－574。

[①]　在这种情况下，每张选票的成本是指将选票差距减少一票的成本。在下文所述的投票率文献中，每张选票的费用是指动员额外一名选民的费用。

转向实验就是这样一种尝试。竞选支出文献试图把总体竞选支出作为自变量，得出关于支出有效性的结论。然而，总体支出是在各种不同活动上的支出的总和。因此，有可能通过测量竞选活动的特定组成部分（如选民动员研究努力）的支出有效性来洞察整体支出的效应。这表明，对劝说支持者投票的成本进行大致估计是有用的。随着竞选支出效应文献的发展，一些检验竞选动员效应的平行文献也在发展。这些文献是在一条独立的轨道上前进的，尽管具有相关性，但与总体支出文献没有任何联系。选民动员的观察性和实验性研究工作，对通过选民动员工作导致的投票有什么启示？

在 1998 年纽黑文实验之前，少数实地实验文献研究了竞选活动对选民投票率的效应。表 2 列出并总结了这些研究的结果。戈斯内尔在 20 世纪 20 年代的研究是直到当时为止规模最大的。戈斯内尔测量了 1924 年和 1925 年芝加哥选举中无党派邮件竞选活动的效应。三十年后，Eldersveld 研究了不同接触方式对投票率的效应。他检验了安娜堡的两次地方选举中选民动员的效应。Greenwald 等（1987）研究了如下心理学假说，即预测一个人的行为对未来的行动有因果效应。他们构造了一系列简短的问题，这些问题具有劝说接受干预被试的效应，实验从 60 名俄亥俄州立大学本科生中随机抽取了 32 名被试的子集，劝说这些被试声明他们打算在次日的 1984 年总统选举中投票。他们测量了这种干预对被试随后投票率的影响，发现干预使投票率提高了 20 个百分点以上。1980 年，Adams 和 Smith 在哥伦比亚特区的一次特别选举中测量了 30 秒的电话对投票率和投票选择的影响。同年，Miller 等（1981）在伊利诺伊州卡本代尔的初选中测量了挨家挨户游说、电话和直邮对随机瞄准选民的投票效应。

表 2　1998 年纽黑文实验之前的选民动员实验

研究	日期	选举	地点	被试人数（包括控制组）	干预	投票率效应（%）[a]
Gosnell (1927)	1924	总统	芝加哥	3 969 登记选民	邮件	+1
Gosnell (1927)	1925	市长	芝加哥	3 676 登记选民	邮件	+9

续表

研究	日期	选举	地点	被试人数 （包括控制组）	干预	投票率效应 （%）[a]
Eldersveld （1956）	1953	市政	安娜堡	41 登记选民 43 登记选民	游说 邮件	+42 +26
Eldersveld （1956）	1954	市政	安娜堡	276 登记选民 268 登记选民 220 登记选民	游说 邮件 电话	+20 +4 +18
Miller 等 （1981）	1980	初选	伊利诺 伊州卡本代尔	79 登记选民 80 登记选民 81 登记选民	游说 邮件 电话	+21 +19 +15
Adams 和 Smith （1980）	1979	特别市 议会	华盛顿 特区	2 650 登记选民	电话	+9
Greenwald 等 （1987）	1984	总统	俄亥俄州 哥伦布	60 登记选民	电话	+23

a. 这些报告的效应来自这些研究报告的表格，还没有根据接触率进行调整。在 Elders-veld 1953 年的实验中，被试是那些对宪章改革持反对意见或没有意见的人。在 1954 年，被试是那些在全国选举而非地方选举中投票的人。Greenwald 等的结果，是他和同事将那些在随访电话中将表示自己在研究区域以外投票的人也算作投票的结果。这些例子的替代干预对结果没有实质性影响。注意，本表仅包括使用随机试验设计的研究［或（可能）近似随机的，见 Gosnell（1927）］。

资料来源：改编自 Gerber，A. S.，Green，D. P.，Nickerson，D. W.，2001. Testing for publication bias in political science. Polit. Anal. 9，385－392。

　　总结早期的实验文献，在 1998 年之前，有少数研究进行了几十年，*401*跨越了一系列不同政治背景。然而，当把少数文献作为一个整体来看待时，就会得出一些结论。首先，似乎竞选干预是非常有效的。短时间的电话会使投票率提高 10 甚至 20 个百分点。根据这些研究，游说者的访问，甚至是一封信，也会产生同样大小的效应。这些都是非常大的估计效应；将这种干预效应放到真实背景下，总统选举和中期选举之间投票率的下降也才 10 个百分点。其次，这些巨大的干预效应在大选（如1984 年总统选举）和较少引人注目的选举中都能观察到。最后，干预效应没有显现随时间推移而下降的趋势。

　　另一个重要和相关的研究领域是利用实验室实验来评估竞选活动的

效应。这项工作的一个主要例子是 Ansolabehere 和 Iyengar（1996）进行的一项有影响力的研究，他们将被试带入旨在模拟典型客厅的实验室环境中，并测量了在模拟新闻广播中插入政治广告的效应。他们发现，攻击对方候选人的广告降低了被试在稍后接受采访时表示会投票的可能性，这一效应在独立选民中尤为强烈。与实地实验一样，这些研究使用随机分配来估计竞选沟通的因果效应。然而，很难将实验室实验的结果转化为定量估计值来测量实际竞选活动对实际选民投票率的影响。尽管研究人员尽了最大努力来模拟典型的观众体验并可靠地测量结果，但被试接受干预和表达结果（投票意图）的背景在许多方面都与自然环境不同，无论是明显的还是微妙的，这导致无法清晰地了解如何利用实验室结果来显示研究的竞选效应大小甚至方向①。

402　　与偶尔的实验研究不同，绝大多数关于竞选和投票率的工作都是（现在也是）观察性的。在 20 世纪 90 年代，关于投票率原因的最有影响力的学术研究都使用了调查数据来测量选民投票率与选民人口统计变量、态度和报告的竞选接触之间的关系。Rosenstone 和 Hansen（1993）的研究就是这方面工作的一个范例。他们的书非常有影响力，目前仍然是标准的参考文献（截至 2016 年初，其谷歌学术的引用数量超过了3 700 次）。这本书被所有投票研究学者引用，他们采用的研究设计在当前研究中仍然很常见。美国国家选举研究（American National Election Study，ANES）是一个由联邦政府资助的两年一度的调查研究项目，始于 1952 年，一直持续到今天。自最早的调查以来，人们一直在询问有关选民投票率和竞选接触的问题，Rosenstone 和 Hansen 利用美国国家选举研究来测量报告的竞选接触对不同参与测量的效应。他们使用 ANES 数据的混合截面分析的估计值计算了包括竞选接触在内的许多不同因素对总统和中期选举年度中报告参与率的增量贡献〔见Rosenstone 和 Hansen（1993）的表 5.1 和表 5.2〕。他们发现，竞选接触对选民报告投票率的估计效应大约是投票概率增加了 10 个百分点。

　　Rosenstone 和 Hansen 发现，竞选接触带来了 10 个百分点的投票

---

①　正如 Gerber（2011）所指出的那样，在实验室中获得的估计值并不一定能够说明实地环境中的效应方向。对于为什么实验室效应可能与现实世界效应背道而驰，经常有合理的论据。实验室和实地的一个主要区别是，在现实世界中，个人有额外的选择和接触。将这一点应用到负面竞选的实验室研究中，即实验室之外的个人可能会受到负面广告的启发，搜索这种主张的更多信息，或者更多地关注与竞选相关的刺激，从而导致更大的兴趣和更高的参与水平。

率上升幅度，与许多早期实地实验估计的效应相似。然而，尽管得到了一致的结果，但仍有理由持怀疑态度。正如我们在下一节将指出的那样，受访者接触竞选活动的机会既不是随机分配的，也不是准确测量的。20 世纪 90 年代末转向实地实验的部分动机，正是担心主流以调查为基础的传统研究中存在潜在偏误。

2　实验如何解决以往投票率研究中存在的问题？

在这一节中，我们提出了一个定义因果效应的基本框架，并应用该框架来解释实地实验如何消除观察性研究中的一些关键偏误来源。为了修正观点，我们将使用经典的 Rosenstone 和 Hansen（1993）调查分析作为分析示例。在 Rosenstone 和 Hansen 的研究中，一些受访者报告说他们接受了"干预"（接触到了竞选活动），另一些受访者报告说他们"没有被干预"（没有接触到竞选活动）。估计竞选接触对那些真正接触者的干预效应的关键挑战是，分析者必须使用可用的数据来构建反事实量的估计值，即在没有接受干预的情况下，被接触者的投票率。我们使用潜在结果符号来表达这一挑战（Rubin，1978）。对于每个个体 i，如果 i 没有接受干预（在本例中，通过动员工作来接触），则设 Y_{i0} 为结果；如果 i 接受了干预，则设 Y_{i1} 为结果。对个体 i 的干预效应定义为

$$\tau_i = Y_{i1} - Y_{i0} \tag{1}$$

我们将个体 i 的干预效应定义为，在两种可能但相互排斥的世界状态中 i 的结果之间的差异：在一种状态下 i 接受干预，在另一种状态下 i 不接受干预。从单个个体开始，被干预者的平均干预效应（ATT）被定义为

$$\text{ATT} = E(\tau_i | T_i = 1) = E(Y_{i1} | T_i = 1) - E(Y_{i0} | T_i = 1) \tag{2}$$

其中，$E()$ 运算符代表群体平均值，当一个人接受干预时，$T_i = 1$。对于那些实际接受干预的人来说，$Y_{i1} | T_i = 1$ 是干预后的结果；而对于那些实际没有接受干预的人来说，$Y_{i0} | T_i = 1$ 是其如果被干预就会观察到的结果。

在 Rosenstone 和 Hansen 的研究中，就像在其他非实验文献中一样，接受干预的对照组是未接受干预的被试。当使用协变量调整时，对照组是未接受干预但在其背景属性方面与干预组相似的一组被试。当未接受干预者与接受干预者的潜在结果有系统差异时，这种方法很容易出

现选择性偏误。可以用期望来正式说明，对有干预和无干预估计值进行观察性比较，可以得到

$$E(Y_{i1}|T_i=1)-E(Y_{i0}|T_i=0)=[E(Y_{i1}|T_i=1)-E(Y_{i0}|T_i=1)]$$
$$+[E(Y_{i0}|T_i=1)-E(Y_{i0}|T_i=0)]$$
$$=\text{ATT}+\text{选择性偏误} \qquad (3)$$

选择性偏误项在什么条件下会消失？在观察性研究工作中，识别接受干预者的平均干预的关键假设是对协变量进行控制（无论是通过回归还是通过匹配），$E(Y_{i0}|T_i=1)=E(Y_{i0}|T_i=0)$，也就是说，除了他们暴露于干预外，在无干预状态下，干预组和无干预组的结果平均来说是相同的。在没有某种不寻常的近似（as-if）随机的环境中，一些单位开始接受干预，另一些单位仍然没有接受干预，这种假设是不可信的。考虑一下现有的例子，即估计竞选活动对选民投票的影响。竞选活动通常会根据选民投票和人口统计的行政记录以及关于个人和社区的内幕信息来获得一个选区（jurisdiction）内选民的广泛信息。这些信息通常用在竞选瞄准策略中，但是对于数据分析者来说，可能并非全部是可用的。竞选活动通常以那些表现出参与倾向的人为目标，从分析者的角度来看，这种特征是一个被遗漏的变量。例如，ANES 不记录受访者的投票历史，尽管竞选活动可用的选民文件中确实包含这些信息。此外，以前的投票记录对结果变量即投票率有很高的预测能力。因此，$E(Y_{i0}|T_i=1)$ 可能比 $E(Y_{i0}|T_i=0)$ 高很多。虽然在这种情况下可以猜测偏误的方向，但分析者很少有坚实的基础来推测偏误的大小，因此不可能校正估计值[①]。

除了选择性偏误之外，实地实验还缓解了政治行为观察性研究方法的其他常见问题。在观察性研究中，研究人员既不控制干预分配，也不控制干预设计。在最基本的层面上，实地实验的一个关键特征是研究人员控制干预的分配，因此知道哪些被试被分配到干预和控制条件。观察性研究经常试图测量一个人是否接受了干预，但调查方法可能并不可靠。通常，一个被试是否接受干预取决于被试的自我报告（竞选接触、广告接触、媒体使用等）。让我们再考虑一下试图测量竞选动员对选民

---

① 此外，当"校正"偏误时，这种偏误大小的不确定性不包含在报告的标准误中，与抽样变异性不同，随着样本量的增加，这种不确定性保持不变（Gerber 等，2004）。因此，在观察性研究中，传统系数的不确定性测量低估了不确定性的真实水平，特别是在样本量较大的情况下。

投票的效应的例子。在这篇文献中，接触是自我报告的，错误的报告会导致干预组实际上是有干预者和无干预者的混合体。如果这种错误报告是随机的错误分类，估计的平均干预效应将会被减弱（attenuated），但如果这些错误报告竞选接触的人也倾向于更多地参与政治活动，这种非随机的测量误差可能会夸大竞选接触的效应。当被试的投票本身是基于自我报告时，这一偏误将会加剧，这是经常发生的情况。有经验证据表明，存在严重的错误报告，而且错误报告竞选接触与错误报告投票之间存在正相关关系（Vavreck，2007；Gerber 和 Doherty，2009）。应该指出的是，虽然以前的观察性工作时不时地采用验证投票（ANES 使用公共投票记录，将这个变量添加到 1964 年、1972 年、1974 年、1976 年、1978 年、1980 年、1984 年、1986 年、1988 年和 1990 年的调查数据集中①），但这一领域中实地实验的出现带来的一个重要创新是，政治行为研究使用行政数据而不是自我报告已经成为普遍现象。

　　实地实验避免的另一个问题是，什么干预了正在被评估的模糊性（ambiguity）？再次讨论选民动员研究的例子。在 Rosenstone 和 Hansen 的研究中，用于测量竞选接触的 ANES 题项是询问受访者："有没有来自某个政党的人打电话给你或者过来和你谈论竞选活动？"从字面上看，这个问题询问了受访者关于党派电话或面对面的接触，从而引发了关于竞选的对话，但忽略了所有通过邮件的竞选接触、所有关于竞选之外政治议题的接触，以及所有可能催促投票的非党派接触。目前尚不清楚调查受访者在回答问题时是否注意到这些细微差别，这只会加深围绕基于调查的、采用回归估计的干预效应的模糊性。

　　在实验分析中，考虑不遵从问题现在是标准的做法。在选民动员的背景下，当被分配到干预组的个人未受到干预时，不遵从是最常见的。干预失败的发生率因接触方式、接触努力的强度、接触的困难以及被试和背景的属性而异。不遵从的产生有多种原因，例如被试的搬迁、在竞选活动尝试接触时不应门或不接电话，或在尝试接触所有被分配到干预组的被试之前资源耗尽。在实地实验中，干预失败非常明显，干预组和控制组观察到的平均结果差异需要根据干预组接触到的比例进行调整，以估计遵从者的平均干预效应（Angrist 等，1996）。在实验遇到单边不遵从时，这与被干预者的平均干预效应相同。

　　适当地考虑选民动员实验中的不遵从是最近工作的一个创新，因为

1998 年之前的实验研究要么将干预组中的未受干预被试从分析中删除，要么将其重新归类为控制组的观察值（Adams 和 Smith，1980；Eldersveld，1956），甚至不考虑这个问题（Miller 等，1981）。如果干预组中不能接触到的那些人与整个被试群体的平均无干预潜在结果不同，这种方法会产生干预效应的有偏估计值。由于干预失败可能源于与投票倾向有关的因素，例如最近的搬迁、选举日前后出城、忙碌或反社会，或其他一些可能性，不遵从是无法忽视的。在对 GOTV 电话的研究中，那些难以联系的人，通常比普通被试更不可能去投票（Gerber 和 Green，2005；Arceneaux 等，2006）。在观察性研究中，那些竞选活动无法接触的人，往往会报告说他们没有受到干预，因此将和那些竞选活动没有试图接触的人分为一组。因此，除了竞选瞄准产生的选择偏误外，还有因竞选对某些目标干预失败而产生的偏误。

综上所述，相比基于调查的观察性选民投票研究，实地实验至少有三个重要优势。干预的随机分配消除了选择偏误的威胁。对干预方法的直接操纵允许研究人员对干预是什么有更多的控制，并更准确地确定被试是否接受了干预。使用行政管理数据测量结果，有助于确保被分配到干预组和控制组的被试之间的对称性。实地实验的一个常见局限性是，很少包含一个全国性选民的随机样本（参见 Fieldhouse 等，2013）。这就提出了一个问题，即实验结果是否可以被推广到不同的被试、干预和背景中。解决这一问题的一种方法是广泛复制实验，这在选民动员研究中已经很常见。事实上，关于选民动员实验文献的一个显著特征，是大量且不断增长的对现有研究的复制和扩展。下一节将描述实验文献的演变，目前包括在欧洲、亚洲和拉丁美洲进行的研究。

406

3　选民动员的实验文献综述[①]

当前选民动员文献可以分为两大类研究。早期的工作集中在不同接触方式的相对有效性上。这种关注部分是因为一种担心，即从之前时代更个人化的竞选活动转向通过邮件和电视进行的现代竞选活动会导致投票率下降。虽然一些研究引入了信息内容的实验变异，但这并不是研究的主要焦点。第二类研究旨在测量采用不同信息进行沟通的效应。这些

---

① 本节改编自 Green 和 Gerber（2015）。

研究往往受到心理学理论或民间政治智慧的启发，检验了沟通的影响是如何根据竞选材料中的文字和图像变化的。对于社会心理学中一些有影响力的理论，这类文献虽然主要被发表在政治科学期刊上，但提供了一些最有说服力的经验证据。

3.1 接触模式

1998 年的纽黑文研究检验了三种常见竞选策略的相对有效性：上门游说、商业呼叫中心电话和直接邮寄。研究发现，面对面游说在被联系的人群中产生了 8 个百分点的投票率提高，每封邮件使收到邮件家庭的投票率提高了 0.5 个百分点（邮件数量从 0 个到 3 个不等），而电话不会提高投票率。大量的后续文献测量了这三种沟通模式在各种背景下的效应，并将这种研究的范围扩展到包括通过电视、广播和社交媒体传播的 GOTV 呼吁。 *407*

3.1.1 游说研究

在纽黑文研究之后，可推广性的基本问题比比皆是。在其他地方游说会奏效吗？它在竞争激烈和非竞争性的市政竞选中都会奏效吗？我们首先总结一些研究，比如纽黑文研究，是利用无党派的 GOTV 呼吁进行游说的。2001 年，在布里奇波特、哥伦布、底特律、明尼阿波利斯、罗利和圣保罗六个城市进行了多地点评估。控制组的基准投票率在不同地点差异很大，从 8.2% 到 43.3% 不等。尽管选举和人口背景各不相同，但结果并不比偶然预期的变化更大。在所有六个地点，被分配到干预组的投票率都高于控制组，尽管在一个地点增加的幅度可以忽略不计。用单个回归模型分析六个地点的数据，发现被接触者的投票率提高了 7.1 个百分点，标准误为 2.2 个百分点（Green 等，2003）。

2001 年进行的另一项动员实验在三个重要方向上扩展了先前的工作（Michelson，2003）。首先，游说工作取得了惊人的 75% 的接触率。其次，它展示了动员如何在农村环境中发挥作用。这项研究是在加利福尼亚州一个以拉丁裔选民为主的农业社区举行的一次低投票率市政选举中进行的。最后，它在强调公民责任、族群团结（针对拉丁裔选民）或社区团结（针对非拉丁裔选民）的呼吁之间改变了竞选信息。不管使用什么信息，拉美裔游说者团队在动员拉丁裔选民方面都非常有效。对于所有拉丁裔选民，投票率从 13.8%（$N=298$）提高到 18.5%（$N=466$）。对于非拉丁裔选民，投票率从 25.7%（$N=758$）提高到 28.2%（$N=1\,243$）。游说者联系了 73% 的拉丁裔选民和 78% 的非拉丁裔选民。

这些游说脚本在动员选民的有效性方面没有明显的不同。

Herbert Villa 和 Melissa Michelson（2003）再次考察了除拉丁裔游说者和非拉丁裔游说者的效应外，替代信息的效应，重点关注了 26 岁以下的选民样本，鼓励他们在 2002 年的州和联邦选举中投票。在拉丁裔被试中，投票率从 7.2%（$N=1\ 384$）上升到 9.3%（$N=1\ 507$），在非拉丁裔被试中，投票率从 8.9%（$N=1\ 438$）上升到 10.0%（$N=1\ 455$）。接触率分别为 51% 和 39%。Michelson 和 Villa 再次发现，没有证据表明游说脚本内容产生了明显的不同。Michelson 于 2003 年回到弗雷斯诺，利用她班上的学生进行了一项关于党派呼吁和无党派呼吁的不同效应的实验。就像 2002 年中期选举的 Bennion 研究一样，该研究也将学生游说作为课程作业的一部分，这项研究发现的干预效应较弱（Bennion，2005）。总体而言，控制组（$N=2\ 672$）的投票率为 15.2%，而干预组（$N=3\ 371$）的投票率为 14.9%，后者的接触率为 34%。

与其他挨家挨户游说的研究不同，Nickerson（2008）使用了安慰剂控制设计。被接触的人中有一半未参与投票；另一半被敦促在 2002 年丹佛和明尼阿波利斯举行的初选中投票。在被敦促投票的人中，投票率从 47.7%（$N=279$）提高到 56.3%（$N=283$）。由于设计的接触率为 100%，因此，尽管样本量较小，研究仍具有合理的统计效力。也许这项实验最有趣的方面是 Nickerson 的证明，即干预组室友的投票率明显高于控制组室友的投票率，这表明与游说者面对面谈话的动员效应可能已经传递给了住户中的其他成员。

2004 年，Carrie Levan（2016）在加利福尼亚州贝克斯菲尔德组织了一场无党派游说运动，旨在动员低投票率的、低收入的、主要是拉丁裔选区的选民。该研究由 727 名选民组成，其中 423 人属于被分配到干预组的家庭。干预组的接触率为 50%。这项研究发现了强烈的游说效应。例如，在属于单人家庭的选民中，控制组的投票率为 41.0%，干预组的投票率为 54.5%。Gregg Murray 和 Richard Matland（2012）也在得克萨斯州布朗斯维尔的一个主要拉丁裔地区进行了一项游说研究。被分配到控制组的 3 844 名被试的投票率为 33.3%，而被分配到游说组的 7 580 名被试的投票率为 34.9%，其中 22% 的被试实际被接触到。

Lisa García Bedolla 和 Melissa Michelson（2012）与几个非党派团体合作，参与加利福尼亚州投票倡议，寻求在 2006—2008 年的一系列选举中动员低投票倾向选民。这项研究努力因其开展挨家挨户宣传的组织数量、目标族群的范围以及进行游说的选举背景的范围而值得关注。总共进行了 117 次不同的实验。尽管作者注意到许多参与组织接触选民主要是为了传播该组织活动的信息或实施议题调查，而不是参与选民动员（第 127 页），但在这些实验中，有 77 次实验的干预组投票率高于控制组，其偶然发生的 $p<0.001$。

相比在总统选举中竞争激烈的州，往往大规模发生党派游说，无党派游说相对较少。然而，由于党派竞选活动总是可以选择使用无党派的呼吁来动员他们的党派支持者，因此对无党派游说的试验性评估具有潜在的参考价值，甚至对试图代表某位候选人或投票测量来寻求支持的竞选活动也是如此。然而问题是：如果游说者试图呼吁选民支持特定的候选人或事由，结果是否会有所不同？尽管没有实验尝试在无党派和倡导呼吁之间进行详细比较，但一系列倡导实验表明，这种游说可能会产生截然不同的效应。

2003 年进行的两项实验初步表明，倡导竞选活动在动员选民方面可能相当有效。在堪萨斯城，ACORN 组织在以非裔美国人为主的选区进行了广泛的游说活动，目的是识别和动员那些投票支持旨在保留当地公共汽车服务措施的人。与大多数其他游说实验不同的是，这一次是在选区（precinct）层次进行随机化的，其中 14 个选区被分配给了干预组，14 个选区被分配给了控制组。在被分配到控制选区的选民中（$N=4\,779$），投票率为 29.1%，相比之下，干预组的投票率为 33.5%，其中 62.7% 的人被接触到（Arceneaux，2005）。大约在同一时间，ACORN 在凤凰城进行了游说，代表一项决定县医院未来的投票议案（Villa 和 Michelson，2003）。ACORN 进行了两轮游说，第一轮是识别同情这项投票议案的选民，第二轮是敦促支持的选民投票。游说活动针对的是那些在之前四次选举中至少有一次投票的拉丁裔姓氏选民。ACORN 多次尝试接触选民（包括打了少量电话），结果是：只有一名选民的家庭中有 71% 至少接触过一次。在有两名选民的家庭中，这一数字上升到 80%。这次动员活动对投票产生了很大的效应。在一人家庭中，投票率从控制组的 7.4%（$N=473$）上升到干预组的 15.9%（$N=2\,666$）。在两人家庭中，投票率从控制组的 6.9%（$N=72$）上升到干预组的 21.0%（$N=2\,550$）。

另外，众所周知，倡导活动的结果令人失望。洛杉矶的"组织和政策教育战略概念"（SCOPE）进行了游说来反对全州范围的"三振出局（three-strikes）"投票议案，但没有产生明显的投票效应（Arceneaux

和 Nickerson，2009）。Gray 和 Potter（2007）在一名代表地方法官（magistrate）的候选人的小型游说实验中发现动员效应很弱。在他们代表一位当地候选人游说的研究中，Barton 等（2012）发现了一种意想不到的对投票率的负面效应。更大的候选倡导实验显示出正面的效应，尽管被干预者干预（treatment-on-treated）的估计值比 ACORN 研究中的要小。2005 年代表一名民主党州长候选人进行的一项大规模实验产生了 3.5（SE＝2.4）的被干预者干预的估计值，2014 年代表共和党初选决选（primary runoff elections）的州立法候选人进行的一系列实验产生了 3.1（SE＝1.8）的被干预者干预的估计值。

3.1.2　商业呼叫中心

　　1998 年，作者使用一家商业呼叫中心开展了两场无党派竞选活动（Gerber 和 Green，2000，2001）。两场活动中规模较小的一场是在纽黑文进行的；另一场规模较大的活动是在邻近的西黑文（West Haven）进行的。在这两个城市，选举都是相当安静的事情，竞选活动相对较少。在这两项实验中，接到电话的那组人的投票率并不高于没有接到电话的控制组的投票率。一份电话脚本强调公民责任，另一份强调社区团结，第三份强调决定势均力敌选举的可能性，三份脚本都没有产生任何明显的影响。

　　为了评估这些结果是否基于特定的背景或呼叫中心，我们在 2002 年大规模复制了 1998 年的实验（Arceneaux 等，2006）。艾奥瓦州和密歇根州的国会选区被分为两类，这取决于它们是以竞争性竞选还是以非竞争性竞选为特色。在每个类别中，两个商业呼叫中心之一打电话给在不同地址随机选择的 15 000 人，每个呼叫中心都传递了相同的无党派信息。因此，干预组中总共呼叫了 6 万人，而控制组则有 100 多万人。在 2002 年的研究中，干预效应勉强位于零的正向一侧，意味着这些呼叫中心每交谈 280 人，就会多动员一名选民。伊利诺伊州的另一项大规模研究在 2004 年 11 月的选举前使用类似的无党派脚本给选民打电话，发现了更大的效应（Arceneaux 等，2010）。这一次，每完成 55 个呼叫生成一张选票。然而，这项研究被北卡罗来纳州和密苏里州的两项大型无党派实验所抵消，这些实验发现传统电话的效应微乎其微，每 500 个联系人只产生一张选票（Ha 和 Karlan，2009）。

　　代表候选人或投票议案（ballot measure）的倡导电话在遵从者中发现了同样弱的平均干预效应。在旧金山市政选举中，一个商业电话中心代表一项投票议案打了近 30 000 个电话（大约一半是成功联系的）。

与其他商业呼叫中心提供简短脚本的发现一致，每200个成功联系人中会产生一张选票（McNulty，2005）。在2002年州长初选的一项相对较小的研究中，也发现了类似的结果（Cardy，2005）。2006年大选进行的一项更大的实验也发现了微弱的效应，无论这些电话使用无党派信息，还是倡导支持最低工资措施的信息（Mann，2008）。党派脚本和无党派脚本之间面对面的实验比较表明，两者对投票率都没有明显效应（Panagopoulos，2008）。

一些学者研究了这样一种假设，即这些电话的有效性取决于脚本的传递方式。商业呼叫中心的报酬取决于它们联系到的目标数量，而不是它们产生的选票数量。呼叫人员每小时能够完成50个左右的电话，考虑到计件工资的激励和主管热衷于转到下一个竞选呼叫活动，他们的行为与预期的差不多。

2002年，David Nickerson评估了一个面向年轻人的选民动员活动。在这场活动中，支付了高额报酬给一家商业呼叫中心，让其以闲聊和从容的方式传递GOTV呼吁。脚本要求呼叫人员停下来提问，并邀请受访者访问网站，以便更多地了解他们的投票地点。大量的指导确保了这一呼吁以适当速度被读出来。在选举日之前的四周时间里，随机选择的年轻人亚组接到了一到四个电话。呼叫中心保存了它们联系的每个人的记录，当第二次联系受访者时，脚本会注意到先前对话正在继续（resumed）的事实。这些电话在目标群体中产生了大幅的、在统计上显著提高的选民投票率，但仅限于在竞选活动最后一周打的电话。换句话说，在为期一个月的GOTV竞选活动前三周打出的电话，对选民投票率没有明显效应。最后一周拨打电话产生的结果是，每20名联系人中就有一票（Nickerson，2007）。这一发现启动了一系列实验，旨在找出强烈的效应是否反映了时间安排、使用重复通话或者脚本传递的对话风格。

至于商业呼叫中心打电话的时间和顺序，在2008年总统大选前的几周里，在战场州和非战场州进行的一项大型研究发现，第一轮和第二轮电话本身都没有提高投票率，但当第一轮表示计划投票的选民后来接到回访电话并被询问是否仍然会投票时，投票率大幅上升。这一发现呼应了志愿者呼叫中心进行的四项随访通话实验中发现的异常强烈的效应（Michelson等，2009）。然而，这种效应在2014年的一项大型商业呼叫中心实验中没有得到复制，该实验发现随访电话的效应要弱得多（Gerber等，2016）。

这些结果初步表明，成功呼叫的有效成分是脚本和传递的方式。这种脚本假说在 2004 年总统选举之前，通过针对战场州和非战场州居民的电话进行了检验（Ha 和 Karlan，2009）。一家大型呼叫中心部署了三种无党派脚本：一种与上面使用类似的标准脚本；一种更长、更健谈的脚本，人们被问及是否知道自己的投票地点，如果需要的话就提供；还有一种更长的脚本，人们被鼓励投票，并动员他们的朋友和邻居投票。研究结果虽然有点令人费解，但却颇具启发性。正如预期的那样，标准脚本的效应很弱，在联系的人中投票率仅提高了 1.2 个百分点。同样，正如所预期的那样，中等脚本产生了相当大的效应，产生了 3.4 个百分点的遵从者平均因果效应（CACE）估计值。这一统计上显著的增长意味着每 30 个已完成的呼叫就会产生一张选票。令人费解的结果是，那种喋喋不休的"招募你的朋友"脚本的效应出人意料地弱，因为每 69 个完成的电话中才有一票。

而呼叫质量假说在 2010 年一场不同呼叫中心之间面对面的竞争中得到了检验（Mann 和 Klofstad，2015）。高质量呼叫中心是专门从事筹款或政治呼叫的；而低质量呼叫中心的业务包括广泛的非政治客户和政治客户。Mann 和 Klofstad 推测，低质量公司受到的激励是以机械方式通过大量电话来推动业务，而高质量公司的重点和声誉要求它们招募和保留具有政治说服诀窍的呼叫人员。四家呼叫中心中的每一家都给分布在几个州的 100 000 名以上的选民打了电话。所有呼叫中心都使用相同的"闲聊"脚本，融合了第 4 节中讨论的几种想法：感谢、实施意向和积极的描述性规范。与质量假说一致，这两家低质量的呼叫中心产生了较弱的结果，与它们交谈的人的投票率仅提高了 0.2 个百分点。相比之下，两家高质量呼叫中心将它们联系到的人的投票率分别提高了 0.9 和 1.4 个百分点。尽管高质量呼叫中心远不如普通的志愿者呼叫中心或 Nickerson 研究中吹嘘的高质量呼叫中心有效，但它们明显比低质量呼叫中心更有效。（具有讽刺意味的是，低质量呼叫中心报告了更高的接触率，这意味着最终它们在每张选票成本上更加昂贵。）考虑到这项实验的巨大规模，以及作者对不同呼叫中心使用脚本的严格控制，这项研究提供了迄今为止最令人信服的证据，证明了质量这一无形因素的重要性。

3.1.3 邮 件

我们从关注"标准的"无党派呼吁开始来总结直邮文献，将对施加社会压力和其他心理策略邮件的讨论推迟到第 4 节。在 1998 年选举前的四周里，我们进行了一项实验，让纽黑文的登记选民收到一封、两封或三封无党派的直邮。每一批邮件都反映了三个主题中的一个：需要履行公民责任；有责任为邻里挺身而出，使政客们关注他们的问题；或者在势均力敌的选举中投票的重要性。没有邮件、电话或挨家挨户游说的控制组的投票率为 42.2%（$N=11\,596$）。在收到一封邮件的人中，投票率为 42.6%（$N=2\,550$）；在收到两封邮件的人中，投票率为 43.3%（$N=2\,699$）；在收到三封邮件的人中，投票率为 44.6%（$N=2\,527$）。对于整个样本（$N=31\,098$），在控制了电话和上门游说效应的回归估计值中，每增加一封邮件的效应为 0.5 个百分点（$SE=0.3$），使用单尾检验在 0.05 的显著性水平上具有微弱的显著性。这三种主题信息之间没有发现明显的差异。

在纽黑文 1999 年的市长选举中，基于 1998 年早期研究中使用的公民义务和势均力敌选举邮件的模式，无党派邮件被发送给 1998 年选民名单的随机样本。这项研究的创新之处在于，为了评估收益递减，最多发送了 8 封邮件。势均力敌的选举信息无效应（选举并非势均力敌），但公民责任信息的表现与 1998 年的结果不相上下。结果表明，在每户 6 封邮件之后，从邮件中获得的回报开始减少。

鉴于这些令人鼓舞的初步结果，随后的一系列实验检验了无党派邮件作为一种鼓励少数群体投票手段的有效性。在 2002 年大选前进行的一项实地实验中，Janelle Wong（2005）按姓氏将洛杉矶县选民分为几个亚裔美国人群体：中国人、菲律宾人、印度人、日本人和韩国人。华裔美国人收到了一封鼓励他们投票的双语无党派直邮。其他族群收到了一封英语直邮。在华裔美国人中，控制组的投票率为 29.0%（$N=2\,924$），干预组的投票率为 31.7%（$N=1\,137$）。在其他亚裔群体中，控制组的投票率为 38.5%（$N=5\,802$），而干预组的投票率为 39.4%（$N=2\,095$）。同样在 2002 年的选举中，一项规模更大的多地点实验试图动员洛杉矶县、奥兰治县（加利福尼亚）、休斯敦、新墨西哥州和科罗拉多州的拉丁裔选民（Ramirez，2005）。双语邮件的内容是与咨询顾问合作，使用焦点小组来编写的。邮件数量在不同的地点从 2 封到 4 封不等。尽管印刷和图片质量很高，但它们的投票效应很弱。

2004 年其他几位学者曾试图评估是否可以通过直接邮寄来动员少数群体社区。Trivedi（2005）检验了旨在动员居住在纽约市的印度裔美国选民的不同无党派信息和图片主题。她的明信片传达了族群、泛族群或公民责任的呼吁，但没有一条信息特别有效。Richard Matland 和

Gregg Murray（2012）在得克萨斯州的布朗斯维尔（Brownsville）开展了一场无党派的邮件活动。家庭被随机分配了一张明信片，上面有两种信息中的一种。其中一种信息强调，如果拉丁裔在政治上更活跃并投票，将拥有更大的权利。另一种信息则强调公民责任和选举的势均力敌，所以在即将到来的总统选举中，收到明信片的人应该去投票站投票。两种做法均发现了微弱的效应。

Bedolla 和 Michelson（2012）从 2006 年到 2008 年在加利福尼亚州进行了 38 次直邮实验，希望利用结合一般呼吁和族群呼吁的方式来动员少数群体选民。他们发现总体效应较弱，38 个实验中有 19 个产生了正向的估计值。无论是选民指南还是手写明信片似乎都没有提高投票率。

414　　另外两种无党派邮件研究的文献值得一提。第一种是简单地提醒人们选举迫在眉睫。这一策略已多次被证明效应微乎其微，并在几个实验中被用作安慰剂条件（Panagopoulos，2014，2013，2011）。另一种策略是通过唤起人们对某些投票议案的关注来激起选民对选举的兴趣。一项这样的实验向佛罗里达各地的登记选民发送了一封邮件，特别是里昂县（Barabas 等，2010）。每封邮件都提醒选民注意一项投票议案的重要性。作者将这些邮件的动员效应与普通 GOTV 邮件的动员效应进行了比较，发现不同问题或呼吁的效应略有不同。

测量倡议邮件对投票效应的文献基本上得到的是一系列无效的发现（null findings）。第一次大规模实验是在 1999 年代表民主党候选人在州立法和市政选举中进行的（Gerber 等，2003）。州立法实验将目标总体分为"主要（prime）"民主党人（投票倾向高的人）、"非主要"民主党人和无党派人士，并在登记选民名单中随机抽样。这些邮件提高了主要民主党人的投票率，但没有提高其他民主党人的投票率。随机样本的投票率随着邮件数量的增加而上升，但考虑寄到每个家庭的邮件数量，这些效应很小。结合所有新泽西州的样本表明，邮件并没有显著提高选民的投票率。在负面的市长竞选活动中可能会发现一些轻微的反动员（demobilization）证据，这场竞选向每个家庭发送了 9 封邮件。

另一项早期研究评估了来自堕胎权利益集团倡导邮件的动员效应，该组织在州长初选活动中支持一名拥护堕胎合法（pro-choice）的候选人（Cardy，2005）。该组织的动员目标是强烈支持堕胎的选民，其立场之前已经通过电话访问得到了确认。干预组（N＝1 974）收到 5 封全彩印刷在光面纸上的邮件，并在选举前 19 至 6 天内邮寄。控制组的投票率（N＝2 008）略高于干预组。其他小规模研究得出的结果表明，平均而言，对投票率几乎没有效应（Cho 等，2006；Gray 和 Potter，2007；Niven，2006）。这一结论得到了一项大规模研究的支持，该研究在 2005 年代表一名民主党州长候选人发送了多达 9 封邮件，并在 2014 年代表共和党州立法候选人进行了一次大型测试，发送了多达 12 封邮件（Cubbison，2015）。考虑到邮件关注的是议题和候选人而不是投票，缺乏效应并不完全令人惊讶。然而，这些发现清楚地表明，倡导沟通本身对刺激选民投票几乎没有什么作用[①]。

3.1.4　其他沟通模式

　　与大量游说、呼叫中心和直接邮件的实验文献相比，关于其他沟通方式的文献看起来相对较少。一些最稳健的发现涉及一些广泛使用策略的微弱效应。例如，David Nickerson（2007）报告了 13 项实验的结果，在这些实验中，通过电子邮件敦促近 25 万人——大学生、没有选择退出电子邮件通信的登记选民或同意被提醒投票的网站访问者，在即将到来的选举中投票。这些无党派的呼吁产生了微不足道的效应，即使有 20％或更多的收件人在 HTML 兼容的浏览器中打开了 GOTV 电子邮件。Malhotra 等（2012）发现，当选民登记员发出电子邮件时，发现了微小但统计上显著的效应，但无党派团体发送的相同电子邮件却没有效应。Alissa Stollwerk 与民主党全国委员会（Democratic National Committee）合作，评估了 3 封鼓励选民在 2005 年纽约市大选中投票支持民主党市长候选人的电子邮件的效应。这些电子邮件是在选举前一天下午晚些时候、选举日上午和选举日下午 3 点左右发送的。邮件主题行提到了投票，电子邮件的文本本身恳求民主党人"投票以确保我们的代表保护我们所有人都珍视的价值和信仰"。在干预组的 41 900 人中，13％的人至少打开了一封电子邮件。然而，党派提醒对选民投票率没有效应。在干预组的 41 900 人中，投票率为 58.7％。在控制组的 10 513 人中，投票率为 59.7％。当 Stollwerk 在 2013 年市长选举前的几天里重复这项研究时，她发现了正向但不显著的效应（Stollwerk，2015）。总体而言，GOTV 电子邮件似乎对提高投票率的作用不大。

　　另一种不断增长的文献评估了通过社交媒体如脸书（Facebook）传

----

① 介于无党派邮件和倡导邮件之间的是来自倡导团体的邮件，这些团体针对意识形态上结盟的选民，但使用无党派的语言来呼吁他们。例如，参见 Mann（2008）。这些研究产生的效应往往介于党派邮件的无效应与无党派邮件的微弱效应之间。

达信息的效应。最著名的研究是由一组学者和脸书的研究人员进行的。在 2010 年中期选举之前，Bond 等（2012）随机将数百万脸书用户分配到三种条件中的一种。第一组是控制组，没有任何投票的鼓励。第二组接受了由几个要素组成的信息干预：在他们的新闻推送界面顶部向用户展示了一个横幅，宣布"今天是选举日"，鼓励通过点击"我已投票（I Voted）"的图形来表明他们是否投票，提供一个链接来定位他们的投票站，并向他们展示一个计数器，列出脸书用户的累计投票数。第三组接受了社会干预：他们得到了与信息组相同的鼓励，还展示了多达六个已投票好友的脸，以及已投票好友的数量。从脸书用户个人资料中收集的数据，使研究团队能够评估约十分之一被试的实际投票，尽管如此，仍剩下大约 60 000 名被试处在控制和信息条件下，数百万人处在社会条件下。这一研究得到了两个关键发现。一是信息干预对投票的效应精确为零。这一发现再次验证了直接邮件实验的发现，即提醒投票对投票率几乎没有效应。二是社会干预使投票率提高了 0.39 个百分点，虽然不大，但在统计上显著。社会群体的投票率显著高于控制组和信息组。显然，社交条件中的活跃因素是好友投票的呈现，这一主题预示了第 4.1.1 节讨论的结果。

在脸书用户的新闻推送上放一个"我已投票"小部件（widget）的想法很有创意，但这种干预不是脸书用户以外的人可以自由实施的，即使是收费的。备选的途径是在脸书上购买广告。在两个大规模的实验中，Collins 等（2014）测试了在新闻推送中放置的"摇滚投票（Rock The Vote）"广告是否真的提高了投票率。2012 年，他们将大约 365 000 人分配到无干预的控制组，将另外 365 000 人分配到干预组，干预组通过侧栏广告和新闻推送接受了投票鼓励（后者实际上被提供给 41% 被分到干预组的被试）。例如，这些鼓励显示了距离选举还剩多少天，并展示了"喜欢（liked）"这种倒计时的好友。由于"摇滚投票"在收到信息的被试中享有正面形象，帮助了他们中的许多人登记投票，因此它是一个信息和鼓励的可靠来源。然而，稍后的选民投票率记录显示，干预组和控制组的投票率相同，均为 56.5%。第二年，在 11 月举行选举的 14 个州进行了使用相同设计的后续实验。大约 46 500 名投票者被分配到未被干预的控制组，与接受"摇滚投票"广告的干预组人数相同。这一次，分配的干预组中有 54% 的人在新闻推送中收到了嵌入广告，比例略高一些。然而，控制组和干预组的投票率分别为 14.6% 和 14.0%。在这两次选举中，脸书广告在提高投票率方面都被证明是无效的。

关于电子邮件和社交媒体的实验文献，虽然让那些希望以低边际成本大规模动员投票的人感到失望，但在理论上是有意义的。显然，一系列的投票提醒是无效的，即使它们来自可靠来源（例如，在一个公民团体的网站上注册投票或选择了投票提醒）。有一些证据表明，通过社交媒体进行更个性化的点对点互动，可能会培养人们对政治的兴趣，并提高投票率（Teresi 和 Michelson，2015）。需要进一步的测试来评估新媒体是否能刺激投票率，达到近似直接人际互动的程度。

3.1.5　结　论

在本节结束时，我们注意到选民投票实验文献的一个显著特点——使用每种接触方式的类似研究数量庞大（sheer volume）。为了说明这 *417* 一点，考虑 GOTV 邮件的示例。表 3 改编自我们最近回顾实验文献的书（Green 和 Gerber，2015），收集了 1998—2014 年间进行的 85 项不同研究的结果[①]。该表报告了每项研究的平均干预效应，还包括有关政治背景（例如，大选、初选等）、日期、地点和邮件内容的信息（例如，支持候选人或事由的邮件，采用施加社会压力的策略的邮件）。

这些研究可以被用来探索干预效应如何随着被试群体、选举背景、信息脚本和其他实验细节的不同而变化。表 4 显示了使用表 3 的数据进行的几个元分析的结果，并呈现了邮件的总体效应，以及基于邮件显示的消息脚本，将研究划分为某些研究子集的结果。将所有邮件研究汇总在一起表明，向选民发送一封邮件会使被试的投票率提高约 3/4 个百分点。此外，还有一些证据表明，邮件内容会影响干预效应的大小。例如，施加社会压力的信息比典型的无党派 GOTV 信息要有效得多，将表 3 中显示的社会压力研究汇集在一起，产生了投票率提高 2.3 个百分点的干预效应估计值。在解释这些元分析的结果时，有两件事应该牢记在心。首先，在形成包括表 4 每一行的研究集合并将其用于分组时，在估计干预效应和实验条件上都存在实质上的异质性。其次，由于在脚本变化但其他实验条件保持不变的消息之间进行"赛马（horserace）"的研究相对较少，因此，从消息有效性中观察到的某些差异可能是由于消息之外的条件变化。由于使用相似信息传递方法的研究之间存在干预效应的变异性，因此凸显了这一可能性。

---

① 这 85 个表格条目是从对 220 个不同干预与控制比较的分析中产生的。参见 Green 和 Gerber（2015），表 B-1，以了解此表研究结果如何被浓缩的详细信息。

表3 1998—2014 年美国直邮实验的结果

背景	研究	每封邮件的估计投票效应	标准误	倡导使用	社会压力（S）或感谢（G）
1998G	Gerber & Green—New Haven	0.51	0.3		
1999G	Gerber & Green—New Haven	0.30	0.18		
1999G	Gerber et al.—Connecticut and New Jersey	−0.01	0.09	X	
2000G	Green—NAACP	−0.02	0.46	X	
2002G	Ramirez—NALEO	0.05	0.07		
2002G	Wong—Los Angeles county	1.3	1		
2002M	Gillespie—Newark	−1.1	2.5	X	
2002P	Cardy—Pennsylvania	−0.23	0.50	X	
2002P	Gerber—Pennsylvania	−0.05	0.31	X	
2002S	Gillespie—Newark	−1.6	2	X	
2003M	Niven—West Palm Beach	1.42	2.07		
2004G	Anonymous—Minnesota	−0.86	0.74		
2004G	Matland & Murray—Brownsville	2.94	1.09		
2004G	Trivedi—Queens county	1.13	1.67		
2005G	Anonymous—Virginia	0.2	0.05	X	
2006G	Barabas et al.—Florida	0.25	0.62		
2006G	Bedolla & Michelson—APALC	1.15	0.53		
2006G	Bedolla & Michelson—OCAPICA	−0.45	0.79		
2006G	Bedolla & Michelson—PICO	−3.17	0.97		
2006G	Gray & Potter—Franklin county	−2.92	2.73	X	
2006G	Mann—Missouri	−0.06	0.04	X	
2006G	Anonymous—Maryland	−0.41	0.32	X	
2006P	Bedolla & Michelson—APALC	0.01	0.34	X	
2006P	Bedolla & Michelson—PICO	1.09	0.82		
2006P	Gerber et al.—Michigan	1.8	0.3		S*

续表

背景	研究	每封邮件的估计投票效应	标准误	倡导使用	社会压力（S）或感谢（G）
2006P	Gerber et al.——Michigan	5.23	0.17		S
2007G	Gerber et al.——Michigan	1.78	0.87		S*
2007G	Gerber et al.——Michigan	5.15	0.46		S
2007G	Mann——Kentucky	2.73	0.20		S
2007G	Panagopoulos——Gilroy	−0.3	1.4		
2007G	Panagopoulos——Iowa and Michigan	2.20	0.84		S
2008G	Keane & Nickerson——Colorado	−0.67	0.29		
2008G	Nickerson——APIA Vote	−1.2	0.6		
2008G	Nickerson——FRESC	−0.2	0.7		
2008G	Nickerson——Latina Initiative	0.23	0.26		
2008G	Nickerson——NCL	1.47	0.63		
2008G	Nickerson——Voto Latino	−0.59	0.33		
2008G	Rogers & Middleton——Oregon	−0.03	0.48	X	
2008P	Enos——Los Angeles county	2.05	1.13		
2008 PP	Barabas et al.——Florida	−2.73	0.62		
2008 PP	Nickerson & White——North Carolina	0.8	0.7		
2008 PP	Nickerson & White——North Carolina	0.96	0.26		S
2009G	Larimer & Condon——Cedar falls	0.74	2.38		S
2009G	Mann——Houston	1.2	0.6		G
2009G	Panagopoulos——New Jersey	2.5	0.5		G
2009G	Panagopoulos——New Jersey	2	0.5		S
2009S	Abrajano & Panagopoulos——Queens	1.10	0.40		S
2009S	Mann——Houston	1.1	0.5		G
2009S	Panagopoulos——Staten Island	2	0.98		G
2009S	Sinclair et al.——Chicago	4.4	0.6		S
2010G	Anonymous——Nevada	0.15	0.45		S

419

续表

背景	研究	每封邮件的估计投票效应	标准误	倡导使用	社会压力（S）或感谢（G）
2010G	Barton et al. —unknown state	−2.23	1.65	X	
2010G	Bryant—San Francisco	1.75	1.99		
2010G	Gerber et al. —Connecticut	2.00	0.53	X	
2010G	Gerber et al. —Connecticut	0.39	0.64		
2010G	Mann & Mayhew—Idaho, Md., N.C., and Ohio	2.00	0.42		
2010G	Murray & Matland—Texas and Wisconsin	1.75	0.66		
2010G	Murray & Matland—Texas and Wisconsin	1.46	0.66		S
2010M	Panagopoulos—Lancaster	−1.08	0.96		
2010P	Binder et al. —San Bernardino county	−0.11	0.50	X	
2010P	Panagopoulos—Georgia	2.5	0.5		G
2011G	Mann & Kalla—Maine	2.40	0.58		
2011G	Panagopoulos—Lexington	0.97	0.75		
2011G	Panagopoulos et al. —Hawthorne	−0.40	0.71		
2011G	Panagopoulos et al. —Hawthorne	2.17	0.58		S
2011M	Panagopoulos—Key West	1.1	0.5		S
2011M	Panagopoulos—Key West	−0.05	0.35		G
2011S	Mann—Nevada	0.85	0.28		
2011S	Panagopoulos—Charlestown	−0.30	0.53		
2012G	Citrin et al. —Virginia and Tennesse	0.74	0.41		
2012G	Doherty & Adler—battleground state	0.05	0.20	X	
2012G	Levine & Mann—Georgia and Ohio	0.24	0.30		G
2012M	Panagopoulos—Virginia	0.03	0.62		
2012P	Condon et al. —Iowa	2.85	0.64		S
2012P	Condon et al. —Iowa	0.4	0.9	X	

续表

背景	研究	每封邮件的估计投票效应	标准误	倡导使用	社会压力（S）或感谢（G）
2012P	Condon et al. —Iowa	2.7	0.9		
2012R	Gerber et al. —Wisconsin	1.1	0.7		
2012R	Rogers et al. —Wisconsin	1.05	0.27		S
2013G	Biggers—Virginia	0.11	0.18		
2013G	Matland and Murray—Minn., Ohio, Tex., and Va.	0.41	0.32		
2013M	Matland & Murray—El Paso	0.12	0.39		
2014G	Broockman & Green—California	0.35	0.13	X	
2014G	Cubbison—North Carolina	−0.12	0.07	X	
2014P	Green et al. —Texas	0.12	0.53	X	
2014P	Hill & Kousser—California	0.49	0.08		

说明：背景是指选举年份和类型，其中 G 表示大选；M 表示市政选举；P 表示初选；PP 表示总统初选；R 表示决选；S 表示特别选举。倡导是指敦促支持候选人或事由的呼吁。社会压力是指强调遵守公民参与社会规范的呼吁。标有星号的社会压力条目有力地坚持了投票规范，但没有告诉收件人他们的投票是否涉及公共记录。感谢邮件对收件人在以前选举中投票或过去参与选举表达了感谢。

当一项特定的研究涉及多封邮件或不同数量的邮件时，将使用回归来估计每封邮件的投票效应。表格中的有效位数可能有所不同，这取决于研究作者报告结果的方式。当一位或多位作者报告同一组织在同一选举中进行的多个邮件测试时，我们通过精度加权平均来计算整体估计效应和标准误，这相当于固定效应元分析。

APALC 代表亚太美国人法律中心；APIA 代表亚裔及太平洋岛民美国人投票；FRESC 代表前沿经济战略中心；NAACP 代表全国有色人种协进会；NALEO 代表拉丁裔当选官员全国协会；NCL 代表 La Raza 全国理事会；OCAPICA 代表橙县亚裔及太平洋岛民社区联盟；PICO 代表通过组织改善社区。

资料来源：本表使用的信息来自 Green, D. P., Gerber, A. S., 2015. Get Out The Vote: How to Increase Voter Turnout, third ed. Brookings Institution Press (Table B‑1)。

表 4　1998—2014 年美国直邮实验的元分析

直邮类型	估计值	95％置信区间	研究数量
倡导（不包括社会压力）	0.010	（−0.101, 0.120）	19
非倡导（不包括社会压力）	0.523	（0.299, 0.748）	51
社会压力	2.280	（1.259, 3.301）	15

续表

直邮类型	估计值	95%置信区间	研究数量
所有	0.759	(0.530, 0.988)	85

说明：使用 Stata 12 中的 Meta 命令以及随机效应选项获得的结果。估计值采用白分点形式。倡导包括敦促支持投票议题或候选人的邮件。社会压力指的是强调遵守公民参与的社会规范，并向收件人提供他们在过去选举中投票记录信息的邮件。非倡导类别包括几种邮件，如对过去的投票表示感谢或强调投票的规范，但不呈现或提及过去或未来的投票记录。剔除这些研究使估计值降至 0.366，置信区间范围为 0.136～0.596。

4 信息传递效应

接下来，我们将回顾一些评估替代信息有效性的研究。纽黑文研究改变了信息以及接触的方式。基于投票计算和竞选信息传递的民间理论，这项研究检验了三种不同信息的效应：敦促投票的图片和文字，基于这是一种公民义务；某个人的选票可能是决定势均力敌竞选的关键；以及某人的邻居从更高投票率和民选官员的关注中受益。在估计的效应上有一些差异，但这些差异并没有统计显著性，而且似乎信息传递的效应，如果有的话，也是相对温和的。随后的大量实地实验研究了信息效应，有一些方法，特别是那些采用旨在诱导社会压力来增加参与的方法，已经显示出投票率的大幅和可重复的提升。

这里，我们关注的是这些研究：信息传递与前沿社会心理学理论密切相关，或受到这些理论的明确启示，并且有足够多的文献来了解这些研究发现的稳健性[①]。将这些在心理学方法中可能起作用的机制与理性参与的经典解释中所强调的更标准的元素进行比较是有用的。

当从理性决策理论的角度来分析投票时，如果 $pB>C$，则个人将会投票，其中 p 是投票改变结果的概率（一票决定胜负），B 是个人从偏好的候选人获胜中获得的私人收益，C 是投票成本。这就是决策理论的解释，因为在这个解释中，"关键概率（pivot probability）"是一种信念，并没有研究努力来证明它是选民之间博弈的内生结果。由于在大型选举中扮演关键角色的经验概率微乎其微，吸引数千万选民的选举代表着一种反常现象。只要投票方面存在哪怕是少量的噪声，对于任何将选

---

① Rogers 等（2013）对为什么选民动员实地实验是检验社会心理学理论的良好环境提供了一个论点，并对一些早期的发现进行了描述。

民成本和收益映射到投票中的对称规则，从理论上讲，在大量选民中举行的选举完全平局（或在一票之内）的可能性基本上为零，这导致参与的期望回报为零。为了解释较高的投票率，基本理论被扩展到包括一个明确术语来表示投票的收益：$pB+D>C$，其中 D 代表公民责任（Riker 和 Ordeshook，1968）。一些信息传递策略可以相对容易地被整合到理性参与的标准决策理论框架中或其适度的扩展中。所采用的信息可能影响公民对公式中组成部分的信念，或应对其施加的权重。

另一种理论灵感的来源是社会心理学，它通过提高某些观念和规范的显著性来强调引发行为的途径。例如，有人认为，当人们思考如何、何时以及何地获得免疫时，获得免疫等行为变得更有可能出现（Milkman 等，2011）。如下所述，类似方法已被用来动员选民。人们可能会用 $pB+D>C$ 来表达这种假设，理由是排练投票的步骤可以降低 C 所包含的认知成本。类似地，有人可能会提出，投票（D）的好处之一是它提高了在其他人眼中对一个人的尊重，这些人瞧不起那些不履行公民义务的人。接下来，我们考虑对这些命题进行实验测试。

4.1　自我预言与实施意向

自我预言理论（Greenwald 等，1987）和实施意向理论（Gollwitzer，1999）都假设，通过诱导个人声明他或她将采取的某种行动，可以改变个人的行为轨迹。我们将逐一讨论这些理论及其在选民投票中的应用。

自我预言概念受到了某种预测错误可能会自我修正的启发（Sherman，1980）。一个人觉得他或她应该做的事情有很多，但由于某些原因，这个人的行动与他或她假定的目标不符。为慈善事业做些贡献，在来年进行更多的锻炼，以及在下一次选举中投票，都是这种愿望的例子。当被要求预测他们是否期望采取令人满意的行动时，人们经常说他们会的。根据 Sherman（1980）和随后其他作者的说法，诱导个人预测他们的行为会产生"自我擦除错误"或"自我预言"的例子，因为预测本身会诱导出一种坚持到底的责任感，从而导致对预测行动路线的更高水平的坚持。将这一论点应用于选民动员表明，只有询问个人是否期望会投票（这个问题得到了压倒性的肯定回答）才能提高投票率[①]。

[①] 这种问题也可能起到提醒投票的作用，但正如我们之前讨论提醒电话和电子邮件时所指出的那样，有充分的证据表明，提醒人们选举即将到来对投票率的影响微乎其微。在涉及直接邮件的信息传递研究中，简单的提醒通常用作安慰剂条件。

Greenwald 和他的同事首先将自我预言效应应用于投票行为。在 1984 年总统选举之前，数十名大学生接到电话，被询问有关即将到来的选举的一些问题。他们发现，增加一个要求被试预测其参与的项目，其增量效应是惊人的，投票率提高了 23 个百分点（Greenwald 等，1987）[①]。后续研究很少能支持这种结果。当原始作者在 1986 年的参议院选举和 1987 年的州初选中重复同样的设置时，他们发现没有任何效应。其他学者对自我预言的研究发现，干预效应类似于典型的商业投票呼叫（大约增加 1% 的投票率）。在一项大约是原始 Greenwald 研究 10 倍规模的复制研究中，Smith 等（2003）在 2000 年总统初选之前组织了一个呼叫中心给登记选民打电话。他们比较了两种被试的投票率，一种被问及是否知道在哪里以及何时投票，另一种被问及是否期望会在周二投票；自我预言干预的增量效应是 -0.1 个百分点。Dustin Cho (2008) 在 2008 年总统初选期间更大规模地复制了这一实验，发现自我预言干预使投票率提高了 2.2 个百分点。Nickerson 和 Rogers（2010）的一项大型研究也是在 2008 年总统初选期间进行的，发现了 2 个百分点的效应。尽管在这三项随访研究中，每一项的自我预言效应都不显著，但将这些发现汇总在一起表明，自我预言会略微提高投票率，尽管与开创研究（sentinel study）报告的发现相去甚远。

除了直接检验自我预言的研究外，还有几项研究提供了关于自我预言有效性的间接证据。在一些研究中，关于投票预测的提问只是干预的一个组成部分。Christopher Mann（2005）研究了实施多问题选举前调查的效应，调查中包括关于投票意向的问题。他发现，那些被分配到主要新闻媒体民调机构，并被询问投票意图和其他政治态度的登记选民，其投票率与随机选择的控制组选民的投票率相同，后者未接到调查电话。Green 等（2015）最近的一项研究发现，使用只询问居民打算如何投票的脚本来挨家挨户地游说，并没有提高投票率。商业呼叫中心经常以"我能指望你投票吗？"来结束他们对 GOTV 的呼吁。如上所述，这些呼叫电话的总体投票效应很小，通常发现投票率提高不到 1 个百分点。

与自我预言密切相关的一个理论是"实施意向"假说。该假说认为，在个人目标和为实现这些目标而采取的必要行动之间存在微弱但重

---

① 在其他领域也有一些关于自我预言的研究。例如，Morwitz 等（1993）检测了询问人们的购车计划对随后购车的效应。

要的认知障碍。根据这一理论，让一个人陈述目标，然后详细说明实现目标所需的步骤，会使目标实现的可能性更高。详细说明的练习使所需步骤更加突出，并阐明了以成功目标为导向的行动路径。基于这一理论的信息传递策略已经被应用于选民投票，通过补充自我预言题项（你会投票吗？）以及随访问题，即询问被试需要做些什么才能实现他们现在声明的投票意向。

Nickerson 和 Rogers（2010）是在实地环境中检验实施意向理论的一项早期研究。他们的研究询问被试是否有投票意向，然后针对这些被试中的一个子集继续提出一系列关于投票相关行动的问题。那些声称计划投票的人被问道：你预计周二大概什么时候去投票站？当你周二前往投票站时，你预计会从哪里出发？在你出发去投票站之前，你认为你正在做什么[1]？Nickerson 和 Rogers 报告，实施意向脚本（结合了标准GOTV 信息、询问投票意向以及实施意向的问题）将投票率提高了 4.1个百分点，三个实施意向问题总共的增量效应为 2.1 个百分点[2]。

其他几项研究也探索了制订投票计划的效应。包括 Dustin Cho（2008）和 Gerber 等（2015），他们发现实施意向电话脚本的效应可以忽略不计，以及 Rogers 和 Ternovski（2015），他们使用邮件检验了实施意向的一种版本，发现单个邮件对投票率有 0.5 个百分点的效应，并且在统计上显著[3]。总体而言，看起来能够唤起自我预言和实施意向的脚本可能会推动投票率上升，但效应往往比开创研究所建议的要小得多。

4.1.1　社会压力、骄傲与羞耻

如果我们把自己限制在一个只关注关键概率、果断决策收益和参与成本的理论模型中，就不可能对大规模选举中观察到的高投票率产生稳健的解释。

对预测和模型之间这种差距的一种反应是扩展选民用来评估是否投票的考虑因素集合。这种方法的一个例子是 Coate 和 Conlin（2004），在该研究中，两组策略性选民合并了一个群体身份，然后坚持（出于未

---

① 略超过 85％的被试表示，他们计划在即将到来的选举中投票。

② Nickerson 和 Rogers 对干预效应的进一步探索发现，意外的是，实施的效应集中在只有一名合格选民的家庭中，对他们来说，实施脚本的整体效应为 9.1 个百分点，尤其是实施问题的增量效应为 8 个百分点。作者推测，该发现符合一个观点，即实施计划对居住在多选民家庭中的人是不必要的，因为鉴于这些家庭中政治的相对中心地位以及多居民社会背景的其他方面，这些人更有可能制订了投票计划。

③ Rogers 和 Ternovski 的邮件还包括"感谢信息"，这一干预策略将在后面描述。

建模的心理或社会原因）使群体福利最大化的行为规则。特定的投票规则（区分选民和非选民的投票成本的分界点）通常被认为对每个群体而言均是合意的，因此出现了一个均衡结果。对于每个群体的成员来说，如何强制执行这些合适选民行为的隐含规范（即对群体是有意义的，但对个体却是非理性的规则）既是一个心理问题，也是一个社会问题。

一种可供选择的补充策略，是检查直接支持投票的规范，并研究这些规范是如何被执行的。调查证据表明，投票行为似乎被嵌入一套支持投票的社会规范中。简单的思考表明，投票有一定的社会维度，但这种考虑有多重要？可能人们只是口头上赞成投票和公民义务的想法，但或许投票规范更加根深蒂固。如果个人投票行为容易受到自豪感和羞耻感的影响，那么加强这些情绪的干预会影响投票率。相反，如果不断增加的社会压力导致投票率的巨大变化，这就为社会压力作为一种机制提供了可信的证据，正是这种机制产生了观察到的大众参与水平。

实验已经探索了社会压力的有效性，也就是精心设计策略，利用人类赢得赞扬或避免责备的基本动力。社会压力是通过表扬维护社会规范的人或惩罚违反社会规范的人来施加的。施加的社会压力的程度可以通过信息强度的变化或通过披露个人遵守规范的程度而有所不同。在选民动员文献中，社会压力信息通常包括三个组成部分：劝告接收者遵守社会规范，声明接收者的行为将受到监控，以及警告接收者的遵守情况可能会泄露给其他人。

在 2006 年密歇根州初选进行的一项大型实验中，Gerber 等（2008）评估了由四封邮件构成的一组干预，这些邮件传达了不同程度的社会压力。第一封邮件用威吓的语气鼓励公民履行公民义务和投票。第二封邮件给这条信息增加了监视元素，告诉人们，他们是一项学术研究的一部分，在即将到来的选举中的投票将受到监控。第三封邮件被贴上了"自我"的标签，其中包括来自选民档案的信息，列出了家庭成员在最近选举中的投票行为，并承诺在选举后发送一封更新的邮件，报告列入名单的个人是否投了票。最后，"邻居"邮件增加了社会压力，包括了家庭和收件人街区邻居的投票历史。因此，这四封邮件代表了社会压力的（陡峭）等级。

结果显示，社会压力对选民投票率有很强的效应。记住，典型的无党派 GOTV 邮件会使投票率提高 0.5 个百分点。第一封邮件是强烈的公民义务呼吁，使投票率提高了 1.8 个百分点，而"自我"邮件使投票率提高了 4.9 个百分点。"邻居"邮件使投票率引人注目地提高了 8.1 个百分点。这些数量都可与零和彼此区分，因为每个干预组包括20 000 个家庭，而控制组包括 100 000 个家庭。

426

后续研究已经确认了这些结果的基本轮廓，主要的研究努力是复制和扩展自我邮件（self-mailing，直接邮寄邮件）①。社会压力邮件，尤其是那些包括选民及其邻居投票记录的邮件（高效的"邻居"邮件）在一些收件人中激起了愤怒（Murray 和 Matland，2014），促使研究者寻找既能产生投票效应，又不会引起太大骚动的邮件策略。这些研究工作导致了几种不同的方法。首先，有人在"自我"干预基础上进行了尝试，"自我"是一种强烈的信息，可以导致选票大幅增加，但只产生了适度的阻力。表 5 显示了使用"自我"方法来测试干预信息的几项研究结果。汇总这些在不同的政治背景下进行的研究结果，表明"自我"邮件是一种有效的干预方法，在有低度到中度重要性的选举中效应尤其明显。所有研究的结果均与 2006 年密歇根州初选研究中观察到的 16％ 的提升相似（控制组从 29.7 的基数增加了 4.9）。除了大选的投票基准率较高外，邮件效应较弱的情况也可能与社会压力干预的机制有关，Matland 和 Murray 在得克萨斯州和威斯康星州的研究使用了一种版本的邮件，没有因为选民未能投票而责备他们②。

---

① 虽然邻居邮件在竞选活动中时不时地被使用，但到目前为止，只有一次密歇根州邻居邮件的学术随访研究。在威斯康星州州长选举的高投票率中，邻居邮件使总体投票率提高了 1 个百分点，在基准投票率为 30％ 的人中增加了 3 个百分点，这是一个参与水平更接近密歇根州而非整个威斯康星州被试群的亚组（Rogers 等，2015）。

② 自我邮件的党派版本没有产生任何投票增长，在自我邮件中，展示给被试他们的投票记录，并告知由于共和党执政的负面影响，对民主党人和无党派人士来说投票很重要（Schwenzfeier，2014）。这可能与被认为有效的机制有关。党派信息在政治上是非常典型的，不会被被试反思公民义务和参与的社会意义。无党派的邮件威胁，要在当地报纸上刊登他们的名字来羞辱/赞扬非选民/选民，似乎产生了很大的效应，尽管这些实验的统计效力不高（Panagopoulos，2010）。

表5 多项研究中自我邮件对选民投票率的效应

研究	选举类型	环境	控制	自我	投票率提高百分比（%）
1[b]	2006 年 8 月初选	密歇根	29.7 (191, 243)	34.5 (38, 218)	16[a]
2[c]	2007 年市政选举	密歇根	27.7 (772, 479)	32.4 (27, 609)	17[a]
3[d]	2007 年州长选举（以前未投票者）	肯塔基	6.8 (19, 561)	8.9 (13, 689)	31[a]
3[d]	2007 年州长选举（以前投票者）	肯塔基	13.2 (25, 037)	16.3 (17, 731)	23[a]
4[e]	2009 年市政特别选举	纽约市	3.2 (3445)	4.2 (3486)	36[a]
5[f]	2010 年大选	得克萨斯	40.5 (63, 531)	43.1 (1200)	6
5[f]	2010 年大选	威斯康星	49.0 (43, 797)	50.8 (801)	4
6[g]	2011 年市政选举	加利福尼亚	10.6 (13, 482)	12.0 (1000)	13

a. 在 $p<0.01$ 上统计显著，单尾检验，本表改编自表 11-1, Get out the Vote, Green and Gerber (2015)。

b. Gerber, A. S., Green, D. P., Larimer, C. W., 2008. Social pressure and voter turnout: evidence from a large-scale field experiment. Am. Polit. Sci. Rev. 102 (1), 33-48.

c. Gerber, A. S., Green, D. P., Larimer, C. W., 2010. An experiment testing the relative effectiveness of encouraging voter participation by inducing feelings of pride or shame. Polit. Behav. 32, 409-422.

d. Mann, C. B., 2010. Is there backlash to social pressure? A large-scale field experiment on voter mobilization. Polit. Behav. 32, 387-407.

e. Abrajano, M., Panagopoulos, C., July 2011. Does language matter? The impact of Spanish versus English-language GOTV efforts on latino turnout. Am. Polit. Res. 39, 643-663.

f. Murray, G. R., Matland, R. E., 2014. Mobilization effects using mail: social pressure, descriptive norms, and timing. Polit. Res. Q. 67, 304-319. 表格只报告了自我邮件的结果，没有关于社区投票率的附加信息。

g. Panagopoulos, C., Larimer, C. W., Condon, M., 2014. Social pressure, descriptive norms, and voter mobilization. Polit. Behav. 36, 451-469.

第二种策略是运用社会规范来表扬而不是指责。Panagopoulos (2013) 使用了这种方法，鼓励被试加入完美选民的"光荣榜"。一组被确定为非裔美国人、西班牙裔或未婚女性的选民，被随机分配接收一封邮件，这封邮件展示了 10 位邻居的完美投票历史。文本包括这样的语言：

　　　　对我们的民主来说，没有比去投票站投票更重要的行动了。这就是为什么"我们的社区投票"（Our Community Votes），一个鼓励投票的非营利性组织，要表彰您所在社区的公民，他们在过去四年的大选中有着完美的投票记录。这些邻居应该得到我们的认可和祝贺，因为他们履行了公民义务，发出了自己的声音。新泽西州州长选举将于 11 月 3 日举行，我们希望您能去投票站，加入您所在社区的完美选民的公民荣誉榜（Civic Honor Roll of Perfect Voters）。投票记录显示，您在 2008 年的总统选举中投了票，但在 2005 年的州长选举中没有投票。投票记录是公开信息，所以人们知道您什么时候投票，但从不知道您是怎么投票的。通过 11 月 3 日的投票，您将加入以下选民的行列，成为完美的选民。

Panagopoulos（2013，第 275 页）

这种方法是对自我信息的大幅度修改，显著提高了投票率，尽管低于最初的自我邮件；非裔美国人和西班牙裔被试的投票率上升了 2.3 个百分点，女性的投票率上升了 1.3 个百分点。

第三种策略，包括暗示可能在选举后联系被试，并要求他们解释为什么参与或未参与。这种方法的一个例子是 Rogers 和 Ternovski（2015）对 2010 年中期选举投票的大规模研究，其中包括角上的一个方框，方框里写着："在选举结束后，我们可能会给您打电话讨论您在投票中的经历。"他们发现，将这一信息添加到邮件中的增量效应，是统计上显著地将投票率提高了 0.25 个百分点[①]。

4.1.2　感　谢

一些人认为感谢有进化的根源，并以一种促进社会交换和互惠的方式发展起来（Trivers，1971）。参考大量和不断增长的关于感谢的力量和表达感谢所产生互惠的文献［McCullough 等（2008），Bernstein 和 Simmons（1974），Clark 等（1988），Rind 和 Bordia（1995）］，Panagopolous（2011）提出了一种选民动员信息，即感谢被试之前的参与。感谢邮件的部分动机是为了探索一种方法，使以被试投票历史为中心的自我邮件更符合选民口味。感谢选民信息解释了为什么被试的投票历史会被查阅和展示。

Panagopolous 在三次截然不同的选举中测试了感谢邮件：2009 年

---

① Della Vigna 等（2014）进行了另一项实地实验，报告了包含类似信息的干预结果（"研究人员将在选举后三周内与您联系，就您的投票参与情况进行调查"）。

纽约州斯塔滕岛的特别选举，2009 年 11 月的新泽西州州长选举，以及
2010 年的佐治亚州初选。他发现感谢邮件产生了相当大的效应，斯塔
滕岛的投票率提高了 2.4 个百分点，新泽西州提高了 2.5 个百分点，佐
治亚州提高了 2.4 个百分点。感谢邮件的效应大约是自我邮件的三分之
二。这三项研究的一个意想不到的特点出现在佐治亚州的研究中。Pan-
agopolous 加入了两个额外的干预臂：（1）一封邮件，其中讨论了投票
历史，但没有提到选民投票的官方记录；（2）一封邮件，其中只对关注
政治的被试表示一般的感谢，但没有提到任何个人或他们的投票记录。
基本感谢信息的关键部分如下：

> **感谢您的投票！**
>
> 我们知道投票需要时间和精力。
>
> 官方选民记录显示，您在 2006 年 11 月的上次中期选举中投了
> 票，我们只想说声"感谢您"。
>
> 我们的民主依靠像您这样的人行使投票权。我们感谢您将投票
> 作为优先事项。
>
> 我们也想提醒您，佐治亚州的初选将于
>
> 2010 年 7 月 20 日（星期二）举行。您有资格投票。

未提到官方记录的版本是相同的，只去掉了关于官方记录的句子。
一般感谢干预的文本如下：

> **感谢您！**
>
> 我们的民主依靠像您这样关注政治、参与政治进程的人。我们
> 感谢您把这件事放在首位。
>
> 我们也想提醒您，佐治亚州的初选将于
>
> 2010 年 7 月 20 日（星期二）举行。您有资格投票。

在佐治亚州实施的这三种干预臂的效果大致相同，投票率提高了 2
个百分点以上。值得注意的是，对表达一般感谢的点估计值，是投票率
上升了 3.1 个百分点，意味着感谢邮件不仅是一种隐藏的自我邮件，而
且利用了一套独特的心理机制。需要更多研究来验证这一潜在的重要发
现，并评估当面或通过电话传递的 GOTV 信息是否会因为表达感谢而
增强。

4.1.3 描述性规范

与规定性规范（prescriptive norms）主张人们应该投票不同，描述

429

性规范（descriptive norms）以别人做什么为中心，暗示您也应该这样做。例如，"其他人都在投票，您也应该投票"这种陈述，建议您应该效仿别人，要么是因为别人知道得最多，要么是因为随大流有个人的好处。相反，"投票率很低，所以我们希望您投票"这样的陈述，发出了一个复杂的信息；投票受到鼓励，但描述性规范似乎倾向于不投票。

　　与规定性规范的文献相比，描述性规范的文献基于少量研究，而且实验规模往往较小。Gerber 和 Rogers（2009）的一项早期研究表明，投票意向受到投票率高或低的信息影响。随后的研究测量了这些信息对被试实际投票率的影响。Panagopoulos 等（2014）在 2011 年的一次市政选举中向选民呈现了标准邮件或自我邮件。每种类型邮件都以不同的变体来分发。在高投票率的条件下，邮件包括下面的措辞："您的大多数邻居都在履行他们的公民义务。您也去履行吧。"在这一陈述之后，个人被告知"你们社区的投票率为 70%"，指的是 2008 年大选的投票率。在低投票率的条件下，措辞正好相反："您的大多数邻居没有履行他们的公民义务。但您应该去履行。"在这一陈述之后，个人被告知"你们社区的投票率为 35%"，指的是 2006 年选举的投票率。在自我条件下，无论是高规范措辞还是低规范措辞都略微提高了投票率，但并不明显；在标准条件下，估计效应基本上为零。Murray 和 Matland（2014）的另一项研究呈现了在得克萨斯州拉伯克（Lubbock）和威斯康星州基诺沙（Kenosha）进行的平行实验。在低描述性规范条件下，被发送给被试的标准邮件或自我邮件包括以下段落：

> 在今年早些时候的拉伯克市选举中，投票率约为 10%，是过去 20 年来的最低水平之一。虽然有很多参与机会，但得克萨斯州数以百万计的人从未利用过这些机会。许多专家对即将到来的选举中预期选民数量如此之少感到沮丧。我们鼓励您抵制拉伯克同胞中的这种趋势，在 11 月 2 日（星期二）投票。

相比之下，高描述性规范的语言表达了乐观：

> 在 2008 年的拉伯克大选中，选民投票率超过登记选民的 70%，是过去 20 年来的最高水平之一。在全国范围内，选民参与人数激增。许多专家受到这一趋势的鼓舞，并预计在即将到来的选举中还会有大量选民参加。我们鼓励您加入拉伯克同胞，在 11 月 2 日（星期二）参与投票。

同样，结果是模糊的。在拉伯克，无论邮件传达的规范是高还是低，或者没有规范，都是同样有效的。在基诺沙，高规范的语言明显地提高了投票率，而低规范的语言则没有效应。虽然需要更大规模的复制研究才能更精确地估计这些效应，但似乎描述性规范比规定性规范的效应更弱。

4.1.4　讨　论

我们对文献的总结强调了一些经验规律。一是当面鼓励投票的方式比直邮或电子邮件更有效。二是向选民提供支持或反对某个候选人的宣传信息，往往不会提高投票率。三是那些大力宣扬公民参与社会规范的信息，在刺激投票率方面往往非常有效，尤其是在关注度较低的选举中。

4.2　美国之外的选民动员

431
　　虽然这些结论来自一些稳健的实验文献，但上述研究都是在美国的选举背景下进行的，这就留下了一个悬而未决的问题，即结果是否适用于美国以外的地区。在过去的十年里，在其他国家进行的 GOTV 实验的数量稳步增加。最早的大规模实验之一评估了英国无党派电话和游说的效应（John 和 Brannan，2008），几项后续研究将这一实验工作扩展到全国代表性样本（Fieldhouse 等，2013）和党派竞选活动（Foos 和 John，2016）。在无党派竞选领域内，这些研究证实了个人 GOTV 策略的有效性，如果有什么不同，就是表明志愿者呼叫中心在英国的效果特别好，因为英国的固定电话还没有受到营销电话的过度骚扰。另外，在英国（Fieldhouse 等，2013）和爱尔兰（Regan，2013），直接邮件等非人性化策略也被发现是有效的，可能是因为这些国家的商业垃圾邮件数量较少。有趣的是，党派游说和电话产生了混合的结果，英国、法国和西班牙的研究发现，投票率并没有提高（Foos 和 John，2016；Pons，2014；Ramiro 等，2012），或者只在支持者中有正向的异质效应（Foos 和 de Rooij，2013）。

　　虽然在美国之外进行的研究有可能阐明干预和选举背景之间的交互作用，但缺乏选民投票的个人行政数据常常会阻碍实地实验研究。一种回应方式是在单个选区进行实验，派驻投票工作人员来观察谁在那个地点投票，就像 Guan 和 Green（2006）在中国一所大学中研究面对面游说时所做的那样。与政府机构的合作研究可以让学者们获得关于投票结果和研究参与者社会属性的丰富数据。例如，在对丹麦选民动员的研究中，Bhatti 等（2016）可以获得将父母和子女联系起来的详细家庭数据，使研究团队能够评估它们发送给年轻选民的短信是否影响了家庭成员和室友的投票率。另一种方法是在投票站或城市一级进行随机化，这一研究策略已在巴西（De Figueiredo 等，2011）、意大利（Kendall 等，2013）和墨西哥（Chong 等，2015）使用。虽然这种类型的实验设计往往没有基于个人分配的实验设计那么有效，但它允许研究人员估计干预对投票率和选票份额的效应。一些最有趣的研究表明，即使竞选信息不会影响投票率，也会影响选票份额（Pons 和 Liegey，2013），这一发现让人想起在关注度较高的美国选举中的类似实验（Rogers 和 Middleton，2015）。

4.3　下游效应

在美国和英国的 GOTV 研究中出现的最有趣的发现之一是选民动员运动具有持久的效应。在 1998 年被随机分配接受直接邮件或面对面游说的纽黑文居民，在 1998 年 11 月举行的选举和 1999 年 11 月举行的市长选举中，都更有可能投票。此后，这种类型的持久效应被反复地进行复制（Coppock 和 Green，2016）。例如，在密歇根州的社会压力实验中，被分配接收邮件的选民不仅在 2006 年 8 月的初选中投票率更高，而且在 2008 年、2010 年和 2012 年 8 月的初选中投票的可能性也明显更高。自我邮件在 2006 年 8 月产生了大约 1 850 张选票，加上在接下来的三次 8 月初选中额外获得的 900 张选票。这种随时间推移仍然持久的模式，也适用于其他大型社会压力研究（Davenport 等，2010；Rogers 等，2015）、加利福尼亚州动员少数群体选民的无党派研究（Bedolla 和 Michelson，2012）以及英国的 GOTV 研究（Cutts 等，2009）。

选民动员的持久影响有多种解释。一种解释是，投票是一种养成习惯的活动。在这次选举中投票的人更有可能在下次选举中投票。那些缺席一次选举的人在未来投票的可能性也较小。美国的低投票率可能反映了美国拥有世界上最频繁的选举这一事实。有人可能会将不活跃的市政选举比作入门毒品（gateway drugs）；通过诱使这么多人放弃投票来削弱他们的投票习惯。另一种解释是，在最初选举中投票会吸引政治竞选活动的注意力，将额外的注意力放到最近选民上，从而促进他们的持续参与。使用竞选活动的联系记录来跟踪竞选的一项研究发现，那些在春季选举前被分配到干预组的人，更有可能在秋季大选之前收到邮件，但不太可能在秋季大选之前收到电话或个人访问（Rogers 等，2015）。还有一种解释是，动员效应之所以持久，是因为被试一直记得最初动员他们的沟通内容，当最初的动员采取措辞强硬的社会压力邮件形式时，这一假设有一定的合理性。

4.4 未来方向

现有的许多关于刺激选民投票的实验工作都受到人们为什么投票或者个人如何被说服采取行动的心理学理论影响。这些框架对干预效应做出了方向性预测，但很少有研究努力来估计被试效用函数的参数。未来研究的一个重要途径是利用实地实验来估计明确的结构模型中的参数。这种工作的一个例子是 Della Vigna 等（2014），将投票的"社会形象"动机纳入了被试的效用函数，并设计了一系列实验来识别投票的货币价值，以避免不得不说你没有投票（撒谎的成本很高）。根据他们的实验结果和一些假设（包括基于证据的对被试撒谎的成本假设），Della Vigna 等估计，2010 年国会选举中承认没有投票的货币成本在 5 美元和 15 美元之间，考虑到观察到的投票率水平和投票的适度时间与精力成本，这是一个似乎合理的估计值。

Della Vigna 等的一个值得注意的特点就是，作为他们寻找旨在估计模型参数干预的附带收益，作者们进行了自己感兴趣的新颖实验。错误报告投票是调查中测量误差的常见来源。Della Vigna 等检查了为被试提供激励来告诉访问者他们没有投票的效应；在长度为 10 分钟的调查开展了 2 分钟后，随机抽取一组调查受访者并告知他们，如果他们回答说没有在最近的国会选举中投票，调查就会结束，而不是再继续 8 分钟。Della Vigna 等发现，给被试提供激励，让他们告诉调查者他们并未投票，对已投票受访者的报告投票有很小的、统计上不显著的效应，但没有投票的人更有可能承认（也就是如实报告）并没有投票。因此，激励导致的投票的错误报告很少，而在激励条件下错误报告的净程度显著地降低。

另一种进一步开展研究的途径，是明确考虑不断积累的选民动员学术研究语料库（corpus）对竞选和选举所做"应用工作（applied work）"的效应。最直接的问题是，考虑到替代沟通策略的相对有效性和个人干预反应差异的实验证据，如何优化竞选活动。Imai 和 Strauss（2011）延续了 Kramer（1966）开创的一系列工作，考虑了制定最优 GOTV 活动的问题。他们使用现有实验的数据来估计干预效应的异质性，然后比较策略的相对有效性，即以预期有最大投票反应的个人为目标的策略，以及假设具有零干预效应异质性的策略。他们发现，将干预效应的异质性纳入动员目标的优先顺序常常会带来巨大的预期收益。

实验工作和现实世界竞选活动之间关系的第二个问题（也许称之为一个谜题更好），是理解积累的实验证据如何影响行业实践。尽管选举具有重要的利害关系，常常竞争激烈，但候选人和政党仍然依赖于几乎没有证据来支持使用的方法。如何解释这种现象？一些学者认为，那些已被实验证明支出大而回报小的技术（例如早期电视广告）之所以持续存在，源于这些支出为竞选顾问带来了财务上的意外收益（Sheingate，2016）。这种解释虽然有一定说服力，但似乎并不非常完善，因为所有市场营销者，无论是政治方面的还是其他方面的，都会对高价出售没有价值的东西感兴趣，但这可能不是一种可持续的商业模式。

434

参考文献

Adams，W. C.，Smith，D. J.，1980. Effects of telephone canvassing on turnout and preferences: a field experiment. Public Opin. Q. 44，389–395.

Angrist，J. D.，Imbens，G.，Rubin，D. B.，1996. Identification of causal effects using instrumental variables. J. Am. Stat. Assoc. 91，444–472.

Ansolabehere，S. D.，Gerber，A. S.，1994. The mismeasure of campaign spending: evidence from the 1990 US House elections. J. Polit. 56，1106–1118.

Ansolabehere，S. D.，Iyengar，S.，1996. Going Negative: How Political Advertising Divides and Shrinks the American Electorate. The Free Press，New York.

Arceneaux，K.，2005. Using cluster randomized field experiments to study voting behavior. Ann. Am. Acad. Polit. Soc. Sci. 601 (1)，169–179.

Arceneaux，K.，Gerber，A. S.，Green，D. P.，2006. Comparing experimental and matching methods using a large-scale voter mobilization experiment. Polit. Anal. 14，1–36.

Arceneaux，K.，Nickerson，D.，2009. Who is mobilized to vote? A re-analysis of eleven randomized field experiments. Am. J. Polit. Sci. 53，1–16.

Arceneaux，K.，Gerber，A. S.，Green，D. P.，2010. A cautionary note on the use of matching to estimate causal effects: an empirical example comparing matching estimates to an experimental benchmark. Sociol. Methods Res. 39，256–282.

Barabas，J.，Barrilleaux，C.，Scheller，D.，2010. Ballot Initiative Knowledge and Voter Turnout: Evidence From Field Experiments and National Surveys. Florida

State University (unpublished manuscript).

Barton, J. , Castillo, M. , Petrie, R. , 2012. Going Negative: The Persuasive Effect of Tone and Information on Campaign Fundraising and Voter Turnout. No. 1037 (unpublised manuscript).

Bedolla, L. G. , Michelson, M. R. , 2012. Mobilizing Inclusion: Transforming the Electorate Through Get- Out-the-Vote Campaigns. Yale University Press.

Bennion, E. A. , 2005. Caught in the ground wars: mobilizing voters during a competitive congressional campaign. Ann. Am. Acad. Polit. Soc. Sci. 601 (1), 123 – 141.

Bergan, D. E. , 2009. Does grassroots lobbying work?: A field experiment measuring the effects of an e-mail lobbying campaign on legislative behavior. Am. Polit. Res. 37, 327 – 352.

Bernstein, D. M. , Simmons, R. G. , 1974. The adolescent kidney donor: the right to give. Am. J. Psychiatry 131.

Bhatti, et al. , 2016. http://cvap. polsci. ku. dk/publikationer/arbejdspapirer/2015/SMS_ spillover. pdf.

Bond, R. M. , Fariss, C. J. , Jones, J. J. , Kramer, A. D. I. , Marlow, C. , Settle, J. E. , Fowler, J. H. , 2012. A 61-million-person experiment in social influence and political mobilization. Nature 489 (7415), 295 – 298.

Broockman, D. E. , 2013. Black politicians are more intrinsically motivated to advance blacks' interests: a field experiment manipulating political incentives. Am. J. Polit. Sci. 57 (3), 521 – 536.

Broockman, D. E. , 2014. Mobilizing candidates: political actors strategically shape the candidate pool with personal appeals. J. Exp. Polit. Sci. 1 (2), 104 – 119.

Broockman, D. E. , Butler, D. M. , 2015. The causal effects of elite position-taking on voter attitudes: field experiments with elite communication. Am. J. Polit. Sci. http://onlinelibrary. wiley. com/doi/10. 1111/ajps. 12243/epdf.

Butler, D. M. , Nickerson, D. W. , 2011. Can learning constituency opinion affect how legislators vote? Results from a field experiment. Q. J. Polit. Sci. 6 (1), 55 – 83. http://dx. doi. org/10. 1561/100. 00011019.

Cardy, E. A. , 2005. An experimental field study of the GOTV and persuasion effects of partisan direct mail and phone calls. Ann. Am. Acad. Polit. Soc. Sci. 601 (1), 28 – 40.

Cho, D. , 2008. Acting on the Intent to Vote: A Voter Turnout Experiment. Available at: SSRN 1402025. Yale University (unpublished manuscript).

Cho, W. K. T. , Gimpel, J. G. , Dyck, J. J. , 2006. Residential concentration, political socialization, and voter turnout. J. Polit. 68 (1), 156 – 167.

Chong, A. , Ana, L. , Karlan, D. , Wantchekon, L. , 2015. Does corruption information inspire the fight or quash the hope? A field experiment in Mexico on voter turnout, choice, and party identification. J. Polit. 77 (1), 55 – 71.

Clark, H. B., Northrop, J. T., Barkshire, C. T., 1988. The effects of contingent thank-you notes on case managers' visiting residential clients. Educ. Treat. Child. 45 – 51.

Coate, S., Conlin, M., 2004. A group rule-utilitarian approach to voter turnout: theory and evidence. Am. Econ. Rev. 94 (5), 1476 – 1504.

Collins, K., Keane, L., Kalla, J., 2014. Youth voter mobilization through online advertising: evidence from two GOTV field experiments. In: Paper Presented at the Annual Meeting of the American Political Science Association, Washington, DC (unpublished manuscript).

Coppock, A., Green, D. P., 2016. Is voting habit forming? New evidence from experiments and regression discontinuities. Am. J. Polit. Sci. 60 (4), 1044 – 1062.

Cubbison, W., 2015. The marginal effects of direct mail on vote choice. In: Paper Presented at the Annual Meeting of the Midwest Political Science Association, Chicago, IL (unpublished manuscript).

Cutts, D., Fieldhouse, E., John, P., 2009. Is voting habit forming? The longitudinal impact of a GOTV campaign in the UK. J. Elections Public Opin. Parties 19 (3), 251 – 263.

Davenport, T. C., Gerber, A. S., Green, D. P., 2010. Field experiments and the study of political behavior. In: Leighley, J. E. (Ed.), The Oxford Handbook of American Elections and Political Behavior. Oxford University Press, New York.

De Figueiredo, M. F. P., Daniel Hidalgo, F., Kasahara, Y., 2011. When Do Voters Punish Corrupt Politicians? Experimental Evidence From Brazil. University of California Berkeley (unpublished manuscript).

Della Vigna, S., List, J. A., Malmendier, U., Rao, G., 2014. Voting to Tell Others. NBER Working Paper No. 19832 (unpublished manuscript).

Eldersveld, S. J., 1956. Experimental propaganda techniques and voting behavior. Am. Polit. Sci. Rev. 50, 154 – 165.

Erikson, R. S., Palfrey, T. R., 2000. Equilibria in campaign spending games: theory and data. Am. Polit. Sci. Rev. 94, 595 – 609.

Fieldhouse, E., Cutts, D., Widdop, P., John, P., 2013. Do impersonal mobilisation methods work? Evidence from a nationwide get-out-the-vote experiment in England. Elect. Stud. 32 (1), 113 – 123.

Foos, F., de Rooij, E., 2013. Does Candidate Party Affiliation Affect Turnout? University of Zurich (unpublished manuscript).

Foos, F., John, P., 2016. Parties are no civic charities: voter contact and the

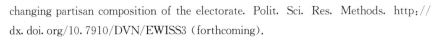
changing partisan composition of the electorate. Polit. Sci. Res. Methods. http://dx. doi. org/10. 7910/DVN/EWISS3 (forthcoming).

Gerber, A. S. , 1998. Estimating the effect of campaign spending on senate election outcomes using instrumental variables. Am. Polit. Sci. Rev. 92, 401 – 411.

Gerber, A. S. , 2004. Does campaign spending work? Field experiments provide evidence and suggest new theory. Am. Behav. Sci. 47, 541 – 574.

Gerber, A. S. , 2011. New directions in the study of voter mobilization: combining psychology and field experimentation. In: Gerken, H. K. , Charles, G. U. E. , Kang, M. S. (Eds.), Race, Reform. Cambridge University Press.

Gerber, A. S. , Doherty, D. , 2009. Can Campaign Effects Be Accurately Measured Using Surveys? Evidence From a Field Experiment. Yale University (unpublished manuscript).

Gerber, A. S. , Green, D. P. , 2000. The effects of canvassing, direct mail, and telephone contact on voter turnout: a field experiment. Am. Polit. Sci. Rev. 94, 653 – 663.

Gerber, A. S. , Green, D. P. , 2001. Do phone calls increase voter turnout? A field experiment. Public Opin. Q. 65, 75 – 85.

Gerber, A. S. , Green, D. P. , September 2005. Do phone calls increase voter turnout? An update (with Green). Ann. Acad. Polit. Soc. Sci. 601.

Gerber, A. S. , Green, D. P. , Green, M. , 2003. Partisan mail and voter turnout: results from randomized field experiments. Elect. Stud. 22 (4), 563 – 579.

Gerber, A. S. , Green, D. P. , Kaplan, E. H. , 2004. The illusion of learning from observational research. In: Shapiro, I. , Smith, R. , Massoud, T. (Eds.), Problems and Methods in the Study of Politics. Cambridge University Press, New York.

Gerber, A. S. , Green, D. P. , Larimer, C. W. , 2008. Social pressure and voter turnout: evidence from a large-scale field experiment. Am. Polit. Sci. Rev. 102, 33 – 48.

Gerber, A. S. , Green, D. P. , Nickerson, D. W. , 2001. Testing for publication bias in political science. Polit. Anal. 9, 385 – 392.

Gerber, A. S. , Hill, S. J. , Huber, G. A. , 2015. Small cues and large effect: the results from a collection of simultaneous field experiments. In: Paper Presented at the Annual Meeting of the Midwest Political Science Association, Chicago, IL (unpublished manuscript).

Gerber, A. S. , Huber, G. A. , Fang, A. H. , Reardon, C. E. , 2016. When Does Increasing Mobilization Effort Increase Turnout? New Theory and Evidence from a Field Experiment on Reminder Calls. Institution for Social and Policy Studies, Yale University (unpublished manuscript).

436

Gerber, A. S., Rogers, T., 2009. Descriptive social norms and motivation to vote: everybody's voting and so should you. J. Polit. 71 (01), 178 - 191.

Gollwitzer, P. M., 1999. Implementation intentions: strong effects of simple plans. Am. Psychol. 54 (7), 493.

Gosnell, H. F., 1927. Getting-Out-the-Vote: An Experiment in the Stimulation of Voting. University of Chicago Press, Chicago.

Gray, J., Potter, P., 2007. Does signaling matter in elections? Evidence from a field experiment. In: Paper Presented at the Annual Meeting of the American Political Science Association (unpublished manuscript).

Green, D. P., Gerber, A. S., 2015. Get Out the Vote: How to Increase Voter Turnout. Brookings Institution Press, Washington, DC.

Green, D. P., Gerber, A. S., Nickerson, D. W., 2003. Getting out the vote in local elections: results from six door-to-door canvassing experiments. J. Polit. 65 (4), 1083 - 1096.

Green, D. P., Krasno, J. S., 1988. Salvation for the spendthrift incumbent: reestimating the effects of campaign spending in house elections. Am. J. Polit. Sci. 32, 884 - 907.

Green, D. P., Zelizer, A., Kirby, D., 2015. Testing the Effects of Mail, Phone, and Canvassing Treatments in Partisan Primary Runoff Elections. Columbia University (unpublished manuscript).

Greenwald, A. G., Carnot, C. G., Beach, R., Young, B., 1987. Increasing voting behavior by asking people if they expect to vote. J. Appl. Psychol. 72 (2), 315.

Grose, C. R., 2014. Field experimental work on political institutions. Annu. Rev. Polit. Sci. 17.

Guan, M., Green, D. P., 2006. Non-coercive mobilization in state-controlled elections: an experimental study in Beijing. Comp. Polit. Stud. 39, 1175 - 1193.

Ha, S. E., Karlan, D. S., 2009. Get-out-the-vote phone calls: does quality matter? Am. Polit. Res. 37 (2), 353 - 369.

Imai, K., Strauss, A., 2011. Estimation of heterogeneous treatment effects from randomized experiments, with application to the optimal planning of the get-out-the-vote campaign. Polit. Anal. 19, 1 - 19.

Jacobson, G. C., 1978. The effects of campaign spending in congressional elections. Am. Polit. Sci. Rev. 72, 469 - 491.

Jacobson, G. C., 1985. Money and votes reconsidered: congressional elections, 1972 - 1982. Public Choice 47, 7 - 62.

Jacobson, G. C., 1990. The effects of campaign spending in house elections:

new evidence for old arguments. Am. J. Polit. Sci. 34, 334 – 362.

Jacobson, G. C. , 1998. The Politics of Congressional Elections. Longman, New York.

John, P. , Brannan, T. , 2008. How different are telephoning and canvassing? Results from a "get out the vote" field experiment in the British 2005 general election. Br. J. Polit. Sci. 38, 565 – 574.

Kalla, Broockman, 2016. http://onlinelibrary. wiley. com/store/10. 1111/ajps. 12180/ asset/ajps12180. pdf; jsessionid = 822F8F1CAE0F9A97C646C147CD02C675. f03t01? v=1&t=itfpo37d&s=51a51e9cae44 80b5d78bf9141dec01497ef187de.

Kendall, C. , Nannicini, T. , Trebbi, F. , 2013. How Do Voters Respond to Information? Evidence From a Randomized Campaign. No. w18986. National Bureau of Economic Research (unpublished manuscript).

Kramer, G. H. , 1966. A decision theoretic analysis of a problem in political campaigning. In: Bernd, J. L. (Ed.), Mathematical Applications in Political Science, vol. 2. Southern Methodist University Press, Dallas, Texas, pp. 137 – 160.

LeVan, C. , 2016. The Neighbor Effect: Spillover Effects of an Experimental Intervention to Increase Turnout Amongst Voters in Low-Income Neighborhoods. University of California, Los Angeles (unpublished manuscript).

Levitt, S. D. , 1994. Using repeat challengers to estimate the effect of campaign spending on election outcomes in the US House. J. Polit. Econ. 102, 777 – 798.

Malhotra, N. , Michelson, M. R. , Valenzuela, A. A. , 2012. Emails from official sources can increase turnout. Q. J. Polit. Sci. 7 (3), 321 – 332.

Mann, C. B. , 2005. Unintentional voter mobilization: does participation in preelection surveys increase voter turnout? Ann. Am. Acad. Polit. Soc. Sci. 601 (1), 155 – 168.

Mann, C. , 2008. Field Experimentation in Political Communication for Mobilization (Ph. D. dissertation). Yale University, Department of Political Science.

Mann, C. B. , Klofstad, C. A. , 2015. The role of call quality in voter mobilization: implications for electoral outcomes and experimental design. Polit. Behav. 37 (1), 135 – 154.

McCullough, M. E. , Kimeldorf, M. B. , Cohen, A. D. , 2008. An adaptation for altruism? The social causes, social effects, and social evolution of gratitude. Curr. Dir. Psychol. Sci. 17 (4), 281 – 285.

McNulty, J. E. , 2005. Phone-based GOTV—What's on the line? Field experiments with varied partisan components, 2002 – 2003. Ann. Am. Acad. Polit. Soc. Sci. 601 (1), 41 – 65.

Michelson, M. R. , 2003. Getting out the latino vote: how door-to-door canvass-

437

ing influences voter turnout in rural central California. Polit. Behav. 25, 247 - 263.

Michelson, M. R. , Bedolla, L. G. , McConnell, M. A. , 2009. Heeding the call: the effect of targeted two-round phonebanks on voter turnout. J. Polit. 71, 1549 - 1563.

Miller, R. E. , Bositis, D. A. , Baer, D. L. , 1981. Stimulating voter turnout in a primary: field experiment with a precinct committeeman. Int. Polit. Sci. Rev. 2, 445 - 460.

Milkman, K. L. , Beshears, J. , Choi, J. J. , Laibson, D. , Madrian, B. C. , 2011. Using implementation intentions prompts to enhance influenza vaccination rates. Proc. Natl. Acad. Sci. 108 (26), 10415 - 10420.

Morwitz, V. G. , Johnson, E. , Schmittlein, D. , 1993. Does measuring intent change behavior? J. Consum. Res. 46 - 61.

Murray, G. R. , Matland, R. E. , 2014. Mobilization effects using mail social pressure, descriptive norms, and timing. Polit. Res. Q. 67 (2), 304 - 319.

Nickerson, D. W. , 2007. Quality is job one: volunteer and professional phone calls. Am. J. Polit. Sci. 51 (2), 269 - 282.

Nickerson, D. W. , 2008. Is voting contagious? Evidence from two field experiments. Am. Polit. Sci. Rev. 102, 49 - 57.

Nickerson, D. W. , Rogers, T. , 2010. Do you have a voting plan? Implementation intentions, voter turnout, and organic plan making. Psychol. Sci. 21 (2), 194 - 199.

Niven, D. , 2006. A field experiment on the effects of negative campaign mail on voter turnout in a municipal election. Polit. Res. Q. 59 (2), 203 - 210.

Panagopoulos, C. , 2008. Partisan and nonpartisan message content and voter mobilization: field experimental evidence. Polit. Res. Q. 62.

Panagopoulos, C. , 2010. Affect, social pressure and prosocial motivation: field experimental evidence of the mobilizing effects of pride, shame and publicizing voting behavior. Polit. Behav. 32 (3), 369 - 386.

Panagopoulos, C. , 2011. Social pressure, surveillance and community size: evidence from field experiments on voter turnout. Elect. Stud. 30 (2), 353 - 357.

Panagopoulos, C. , 2013. Positive social pressure and prosocial motivation: evidence from a large-scale field experiment on voter mobilization. Polit. Psychol. 34 (2), 265 - 275.

Panagopoulos, C. , 2014. Raising hope: hope inducement and voter turnout. Basic Appl. Soc. Psychol. 36 (6), 494 - 501.

Panagopoulos, C. , Larimer, C. W. , Condon, M. , 2014. Social pressure, descriptive norms, and voter mobilization. Polit. Behav. 36 (2), 451 - 469.

Pons, V. , 2014. Does Door-to-Door Canvassing Affect Vote Shares? Evidence *438* From a Countrywide Field Experiment in France. Harvard University (unpublished manuscript).

Pons, V., Liegey, G., 2013. Increasing the electoral participation of immigrants. Experimental evidence from France. Massachusetts Institute of Technology (unpublished manuscript).

Ramirez, R., 2005. Giving voice to Latino voters: a field experiment on the effectiveness of a national nonpartisan mobilization effort. Ann. Am. Acad. Polit. Soc. Sci. 601 (1), 66 – 84.

Ramiro, L., Morales, L., Jiménez Buedo, M., 2012. Assessing the electoral payoffs of partisan mobilization. A field experimental study of the 2011 Spanish local elections. In: Paper Presented at the Annual Meeting of the International Political Science Association.

Regan, J., 2013. The Effects of Direct Mail on Voter Turnout: A Randomized Field Experiment. University of Birmingham Department of Economics (unpublished manuscript).

Riker, W. H., Ordeshook, P. C., 1968. A theory of the calculus of voting. Am. Polit. Sci. Rev. 62 (01), 25 – 42.

Rind, B., Bordia, P., 1995. Effect of server's "thank you" and personalization on restaurant tipping. J. Appl. Soc. Psychol. 25 (9), 745 – 751.

Rogers, T., Fox, C. R., Gerber, A. S., 2013. Rethinking Why People Vote. In: The Behavioral Foundations of Public Policy, vol. 91.

Rogers, T., Green, D. P., Ternovski, J., Ferrerosa-Young, C., 2015. Social Pressure and Voting: A Field Experiment Conducted in a High-Salience Election. Harvard University (unpublished manuscript).

Rogers, T., Middleton, J., 2015. Are ballot initiative outcomes influenced by the campaigns of independent groups? A precinct-randomized field experiment showing that they are. Polit. Behav. 37 (3), 567 – 593.

Rogers, T., Ternovski, J., 2015. "We May Ask if You Voted": Accountability and a Behavior's Importance to the Self (unpublished manuscript).

Rosenstone, S. J., Hansen, J. M., 1993. Mobilization, Participation, and Democracy in America. MacMillan, New York.

Rubin, D. B., 1978. Bayesian inference for causal effects: the role of randomization. Ann. Stat. 6, 34 – 58.

Schwenzfeier, M., 2014. When Social Pressure Fails: Evidence From Two Direct Mail Experiments. College of William & Mary Undergraduate Honors Theses. Paper 69 (unpublished manuscript).

Sheingate, A., 2016. The Rise of Political Consulting and the Transformation of American Democracy. Oxford University Press.

Sherman，S. J. ，1980. On the self-erasing nature of errors of prediction. J. Personal. Soc. Psychol. 39 (2)，211.

Smith，J. K. ，Gerber，A. S. ，Orlich，A. ，2003. Self-prophecy effects and voter turnout: an experimental replication. Polit. Psychol. 24 (3)，593 – 604.

Stollwerk，A. ，2015. Does Partisan E-mail Affect Voter Turnout? An Examination of Two Field Experiments in New York City. Columbia University，Department of Political Science (unpublished manuscript).

Teresi，H. ，Michelson，M. R. ，2015. Wired to mobilize: the effect of social networking messages on voter turnout. Soc. Sci. J. 52 (2)，195 – 204.

Trivers，R. L. ，1971. The evolution of reciprocal altruism. Q. Rev. Biol. 35 – 57.

Trivedi，N. ，2005. The effect of identity-based GOTV direct mail appeals on the turnout of Indian Americans. Ann. Am. Acad. Polit. Soc. Sci. 601 (1)，115 – 122.

Vavreck，L. ，2007. The exaggerated effects of advertising on turnout: the dangers of self-reports. Q. J. Polit. Sci. 2，287 – 305.

Villa Jr. ，H. ，Michelson，M. ，2003. Mobilizing the Latino Youth Vote. The Field Experiments Website，No. 00311.

Wong，J. S. ，2005. Mobilizing Asian American voters: a field experiment. Ann. Am. Acad. Polit. Soc. Sci. 601 (1)，102 – 114.

第10章 实地实验室：测量真实环境下的偏好

U. Gneezy[*,§,1], A. Imas[¶]

[*]加利福尼亚大学圣迭戈分校，拉霍亚，加利福尼亚州，美国

[§]阿姆斯特丹大学，阿姆斯特丹，荷兰

[¶]卡内基梅隆大学，匹兹堡，宾夕法尼亚州，美国

[1]通讯作者联系方式：E-mail：ugneezy@ucsd.edu

摘 要

439 　　在这一章中，我们讨论"实地实验室（lab-in-the-field）"方法，它结合了实验室和实地实验的元素，使用实验室中标准化的、已经过验证的范式，以自然主义环境中的相关总体为目标。我们首先检查这种方法论是如何用理论上感兴趣的总体来检验经济模型的。接下来，我们概述了在收集协变量以检验理论预测和探索行为机制方面如何使用实地实验室研究对传统的随机对照试验进行补充。我们继续讨论如何利用该方法来比较不同文化和不同背景下的行为，并检验了实验室中获得结果的外部效度。在本章的最后，我们概述了有效使用该方法的经验教训。

关键词

实验经济学；实地实验；实验室实验；风险偏好；社会偏好；时间偏好

JEL 分类号

B40；C91；C92；C93；D01；D03

　　实验室实验和实地实验在几个核心维度上有所不同。实验室实验往往试图从个人做决定的自然环境中抽象出一种环境。去掉了与所研究的理论问题正交的因素，如情景和背景，这样实验者就可以保持严格的控制，并消除研究中潜在的混淆变量。实验通常是在大学校园里进行的，

有方便的学生总体，学生们能够意识到自己的行动正在被研究。虽然实验者高水平的控制有减少噪声和易于复制等好处，但从自然环境中抽象出来的环境以及使用学生总体会招致质疑：在实验室中做出抽象决策的学生，是否很好地代表了与经济理论实际相关的个人做出的决策类型？

我们从精心设计的实验中学到了很多，这些实验对决策施加了严格的结构。然而，重要的是探索个人在理论相关环境中的偏好是如何塑造行为的。当研究不同激励方案下的绩效时，真实努力的任务中的产出可能是比诱导价值设计更合适的测量[①]。类似地，操纵实际捐赠者开展慈善捐赠的激励以研究社会偏好，比起在实验室匿名捐赠博弈中的相同操纵，可为慈善机构产生更有洞察力的结果[②]。

实地实验是在自然环境中进行的，通常使用的是非学生总体，学生们也没有意识到他们的决策正在被研究。在自然环境下通过瞄准理论上感兴趣的某个总体，实验者可以更有信心地相信，结果适用于相关的背景。然而，实地实验牺牲了实验者的控制，这可能会向数据中注入噪声并引入潜在的混淆因素，从而使结果产生偏误。而且很难复制实地实验的结果，因为它们通常在本质上是针对特定情境的。在有学生参与的大学实验室里复制独裁者博弈，比在偏远地区的部落里复制相同的博弈要容易得多。这一特定情境要素也使得推广结果和直接比较其他环境及总体变得困难。

在本章中，我们讨论了一种名为"实地实验室"的方法，认为通过将实验室和实地实验的要素结合起来，可以提供一种兼具两者优势的工具，并将各自成本降至最低。我们将实地实验室研究定义为，在自然的环境（naturalistic environment）中进行的实验，针对理论相关的总体，但使用标准化的、经过验证的实验室范式。针对相关的总体和环境，我们提高了结果的适用性。采用标准化范式允许实验者保持严密的控制，同时允许跨情景和总体的直接比较。重要的是，实地实验室的使用是理解真实环境中的偏好的一个重要附加工具，可以与传统的实地实验一起使用。

在某些情况下，我们考虑的方法类似于 Harrison 和 List（2004）　*441*

---

①　参见 Fehr 等（1998）以及 Gneezy 和 List（2006）关于努力和互惠的性质差异取决于所使用方法的讨论。

②　参见 Andreoni 和 Miller（2002）以及 Karlan 和 List（2007）关于所使用方法导致的捐赠价格敏感性的性质差异的讨论。

的方法。根据他们的分类，实地实验室方法是一种实地实验方法。我们所谓的使用非标准总体的实地实验室，在精神上类似于他们所谓的人工实地实验，他们将其定义为"与传统的实验室实验相同，但使用非标准的被试群"。作为这种人工实地实验的一个例子，Harrison 和 List（2004）讨论了 Harrison 等（2002）的论文，研究使用标准的实验室实验，不是在大学里进行，而是在酒店里进行，以便能够吸引丹麦总体的一个有代表性的样本。跟随 Charness 等（2013）的研究，我们认为实验室的物理位置不是定义一种方法的标准，在大学之外进行的实验室实验最好不要描述为实地实验。

虽然实验室实验方法和实地实验室方法之间没有明显的区别，但我们认为，总体本身并不能使研究变成实地实验。例如，Cappelen 等（2015）在他们的实验室里对一个有代表性的总体进行了一项社会偏好实验。在我们的分类中，这是一个实验室实验。而根据 Harrison 和 List（2004）的说法，这是一个人工实地实验。

1 理论相关的各种总体

实验室中标准实验的局限性之一是其使用的参与者范围很狭窄，通常是大学生，他们具有相似的认知能力，年龄、教育程度、收入等差异很小。一个自然的问题是：在这一特定总体中获得的结果是否可以代表更相关总体的行为？Henrich 等（2010）认为，实验室实验的参与者通常从西方的、受过教育的、工业化的、富裕的和民主的（WEIRD）社会中抽样，从这种研究中获得的结果可能无法被推广到其他总体和环境。例如，在公平和社会偏好实验中，与来自其他社会的参与者相比，WEIRD 被试往往更慷慨，做出的收入最大化提议（offers）更少。

可推广性（generalizability）问题对于用实验数据为经济理论提供信息来说尤为重要。例如，资产定价、家庭消费和储蓄等金融决策的经济学模型，通常被建立来捕捉市场参与者，如金融专业人员（如交易员）和为退休储蓄做投资的个人的行为。在实验室中检验这些模型的实验通常使用方便的本科生样本，并隐含地假设实验室中的行为可以被推广到有经验的交易员和金融市场参与者的相关总体。

Locke 和 Mann（2005）讨论了在金融决策中的信息级联（information cascades）和群聚行为（herd behavior）背景下，研究非专业交易者行为的适用性问题，指出没有金融市场经验的个人与价格发现过程相去甚远，因此会与市场专业人员总体的行为有所不同。在论文中，作者研究了处置效应（disposition effect）——在职业交易者和零售交易者总体中，相比持有盈利股票来说，倾向于更长久地持有亏损股票。虽然他们发现两个群体都表现出明显的处置效应，但前者并没有因此而遭受经济损失，而后者则因此而蒙受了损失。这种差异（discrepancy）——即被充分研究的行为现象如何影响不同总体——被认为是研究理论相关总体而非一个方便样本的重要性的证据。研究群聚行为和信息级联的理论家同样认为，要检验群聚行为，需要一个由"积极交易、行为相似"的个人组成的总体（Bikhchandani 和 Sharma，2000）。

　　Alevy 等（2007）的研究目标是，在通常用于研究信息级联和群聚行为（Anderson 和 Holt，1997）的范式中，通过比较市场专业人士和本科生的行为来解决这个问题。在这种环境下，个人基于有噪声的私人信号和公共信号做出决策，这些信号基于面临相同决定的其他人的行为。据说，当个人忽视他们的私人信号来遵循公共信号时，级联就会形成，这在统计上是否合理取决于公共信号和私人信号的质量。学生们被招募到大学校园中的实验室进行研究，而交易员们则在芝加哥期货交易所（CBOT）参加了这项实验。实验中的行为在两个总体之间有很大不同。市场专业人士更有可能使用他们的私人信号，对公共信号的质量更敏感，比本科生更好地利用了它。反过来，专业人士整体上参与的级联（弱）更少，次优级联（反向级联）也明显更少。

　　但专业人士并不总是"修复"偏误。与信息级联研究的脉络相似，Haigh 和 List（2005）比较了市场专业人士（CBOT 交易员）和学生表现出短视性损失厌恶的倾向。短视性损失厌恶结合了损失厌恶和心理账户这两个行为概念，它预测人们在一系列赌博中比同样的赌博单独呈现时承担更多的风险（Benartzi 和 Thaler，1995）。有人提出了对股票溢价之谜的解释，认为股票的高风险溢价是由于交易员用过于狭窄的框架来评估资产绩效。Haigh 和 List（2005）使用短视性损失厌恶文献（Gnezy 和 Potters，1997）中的标准实验室范式发现，当赌博被框定在一起而不是分别进行时，交易者甚至有可能承担更大的风险，而不是比学生表现出更少的短视性损失厌恶。

　　这两篇论文都提供了相关总体与实验室实验中通常使用的有助于理解总体之间行为差异程度的洞察力。在这些情况下，使用实地实验室方法的结果表明，这些学生在性质上与相关总体没有什么不同，并朝着说

443

明行为现象在某种程度上适用于非学生总体的方向迈出了一步。

政策通常是针对特定总体而设计的。例如，联邦医疗保险 D 部分 (Medicare Part D) 旨在改善退休人员的医疗保健结果，而旨在提高学生在校率和开发人力资本的项目则针对幼儿和青少年。要使这些政策有效，重要的是要考察这些总体的偏好与标准经济理论中假设的偏好有何不同。

在发展心理学的传统中，Harbaugh 等（2001）研究了年龄和更丰富的市场经验是否可以缓解诸如禀赋效应等行为现象，从而缩小买家和卖家之间的商品估值差距。如果年龄和市场经验使行为更接近新古典模型的预测，那么成年人应该比儿童表现出更小的差距。实验的参与者是参加经济学入门课程的幼儿园儿童和本科生。使用 Knetsch（1989）的标准范式，参与者被随机赋予两个物品中的一个，然后询问他们是愿意保留这个物品还是愿意交换另一个物品。幼儿园儿童在不同物品之间做出了选择，相比本科生来说：前者保留或交换玩具和学习用品，而后者在巧克力和咖啡杯之间做选择。主要的发现是，两个年龄组在选择禀赋项目的倾向上没有差异，这表明在幼儿园和大学之间接触市场并没有减少这种行为现象。

在一篇题为《儿童的显示偏好的广义公理》（GARP for Kids）的论文中，Harbaugh 等（2001）进一步研究了年龄和理性之间的关系，他们向 7 岁和 11 岁的儿童群体以及本科生群体提供了一系列在不同相对价格和预算下的商品组合之间的选择。Andreoni 和 Miller（2002）之前在标准实验室中使用过这一实验范式来检验偏好是否具有传递性，并且是否与显示偏好的广义公理（GARP）一致。作者发现，年仅 7 岁的儿童已经表现出与 GARP 一致的高度选择。到 11 岁时，儿童的选择似乎与成人大学生的选择一致，这表明经济行为模型不仅适用于成人，也适用于儿童。

社会偏好研究是经济学中一类发展迅速的文献。有几个模型［参见 Charness 和 Kuhn（2011）的一项最新调查］旨在捕捉纯粹自私的、金钱最大化行动者的系统性违规行为，这曾是新古典经济学中的一个典型假设。人们被观察到与陌生人分享金钱（Forsythe 等，1994），在最后通牒谈判博弈中，宁愿牺牲金钱也要拒绝不公平提议（Guth 等，1982），甚至在一次性互动中也会与他人合作（Andreoni，1989）。

444 然而，对于理论和政策来说，一个重要的问题是这种社会偏好是何时形成的。Fehr 等（2008）试图通过考察幼儿的分配决定来回答这一问题。一群年龄分别为 3～4 岁、5～6 岁和 7～8 岁的学龄前和小学儿童参加了这项研究。每个儿童都将与另一个配对，研究者要求他们在三个博弈中决定如何在他们自己和伙伴之间分配糖果。在亲社会博弈中，孩子们选择是得到一颗糖果而不给他们的伙伴（1，0），还是两个人都收到一颗糖果（1，1）。这个博弈设计是为了考察儿童是否愿意在不给自己造成损失的情况下惠及他人。在嫉妒博弈中，孩子们在平分糖果（1，1）或不利的不平等（1，2）之间做出选择。由于分配额外的糖果给伙伴对孩子来说没有损失，所以嫉妒博弈旨在测量参与者的不公平厌恶程度。最后，在分享博弈中，孩子们在平均分配（1，1）和自私分配（2，0）之间做选择。作者发现，随着年龄的增长，人们对平均分配的偏好显著增加。虽然 3～4 岁的幼儿更喜欢自私的分配，但有很大比例的 7～8 岁儿童在三个博弈中的每一个都选择了（1，1）的平均分配。这些结果表明，人们对结果的偏好与公平等社会规范之所以是一致的，并非与生俱来的，而是随着文化接触发展出来的。在相关的工作中，Almås 等（2010）表明道德的显著发展发生在青春期，作为对文化的反应，并且 Almås 等（即将出版）表明，家庭背景对于理解竞争性的水平至关重要。

Dohmen 等（2012）共同阐明了儿童及其家长的偏好。他们的目标是考察在什么程度上，愿意冒险和信任他人是孩子从父母那里继承的特征，正相称匹配（positive assortative matching）对这种代际传递的影响，以及环境中的地方态度是否会影响偏好。孩子和父母配对在他们的家中接受了访谈。为了保持控制和避免潜在的混乱，每个孩子和家长都单独接受访谈，以确保单独回答问题，并且不受其他人影响。通过在家里研究孩子和他们的父母，而不是使用方便的本科生总体，作者能够接触到一个家庭中的所有成员。结果表明，风险和信任态度的代际传递是显著的，父母之间的正相称匹配加强了这一点。在塑造儿童的风险和信任偏好方面，环境中的主流态度也起着重要但独立的作用。

在年龄谱的另一端，随着发达国家预期寿命的提高，推迟退休年龄和个人在晚年继续工作的压力更大。然而，雇主通常不愿雇用年长的员工（Bendick 等，1999），因为他们认为年长员工的生产力低于年轻员工。虽然这种信念很常见（Kovalchick 等，2005），但在经济学文献中却缺乏这种观点的证据。Charness 和 Villeval（2009）采用实地实验室设计，旨在直接比较老年人（如退休人员）和年轻人的偏好和行为，尤其是，这两个总体在合作和竞争意愿上是否存在差异。

445 第一组实验在两个法国大型公司的工作地点进行。为了测量合作，青年人（30 岁以下）和老年人（50 岁以上）被邀请参加一个团队生产博弈，这类似于通常在实验室实验中研究的公共产品博弈。在博弈中，参与者被赋予一笔私人款项，他们可以选择要么将私人款项贡献给公共产品（合作），在那里私人款项被倍增（multiplied）并在群体中平均分配，要么保留它。考虑到贡献中有"搭便车"的可能性，在自私的假设下，博弈的均衡是保留所有的禀赋，而有效率的结果是每个人贡献最大的金额。为了测量竞争性，青年人和老年人参与了一项需要付出真实努力的任务（猜字谜），他们可以选择每猜中一个字谜按计件工资获得报酬，也可以选择在锦标赛中与其他人竞争。在锦标赛中，猜中字谜最多的人将赢得大奖，其他人将获得小得多的奖金。薪酬方案的选择（计件工资与锦标赛）作为对竞争性的测量。研究者还收集了被试对金融冒险的态度。

Charness 和 Villeval（2009）发现，青年人和老年人都对竞争反应强烈，而且老年人比青年人更愿意合作。这两个群体在承担金融风险方面的意愿没有不同之处。此外，同时包含青年人和老年人的群体比同质性群体做得更好，因为老年人对青年人在场的反应是更加愿意合作。作者在对学生总体和退休人员进行的传统实验室实验中复制出了这些发现。这些发现表明，工作场所的年龄多样性可能对雇员和雇主都有潜在的好处。

这些实验比较了不同年龄段儿童和成人的决策，可以告诉我们违反标准模型的根源，以及政策制定者想要鼓励或预防的行为发展。通过使用标准化的实验范式，作者能够保持对研究的严格控制，并在感兴趣的总体之间进行直接比较。

更广泛地说，这里回顾的证据表明，引出非标准总体的行为和偏好是很重要的，这些总体更接近理论上相关的目标总体。实地实验室的方法是实现这一目标的有用工具，因为一般很难或不可能将这些非标准总体带入标准的实验室环境（见表 1）。

2　使用实地实验室收集协变量作为 RCT 的补充并瞄准政策

446 对随机对照试验（RCT）的一个批评是，它们通常局限于辨别驱动观察结果的机制。研究人员经常由于成本或获取所需样本量的原因，可以进行的干预数量有限，随机对照试验通常不能识别特定的理论模型并排除它们自己的替代解释（Viceisza，即将出版）。在这一节中，我们建立了使用实地实验室方法来收集解释性协变量的案例，这些协变量可以与随机对照试验一起使用，以告知研究人员导致已观察行为的机制。通常，在进行随机对照试验时，实地实验室可以通过两种补充方式来使用。首先，实地实验室可以作为随机对照试验基线的一部分，这使研究人员可以研究干预效应是否取决于实验中测量的行为。其次，研究人员可以将实地实验室作为随机对照试验结果的一部分，研究干预是否影响了相关行为，如过度自信或竞争性。

表 1　理论上相关的各总体

文章	总体与环境	研究
Harbaugh 等（2001）	125 名幼儿园、小学三年级和五年级的孩子，以及 38 名在教室里的本科生	检验禀赋效应是否随着年龄/市场经验的变化而变化
Harbaugh 等（2001）	7 岁和 11 岁的儿童，以及在教室里的大学本科生	检验年龄是否影响理性，以及偏好是否与 GARP 一致
Alevy 等（2007）	芝加哥期货交易所的市场专业人士和实验室中的大学生	检验学生和市场专业人士在级联行为和群聚行为方面的差异
Dohmen 等（2012）	家庭：孩子和他们的父母，在他们的家中接受访谈	检验冒险意愿和信任是否遗传自父母
Frijters 等（2015）	在酒店房间和电话中接受访谈的中国移民	对代表性移民总体相比自选择移民总体，检验实地实验室的选择性偏误
Marette 等（2011）	201 个家庭：女性年龄在 25 岁和 35 岁之间，至少有一个 15 岁以下的孩子，其至少一周吃 2 次鱼。在家里进行的访谈和在市场上引发的偏好	标签和/或税收等监管工具的福利效应

续表

文章	总体与环境	研究
Grossman 和 Baldassarri（2013）	2 597 名在农村社区的乌干达农民	检验群体依恋和在社会网络中的相对位置是否影响内群体的亲社会行为
Gilligan 等（2014）	冲突地区的居民	使用激励性行为活动来测量尼泊尔社区的社会资本。利用尼泊尔的自然景观来研究暴露在不确定性暴力中的社区
Spears（2010）	印度拉贾斯坦邦的非正式日间市场劳工	通过"商店"博弈和行为测试来研究贫穷是否会导致冲动行为。测试旨在模拟现实世界中的类似决策
Chandrasekhar 等（2014）	印度卡纳塔克邦的村民	通过在村庄中进行实验来研究现实世界的社交网络如何取代正式的合同执行。模仿真实世界的关系网络，因为被试之间存在现实的关系。这些关系可以从村里每个家庭可用的具体社交网络数据中观察到
Attanasio 等（2012）	哥伦比亚的居民	研究风险分担群体的形成如何受到预先存在的社会网络和个体风险态度的影响。研究现实世界的关系如参与者之间已存在的友谊和亲属关系，其中许多人来自同一个社区
Binzel 和 Fehr（2013）	埃及开罗的居民	通过在开罗社区进行独裁者博弈，研究人们的社会距离和匿名性如何影响亲社会行为。利用预先存在的社会关系来模拟现实世界的社交网络

续表

文章	总体与环境	研究
Alexander 和 Christia（2011）	来自波黑莫斯塔尔的学生	研究族群多样性对合作的影响。被试来自历史上一直处于冲突中的总体（克罗地亚人和波斯尼亚人）
Charness 和 Villeval（2009）	两家法国大公司的青年人（30 岁以下）和老年人（50 岁以上）	考察年轻和年长个人在竞争和合作方面的差异

　　Ashraf 等（2006）进行了一项随机对照试验，探索承诺工具对储蓄行为的有效性。作者向菲律宾的一些银行客户提供承诺储蓄账户来限制提取存款。该账户旨在吸引那些对自控问题感到非常困扰的客户，因此，他们希望通过限制自己提取存款以限制冲动购物。在 710 个有使用这种账户资格的客户中，202 个（28.4%）最终选择了这种账户。此外，干预成功地增加了储蓄：对那些提供了承诺储蓄账户的客户，随后一年的平均储蓄余额比控制组中未提供该账户的客户增加了 81%。

　　虽然承诺储蓄工具的非零接受率本身很有趣，但这并不足以证明人们选择账户是为了克服自我控制问题的假设。为了支持这一机制，Ashraf 等（2006）在 RCT 之前进行了一项时间折现实验。他们报告说，在实验中，与当前的权衡相比，展现出对未来较低折现率的客户更有可能选择承诺储蓄账户，这与假设是一致的。

　　Jakiela 等（2015）试图考察教育干预对文化价值观、规范和社会偏好的因果效应。尽管许多人声称，人力资本收益会带来更公平的态度和对民主制度的支持，但这种关系的因果证据基本上没有。一家荷兰非政府组织 ICS Africa 在肯尼亚西部给随机抽样的六年级女孩提供了一个奖学金项目。与控制组相比，该项目导致了学业考试成绩的显著提高（Kremer，2009）。Jakiela 等（2015）在女孩奖学金项目（GSP）干预组和对照组（未参加奖学金项目）女孩中进行了一项实地实验室实验。这两个群体都参与了一种修改后的独裁者博弈，独裁者决定如何在他们自己和另一个人之间分配金钱。对设计至关重要的是，要分配的金额是由后者通过一项真实努力的任务赚取的，从而建立了对这笔钱的非正式"产权"。

作者发现，与控制组相比，干预组参与者表现出更好的学习成绩。此外，与没有参加该项目的女孩相比，奖学金组分配给其他人的金钱明显更多，更大程度上偏向平均分配。这些结果表明，随机教育干预不仅对学业成绩有中长期影响，而且对社会偏好和文化价值观也有影响。

在一项关于微型创业的研究中，Berge 等（2015a）考察了企业培训和企业捐赠对企业业绩、实践和投资等经济结果的影响。作者与一家现有的小额信贷机构合作，在坦桑尼亚的达累斯萨拉姆招募了小规模的企业家。参与者被随机分为两组，一组参加企业培训课程，课程涉及客户服务、定价和会计等基本原理，另一组接受相当于培训课程费用的企业捐赠；两组的绩效均与控制组进行了比较。在进行随机对照试验的同时，还进行了实地实验室实验，以引出参与者的风险和竞争偏好，以及他们分享信息的信心和意愿。

作者发现，企业培训对销售、利润和报告的幸福感等结果有显著和积极的影响，但只对男性企业家有这种影响；企业捐赠对每个方面都没有显著影响。作者使用收集到的实地实验室测量数据进一步探索了这种性别效应，发现女性参与者不太愿意与配偶分享收入信息，这表明配偶对她们收入的大量征收（levy）可能会降低企业扩张的价值。此外，她们的竞争性低于男性同行，作者认为这是创业思维中的一个重要因素。

为了将政策和 RCT 干预最优地瞄准那些最有可能经历积极影响的人，了解哪些特征和偏好测量与经济行为相关是很重要的。Burks 等（2008）研究了引出的测量（elicited measures）如何与劳工结果（特别是工作依恋）相关并影响劳动结果。在一个公司运营的培训设施中，一个包括 1 000 名实习卡车司机的样本参与了这项关于认知技能（CS）如何影响经济偏好和行为的研究。作者从每个人身上引出了三种 CS（智商、计划能力、定量素养）测量，并考察了 CS 与经济偏好（选择一致性、时间和风险偏好）的标准测量关系。实地实验室的方法使他们能够通过将引出测量与人力资源记录以及测量与工作依恋之间的关系连接起来，来检查 CS 与实际经济行为的相关性。研究发现，CS 与耐心和承担经过计算的风险的意愿有显著的正相关性。

450　重要的是，更高的 CS，特别是在计划能力方面，与工作依恋显著相关：表现出更好的计划能力的参与者在工作中坚持的时间更长，这对公司来说是有利可图的。通过使用实地实验室方法，将实验引出的测量与现实世界的行为联系起来，通过强调一系列与劳动力市场结果相关的特征，这些发现能够为政策提供信息。

实地实验室方法的另一个重要用途是检查环境和总体以前的经验如何塑造他们的偏好，以便改进政策措施和 RCT 干预的针对性。Bchir 和 Willinger（2013）利用秘鲁阿雷基帕 lahars（来自火山的泥石流）潜在的自然变化研究生活在更大的事前背景风险中，如何影响对金融风险的偏好。作者利用实验室中常用的一种引出风险偏好的方法，即彩票的多重价格表［Holt 和 Laury，2002；参见 Charness 等（2013）的综述］，来比较生活在高风险地区个人和生活在较低背景风险地区个人的偏好。在这种方法中，个人在方差较小的更安全彩票和方差较大的更高风险彩票之间做出一系列决定；个人的风险态度是通过他或她选择更安全选项的次数来测量的。作者发现，与标准的经济直觉相反，生活在更高背景风险中的人比生活在较低风险地区的人更喜欢冒险。然而，这一差异只存在于低收入参与者身上。在收入较高的参与者中，暴露于 lahars 与风险偏好之间没有显著的关系。

Eckel 等（2009）记录了经历过自然灾害的人与没有经历过的人在自然灾害和风险态度之间的类似关系。特别是，他们从卡特里娜飓风过后撤离的个人构成的样本中引出了风险态度，并将他们的反应与没有经历过灾难的类似人群进行了比较。风险偏好使用 Eckel 和 Grossman（2002）的方法来测量，该方法为个人提供了六种不同期望回报和方差的彩票之间的选择；给定的彩票选择可以用来将个人分类为风险厌恶、风险中性或风险寻求。Eckel 等（2009）发现，那些经历过卡特里娜飓风的人明显比控制组更喜欢冒险。

类似地，Voors 等（2012）检查了先前暴露于社区层次的暴力将如何影响风险偏好。作者识别了一些暴露于暴力冲突的布隆迪社区，并将它们与没有暴露在冲突中的可比社区进行了匹配。两组中的个人被要求采用多重价格表的形式在安全和高风险的彩票之间做出选择。他们发现，与暴露在自然灾害中类似，暴露在暴力中也会导致个人做出风险更高的选择。 *451*

总而言之，作为随机对照试验的一部分，使用实地实验室方法收集协变量有两个方面的用途。首先，它可以帮助识别导致项目成败的理论机制。其次，这些数据可以帮助政策制定者将未来的干预瞄准最有可能采用/受益的参与者（见表 2）。

表2　实地实验室方法作为对随机对照试验的补充

文章	总体和环境	研究
Ashraf 等（2006）	菲律宾的银行客户	给很大一部分客户提供了承诺储蓄工具，限制他们获得现金的机会，特别是那些引致折现率较高的客户
Berge 等（2015a）	坦桑尼亚的小微企业家	评估企业培训和企业捐赠对绩效的影响。企业培训对男性企业家有显著的短期和长期影响，而企业捐赠则没有。另外，引发的测量表明，由于更高的配偶征收和更低的竞争性，对女性企业家来说是无效的
Jakiela 等（2015）	肯尼亚学龄女性	六年级女孩被随机分配到女孩奖学金项目（GSP），探索干预是否改变了社会偏好和规范。受过更多教育的女孩被发现不太可能侵占他人的收入，并坚持公平的财务分配
Lahno 等（2015）	乌干达农村 30 个村庄的配对个体	研究引出的风险测量在预测人际冲突中的外部效度。研究发现，风险厌恶本身并不能解释冲突的程度，但风险态度的差异对人际冲突有很强的预测作用
Voors 等（2012）	布隆迪的村民	研究接触暴力如何影响风险偏好
Bchir 和 Willinger（2013）	秘鲁阿雷基帕的社区	研究泥石流背景风险的不同暴露如何影响风险偏好
Eckel 等（2009）	卡特里娜飓风过后被疏散的人员	研究暴露在自然灾害中如何影响风险态度

452

续表

文章	总体和环境	研究
Burks 等（2008）	1 000 名在公司运营培训设施中的实习卡车司机	研究认知能力对工作中的偏好、策略行为和毅力三项测试的影响
Ward 和 Singh（2015）	印度农村的农民	研究引出的风险偏好、损失和模糊厌恶如何与采用新的降低风险的农业技术的倾向相关
Liu（2013）	中国农村的农民	研究引出的风险偏好、损失厌恶和概率加权与采用新的农业生物技术之间的关系
Karlan（2005）	秘鲁农村的个人	研究在信任博弈中引出的可信度如何预测小额信贷的违约倾向

3　比较背景与文化

与其他方法相比，实地实验室方法的另一个好处是能够在不同的总体和情景之间进行直接比较。这种优势在考察文化在决策中的作用的研究中得到了例证。Henrich 等（2006）研究不同文化之间是否普遍地愿意进行代价高昂的惩罚，认为这种合作的一种可能机制是对背叛者进行代价高昂的惩罚。为了验证这一猜想，他们比较了工业化总体（使用标准学生总体）和非工业化总体之间使用代价高昂的惩罚的情况。

共有来自 15 个不同社会的 1 762 名成年人参与了这项实验。总体的范围从埃默里大学受过西方教育的学生到亚马孙的游牧成年人。每个人都参加了三项博弈，旨在捕捉参与代价高昂的惩罚和利他主义的意愿。在最后通牒博弈中，一个参与者获得了一天的工资，并选择如何与他或她的伙伴分享。合作伙伴可以通过拒绝被认为太低的分配来进行代价高昂的惩罚，这将导致双方都得不到任何东西。在第三方惩罚博弈中，参与者观察另一对参与者的独裁者博弈分配决定，可牺牲自己的部分禀赋（即捐赠）来惩罚贪婪的独裁者。最后，所有参与者都进行了独

453

裁者博弈，其中他们决定如何在自己和另一个参与者（他们别无选择）之间分配一笔钱。

Henrich 等（2006）在每一种文化中都发现了大量代价高昂的惩罚。在最后通牒博弈中，当分配提议的大小从捐赠现金的 0 增加到 50％时，拒绝提议的意愿会降低。拒绝率因总体而有很大不同：在一些社会，只有 15％的人愿意拒绝一项较低的分配提议，而在另一些社会，60％的人愿意拒绝。在第三方惩罚博弈中也发现了类似的模式：所有社会都在一定程度上愿意惩罚低的提议，但这种惩罚率从 Tsimane 的 28％到 Gusii 的 90％不等。在每个社会中，两项博弈中的惩罚率与独裁者博弈中利他主义的测量都高度相关。

通过考察 Herrmann 等（2008）的数据集，其在 16 个被试群和 6 个不同的文化中使用了公共产品博弈的标准化协议，Gachter 等（2010）分析了在有惩罚和无惩罚的公共产品博弈中文化之间的贡献率和合作率。他们发现，在一种文化内部，不同被试群之间的行为差异很小。与之前的发现一致（例如，Gachter 和 Fehr，2000），贡献是正的，并且在博弈结束时显著下降。然而，不同文化之间的贡献率以及对惩罚能力的反应存在显著差异。英语文化的贡献高于南欧和阿拉伯语文化。此外，当博弈参与人有能力惩罚"搭便车"的人时，英语和儒家文化的贡献要大得多，而南欧和阿拉伯语文化的人对惩罚他人的潜力没有反应。

通过在不同的文化中使用相同的实验方法，研究人员能够在每个被研究的社会中直接比较社会偏好是如何发展的。尽管个人在各自社会中的社会地位相似，但在愿意与他人合作、共享资源和惩罚背叛者方面他们做出了截然不同的选择。这表明环境因素和个人发展所处的文化对他们如何与他人互动有着至关重要的影响。特别是，稳定的制度和制裁违反社会规范者的有效手段的存在，在人们愿意从事有利于他人的代价高昂的行为方面似乎发挥了关键作用。对于旨在促进这种行为的政策和干预的制定，这些发现具有重要的意义。

在某些情况下，实地实验室方法对于检验实验室中无法随机化参数的相关假设很有用。例如，Gneezy 等（2009）研究了文化是否会影响竞争意愿的性别差距，或者这种差距是否由于先天的偏好差异。Gneezy 等（2003）以及 Niederle 和 Vesterlund（2007）的研究表明，女性对竞争性激励的反应较小，与男性相比，参加竞争的可能性要小得多，即使她们的能力和表现允许她们获胜。

这种在竞争偏好方面的性别差异在实验室实验［参见 Croson 和

Gneezy（2009）的综述〕中被多次复制。然而，从这些实验中不可能知道偏好的差异是源于男性和女性之间的先天生物差异（"先天的"），还是源于男性和女性成长环境的文化（"后天的"）。为了厘清这两种解释，Gneezy 等（2009）研究了坦桑尼亚（马赛人，Maasai）的一个父权社会和印度（卡西人，Khasi）的一个母系社会在竞争偏好方面的性别差异。卡西部落很特别，因为它是围绕拥有财产并做出许多实质决定的女性组织起来的。实验参与者被要求在每次成功的计件工资（将网球投进 3 米外的篮子里）与基于成功投球次数和其他人竞争之间进行选择，这样胜利者每次成功获得的奖金将是计件工资的三倍，而失败者什么也得不到（如果是平局，两个参与者的工资都与计件工资相同）。

结果显示，与西方的性别差异相似，马赛男性比女性更有可能选择竞争而不是计件工资。然而，对于卡西人来说这种差距消失了，因为卡西女性和男性一样有可能参加竞争。对于各种控制变量，包括单独引出的风险态度，这些结果是稳健的。这些发现表明，文化可能会影响偏好上的性别差异，直到在一定程度上消除这些差异。

Hoffman 等（2011）的研究成果，同样检验了文化对空间能力性别差距的影响。Voyer 等（1995）证明，在需要空间推理的任务中，女性的表现明显比男性差。空间能力与工程及问题解决任务的表现有关（Poole 和 Stanley，1972），而这些能力中的性别差距，已被用来解释女性在科学工作中相对匮乏的原因（Spelke 和 Pinker，2005）。Hoffman 等（2011）通过让两个基因相似的参与者群体〔卡西部落和卡尔比部落 *455* (Karbi)〕完成一项涉及特殊能力的谜题任务，检验了性别差距是由先天还是由后天造成的。重要的是，如上所述，卡西人是母系部落，而卡尔比人是父系部落。作者发现，卡尔比人之间存在着强烈而显著的性别差距，男性在解决这一难题方面比女性更成功。然而，在卡西部落中没有明显的性别差距。这一结果对教育和收入等各种控制变量都是稳健的。

通过比较不同文化在同一任务上的表现，这些发现表明，就像竞争上的性别差距一样，空间能力上的差距在很大程度上是在后天形成的，而不是先天具有的。如果表现和偏好上的差距是由文化和环境因素造成的，而不是由性别之间的先天差异造成的，这就为旨在缩小这一差距的政策和外部干预留下了空间（见表 3）。

表 3   不同背景的比较

文章	总体和环境	研究
Henrich 等（2006）	世界各地 15 个不同总体的随机样本	从事代价高昂的惩罚的意愿
Gachter 等（2010）	来自 6 个不同文化的 120 个参与者	在有惩罚和无惩罚的情况下，公共产品博弈中贡献和合作的意愿
Herrman 等（2008）	来自 6 个不同文化的 120 个参与者	公共产品博弈中从事反社会惩罚的意愿
Gneezy 等（2009）	父系马赛部落和母系卡西部落的成员	竞争偏好上的性别差距是由先天还是后天造成的
Hoffman 等（2011）	父系卡尔比部落和母系卡西部落的成员	空间能力上的性别差距是由先天还是后天造成的
Hui 等（2004）	研究 1 的 33 个国家，研究 2 和 3 的加拿大和中国	权力的文化认知如何调节授权对工作满意度的效应
Jakiela 等（2015）	肯尼亚西部农村居民	支配劳动收入与非劳动收入分配的社会偏好，发现与西方学生样本不同，农村总体并不区分劳动收入和非劳动收入

4   外部效度

456   对传统实验室实验的一个普遍的担忧是，研究发现是否可以被推广到相关的环境和背景中。以 Akerlof（1982）最先提出的劳动合同的礼物交换模型为例。在该模型中，公司支付高于市场出清率的工资，期望工人通过付出更大努力来回报更高的工资。Fehr 等（1993）在实验室中通过将参与者随机分为雇主和雇员的角色，提供了对该模型的早期检验。雇主的收入是基于雇员选择的努力水平减去向他们支付的工资的外生分配的利润函数。雇员收入的计算是雇主提供的工资减去努力的成本，这也是由一个外生函数决定的。在任务进行过程中，雇主选择与工资相对应的数字，雇员通过接受工资并选择与努力相对应的数字或者拒绝工资合同来回应。作者发现，更高的努力选择回报了更高的工资待遇，这表明有礼物交换的证据。基于实验室实验的大量文献复制和扩展了这些早期发现（Charness 和 Kuhn，2011）。

Gneezy 和 List（2006）通过考察员工是否会付出更大努力来回报更高的工资待遇研究了礼物交换。然而，与 Fehr 等（1993）不同的是，作者使用了实地实验室的环境，其中员工被招募来完成一项任务并选择为一定的工资付出多少真实努力。要求招募的员工按照每小时 12 美元的工资在规定的时间内完成某项任务的实际工作。当员工抵达地点来完成任务时，其中一组人被告知，他们的时薪不是 12 美元，而是 20 美元。另一组人按期望的工资工作。作者发现，尽管第一组员工在一开始时比第二组员工更努力地工作，但两组员工的努力程度很快就趋同了。实验中的雇主最好支付市场出清工资，而非试图通过提供更高的工资来鼓励互惠。

为了探讨实验诱导的风险态度的外部效度，Hanoch 等（2006）研究了冒险意愿的领域特异性或者人们在处理风险时的感知和选择的行动方案如何根据领域不同而变化：一个人可能在某个领域（金融）中表现出寻求风险的行为，而在另一个领域（体育）中表现出风险厌恶。风险的类型跨越了不同领域：娱乐领域的潜水员和蹦极运动员、健康意识领域的健身房会员、健康风险领域的吸烟者、赌博领域的赌场游客和投资领域的股票交易员。

Hanoch 等（2006）引出了这些领域的风险感知和从事危险活动 *457* 的可能性。结果表明，特定领域的引发方法（elicitation method）是外部有效的，因为它与目标总体在该领域的实际冒险行为相关。此外，风险态度本身似乎是特定领域的：一个领域的风险承担似乎与另一个领域的风险承担没有相关性。例如，在赌场寻求风险的赌徒不一定是在健康和娱乐领域寻求风险的人。作者的结论是，一般的风险测量不能捕捉人们跨领域的行为，因此，理论和实验都应该更多地利用特定领域的测量。

Dohmen 等（2012）探讨了一个类似的问题，即什么风险测量对于预测和描述行为是最佳的。他们研究冒险倾向如何受到各种生物和社会经济因素的影响，如性别、年龄、身高和家庭背景，并考察了现实生活行为领域引出风险态度的稳定性。

使用来自一项全国性调查即德国社会经济面板调查（SOEP）的数据，该调查从有代表性的大样本中收集数据。询问了有关人们冒险意愿的一般风险问题，并记录了有关储蓄、投资行为、医疗支出等方面的信息。回答没有受到激励。作者进行了一项互补性实验，其中，参与者对SOEP调查的回答可以与文献中使用的、以激励相容方式引出偏好的标准化实验范式的选择进行比较。

结果表明，通常用于引出风险态度的激励性彩票实验在预测相关现实世界行为（如投资选择）时，缺乏对非激励性一般调查问题的预测能力。与Hanoch等（2006）相似，Dohmen等（2012）发现特定领域的问题最能预测各自领域中的风险行为。此外，由一个代表参与者总体承担风险意愿的量表构成的一般风险问题，解释了风险行为领域之间的大量差异，其表现优于激励彩票任务。通过实地实验室的方法，作者能够直接检验常用的风险偏好测量的外部效度，发现在理论相关的背景下，一般和特定领域的问题更能代表个人的冒险意愿。

同样，Barr和Zeitlin（2010）调查了使用独裁者博弈引出的社会偏好测量如何才能较好地反映现实生活中"特定的、自然发生的、与政策相关决策"中的实际亲社会行为。参与者是乌干达的小学教师，他们参加了独裁者博弈，而他们学生的家长担任接受者。将选择的分配博弈与教师教学时间（作为亲社会行为的现实代理变量）的分配进行比较。结果显示，这两个测量之间的相关性很弱，这表明独裁者博弈中的行为可能捕捉到了与涉及教学时间分配的决定正交的一种偏好（见表4）。

表 4　外部效度

文章	总体和环境	研究
穷人的保险相比于储蓄：为什么要么两者都提供，要么都不提供	菲律宾农村的村民	研究发展中国家的居民在保险、储蓄和风险分担方面的决策。样本更符合村一级风险分担的理念，增强了结果的外部效度
Galizzi 和 Martinez（2015）	大学生和校友（伦敦政治经济学院）	比较实验室实验、实地实验和自我报告的过去行为的结果，以评估社会偏好博弈的外部效度

续表

文章	总体和环境	研究
Ligon 和 Schechter（2012）	巴拉圭的村民	研究村庄中共享的动因。来自巴拉圭农村社区的参与者，使他们的分享决定更接近现实世界的结果。考察来自实验和真实世界记录的资金转移数据，以考察实验的外部效度
Benz 和 Meier（2008）	苏黎世大学的学生	进行捐赠实验来比较学生在博弈中的行为与他们在不相关的社会基金捐赠决策情境中的行为。研究参与者在实验中的行为与实验室外决策之间的关系
Hanoch 等（2006）	经常面临风险的决策者	研究冒险行为的领域特异性。被试来自现实生活中不同的风险承担领域，以获得外部效度
Dohmen 等（2012）	德国总体具有代表性的样本	通过比较全国性调查和实地实验室的结果来检验人们对一般风险问题的反应（以及他们的风险态度）如何较好地反映了人们在面对生活中真正的风险时的实际决定
Barr 和 Zeitlin（2010）	乌干达的小学教师	通过将学校教师在博弈中的反应与他们在现实生活中的实际亲社会行为（分配给教学的额外时间）进行比较来研究独裁者博弈的外部效度
Berge 等（2015b）	坦桑尼亚萨拉姆的小规模企业家	通过比较企业家在实地实验室测量中的竞争选择和在实地的就业选择来研究竞争测量的外部效度，发现存在显著的相关性

459

5 结 论

在本章中，我们考虑了研究人员工具箱中的一个重要元素，他们对"真实世界"即实地实验室中的行为感兴趣。这些实验可以用来让研究人员和政策制定者了解个人偏好、机制设计和最佳实践。正如 Harrison 等（2015）所论证的那样，好的研究要考虑到这一点，即"实验产生的任何数据，都需要从理论、常识、补充数据、计量经济学方法和预期应用等方面来考虑进行联合解读"。

使用精心设计的实地实验室实验可以增加我们对行为背后机制的理解，为实地实验的设计提供信息，并以相对较低的研究成本提高政策的有效性。这种方法可以弥合传统实验室实验和实地实验之间的差距，并将实验室实验这一强大的工具带到新的、理论上相关的被试群和环境中。

运行实地实验室实验带来了传统实验室环境中不存在的新挑战。在这一节中，我们概述了从进行实地实验室研究中学到的几个经验教训。

5.1 越简单越好

非标准总体，特别是在发展中国家，他们的识字水平和数学能力会表现出很大差距。考虑到这一点，开发便于参与者理解并反映真实世界决策的方法很重要。例如，考虑使用一系列经过验证的方法，从塞内加尔农村人口中引出风险偏好，其中一些方法比另一些方法更复杂。Charness 和 Villeval（2009）发现，给参与者呈现一份复杂的彩票选择清单，超过 50% 的时间会产生不一致、有噪声的数据；相比之下，类似于愿意选择多少资源来承担风险的简单测量，会产生与现实世界行为相关的更精确的估计值。

5.2 使用标准化的、经过验证的方法

在设计实地研究时，重要的是要使用标准化的、经过验证的方法，以确保结果具有可比性以及在不同背景下可复制。如第 3 节所述，实地实验室方法的主要优势之一是能够跨背景和文化来比较结果。使用新方法在标准学生总体中引出偏好并没有什么问题，因为无论是在同一实验

中还是在不同研究中，人们都可以很容易地再次接触到类似的背景和总体，以便验证新的方法，并将其与先前的工作进行比较。然而，在实地中，使用未经验证的新方法可能会阻碍研究人员的论证，即引出的测量与感兴趣的结构相对应。

5.3　发展研究方法时要注意文化因素

一项研究在发展研究方法时，意识到文化差异是至关重要的。在一种环境（例如美国）中容易实施的设计，可能无法在另一种环境（例如坦桑尼亚）中实施。反过来，把非常熟悉某项研究中文化和环境的个人作为研究过程的一部分可能是有用的。例如，Roth 等（1991）的四国实验，比较了美国、南斯拉夫、以色列和日本参与者的市场和讨价还价行为。作者发现，虽然不同国家的市场行为是一致的，但讨价还价行为存在差异。研究团队对设计提出了一些修改建议，以便能够论证导致结果的是文化，而不是实验设计中的缺陷。例如，为了确保说明书中的语言在不同国家之间是一致的，要首先将英语说明书翻译成相应的语言，例如希伯来语。希伯来语的说明书随后将被翻译回英语，以确保翻译准确。 *461*

为了进行实地实验室研究，我们中的一人（Gneezy）想要从印度西隆（Shillong）附近的村民身上抽血，以便将生物标记物与竞争测量联系起来。可是到了研究现场，我们才发现参与者拒绝抽血，因为他们有一种迷信的说法，认为抽血会带来厄运。

宗教因素也可以发挥作用。例如，在波斯尼亚进行的一项关于战后地区分割对投资行为影响的研究中，Imas 等计划使用一种经过验证的风险测量来代理个人投资意愿，这涉及一场财务赌博。然而，在以穆斯林为主的人口中，财务赌博是违反习俗的，因此，需要设计另一种方法。最后，作者设定了一种涉及投资意愿的假设情景：要么投资于既有高收益也有低收益的高风险企业，要么投资于方差较小的更安全的企业。

5.4　提前做好后勤计划

当进入实地时，提前计划好后勤并将延误因素考虑进时间表中是至关重要的。及早获得正确的许可并让相关人员做好准备，是成功进行实地实验室实验的关键。

例如，在许多背景下，如果你的研究涉及延迟支付，就很难对总体进行随访。在这种情况下，相比于追踪每个人均不可能完成的任务，设计一项随机选择被试子集进行支付的研究，可能会更有效。同样，金融专业人士等忙碌的人，并不在乎典型激励性实验室实验所涉及的低回报。由于激励非常富有的人进行实验会使金额超出大多数实验者的预算，因此进行一项赌注较大（large stakes）的假设性研究可能会更有效。

参考文献

Akerlof，1982. Labor contracts as partial gift exchange. Q. J. Econ. 97 (4)，543 – 569.

Alevy，Haigh，List，2007. Information cascades: evidence from a field experiment with financial market professionals. J. Finance 62 (1)，151 – 180.

Alexander，Christia，2011. Context modularity of human altruism. Science 334 (6061)，1392 – 1395.

Almås，I.，Cappelen，A. W.，Salvanes，K. G.，Sørensen，E. Ø.，Tungodden，B.，2010. Fairness and the development of inequality acceptance. Science 328，1176 – 1178. Management Science.

Almås，I.，Cappelen，A. W.，Salvanes，K. G.，Sørensen，E. Ø.，Tungodden，B.，2016. Willingness to compete: family matters. Manag. Sci. (forthcoming).

Anderson，Holt，1997. Information cascades in the laboratory. Am. Econ. Rev. 87 (5)，847 – 862.

Andreoni，1989. Giving with impure altruism: applications to charity and Ricardian equivalence. J. Polit. Econ. 97 (6)，1447 – 1458.

Andreoni，Miller，March，2002. Giving according to GARP: an experimental test of the consistency of preferences for altruism. Econometrica 70 (2)，737 – 753.

Ashraf，N.，Karlan，D.，Yin，W.，May 2006. Tying Odysseus to the Mast: evidence from a commitment savings product in the Philippines. Q. J. Econ. 121 (2)，635 – 672.

Attanasio，Barr，Cardenas，Genicot，Meghir，2012. Risk pooling, risk preferences, and social networks. Am. Econ. J. Appl. Econ. 4 (2)，134 – 167.

Barr，Zeitlin，2010. Dictator Games in the Lab and in Nature: External Validity Tested and Investigated in Ugandan Primary Schools. Mimeo.

Bchir，Willinger，2013. Does the Exposure to Natural Hazards Affect Risk and Time Preferences? Some Insights From a Field Experiment in Peru. Mimeo.

Benartzi，Thaler，1995. Myopic loss aversion and the equity premium puzzle. J.

462

Econ. 110 (1), 73 - 92.

Bendick, Brown, Wall, 1999. No foot in the door: an experimental study of employment discrimination against older workers. J. Aging Soc. Policy 10 (4), 5 - 23.

Benz, Meier, 2008. Do people behave in experiments as in the Field? —Evidence from donations. Exp. Econ. 11 (3), 268 - 281.

Berge, L. I. O. , Pires, A. , Bjorvatn, K. , Tungodden, B. , 2015a. Competitiveness in the lab, successful in the field. J. Econ. Behav. Organ. 118, 303 - 317.

Berge, L. I. O. , Bjorvatn, K. , Tungodden, B. , 2015b. The role of human and financial capital in microenterprise development: experimental evidence from Tanzania. Manag. Sci. 61 (4), 707 - 722.

Bikhchandani, Sharma, 2000. Herd behavior in financial markets. IMF Staff Pap. 47 (3), 279 - 310.

Binzel, Fehr, 2013. Giving and sorting among friends: evidence from a lab-in-the-field experiment. Econ. Lett. 121 (2), 214 - 217.

Burks, Carpenter, Gotte, Rustichini, 2008. Cognitive skills explain economic preferences, strategic behavior, and job attachment. PNAS 106 (19), 7745 - 7750.

Cappelen, A. W. , Nygaard, K. , Sørensen, E. Ø. , Tungodden, B. , 2015. Social preferences in the lab: a comparison of students and a representative population. Scand. J. Econ. 117 (4), 1306 - 1326.

Chandrasekhar, Kinnan, Larreguy, 2014. Social Networks as Contract Enforcement: Evidence From a Lab Experiment in the Field. NBER Working Papers, 20259.

Charness, G. , Kuhn, P. , February, 2011. Lab labor: what can labor economists learn in the lab? Handb. Labor Econ. 4a, 229 - 330.

Charness, Villeval, 2009. Cooperation and competition in intergenerational experiments in the field and laboratory. Am. Econ. Rev. 99 (3), 956 - 978.

Charness, Gneezy, Imas, 2013. Experimental methods: eliciting risk preferences. J. Econ. Behav. Organ. 87, 43 - 51.

Croson, Gneezy, 2009. Gender differences in preferences. J. Econ. Lit. 47 (2), 448 - 474.

Dohmen, Falk, Huffman, Sunde, U. , 2012. The intergenerational transmission of risk and trust attitudes. Rev. Econ. Stud. 79 (2), 645 - 677.

Eckel, Grossman, 2002. Sex differences and statistical stereotyping in attitudes toward financial risk. Evol. Hum. Behav. 23 (4), 281 - 295.

Eckel, El-Gamal, Wilson, 2009. Risk loving after the storm: a Bayesian-Network study of Hurricane Katrina evacuees. J. Econ. Behav. Organ. 69 (2), 110 - 124.

Fehr, Bernhard, Rockenbach, 2008. Egalitarianism in young children. Nature 454, 1079 - 1083.

Fehr, Kirchsteiger, Riedl, 1993. Does fairness prevent market clearing? An experimental investigation. Q. J. Econ. 108 (2), 437 – 459.

Fehr, Kirchler, Weichbold, Gachter, 1998. When social norms overpower competition: gift exchange in experimental labor markets. J. Labor Econ. 16 (2), 324 – 351.

Frijters, Kong, Liu, 2015. Who Is Coming to the Artefactual Field Experiment? Participation Bias Among Chinese Rural Migrants. NBER Working Papers, 20953.

Forsythe, Horowitz, Savin, Sefton, 1994. Fairness in simple bargaining experiments. Games Econ. Behav. 6 (3), 347 – 369.

Gachter, Fehr, 2000. Cooperation and punishment in public goods experiments. Am. Econ. Rev. 90 (4), 980 – 994.

Gachter, Herrmann, Thoni, 2010. Culture and cooperation. Philos. Trans. R. Soc. B Biol. Sci. 365 (1553), 2651 – 2661.

Galizzi, Martinez, 2015. On the External Validity of Social-Preference Games: A Systematic Lab-Field Study. Working Papers 802. Barcelona Graduate School of Economics.

Gilligan, Pasquali, Samii, 2014. Civil war and social cohesion: lab-in-the-field evidence from Nepal. Am. J. Polit. Sci. 58 (3), 604 – 619.

Gneezy, List, 2006. Putting behavioral economics to work: testing for gift exchange in labor markets using field experiments. Econometrica 74 (5), 1365 – 1384.

Gneezy, Potters, 1997. An experiment on risk taking and evaluation periods. Q. J. Econ. 112 (2), 631 – 645.

Gneezy, Leonard, List, 2009. Gender differences in competition: evidence from a matrilineal and a patriarchal society. Econometrica 77 (5), 1637 – 1664.

Gneezy, Niederle, Rustichini, 2003. Performance in competitive environments: gender differences. Q. J. Econ. 118 (3), 1049 – 1074.

Grossman, Baldassarri, 2013. The effect of group attachment and social position on prosocial behavior—evidence from lab-in-the-field experiments. PLoS One 8 (3), e58750.

Guth, Schmittberger, Schwarze, 1982. An experimental analysis of ultimatum bargaining. J. Econ. Behav. Organ. 3 (4), 367 – 388.

Henrich, Heine, Norenzayan, 2010. The weirdest people in the world? Behav. Brain Sci. 33, 61 – 135.

Hui, Au, Fock, 2004. Empowerment effects across cultures. J. Int. Bus. Stud. 35 (46 – 60), 46 – 60.

Haigh, List, 2005. Do professional traders exhibit myopic loss aversion? An experimental analysis. J. Finance 60 (1), 523 – 534.

Hanoch, Johnson, Wilke, 2006. Domain specificity in experimental measures

463

and participant recruitment. Psychol. Sci. 17 (4), 300 – 304.

Harbaugh, Krause, Berry, 2001a. GARP for kids: on the development of rational choice behavior. Am. Econ. Rev. 91 (5), 1539 – 1545.

Harbaugh, Krause, Vesterlund, 2001b. Are adults better behaved than children? Age, experience, and the endowment effect. Econ. Lett. 70 (2), 175 – 181.

Harrison, G. , Lau, M. , Williams, 2002. Estimating individual discount rates for Denmark: a field experiment. Am. Econ. Rev. 925, 1606 – 1617.

Harrison, G. W. , Lau, M. I. , Rutström, E. E. , 2015. Theory, experimental design and econometrics are complementary. In: Frechette, G. , Schotter, A. (Eds.), Methods of Modern Experimental Economics. Oxford University Press, Oxford, UK.

Harrison, G. W. , List, J. A. , 2004. Field experiments. J. Econ. Lit. 42 (4), 1009 – 1055.

Henrich, et al. , 2006. Costly punishment across human societies. Science 312 (5781), 1767 – 1770.

Herrmann, Thoni, Gachter, 2008. Antisocial punishment across societies. Science 319 (5868), 1362 – 1367.

Hoffman, Gneezy, List, 2011. Nurture affects gender differences in spatial abilities. PNAS 108 (306), 14786 – 14788.

Holt, Laury, 2002. Risk aversion and incentive effects. Am. Econ. Rev. 92 (5), 1644 – 1655.

Jakiela, P. , Miguel, E. , te Velde, V. L. , 2015. You've earned it: estimating the impact of human capital on social preferences. Exp. Econ. 18 (3), 385 – 407.

Karlan, December 2005. Using experimental economics to measure social capital and predict real financial decisions. Am. Econ. Rev. 95 (5), 1688 – 1699.

Karlan, List, 2007. Does price matter in charitable giving? Evidence from a large-scale natural field experiment. Am. Econ. Rev. 97 (5), 1774 – 1793.

Knetsch, 1989. The endowment effect and evidence of nonreversible indifference curves. Am. Econ. Rev. 79, 1277 – 1284.

Kovalchick, et al. , 2005. Aging and decision-making: a comparison between neurologically healthy elderly and young individuals. J. Econ. Behav. Organ. 58 (1), 79 – 94.

Kremer, M. , Miguel, E. , Thornton, R. , 2009. Incentives to learn. Rev. Econ. Stat. 91 (3), 437 – 456.

Lahno, A. , Serra-Garcia, M. , D'Exelle, B. , Verschoor, A. , 2015. Conflicting risk attitudes. J. Econ. Behav. Organ. 118, 136 – 149.

Ligon, Schechter, 2012. Motives for sharing in social networks. J. Dev. Econ.

99 (1), 13 – 26.

464   Liu, 2013. Time to change what to sow: risk preferences and technology adoption decisions of cotton farmers in China. Rev. Econ. Stat. 95 (4), 1386 – 1403.

Locke, Mann, 2005. Professional trader discipline and trade disposition. J. Financ. Econ. 76 (2), 401 – 444.

Marette, Roosen, Blanchemanche, 2011. The combination of lab and field experiments for benefit-cost analysis. J. Benefit-Cost Anal. 2 (3), 1 – 34.

Niederle, Vesterlund, 2007. Do women stay away from competition? Do men compete too much? Q. J. Econ. 122 (3), 1067 – 1101.

Poole, Stanley, 1972. A factorial and predictive study of spatial abilities. Aust. J. Psychol. 24 (3), 317 – 320.

Roth, A. E., Prasnikar, V., Okuno-Fujiwara, M., Zamir, S., December 1991. Bargaining and market behavior in Jerusalem, Ljubljana, Pittsburgh, and Tokyo: an experimental study. Am. Econ. Rev. 81, 1068 – 1095.

Spears, 2010. Economic Decision-Making in Poverty Depletes Behavioral Control. CEPS Working Paper, 213.

Spelke, Pinker, 2005. The Science of Gender in Science: A Debate. Edge Foundation.

Viceisza, A., 2016. Creating a lab in the field: economics experiments for policymaking. J. Econ. Surv. (forthcoming).

Voors, Nillesen, Verwimp, Bulte, Lensink, van Soest, 2012. Violent conflict and behavior: a field experiment in Burundi. Am. Econ. Rev. 102 (2), 941 – 964.

Voyer, Voyer, Bryden, 1995. Magnitude of sex differences in spatial abilities: a meta-analysis and consideration of critical variables. Psychol. Bull. 117, 250 – 270.

Ward, P. S., Singh, V., 2015. Using field experiments to elicit risk and ambiguity preferences: behavioural factors and the adoption of new agricultural technologies in rural India. J. Dev. Stud. 51 (6), 707 – 724.

第 11 章　市场营销中的实地实验

D. Simester

麻省理工学院斯隆管理学院，剑桥，马萨诸塞州，美国

E-mail：simester@mit. edu

摘　要

在过去的 20 年里，市场营销文献中，报告来自实地实验发现的论　*466*
文数量急剧增加。这在一定程度上可以用互联网环境下进行实地实验的
简便性来解释。然而，我们看到实体店和其他非互联网环境下的实地实
验也有所增加。虽然这些论文中有许多关注定价和广告主题，但也有很
多其他的主题，包括几篇使用实地实验来提供优化模型的无模型验证论
文。我们回顾了在市场营销文献中发表实地实验论文的要求。我们还识
别了相对研究不足的主题。特别值得一提的是，研究渠道关系或企业对
企业（B2B）市场的论文明显缺乏。也许更令人惊讶的是，也缺乏探索
利用实地实验优化营销决策的可行性的论文。

关键词

广告；实地实验；营销；模型验证；定价；随机化；销售队伍；
口碑

JEL 分类号

D12；D4；M3

市场营销是一个多样化的领域，它借鉴了一系列学科与广泛的经验
和理论方法。其中一个学科是经济学，用来研究经济问题的方法之一是
实地实验。市场营销文献中的实地实验历史长得令人惊讶。早期的例子
包括 Curhan（1974）以及 Ekin 和 Baron（1977），他们在杂货店改变价
格、报纸广告和陈列变量。本章通过识别过去 20 年（1995—2014 年）
发表的论文，回顾了市场营销领域中实地实验最近的历史。我们报告了

在此期间发表的论文数量是如何增加的，并评估了对这种增长的不同解释。然后，我们将论文分成五个主题，并按主题来回顾论文。本章最后对市场营销中使用的实地实验设计进行了反思，并提出了未来研究的课题。

1　报告实地实验的论文

我们专注于五种顶尖的市场营销期刊，尤其是与经济学相关的已发表论文。它们包括《市场营销杂志》（*Journal of Marketing*，JM）、《市场营销研究杂志》（*Journal of Marketing Research*，JMR）、《市场营销科学》（*Marketing Science*，MktSci）、《定量市场营销与经济学》（*Quantitative Marketing and Economics*，QME）和《管理科学》（*Management Science*，MngSci）的市场营销部分①。为了识别相关论文，我们首先让一名研究助理阅读 1995—2014 年间出版的每一期刊物。然后我们用 Web of Science 的主题搜索补充了这个初始列表。

467这一过程产生了 300 多篇论文。然后，我们阅读并筛选这些论文，以生成 61 篇论文的最终样本②。在这种筛选中，我们将注意力限制在响应测量（response measure）表现为"实地"中的行为响应的研究上。我们排除了响应是调查或感知测量的研究，如顾客评估或购买意向。我们还排除了在实验室环境中获得响应的研究，包括在研究人员创造响应环境中的研究。

筛选也将注意力局限于报告实验的研究，而不是对历史数据的分析。一个实验至少包括两个实验条件，由研究人员引入外生变化。在大多数情况下，这种外生变化是由随机选择顾客样本的变化引起的。在其他情况下，它涉及随着时间的推移而轮流干预，或者在拍卖环境中将产品进行配对。

61 篇论文实际上报告了 86 个实地实验发现，其中 18 篇（30％）论文报告了多个实地实验发现，包括 12 篇报告 2 个实验发现的论文，5

---

① 未列入此清单的两种主要营销期刊是《消费者研究杂志》（*Journal of Consumer Research*，JCR）和《消费者心理学杂志》（*Journal of Consumer Psychology*，JCP）。在这两种期刊上发表的论文具有强烈的心理学视角。

② 虽然我们认为 61 篇论文的清单是广泛的，但不太可能是完整的。我们承认会忽略一些报告实地实验的论文，并向这些作者道歉。

篇报告 3 个实验发现的论文，以及 1 篇报告 4 个实验发现的论文。

1.1　发表日期

我们的第一项研究内容是比较论文发表的日期。发表日期如图 1 所示。在 1995—1999 年间，报告实地实验的论文很少，只有三个例子被确认。此后频率急剧增加；2010—2014 年间，共确认了 37 篇实地实验论文。

这种趋势可能有多种原因。一种解释是，在解释使用历史数据估计的结果时，该领域已经变得更加关注内生性。在 2000 年以前，市场营销文献中有大量研究超市扫码枪历史数据的计量经济学论文[①]，其中很多早期论文很少关注自变量的内生性。但这已经被改变了。定量营销领域现在相当重视解释内生变量的固有局限性。对内生性的关注部分归因于 1999 年的一篇强调这些局限性的论文（Villas-Boas 和 Winer，1999）。这一变化也与新的经验 IO 文献中结构模型的发展相吻合。在领先的定量营销期刊上发表论文，现在都要求作者证明他们识别来源的合理性。许多使用计量经济学方法的论文，现在使用结构模型来解决这个 *468* 问题。实地实验为研究人员提供了一种克服这一障碍的替代机制。对内生性的关注日益突出，可能是导致已发表的实地实验数量急剧增加的原因。

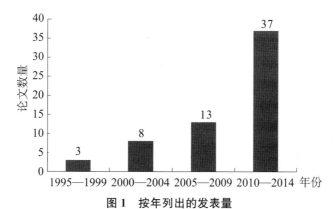

图 1　按年列出的发表量

说明：本图报告了每 5 年内发表的论文数量。样本量为 61 篇（论文）。

[①]　追溯这些文献的起源是 Guadagni 和 Little（1983），他们演示了如何将多项式 logit 应用于扫码枪数据。

发表的实地实验数量增加的第二个解释是，进行实地实验变得更容易了。互联网的发展与报告的实验数量增长不谋而合。现在可以使用eBay 和 Google AdWords 进行实地实验，而不需要合作公司的积极参与。即使对于确实需要合作的研究，这种合作通常也更容易在互联网环境下获得，因为进行实验的成本相对较低，而且许多公司已经在进行自己的实验。将进行实验作为自己运营的一部分的公司已经暗示说，它们理解实地实验的价值，并可能投资于基础设施以支持其实施①。

我们可以通过探索用于实现实验变化的格式是否随着时间的推移而改变来评估这一解释。特别是，我们根据实验操纵的类型将研究分为三类：

● 物理（physical）：家庭、工作场所或实体零售店中的面对面互动（包括货架标牌或产品分类）。

● 直接邮件（direct mail）：电话、目录或其他直接邮件。

● 互联网（Internet）：搜索或显示广告、eBay、电子邮件、Twitter、网站内容或其他计算机或互联网互动。

在图 2 中，我们报告了这些操纵的使用是如何随着时间的推移而改变的。总的样本量为 60 个观察值②。

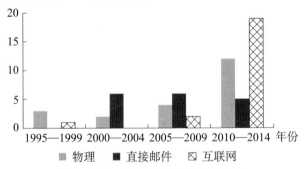

图 2　按实验操纵类型划分的发表量

说明：本图报告了每 5 年的时间使用每种类型的实验操纵发表的论文数量。样本量为 60 个观察值。

———————————

① 我们可能会期望，如果在互联网环境下进行实地实验更容易，那么使用此环境的论文更有可能报告多个实验发现。事实证明，恰恰相反，报告基于互联网的实地实验发现的论文，实际上不太可能报告多项研究。

② 有四篇论文对干预的描述不足以进行分类。此外，有三篇论文要么报告使用了不同类型变化的多项研究，要么在同一研究的不同干预中使用了不同类型的变体。这三篇论文被编码后出现在多个类别中。

在 2010—2014 年的 5 年间，利用互联网来实施实验变化而发表的论文有 19 篇，占同期发表的实地实验论文的一半以上。在这 5 年里发表了 19 篇论文，而在之前的 15 年里只发表了 3 篇论文。我们的结论是，在整个数据期内，互联网很可能对实地实验论文的增长起到了推波助澜的作用。

然而，值得注意的是，我们也看到越来越多的论文通过在家里、工作场所或实体零售店进行物理操纵来实施实验。在 2010—2014 年间，有 12 篇论文报告了物理操纵，而在之前的 15 年里，总共只有 9 篇论文。看来，在互联网上进行实验的简便性，并不能完全解释发表论文数量的增长。

第三种解释是，顶级营销期刊正在发表更多的论文（而不仅仅是更多的实地实验论文）。2006 年，《市场营销科学》从每年 4 期增加到每年 6 期，2008 年，《市场营销杂志》和《市场营销研究杂志》进行了同样的过渡。此外，《定量市场营销与经济学》于 2003 年开始出版。其结果是发表的论文总数增加了。为了调查这在多大程度上解释了实地实验论文发表频率的增加，我们统计了 20 年期间（1995—2014 年）发表的论 *470* 文总数，并报告了每 5 年期间发表的论文比例的直方图。我们对所有论文和那些报告实地实验的论文分别这样做[①]。研究发现在图 3 中报告。

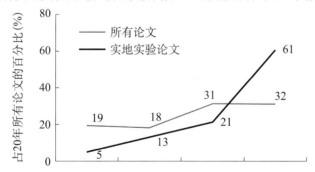

图 3　每 5 年期间发表的论文数量：将所有论文与实地实验论文进行比较

说明：本图报告了每 5 年期间发表的论文数量。我们分别报告了所有论文的发现，以及那些报告实地实验论文的发现。所有论文样本量为 3 250，实地实验样本量为 61。每条曲线中的百分比之和为 100%。

---

① 《市场营销科学》《市场营销杂志》《市场营销研究杂志》的论文总数是使用 Web of Science 中的条目计算的。我们排除了发表在《管理科学》上的论文，因为 Web of Science 无法识别哪个部门的编辑接收了论文。不幸的是，Web of Science 没有将《定量市场营销与经济学》的最初几期纳入索引，所以对这本期刊，我们手工统计了每一期发表的论文数量。

　　虽然发表的论文总数有所增长，但这一增长远远小于实地实验论文数量的增长。当统计 1995—2014 年间发表的所有论文时，我们发现 31％的论文是在最近 5 年（2010—2014 年）发表的。相比之下，64％的实地实验论文是在这个时期发表的。

　　我们的结论是，报告实地实验的营销论文数量的急剧增长，可以归因于几个因素。首先，这一领域本身在发展，因此发表论文数量也在增加，包括实地实验论文和非实地实验论文。其次，在互联网上进行实地实验的便利性也可能是造成这一现象的原因之一。最后，现在营销领域中更加关注自变量的内生性。实地实验是解决内生性导致混杂（confounds）的有效机制。

1.2　主题选择

　　在图 4 中，我们将 61 篇论文归类为各一般主题领域。这种分类表明，论文主要有两个主题：定价和广告。进一步的调查还显示，随着时间的推移，主题的分布也存在明显差异。在 2010 年之前，一半的论文（24 篇论文中的 12 篇）涉及定价主题，只有 2 篇论文研究广告问题。然而，这种主导地位已经逆转，在过去的 5 年里，研究广告问题的论文（13 篇）多于研究定价问题的论文（11 篇）。

　　可以理解的是，最近对广告的关注主要在与互联网广告相关的研究问题上。许多论文研究了互联网广告的特征，这些特征在数据样本开始时根本不存在。例如，广告的动态再瞄准（使用其他网站上的个人浏览行为来定向广告）在数据期的早期是不可能的。同样，使用脸书页面上发布的信息进行个性化广告，是一种相对较新的广告技术。

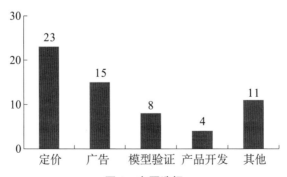

图 4　主题选择

说明：本图报告了按主题发表的论文数量。样本大小为 61 篇论文。

在接下来的几节中，我们将简要回顾一下这些主题的论文。我们还将所有论文按主题分组并总结在一个表格中，作为本章的附录。

2　定价主题

调查定价问题的 23 篇论文可以分为四个次级主题：

(1) 折扣针对的是谁？

(2) 哪些类型的折扣最有效？

(3) 作为信号的价格。

(4) 多部收费和其他定价方案。

折扣的有效性一直是市场营销领域中受欢迎的研究主题。这在一定程度上反映了折扣的普遍性，也反映了人们的认识，即折扣对单位销售额和公司利润会产生巨大的正面和负面影响。例如，Ailawadi 等 (2007) 研究 2003 年全国连锁药店 CVS 提供的每一次折扣对单位销售额和利润的影响。他们报告说，超过 50％ 的促销活动是无利可图的，因为增量销售并没有完全抵消利润的边际损失。他们通过一项为期 13 周的非常大规模的实地测试，在 400 家门店的 15 个产品类别中，通过简单地抑制促销活动，证明了 CVS 可以使其利润提高 5 000 万美元以上。

472

2.1　折扣针对的是谁？

三项实地实验有助于我们理解谁应该得到折扣。Dholakia（2006）表明，向以前支付全价的顾客发送 5 美元的折扣券，实际上会导致需求更少。这项研究是通过随机选择一个大型汽车维修公司的顾客进行的[①]。Anderson 和 Simester（2001a）报告称，向著名珠宝目录的顾客提供延长付款期限会降低需求。作者将这一效应解释为相反的质量信号。分期付款传递的信号说明，产品适合对价格比对质量更敏感的顾客。在稍后对另一家目录零售商的研究中，同一研究团队报告说，与现有顾客相比，大幅折扣在针对新顾客时具有更积极的长期外部性（An-

---

① Anderson 和 Simester（2010）报告了两个实地实验的相关发现，发表在一本经济学杂志上。出版目录和服装目录顾客如果收到的目录价格低于最近为同一商品支付的价格，则后续不太可能下订单。

derson 和 Simester，2004）。对现有顾客来说，长期效应是负面的；大幅折扣导致这些顾客加快了购买的速度，对价格变得更加敏感。相比之下，大幅折扣增加了新顾客未来的购买，显然是由于对未来价格更有利的预期。总而言之，这些研究表明，当针对新顾客、过去支付价格较低的顾客以及相对更关心价格而非质量的顾客时，折扣是最有效的。

2.2　哪些类型的折扣最有效？

实地实验不仅被用来解决谁应该获得折扣的问题，而且被用来解决应该采取什么形式的折扣的问题。现有文献对这个问题提供了丰富的答案。在我们样本中最老的一篇论文中，Dhar 和 Hoch（1996）报告了在 Dominick's Finer Foods 连锁超市的 86 家超市进行的两项实地实验的发现[①]。他们表示，优惠券导致的单位销售额增长比货架价格的等价折扣高出 35%。而且，由于优惠券兑换不完全，这导致了更大的 108% 利润增幅。Wansink 等（1998）在（显然）相同的 86 家超市进行了两次大规模的实地实验，说明了零售商增加顾客购买数量的两种方式。实施每个顾客只能购买 12 个单位的数量限制，相比于只能购买 4 个单位的数量限制，导致顾客购买的单位（每个买家）数量加倍（twice）。使用多个单位促销（例如，每 2 个 1.5 美元）而不是单个单位促销（每个 75 美分）的折扣框架（framing discounts），也增加了顾客购买的单位数量。这两种效应都被解释为，顾客基于（anchoring）零售商提供的线索来决定购买多少个单位。在另一个框架的例子中，Chen 等（2012）显示，将折扣描述为"免费增加 50%"比"比正常价格低 33%"更有效，尽管两者在经济上是等价的。他们的研究是由相关证据推动的，这些证据表明，顾客倾向于关注折扣的百分比幅度，而忽略了计算百分比的基数。

Ramanathan 和 Dhar（2010）呈现的研究发现表明，不同类型促销活动的影响可能会因顾客的心理取向而异。走进芝加哥一家杂货店的顾客已经做好了准备，要么想着尽情享受，要么想着理智行事。那些准备享受购物的人，当他们收到有效期更长的优惠券且优惠券被框定为"享受 x 美元优惠"而不是"节省 x 美元"时，就购买了更多的商品。相比之下，当准备理智行事的顾客收到有效期较短的优惠券且优惠券上写着"节省 x 美元"时，他们就会购买更多的商品。

---

① 这就是为现在广泛使用的 Dominick 扫描数据面板提供数据的同一家零售商。

已经有几项研究探索了将折扣定义（framing）为"免费样品"或"免费赠品"的影响。Bawa 和 Shoemaker（2004）使用两个实地实验来厘清提供免费样品的三种效应：需求加速（时间替代）、相互蚕食和需求扩张。他们表明，与优惠券不同，免费样品可以产生积极的长期效应，在事件发生后持续长达 12 个月。在金融服务业的一项纵向研究中，Haisley 和 Loewenstein（2011）调查了向顾客提供意想不到的赠品如何影响他们随后的存款余额。他们发现，递增的赠品顺序（35 美元，然后是 100 美元）比递减的顺序（100 美元，然后是 35 美元）对后续余额的影响更积极。他们形容这是"对恶化的厌恶"。Shu 和 Gneezy（2010）研究了礼品券的有效期如何影响兑换率。收到有效期较长的礼品券的参与者对公司的印象更好，但实际兑换礼品券的可能性较小。他们将这种有利润的巧合归因于拖延，并通过后续调查支持了这一看法。Laran 和 Tsiros（2013）调查了提供哪种免费赠品的不确定性将如何影响这些促销的有效性。当顾客准备考虑他们的决定时，如果知道会收到什么免费赠品，他们的反应会更有利。相反，如果他们准备做出更情绪化的决定，那么不确定的赠品就会更有效。

我们重点介绍了三项特别有创新的研究。Hui 等（2013）研究了通过手机技术推送折扣的影响。他们表明，为距离顾客计划的店内购物路径较远的产品发送优惠券，在增加计划外购买方面是有效的。Tsiros 和 Hardesty（2010）研究了如何最有效地取消折扣。他们表明，逐步取消折扣在提高单位销售额方面比一次性取消折扣更有效。他们将此部分归因于顾客对未来价格水平的更高预期。Gaurav 等（2011）研究了印度农村采用降雨保险的情况。保险是一种相对复杂的金融产品，他们发现对顾客进行产品培训通常比提供其他形式的市场营销更有效。例外情况是，如果农民一直没有理由来进行保险索赔，就会得到"退款（MoneyBack）"保证，这几乎与培训项目一样有效。

2.3 作为信号的价格

第三组定价研究侧重于价格的信号作用。利用服装目录中的数据，Anderson 和 Simester（2001b）强调了限量（rationing）销售标志使用频率的重要性。他们将这项研究作为对早先的一篇论文的测试，该论文认为，销售标志起到了可信的信号作用，使信息不灵通的顾客能够评估市场上的哪些价格相对于其他价格更低（Anderson 和 Simester，1998）。这种模式的一个关键特征是，销售标志是自我调节的；任何一个标志使用得越频繁，就变得越不可信。在一项相关的研究中，Anderson 和 Simester（2003）测量了价格尾数为 9（例如，1.99 美元或 49 美元）的影响。通过在两个不同的女装目录上进行的一组共三个实地实验，他们表明，9 美元的价格尾数增加了需求，而且这种需求的增长在新产品上比在现有产品上更大。然而，当 9 美元的价格尾数伴随着"减价（sale）"的标志时，这种效应似乎会减弱。他们将这些发现解释为价格尾数起到了与"减价"标志相似的信号作用，向顾客揭示了相比市场上其他的价格，哪些商品有折扣。

Gneezy 等（2014）研究了关于质量的价格信号信息。当顾客看到高价格时，他们预期有更高的质量，所以如果质量低，他们会做出更负面的反应。因此，顾客对高价格、低质量产品的评价比低价格、低质量产品更负面。他们通过在加利福尼亚州的一个小葡萄园进行的实地实验证实了这一结果。

这种信号领域中的另外两篇论文已经作为对折扣文献的贡献进行了讨论。回想一下，Anderson 和 Simester（2001a）的证据表明，延长付款期限会降低知名珠宝的销售额，这一证据被解读为，针对价格敏感的顾客打折，可能会破坏零售商质量声明的可信度。同样，向首次购买的顾客提供更大折扣，可以提高这些顾客忠诚度的证据，也具有一种信号解释功能（Anderson 和 Simester，2004），尽管在这种情况下，信号是关于未来价格而非关于质量的。

2.4 多部收费和其他定价方案

第四组与定价相关的实地实验与其他创新的定价方案一起，解决了多周期和多部的收费问题。Lambrecht 和 Tucker（2012）报告了在企业对企业环境中进行的为数不多的实地实验之一。他们与英国的一家网络托管提供商合作，调查在多期合同的第一阶段，改变每月价格和"麻烦成本（hassle costs）"框架带来的影响。他们不是评估整个合同期限，而是显示每个不同时期这个市场中的顾客评估结果。因此，他们表明，如果顾客在第一阶段出现了麻烦成本，那么降低第一阶段的价格并将部分收入推迟到稍后阶段会更有效。

Anderson 和 Simester（2008）表明，如果价格差异被认为是不公平的，那么它会降低需求。他们的实地实验是在一个销售大码女装的目录中进行的。由于生产超大码服装的成本高于生产小码服装的成本，该零售商试图对其最大尺寸的服装收取更高的价格。结果显示了一种不对称性；较小尺码服装的需求没有变化，但较大尺码服装的需求急剧下降（即使在控制了绝对价格本身之后）。他们将这些发现解读为，如果价格差异被认为是不公平的，那么它会降低需求。不过，顾客必须实际上经历不公平，仅看到其他顾客受到不公平对待是不够的。

有两篇论文集中讨论了多部收费方案。Danaher（2002）利用电信市场实地实验引入的外生变异建立了两部收费的最优定价模型。该方案既包括每月接入费，也包括每分钟移动电话服务的使用率。结果凸显了同时考虑使用和顾客保留（customer retention）的重要性。仅仅关注使用而忽视缩减（attrition）将大大低估收入对价格的敏感性。Yao 等（2012）也研究了手机定价，尽管在他们的案例中，使用实地实验来获得顾客折扣率的估计值（而不是收入价格敏感性）。顾客的计划选择显示，顾客的远期折现比我们通常假设的要快得多。

也许文献中最不寻常的定价方案是"随你付"（PWYW）方案。Kim、Natter 和 Spann 报告了在德国餐馆和一家电影院进行的三项实地实验。这些公司在不同的日子轮换 PWYW 方案和它们的标准定价方案。一般来说，顾客会选择支付比公司正常收取价格更低的价格。然而，情况并不总是如此。在其中一项实验中，顾客选择平均支付 1.94 美元购买一杯热饮，而正常价格为 1.75 美元。在另一项实验中，顾客平均选择的自助餐价格（6.44 美元）低于正常价格（7.99 美元），但 PWYW 方案吸引了足够多的额外需求，从而产生了显著更高的日收入。 *476*

3　广告主题

关注广告相关问题的 15 篇论文可以分为三大次级主题：
(1) 广告对购买有影响吗？
(2) 哪些广告信息最有效？
(3) 优化付费搜索广告。

3.1　广告对购买有影响吗？

有四篇论文调查了广告是否会影响购买，其中有两篇论文得出了相对负面的结论。Lewis 和 Reiley（2014）研究了 Yahoo! 上的广告是否会引起一个百货公司的线下购物。尽管有受控的随机环境和 160 万个顾客的样本规模，但他们只能勉强得到一个统计上显著的效应。Lambrecht 和 Tucker（2013）研究了广告"动态再瞄准"的效果。动态再瞄准描述了广泛使用的做法，即使用来自其他网站的浏览历史来选择要显示的广告内容。他们发现，这种做法并没有增加广告效果。例外情况是当浏览历史表明顾客相对接近购买时。只有这样，动态再瞄准才有效。

另一篇论文的关键发现是，数字录像机（DVR）对广告实际上是没有效果的。数字录像机的引入引发了人们的担忧，即电视广告将变得不那么有效，因为顾客可能会过滤掉广告。在这项非常大规模的研究中，作者没有发现任何证据表明情况的确如此。相反，作者得出的结论是，过滤掉广告的情况相对较少。与前两篇论文相比，这篇论文被认为是一篇有关广告影响的相对积极的论文。这表明，顾客广泛采用 DVR 技术不会削弱电视广告的影响。

本系列的第四篇论文调查了竞争性广告的影响。竞争目录零售商在互惠的基础上共享其最佳顾客的名字和地址，以降低寻找新顾客的成本。Anderson 和 Simester（2013）使用随机实地实验测量了允许竞争对手以竞争产品目录来瞄准顾客对公司自身对顾客的销售有何影响。虽然我们可能预料到替代带来的负面影响，但他们实际上发现，对于许多顾客来说，竞争对手的广告增加了从原公司购买的商品。这一积极效应在某些产品类别中尤其强烈，在这些产品类别中，顾客了解公司特定的产品（如鞋类）尺寸。这导致作者将他们的发现归因于产品标准、顾客学习和转换成本的重要性。

3.2 哪些广告信息最有效？

另外 9 篇论文侧重于改善信息传递以提高广告响应率。它们包括几篇讨论广告信息的瞄准或个性化的论文。例如，Tucker（2014）报告了在脸书上进行的一项实地实验，该实验研究了顾客对基于顾客发布的个人信息进行个性化广告的响应（另见 Lambrecht 和 Tucker，2013；前面讨论过）。幸运的是，这项实验恰逢脸书隐私政策的一次广为宣传的变化，这让用户对他们的个性化设置有了更多控制权。研究结果显示，让顾客选择控制他们的个性化设置极大地提高了定向广告的绩效。Schumann 等（2014）研究如何减轻顾客对定向互联网广告的负面响应。他们表明，互惠呼吁（"我们的服务是免费的，定向广告给我们提供资金"）比相关性声明（"将来您会看到更有趣、更相关的广告"）更有效。

　　三项研究探讨了应该如何使用除先前浏览行为之外的维度，为不同的顾客群定制消息。Berger 和 Schwarz（2011）研究促使顾客向其他顾客推荐产品的信息（口碑，WOM）。他们表明，当顾客尚未将品牌与产品线索联系起来时，连接品牌与产品线索的消息会更有效。Kronrod等（2012）使用在以色列进行的 Google AdWords 实地实验表明，当顾客已经相信原因时，使用断言式的信息（"您必须拯救地中海"）更有效，但对于顾客偏好较弱的更一般的原因，效果就没那么好了。

　　在 Kronrod 等（2012）之后，另外两项研究探讨了如何设计信息传送方案来鼓励顾客从事更环保的行为。在一项雄心勃勃的研究中，White 和 Simpson（2013）与一个大都市合作，鼓励居民将剪下的草留在地上，而不是通过城市垃圾系统来处理（将剪下的草运送到垃圾填埋场）。他们使用放置在居民家正门上的门环测试了六种不同的信息传递条件以及一种控制条件。然后，他们测量了废物的减少量。将呼吁类型与关注个人利益或社会利益相匹配对居民的行为有重大影响。Spangenberg 等（2003）报告了两项研究。在第一项研究中，他们调查了户外广告媒体（广告牌）中的信息如何能增加回收利用。在第二项研究中，他们改变了健身俱乐部的每月通讯（monthly newsletters）和账单信息，目的是增加会员访问俱乐部的次数。他们表明，将呼吁框定为自我预测会增加其有效性。具体地说，在健身俱乐部研究中，信息是"健身负罪感（Fitness guilt）？"在增加会员访问方面比"在〔健身俱乐部名称〕锻炼（Work out）"的替代干预更有效。 *478*

　　Tucker 和 Zhang 报告了另外两个测试信息传递的例子（2010，2011）。这两项研究都探讨了关于参与双边网络的报道如何增加网络参与。第一个例子是 Tucker 和 Zhang（2010），这是另一个在 B2B 市场中进行研究的罕见例子。环境是一个类似 craigslist. org 的网站，结果测量的是选择在该网站上做广告的卖家数量。实地实验随机决定是否显示买家和/或卖家的数量，以及（如果是的话）买家和/或卖家的需求（claim）数量。他们发现，大量的卖家会阻止额外的广告条目，除非只是披露卖家数量（而不是买家数量）。只要也披露卖家数量，展示许多买家就会吸引更多的卖家。他们的结论是，具有更多竞争者的市场对进入者来说更具吸引力，因为必须有足够的需求来吸引如此多的竞争者（正的网络外部性）。第二项研究，Tucker 和 Zhang（2011），使用了在一个网站上列出的婚礼服务供应商数据。他们随机化网站是否显示之前对供应商的点击量。我们可能认为，披露这些信息会增加点击次数最多的供应商的人气。相反，他们表明，与处于主流地位的品牌相比，具有小众（niche）市场地位的品牌获得相同水平的历史点击量会带来更大的提升。顾客似乎推断，这些品牌必须提供高质量的产品才能克服其覆盖范围狭窄的问题。

探讨广告信息影响的最后一篇论文包括两项研究，研究使用了eBay上配对的音乐CD拍卖。Dholakia和Simonson（2005）研究了信息传递的影响，明确建议潜在投标者"将这张CD的价格与旁边列出的类似CD的价格进行比较"。他们发现，这些信息导致了更加谨慎的竞标行为。中标者倾向于稍后提交投标，提交投标较少，并避免参与同步拍卖。他们认为这些发现证明了让竞争选项变得更突出会使顾客更加厌恶风险，因为机会成本变得更加突出。

3.3 优化付费搜索广告

不同团队的两篇论文研究了如何优化付费搜索广告。Yang和Ghose（2010）首先使用一个历史面板数据集来调查呈现自然的（无付费）搜索结果如何影响对付费搜索广告的响应。然后，他们在谷歌上进行了为期8周的实地实验来测试模型预测的稳健性。他们证实，在呈现付费搜索时，顾客可以同时看到付费搜索和自然搜索结果，与无付费搜索相比，组合点击率（CTR）高出5.1%。转化率（购买概率）也提高了11.7%。

Agarwal等（2011）探讨了付费搜索广告中位置的重要性。具体地说，他们想知道，排名第一的搜索结果、排名第二的搜索结果还是排名更低的搜索结果会影响点击率和转化率（购买）。正如我们所预期的那样，离第一位越近，CTR就越高。然而，转化率的情况正好相反。在搜索结果中排名较低实际上可以提高转化率，因为转化是以点击为条件的。因此，只有最积极的顾客才会点击排名较低的结果，而这些顾客更有可能转化。鉴于广告商通常会为点击付费，而不考虑转化率，因此，对许多广告商来说，在搜索顺序中较低的位置可能是最佳选择。

4 产品相关主题

我们识别了七篇论文，这些论文呈现了产品相关主题的实地实验。

包括四篇专注于市场研究和产品开发问题的研究论文，以及三篇专注于产品尺寸的论文。

4.1 市场研究与产品开发

两项研究调查了仅仅是测量（mere measurement）对顾客购买行为的作用。Chandon 等（2005）询问了一家在线杂货商的 251 名顾客的购买意向，然后随机选择 140 名顾客作为控制组（没有询问任何问题）。研究显示，接受调查的顾客明显更有可能进行后续购买，对零售商来说利润也明显更高。两年后，另一个研究团队在汽车服务行业进行了一项相关研究（Borle 等，2007）。研究人员随机抽取 3 773 名顾客进行了电话调查。然后，将这些顾客随后的服务访问与随机选择的 1 227 名顾客的控制样本进行比较。这一比较表明，参与调查增加了购买量，并使顾客对公司促销活动做出了更好的响应。

关于这一主题的另外两项研究，使用实地实验来验证新的市场研究方法。Urban 等（1997）验证了在产品开发早期进行研究的方法。新产品销售预测越早就越有价值。作者探索使用潜在新产品的多媒体展示来提供更早且成本更低的预测的可能性。他们进行了两项实地实验，证实了多媒体计算机交互既能逼真地描绘顾客的信息源，又能做出与传统方法无明显区别的预测。Neslin 等（2009）提出了一个模型，旨在最大限度地提高在线市场研究面板调查的响应率。该模型是动态的，在一个有限周期内对离散数量的研究进行优化，其中有限周期可以使用滚动视界（rolling horizon）来延长。他们将模型与当前的管理启发式进行比较，并报告了明显更高的响应率。

480

4.2 产品尺寸与捆绑销售

当包装形状不同时，顾客对相对包装体积的评估往往是有偏差的。Krider 等（2001）通过比较顾客对体积相同但形状不同的产品包装的反应来探索这种偏差。在一家出售奶油芝士来搭配百吉饼（bagels）的大学自助餐厅里，作者比较了对 3/4 盎司圆形奶油芝士和 3/4 盎司方形奶油芝士的需求。在只有圆形奶油芝士可供购买的日子里，顾客为百吉饼购买两个奶油芝士的可能性要大得多。这一发现与他们论文中的其他证据是一致的，即顾客认为圆形容器比相同体积的矩形容器更小。

Leszczyc 和 Haubl（2010）报告了三个实地测试的结果，这些测试研究了产品捆绑销售的盈利能力。他们使用一系列 eBay 拍卖的收藏邮票来比较捆绑相关和无关物品的盈利能力。他们的发现显示，在拍卖中捆绑替代品或无关物品比单独出售利润更低，但当这些物品是互补的时，捆绑更有利可图。第三个与产品捆绑有关的研究，已作为定价相关论文的一个例子进行了讨论。回想一下，在一项在 86 家超市进行的实验中，Wansink 等（1998）比较了多个产品单位促销（例如，每 2 个卖1.5 美元）与一个单位促销（例如，每个 75 美分）的效果。多个单位促销使顾客购买的单位数量平均增加了 32%。

5　模型验证

市场营销领域在开发优化营销决策模型方面有着悠久的传统。传统上，这些模型是通过测量拟合优度（goodness-of-fit）来验证的，要么是样本内，要么是保留样本（holdout samples）。这种验证的局限性在于，它通常依赖于模型中固有的假设，因此假设的错误也会被引入到验证过程中。

由于这些限制，研究人员已经开始使用实地实验作为验证营销模型的一种手段。实地实验提供了几乎是理想的验证环境；可以在干预和控制环境中实施不同的策略，并对其结果进行比较。这为验证提供了一个"无模型"的基础，并对模型中的所有假设都进行了全面测试。

例如，Simester 等（2006）提出了一个动态优化目录（和其他直销）邮寄决策的模型。目录公司定期向顾客发送目录，并且必须决定谁应该接收每期目录。传统上，这些决定都是短视的；公司将目录发送给最有可能对目录做出响应的顾客。该文提出的模型优化了无限视界上的一个邮寄决策序列。该模型首先提出了一种方法，使用一组描述每个顾客的购买和邮寄历史的变量，将顾客划分为离散马尔可夫状态（discrete Markov states）。然后，在每个状态空间中估计每个策略（邮件或非邮件）的转移概率和回报。最后，使用标准策略-迭代算法计算每个状态下的最优策略。然后，作者通过在 6 个月时间内（包括 12 个目录邮寄日期）改变 60 000 个顾客的服装目录邮寄决策来测试他们提出的方法。研究发现显示，该模型对低价值和中等价值的顾客表现良好。然而，在实验的最初几个月，结果对样本中最有价值的顾客不太有利。进一步的研究揭示了这些顾客最初结果不佳的原因：在训练数据中，公司没有邮寄给这些顾客的情况太少了，因此无法提供可靠的结果估计值。

这些比较不仅验证了所提出的模型，而且被证明是潜在现象的一个有价值的洞察来源①。

除了 Simester 等（2006）之外，我们识别了在过去 20 年中发表的另外 7 篇使用实地实验来验证优化模型的论文。其中包括两种定价模型、三种广告模型和两种新的市场研究方法。除了一篇之外，所有这些论文都是在 2006 年或更晚发表的，这表明对这种方法的兴趣与日俱增。虽然在一些论文中参与者数量相对较少（例如，参见 Urban 等，1997；以及 Belloni 等，2012），但其他论文包括大量参与者和延长的干预期。例如，Mantrala 等（2006）比较了在 200 家实验商店中实施最优定价模型的结果，时间跨度为 8 周。

6　其他主题

我们的搜索显示了另外 10 项研究，这些研究不太容易归入前面四个主题。值得注意的是，这些论文都是相对较新的，第一篇发表于 *482* 2008 年，其中 8 篇发表于最近 5 年。我们将这些论文分为五个主题：

(1) 销售队伍优化。

(2) 口碑和推荐。

(3) 在线社区参与。

(4) 鼓励积极的行为。

(5) 其他相关主题。

6.1　销售队伍优化

Kumar 等（2008）报告了两项大规模实地实验的发现。其中一项实验是在一个跨国 B2B 技术公司进行的，而第二项研究是在一个同时向企业和零售顾客销售的电信行业公司进行的。这些研究比较了"以顾客为中心"，即销售电话时间与对顾客购买决定的预测相协调。在这种条件下，销售电话还与不同产品类别进行了协调，因此，如果预期顾客会购买被分配给不同销售团队的多个类别，则该顾客会收到两个团队的联合

---

① 在 Simester 等（2006）的实地实验中的这种发现，导致了随后出现的一篇论文（Shie 等，2007）。在该论文中，作者记录了将动态规划模型应用于实地数据时，存在正向偏差的可能性。

访问。将这种协调一致的政策与缺乏协调的标准政策相比较。这两种干预在配对顾客中随机分配。研究发现显示，协调导致了显著更高的利润和投资回报。Lim 等（2009）还使用随机实地实验研究了销售队伍优化问题，尽管他们关注的是销售队伍激励。具体地说，他们比较了销售竞赛中不同奖金结构的影响。他们的发现表明，销售竞赛应该包括多个获奖者，而且在多个获奖者的比赛中，对订货价格排名不会增加销售额或收入。

6.2 口碑和推荐

在一篇被广泛引用的论文中，Godes 和 Mayzlin（2009）调查了旨在鼓励口碑的公司行动是否会导致更高的销售额。他们发现，如果口碑来自忠诚度相对较低的顾客，那么口碑在增加销售额方面会更有效。他们还报告说，如果口碑来自熟人，而不是亲密的朋友，那么它会产生更多的销售额。Kumar 等（2010）使用在一个金融服务公司进行的四项实地实验来识别公司在设计顾客推荐项目时应该瞄准哪些顾客。他们使用上述发现来验证计算每个顾客的"顾客推荐价值"的方法。

6.3 在线社区参与

在德国进行的一项涉及 eBay 用户的研究中，Algesheimer 等（2010）测量了旨在提高公司在线社区参与度的项目的影响。随机分配的干预组顾客收到多封邀请参与的电子邮件，而控制组顾客没有收到这些邮件信息。在接下来的一年里，干预组顾客比控制组顾客花费更少，列出的商品项目也更少。

两年后，一个重叠的研究团队再次使用德国 eBay 用户进行了一项跟踪研究（Zhu 等，2012）。针对随机选择的干预组的电子邮件，再次被用来邀请参与该公司的在线社区。研究发现，参与者从事了更多的风险寻求投标行为。只有当社区成员与其他社区成员有较强联系时，这种效应才是真实的。这种发现在 prosper.com 进行的第二项实地实验中也得到了复制。

Toubia 和 Stephen（2013）研究了人们为什么要在微博客网站 Twitter 发表意见，也参见我们早先对 Berger 和 Schwarz（2011）的讨论，他们想了解顾客为什么发表有利于提升口碑的意见。他们实验性地操纵 Twitter 关注者（followers）的数量，并将他们的发帖活动与随机分配的控制组比较。他们的发现表明，许多用户发表意见是因为他们关心人们对他们的看法，而不是因为他们从活动中获得了内在效用。

6.4　鼓励积极的行为

我们早些时候描述了两篇研究广告信息如何导致亲社会行为的论文［White 和 Simpson（2013）研究减少浪费，Spangenberg 等（2003）研究回收利用行为］。另外两篇论文的重点是鼓励积极的行为。Raju 等（2010）研究如何鼓励儿童选择更健康的食物。最有效的干预是举办"有其他参赛学校同年级学生参加的健康友好饮食竞赛"。要求孩子们做出吃更多水果和蔬菜的承诺并为健康选择提供直接激励（例如铅笔、贴纸、钥匙链），也会导致饮食习惯的改善，即使在干预结束后长达 10 周的时间内。

Soman 和 Cheema（2011）比较了提高印度农村低收入劳动力储蓄率的方法。在为期 15 周的时间内，财务规划师访问了这项研究中的 146 个家庭，并给它们一个储蓄目标，该目标被放置在一个密封的信封里。实验的变化包括这个目标的大小，孩子的照片是否印在信封上，以及储蓄目标是放在一个信封里还是分成两个信封。虽然目标的大小不影响储蓄率，但在照片条件下，以及在储蓄目标被分成多个信封时，储蓄率明显更高。

6.5　其他相关主题

剩下的两篇论文研究不同的主题。Dagger 和 Danaher（2014）报告了实地实验的发现，这些实验旨在测量商店改造如何影响商店需求。第一项研究是在一家"设备零售商和服务提供商"进行的，该公司保留了原有的零售空间，同时改造了大楼内的新空间，作为补充零售空间。研究人员在新旧空间之间随机轮换零售业务，为期 6 周。他们发现，改造后的空间显著增加了对新顾客的销售额，但没有增加对现有顾客的销售额。他们在一个大型百货公司进行的第二项研究中得出了相同的发现。

Haruvy 和 Leszczyc（2010）进行了一系列实验，使用两对同时拍卖来测量一系列拍卖因素的影响，包括拍卖持续时间、运输成本、公开保留价以及秘密保留价。结果表明，在拍卖配对中存在着相当大的价格差异。他们还证实，拍卖特征对最终价格有重大影响，作者将其归因于搜索成本的作用。

484

7　设计实验与未来的主题

最后，我们反思了市场营销文献中发表实地实验发现的要求。我们还讨论了已研究主题的范围，并确定了仍然相对缺乏研究的主题。

7.1　为市场营销文献设计实验

市场营销中发表的实地实验发现，显然与经济学期刊上发表的实地实验发现有许多相同的特点。然而，也有一些鲜明的特点。在市场营销文献中发表任何实证研究，需要的不仅是记录一种效应，而且期望研究人员阐明导致这种效应的机制。例如，仅仅证明多个单位促销（例如，每 2 个 1.50 美元）比一个单位促销（例如，每个 75 美分）更有效是不够的。Wansink 等（1998）还期望将这一结果解释为更普遍现象的一个例子。他们将发现解释为"锚定和调整"的一个例子。

这一要求可能是实地实验的一个巨大障碍，因为通常不可能访谈顾客或者以其他方式来收集揭示潜在原因的中间过程测量。取而代之的是，研究人员一般使用四种方法来探索导致效应的原因，而且他们经常将这些方法结合使用。

首先，许多论文报告了交互作用，而不仅仅是主效应。例如，Tucker 和 Zhang（2011）不仅报告了在网站上披露人气信息的主效应，而且比较了小众（niche）和主流品牌的这些效应。同样，Berger 和 Schwarz（2011）比较了广告信息对顾客口碑的效应，这些顾客在品牌和信息之间有强或弱的联系。对于寻求发表市场营销实地实验的研究人员来说，仔细考虑可以测量哪些交互作用，以及交互作用如何帮助澄清其效应的原因，是很重要的。富有洞察力的交互作用通常被视为一项研究的"聪明"要素。在理想情况下，交互作用与提出的论点一致，并且很难与替代解释一致。事实上，这就是报告交互作用的好处；它们更有可能不受替代解释影响。

为了估计交互作用，研究人员有时会使用多项实地实验（回想一下，30% 的论文报告了多项实地实验的结果）。虽然额外的研究偶尔被定位为复制研究（例如，Danaher，2002），但它们也经常被用来研究交互作用（例如，Anderson 和 Simester，2003）。其他研究报告了一项单一实验，但包括了大量实验干预。例如，Gaurav 等（2011）研究了印度乡村中的农民对降雨保险的需求，研究包括 14 种不同的实验条件。一般来说，研究要么报告多项实验，要么报告多个干预（但不是两者都报告）[①]。

如果一篇论文只报告一项只有两个条件的实地实验，通常会用一项或多项实验室实验来补充实地实验。例子包括 Kronrod 等（2012），他们增加了两项实验室实验，Krider、Raghubir 和 Krishna 报告了五项实验室实验。在包含多项实验室实验的论文中，实地实验通常起着不太突出的作用。具体地说，实验室实验可以确定主效应、复制效应以及研究交互作用，而实地实验则只用于验证实地环境的可推广性。

用于研究解释的第三种方法是将实地实验与顾客调查相结合。例如，回想一下 Anderson 和 Simester（2001a）的研究，其测量了顾客对高级珠宝目录中分期付款优惠的反应。顾客在分期付款条件下并没有购买太多，他们将其解读为负面的质量信号，这表明产品针对的顾客对质量比价格更敏感。为了支持这一解释，他们将类似于实验干预的目录邮寄给随机选择的其他顾客样本，同时还邮寄了一份简短的调查。收到分期付款版本的顾客，更有可能表达对产品质量的担忧。一位受访者在调查问卷上写道：“分期付款计划有点像富兰克林娃娃（Franklin Mint dolls），这让［目录名称］看起来很俗气”（见第 326 页）。Shu 和 Gneezy（2010）提供了一个类似的例子，其中使用调查来验证对他们实验发现的解释。

第四种方法是利用实地实验数据估计一个结构模型。例如，在最近 *486* 的一篇工作论文中，Dubé 等（2016）报告了两项实地实验的发现，在实验中，他们向中国手机用户发送短信（SMS），提供电影票促销活动。他们随机改变（1）折扣的大小，（2）短信是否显示服务提供商将为每一张购买的票向当地慈善机构捐款，以及（3）捐款的大小（如果有的话）。令人惊讶的是，他们显示，当折扣很大时，顾客对更大规模的捐赠响应较少。他们估计了一个结构模型来提供证据，证明这种效应是由“自我信号”造成的；更大的价格折扣会提示顾客推断他们的购买不再是利他主义的。作者观察到，如果没有结构模型，就没有明显的方法来检验这一机制，并将其从替代解释中分离出来。这种使用结构模型来解释实地实验发现的方法，在市场营销文献中仍然是相对新颖的。结构建模和实地实验文献在相似的时期中发展，部分原因是它们提供了解决内

---

① 实验数量和（最大）条件数量之间的配对相关系数为 -0.14。

生性问题的替代解决方案（参见前面的讨论）。本章认识到，这两种方法不仅是替代方案，它们还可以相辅相成。鉴于对这两种方法的兴趣迅速增长，一旦人们更广泛地认识到方法组合的好处，我们就应该预期会有更多的论文使用这两种方法的组合。

7.2 随机化

在比较干预和控制条件时，随机化提供了证据充分的统计优势。然而，在市场营销文献中发表实地实验结果并不需要随机化。在 29％的论文中，实验干预没有通过随机化来分配（在三篇论文中，不清楚研究是否使用了随机化）。在某些情况下，随机化可能会导致实验干预之间的传染。例如，在 Soman 和 Cheema（2011）对如何提高印度农村劳动力储蓄水平的研究中，参与者被分配的条件是"根据地理和社会群体来最小化不同干预条件下家庭聚会和讨论其参与的可能性"（见第 S17页）。在其他例子中，如何实现随机化并不明显。例如，在涉及 eBay（Dholakia 和 Simonson，2005；Leszczyc 和 Haubl，2010；Haruvy 和 Leszczyc，2010）上拍卖配对（matched pairs）的研究中，配对用于干预和控制样本。在一对（a pair）内随机化产品之间的实验干预是没有意义的，要么是因为产品是相同的，要么是因为实验变异涉及产品捆绑本身的差异。

在没有随机化的情况下，一种常见的方法是跨时间轮换干预。例如，在 Dagger 和 Danaher（2014）对一家商店改造的研究中，"原来的零售环境作为控制，在第 1、4 和 5 周使用。代表干预条件的新环境在第 2、3 和 6 周使用"（第 66 页）[①]。其他例子包括 Yang 和 Ghose（2010），其中干预是通过每隔 2 周轮换支持的关键词来实施的，以及 Krider 等（2001），他们在一个商店里轮换奶油芝士包装的外形。

7.3 未来的主题

本章中对最近市场营销文献的调查，揭示了实地实验主题的明显多样性。这反映了本领域主题的多样性。公司有各种各样可以用来影响需求的工具（levers），因此营销文献有广泛的主题可供选择。值得注意的是，互联网增大了公司可用的工具范围，这进一步拓宽了研究主题。

---

① Dagger 和 Danaher（2014）确实随机将干预分配到 6 周中，尽管在没有随机化的情况下轮换是很常见的。

虽然现有主题的多样性使本领域对研究人员具有吸引力，但这也是一个弱点。几乎无一例外，我们讨论的论文提出了新的研究问题，而不是建立在以前的研究基础上。其他领域受益于其更加集中的研究主题，例如货币经济学文献中对价格刚性的研究。市场营销则不是这样，它对应该优先考虑的研究问题缺乏广泛的共识。因此，没有扩展之前发现和全面回答明确定义问题的传统。尽管这种观察结论有一些例外，但许多例外反映了单个研究团队（或由重叠研究人员组成的团队）对研究问题的奉献。

尽管主题多种多样，但有一些主题显然是不足的。没有一篇论文探讨关于管理上游或下游渠道伙伴关系的问题。例如，没有一篇论文探讨供应或分销关系中排他性的好处，或者标准化在促进协调方面的作用。缺乏对这些主题的研究，在一定程度上反映了实施实验变化的难度。渠道关系的变化几乎总是需要冲突，这会扰乱公司通常花费大量时间建立的关系。

对 B2B 市场的研究也相对较少。只有 5 篇论文报告了公司针对其他企业的实地实验（这包括一项针对印度乡村农民的研究）。这种研究的匮乏反映了在这些市场中产生足够样本的困难。更高的透明度也可能阻碍实验，这会导致处于不同实验条件的企业顾客意识到实验的变化（尽管这种局限性似乎也与几项互联网研究相关）。第三种可能性是，在 B2B 环境中实施变革和观察结果所需的时间，可能比在顾客市场中更长。

也许最令人惊讶的是，缺乏探讨利用实地实验来优化营销决策可行性的论文。正如我们已经认识到的，营销领域在开发模型以优化营销决策上有悠久的历史。事实上，我们回顾的论文中有 8 篇论文报告了旨在验证优化模型示例的实地实验。然而，实地实验本身就是一种优化方法。通过实验性地改变营销变量并比较结果，公司原则上可以利用实地实验，通过在可能决策空间中进行搜索来提高利润。

我们调查的实证论文中，没有一篇探讨了这种方法的可行性。也许最接近的例子是 Danaher（2002），它使用一个电信公司实施的实地实验数据来开发一个统计模型，该模型优化了两部收费（定价）方案。然而，在这个例子中，实地实验被用作数据源，而优化使用了更传统的方法。

虽然我们没有找到实证论文来研究企业是否可以将实地实验作为一种实用优化方法，但最近有一篇理论论文。Li 等（2015）探讨了随着

488

产品类别规模的增长，需要进行多少次实验才能设定该产品类别的价格。跨产品类别来设定价格，需要估计大量的跨产品需求弹性矩阵（因为同一类别的产品可能是替代品或互补品）。他们表明，如果类别有一个良好的结构，所需的实验数量可能会随着产品数量增加出现对数增长。他们的结论是，即使在有大量产品的类别中，公司也可以使用实际可行的实验数量来获得有意义的估计值。据我们所知，这是唯一正式研究的论文，认为只需通过实地实验就可以优化营销变量是可行的。然而，这篇论文使用信息论得到了理论结果；它没有报告任何实地实验的结果。

8 结 论

实地实验在市场营销文献中不再少见。论文数量的急剧增长，特别是在最近 5 年中，意味着它们现在是进行实证研究的主流方法。论文数量的增长与参与这些研究的作者数量的巨大增长相匹配。在 1995—1999 年间，只有 11 位作者使用实地实验（在我们的样本中）单独撰写或合写了论文。在 2010—2014 年间，一共有 75 位作者[①]。

实地实验论文数量的增长似乎至少有三个原因。首先，市场营销领域越来越关注内生自变量的解释。如果实验干预是外生操纵的，这种担忧就不会出现。其次，这一领域在总体上有所增长，因此各种类型的已发表论文更多了。最后，互联网通常不需要公司的合作，使进行实地实验更容易。

我们的调查显示，在 2010 年前，市场营销领域的实地实验论文以定价主题为主。自 2010 年以来，至少有一部分论文的焦点已经从定价转向广告，最近许多论文都研究了互联网广告相关的主题。然而，即使在定价和广告主题内，研究问题也存在着显著的多样性。很少有论文建立在以前实地实验论文的基础上。我们认为这既是该领域的优点，也是缺点。

在顶级市场营销期刊上发表实地实验的一个重要标准是，有能力将发现扩展到记录主效应之外，并提供对该效应原因的洞察。虽然经济学期刊显然重视解释效应，但这一目标在市场营销界受到了更大的重视。实地实验并不总是很适合评估竞争性解释。出于这个原因，许多论文都报告了交互作用，而不仅仅是主效应。其他研究人员用实验室实验或顾

---

① 在整个 20 年中，样本中有 123 位不同的作者或论文合作者。

客调查来对实地实验进行补充，为他们的解释提供支持。

虽然对效应的某种解释通常是必要的，但随机化并不是。在市场营销杂志上发表的实地实验发现中，差不多有 30％没有采用随机化方法来分配实验干预。如果干预不是随机分配的，它们通常会随着时间的推移而轮换。我们还识别了三篇论文，它们报告了在 eBay 上使用拍卖的配对产品集进行的实地实验。

虽然我们强调了主题的多样性，但我们的回顾也识别了几个尚未受到关注的主题。这些主题包括激励和协调上下游渠道关系的问题。对 B2B 市场的研究也很少。最后，我们认识到实地实验本身就是一种优化方法；公司可以利用实地实验在可能决策空间中进行搜索来提高利润。虽然这一领域中有一些初步的理论工作，但利用实地实验发挥这一作用的可行性仍然是一个重要但研究不足的主题。

附录　论文摘要

定价议题

打折针对的是谁？	
避免向以前支付全价的顾客发送折扣	Dholakia（2006）
避免向对质量比价格更敏感的顾客提供折扣	Anderson 和 Simester（2001a）
大幅折扣对新顾客的长期影响比对现有顾客更大	Anderson 和 Simester（2004）
哪些类型的折扣最有效？	
超过 50％的促销是无利可图的，因为边际损失没有完全被增量销售所抵消	Ailawadi 等（2007）
优惠券在增加销售额和利润方面比正常价格的折扣更有效	Dhar 和 Hoch（1996）
多个单位促销（例如，每 2 个 1.50 美元）比一个单位促销（例如，每个 75 美分）更有效。更大的数量限制了顾客购买单位数量的增加	Wansink 等（1998）
将折扣框定为"免费增加 50％"比"比正常价格低 33％"更有效	Chen 等（2012）

续表

优惠券的优化设计取决于顾客的心理取向	Ramanathan 和 Dhar（2010）
免费样品可以带来积极的长期需求效应	Bawa 和 Shoemaker（2004）
序列增加的顾客奖金比序列减少的奖金更能有效地提高使用和保留	Haisley 和 Loewenstein（2011）
礼品卡的最后期限较长导致兑换率较低	Shu 和 Gneezy（2010）
免费赠品的不确定性会影响促销的效果，取决于顾客是否准备好做出情绪化或深思熟虑的决定	Laran 和 Tsiros（2013）
促销价格逐步恢复到正常水平将产生更多需求	Tsiros 和 Hardesty（2010）
延长商店路程的促销活动可能会导致计划外支出的增加	Hui 等（2013）
培训顾客认识到产品的好处可能比促销更有效	Gaurav 等（2011）

491 作为信号的价格

以 9 为尾数的价格可以传递价格打折信号，特别是对新产品而言	Anderson 和 Simester（2003）
当"减价（sale）"标志使用得太频繁时，是一个不太可信的信号	Anderson 和 Simester（2001b）
更高的价格会导致更高的期望，因此当价格更高时，顾客对低质量产品的评价会更负面	Gneezy 等（2014）
由于促销通过发出信号表明产品适合那些对质量比价格更敏感的顾客，因而可能会降低需求	Anderson 和 Simester（2001a）
使用折扣来吸引首次顾客，可通过传递公司提供良好价值的信号来提高这些顾客的忠诚度	Anderson 和 Simester（2004）

多部收费和其他定价方案

顾客在一段时间内评估结果，而不是在整个合同期间评估结果	Lambrecht 和 Tucker（2012）
如果顾客认为不公平，多部定价系统可能会降低需求	Anderson 和 Simester（2008）

续表

在电信市场中设计收入最大化的两部收费时，同时考虑使用量和顾客保留是很重要的，因为只关注使用量会大大低估收入对价格的敏感性	Danaher（2002）
令人惊讶的是，当顾客在线性价格方案和三部收费之间进行选择时，他们关注的是短期	Yao 等（2012）
顾客对"随你付"定价方案有何响应？	Kim 等（2009）

广告议题

广告对购买有影响吗？

测量互联网广告对顾客支出的影响需要大量数据	Lewis 和 Riley（2014）
再瞄准顾客通常是无效的，除非顾客接近购买	Lambrecht 和 Tucker（2013）
DVR 似乎不会影响家庭支出	Bronnenberg 等（2010）
竞争对手的广告会增加你的需求	Anderson 和 Simester（2013）

哪些广告信息最有效？

492

将呼吁框定为自我预测可提高其有效性	Spangenberg 等（2003）
将呼吁类型与关注个人利益或社会利益相匹配，可以提高广告效果	White 和 Simpson（2013）
强调目标瞄准的好处不如强调免费访问的互惠性有效	Schumann 等（2014）
对个性化的控制可以使个性化广告更加有效	Tucker（2014）
有更多竞争者的市场对进入者显得更有吸引力，因为必须有足够的需求才能吸引这么多竞争者	Tucker 和 Zhang（2010）
广告受欢迎的信息可以使小众品牌受益，因为顾客认识到这些品牌必须提供高质量的产品，以克服其覆盖范围狭窄的问题	Tucker 和 Zhang（2011）
明确呼吁将报价与竞争报价进行比较，会在拍卖中产生更谨慎的投标行为	Dholakia 和 Simonson（2005）

续表

对那些还没有将品牌与信息联系起来的人来说，广告对口碑的效应更大	Berger 和 Schwartz（2011）
如果顾客相信原因，则断言性的信息传递更有效，但如果他们还不信服，则不太有效	Kronrod 等（2012）

优化付费搜索广告

在存在付费搜索的情况下，自然搜索的点击量和收入更高	Yang 和 Ghose（2010）
点击量随着搜索位置而提高，但转化率会随着搜索位置而降低	Agarwal 等（2011）

市场研究与产品开发议题

市场研究与产品开发

仅仅测量购买意向会增加陈述购买意向和实际购买概率之间的相关性	Chandon 等（2005）
参与顾客满意度调查会增加后续购买的可能性	Borle 等（2007）
多媒体计算机交互可以逼真地描绘顾客的信息源，并提供与传统方法没有明显不同的预测	Urban 等（1997）
提高在线营销研究面板响应率的最优接触模型	Neslin 等（2009）

产品尺寸与捆绑销售

如果顾客需要固定的数量，与同等体积的方形包装相比，他们会购买更多圆形包装的产品单位	Krider 等（2001）
在拍卖中捆绑替代品或不相关物品比单独出售利润更低，但捆绑销售互补品更有利可图	Leszczyc 和 Haubl（2010）
多个单位促销（例如，2 个 1.50 美元）比一个单位促销（例如，每个 75 美分）更有效	Wansink 等（1998）

493

验证优化模型

定价模型	
汽车零部件的品类定价	Mantrala 等（2006）
奖学金和大学录取决定	Belloni 等（2012）
广告模型	
优化搜索引擎广告的出价	Skiera 和 Nabout（2013）
一种目录邮寄的广告接触模型	Simester 等（2006）
估计不同渠道中营销活动的增量影响	Li 和 Kannan（2014）
横幅广告优化	Urban 等（2014）
市场研究和产品开发模型	
提高对在线营销研究面板的回复率	Neslin 等（2009）
预测顾客对真正新产品的需求	Urban 等（1997）

其他主题

销售队伍优化	
协调销售电话以匹配顾客购买决策的预测可以增加利润	Kumar 等（2008）
销售队伍和销售竞赛应该包括多名获奖者，在有多名获奖者的比赛中对订购价格进行排名不会增加销售额或收入	Lim 等（2009）
口碑和推荐	
如果口碑来自相对没那么忠诚的顾客，以及来自熟人而不是朋友，那么口碑在增加销售额方面会更有效	Godes 和 Mayzlin（2009）
在设计顾客推荐项目时，公司应该瞄准哪些顾客？	Kumar 等（2010）
在线社区参与	
在线社区参与可以减少支出，并减少列表的数量	Algesheimer 等（2010）

494

续表

在线社区参与使顾客更愿意参与高风险的竞标行为，特别是在与其他社区成员关系密切的情况下	Zhu 等（2012）
用户在 Twitter 上发表意见，是因为他们关心人们对他们的看法，而不是因为他们从活动中获得了内在的效用	Toubia 和 Stephen（2013）

鼓励积极的行为

竞争、承诺和激励都可以改善儿童的食物选择	Raju 等（2010）
指定收入用途可以提高储蓄率	Soman 和 Cheema（2011）

其他相关议题

与已有顾客相比，改造零售空间更能够增加新顾客的销售额	Dagger 和 Danaher（2014）
拍卖结果可能会受到运费、秘密保留价和其他拍卖特征的影响	Haruvy 和 Leszczyc（2010）

参考文献

Agarwal, A., Hosanagar, K., Smith, M. D., December 2011. Location, location, location: an analysis of profitability of position in online advertising markets. J. Mark. Res. ⅩⅬⅧ, 1057 – 1073.

Ailawadi, K. L., Harlam, B. A., César, J., Trounce, D., 2007. Quantifying and improving promotion effectiveness at CVS. Mark. Sci. 26 (4), 566 – 575.

Alexandre, B., Lovett, M. J., Boulding, W., Staelin, R., 2012. Optimal admission and scholarship decisions: choosing customized marketing offers to attract a desirable mix of customers. Mark. Sci. 31 (4), 621 – 636.

Algesheimer, R., Borle, S., Dholakia, U. M., Singh, S. S., 2010. The impact of customer community participation on customer behaviors: an empirical investigation. Mark. Sci. 29 (4), 756 – 769.

Anderson, E. T., Simester, D. I., 1998. The role of sale signs. Mark. Sci. 17 (2), 139 – 155.

Anderson, E. T., Simester, D. I., 2001a. Research note: price discrimination as a signal: why an offer to spread payments may hurt demand. Mark. Sci. 20 (3), 315 – 327.

Anderson, E. T. , Simester, D. I. , 2001b. Are sale signs less effective when more products have them? Mark. Sci. 20 (2), 121 – 142.

Anderson, E. T. , Simester, D. I. , 2003. Effects of $ 9 price endings on retail sales: evidence from field experiments. Quantitative Mark. Econ. 1 (1), 93 – 110.

Anderson, E. T. , Simester, D. I. , 2004. Long-run effects of promotion depth on new versus established customers: three field studies. Mark. Sci. 23 (1), 4 – 20.

Anderson, E. T. , Simester, D. I. , 2008. Research note: does demand fall when customers perceive that prices are unfair? The case of premium pricing for large sizes. Mark. Sci. 27 (3), 492 – 500.

Anderson, E. T. , Simester, D. I. , 2010. Price stickiness and customer antagonism. Q. J. Econ. 125 (2), 729 – 765.

Anderson, E. T. , Simester, D. I. , 2013. Advertising in a competitive market: the role of product standards, customer learning and switching costs. J. Mark. Res. 50 (4), 489 – 504.

Bawa, K. , Shoemaker, R. , 2004. The effects of free sample promotions on incremental brand sales. Mark. Sci. 23 (3), 345 – 363.

Berger, J. , Schwarz, E. M. , October 2011. What drives immediate and ongoing word of mouth. J. Mark. Res. XLVIII, 869 – 880.

Borle, S. , Dholakia, U. M. , Siddharth, S. S. , Westbrook, R. A. , 2007. The impact of survey participation on subsequent customer behavior: an empirical investigation. Mark. Sci. 26 (5), 711 – 726.

Bronnenberg, B. J. , Dubé, J. -P. , Mela, C. F. , 2010. Do digital video recorders influence sales? J. Mark. Res. XLVII, 998 – 1010.

Chandon, P. , Morwitz, V. G. , Reinartz, W. J. , April 2005. Do intentions really predict behavior? Self-generated validity effects in survey research. J. Mark. 69, 1 – 14.

Chen, H. , Marmorstein, H. , Tsiros, M. , Rao, A. R. , July 2012. When more is less: the impact of base value neglect on consumer preferences for bonus packs over price discounts. J. Mark. 76, 64 – 77.

Curhan, R. C. , 1974. The effects of merchandising and temporary promotional activities on the sales of fresh fruits and vegetables in supermarkets. J. Mark. Res. XI, 286 – 294.

Dagger, T. S. , Danaher, P. J. , May 2014. Comparing the effect of store remodeling on new and existing customers. J. Mark. 78, 62 – 80.

Danaher, P. J. , 2002. Optimal pricing of new subscription services: analysis of a market experiment. Mark. Sci. 21 (2), 119 – 138.

Dhar, S. , Hoch, S. J. , January 1996. Price discrimination using in-store mer-

495

chandising. J. Mark. 17 - 30.

Dholakia, U. M. , Simonson, I. , 2005. The effect of explicit reference points on consumer choice and online bidding behavior. Mark. Sci. 24 (2), 206 - 217.

Dholakia, U. M. , February 2006. How customer self-determination influences relational marketing outcomes: evidence from longitudinal field studies. J. Mark. Res. XLIII, 109 - 120.

Dub e, J. -P. , Luo, X. , Fang, Z. , 2016. Self-signaling and prosocial behavior: a cause marketing experiment. working paper, University of Chicago.

Eskin, G. J. , Baron, P. H. , 1977. Effects of price and advertising in test-market experiments. J. Mark. Res. XIV, 499 - 508.

Gaurav, S. , Cole, S. , Tobacman, J. , 2011. Marketing complex financial products in emerging markets: evidence from rainfall insurance in India. J. Mark. Res. XLVIII, S150 - S162. Special Issue 2011.

Gneezy, A. , Gneezy, U. , Lauga, D. O. , April 2014. A reference dependent model of the price-quality heuristic. J. Mark. Res. LI, 153 - 164.

Godes, D. , Mayzlin, D. , 2009. Firm-created-word-of-mouth communication: evidence from a field test. Mark. Sci. 28 (4), 721 - 739.

Guadagni, P. M. , Little, J. D. C. , 1983. A logit model of brand choice calibrated on scanner data. Mark. Sci. 2 (3), 203 - 238.

Haisley, E. , Loewenstein, G. , February 2011. It's not what you get but when you get it: the effect of gift sequence on deposit balances and customer sentiment in a commercial bank. J. Mark. Res. XLVIII, 103 - 115.

Haruvy, E. , Peter, T. , Popkowski, L. , 2010. Search and choice in online consumer auctions. Mark. Sci. 29 (6), 1152 - 1164.

Hui, S. K. , Inman, J. J. , Huang, Y. , Suher, J. , March 2013. The effect of instore travel distance on unplanned spending: applications to mobile promotion strategies. J. Mark. 77, 1 - 16.

Kim, J. -Y. , Natter, M. , Spann, M. , January 2009. Pay what you want: a new participative pricing mechanism. J. Mark. 73, 44 - 58.

Krider, R. E. , Priya, R. , Aradhna, K. , 2001. Pizzas: π or square? psychological biases in area comparisons. Mark. Sci. 20 (4), 405 - 425.

Kronrod, A. , Grinstein, A. , Wathieu, L. , 2012. Go green! Should environmental messages be so assertive? J. Mark. 76, 95 - 102.

Kumar, V. , Venkatesan, R. , Reinartz, W. , September 2008. Performance implications of adopting a customer-focused sales campaign. J. Mark. 72, 50 - 68.

Kumar, V. , Andrew Peterson, J. , Leone, R. P. , September 2010. Driving profitability by encouraging customer referrals: who, when, and how. J. Mark. 74,

496

1 – 17.

Lambrecht, A. , Tucker, C. , 2012. Paying with money or effort: pricing when customers anticipate hassle. J. Mark. Res. XLIX , 66 – 82.

Lambrecht, A. , Tucker, C. , October 2013. When does retargeting work? information specificity in online advertising. J. Mark. Res. L, 561 – 576.

Laran, J. , Tsiros, M. , 2013. An investigation of the effectiveness of uncertainty in marketing promotions involving free gifts. J. Mark. 77, 112 – 123.

Leszczyc, P. T. L. P. , Haübl, G. , 2010. To bundle or not to bundle: determinants of the profitability of multiitem auctions. J. Mark. 74, 110 – 124.

Lewis, R. A. , Reiley, D. H. , 2014. Online ads and offline sales: measuring the effects of retail advertising via a controlled experiment. Quantitative Mark. Econ. 12, 235 – 266.

Li, H. , Kannan, P. K. , February 2014. Attributing conversions in a multichannel online marketing environment: an empirical model and a field experiment. J. Mark. Res. LI, 40 – 56.

Li, J. Q. , Rusmevichientong, P. , Simester, D. I. , Tsitsiklis, J. N. , Zoumpoulis, S. I. , 2015. The value of field experiments. Manag. Sci. 61 (7), 1722 – 1740.

Lim, N. , Ahearne, M. J. , Ham, S. H. , 2009. Designing sales contests: does the prize structure matter? J. Mark. Res. XLVI , 356 – 371.

Mantrala, M. K. , Seetharaman, P. B. , Kaul, R. , Gopalakrishna, S. , Stam, A. , November 2006. Optimal pricing strategies for an automotive aftermarket retailer. J. Mark. Res. XLIII , 588 – 604.

Mannor, S. , Simester, D. I. , Sun, P. , Tsitsiklis, J. N. , 2007. Bias and Variance in Value Function Estimates. Manag. Sci. 53 (2), 308 – 322.

Neslin, S. A. , Novak, T. P. , Baker, K. R. , Hoffman, D. L. , 2009. An optimal contact model for maximizing online panel response rates. Manag. Sci. 55 (5), 727 – 737.

Raju, S. , Rajagopal, P. , Gilbride, T. J. , May 2010. Marketing healthful eating to children: the effectiveness of incentives, pledges and competitions. J. Mark. 74, 93 – 106.

Ramanathan, S. , Dhar, S. K. , June 2010. The effect of sales promotions on the size and composition of the shopping basket: regulatory compatibility from framing and temporal restrictions. J. Mark. Res. XLVII , 542 – 552.

Schumann, J. H. , von Wangenheim, F. , Groene, N. , January 2014. Targeted online advertising: using reciprocity appeals to increase acceptance among users of free web services. J. Mark. 78, 59 – 75.

Shu, S. B. , Gneezy, A. , October 2010. Procrastination of enjoyable experiences. J. Mark. Res. XLVII , 933 – 944.

Simester, D. I. , Sun, P. , Tsitsiklis, J. N. , 2006. Dynamic catalog mailing policies. Manag. Sci. 52 (5), 683 – 696.

Skiera, B. , Nabout, N. A. , 2013. PROSAD: a bidding decision support system for profit optimizing search engine advertising. Mark. Sci. 32 (2), 213 – 220.

Soman, D. , Cheema, A. , 2011. Earmarking and partitioning: increasing saving by low-income households. J. Mark. Res. ⅩⅬⅧ, S14 – S22. Special Issue 2011.

Song, Y. , Mela, C. F. , Chiang, J. , Chen, Y. , December 2012. Determining consumers' discount rates with field studies. J. Mark. Res. ⅩⅬⅨ, 822 – 841.

Spangenberg, E. R. , Sprott, D. E. , Grohmann, B. , Smith, R. J. , July 2003. Mass-communicated prediction requests: practical application and a cognitive dissonance explanation for self-prophecy. J. Mark. 67, 47 – 62.

Toubia, O. , Stephen, A. T. , 2013. Intrinsic vs. image-related utility in social media: why do people contribute content to Twitter? Mark. Sci. 32 (3), 368 – 392.

Tsiros, M. , Hardesty, D. M. , January 2010. Ending a price promotion: retracting it in one step or phasing it out gradually. J. Mark. 74, 49 – 64.

497　Tucker, C. E. , Zhang, J. , 2010. Growing two-sided networks by advertising the user base: a field experiment. Mark. Sci. 29 (5), 805 – 814.

Tucker, C. E. , Zhang, J. , 2011. How does popularity information affect choices? a field experiment. Manag. Sci. 57 (5), 828 – 842.

Tucker, C. E. , October 2014. Social networks, personalized advertising, and privacy controls. J. Mark. Res. LI, 546 – 562.

Urban, G. L. , Hauser, J. R. , Qualls, W. J. , Weinberg, B. D. , Bohlmann, J. D. , Chicos, R. A. , February 1997. Information acceleration: validations and lessons from the field. J. Mark. Res. ⅩⅩⅩⅣ, 143 – 153.

Urban, G. L. , Liberali, G. , MacDonald, E. , Bordley, R. , Hauser, J. R. , 2014. Morphing banner advertising. Mark. Sci. 33 (1), 27 – 46.

Villas-Boas, M. J. , Winer, R. S. , 1999. Endogeneity in brand choice models. Manag. Sci. 45 (10), 1324 – 1338.

Wansink, B. , Kent, R. J. , Hoch, S. J. , February 1998. An anchoring and adjustment model of purchase quantity decisions. J. Mark. Res. ⅩⅩⅩⅤ, 71 – 81.

White, K. , Simpson, B. , March 2013. When do (and don't) normative appeals influence sustainable consumer behaviors? J. Mark. 77, 78 – 95.

Yang, S. , Ghose, A. , 2010. Analyzing the relationship between organic and sponsored search advertising: positive, negative or zero independence? Mark. Sci. 29 (4), 602 – 623.

Zhu, R. , Dholakia, U. M. , Xinlei (Jack), C. , Algesheimer, R. , June 2012. Does online community participation foster risky financial behavior? J. Mark. Res. ⅩⅬⅨ, 394 – 407.

索　引 *

---

* 本索引的页码为英文原书页码，即本书边码。页码后跟"f"表示图，跟"t"表示表格。

Handbook of Field Experiments，Volume 1

Abhijit Vinayak Banerjee，Esther Duflo

ISBN：9780444633248

Copyright © 2017 Elsevier B. V. All rights reserved.

Authorized Chinese translation published by China Renmin University Press.

《实地实验手册（Ⅰ）》（王思琦译）

ISBN：978-7-300-29860-3